Frédéric RATEAU.

Récits d'aventures maritimes.

Pêche à la morue.

Pour leur survie les hommes ont l'obligation de vivre en groupe, de faire société, d'exploiter en commun et distribuer les ressources d'un territoire. La production, la distribution et la protection des richesses du groupe humain est liée à une notion objective de territoire, légitimatrice de la construction juridique d'Etat: « un peuple, un territoire, un gouvernement ».

Le monde ainsi créé aurait pu être parfait si chaque nation s'était contentée de vivre sur un territoire délimité par sa géographie et de vivre en bons échanges avec les peuples voisins. Mais aucune nation n'a songé à restreindre ses possessions et ses limites derrière la montagne, le fleuve ou la mer qui imposent des frontières naturelles.

Les hommes ont toujours cherché à franchir les limites imposées par la géographie pour aller voir ailleurs. La curiosité, le courage et la diplomatie de l'explorateur est toujours rattrapée par la cupidité de ceux qui suivent ses traces et qui n'hésitent pas à briser les murs de la cité convoitée.

C'est là l'histoire de l'humanité et des civilisations qui naissent et disparaissent. Les peuples recherchent la supériorité technologique qui permet de mieux exploiter ses ressources et d'acquérir celles de son voisin. Par exemple, l'élevage des chevaux et l'invention de la roue créent les charrues mais aussi les chars de combat. Pour franchir les étendues d'eaux, les pirogues, galères et quelques coquilles de noix ne permettaient de ne rien faire d'autre que du cabotage le long des côtes, remonter les fleuves ou parcourir la mer intérieure.

Ainsi, contraintes par la puissance des vastes océans, les civilisations se sont affrontées, les empires se sont formés sur les terres qui pouvaient être techniquement accessibles à leurs armées.

La chute de Constantinople en 1453 oblige les peuples de la Méditerranée occidentale à chercher de nouvelles routes vers l'Orient. Les premiers à réagir sont les Portugais, déjà empêchés de s'aventurer en Méditerranée par leurs rivaux Catalans, Génois et Vénitiens, ils parient sur l'idée qu'en contournant l'Afrique par l'ouest, il soit possible d'aller en Orient. Mais d'Azambuja, Diégo Cao, Bartolomeu Dias, perdus par un ciel dont ils ne reconnaissent pas les étoiles, font souvent demi-tour aux abords de l'équateur et osent à peine franchir le cap de Bonne-Espérance et ses tempêtes

Les progrès techniques, encore eux, allaient changer le destin de l'humanité.

De meilleures constructions navales, l'invention du gouvernail, les découvertes astronomiques et les inventions de télescopes, boussoles, astrolabes, montres vont permettre de dessiner les cartes de plus en plus précises des contours du globe.

Les peuples de l'Ancien monde qui venaient d'admettre que la Terre est ronde, cherchaient intuitivement comment trouver une autre route pour la Chine et l'Inde. Certains navigateurs se lancèrent dans des entreprises privées avec des succès restés confidentiels.

Un navigateur relance les dés: Colomb. Il ne sait pas où il va exactement, il ne sait pas où il est arrivé mais il sait que c'est la cour d'Espagne qui s'offre un empire en le nommant « Vice-Roi des Indes ».

Six ans après, Vasco de Gama, lui, sait qu'il est en Inde. Il a suivi ses prédécesseurs portugais, plein d'espérance il a franchit le cap jusqu'aux routes des felouques arabes qui à partir de la corne de l'Afrique , traversaient la mer d'Arabie. Il arrive donc en Inde qui avait déjà été en partie colonisée par les arabes.

En 1500 Manuel 1er roi du Portugal demande au navigateur Pedro Alvares Cabral d'aller en Inde. Poussé par les alizés, il tombe par hasard sur les cotes du Brésil. Espagnols et Portugais ignoraient qu'il pouvait exister un autre monde au delà des océans. Très vite, en 1494, ils décident avec la complicité du pape Alexandre VI de se partager ses « terres sans maitres » qu'il reste à découvrir. Dans ce Nouveau Monde, ils vont découvrir des civilisations, « pré-colombiennes », les empires Incas et Astèques qu'ils vont faire disparaitre.

Les autres occidentaux regardent la carte du monde. Ils devinent la présence d'autres terres et espérant toujours trouver le passage vers la Chine. vont désormais se lancer dans des luttes impériales.

Il en est ainsi pendant plusieurs siècles, les nations ne renoncent jamais à redessiner les frontières géopolitiques de leur continent et poursuivent leurs ambitions et leurs rivalités sur les nouvelles terres.

Le dangereux monde maritime n'inspirait que des superstitions et légendes mais peu à peu les récits des navigateurs marchands et des capitaines des marines de guerre suscitèrent un intérêt, ouvrant la création littéraire et artistique d'un style nouveau.

Ce livre est un recueil de récits publiés dans la deuxième moitié du XIX siècle. Ils nous donnent une idée de la perception du monde maritime de cette époque.

D'autres textes que j'ai rédigés sont là pour un intérêt historique.

Mais revenons à la notion de frontière naturelle.

A la fin du XIX siècle, après la conquête de l'Ouest américain, on pensait que toute la planète avait été explorée et qu'il n'y avait plus de frontière impossible à franchir pour les intrépides.

Après la seconde guerre mondiale l'humanité change de dimension. En 1957 les soviétiques lancent leur premier satellite. Le 15 juillet 1960, dans son discours d'investiture à la convention démocrate, Kennedy, répond à son peuple inquiet par la guerre de civilisation. « *les problèmes ne sont pas tous résolus et les batailles ne sont pas toutes gagnées… et nous nous trouvons aujourd'hui devant une nouvelle frontière… une frontière faite de chances et de risques inconnus, une frontière faite d'espoirs inaccomplis et de menaces…. la Nouvelle Frontière est devant nous. De l'autre côté se trouvent les champs inexplorés de la science et de l'espace, les problèmes non résolus de la paix et de la guerre, les derniers bastions de l'ignorance et des préjugés, les questions sans réponse de la pauvreté et de l'abondance….* »

Deux modèles sont en compétition entre les Occidentaux et les régimes totalitaires. Les frontières de l'inconnu ne sont plus sur la surface des continents mais dans l'espace; et les Océans et le monde souterrain n'ont pas livré tous leurs secrets. Le monde scientifique a gardé vivace son appétit de connaissance, d'aventure et d'exploration. La France a des atouts, elle dispose de la plus grande zone économique exclusive après les Etats-Unis. Il ne faut pas négliger la compétition et ses enjeux économiques. Les règles ne changent pas pour les nations ou entreprises multinationales: dotation de moyens financiers, technologiques et culturels. On retrouve le vocabulaire marin; « instruments de navigation », « vaisseaux ».., On retrouve aussi la sélection des équipages qui répondent aux mêmes critères: compétences technique, qualités physiques et mentales exceptionnelles.

L'explorateur de l'espace a les yeux sur la carte du ciel pour guider son vaisseau poussé par les vents stellaires, tout comme l'explorateur de notre petite planète avait les yeux sur la carte marine pour guider son vaisseau dans les vents océaniques.

J'ai rassemblé quelques récits de la communauté de la France maritime.

Nul doute qu'une autre génération écrira les récits des explorations de la S.E.F: la Société des Explorateurs Français. (La S.E.F. regroupe scientifiques, marins et astronautes. Thomas Pesquet est l'un de ses membres. Il a passé son bac « S » à Dieppe au lycée Jean Ango, armateur et explorateur normand du XVI siècle , hasard ou signe du destin?)

Frédéric Rateau.

Le Navire. par Pitre-Chevalier.	1
L'empire commercial de Jacques Coeur par Frédéric Rateau.	6
Les aventures de Jean Ango et de Jacques Cartier. par Frédéric Rateau.	14
Coup d'oeil sur l'hygiène navale. par le Docteur Forget.	19
Des Grands Hommes de mer Français. par Lemansois.	24
Le mousse. texte de F. Jacques.	26
Le biscuit de mer, aussi nommé galette. Frédéric Rateau.	30
Ris pris dans les huniers. texte écrit par Luco.	34
Un homme à la mer. par le Cne Vaisseau Ed., Willaumez.	37
Prière du Matelot. par Chateaubriant.	40
Les femmes à bord de vaisseaux de la marine à voile! Frédéric Rateau.	42
Louise-Marguerite de Bréville, capitaine de frégate. Frédéric Rateau.	45
Le Cabestan. par P. Luco.	47
Habitacle. P. Luco.	49
La tactique de marche d'une armée navale en 1890, Auteur anonyme.	51
Explications de quelques termes de tactique navale.	76
Le combat naval au temps de la marine à voile par Frédéric Rateau.	88
Les batailles d'escadres « en ligne » et signalisation au temps de la marine à voile, par Frédéric Rateau.	99
Les Pavillons. texte de Médée Gréhan.	105
Les pavillons des bâtiments marchands et des bâtiments du Roy..	115
Histoire du pavillon tricolore. signé Augustin Jal	121
Napoléon & l'évolution de l'artillerie des vaisseaux.	133
La Caronade par P. Luco,	140
Précis de l'Armement d'un Vaisseau de guerre.par J.-B.-A. Babron.	144
Les vaisseaux de ligne. par Frédéric Rateau..	147

Le vaisseau de 74 canons et la vie à bord d'un vaisseau: par F. Rateau.	173
Les vaisseaux trois-ponts de 118 canons la classe « Océan » F. Rateau.	181
Les vaisseaux deux-ponts 80 canons de la classe Tonnant 1787 et le 80 canons de la classe Bucentaure 1802. F.Rateau.	184
Les Frégates par Frédéric Rateau.	186
L'histoire d'une frégate de 12: « L'Hermione » de 1779.	202
Les chansons de marins.	216
Un événement de mer.par E. Emyn.	220
Courses dans la Manche sous la République..	229
Capture du vaisseau « le Triton » par le corsaire « Le Hasard ».	234
La Femme pilote par Edouard Corbière.	238
Peintres de marine. par Eugène Sue	242
L'Ile de Noirmoutier. par Ch. Rouget de Kerguen.	251
Le brick l'Abeille prend le brick HMS Alacrity. Frédéric Rateau	257
La corvette la Bayonnaise prend la frégate HMS l'Ambuscade.	261
Le combat du 5 novembre 1813 trois-ponts français le Wagram, contre plusieurs vaisseaux anglais, au large de Toulon. Frédéric Rateau.	267
L'explorateur Cavalier De La Salle et ses navires:la barque « Le Griffon » et la corvette « La Belle » Frédéric Rateau.	269
La corvette et le brick à la fin du XVII ème siècle . Frédéric Rateau.	277
« L'Astrolabe » une gabare devenue corvette célèbre. Frédéric Rateau.	283
L'abordage. par D.Corbière.	294
Le branle-bas de combat par Auguste Jal..	302
Un épisode du blocus continental. par Léon Gozlan..	307
Combat de Santo-Domingo par J.-F.-G. Hennequin.	322
Rochefort, l'arsenal. par Van Tenac.	326

Capture de deux corsaires par la frégate « la Justice ». par Vérusmor,	334
Droit de Bris des épaves maritimes par Vérusmor.	338
Combat entre les frégates La Vénus et Le Ceylan par Van.Tenac.	346
Gaule maritime. par Henry Martin.	351
Première course de Surcouf sur Le Hazard par L. Garneray.	370
Combat de la Surveillane et du Québec en 1779. par Delasize.	378
Flibustiers par Demolière.	384
Le chasse-marée le Somnambule par Amédée Gréhan.	390
Une Croisière en 1812: La Gloire . par F. Girard.	393
Naufrage des 78 pécheurs de LaTeste. par Amédée Gréhan.	398
L'incendie du Kent, par A. Delrieu.	401
Le Capitaine Paulin, Baron de La Garde 1498-1578 par Antoine Caillot	406
Ruse de Lagarde contre.les Espagnols. —Entreprise	408
contre l'île de Corse. par Antoine Caillot	408
André Doria, Amiral génois par Antoine Caillot	410
Le capitaine Thurot, marin français par Antoine Caillot	415
Chants de marins.	419

Le Navire. par Pitre-Chevalier.

Un navire! combien d'hommes dans notre France, si nécessairement maritime, ignorent ce qu'est un navire!

Pour quelques-uns le Louqsor et le bâtiment du 28 Juillet en sont les modèles; d'autres, cédant à leurs impressions de collège, le voient à travers les descriptions de la trirème antique; j'ai connu quelques dames qui à propos d'un vaisseau me parlaient des bains flottants de M. le baron Vigier.[1]

C'est pourtant sous de telles images que généralement on se représente ces gigantesques constructions où l'homme a revêtu des formes les plus gracieuses ce que la statique lui présentait de plus hardi dans ses combinaisons, le chef- d'œuvre où l'art et la science ont résumé progrès par progrès tous ceux qu'a successivement faits la civilisation. Examinons dans ses détails et dans son ensemble, dans son repos et dans son action, cette merveilleuse machine flottante. Et remarquons d'abord qu'en parlant de navires nous ne confondrons pas sous cette dénomination tout ce qui la porte, beau ou laid, bien ou mal construit ; non, nous n'examinerons l'architecture navale que dans les embarcations où elle se révèle, et non dans ces bateaux dont les nécessités du cabotage lui imposent les formes massives.

Nous négligerons donc ces lourds chasse-marées de Bretagne, larges boîtes construites sans grâce et sans proportions; espèces de chariots flottants qu'on remplit jusqu'aux bords et qui se traînent d'un port à l'autre, passant tête baissée sous chaque lame.

La galiote hollandaise, si pesante, si carrée des hanches et des épaules! pauvre barque, qui ne marche qu'à force de vent et de voiles, toujours dans l'eau jusqu'aux préceintes, et bruyante comme un nageur poussif.

Et ces espèces de lougres, de dogres, de balourds prussiens, russes, autrichiens, danois, qui viennent chaque hiver sur nos rades montrer au près de nos jolis bâtiments leurs faces noircies, sales et toutes barbouillées de galipot.

Nous entendrons par navire la goélette française, légère, élégante, fine de formes, élancée comme un petit poisson ; la goélette avec sa tonture doucement abaissée au milieu et relevée coquettement vers l'arrière comme les reins cambrés d'une créole; avec toutes ses proportions harmonieuses, ses épaules allongées, sa poulaine aiguë et ses hanches en cœur, au-dessus de l'eau.

La goélette, c'est la petite-maîtresse de nos ports ; qu'elle vole sur les flots où son sillage ne laisse point de traces, qu'elle glisse et se joue au milieu des récifs, c'est l'hirondelle de la mer.

---

[1] L'auteur se moque des parisiennes qui ne connaissent de la marine que les péniches de Pierre Vigier. Il naît le 19 janvier 1760 dans le Cantal, avocat au Parlement de Paris il investit d'abord dans un bateau de 48 x 8 mètres aménagé sur un étage de 15 cabines de bains de chaque côté, équipé de machine à vapeur pour chauffer l'eau pompée dans la Seine, puis il crée plusieurs établissement dans la région parisienne. Ces bains très confortables étaient très fréquentés par la bourgeoisie. Il y eu 78 bains chauds à Paris en 1832 avec ses 2380 baignoires. Vigier meurt en 1817, son fils Achille épouse la fille du maréchal Davout, ce qui lui permet de porter le titre de vicomte et non de baron comme le dit l'auteur.

Un navire, c'est le brick du Havre ou de Nantes, moins joli, moins fin, moins coquet que la goélette; plus fort, mieux pris dans sa taille courte et trapue, plus vigoureusement établi sur son centre.

C'est le grand paquebot américain qui nous promène à travers les tempêtes, dans des boudoirs et des salons dorés; le majestueux trois-mâts de France, amiral des ports marchands, qui porte avec calme et dignité mille tonneaux dans sa vaste cale.

C'est encore la corvette, élégante comme la goélette, fière et mutine comme le brick, plus grande que le trois-mâts, et plus vaillante que tous ensemble, car elle a sa double rangée de canons, qui montrent toujours leur gueule ouverte à ses sabords.

C'est la frégate armée en guerre, belle et puissante reine de l'Océan ; c'est le vaisseau qui en est le roi. Le vaisseau ! tout une ville, tout un monde flottant sur la mer!...

Pour faire comprendre cette immense construction dans sa conformation, dans son ensemble et dans son mécanisme, il ne faudrait pas dire : Voici comme il est fait, voici comme il est gréé, voici comme il manœuvre, voici comme il marche! Non; un pareil ouvrage échappe à la description et à l'analyse. Il faudrait vous mener sur le quai de Brest, quand une escadre arrive sur sa rade ou dans ses bassins; il faudrait vous promener dans les chantiers où se taille et se joint sa membrure ; il faudrait surtout vous jeter au milieu d'un beau combat, au milieu d'une grande et majestueuse tempête, puis vous dire : Regardez! Vous comprendriez alors ce que tout l'art d'un écrivain ne vous reproduira jamais.

Comme on indique, par repos et mouvement, le navire offre deux aspects, deux états d'être distincts. On peut voir en lui la machine inerte, ouvrage du constructeur et du gréeur; et l'être animé, a man of war (l'homme de guerre), comme disent si bien les Anglais! Pour le voir sous ce double point de vue, dans tous les détails de sa curieuse anatomie, et dans toutes les vicissitudes de sa vie voyageuse, prenez-le sur le chantier, et suivez-le sur ce désert mobile, qu'il parcourt sans y trouver et sans y laisser de traces, jusqu'au port, où il viendra, vieux et décrépit, se dissoudre, si quelque brisant, quelque grain ou quelque bataille ne l'ensevelissent auparavant au milieu des flots.

Une longue pièce de bois, aux extrémités de laquelle se dressent, en regard, deux autres plus petites, forment sa quille, son étrave et son étambot.

C'est sur cette faible base que s'élèvera tout l'édifice, dont chaque partie sera plus faible encore; cependant jamais édifice n'aura été plus compacte et plus solide, tant chaque pièce soutiendra l'ensemble, et sera soutenue par lui.

Sur cette quille, que l'on pourrait nommer l'épine dorsale du navire, s'accoupleront des côtes arrondies et nivelées, de telle sorte que leur courbure, très-prononcée au milieu de la carène pour former le ventre du bâtiment, diminue insensiblement en approchant de l'étrave, pour en faire un tranchant propre à fendre les vagues, et s'élève, vers l'étambot, afin de donner au navire des hanches sur lesquelles il puisse s'asseoir ; et il faudra que ces façons ne soient ni trop effilées, ce qui augmenterait la rapidité aux dépens de l'équilibre, ni trop arrondies, ce qui produirait l'effet contraire. Mais on trouvera un moyen terme à ces deux conditions ; et la carène sera assez aiguë pour couper l'eau, assez plate pour s'y soutenir. Admirable conciliation des deux plus incompatibles propriétés !

Puis, ce squelette sera couvert, enveloppé, lié dans ses parties, par des planches qui formeront son bordage et l'embrasseront dans toute sa longueur, comme autant de ceintures successives.

Et quand cette enveloppe aura recouvert toute la membrure, quand la carcasse sera achevée et formera une longue boîte ovale, on fermera cette boîte avec plusieurs ponts parallèles qui marqueront les étages de l'édifice, la cale, les batteries, le faux-pont, etc., et chacun de ces étages sera divisé en compartiments : ici la demeure des caliers, la fosse aux lions ; là la soute aux poudres, la cambuse ; au-dessus la chambre du commandant, les carrés des officiers, les hamacs de l'équipage : ici s'accroupiront les canons, là fumeront les cuisines; là seront les câbles, là les vivres, là les munitions de guerre, là les pompes, tout ce qu'il faut enfin pour faire le tour du monde, pour vaincre la mer, les vents et les écueils, pour anéantir des flottes, pour loger, nourrir, vêtir, armer, protéger plusieurs centaines d'hommes pendant des années entières !

L'immense quantité de matériaux, d'agrès, de munitions nécessaires à un vaisseau, est incroyable ; on l'a dit cent fois, et c'est vrai : entassé dans une plaine, tout cela formerait une montagne trois fois plus grosse que le vaisseau lui-même, et cependant tout cela s'y loge, y prend sa place ; et rien n'est encombré, tous les passages sont libres, et il reste encore assez de place pour former des salons, des boudoirs au capitaine, et des promenades aux matelots.

Mais si la coque du navire et l'économie de son intérieur captivent l'admiration, que dire de l'harmonieuse combinaison de son gréement, autre modèle de grâce et de hardiesse?

Il n'existe pas d'appareil plus compliqué que le gréement d'un navire, et cependant le résultat cherché est bien simple ; c'est le même qu'obtient le cygne en ouvrant au vent ses deux ailes, quand il nage sur un étang. Aussi, à la première vue, tout ce labyrinthe de cordages, de voiles, de vergues et de mâts s'offre-t-il comme une combinaison plus élégante qu'utile ; il n'y a pourtant pas, dans celte apparente profusion d'apparaux, une cheville, un anneau, une poulie, pas un petit bout de toile ou de filin qui n'ait son rôle nécessaire et d'où ne puisse dépendre un jour le salut du navire.

C'est que l'art de la navigation n'est plus dans ses langes, et ne consiste plus, comme aux temps de son origine, à fuir devant la brise avec une voile carrée, qu'on baissait pour prendre la rame dès que tournait le vent. Cet art, le plus difficile et le plus perfectionné de tous, a trouvé autant de secrets et de ressources que le vent et la mer ont de caprices.

Le navire, en sortant de la cale de construction, entre nu dans la mouvante arène, comme l'homme qui vient au monde ; ce n'est qu'après sa mise à l'eau qu'on le grée. On commence par planter jusqu'au fond de ses entrailles, les trois bases de tout l'édifice aérien : son bas-mât de misaine, devant ; son grand mât, au milieu ; et son bas-mât d'artimon, placé derrière. Chacun d'eux est coiffé d'une hune plate, en demi-lune, qui laisse passage à un second mât plus faible, et lui donne le nom de mât de hune.

Sur le second mât s'élève de la même manière un troisième, le mât de perroquet, et sur ce troisième enfin, le mât de cacatois, qu'on surmonte encore d'une flèche, dernier degré de cette élégante échelle, dont la pointe perce les nuages.

Ces trois derniers mâts, désignés, en outre, sous le nom commun de celui qui leur sert de base, se calent ou s'élèvent à volonté, comme les tubes d'une lunette, avec cette différence qu'ils s'abaissent l'un sur l'autre, les plus faibles sur les plus forts, tandis que les tubes rentrent l'un dans l'autre, les plus étroits dans les plus larges.

Un mât de beaupré sort encore comme une lance en arrêt, de la poulaine, ou avant du navire, allongé aussi d'un bout-dehors qui se ramène et se pousse à volonté.

Les vergues, barres transversales destinées à porter la voilure, montent et descendent le long de ces différents mâts, et de la tête de chacun de ces derniers tombent à droite et à gauche, en avant et en arrière, les haubans, échelles et appuis tout à la fois ; les étais, dont le nom désigne l'usage ; les drisses qui hissent et amènent les voiles ; les balancines qui suspendent et balancent les vergues, et les mille autres parties de cette abondante chevelure noire qui va d'un mât à l'autre, qui descend par cascades, de barre en barre, de hune en hune, de vergue en vergue, depuis la pointe des cacatois jusqu'aux derniers porte-haubans, le long de la préceinte. Comme je l'ai dit, chaque pièce de cet appareil a sa nécessité. Eh bien ! le beau s'y trouve si intimement lié à l'utile, qu'au premier aspect on n'y voit, au lieu de calcul, qu'une élégante coquetterie, et l'on est porté à prendre pour la toilette du navire, ce qui en est avant tout la défense et l'indispensable vêtement. Ces mâts sont si élancés, si fins, si gracieusement étagés dans les airs ! Et ces vergues qui les coupent en croix de distance en distance, et qui montent de plus en plus minces et de plus en plus courtes, jusqu'à leurs grêles sommets; ces hunes à jour dont la blancheur se détache au milieu des haubans comme un bois de harpe sous ces cordes renversées ; et ces milliers de manœuvres tendues dans tous les sens, de haut en bas, de tribord à bâbord, de l'avant à l'arrière, séparées, confondues, parallèles, obliques, perpendiculaires, croisées de cent façons, et toutes fixées, propres, bien peignées, vibrant au moindre souffle ; tout cela forme un ensemble si harmonieux, si complet, si admirablement assorti dans ses moindres détails, qu'une coquette ne mettrait pas plus d'art et de magie dans les dispositions voluptueuses de sa parure de bal !

Et pourtant ceci n'est rien encore, ce n'est que la machine du navire. Il faut voir cette machine s'animer sous un souffle, et devenir le véritable homme de l'Océan.

Montez sur le quai du port, regardez bien ce vaisseau qui appareille. Voyez ! un frémissement de vie court dans tous ses membres. Il répand son équipage sur son pont, dans ses hunes, le pend à ses vergues et le jette par grappes sur ses haubans. Les poulies crient sous les cordes, ses grandes voiles s'étendent sur leurs ralingues ; les vergues montent lentement vers les barres ; les focs échancrés flottent en écharpes, secouant joyeusement leurs écoutes; le pavillon national s'élève et se déploie majestueusement sur le couronnement doré du vaisseau, pendant que sa flamme capricieuse s'agite et claque comme un fouet au sommet du grand mât.

Tout à coup, voilà que le mouvement se communique à la masse entière, on lève l'ancre qui mordait le fond, le vaisseau s'ébranle, ouvre au vent toutes ses voiles, bondit de joie sur la houle, et part.

Voyez comme son étrave et sa poulaine enrichie de sculptures coupent tranquillement devant lui l'air et l'eau! comme il glisse au milieu de la ceinture d'écume qui danse autour de ses flancs !

Mais la roue tourne, le gouvernail fait un mouvement. Avez-vous vu avec quelle précision cette vaste machine a suivi l'impulsion d'un faible morceau de bois; comme les voiles, un instant faseyantes, ont retourné leurs larges ballons à la brise, et comme le vaisseau, qui semblait dormir, couché sur le flanc gauche, s'est relevé avec grâce et dignité, pour se recoucher mollement sur le flanc droit? Il s'éloigne, il quitte la rade en jetant au rivage un coup de canon pour adieu

Le voilà parti, parti pour des années, parti pour un autre monde ! Que deviendra-t-il, voyageur errant sur un désert sans routes? Quelles seront tes aventures, tes périls, tes victoires, tes malheurs, beau navire?

Oh ! si vous pouviez le suivre au milieu des accidents de sa route et des vicissitudes de sa destinée, de sa destinée inconstante comme la face du ciel, mobile comme la mer qui le ballotte !

Quand vous l'avez vu partir, il s'en allait bien fier et bien tranquille sous un ciel bleu, sur des flots caressants. Il étalait avec orgueil ses vives peintures, l'or de sa guibre et de son couronnement; il se jouait, plein de confiance, sous toutes ses voiles. Il emportait joyeusement un joyeux équipage qui chantait sur son pont, dans ses batteries et dans sa mâture.

Eh bien! demain peut-être, tout changera, le ciel déroulera son rideau de nuages, l'Océan se gonflera, se dressera rugissant devant lui; le vent lui jettera ses épouvantables rafales; tiens bon, vaillant navire ! serre tes hautes voiles, obéis au vent pour mieux le vaincre, et prends garde aux écueils !

Eh bien ! s'il n'est pas broyé contre un rocher, s'il ne sombre pas dans quelque abîme, bientôt vous le verrez se reposer, dans l'accalmie, des fatigues de la tempête, se bercer sur une mer paisible, en réparant pour la prochaine bourrasque sa coque disjointe et son gréement en lambeaux.

Voilà sa vie, sa vie de voyage du moins, car il en est une autre pour lui, vie de dangers et de désastres, mais belle, intrépide, glorieuse ; qu'il bondisse au milieu du feu et de la fumée ; qu'il coule bas criblé de boulets, ou qu'il hisse le pavillon ennemi sous son pavillon vainqueur.

Après celle-là, l'histoire du navire est complète, il ne reste plus à décrire que son existence intérieure : les drames de sa dunette, de ses cabines, de son entre-pont et de ses gaillards ; toutes les amitiés, toutes les haines, toutes les vengeances, tous les dévouements qu'il emporte et berce dans sa coque insensible.

Pitre-Chevalier. -

L'empire commercial de Jacques Coeur par Frédéric Rateau.

Un riche bourgeois du Berry, qui avait puissamment aidé Charles VII à recouvrer son royaume, tant en sacrifiant sa grande fortune, que par son habileté financière, avait permis de mobiliser toutes les ressources du pays pour chasser les Anglais du Royaume. Cet homme qui fut l'argentier du roi, s'est appelé Jacques Coeur. Il était né à Bourges en 1400, fils de Pierre Coeur et de Marie Lambert.

Pierre Coeur était pelletier, originaire de St Pourçain les Tonnelles (aujourd'hui St Pourçain-sur Sioule); il était arrivé à Bourges en 1390 puis en 1398 s'était marié avec Marie Lambert, la veuve d'un membre de la riche corporation des bouchers. Il avait acheté une maison rue de la Parrerie où naquit son fil Jacques. En 1410, Pierre Coeur se rapproche de sa clientèle par l'achat d'une maison très proche de la Sainte Chapelle dans le quartier du Palais du Duc Jean de Berry. En 1414 ses enfants, Jacques et Jean suivent l'enseignement des chanoines de la Ste Chapelle à Bourges.

Les affaires de la famille Coeur prospèrent malgré la triste fin de règne de Charles VI et la guerre entre Armagnacs et Bourguignons. Après les décès de ses deux frères ainés Louis de France en 1415 et Jean de Touraine en 1417, Charles devient le Dauphin. En 1418, menacé par sa mère et ses amis Bourguignons, il fuit l'Hotel St Pol à Paris et se réfugie à Bourges en « terre Armagnac ». En 1420, alors que le traité de Troyes, écarte Charles de la succession au royaume de France; Jacques Coeur qui avait repris l'affaire familiale, se marie avec une amie d'enfance, Macée de Léodepart. Il assiste deux ans plus tard, en 1422, dans la cathédrale de Bourges au mariage du futur Charles VII qui s'était proclamé roi de France après le décès de son père. Coeur est encore dans la cathédrale de Bourges au baptême du futur Louis XI le 04 juillet 1423.

Les caisses du jeune « Roi de Bourges » étaient vides. Chaque année les états généraux des pays de langue d'Oc et de langue d'Oïl étaient convoqués pour lever plus d'impôts. Après les défaites de Cravant et Verneuil, la belle mère de Charles fit preuve de grands talents de diplomatie pour lui assurer la fidélité de quelques seigneurs, mais la cour songeait à l'exil quand Jeanne arriva à Chinon en 1429.

Nommé maitre des monnaies de Bourges en 1427 Jacques Coeur avait des associés: Ravand le Dampnois, maitre des monnaies venu de Rouen, Pierre Godard et Jean Jublin. Ils se livraient, comme s'était l'usage des princes de l'époque, à faire face aux dépenses en diminuant la quantité de métal fin contenu dans les monnaies émises. A cette époque, la monnaie royale était frappée dans les ateliers placés sous la responsabilité d'un « maître des monnaies ». Il s'engageait pendant la durée de son bail à frapper un certain nombre de marcs d'or et d'argent. Le marc représentait le poids de 244,5 grammes. Des fonctionnaires de la chambre des monnaies contrôlaient le nombre de pièces produites et leur teneur en métal fin. Une marge était prévue pour tenir compte de l'usure du métal; mais le contrôle avait révélé qu'une fraude portant sur 63 kg d'argent avait permis la fabrication d'un nombre de pièces bien supérieur à celui prévu. Peu après le sacre à Reims où il fut présent, Coeur et ses associés firent l'objet de poursuites. Le procès eu lieu le 6 décembre 1429. Ils furent condamnés à payer une amende de mille écus d'or.

Galée de Jacques Coeur: vitrail au Palais Jacques Coeur à Bourges.

Convoqué à Bourges chez le receveur de finances Jean de Bouligny et Marguerite de Touroulde le 30 décembre 1429, Jacques Coeur rencontra certainement chez eux Jeanne d'Arc qui y passait l'hiver 1429-1430 à Bourges. Les besoins financiers pour mener la guerre étaient si énormes que les charges de maîtres monnayeurs des condamnés ne furent pas remises en cause. Coeur continua jusqu'en 1436 avec pour assistants ses amis Jean de Village et Pierre Jobert. Ravand fut Général-Maître des monnaies de 1435 à 1461 et restera fidèle à Jacques Coeur qui donna le prénom de Ravand à un de ses fils. Pendant ses années de négoces à Bourges Jacques Coeur rencontrait au palais ducal les banquiers et négociants italiens. Ensemble ils parlaient du commerce maritime avec l'Orient, les échanges internationaux, les vaisseaux de Gênes, de Venise, d'Aragon. Mais il savait que la France ne possédait plus de flotte, ni équipage, ni de grands ports sur la côte de Méditerranée. Lui, le Berrichon qui n'a jamais vu la mer, ne craignait pas la très mauvaise réputation des gens de mer, la crainte des navigations dangereuses sur les mers et les côtes hostiles et prenait le risque d'investir sur le commerce maritime. Encore fallait-il traverser la moitié de la France et ses terres inhospitalières, infestées de brigands, déserteurs, écorcheurs. Est-ce le sort connu de Jeanne d'Arc, abandonnée par le roi qui aurait poussé Jacques Coeur à se lancer à l'aventure? En tous cas s'il savait se méfier de l'ingratitude prévisible du roi, il était poussé comme Jeanne d'Arc par son destin. Il savait qu'il fallait payer les ponts à péages, il connaissait les routes à éviter, les 22 journées de marche du nord au sud de la France et les 16 journées de la Bretagne à Lyon.

En 1432 Coeur monte une expédition vers Alexandrie avec des commerçants montpelliérains: Bossavini, de Nevès et les frères Dandrea. En avril ils embarquent à Narbonne sur la galée « Notre Dame et St Paul » du bourgeois Jean Vidal, avec pour capitaine Augustin Sicard. La galée devait être un bateau de 30 à 40 mètres de long et large de 6 à 7, ponté, avec hauts-bords de 2 à 3 mètres, avec deux mâts portant larges voiles et 70 à 80 rameurs, chargeant 250 à 300 tonnes. De Narbonne, il fallait en moyenne 25 jours pour arriver à Alexandrie. Là dans ce marché des deux mondes se côtoyaient Africains, Asiatiques et Européens: Vénitiens, Barcelonais, Majorquins, Génois, Marseillais. Il faut imaginer l'émerveillement de ce bourgeois berrichon de 32 ans découvrant le climat, les centaines d'embarcations aux formes étranges, de toutes natures et toutes origines, les cargaisons très diverses sur les quais, les habitants de toutes les races qu'il n'avait jamais vues, les rives du Nil, les rues étroites des souks avec les boutiques révélant les objets les plus divers et les plus rares: épices, soieries, tapis, bijoux d'Orient. Imaginons sa découverte des caravanes de dromadaires des routes de la soie apportant les produits de Chine, d'Inde, d'Afrique.

Jacques Coeur s'est informé des produits européens susceptibles de plaire à ses clients égyptiens, il s'est constitué un carnet d'adresse qui alimentera son futur réseau commercial. Il se rend ensuite à Beyrouth et Damas où il rencontra un Français, Bertrand de la Broquière qui dans une chronique témoigna de sa rencontre avec lui. Puis la galée se rendit à Chypre, et Rhodes où il prit contact avec avec le grand maître de l'ordre de St Jean de Jérusalem. Le navire passa au large de la Sicile mais dans une tempête de novembre la galée s'échoua sur un rocher en face de Calvi. La Corse était génoise, en rivalité avec Venise; et la forteresse de Calvi était sous le commandement de Raynuxto de Marcha. Il relâcha les marins mais rançonna les commerçants. Les victimes du pillage dressèrent un procès-verbal chiffrant leur préjudice pour réclamer une indemnisation par « lettre de marque » qui autorisait les corsaires à exercer des représailles contre tous les vaisseaux de la même nationalité que ceux qui avaient commis le pillage. Les prises des corsaires étaient vendues aux enchères et le produit alimentait la caisse d'indemnisation. La marque de Catalogne régla le dommage. Jacques Coeur reçu 27 livres tournois.

Loin d'être découragé par la péripétie de son premier voyage, de retour à Bourges, Jacques Coeur était persuadé d'accomplir son destin en retrouvant sa ville natale avec le souvenir de ce qu'il avait vu. Il était déterminé à résoudre le problème du financement de son entreprise. Il lui fallait des sommes considérables pour louer les nefs, remettre en état un port d'attache, acheter les entrepôts, enrôler les équipages, acheter des marchandises à troquer, disposer de liquidités.

Ses expériences dans le monnayage et sa première expédition, lui montraient qu'il fallait éviter de s'associer et préférer réinvestir en totalité l'argent gagné à chaque opération commerciale. Il décida donc d'emprunter à ses connaissances du milieu bourgeois et aux banques de sa ville.

Après études de la géographie de la côte et de son arrière pays il choisit le port de Lattes où des travaux étaient nécessaires. Il était en eaux peu profondes comme à Aigues-Mortes, mais il n'était pas entouré de marécages et avait l'avantage d'être près de la ville de Montpellier qui jouissait de l'avantage d'avoir le droit délivré par le pape Urbain V de commercer avec les Infidèles.

Jacques Coeur avait deux employés fidèles: Guillaume de Varye, son fondé de pouvoir, et Jean de Village. Pour le troc ou l'exportation, Jacques Coeur acheta les produits de la grande industrie de l'époque: les draps, ceux fabriqués à Bourges qui étaient de grandes qualité, mais aussi progressivement ceux des toutes les régions de France, de Bourgogne, des Flandres, de Bretagne. Il se procura les fourrures, les cuirs, les objets de vannerie, les produits de teinture et surtout le cuivre et l'argent qu'il allait échanger à poids égal contre de l'or qui avait moins de valeur en Orient.

Toutes les expéditions à l'export étaient tracées par une marque conventionnelle qui garantissait la qualité et la quantité de chaque produit.

Depuis Montpellier les pèlerins à destination de la Terre Sainte s'embarquaient à Lattes sur les galées de Jacques Coeur.

Tout ce qui pouvait être produit en Orient ou en Afrique arrivait à Lattes et depuis les entrepôts les chariots prenaient la route vers les marchés et les foires du continent. La croissance économique de la France fut spectaculaire.

Il usa ensuite de ses relations commerciales pour fonder des comptoirs à Beyrouth, Damas, Bagdad, Alexandrie, Gènes et Florence; trois cents succursales furent établies un peu partout, depuis les ports de Montpellier et Aigues-Mortes.

En 1435, ayant travaillé et voyagé sans relâche, les crédits remboursés, Jacques Coeur devenait prêteur. Pendant ce temps les coteries de l'entourage du roi s'étaient entretuées et succédées. Pierre de Brézé, Jean du Bueil et Prégent de Coëtivy éliminèrent La Tremoille, qui avait été l'adversaire de Jeanne d'Arc. Il paya sa vie contre une rançon de 4000 écus d'or.

En aout 1435 de nouvelles négociations commencèrent pour mettre fin à la guerre entre « Armagnacs » et « Bourguignons ». Charles VII avait besoin de paix sur le front bourguignon pour chasser définitivement les Anglais du royaume. Quant au duc de Bourgogne, depuis le 22 avril 1433 il sait que son ex-beau frère, le duc de Bedford, régent du roi d'Angleterre, veuf, convoite son duché du Luxembourg en se remariant avec l'héritière Jacquette de Luxembourg. Le traité d'Arras fut signé le 21 septembre1435. Finalement Bedford, mourut en 1435 à Rouen.

En 1436 le connétable de Richemont et Dunois libèrent enfin la ville de Paris de l'occupation anglaise. Jacques Coeur accompagna Charles VII dans un voyage de neuf mois à la découverte du royaume, l'Auvergne, le Dauphiné, le Languedoc.

Avec eux, Pierre de Brézé, conseiller du roi et les frères Jean et Gaspard Bureau, inventeurs de l'artillerie royale. Des liens amicaux entre les voyageurs se nouèrent. Geoffroy, troisième fils de Jacques Coeur épousa la fille de Jean Bureau. Ils entrèrent dans Paris le 12 novembre 1437 et retournèrent à Bourges. Le 02 février 1439 Jacques Coeur devint Grand Argentier. Il remit en vigueur des impôts anciens, instaura un contrôle stricte des recettes et des dépenses publiques, et prêta beaucoup d'argent au roi et à la famille royale. Les bourgeois, anoblis au fur et à mesure, entraient au conseil du roi.

Depuis le traité de paix d'Arras les gens de guerre au chômage étaient sur les routes à piller les villes et les campagnes. Pour rétablir l'ordre dans le royaume l'ordonnance d'Orléans de 1439 créa une armée permanente, mettant fin à l'Ost Royal avec une taille perpétuelle pour la financer. Cette ordonnance avait été inspirée pendant les états généraux d'Orléans, par le maréchal Mottier de La Fayette. Il s'agissait de reprendre l'idée de Charles V mais désormais seules les troupes commandées par des chefs choisis par le roi étaient autorisées et faisaient partie de l'armée royale. Les fidèles du roi: Dunois, Brézé, Richemont, Xaintrailles firent poursuivre et exécuter « les écorcheurs » et parmi eux le batard de Bourbon qui sous prétexte de lutter contre l'Anglais, pillaient les campagnes. Le duc de Bourbon, pour venger son demi-frère, et La Trémoille, le duc de Bretagne, le duc d'Alençon et le dauphin Louis, tous avaient une revanche à prendre contre Charles VII. Ils entrèrent en rébellion: « la Praguerie ». Commencée en février 1440, vaincue par les armées royales elle fut réprimée en juillet 1440.

Afin de minimiser les risques financiers et l'insécurité des transports de l'époque, Jacques Coeur signa à partir de 1440 des contrats d'associations multiples avec ses concurrents en Méditerranée. En diversifiant ses activités avec ses nouveaux partenaires économiques, de nouveaux bénéfices étaient garantis et sécurisés par des convois terrestres et maritimes capables de mieux se protéger contre la piraterie. Devenu premier transporteur terrestre, maritime et fluvial, Coeur fit l'acquisition de marais salants en Vendée, en Bretagne et en Camargue, le trafic du sel devenait rentable par le transport fluvial sur la Loire et le Rhône.

Anobli en 1441, Jacques Coeur entra au Grand Conseil du Roi et fut nommé commissaire auprès des états du Languedoc. Cette charge fut peu aisée pour lui car la région, restée fidèle même en 1428, jouissait de lettres de sauvegardes. Il fallait donc faire preuve de ses talents de négociateur et risquer de se rendre impopulaire aux yeux des bourgeois locaux pour y lever les impôts au nom du roi.

A la recherche d'un essor économique de la région, Coeur a l'idée de développer les chantiers navals du Languedoc. En 1442, il acheta donc une galée au chantier de Gênes, et la fit transporter à Aigues-Mortes pour que ses charpentiers la copient. Jacques Coeur insuffla aux investisseurs le goût des choses de la mer. Mais la pénurie de « mariniers-avironneurs » et leur indiscipline dans les ports était problématique dans toute l'Europe et menaçait l'équilibre commercial. En janvier 1443 Jacques Coeur conseille Charles VII une solution: « au lieu de nourrir et d'abreuver les délinquants dans une prison, n'est-il pas juste de subvenir à leur besoins à bord des navires? » Au lieu de payer des marins de moins en moins volontaires pour ce rude travail, armateurs et affréteurs étaient indemnisés de la nourriture des rameurs.

Le réseau de Jacques Coeur, savamment étudié, dispose de 300 comptoirs dans tout le bassin méditerranéen, des chantiers navals dans les ports, des entrepôts des villes de Montpellier, Béziers et Beaucaire, des villes de distributions à l'intérieur et ensuite des villes de foires et marchés où les biens étaient achetés et vendus. Bourges était la plaque tournante idéale par sa position géographique du royaume. Des milliers d'hommes et de femmes travaillaient pour Jacques Coeur. Il savait recruter les personnels compétents chacun à leur poste et avait su les autoriser à travailler pour leur propre compte dans des limites précises, à la condition d'en être informé. A la confiance accordée, le personnel répondait par son dévouement. Pour accroitre les bénéfices il avait compris qu'il fallait devenir producteur de produits jusque là importés.

Grace à ses relations avec les Florentins, il réussi à installer son fils Ravan et Guillaume de Varye à la tête d'une manufacture de soie à Florence. Il monta une teinturerie à Montpellier et acheta près de Lyon un moulin pour fabriquer un nouveau produit plein de promesses: la patte à papier. A Bourges il installe des armuriers milanais et un armurier allemand à Tours. Par lettres patentes du roi en 1444 il fit l'acquisition de concessions de vieilles mines situées dans le Lyonnais et le Beaujolais. Il fallait investir énormément pour les rendre exploitables et construire des bâtiments administratifs et des logements pour les ouvriers. Le plomb, le cuivre et l'argent très recherchés en Orient seraient une grande source de revenus. Grace aux livres de comptes retrouvés après saisies des biens de Jacques Coeur par le roi, on sait que ses ouvriers spécialisés qui venaient d'Allemagne formaient les apprentis et tout le monde était bien payé, bien nourri, logé et blanchi. A proximité des mines étaient acquis des vignes, des champs et des fermes qui fournissaient la consommation de nourriture aux ouvriers. Ces mines étaient peu rentables sur le marché européen mais le peu de production était destiné au marché oriental où l'argent le cuivre et le plomb exportés étaient échangés contre leur poids en or. Encore fallait-il maitriser le transport et les conserver ses clients.

Jacques Coeur imposait une discipline sévère à ses marins pour respecter les coutumes musulmanes. Ce n'était pas le cas des armateurs vénitiens. Des désordres, des rixes avaient eu lieu dans le port d'Alexandrie, causant la rupture des relations diplomatiques et commerciales entre le sultan et la ville de Venise. Cette brouille n'était pas bonne pour les affaires. Jacques Coeur réussi à les réconcilier. Il en tira un grand prestige et sans doute une récompense car on sait que les Vénitiens vinrent ensuite faire du commerce avec les Provençaux dans la Méditerranée occidentale réservée jusque là au Génois, Catalans et Majorquins.

En 1444 en promettant à Venise l'accès aux ports de Catalogne, d'Aragon et de France il négocia pour Gênes, Venise et les chevaliers de Rhodes avec l'empire Ottoman. Le commerce s'élargit d'est en ouest dans la Méditerranée. Le premier port européen de l'époque était Gênes que Jacques Coeur voulait rallier à la France. Il négocia avec ce port un traité en 1445. Le 22 mai 1444 la trêve de Tours fut signée pour deux ans entre Henri VI et Charles VII. Les chroniqueurs rapportent la joie des peuples anglais et français, de sorte que le commerce maritime devint facilité dans les ports du nord de l'Europe. Charles VII venait d'acheter une galère marchande aux Génois en 1444, il commençait à trouver l'intérêt d'acquérir une flotte. Pour cette ambition il fallait du bois et négocier avec le duc Louis II de Savoie. En mai 1444 le roi autorisa l'embarquement pour la première fois de prisonniers de droit communs: les galériens.

A la désapprobation de Montpellier et de Charles VII, Jacques Coeur décida d'investir dans de meilleurs ports car Lattes et Aigues-Mortes avaient montrés leurs limites. Il fallait constamment remettre en état les installations et lutter contre l'envasement et l'ensablement. Il entra en négociation avec René d'Anjou, le bon roi René, comte de Provence, pour transférer ses activités et ses bureaux au port de Marseille où il acheta une maison. Il en fit son port commercial ayant compris que la vallée du Rhône était l'axe commercial à privilégier vers les marchés de Lyon, des Flandres à Bruges et ensuite Londres.

Pour sa diplomatie, Charles VII utilisait les dons de négociateur de Jacques Coeur. Il régla un conflit entre les états du Comminges et le comte de Foix. Ce qui permit neuf ans plus tard le rattachement du Comminges à la France. La République de Gènes vaincue par Venise avait des partisans qui demandait le rattachement à la France. Charles VII envoya une délégation dont Jacques Coeur faisait partie. Il obtient réparation du préjudice du vol à Aigues-Mortes de la galère qu'il avait achetée pour la copier. Ils signèrent un traité prévoyant la réunion de Gènes à la France et l'installation du nommé Campofregoso à Gènes avec l'appui de l'armée française. Une fois au pouvoir ce dernier refusa de respecter le traité et Charles VII fit preuve de faiblesse, une nouvelle fois. Jacques Coeur avait une fois de plus la confirmation du caractère velléitaire du roi.

En 1445, la ville de Rhodes était assiégée par les Egyptiens. Jacques Coeur envoya une galée à Rhodes pour que les chevaliers puissent se rendre à Alexandrie pour négocier. Ils signèrent un traité, des prisonniers furent ramenés à Rhodes dans la galée de Jacques Coeur. En reconnaissance le grand maitre de l'ordre, Jean de Lastic offrait protection et privilèges dans le monde chrétien aux navires de la flotte de Jacques Coeur.

En 1445, avec le financement initial de Jacques Coeur et la volonté du connétable Arthur de Richemont, le roi créé par ordonnance une gendarmerie: les « compagnies d'Ordonnance » qui devint la meilleure cavalerie d'Europe. Il s'agissait de 15 compagnies[2] (dont 2 compagnies écossaises dissoutes en 1791) de 600 hommes regroupés en équipes de 7 hommes: « les lances »: un homme d'armes, un coutelier, 4 archers, 1 page (non combattant).

Il avait contribué à la fin du schisme de l'Eglise en 1448 ce qui lui valu l'amitié du pape Nicolas V. En effet le concile de Bale, dissident de Rome, en 1440 avait intronisé pape l'ancien duc de Savoie sous le nom de Félix V alors qu'à Rome

---

[2] Les 15 capitaines furent: Charles d'Anjou, Dunois, Philippe de Culant, Jean Poton de Xaintrailles, Joachim Rouhaut, André de Laval, Jean de Brosses, Prégent de Coëtivy, Pierre de Brézé, Jean de Bueil, Richemont, Antoine de Chabannes, & Jean Stuart et Robert Pattiloch (écossais).

siégeait Eugène IV. Au décès de ce dernier en 1447 Nicolas V fut nommé et Charles VII envoya en ambassade l'archevêque de Reims Tanneguy du Chastel, Jean Juvénal des Urbains et Jacques Coeur, aux frais de ce dernier. Il offrit au pape quantité de présents parmi lesquels de précieux incunables (tous premiers livres imprimés). Jacques Coeur se vit renouveler l'autorisation de commercer avec les infidèles puis il se rendit à Lausanne pour rencontrer Félix V qui accepta l'argent de Jacques Coeur pour renoncer à la papauté.

Le 17 juillet 1449, anniversaire du sacre, le roi décida de conquérir la Normandie. Jacques Coeur lui prêta la somme de 200 000 écus d'or. L'armée royale fut victorieuse partout, Somerset et Talbot capitulèrent. Charles VII entrait dans Rouen le 10 novembre, à ses côtés Jacques Coeur et certains compagnons de Jeanne d'Arc. Le 15 avril 1450 les Anglais, écrasés à la bataille de Formigny, le 1er juillet Caen libérée; Cherbourg résistait. Envoyé par le roi, Coeur négocia avec Gower qui accepta de partir en Angleterre à la condition que les Français libèrent son fils prisonnier et payent les frais de traversée de la Manche: 40000 écus versés par Jacques Coeur. Il retourna triomphalement dans son palais en travaux à Bourges le 05 septembre 1450, et le printemps suivant prêta 70000 livres tournois au roi pour la conquête de la Guyenne et la fin de la guerre de cent ans. Le roi ne remboursera jamais ses dettes. Pendant ce temps une machination se trame contre lui et des gens de son entourage font l'objet d'enquêtes et arrestations.

Le 31 juillet 1452 Jacques Coeur fut arrêté. Calomnié, disgracié, soupçonné d'amitiés avec le futur Louis XI (alors en lutte contre son père) condamné le 29 mai 1453 à Poitiers et emprisonné. C'est par la fidélité de ses marins dirigés par Jean de Village qu'il doit son évasion rocambolesque le 27 octobre 1454. Réfugié à Beaucaire s'y croyant en sécurité, il est victime d'une tentative de meurtre puis d'empoisonnement. Un moine accepte de faire parvenir une lettre à Marseille à Jean de Village qui monte une expédition avec ses marins contre les gardes du roi dans le couvent de Beaucaire. Libéré, Coeur et ses hommes se réfugièrent à Rome. Protégé par Nicolas V et le nouveau pape Calixe III, il fut nommé en 1455 capitaine général des galères papales d'une flotte de seize navires destinée à venir en aide aux îles grecques de Rhodes et Chypre assiégées par les Turcs.

Le 23 septembre 1455 seize navires commandés par Pietro d'Aria et deux galées de Jacques Coeur commandées par Guimart partent du port d'Ostie mais c'est un échec.

Le 11 juin 1456, 25 navires dont 16 galères, 5000 soldats et 300 canons repartent d'Ostie sous la direction du Patriarche d'Aquilée (qui dépendait de la république de Venise), le roi d'Aragon Alphonse V, et Jacques Coeur accompagné de Guillaume Guimart. Ils livrent plusieurs batailles en Méditerranée Orientale. Blessé dans un combat naval le 25 septembre 1456 Jacques Coeur est transporté sur l'île de Chio pour y être soigné il y décède et y est inhumé dans le choeur de l'église des Cordeliers le 25 novembre.

Frédéric Rateau. 2024

Les aventures de Jean Ango et de Jacques Cartier. par Frédéric Rateau.

En 1515, François 1er succède à Louis XII. C'était le temps où le nom de Christophe Colomb résonnait en Europe. Mais vingt ou trente ans avant que cet homme ne se fût lancé depuis les mers paisibles de Méditerranée, pour parvenir croyait-il aux Indes, des Normands et des Bretons avaient atterri à Terre-Neuve, partis pécher sur le banc qu'ils avaient sondé au Sud-Est de cette grande terre. D'autres navigateurs Bretons et Normands poussés par les alizés avaient atterri en 1503 sur les côtes du Brésil. A cette époque la France de Charles VIII et Louis XII continuait d'ignorer l'eau salée et poursuivait les chimères de conquêtes de l'Italie. Mais nos marins n'en avaient plus de mérites à se jeter dans les navigations périlleuses et courir vers les découvertes, d'accomplir d'étonnants exploits sans en retirer aucune gloire. Leurs récits n'ont jamais été accueillis qu'avec défiance et incompréhension: « Que diable allaient ils faire dans cette aventure ?» Leur souvenir s'est perdu. Nul n'est prophète en son pays. Nous avons rejeté dans l'oubli les grands noms et les grandes audaces des découvreurs français pour ne retenir que ceux des pays rivaux de la France. Qui connait les noms de Ango et de Cartier qui défrichèrent la route vers l'Argentine ou l'Amérique du Nord ?

Il est temps de rendre leur heure de gloire à ces explorateurs, ces négociants, ces corsaires qui poussèrent par les mers du globe leurs aventures pour donner à la France un fructueux négoce d'outre-mer que les Portugais et les Espagnols voulaient garder pour eux seuls au XVI siècle. Malheureusement ni François 1er ni Henri II n'avaient le sens de la mer, leur intérêt stratégique était tourné vers les frontières terrestre à l'Est du Royaume.

François 1er ignore poliment les exploits de deux frères normand de la ville de Dieppe: **Jean et Raoul Parmentier** (1494-1529 et 1499-1529). Ces deux navigateurs voyagent pour l'armateur dieppois **Jean Ango.** Ils sont parmi les premiers Français à doubler le cap de Bonne-Espérance. Jean suit les cours de Pierre Desceliers dans une école de cartographie à Dieppe. Bon cartographe il devient navigateur et se rend à Terre-neuve, en Guinée, à Saint Domingue aux Antilles et accoste au Brésil. L'armateur Jean Ango lui confie une expédition . Le 02 avril 1529 les deux frères quittent Dieppe dans l'idée de se rendre en Asie afin d'acheter les épices directement aux fournisseurs des Portugais. Jean est à bord de *« La Pensée »* bâtiment de 200 tonneaux. Son frère Raoul est sur *« Le Sacre »* bâtiment de 120 tonneaux. Le scorbut fait de nombreuses victimes dans l'équipage. Le 18 septembre 1529, les marins aperçoivent les Maldives, où ils relâchent. Le 29 octobre ils arrivent à Tiku sur la côte Ouest de l'île de Sumatra. Jean Parmentier tombe malade. Il meurt le 3 décembre. Il est inhumé à Tiku, (à quelque 85 kilomètres au nord de Padang dans l'actuelle Indonésie). Son frère Raoul meurt en mer cinq jours plus tard. Son corps est immergé. Pierre Mauclerc prend le commandement du *Sacre*, Guillaume Sapin celui de *La Pensée*. Les deux bateaux longent la côte vers le sud, en quête du poivre qu'ils n'ont pas trouvé à Tiku. Le 23 décembre 1529 à Indrapoura, sur la côte ouest de Sumatra, à environ 160 kilomètres au sud de Padang., les marins obtiennent 375 kilos de poivre, une fortune. Les Normands reprennent le chemin du retour le 22 janvier 1530. Courant mars 1530, au large de la côte sud-ouest de l'Afrique peu après le cap de Bonne-Espérance, une tempête sépare les deux navires qui ne se retrouvent qu'après le passage de l'équateur.. Les survivants arrivent à Dieppe au printemps 1530.

Jean Ango ayant été cité il convient d'en parler un peu plus. Il appartient au règne de François 1er. Ango pratiquait le commerce régulier avec le soutien politique de la soeur du roi, Marguerite de Navarre. Armateur ayant la liberté de commerce pour principe, il lutta toute sa vie contre le monopole que s'étaient arrogés les Espagnols et les Portugais. Ces deux royaumes appliquaient férocement la bulle papale ***Inter Coetera*** d'Alexandre VI du 04 mai 1493, qui interdisait à tout navire non espagnol ou non portugais de naviguer à plus de cent lieux au delà des Açores. Ils en feront le traité de Tordesillas. Ango donna des instructions à ses capitaines pour obtenir réparation du préjudice en se livrant à la guerre de course. En 1521, un des ses capitaines Jean Fleury s'empara près des Açores de trois caravelles transportant le trésor de Guatimozin, dernier empereur aztèque, que Cortés ramenait du Mexique. Ce trésor, destiné à Charles Quint, prit le chemin de la Normandie. Il comprenait une émeraude en forme de pyramide dont la base avait la grandeur d'une paume, de la vaisselle d'or et d'argent, des bracelets, des colliers, des boucles d'oreilles, des bagues, des bijoux de toutes formes pour les hommes et les femmes, des idoles enchâssées de pierres fines, des masques en métaux précieux, des vêtements sacerdotaux, des mitres, des ornements d'autels où l'or abondait, une couleuvrine en argent massif, des fourrures magnifiques, des vêtements de plumes si finement ouvragés qu'ils paraissaient en soie, des milliers de larges plaques d'or, des objets divers d'une valeur artistique ou historique inestimable. Parmi le butin se trouvait également le rapport de Cortés sur sa conquête, et surtout les cartes des pilotes espagnols, ce qui permit de futures expéditions dans la mer des Antilles. Jean de Fleury dont la tête a été mise à prix par Charles Quint a été trahi, vendu aux Espagnols et il fut pendu en 1527 à Tolède. Cela ne découragea pas les corsaires et pirates européens car la très puissante Espagne avait montré sa vulnérabilité. Dès le milieu du XVI siècle et sous

« La Dauphine » Musée de Dieppe.

le règne d'Elisabeth 1ère « les chiens de mer » Anglais et « les gueux de la mer » Hollandais sont lancés contre le commerce maritime de la nation catholique

Ango menait à Dieppe train de roi et rayonnait sur toute la côte Atlantique de la France. Passionné par les grandes découvertes, cartographe lui même, il avait d'instinct identifié le passage du Nord-Est ou route maritime du Nord qui est une voie qui permet de relier l'océan Atlantique à l'océan Pacifique. Les guerres en Italie et la découverte de l'Amérique avaient plongé les marins italiens dans une crise grave beaucoup, trouvèrent refuge à Lyon. Ango embaucha les meilleurs et finança plusieurs expéditions:

En 1524, il confia au Florentin **Giovanni da Verrazzano** un navire *« La Dauphine »* pour l'exploration de la côte entre la Floride et Terre-Neuve et la découverte du passage du Nord-Est pour déboucher dans l'Océan Pacifique. Il échoua. (Louis XVI confiera cette mission à La Perouse…) Le passage sera ouvert qu'en juillet 1879, par le baron finlandais Adolf Erik Nordenskiöld en passant de l'Atlantique au Pacifique en longeant les côtes de la Sibérie. Mais ce voyage permit de sonder et d'explorer toute la côte Est des futurs Etats Unis. Verrazzano donna à ces nouvelles terres des toponymes français qu'il traduit en italien. La carte de 1525, dressée par son frère, revendique par sa toponymie un empire continental pour la France, un pied de nez au traité de Tordesillas. Le 17 avril 1524 ils découvrent la baie de la « Nouvelle Angoulême » en hommage à François 1er de la dynastie Valois-Angoulême. Mais le roi français n'aura pas l'opportunité de saisir cette conquête à cause du désastre de Pavie en février 1525. La « Nouvelle Angoulême », site idéal d'une cité sera l'implantation de la future New York. En 1526 il va établir un comptoir au Brésil à Permambouc, pour le compte d'Ango mais après un siège la garnison fut prise, par les Portugais et tous les français furent pendus et leurs vaisseaux confisqués. Ango se venga en bloquant le commerce entre Lisbonne et les Açores. Le roi du Portugal demanda les secours de Charles Quint et François 1er. Le destin d'Ango rappelle celui de Jacques Coeur. Il avait mis son immense fortune à la disposition du roi bâtisseur et guerrier, et prêté sa flotte pour un projet d'expédition contre Londres en 1544, mais plusieurs fois il fut trahi par le roi, victime de la raison d'Etat et de la médiocrité politique du souverain. La chimérique campagne d'Italie avait été désastreuse surtout par la faute du roi à la bataille de Pavie en 1525. Il était en phase de gagner quand il lui a pris l'idée de charger l'infanterie ennemie devant sa propre artillerie, l'empêchant de faire le travail. Résultat il fut fait prisonnier un an, ses fils gardés en otage et la rançon pour sa libération ne fut payée qu'en 1530.

Ango avait compris qu'il se battait surtout pour son propre compte, il était considéré comme un pirate par ses ennemis et payait très cher à François 1er une protection politique bien fragile, et finalement illusoire. Le roi ne voulait pas se compromettre officiellement, il n'a été trouvé nulle trace de lettre de marque délivrée à Ango qui finira ruiné. Quant à Verazzano, en 1528 il partit aux Antilles, on pense à la Guadeloupe, où il fut tué et aurait été dévoré par des « indiens » anthropophages. Son frère Girolamo édite en 1529 une carte de la « Nova Gallia »

Nouvelle France en latin, qui trace les contours de la côte jusqu'à l'embouchure du Saint Laurent avant les expéditions de Cartier et Champlin.

Ango était Normand, **Cartier** était Breton. Ango était le découvreur, il avait lutté et finalement échoué pour ouvrir les Océans à la liberté de circulation et du commerce. Cartier, lui, va bénéficier de circonstances plus favorables. En 1532, alors qu'une guerre éclate entre la couronne du Portugal et les armateurs normands notamment Ango à cause de l'affaire de Permanbouc au Brésil, Cartier est présenté à François Ier par Jean Le Veneur, évêque de Saint-Malo et abbé du Mont-Saint-Michel. Cela tombe bien pour François 1er, en situation inconfortable vis-vis des monarques Espagnols et Portugais. Lui, roi de France, ne peut soutenir longtemps des armateurs bourgeois, pirates, face à ses « cousins ». Jean le Veneur évoque des voyages que Cartier aurait déjà faits « en Brésil et en Terre-Neuve ». Cartier devient capitaine et pilote pour le roi ayant charge de voyager et d'aller « aux terres neuves » …C'est donc pour le compte du roi et non pour une société d'armateurs qu'il succède à Giovanni da Verrazzano qui avait exploré ces côtes avant lui. Il appareille de Saint Malo, d'où il est originaire, le 20 avril 1434. Le roi, il n'y a rien d'étonnant, lui avait donné mission de trouver de l'or. Cartier ne trouva aucun métal précieux mais il reconnut avec ses deux navires le plus gigantesque estuaire de la planète: le Saint Laurent. Le 16 juillet il rencontra les premiers indiens de la nation Micmac et les Iroquois le 24 juillet. Les échanges sont amicaux et ils procèdent au troc habituel dans ces circonstances. Ils sont de retour à St Malo le 05 septembre et le 19 mai 1535 ils repartent pour un second voyage avec trois navires: *La Petite Hermine, l'Emerillon, La Grande Hermine* de 60, 40 et 120 tonneaux. Il ramène au chef Iroquois Donnacona ses deux fils qui avaient appris le français pendant l'hiver. Il ne les garde pas comme interprètes et poursuit l'exploration du fleuve Saint Laurent, en effet il constate que l'eau est douce et en conclue qu'il s'agit d'un fleuve gigantesque. Une partie des Français reste pour construire un fortin pour se préparer à passer le premier hiver d'Européens au Canada. Poursuivant l'exploration avec *« l'Emerillon »* qui a le plus faible tirant d'eau, ils finissent par arriver en barques au village de Hochelaga, protégé de palissades sur les hauteurs d'un site qu'ils nomment « Mont Royal ». Le 07 septembre ils arrivent à Stadacoué, ville qui deviendra Québec. Cartier et ses hommes passent leur premier l'hiver sur place, les rapports sont bons avec les autochtones qui leur font découvrir le tabac et une plante « l'épinette blanche » qui les soigne du scorbut. Le chef Donnaconna avait indiqué que de l'or se trouvait à l'Ouest en remontant le fleuve beaucoup plus loin; François 1er finance une troisième expédition afin de fonder une colonie dont il nomme le gouverneur: Jean-François de la Roque de Roberval. Cartier qui n'a pas été récompensé, ni même par un titre de noblesse, n'a pas vraiment accepté de se voir dirigé par un chapeau à plumes. En 1541 cinq navires sont armés et des détenus sont libérés de prisons dans l'intention d'en faire les colons de ces nouvelles terres. Les préparatifs sont interminables. Cartier n'attends pas le gouverneur, il quitte St Malo et après une traversée éprouvante il arrive à Stadaconé en août 1541. Roberval ne vient toujours pas alors il fait édifier le fort de Charlesbourg-Royal au confluent du Saint-Laurent et la rivière du Cap-Rouge, pour préparer la colonisation. L'hiver arrive et les navires de Roberval ne sont toujours pas en vue. En attendant, Cartier accumule « l'or et les diamants », qu'il négocie avec les Iroquois du Saint-Laurent. Après l'hiver 1542, Cartier appareille pour la Bretagne. Il croise Roberval à Terre-Neuve. Il refuse de rester au Canada et rentre chez lui à Saint Malo. Arrivé en France, il fait expertiser le minerai, là il apprend que ce beau métal précieux qu'il rapporte n'est que la pyrite et du quartz sans valeur. Il ne reprendra pas le large, et préfère rester parmi les siens comme notable malouin. Il meurt le 1er septembre 1557. Il est inhumé dans la cathédrale de Saint Malo.

Frédéric Rateau.

Navire diéppois du XVI siècle -vitrail église Neuville-lès-Dieppe.

Carte de la « Nova Francia » tirée du discours de Cartier.

Coup d'oeil sur l'hygiène navale. par le Docteur Forget.

Si l'hygiène est l'art de conserver la santé, c'est surtout à l'égard de l'homme de mer que cet art trouve d'importantes applications. Quelque heureuse que soit, en effet, la constitution du marin, sa santé se trouve exposée à de si rudes assauts à tous les instants de sa pénible carrière, qu'il devient indispensable de formuler les moyens dont le but est de pourvoir à la conservation d'une classe d'hommes si précieux à l'État. L'hygiène navale peut-elle constituer une science distincte de l'hygiène commune?

Pour s'en convaincre, il suffit de réfléchir un instant aux conditions spéciales dans lesquelles se trouve le navigateur. Jeté sur un élément semé d'écueils; plongé dans l'atmosphère méphitique d'une prison flottante, ou en butte aux intempéries des saisons et des climats les plus opposés; soumis aux travaux les plus fatigants, sujet aux privations de toute espèce, séquestré du reste du monde, arraché aux objets de ses affections, exposé aux impressions morales les plus sinistres, astreint aux rigueurs d'une sévère discipline, etc., ensemble de circonstances qui finit par en faire un homme d'une trempe toute particulière.

Avant de procéder aux détails d'application, nous croyons utile, et curieux en même temps, de jeter un coup-d'œil sur l'évaluation des perfectionnements qu'a subis l'hygiène navale ; et bien que nous n'ayons pas l'intention de faire l'histoire de la navigation, les grands événements maritimes ont eu des influences si directes sur les révolutions de la science qui nous occupe, que nous ne pouvons nous dispenser d'en rappeler quelques-uns.

Dans l'enfance de l'art, alors que les navigateurs, privés du compas (boussole), des cartes, du chronomètre et des instruments astronomiques, rampaient, pour ainsi dire, d'une pointe à l'autre, en côtoyant le rivage, la condition du marin ne différait pas de celle du pêcheur riverain qui vient chaque soir chercher à terre des aliments et un abri : cependant les anciens historiens parlent de flottes nombreuses et d'expéditions gigantesques effectuées par les Phéniciens, les Egyptiens, les Grecs et les Romains, ce qui suppose une puissante organisation maritime, dont malheureusement il ne reste aucun vestige en ce qui nous concerne. Il faut arriver au onzième siècle de notre ère pour découvrir quelques notions positives, que nous puisons surtout dans l'histoire des croisades : c'est alors qu'il est question de navires pontés et voguant sans le secours des rames. Louis IX, au treizième siècle, eut des vaisseaux avec des entre-ponts, mais qui ne recevaient encore le jour que par en haut; transports informes, dans lesquels nos preux entassés prenaient sans doute un avant-gout de la peste, en allant conquérir la Terre-Sainte. Nous apercevons des lueurs d'organisation médicale dans les Jugements d'Oléron, code maritime promulgué dans le douzième siècle par ordre d'Eléonore de Guyenne, et qui fut, en grande partie, puisé dans le Droit maritime de Wisby : « Quand un homme de l'équipage tombe malade, y est-il dit, le capitaine doit le mettre à terre, lui procurer le logement, la lumière, des serviteurs et des vivres. Quant au régime alimentaire des équipages, nous le trouvons spécifié dans le Consulat de la mer publié à la fin du treizième siècle; on y voit que les matelots recevaient à jours déterminés, de la viande, du poisson, du fromage et du vin. C'est à l'époque des croisades qu'il faut aussi rapporter l'origine des lazarets et des quarantaines. Au treizième siècle, la poudre à canon fut inventée ou du moins connue en Europe : fatale découverte qui devait faire révolution dans la tactique et multiplier les désastres des navigateurs. Peu de temps après, un Napolitain modifia la marinette des Normands pour en faire la boussole, invention qui, sous l'influence du génie de Colomb, devait, en les dotant d'un nouveau monde, ouvrir une tombe nouvelle aux navigateurs du monde ancien. Au quatorzième siècle, les vaisseaux devinrent des châteaux-forts ; les hunes furent imaginées pour porter des combattants et non des gabiers. Au quinzième siècle, l'architecture navale se perfectionne et la marine militaire se sépare de celle du commerce. Pour la première fois le canon retentit sur la mer, dans un combat entre la flotte des Vénitiens et celle de Médicis. Dans ce siècle fécond, auquel nous devons l'imprimerie, les découvertes se multiplient et le génie de Colomb aborde en Amérique en 1492. Cinq ans plus tard, Vasco de Gama double le cap de Bonne-Espérance avec ses navires ravagés par le scorbut de mer dont il est fait mention pour la première fois. Au seizième siècle, Fernand Cortès fait la conquête du Mexique, et Magellan entreprend le premier voyage autour du monde. L'histoire ne dit pas ce que les équipages eurent à souffrir dans ces grandes expéditions.

Au commencement de ce siècle Anne de Bretagne avait fait construire un vaisseau à batterie couverte, avec des sabords et portant douze cents hommes. En 1547, François I er créa la charge de ministre de la marine en faveur de Clauss, qui, malgré sa mission spéciale, s'occupa peu, sans doute, d'améliorer le régime des marins. Au dix-septième siècle, sous Louis XIII et Richelieu, apparaît l'aurore de la marine dite moderne. Jusqu'à présent il n'est pas question de chirurgiens à bord des navires. Comme les guerriers de l'antiquité, les anciens navigateurs furent sans doute leurs propres médecins. La nécessité d'un conservateur de la santé des équipages dut pourtant se faire sentir dès l'époque où de longs voyages furent entrepris ; mais alors, on se souciait peu de se charger d'un homme inutile à la manœuvre, au commerce et au combat. Louis IX emmena son chirurgien, Jean Pitard, dans son voyage en Palestine. En 1657, Morieu, de Dieppe, fit armer un vaisseau portant six cent quarante-six hommes, dont six chirurgiens : c'est la première fois qu'il en est fait mention. Ces chirurgiens, comme le reste de l'équipage, étaient payés et nourris par le capitaine. C'est de Richelieu que datent les hôpitaux de la marine.

Louis XIV, ou plutôt son ministre Colbert, dota la marine d'immenses perfectionnements résumés dans les ordonnances de 1681 pour le commerce, et de 1689 pour la marine militaire.

Dès-lors tout navire faisant voyage au long cours fut astreint à se pourvoir de chirurgiens, lesquels furent soumis à des épreuves constatant leur capacité. Le service médical à bord des vaisseaux fut régularisé; et il en fut de même de la tenue et du régime alimentaire des matelots, qui se composait à peu près comme aujourd'hui, sauf la qualité des vivres, de biscuit, de lard, de morue, de pois, de fayots avec assaisonnement.

Un code pénal fut rédigé : les châtiments consistaient dans le retranchement (des boissons), les fers, les coups de corde, la bouline, la cale, les galères et la mort. La direction du service de santé des armées navales fut séparée de celle du service des armées de terre. Les invalides furent institués.

Hauton passe pour être le premier qui, en 1670, ait imaginé de distiller l'eau de mer pour la rendre potable, bien qu'en 1560 un Sicilien se soit, dit-on, avisé du même moyen. En 1696 parut le premier ouvrage spécial sur la médecine navale, par l'Anglais Cokburne ; c'est au peuple navigateur par excellence qu'il appartenait de produire le premier traité de ce genre. Chirac[3], en 1724, fut le premier médecin français qui ait écrit sur la santé des marins. En 1759, Sutton imagina de renouveler l'air des vaisseaux au moyen de la chaleur; bientôt après Haies proposa son ventilateur à soufflet. En 1750, Amy construisit des filtres avec l'éponge, idée première que nous verrons successivement perfectionnée par Duffault, Smith, Thaunner, Ducommun et M. Zéni. A cette époque se multiplièrent les écrits sur l'hygiène et la médecine navales ; nous nous bornerons à mentionner les ouvrages de Lind, Rouppe (1764) et Poissonner-Desperrières (1767); bien que postérieur, le livre de ce dernier est bien loin de rivaliser avec celui de Rouppe; néanmoins ce fut, jusqu'à ces derniers temps, le seul ouvrage substantiel publié en français sur la matière. En 1768 Poissonner organisa l'enseignement dans les hôpitaux de la marine. En 1775, Guyton-Morveau rendit un service éminent à l'hygiène navale, en imaginant la désinfection par le chlore, dont pourtant l'application à la marine ne fut faite que vingt ans plus tard. Durant le dix-huitième siècle l'état sanitaire des vaisseaux fut considérablement amélioré ; l'ordonnance de 1786, du ministre Castries, est encore un modèle en ce genre ; nous regrettons de ne pouvoir en reproduire les détails qui font la base du règlement de l'an VI dont la plupart des dispositions sont encore en vigueur. Dès-lors le service de santé de la marine fut définitivement établi sur des bases rationnelles, et honorable pour le corps qui depuis a fourni tant de médecins distingués dont il serait trop long de citer les noms et les œuvres. Parmi les événements maritimes qui ont signalé les premières années du siècle actuel, nous voudrions pouvoir présenter les combats de mer, sous la république et l'empire, comme causes de perfectionnements et d'illustration pour la chirurgie navale, car il est pénible d'avouer que ces grandes catastrophes n'ont rien produit pour la science. Il n'en est pas de même des voyages de circumnavigation dont le premier, dans ce siècle et en France, eut lieu en 1817, sous le commandement de M. Freycinet, voyage pendant lequel fut constatée l'excellence des procédés d'Appert pour la conservation des comestibles, dont l'usage est aujourd'hui réglementaire, et où la distillation de l'eau de mer reçut des perfectionnements et d'heureuses applications. Cette expédition de *l'Uranie* fut suivie de celle de *la Coquille* qui, pendant trois années que dura cette campagne, ne perdit pas un seul homme; puis de celles de *l'Astrolabe* et de *la Chevrette*. Ces expéditions ont mis en relief la capacité des médecins de la marine, dont plusieurs

---

[3] Pierre Chirac médecin de Louis XV né à Conques le 25/04/1657 mort à Marly le Roi le 01/03/1732. Il voulait fonder une académie de médecine pour mutualiser les connaissances médicales.

sont arrivés à l'Institut. En 1822, la marine devint corps royal, et les équipages de ligne furent institués, ce qui ne fut pas sans influence sur le régime et la discipline des marins.

Les règlements reçurent de nouvelles modifications dans le cours des années suivantes. Vers cette époque fut introduit l'usage inappréciable des caisses en fer pour la conservation de l'eau.

En 1825, des améliorations furent encore apportées aux règlements sanitaires. L'emplacement de l'hôpital fut définitivement assigné dans la batterie. L'ordonnance de 1827 est celle qui régit aujourd'hui la marine, y compris le service de santé ; ordonnance qui, par conséquent, servira de base à nos études.

Nous n'avons pu suivre les perfectionnements apportés à l'architecture navale depuis deux siècles; mais pour s'en faire une idée, il suffit de comparer les formes lourdes et rabougries des navires du dix-septième siècle, aux contours élégants et à la svelte mâture de ceux d'aujourd'hui, métamorphoses qui, facilitant la manœuvre, et favorisant la marche, sont autant de conquêtes au profit de la santé des équipages.

Parmi les écrits qui, depuis trente ans, sont sortis de la plume des médecins navigateurs, nous citerons l'excellent ouvrage de Delivet, sur hygiène navale (1808), divers mémoires de M. l'inspecteur général Kéraudren, et un livre plus récent dont nous nous dispenserions de parler, si son importance n'eût été sanctionnée par d'éclatants suffrages. Aucun auteur n'avait résumé l'ensemble de la pratique navale en corps de doctrine, et traité, dans un ouvrage méthodique, de tout ce qui concerne l'hygiène, la médecine et la chirurgie à bord des vaisseaux, lorsqu'on 1852, l'auteur de cet article publia son Traité de médecine navale (2 vol. in-8), travail couronné, l'année d'après, par l'Institut de France, et qui maintenant est classique dans les ports.

Nous terminons ces préliminaires par l'exposition de l'ordre que nous nous proposons de suivre dans nos études sur l'hygiène navale. Cet ordre, sinon très-scientifique, du moins logique et rationnel, sera celui dans lequel les notions doivent arriver à l'esprit du jeune navigateur.

Le premier objet est la mer, vaste théâtre où va se dérouler le drame de sa nouvelle existence, puis le navire, qui désormais sera son habitation.

Nous lui ferons faire connaissance avec ses compagnons de travaux et de dangers, en traçant l'esquisse physiologique de l'homme de mer dans ses diverses conditions à bord. Nous entrerons ensuite dans l'hygiène proprement dite, par l'étude de l'atmosphère maritime, puis de celle des navires, qui présente des particularités fécondes en préceptes importants. Nous passerons aux détails relatifs aux vêtements, aux aliments, aux boissons, aux exercices, aux impressions morales, et nous terminerons par quelques aperçus sur l'acclimatement, sujet d'un haut intérêt pour la santé des marins. Puissions-nous concourir à la propagation de principes salutaires, dont l'observance est essentielle à la prospérité du commerce et à la gloire des États !

Docteur Forget 1852.

Des Grands Hommes de mer Français. par Lemansois.

La France a donné de tout temps à la marine des hommes célèbres. Les Gaulois étaient renommés par leur habileté comme navigateurs; mais cette nation toute guerrière n'a laissé aucun monument historique qui nous transmit les noms des hommes qui se sont illustrés dans cette carrière. Les écrivains grecs et latins. qui citent les Gaulois comme marins, ne nous ont pas donné non plus de renseignements sur ce point. Ils nous apprennent que César, pour faire tête à leurs vaisseaux, fut obligé d'en faire construire dans leurs propres ports.

Sous la première race, jusqu'à Charlemagne, la marine fut à peu près délaissée; et dans cette longue période, on ne peut citer qu'un seul homme, Théodebert, fils de Thierry, roi d'Austrasie. Une flotte considérable de pirates danois étant venu ravager les États de son père, Théodebert équipe des vaisseaux, se met à la poursuite des ennemis, et, par une habile manœuvre, les bat, s'empare de la plupart de leurs navires, et sauve la France de l'invasion. La marine se réveille avec Charlemagne ; les escadres de ce grand homme battent les Sarrasins et les Normands, et vont attaquer, sous la conduite de son fils Pépin, les Vénitiens, jusque dans leurs lagunes. Depuis sa mort jusqu'aux croisades, la marine retomba dans l'obscurité; mais sous Philippe-Auguste la France posséda jusqu'à 1700 vaisseaux de toute grandeur. Ses flottes furent commandées, lors de sa croisade, par Guinimer, célèbre pirate, qui s'était signalé dans des entreprises hardies, par une rare habileté. Lors du passage de Saint Louis en Palestine, ses vaisseaux obéissaient à Florent de Varennes, homme distingué par ses talents et son courage.

La marine eut une grande part dans les expéditions religieuses d'outre-mer; et si ces entreprises aventureuses n'eurent pas le résultat qu'en attendaient ceux qui les exécutèrent, elles eurent au moins celui d'enlever aux Grecs et aux Arabes l'empire de la Méditerranée, pour le faire passer aux Latins, c'est-à-dire aux nations d'Occident. Un peu plus tard, nous retrouvons, sous Philippe le Hardi, une puissante marine, et un homme de mer distingué, Enguerrand. Pendant le règne de son fils, Erard de Montmorency bat les Anglais, prend et brûle la ville de Douvres, et dicte la paix.

Philippe de Valois eut des flottes nombreuses et des amiraux d'un grand mérite. Parmi eux, Jean Chepoi, et les braves Hue de Queriet et Bahuchet tués à la bataille de l'Ecluse; le célèbre Tête-Noire, qui commandait en chef à cette affaire, et qui, bien que battu, s'empara de Porstmouth et de Guernesey, qu'il brûla après les avoir saccagés; Louis d'Espagne, comte de Talmont, qui en 1545 défit les Anglais dans deux rencontres.

Charles V et Charles VI confièrent le commandement de leur marine à Jean de Vienne; après plusieurs victoires sur les Anglais, cet intrépide marin fit une descente dans leur pays, pilla l'île de Wight, brûla Dormont, Plymouth et plusieurs autres places, et fut tué à la bataille de Nicopolis. A la même époque, Jean de Buch, amiral du duc de Bourgogne, combat avec des navires marchands français, pendant deux jours, une escadre anglaise ; Brise fait une descente à Sandwich, s'en empare, et brûle la ville et les vaisseaux qui se trouvaient dans le port.

Jusqu'à Louis XII la marine française jette moins d'éclat, mais sous ce règne et celui de François I er les hommes de mer sont dignes d'être cités. Préjan, chevalier de Rhodes, habile marin, punit deux fois les Génois révoltés, et deux fois aussi battit les Anglais supérieurs en nombre. Le vice amiral Lafayette défit la flotte de Charles-Quint, la força de se brûler dans le port de Nice en 1524, et battit de nouveau les Espagnols, conjointement avec Doria, devant Gênes leur alliée. Anebaut, amiral de France, met en déroute la flotte anglaise et ravage plusieurs points de leurs côtes ; Lagarde devait plus tard conquérir la Corse, et avec des forces inférieures en nombre, anéantir la marine anglaise en 1555.

De Henri H à Louis XIII la marine, négligée, ne peut citer que l'amiral Saint-Luc : mais sous Louis XIII apparaissent Montmorency, Guise, Valence, célèbres par les combats sur mer qui amenèrent la prise de La Rochelle; Armand de Maillé, duc de Fronsac, qui battit en 1640, 1642, 1644, les flottes espagnoles, et fut tué à vingt-sept ans, en 1646, en combattant vaillamment sur son vaisseau.

Le règne de Louis XIV donne à l'histoire de la marine des pages brillantes. L'empire de la mer conquis est une des causes les plus remarquables de la gloire du dix-septième siècle et de la civilisation qui en a été le résultat; cette époque, sur laquelle nous ne pouvons aujourd'hui que passer rapidement, a fourni tant de navigateurs illustres, que nous devons nous contenter d'indiquer les noms les plus remarquables : Richelieu et Vendôme battant les Espagnols; le commandant Paul détruisant les flottes des corsaires de Tunis, Alger et Maroc ; Cussac sortant victorieux, aux Antilles, d'un combat contre les Anglais; le conseiller au parlement, Lefèvre Delabarre, général improvisé à quarante ans, battant à diverses reprises les Anglais; Beaufort, qui punit les Tunisiens et périt sous Candie; Vivonne, Valbelle, Gabaret, d'Anfreville et Forbin, malgré leurs hauts faits, sont éclipsés par les grands noms de deux maréchaux d'Estrées, de Duquesne, Tourville, Château-Regnault, Jean-Bart et Duguai-Trouin, dont les glorieuses vies seront retracées par la France maritime.

C'est de cette époque que date surtout cette puissance maritime de la France, dont le Bailly de Suffren, Grasse, Guichen, Lamotte-Piquet, etc., vengèrent si glorieusement, sous Louis XIV, la décadence du règne précédent. Sous l'Empire, les Duperré et les Hamelin opposèrent dans les Indes leurs triomphes aux désastres que notre marine essuyait dans la Méditerranée et l'Océan.

Lemansois.

Le mousse. texte de F. Jacques.

Voyez-vous cet enfant qui de ses petites mains fouille la plage sablonneuse que vient de baigner le flot? voyez-vous cet autre qui saute sans broncher de bateau en bateau jusqu'à la barque qu'un vieux pêcheur pousse au large? voyez-vous celui qu'une femme, debout sur le rivage, tient dans ses bras, disant adieu de la main au marin qu'emporte ce beau trois-mâts? Tous ont vu la mer en naissant, tous voudront un jour en mesurer l'étendue. L'humide berceau auquel la main de Dieu imprime un mouvement perpétuel continuera pour eux celui où leur mère les endort aujourd'hui.

Le spectacle de la plaine sans fin, immuable, et pourtant toujours nouveau, tourmente les esprits d'une soif aventureuse; c'est un roman dont la première page séduit trop pour qu'on résiste au désir de tourner le feuillet : le charme de l'inconnu, l'amour du changement, les habitudes et les mœurs paternelles, l'esprit d'imitation, voilà les motifs qui vont faire un mousse de l'enfant du marin. Ses premiers pas le conduisent à la mer dont la poésie l'influence sans qu'il puisse comprendre cette action mystérieuse : est-il étonnant qu'il désire s'y hasarder?

Il faut compter dix années pour recevoir devant le commissaire de l'inscription maritime le baptême d'initiation, pour avoir le droit de porter le titre de mousse, premier échelon qui fait atteindre bien souvent la tête du mât, mais rarement le haut de l'échelle sociale. Pourtant le voilà lancé, l'enfant de la mer, sur cet Océan, objet de ses désirs,.et avec lui vogue l'espérance...Gare la bourrasque !

La Fortune file vers la Martinique ; les passagers paient le tribut ordinaire, le mousse est ferme à son poste et son cœur aussi; il ne trébuche pas sous les coups du roulis ou du tangage : rien ne l'émeut, ni la tempête qui vient d'assaillir le navire et a brisé le grand mât de hune, ni la foudre qui est tombée à quelques brasses de lui. Le vieux marin de dix ans se joue sur le bastingage en ayant l'air de narguer l'abîme, il grimpe d'un pied sûr dans les haubans ; encore quelques jours, et vous le verrez se balancer sur les gambes de revers et danser sur le bout d'une vergue. Une lame maladroite le surprend au milieu de son frugal repas, il secoue sa blonde chevelure, se met à rire de ce bain improvisé, et continue à briser de ses dents inexpérimentées le biscuit rebelle.

Toujours gai, insouciant comme on l'est à cet âge, le mousse jette rarement un regard en arrière. Quelques rebuffades lui feront peut-être un moment regretter sa mère ; il pleurera, mais les larmes de l'enfant sont comme ces gouttes de rosée dont le moindre rayon de soleil efface même la trace. D'ailleurs on n'est jamais cruel à son égard ; sous l'écorce rugueuse des hommes de mer palpite un bon cœur. Si Jean-Louis ne descend pas assez vite prévenir le capitaine de la vue d'un navire, s'il est lent à monter dans la hune pour y apporter le filin que réclame le gabier, s'il plaisante avec l'appétit peu endurant du gaillard d'avant en retardant l'arrivée de la gamelle et du bidon, on l'accueillera avec ce langage accentué du bord que le geste accompagne quelquefois. Mais serait-il dans sa famille même à l'abri de ces bourrades? Qui plus que lui est habitué à mettre les rieurs de son côté? il a souvent l'esprit, toujours la taquinerie, l'espièglerie pour protéger sa faiblesse.

Des diverses périodes de la vie du mousse, celle qu'il passe à bord des navires du commerce est la moins pittoresque , la moins accidentée ; son existence, à part ce qu'en mer il y a toujours d'aventureux, flotte au milieu de sept ou huit hommes qu'il connaît bientôt par cœur, pas de variété par suite. Les soins d'intérieur, de ménage, pour ainsi dire, prennent trop de place à son gré dans ses journées de labeur; sa figure s'en rembrunit quelquefois ; il sent sa mutinerie mal à l'aise sous ces lourds vêtements, sous cet épais bonnet de laine qui nous masque presque son malicieux regard.

Comme il est coquet, dégagé, au contraire, dans son costume de mousse de l'État. Le lieutenant va passer la revue, un coup de sifflet fioriture se fait entendre : Les mousses sur le pont en petite tenue d'été ! Et quelques minutes après, voilà les joyeux enfants accourant, se précipitant, se culbutant; ils se rangent sur le gaillard d'arrière. Le chapeau de paille, avec le beau ruban noir sur lequel vous pouvez lire en lettres d'or, Marengo, est uniformément obliqué; la chemise blanche bordée de bleu est rabattue sur le cou, que ceint une petite cravate rouge ; une écharpe rouge serre la taille et retient le pantalon blanc. Tous sont là, droits fixes, s'efforçant d'être graves; mais la chose est bien difficile, et l'on remarque un fin sourire comprimé sur toutes ces lèvres et dans tous ces yeux : c'est presque d'uniforme. Par grâce, lieutenant, ne laissez pas trop longtemps ces pauvres enfants dans la ligne verticale et inflexible du militaire à la première position ; ne retenez pas trop longtemps captive cette gaîté qui ne demande qu'à se faire jour. Ah ! que si vous les envoyez manœuvrer sur les vergues, grimper dans les haubans, serrer les perroquets, vous les rendrez heureux ! comme ils sauteront avec souplesse de cordage en cordage, les écureuils qu'ils sont ! c'est que le mouvement est leur véritable élément.

Sous ce rapport, la nature se charge de les récréer, et les hommes n'épargnent pas non plus leur activité. Mousse ! c'est le cri que l'on entend le plus souvent à bord. Il part du gaillard d'arrière comme du gaillard d'avant, des hunes comme de l'entre-pont. Du carré, du poste des élèves, du poste des maîtres, de la dunette, on appelle le mousse vingt fois par jour, et le mousse est arrivé que le cri n'a pas encore cessé de vibrer.

C'est un ordre à porter, c'est la mèche réclamée par le fumeur, c'est la flamme à dégager, ce sont les pavillons de signaux à remettre au chef de timonerie, c'est que sais-je? c'est tout, car tout est de la compétence du mousse, le groom militaire des officiers, l'aide de camp des matelots, le Mercure des élèves.

Au feu, le mousse est un marin consommé, sans peur et sans reproche, un homme complet ; jamais la pièce dont il est le pourvoyeur ne sera privée de sa ration de poudre : d'une intrépidité naïve, il semble ne pas s'apercevoir du danger.

Qui ne se rappelle le mousse de Navarin. Un boulet venait de lui emporter le bras gauche, il ne bronche pas, prend la gargousse du bras qui lui reste, la remet au chargeur, et tombe ensuite sous la violence de la douleur. Un abordage a-t-il lieu : armé d'une pique, le mousse doit s'opposer à l'invasion et défendre ses foyers mouvants ; mais souvent son ardeur l'emporte, il se glisse en fraude sur le vaisseau ennemi, au milieu de la mêlée où la mort va le frapper peut-être.

Avec son agilité et sa hardiesse, le mousse ne peut ne pas savoir nager ; aussi à cet exercice défie-t-il les poissons et les chiens de Terre-Neuve, ces sauveteurs si pleins d'humanité. Un mousse a été nommé chevalier de la Légion-d'Honneur, il y a quelques années, pour avoir sauvé deux enfants qui, tombés à la mer, étaient sur le point de s'y noyer.

Une classe aussi utile et qui promet à l'État d'aussi courageux serviteurs, devait appeler sur elle l'attention des hommes qui dirigent la marine. On a créé dans les ports de Brest, de Toulon, de Cherbourg, des écoles de mousses [4], avec l'intention d'en faire pour l'avenir de bons officiers mariniers ou maîtres; mais la plupart des enfants admis dans ces écoles n'appartenant pas à des familles de marins, n'ayant pas les traditions que l'on y puise en naissant, ont renoncé à la navigation. Il faut ajouter qu'en les détournant, comme cela se fait souvent à bord, en dépit des

---

[4] (1)Par décision du mois de janvier 1842, l'amiral Duperré a prescrit que la France Maritime fît partie de la bibliothèque de ces écoles, et fût même distribuée en prix. A la sollicitude que l'illustre amiral montre en toute occasion pour les mousses, on voit qu'il se rappelle ses premiers pas dans la carrière.

règlements, de leur véritable destination, on en a éloigné un grand nombre de la marine. Nous avons vu de prétendus mousses qui n'avaient appris sur les bâtiments de l'État que la profession de valet de chambre, de maître d'hôtel ou de cuisinier, et nous les avons rencontrés plus tard affublés du tablier blanc s'essayant à devenir des Vatel.

A Bordeaux, un de nos capitaines au long cours les plus instruits, M. Allègre, eut aussi l'idée, il y a trois ans, de fonder une école de mousses qui pût servir de pépinière aux armements du commerce; il en suivit l'application à ses risques et périls. Depuis, le ministre de la marine, le conseil général de la Gironde, la chambre de commerce de Bordeaux ont pris sous leur patronage cette utile création. La chambre de commerce de Marseille, à cet exemple, vient d'établir une école de mousses sur un plan plus large encore. Ce sont des institutions à encourager : l'avenir de la marine est dans les mousses, il faut recourir à tous les moyens légaux pour rattacher à la noble profession de marin tous les rejetons de nos populations maritimes. C'est par l'humble grade de mousse que l'amiral Duperré a commencé sa glorieuse carrière. Jean-Bart, Ruyter, Duguay-Trouin n'avaient pas débuté autrement. Sans doute peu de nos mousses arriveront aussi haut, mais beaucoup d'entre eux, avec l'instruction qui leur est donnée maintenant, pourront facilement devenir maîtres. De là ceux qui seront heureusement doués, en se pliant aux exigences des examens, s'élanceront plus loin. Ce qu'il faut dans toute carrière, c'est l'espérance et l'avenir; il n'y a de vraiment beau que les horizons sans limites. Mais le petit mousse, en attendant le bâton d'amiral sur lequel nous lui conseillons de ne pas trop compter, quoiqu'il l'ait peut-être au fond de son sac, le petit mousse grandit. Viennent ses seize ans, il sera novice de par le roi et le rôle d'équipage ; vous comprenez qu'il ne le sera jamais que de nom.

F. Jacques.

Le biscuit de mer, aussi nommé galette. Frédéric Rateau.

Pour la nourriture des marins, les navires embarquaient des pains secs, sortes de biscuits, composés d'eau, de levain et de farine. Il était de forme plate, carrée ou ronde et très semblable au « pain de guerre » connu des soldats qui en trouvent encore dans les boîtes de ration.

Ce pain, connu depuis le Moyen Age, sera transporté dans des boites en fer blanc, jusqu'à la décision ministérielle du 26 août 1937, date à partir de laquelle les navires de la Royale faisaient cuire le pain à bord.

Composition du pain de la marine française:

Il s'agit de farine de pur froment partiellement épurée (35 % à Brest, 15 % à Toulon) et de levain naturel de 5 % du poids de farine. On n'utilise pas de sel.

Méthode de cuisson et conditionnement du pain français:

La pâte à pain est constituée de 40 % de moins d'eau que pour un pain ordinaire. Pour le pétrissage, le boulanger tend une toile sur la patte et il la foule aux pieds en marchant dessus en se tenant à une corde au dessus de sa tête. La patte est laissée ensuite à reposer le temps qu'elle lève.

Les pains avaient au départ des formes diverses puis il fut décidé qu'ils devaient avoir une forme circulaire de 20 cm de diamètre et une épaisseur de 3 cm. Puis, pour améliorer la dessiccation les pains sont piqués de petits trous.

La cuisson est longue, il faut compter une heure et demi soit le double de temps que pour un pain ordinaire. Après cuisson les pains sont stockés près des fours pour sécher de sorte qu'il ne pèsent plus que 180 grammes environ pour un diamètre de 18 cm environ. Il n'y a qu'une seule cuisson.

Les biscuits de mer sont transportés dans des sacs et stockés dans l'entrepont des navires, sous la sainte barbe et au-dessus de la soute aux poudres, donc dans l'endroit le plus sec possible du navire.

Composition du pain de la Marine britannique

Le biscuit de la Royal Navy est fait de farine complète (avec son) et de levure naturelle, ou de la levure de bière.

Méthode de cuisson et conditionnement du pain anglais:

On verse un mélange d'eau et de levure et de sel dans la farine et on laisse fermenter une heure. On ajoute de l'eau si besoin et on pétrie la patte, que l'on coupe en blocs d'une livre et on la laisse lever avant de la cuire.

Les arsenaux fabriquent leurs biscuits mais il existent des fournisseurs industriels extérieurs à l'armée.

D'après les contrats passés avec ces fournisseurs privés, les blocs de patte d'une livre permettent de fabriquer cinq biscuits de 90 grammes environ. Conditionnés en paquets les biscuits sont stockés dans la bread room, un emplacement sous la dunette.

Conservation des biscuits de mer:

Théoriquement le biscuit de mer se conserve deux ans selon les méthodes de conservation.

Les biscuits doivent être stockés à l'abri des rongeurs et des insectes de type ver de farine ou charançons dont les larves rendent les produits impropres à la consommation. Sur les navires, l'humidité provoque des moisissures.

Pour la marine anglaise, l'idée est d'éviter la moisissure en permettant une circulation de l'air dans la zone de stockage. Mais la teneur en sel de la composition et l'humidité de l'air marin favorise la dégradation et la prolifération de nombreux parasites.

La marine française a préféré ne pas saler le biscuit pour éviter la prise d'humidité. Ils sont stockés, en vrac, dans des boites hermétiques calfatées, ouvertes uniquement quand on veut les consommer.

D'autres marines, hollandaise et américaine par exemple suivent la recette de la marine française.

La ration quotidienne de consommation de biscuit de mer.

La plupart des marines considèrent qu'il est recommandé de donner à chaque marin environ une livre de biscuit par jour.

Dans la marine française, à chaque repas le marin reçoit une galette de 180 grammes, soit un peu plus d'une livre par jour. Dans la marine anglaise, le marin reçoit une livre de biscuit (454 grammes) par jour.

La distribution de la ration de pain est donc d'un biscuit par repas ou de morceaux de biscuits si la conservation n'a pas été bonne.

Par contre, quiconque a mangé de ce « pain de guerre » sait qu'il est particulièrement sec et dur à croquer. Il faut donc le casser en le frappant sur le rebord de la table après l'avoir placé dans un linge pour en récupérer les morceaux. La solution la plus courante était de l'humidifier avec de la soupe, la sauce d'un plat ou même de la bière.

Si les marins chargés de la cambuse constataient la présence de petites larves d'insectes dans les biscuits, pour les éliminer ils les passaient dans un four avant de les servir aux officiers du bord. Les biscuits pouvaient alors être moins durs, chauds et croustillants !

Quantités de biscuits de mer transportées

D'après les documents d'archives de comptabilité découverts on sait que les navires embarquaient de grandes quantité, le pain restant l'alimentation de base.

Pour une croisière planifiée sur 4 mois pour un équipage de 240 hommes en 1821 une frégate anglaise avait embarqué 14 tonnes de biscuit.

Un vaisseau de 74 canons français avait embarqué 51 tonnes de biscuits pour un équipage de 707 hommes, 497 en temps de paix.

Exemple de commercialisation de biscuits:

-L'entreprise LU , emblématique de la ville de Nantes: A partir de 1846, Jean Romain Lefèvre s'installe à Nantes dans un immeuble appartenant à un armateur, il vend des biscuits et fonde avec son frère et sa femme Pauline Utile la biscuiterie Lefèvre-Utile. Leur fils Louis Lefevre-Utile rachète la société de ses parents en 1882; industrialise la production et s'installe sur les quais pour vendre aux armateurs. En 1886 il crée le fameux Petit Beurre et fonde la société LU en 1887 avec son beau-frère Ernest. Les biscuits sont très réputés, le marketing est très moderne et le conditionnement utile pour la conservation en mer. La société LU existe encore au XXI siècle.

Conçus pour être adaptés au mieux possible aux conditions climatiques extrêmes: froid, chaleur, sécheresse ou humidité maximale, les biscuits de mer étaient logiquement la consommation recherchée pour les explorateurs des colonies. Quelques paquets pouvaient être transportés dans les chariots ou individuellement sur la selle d'un cheval ou le paquetage d'un fantassin dans sa fameuse boite de ration.

Les populations civiles isolées en métropole comme dans les colonies étaient à la recherche de ces biscuits conservés bien emballés hermétiquement dans des boites en fer blanc.

Les recettes se sont diversifiées pour devenir des galettes et des gâteaux secs avec incorporation de fruits, de sucre, d'épices, de beurre.

Il est ici l'occasion de remarquer que la fabrication de la farine pouvait être envisagée à bord puisque Lapérouse fait installer un moulin à vent sur le gaillard arrière des flutes avec lesquelles il s'embarque pour son tour du monde.

Témoignage:

Lettre de Jean-Baptiste, Xavier Joyeuse à Benjamin Franklin, insurgé américain:

« *A Baudina, Terroir d'Aubagne le 19 Août 1777.*

L'interêt que j'ay toujours pris, Monsieur, aux succés des Colonies unies de l'Amerique, vû la bonté qui m'a paru dans leur cause, me donne le desir de tâcher d'y contribuer, si je le pouvais. Le déperissement de l'Armée Anglaise en Amerique, attribué principalement a la mauvaise qualité des Vivres qu'on leur distribüe, dont je lisais le détail, il y a quelque temps, dans les Papiers publics: Biscuit rongé des vers; Eau corrompüe sur les Vaisseaux, etc.: tout cela m'a fait penser de vous proposer quelques travaux que j'ay, dont les suffrages de l'Accademie Royale des Sciences de Paris, semblent garantir l'utilité. Vous recevrés d'abord, cy joint, l'histoire des Vers du Biscuit, qui est deja imprimée[5] *;et si cet échantillon vous paraissait fournir des vües utiles relativement au service des colonies, j'auray l'honneur de vous faire passer successivement, l'histoire des charençons qui devorent le Bled, qui est aussi imprimée; et j'y joindray, s'il le faut, un Memoire manuscrit encore, sur la conservation de l'eau commune, et les moyens de l'empêcher de se corrompre. J'ay l'honneur d'être, Monsieur, avec la consideration la plus parfaite Vôtre trés humble et trés obéissant serviteur*

Joyeuse l'aine

Frédéric Rateau 2024.

---

[5] Joyeuse fait allusion à son livre paru en 1773: « Histoire des vers qui s'engendrent dans le biscuit qu'on embarque sur les vaisseaux, avec des moyens pour l'en garantir »

Ris pris dans les huniers. texte écrit par Luco.

Le vent a subitement sauté dans un autre air ; le navire, qui, poussé par une brise d'arrière, voguait grand largue sur une mer dont la houle favorisait sa marche, s'incline maintenant et donne la bande.

On supprime les voiles hautes pour diminuer l'action du vent et préserver les faibles mâts qui les portent. Toutes les toiles de beau temps, royaux, contre-royaux, bonnettes, hautes et basses perroquets, clin-foc, sont serrées et assurées fortement sur leurs rabans de ferlage ; l'officier de quart fait orienter les vergues pour que le reste de la voilure reçoive plus directement l'impulsion de la brise dont le souffle a hâlé le travers.

La route que suit le navire après cette manœuvre n'est plus celle à laquelle il présente la guibre; sa marche de directe est devenue oblique; malgré ce mouvement de dérive, il navigue pourtant encore hardiment sous ses huniers, ses basses voiles, sa brigantine et son petit foc.

Cependant le vent fraîchit toujours; la voilure, toute réduite qu'elle est, fatigue encore ces mâts qui, lourds et gros, mais souples à cause de leur longueur articulée, fouettent comme de longues gaules à chaque secousse du tangage et des bouffées. Le navire a repris sa position penchée, dont les vergues des huniers, hissées en tête de mâts, augmentent l'inclinaison par leur poids.

L'officier, voulant prévenir ce que cette navigation a de fatigant pour la mâture et la coque du bâtiment, fait ariser les perroquets : ces voiles, les plus élevées pour le moment, descendent, à cet ordre, du haut des mâts, et le navire soulagé se redresse.

Mais l'horizon, que des grenasses chargent de taches livides, fait redouter que la chute de la nuit ne change en tourmente le vent déjà violent par moments. Le capitaine ordonne à l'officier de quart de faire prendre des ris aux huniers.

Cette opération a pour objet de diminuer la surface de ces voiles en réduisant leur hauteur.

Ainsi resserrées, lorsque les vergues qui les supportent seront hissées de nouveau, elles n'atteindront plus qu'à la moitié des mâts, et offriront par conséquent au vent la moitié moins de prise.

« Range à prendre des ris aux huniers. »

Tel est le premier ordre que donne l'officier de manœuvre.

A ce commandement préparatoire, que transmettent, vibrant, les répercussions du porte-voix, tous les matelots courent à leurs postes; mais, avant qu'ils ne s'élancent dans les enfléchures, l'officier fait prendre les mesures qui doivent assurer à leur travail moins de peine et moins de danger.

Il fait d'abord embraquer les balancines; c'est-à-dire que, pour rendre la vergue solide sous le poids des hommes qui la surchargeront, il fait supporter ses extrémités par les balancines.

On brasse ensuite la vergue carrée en amarrant solidement les bras tribord et bâbord, c'est-à-dire qu'au moyen de cordages nommés bras qui appellent ses extrémités en arrière, on l'appuie contre le mât pour la préserver des mouvements que lui transmettrait la voile fouettée par le vent.

Enfin le palan de roulis est embraqué pour garantir la vergue de ces dangereuses secousses du bâtiment.

Voilà pour la sécurité des matelots qui vont s'élancer à l'exécution de la manœuvre.

D'autres dispositions restent à exécuter pour rendre le travail moins long et moins pénible.

« Loffe timonier! »

Le navire, obéissant au gouvernail, vient lui-même présenter le côté de sa voile (la ralingue) au vent ; la toile que la brise, en la tendant, eût rendue insaisissable s'offre flottante en plis nombreux aux mains qui vont la dompter.

C'est alors qu'après avoir fait peser les palanquins, c'est-à-dire fait supporter les côtés de la voile par des cordages (palanquins) fixés d'avance au-dessus des points qui vont devenir les coins supérieurs de la voile ainsi raccourcie, il donne le commandement définitif:

« En haut prendre des ris ! »

A cet ordre, les matelots se précipitent dans les cordages. En un clin-d'œil ils sont sur la vergue, perchés à ses extrémités, ou la garnissant dans sa longueur. Leurs pieds s'appuient sur une simple corde; leurs mains se saisissent pour soutien de la voile même qui doit céder à leurs efforts; battus par le vent et la pluie; couverts quelquefois sous les renflements des plis que le vent soulève au-dessus de leurs têtes ; appelant par le chant d'un hourah mesuré leur concours simultané contre la résistance d'une grosse toile lourde de vent et d'humidité; décrivant dans l'air, sur cette vergue mobile, les arcs rapides du roulis qui les ramène sans cesse au-dessus de la vague qui gronde et écume sous leurs pieds; se tenant d'une main, travaillant de l'autre, ils exécutent cette opération dangereuse avec autant de promptitude que d'adresse.

Ne craignez point pour eux, leurs pieds se sont fait à la longue une planche solide de cette pliante mâture ; de joyeux éclats de rire se mêlent souvent au sifflement du vent dans ces occupations aériennes, dont l'habitude a effacé pour eux les difficultés et les périls. Les accidents y sont toujours accueillis par de grosses épigrammes. Une rafale enlève un chapeau : Encore un cadeau à saint Pierre, dit avec résignation le philosophe, qui presque toujours avec la coiffure de toile goudronnée perd sa blague (6) ou sa pipe, ces douces compagnes du bossoir. Et un autre, pour le consoler, lui conseillera de courir après.

Luco.

---

6 Bourse en cuir dans laquelle le marin met son tabac à chiquer.

Un homme à la mer. par le Cne Vaisseau Ed., Willaumez.

I

Le navire file silencieusement, poussé par un petit frais…Ses voiles hautes arrondissent avec grâce leur léger tissu, tandis que la pesante misaine, affaissée sous le poids de ses bouquets de poulies, présente son trapèze de mélis double aux efforts de la brise qui vient s'y jouer comme sur un rideau de fer L'allure est le grand largue Les bonnettes, puissantes auxiliaires, se gonflent le long des ralingues du vent La grand'voile, carguée à tribord, semble se mutiner contre son écoute, et envier aux voiles de l'avant la brise que l'officier de quart leur ménage à son détriment C'est un jour de repos pour l'équipage. Les gens de quart, en partie étendus sur le pont, ou fouillent leurs vieux souvenirs, ou fument leurs pipes culottées, ou s'endorment enfin à demi accablés par la chaleur… « Un homme à la mer ! » crie-t-on de la hune de misaine… « La bouée de sauvetage à la mer ! « La barre dessous !

« Amène le canot sous le vent ! « File les écoutes des basses voiles, les amures de bonnettes hautes, les drisses de bonnettes basses !.... » Et ces commandements, fortement accentués par la voix gutturale de l'officier de quart, ont fait régner la plus grande activité sur ce pont où un instant auparavant on n'entendait que le léger bruissement de l'étrave fendant l'onde Et le timonier de jeter à la mer la bouée de liège, surmontée d'un petit pavillon rouge ; et les hommes de se précipiter dans le canot, de l'amener en double, et un élève de s'y affaler par les palans, et le canot de nager avec rapidité vers la bouée préservatrice à laquelle s'est déjà cramponné l'homme. La barre, mise dessous, a lancé le navire dans le vent, afin qu'il puisse prendre la panne et attendre son canot ; toutes les longues-vues, braquées sur ce dernier, le voient bientôt se diriger vers le bord, ramenant le gabier un peu étourdi de sa chute, mais disposé cependant à se réchauffer le fanal avec un grand coup d'eau-de- vie de cambuse.

II

Le navire, fatigué par la mer, tangue pesamment en donnant de fortes saccades à la mâture… La brise est carabinée, et fraîchit de plus en plus…

Les lames, d'abord courtes et dures, s'allongent peu à peu, et leurs crêtes brisées sont enlevées en tourbillons blanchâtres par les sifflantes rafales L'horizon se noircit Tout présage une bourrasque violente L'officier de quart vient de faire prendre le troisième ris aux huniers et celui des basses voiles On lient le plus près « Un homme à la mer ! » crie-t-on d'en haut « La bouée dehors ! » répond l'officier Puis, un moment terrible un moment d'hésitation, de calcul de vie ou de mort pour le pauvre matelot tombé, succède à ce premier commandement Faut-il risquer dix hommes pour un ! Et la pitié est là qui crie au jeune marin : « Il y a des chances de succès »

La pitié l'emporte « La barre dessous! »

Cargue les basses voiles! « Le grand hunier sur le mât! »Amène le canot sous le vent !... » Et malgré cette mer déjà affreuse, menaçante, d'intrépides hommes s'élancent dans le canot...Des élèves, des maîtres, des quartiers-maîtres les devancent, et amènent lestement eux-mêmes l'embarcation, qui, frêle et chétive qu'elle est, ose défier la fureur des vagues pour sauver un malheureux.

La fortune semble couronner leur audace.Porté de lame en lame, le canot atteint l'homme, le sauve, et nage vers le bord Mais il est un instant critique pour la fragile embarcation, c'est cela où, cessant de présenter l'avant à la vague, elle arrondit sa route et lui offre son faible travers Violemment choquée dans ce moment par une épouvantable lame, elle est chavirée, roulée deux ou trois fois sur elle-même avec les malheureux qui la montent Et le navire est là qui les voit se débattre, lutter avec courage contre la mort, lever les mains au ciel pour lui faire signe Il est là, et ne peut rien faire Il est là, et le capitaine peut à peine contenir l'ardeur des officiers et matelots qui veulent encore voler au secours de leurs compagnons

Dix hommes pour un! Leçon terrible que comprend si bien le cœur navré de l'officier responsable, même lorsqu'il a pour excuses des chances de réussite ! Dix hommes pour un ! c'est assez et le navire a fait route en les voyant s'abîmer sous les flots....

III.

Le navire, battu par une mer monstrueuse, capeye sous sa misaine et son foc d'artimon

Eau, ciel, terre, tout cela confondu ne présente à l'œil qu'un vaste crêpe noir où brille de temps en temps l'écume phosphorescente des lames. Dans une circonstance à peu près semblable, trois élèves du vaisseau l'Algésiras périrent, en 1831, victimes de leur dévouement. Ces jeunes gens, dont l'héroïsme n'a été ni assez connu, ni assez apprécié en France, sont MM. Laurent, Dupeloux et Boixe

Les coups de roulis sont affreux Les canots placés sur le pont peuvent à peine être maintenus à force de saisines. Les boulets échappés de leurs parcs roulent d'un bord à l'autre Les charges des canons ont pris du jeu dans leurs pièces et mêlent leur bruit sourd aux craquements de l'accastillage, au sifflement du vent dans les cordages, aux battements du grand hunier que les plus intrépides gabiers travaillent à mettre au bas ris,

« Un homme à la mer ! » crie un matelot du haut de la vergue ; mais le vent est si violent, que l'élève placé dans la grande hune n'entend pas. De bouche en bouche, d'oreille en oreille, les hommes du grand hunier se font comprendre enfin.... Et l'élève de crier, tourné vers l'officier de quart : « Un homme à la mer ! »

Rien et l'élève de hurler en se créant un porte-voix de ses deux mains : « Un homme à la mer! » Un mouvement convulsif agite un instant les traits de l'officier « Bien Silence ! Et ces deux mots sont deux glas de mort pour le malheureux qui vient de tomber !...

1850 *Ed. Boüet-Willaumez, Capitaine de vaisseau*[7].

---

[7] Edouard Boüet-Willaumez né le 14/04/1808 dcd le 09/09/1871. Explorateur du fleuve Sénégal et, réprime la traite négrière, signe des traités avec les rois du Golfe de Guinée, fonde Libreville pour loger des esclaves qu'il a libéré amiral en 1865. Il oeuvre pour les cuirassiers à coque métal etc..

Naufrage à la côte d'Afrique

Prière du Matelot. par Chateaubriant.

Je ne suis rien : je ne suis qu'un simple solitaire : j'ai souvent entendu les savants disputer sur le premier Être, et je ne les ai point compris ; mais j'ai toujours remarqué que c'est à la vue des grandes scènes de la nature que cet Être inconnu se manifeste au cœur de l'homme.

Un soir (il faisait un profond calme) nous nous trouvions dans ces belles mers qui baignent les rivages de la Virginie. Toutes les voiles étaient pliées.

J'étais occupé sur le pont, lorsque j'entendis la cloche qui appelait tout l'équipage à la prière : je me hâtai d'aller mêler mes vœux à ceux de mes compagnons de voyage.

Les officiers étaient sur le château de poupe avec les passagers; l'aumônier, un livre à la main, se tenait un peu en avant d'eux; les matelots étaient répandus pêle-mêle sur le tillac : nous étions tous debout, le visage tourné vers la proue du vaisseau, qui regardait l'occident.

Le globe du soleil, prêt à se plonger dans les flots, apparaissait, entre les cordages du navire, au milieu des espaces sans bornes. On eût dit, par les balancements de la poupe, que l'astre radieux changeait à chaque instant d'horizon.

Quelques nuages étaient jetés sans ordre dans l'orient, où la lune montait avec lenteur : le reste du ciel était pur. Vers le nord, formant un glorieux triangle avec l'astre du jour et celui de la nuit, une trombe brillante des couleurs du prisme s'élevait de la mer comme un pilier de cristal supportant la voûte du ciel. Il est bien à plaindre celui qui, dans ce spectacle, n'eût point reconnu la bonté de Dieu.

Des larmes coulèrent malgré moi de mes paupières, lorsque mes compagnons, ôtant leurs chapeaux goudronnés, vinrent à entonner d'une voix rauque leur simple cantique à Notre-Dame de-Bon-Secours , patronne des mariniers. Qu'elle était touchante la prière de ces hommes qui, sur une planche fragile, au milieu de l'Océan, contemplaient le soleil couchant sur les flots! Comme elle allait à l'âme cette invocation du pauvre matelot à la mère de douleur ! La conscience de notre petitesse à la vue de l'infini, nos chants s'étendant au loin sur les vagues, la nuit s'approchant avec ses embûches, la merveille de notre vaisseau au milieu de tant de merveilles, un équipage religieux saisi d'admiration et de crainte, un prêtre auguste en prières, Dieu penché sur l'abîme, d'une main retenant le soleil aux portes de l'occident, de l'autre élevant la lune dans l'orient, et prêtant à travers l'immensité une oreille attentive à la voix de sa créature : voilà ce qu'on ne saurait peindre et ce que tout le cœur de l'homme suffit à peine pour sentir.

Chateaubriand.

Les femmes à bord de vaisseaux de la marine à voile! Frédéric Rateau.

Il est de notoriété populaire ancestrale que «les femmes à bord portent malheur». La présence féminine a été évoquée négativement par les marins. Les sirènes par leurs chants avaient dit-on dans la mythologie grecque risqué d'entraîner le vaisseau d'Ulysse par le fond. Frustrations, jalousies pouvaient causer la zizanie et la perte de la cohésion de l'équipage.

Pourtant, historiquement il est avéré que les civilisations maritimes se sont aventurées sur les océans avec des équipages constitués en très grande majorité de marins et guerriers avides de conquêtes ou pillages, mais ces derniers avaient des compagnes ou des épouses dans leurs bagages. Les drakkars vikings par exemple débarquaient sur les rivages colonisés hommes et femmes souvent guerrières elles-mêmes et accompagnées d'enfants. Bien que naufrages, tempêtes, incendies, attaques de pirates présentent encore aujourd'hui le métier de marin comme celui d'un métier à risque ou la virilité s'exprime, les femmes ont toujours été présentes officiellement ou non à bord des vaisseaux. Evoquons par exemple les femmes pirates qui ont également laissé leur noms dans l'histoire: Alvilda, Mary Read, Anne Bonny, Grace O'Malley…

L'histoire maritime est saturée de références à l'héroïsme des marins, découvreurs, explorateurs, guerriers conquérants qui ont vaincus les épreuves. Cependant il a été prouvé que plus que la force physique dont le marin fait preuve, la navigation doit faire appel à un apprentissage du risque, une maîtrise technique et des dispositions morales et mentales qui ne sont pas le privilège des hommes.

A bord il y a deux catégories de dangers, ceux qui menacent le navire à l'extérieur et sont dûs à la navigation: naufrages, échouages, tempêtes, piraterie; et ceux qui sont dûs à l'intérieur du navire: cohésion de l'équipage vivant en espace clos pendant de longues traversées. Les conflits entre les personnes sont potentiellement nombreux: l'organisation fonctionnelle du bord, les rapports hiérarchiques, la répartition des charges de travail et leur prise en compte des risques, la santé de l'équipage, le confort relatif, le menu, le courrier. Or il s'est avéré avec l'expérience des années de féminisation des équipages que parfois les femmes sont perçues comme confidentes de leurs collègues qui verbalisent auprès d'elles leurs stress, leurs soucis personnels.

Quelques textes anciens ont laissé les témoignages de la vie à bord et des réglementation mises en place.

Par exemple du temps de Louis XIV, le 15 avril 1689, l'article 35 d'une ordonnance précisait à l'égard des femmes que *« Sa Majesté défend aux officiers de ses vaisseaux de mener des femmes à bord pour y passer la nuit ou pour plus longtemps »*.

Ce règlement n'empêcha pas des transgressions. L'amiral Yves de Kerguelen avait fait embarquer clandestinement sa maîtresse. Il fut jugé et condamné en 1775, mais les femmes furent progressivement tolérées sur les navires de guerre.

Dans la marine française la présence exceptionnelle de femmes a été documentée pendant le premier empire. Des officiers ou d'autres membres d'équipage avaient reçu des autorisations écrites pour se faire accompagner par leur épouse. A bord de *« l'Achille »*, pendant la bataille de Trafalgar, une femme est tombée par dessus bord au moment de l'explosion, sauvée par les Anglais, elle a expliqué avoir refusé de suivre les autres femmes débarquées à terre avant la bataille pendant laquelle elle a aidé le chirurgien à soigner les blessés. Sur d'autres bâtiments la présence de femmes est remarquée: le commandant du *« Bucentaure »* invite à sa table la femme d'un des officiers de son état major avant de débarquer en Martinique. Il y avait d'autres femmes qui ont participé à toute la campagne et participaient à certaines taches de bord. A bord du *« Dugay-Trouin »*, du *« Neptune »*, de *« L'indomptable »*, on note la présence d'officiers accompagnés de femme et enfants.

Dans la marine anglaise également on a enregistré la présence d'épouses de marins et de soldats; d'autres étaient des filles montées et restées à bord après les escales. Ces passagères clandestines, non inscrites sur les rôles des équipages pouvaient causer un excès de consommation d'eau douce et de nourriture.

Ces femmes devaient partager le hamac et la nourriture de leur conjoint et pendant les quarts, elles assuraient certaines taches: nettoyage des ponts, lessive, aides à la cuisine et en cas de combat elles assuraient un rôle d'infirmière non négligeable.

Quand on examine de près le célèbre tableau de Daniel Maclise « La mort de Nelson » on remarque dans un détail sur la gauche la présence de deux femmes qui portent secours à un blessé sur le pont, pendant la bataille. Selon des témoignages, certaines participèrent même au combat.

Cependant ces exceptions ne doivent pas cacher l'interdiction officielle de la présence des femmes sur les navires de guerre. Peu de femmes figurent en bonne place dans la mémoire historique si ce n'est que figée dans la statuaire des figures de proue. Evoquons tout de même Louise Marguerite de Bréville, qui déguisée en homme, commanda la frégate « La Madeleine » au sein de l'escadre de l'Amiral d'Estrées, elle fut tuée au combat en 1673. (voir page 45). Parlons également de Jeanne Barret, qui fut connue pour être la première femme à faire le tour du monde, maîtresse du botaniste Commerson elle faisait partie de l'expédition de Bougainville entre 1766 et 1769. Il y eu aussi Rose de Freycinet, qui participa à l'expédition scientifique à bord de « l'Uranie » en 1816, en se faisant passer pour un homme compte tenu du désaccord de sa famille et des autorités. Il y eu enfin les femmes volontaires des Services Féminins de la Flotte créés en 1943. En matière de marine nous ne pouvons pas oublier Marie-Madeleine Fourcade, qui joua un rôle important pendant la seconde guerre mondiale en renseignant les alliés britanniques sur les départs des sous-marins allemands à la sortie de la base de Lorient. Elle dirigeait le réseau « Alliance ».

Frédéric Rateau.

Louise-Marguerite de Bréville, capitaine de frégate. Frédéric Rateau.

Alors que depuis sa naissance la République des Provinces Unies avait reçu le soutien de la France, pour des raisons économiques une guerre se préparait. Colbert encourageait le commerce français à l'exportation tout en pratiquant des tarifs douaniers pour protéger les produits français. De son côté le roi Louis XIV était en train de créer une puissante marine de guerre de nature à rivaliser avec la flotte hollandaise. Un conflit armé, souhaité par le roi paraissait inévitable, alors que Colbert aurait préféré une alliance avec l'Angleterre dans un conflit commercial pacifique basé sur la compétition intellectuelle et industrielle. Mais les Hollandais se méfiant de l'expansion française cherchaient à se rapprocher du roi d'Espagne dont ils s'étaient pourtant libérés depuis peu. Quant à l'Angleterre, fidèle à ses craintes ancestrales, il fallait combattre la puissance maritime menaçant ses intérêts stratégiques et commerciaux. Or, en 1670 cette puissance était celle de la République des Provinces Unies. Dans un traité secret négocié avec l'aide d'Henriette la soeur de Charles II D'Angleterre, Louis XIV proposait une aide militaire pour installer des comptoirs anglais sur la côte de la République des Provinces Unies, en contre partie Charles II promettait de soutenir Louis XIV dans sa volonté de faire valoir ses droits à la succession d'Espagne, de se convertir au catholicisme et de soutenir l'écossais Stuart. Sur le plan militaire, l'Angleterre engagerait une lutte maritime et la France une offensive terrestre. Au préalable Louis XIV devait s'assurer de la neutralité des princes rhénans et de l'Espagne en ordonnant à son armée de contourner les territoires des Pays-Bas espagnols. Après des préparatifs de deux ans le 28 mars 1672 Charles II fut le premier à déclarer la guerre à la République des Provinces Unies. Louis XIV le suivit le 6 avril.
Le 07 juin 1672, l'amiral Ruyter à la tête de la flotte des Provinces Unies infligea une défaite navale à la flotte anglaise à Solebay. L'offensive maritime anglaise fut en échec.
Les Français contournèrent les Pays-Bas espagnols et le 12 juin 1672 traversèrent le Rhin à Tolhuis avec Monsieur de Turenne, et le prince de Condé. Malgré la profondeur du fleuve, son débit et la présence des ennemis sur l'autre berge, la cavalerie française faisant nager ses chevaux chargea l'épée à la main, les armes à feu trempées étant hors d'usage. 40 villes tombèrent devant l'offensive française. Les Hollandais pour stopper l'offensive et l'invasion totale de leur pays décidèrent d'ouvrir les écluses d'Amsterdam, inondant la ville. Les Français prirent Utrech et y rétablirent le culte catholique. Jean de Witt, victime d'une révolution fut exécuté et le prince Guillaume d'Orange, monarchiste, lui succéda. Il sera médiocre militaire mais habile homme politique. Après un mois de savant siège organisé par Vauban la ville de Maastricht tomba le 30 juin 1673.[8] Ce type de guerre de prises de ville réputées imprenables impressionna le roi par son ingéniosité.

---

[8] Charles de Batz de Castelmore (D'Artagnan) y fut tué au cours de l'assaut quelques jours avant la reddition.

Un an après sa défaite navale de Solebay, la marine britannique et la modeste flotte française du comte d'Estrées engagèrent le combat contre les vaisseaux hollandais au large des côtes de la Zélande. L'issue de cette bataille fut incertaine, chaque camp revendiquait la victoire. C'est dans ce contexte que la frégate *« La Magdeleine »*, croisait en juin 1673 au large de Dunkerque quand apparu l'avant-garde de la marine hollandaise de Ruyter. Le navire français était isolé, il était commandé par le capitaine Préville. Les hollandais avec le vent favorable lancèrent un brûlot sur la frégate française. Cette embarcation chargée d'explosifs et de grapins pour s'accrocher au gréement de sa victime provoqua l'incendie de la frégate. Le capitaine français, donna l'ordre de prendre à l'abordage le navire ennemi *« le Dordrecht»* et s'élança à la tête de ses hommes sur le pont ennemi. Le combat au corps à corps était féroce sur le vaisseau hollandais. C'est à ce moment qu'arriva un autre vaisseau français *« La reine »*. Le combat tourna en faveur des français qui finirent par hisser le pavillon du roi à la tête de mât du grand perroquet du *« Dordrecht»*.

Le capitaine Préville, commandant la frégate *« la Magdeleine »*, sérieusement blessé fut conduit à Dunkerque pour y être soigné.

A cet instant, le chirurgien constata que le capitaine en uniforme qu'on venait de lui apporté était une femme. Malheureusement, malgré les soins de ce chirurgien la jeune femme décéda le 26 juin 1673, soit un jour après Dartagnan au siège de Maastrich. Elle avait 25 ans.

Cette jeune femme était Louise-Marguerite de Bréville. Issue d'une vieille famille noble, elle avait fait le voeux de servir aux armées. Après avoir fait croire à sa famille qu'elle avait été enlevée par des brigands, elle s'était rendue à Paris pour s'engager. Elle s'était engagée vêtue en homme, sous le nom de chevalier Préville. Chassée de son régiment après avoir vaincu en duel un officier elle prit contact on ne sait comment avec l'amiral d'Estrée qui était un ami de sa famille. Embarquée à bord d'un navire de la Royale, toujours vêtue en homme, elle participa en Méditerranée à plusieurs combats contre les barbaresques avec l'escadre de l'amiral d'Estrée. Ses compétences furent reconnues puisqu'elle reçu le commandement de la frégate de 36 canons *« la Magdeleine »*.

Concernant la guerre contre les Provinces Unies, Louis XIV fut victorieux puisque le traité de Nimègue signé en 1678 donna à la France la Franche Comté et plusieurs villes et places fortes des Flandres.

Frédéric Rateau 2024.

Le Cabestan. par P. Luco.

Pour celui qui l'aperçoit pour la première fois, le cabestan est de tous les appareils qui meublent les batteries d'un vaisseau, celui qui provoque le plus vivement la curiosité. Il consiste en une machine de bois, de forme à peu près cylindrique, composée de plusieurs pièces savamment réunies, invariablement endentées ensemble, et contenues par de forts liens de fer autour d'une pièce principale qui est l'âme de tout le système, et qu'on appelle la mèche. Il pose perpendiculairement et fermement à la place qu'il occupe, pour y tourner ou pivoter sur lui-même, au moyen de quatre, huit, ou seize barres de bois qu'on y adapte par des trous pratiqués dans sa tête ou chapeau, et que des hommes poussent en marchant circulairement avec elles.

Si au cylindre de la machine tournante on a fixé l'extrémité d'un cordage, le cylindre, dans ses révolutions, s'en enveloppera, en attirant vers lui l'autre extrémité et le fardeau qui la retient.

Les cabestans sont employés pour mouvoir et enlever des masses dont la pesanteur exige les glus grands efforts. C'est principalement en marine, dans les ports et à bord des vaisseaux, qu'on en fait usage; rien ne résiste à la toute-puissance de ces robustes machines, lorsqu'étant multipliées, leur vigueur d'action est combinée d'après les lois de la statique.

Les cabestans varient de forme et de dimension selon les cas dans lesquels ils sont destinés à fonctionner, et aussi selon les places où ils figurent. Les cinq cabestans envoyés de Brest à Paris pour l'érection de l'obélisque égyptien, sont de l'espèce qu'on appelle cabestans volants, parce qu'ils peuvent être transportés au besoin. Leur construction n'a rien de gracieux : encaissés dans un lourd appareil de charpente indispensable, ils ne montrent que leurs têtes en forme de meule de moulin, et percées de leurs seize mortaises.

Ceux des vaisseaux, simples ou doubles, sont plus libres dans leur pose. Debout au milieu des batteries ou du gaillard d'arrière d'une frégate, ils s'appuient sur leur mèche, qui se prolonge jusqu'à l'autre tillac en dessous, après avoir traversé, par un trou appelé étambrai, le pont sur lequel le cabestan semble reposer. Cette mèche, qui sert comme de jambe unique à la machine, a son pied garni d'un boulon en fer, qui roule dans un dé ou écuelle en fonte, solidement encastré dans le pont inférieur. Ainsi posé, sans entourage qui le gêne, le cabestan montre à tous les regards ses formes arrondies, son allure vigoureuse, sa tête aplatie qui vous regarde par ses seize mortaises enfermées dans un double collier de fer, et son pied entouré de sa crémaillère en fonte, dont les linguets s'opposent à tout mouvement rétrograde durant la fonction, ou dans les temps d'arrêt.

Le cabestan double des frégates diffère de celui des vaisseaux, en ce que le cabestan supérieur est sur le pont, où il figure autant comme ornement du gaillard d'arrière que comme moyen de force. Autrefois modeste et vigoureuse machine de chêne sans apprêt, aujourd'hui objet de parure et empreint de sa part du perfectionnement en harmonie avec le luxe d'ordre qui l'entoure ; plus gracieux dans ses formes et dans sa pose, c'est le cabestan petit-maître, à la robe verte et luisante, aux liserets jaunes ou blancs, à la tête d'acajou coiffée d'une brillante toque de cuivre portant devise gravée. Des cercles et des étoiles en bronze éclatent sur cette tête couronnée d'un râtelier, qui reçoit, les jours de soleil, un faisceau de fusils brillants. Là, renfermé comme dans une cage scintillante, soigné, fourbi, poli, raccordé tous les jours, c'est plaisir de le voir briller en souverain au milieu des autres machines et ustensiles de guerre et de navigation qui rivalisent d'éclat et de propreté. Si son frère d'en bas est appelé à quelque rude travail, obligé de suivre le mouvement commun, il tourne aussi, mais en se pavanant fièrement sous sa colonnade de fusils.

Quant à son frère de la batterie, véritable homme de peine, il n'a rien de la coquetterie de son jumeau du gaillard d'arrière ; loin de là, son corps pelé porte l'empreinte des rudes étreintes des cordages qu'il déroule. Oh ! si vous l'entendiez grincer sous les plis serrés de la tourne-vire qui le sangle! comme il gémit, le pauvre ! sous la résistance de l'ancre qui lient au fond, et sous les efforts athlétiques de ses quatre-vingt-seize ou cent vireurs, piétinants autour de lui au son du tambour! Mais aussi quand il n'a rien à faire, il est rallié par les matelots ses amis : c'est lui qui est la bourse; c'est lui le pilier de la place publique; c'est autour de lui qu'on trafique de tabac contre une ration d'eau-de-vie ; c'est au près de lui qu'on raconte les nouvelles; il entend les bonnes causeries et les âpres et fines critiques, des familiers de la batterie. Cependant, il faut le dire à la plus grande gloire de la civilisation des matelots, et comme un effet de la réforme sociale qui a ricoché jusque sur les vaisseaux, l'affection des matelots pour le cabestan n'est plus ce qu'elle était autrefois; c'est qu'il n'est plus pour eux comme jadis le palladium de certain privilège d'insolence, que l'usage laissait exister, au grand plaisir des titulaires, qui en profitaient sans restriction et avec une méchante joie, et qu'ils appelaient la liberté du cabestan. Voici en quoi elle consistait : Lorsqu'en fonctionnant, le cabestan éprouvait une grande résistance contre laquelle les hommes luttaient sans succès, pour accélérer leur mouvement, et se stimuler dans leurs efforts, l'un d'eux criait: Charivari! tous les autres demandaient ensemble pour qui? Le premier répondait en citant un nom, et y ajoutait une kirielle de gros lazzis hostiles et insultants pour le porteur du nom qu'il avait choisi, et qui se terminait par la rime aussi. Tous alors répondaient sardoniquement par un chorus de houras prolongés, en piétinant et virant avec un double effort, auquel la résistance ne manquait jamais de céder. Plus le sarcasme avait été outrageant, plus les vireurs semblaient acquérir de vigueur sur les barres ; et il ne faut pas croire que les crieurs de charivari fissent élection d'un nom sans importance ; non, c'était parmi les officiers de tous grades du vaisseau, souvent présents, sans excepter même le commandant, qu'ils prenaient les sujets de leur malicieux stimulant.

Cette liberté, à qui 95 donna une latitude souvent funeste pour le chef que le cri d'équipage plaçait ainsi sur la sellette, a succombé devant les officiers de la marine impériale, qui ont remplacé les houras du franc-parler par le son guerrier du tambour. Cette franchise à la Pasquin s'est réfugiée sur le navire du commerce, où elle commence même à être frappée de désuétude.

P. Luco.

Habitacle. P. Luco.

La boussole, dont l'utilité permanente fixe la place sur le pont agité d'un navire, avait besoin d'un abri qui la défendit contre tout choc et contre les intempéries de l'air. Une caisse, en forme de petite armoire, lui fut consacrée ; là, suspendue sur un double balancier et renfermée dans une boîte carrée, elle s'offre à l'homme placé à la barre du gouvernail, pour que chaque instant de son importante fonction se partage entre un coup d'œil jeté sur le temps et sur les voiles, et deux sur la direction de l'aiguille conductrice.

Cette armoire reçut le nom d'habitacle.

Ce mot, en style sacré, signifie demeure d'un objet révéré. Quoi de plus respectable, en effet, dans un vaisseau voguant sur l'Océan, que l'instrument qui préside à sa destinée? Cet habitacle, placé en avant et près de la roue ou de la barre du gouvernail, laisse voir au timonier la boussole exposée, durant le jour, à la clarté du temps, et, pendant la nuit, éclairée par la lumière d'une lampe renfermée dans un petit compartiment. L'habitacle a aussi subi des améliorations qui ont perfectionné tout le matériel des vaisseaux.

Autrefois, modeste meuble, il n'était qu'un simple ouvrage de menuiserie, bâti en bois de sap, et dont les défauts se cachaient sous une épaisse peinture. Privé de tout ornement, il se dérobait aux regards sous le fronteau abaissé de la dunette, ou derrière le dôme du gaillard d'arrière; et il faisait bien, car, toujours bigarré extérieurement de l'empreinte des mains de ses familiers, il choquait désagréablement la vue, tandis que son intérieur, sale de fumée et du trop plein de sa lampe mal soignée, répandait autour de lui une odeur qui accusait défavorablement sa présence. Il n'inspirait aucune attention aux pilotins commis à sa garde ; aussi sa petite cheminée tout enfumée était-elle obstruée par la vapeur de l'huile qui s'y solidifiait en larges écailles, et ce n'était qu'à l'impatience bien excusable des timoniers, dans les nuits obscures, que sa vitre terne, à travers laquelle arrivait sa lumière sur la rose de la boussole, devait de recouvrer par fois un peu de sa transparence, autant que pouvait le faire un bouchon d'étoupe passé rapidement sur sa surface brûlée. Heureux, pourtant, si la pose douteuse et mal affermie du meuble imparfait opposait une résistance suffisante aux accidents de voyage, et si un brutal coup de mer épargnait l'habitacle et son précieux motif.

Mais, comme nous le disions tout-à-l'heure, le progrès a passé par là; et, comme ces génies bienfaisants qui, par le secours de leurs baguettes magiques, opéraient de merveilleuses métamorphoses, il a fait de ce sale petit bouge un joli temple digne de son nom et de l'oracle mystérieux qu'on y consulte.

Oui, un petit temple aux formes architectoniques, où le cuivre brille sur l'acajou; affermi, et défiant par sa pose solide et gracieuse les chocs et les roulis; isolé et réfléchissant autour de lui l'éclat de ses bronzes polis. Son dôme de verre, surmonté d'une petite galerie à colonnes, recouvre de sa périphérie l'élégante boussole qui se balance au-dessous. Le soir, une lumière égale et douce, et mystérieuse comme le phénomène qu'elle éclaire, apportée par la combinaison ingénieuse de quelques réflecteurs, frappe de ses rayons angulaires le dessous de la boussole, dont le tableau, fait d'une feuille de talc, laisse lire, par sa transparence, la rose aux trente-deux aires dessinée en noir sur sa surface polie.

Ainsi en harmonie avec toutes les machines perfectionnées qui parent le gaillard d'arrière de nos bâtiments de guerre et de commerce, il provoque les soins faciles qui lui tendent chaque jour un nouvel éclat.

Ce monument porte aussi son horloge : une montre, posée dans un emplacement artistement ménagé dans son entablement, expose à tous les yeux les heures de son cadran; un arceau en cuivre luisant recouvre le tout, et sert à la fois à protéger l'habitacle et à suspendre au haut de son ceintre une petite cloche pour frapper les heures.

L'élégance des habitacles modernes ne doit point effaroucher l'esprit d'économie ; ce luxe apparent n'est que dans les soins qu'on lui donne; il est une faible conséquence du perfectionnement que réclamait ce meuble dans son utilité essentielle, il serait même assez facile d'établir que les soins dont on l'entoure offrent une économie ; le calcul, au lieu de reculer devant lui, doit donc élever la voix en sa faveur.

P. Luco.

L'habitacle.

La tactique de marche d'une armée navale en 1890, Auteur anonyme.

extrait de la *Revue des Deux Mondes*, 3e période, tome 100, 1890 (p. 548-575).

Nous avons, dans une étude précédente, jeté un coup d'œil d'ensemble sur les conditions générales des guerres maritimes : dans cette synthèse nous avons reconnu que, tout en acceptant les principes qui régissent les guerres continentales, elles gardaient cependant quelques traits bien distincts qui leur assurent un caractère propre, et nous en avons conclu qu'il y avait une stratégie navale.

Nous allons maintenant descendre à l'analyse des opérations des marches et des combats, c'est-à-dire étudier la *tactique*. — Cette fois nous entrerons dans des détails sur les navires et sur leur armement ; en effet, tandis que l'immuable stratégie reste indépendante de la nature des engins, la tactique varie, au contraire, avec l'armement et avec le type des navires.

Aussi, pour donner à nos explications une base solide, commencerons-nous par examiner la constitution normale d'une escadre de combat. De là, après avoir effleuré la tactique des éclaireurs, dont l'importance grandit avec la vitesse des bâtiments modernes, nous passerons à la tactique de marche, que nous chercherons à réduire à un petit nombre de principes simples.

Plus tard, peut-être, étudierons-nous la tactique de combat, mais nous n'oublierons pas les opérations qui peuvent se présenter en dehors de la rencontre de deux escadres en haute mer, les opérations sur les côtes, par exemple, dont je n'ai pas besoin de faire ressortir l'intérêt.

Il est bon d'avertir que le mot de tactique reçoit souvent, dans la langue maritime, une acception particulière. La *tactique officielle* n'est autre chose que le livre des signaux qui permet au commandant en chef de faire prendre à son armée telle formation qu'il juge convenable et qui édicte les règles à suivre pour exécuter les évolutions des escadres.

La tactique proprement dite, les prescriptions qui visent la conduite des opérations de guerre, ne jouent dans ce document qu'un rôle très effacé. Les rédacteurs de la tactique officielle ont aussi voulu laisser pleine liberté d'allures au commandant en chef et à ses capitaines dans les circonstances si variées de la guerre navale.

Cette prudente réserve était louable en principe : malheureusement il en est résulté que l'étude des évolutions, étude d'une application immédiate dans le service de nos escadres, a pris le pas sur celle des opérations, reléguée par une longue paix maritime à l'arrière-plan des préoccupations de nos officiers.

C'est justement pour réagir contre cet oubli où sont tombées les fécondes études qui visent expressément les méthodes de guerres, oubli que les circonstances pourraient rendre dangereux, que j'entreprends de donner ici le résultat de mes réflexions sur ce sujet.

I

La guerre est déclarée : l'escadre permanente réunie dans le port le plus voisin des frontières maritimes de l'ennemi va constituer le noyau de l'armée navale que nous voulons faire servir à l'exécution de nos desseins.

Il est clair que la composition de cette armée dépend justement de la mission qui lui est réservée, et comme nous ne pouvons étudier ici tous les problèmes dont les circonstances nous imposeront un jour la solution, nous nous restreindrons à l'examen du cas général, qui doit suffire à caractériser notre méthode. Supposons, en conséquence, que, jugeant sa marine en état de prendre une offensive vigoureuse, le gouvernement ait donné au chef de son armée navale la mission « d'attaquer et de détruire l'armée principale de l'ennemi, » suivant le principe essentiel de la stratégie navale.

On se préoccupera tout d'abord de donner à cette flotte une vitesse moyenne convenable, basée en général sur celle que l'on attribue à l'escadre ennemie, et l'on n'hésitera pas à éliminer les unités de combat qui, trop lentes, trop lourdes, n'apporteraient quelque surcroît de puissance à notre armée qu'en lui faisant perdre l'avantage de la mobilité… Que l'on m'excuse ici de ne rien préciser : les applications seraient faciles, mais dans une étude qui n'a qu'une portée didactique, nous les devons éviter.

Fixons à 12 cuirassés, pourvus d'une vitesse de 14 nœuds, la force du corps de bataille de la flotte que nous considérons : c'est là l'escadre type, celle qui sert de base à la plupart des études théoriques sur la tactique navale, et c'est à dessein que nous la choisissons.

À ce corps de bataille, lourds bataillons, massive artillerie, il faut de la cavalerie, il faut des éclaireurs, d'autant plus nombreux que l'aire explorée doit être plus étendue pour éviter toute surprise, d'autant plus rapides que la vitesse du gros de l'escadre est plus grande et qu'un intervalle plus court séparera le moment où l'ennemi sera signalé de celui où le feu s'ouvrira.

La proportion des éclaireurs dans les escadres modernes ne cesse, en effet, de s'accroître avec la puissance, la vitesse, et aussi le prix de revient des unités de combat. — Nous ne dépassons guère, cependant, les proportions fixées par les sages ordonnances de 1786, qui constituaient dans chacun de nos ports de guerre une ou deux escadres prêtes à entrer en armement : les escadres 6 et 7, à Toulon, comptaient 13 frégates ou corvettes pour 9 vaisseaux de ligne, et nous verrons plus loin que l'on adjoignait aux frégates des navires légers, lougres, cutters, felouques, qui ne figuraient pas dans « l'ordre de bataille. » — Chaque vaisseau avait ainsi deux éclaireurs.

Ces proportions, qui paraîtraient encore fort acceptables, aujourd'hui, ont été consacrées par les grandes manœuvres de la flotte anglaise, pendant l'été dernier : l'amirauté n'a même pu donner deux éclaireurs à chacun de ses cuirassés qu'en évaluant avec une complaisance extrême la vitesse de certains de ses croiseurs.

L'Italie n'a pu arriver au même résultat dans la formation de son escadre actuelle d'évolutions qu'en réduisant le corps de bataille à six cuirassés, à la vérité les plus forts qui existent. — Dans cette armée navale, qui semble vraiment constituée pour la guerre, on voit des torpilleurs de haute mer jouer, et sans doute avec succès, comme l'a fait notre *Coureur* dans les manœuvres du mois de juillet, le rôle d'explorateur au large, en attendant que la mêlée du combat naval leur fournisse l'occasion de lancer leurs torpilles.

L'exemple est bon à retenir pour qui manque d'éclaireurs en titre et nous le noterons d'autant plus volontiers qu'il met en bonne lumière la transformation de ce matériel nouveau, créé, il y a quelque douze ou quinze ans, avec le dessein arrêté d'exalter jusqu'au paroxysme les facultés destructives d'une seule arme, la torpille automobile.

Spécialisation des engins ! — Qui ne se rappelle avoir entendu des voix éloquentes proclamer ce principe avec une rigueur absolue et l'imposer à la marine comme le corollaire du principe industriel de la division du travail.

Ce n'était pas la première fois que cette idée s'insinuait dans les esprits : n'avait-on pas, dans la guerre de sécession, vu surgir un navire qui n'employait d'autre arme qu'un canon de gros calibre, le *Monitor* ? — Plus tard, sous l'impression des hauts faits du *Merrimac* et de l'*Arkansas*, les Anglais ne s'étaient-ils pas engoués d'un projet de *ram*, de bélier, qui ne devait demander qu'au choc la destruction de ses adversaires ?

Mais l'esprit pratique de nos voisins ne devait pas tarder à sentir que c'était là créer un capital trop souvent indisponible et qu'il y avait pur gaspillage à laisser perdre pour l'artillerie le grand déplacement nécessaire pour donner au choc toute sa raideur, à l'éperon toute sa puissance. Le raisonnement inverse conduisait à doter le *Monitor* d'un éperon, et bientôt ces deux types, heureusement combinés, donnaient naissance à notre garde-côtes actuel.

La spécialisation de l'arme… certes elle est utile, indispensable même en certains cas, mais à l'expresse condition que l'on consente à limiter l'emploi, à réduire surtout la zone d'action de l'engin.

Assurément, pour combattre en eau calme, à l'abri des côtes, le microbe pouvait suffire, mais si l'on voulait donner à la torpille automobile, dans les combats du large, la place que méritait sa puissance, il fallait décupler les dimensions du véhicule qui devait l'amener à bonne portée de son adversaire.

Nous y arrivons aujourd'hui, mais non sans lutte, non sans avoir longtemps marchandé, sans avoir franchi des étapes où l'on croyait toujours se fixer : c'est ainsi que le torpilleur passait de 15 tonnes à 30, puis à 50 ; et de là, après une pause, à 100, à 120 tonnes ; c'est ainsi qu'obligé de renoncer à son invisibilité, il s'efforçait du moins de protéger ses organes essentiels en augmentant l'épaisseur de ses tôles, en se cuirassant, lui, le contempteur des cuirassés ! C'est ainsi qu'il essayait de se défendre contre les navires similaires, devenus des contre-torpilleurs, en surchargeant ses œuvres mortes de canons à tir rapide, en reniant son principe, en se résignant à la pluralité des moyens d'action !

Mais, par un singulier retour, son rôle grandissait d'une manière inattendue : les chefs d'escadre découvraient peu à peu dans cet engin dédaigné une estafette fort commode, un explorateur capable de pénétrer dans les recoins d'une côte ennemie, une agile et rapide « découverte, » comme disaient nos pères, dans une langue plus pittoresque, plus expressive que la nôtre.

A la fin de l'ancienne monarchie, à une époque qui marque l'apogée de la science des guerres maritimes, on avait senti l'avantage d'attacher aux croiseurs d'une armée navale, à titre d'éclaireurs auxiliaires, des navires de très faible échantillon, bons marins cependant et fins voiliers.

« La *Danaé*, dit M. de Rosily, qui commandait le lougre le *Coureur*, en 1778, la *Danaé* apercevait des bâtiments de la tête de ses mâts, me faisait le signal de chasse, et je les joignais avec une vitesse incroyable. » — N'est-ce pas l'exacte définition du rôle du torpilleur éclaireur ?

Un peu plus tard, lorsque la flotte du comte d'Orvilliers allait prendre la mer, un de ses croiseurs, la frégate la *Belle-Poule*, sous la Clocheterie, chargée d'éclairer les atterrages d'Ouessant, rencontra l'*Arethusa*, croiseur de l'amiral Keppel.

Chacune des deux frégates avait une découverte ; la *Belle-Poule* s'était fait précéder de notre lougre le *Coureur*, et l'*Arethusa* avait dépêché à la rencontre des Français un beau cutter, l'*Alert*. — Les deux petits navires se livrèrent, en même temps que les grands, un combat acharné : au bout de deux heures d'une canonnade à bout portant, le *Coureur* cédait la victoire à l'*Alert*, dont l'échantillon était beaucoup plus fort et l'artillerie plus puissante ; mais, en se sacrifiant dans cette lutte inégale, M. de Rosily avait empêché son adversaire de joindre son feu à celui de l'*Arethusa* ; il avait donc contribué au succès de la *Belle-Poule*.

Éclairer au loin l'armée navale, répéter les signaux du commandant en chef, transmettre au besoin ses ordres verbaux aux différentes unités de combat, n'étaient pas les seules tâches des bâtiments légers de nos anciennes flottes.

Lorsqu'une avarie grave désemparait un vaisseau de ligne, c'était aux frégates de lui porter secours. Le matin du 12 avril 1782, le comte de Grasse faisait dire à l'*Astrée*, par sa découverte, le cotre le *Clairvoyant*, de donner la remorque au vaisseau le *Zélé*, qu'un abordage avait démâté de son beaupré et de son petit mât d'hune la nuit précédente, et de le conduire à la Guadeloupe, dont l'armée navale n'était séparée que par quelques heures de marche ; peu de temps après, trop préoccupé du sort de ce vaisseau, que la vaillante frégate traînait cependant avec une vitesse de six nœuds, le général français engageait mal à propos, pour le couvrir, la bataille décisive des Saintes.

Il est clair que, pour s'acquitter de telles missions, il fallait des navires d'un assez fort tonnage et qu'on ne pouvait songer à faire remorquer la pesante masse d'un trois-ponts par un frêle aviso. De là la nécessité des frégates ; de là, aujourd'hui, celle des croiseurs de 4,000 à 5,000 tonnes, car je n'en voudrais pas de plus lourds, ne sachant plus s'ils sont croiseurs ou bâtiments de ligne. Un croiseur de la taille du *Sfax* ou du *Jean-Bart* suffit à remorquer un de nos cuirassés avec une vitesse très convenable.

Pendant le combat, le rôle de ces frégates, à la fois agiles et robustes, devenait souvent périlleux : pour retirer du feu un vaisseau compromis, il fallait braver les gros calibres de ses adversaires et manœuvrer sous la mitraille qui fauchait l'équipage, avec autant de précision que dans nos rades. Les exemples de ces beaux coups de manœuvre, qui arrachaient des cris d'admiration à nos ennemis eux-mêmes, ne manquent pas, Dieu merci, dans les fastes de notre marine.

Dans cette journée du 12 avril 1782, la seule qui ne se soit pas, dans cinq années de guerre maritime, terminée par le succès de nos armes, la frégate française le *Richmond*, commandée par M. de Mortemart, avait réussi, malgré la faiblesse de la brise, à se placer sur l'avant du *Glorieux*, rasé de tous ses mâts, et à lui faire passer un grelin de remorque. Déjà le *Glorieux* s'éloignait de la mêlée, lorsque plusieurs vaisseaux anglais accoururent pour reprendre leur proie. — Entouré de tous côtés, le lieutenant de vaisseau Trogoff de Kerlessi, qui succédait au capitaine, comte des Cars, tué au début de l'action, ordonna de couper le câble qui le retenait au *Richmond*. Ce généreux officier refusait d'entraîner la frégate dans la ruine du *Glorieux*.

Treize ans plus tard, le 11 juillet 1795, pendant le combat en retraite que les quatorze vaisseaux du contre-amiral Martin soutenaient, en vue du cap Roux (Provence), contre les vingt-trois de Hotham, notre serre-file l'*Alcide*, accablé par l'avant-garde anglaise et rapidement dégréé, allait rester aux mains de l'ennemi, lorsque le brave Hubert, commandant la frégate l'*Alceste*, vint, en se-jetant au milieu de la mêlée, l'enlever aux cinq vaisseaux qui le pressaient. Ce dévouement, s'il épargnait au commandant de l'*Alcide la douleur d'amener son pavillon, ne devait malheureusement pas sauver son vaisseau de la destruction : incendié par ses propres boulets rouges, dont un maladroit décret de la Convention exigeait l'emploi, l'*Alcide *avait pris feu ; une heure après, il sautait avec un grand nombre de ses marins.*

Le *Palestro* aurait-il péri de la même manière, le 20 juillet 1866, si l'une des frégates de l'amiral Albini s'était trouvée là pour le retirer de la mêlée et l'aider à combattre l'incendie qui dévorait ses œuvres mortes ?

Mais les frégates en bois de l'escadre italienne avaient bien autre chose à faire : malencontreusement constituées en escadre indépendante, elles exécutaient, à bonne distance du fort de l'action, une série de mouvements tactiques qui ne paraissent pas encore, aux juges les plus impartiaux, avoir eu pour objectif exclusif de se rapprocher de l'ennemi.

Dois-je citer des cas où l'on vit de fortes frégates se ranger dans la ligne de bataille et en combler les vides ? — Je n'aurais que le choix, et il serait d'autant plus aisé aux grands croiseurs modernes de suivre de tels exemples que la ligne de démarcation qui les séparait des véritables « unités de combat » tend à s'effacer peu à peu : du croiseur sans épithète, nous sommes passés au croiseur protégé, puis au croiseur à ceinture cuirassée, en attendant le *Dupuy-de-Lôme*, qui, tout croiseur qu'il est, couvre la totalité de ses œuvres mortes d'un blindage de douze centimètres d'acier, la cuirasse de la *Gloire* en 1860.

Qu'est-ce donc, en effet, qu'un croiseur cuirassé, sinon un cuirassé à grande vitesse ? Mais ce n'est point un nouveau cuirassé qu'il nous faut ici ; non, pas même un cuirassé dont on attend vingt nœuds, promesse trop brillante et qui ne saurait nous séduire. — Des croiseurs de 4,000 tonnes, tels que ceux dont nous citions les noms plus haut, nous suffiront parfaitement, et nous tenons pour certain que, dans l'épuisement de la lutte, leurs obus de 14 et de 16 centimètres, chargés à la mélinite, feront lâcher prise aux ennemis acharnés sur l'une de nos grandes unités de combat.

Quels sont donc, pour conclure, les éclaireurs que nous adjoindrons à notre armée navale ? 6 croiseurs de 3,000 à 5,000 tonnes, 6 avisos de 400 à 1,200 tonnes, 12 torpilleurs de haute mer, ou torpilleurs éclaireurs, de 100 à 150 tonnes.

Si ces 24 navires appartiennent à des types éprouvés ; si les croiseurs et les avisos, donnent franchement 17 nœuds, en service courant ; si, par temps maniable et sans compromettre leurs appareils mécaniques, les torpilleurs poussent jusqu'à 18 et 19 nœuds, le commandant en chef n'aura certainement qu'à se louer des services de son escadre légère.

Voilà donc, bien constituée, la partie active de l'armée : 12 cuirassés, 24 éclaireurs, tels sont les combattants .

Voyons maintenant les « services à l'arrière, » le parc, le train, les convois.

Les flottes d'autrefois, disions-nous dans une précédente étude, étaient à elles-mêmes leur propre convoi ; mais elles n'avaient pas à se préoccuper du moteur, que leur dispensait généreusement la nature. Aujourd'hui, au contraire, chaque unité de combat est obligée d'emmagasiner dans ses flancs, sous la forme encombrante du charbon, une certaine quantité d'énergie, qu'elle dépense peu à peu pour se mouvoir. Si nos escadres sont plus rapides, — pour de courtes traversées, — et plus indépendantes du caprice des vents, elles sont cependant beaucoup moins autonomes que leurs devancières, puisque, leur provision de charbon épuisée, elles sont obligées de relâcher pour refaire le plein de leurs soutes, de s'arrêter pendant deux jours, trois jours peut-être, au grand détriment de leurs opérations, dont cette interruption compromet singulièrement le succès. Heureuses si, sur leur route, elles trouvent des dépôts considérables de charbon, où il leur soit permis de puiser sans scrupule, car les neutres ne doivent leur fournir que la quantité de houille strictement nécessaire pour regagner le port de leur nation le plus voisin.

À ce grave inconvénient, dira-t-on, on peut aisément trouver remède : faisons suivre notre escadre de quelques vapeurs chargés exclusivement de charbon et des matières grasses indispensables au bon fonctionnement des machines ; ces navires viendront se placer successivement le long des bâtiments de combat et leur feront passer le combustible et les caisses d'huile nécessaires.

L'expédient est simple, en effet, ou du moins il le paraît ; mais il supporte difficilement un examen sérieux. Nous ne pouvons compter moins de 15,000 tonnes de charbon pour réapprovisionner une force navale comme celle que nous mettons en jeu ; les vapeurs charbonniers n'en portent pas plus de 1,000 à 1,500 : il en faudrait donc 12. C'est une véritable flotte marchande à convoyer, et qui paralyserait d'autant mieux les mouvements de notre escadre que la vitesse imprimée à ces navires par leurs machines, très simples et très économiques, ne dépasse pas 10 nœuds en service courant. — Gréerons-nous, pour satisfaire aux diverses données de la question, un type de bâtiment de charge d'une grande capacité intérieure, pourvu d'aménagements spéciaux, marchant avec une belle vitesse, sans consommer lui-même beaucoup de combustible, quand d'impérieuses raisons budgétaires nous contraignent à réduire peu à peu le nombre des navires de cette catégorie ? — Il est permis d'en douter.

Nos grands paquebots rapides pourraient seuls nous fournir une solution approchée d'un problème qui ne semble pas en comporter de définitive. Mais ces navires sont dès maintenant désignés pour servir de croiseurs auxiliaires et pour courir sus aux navires de commerce que l'ennemi n'aura pas réussi à munir de quelque artillerie.

On sait ce que nous pensons d'un système d'opérations qui ne pourrait nous procurer de bénéfices sérieux que dans une guerre contre l'Angleterre, la puissance du monde qui a toujours le mieux su protéger son commerce, et dont tous les efforts convergent en ce moment vers ce but.

Nous verrons tout à l'heure quel emploi plus judicieux on pourrait faire de nos grands vapeurs rapides, et comment, à titre de service accessoire, on pourrait utiliser une grande partie de leur capacité disponible au transport de quelques milliers de tonnes de charbon en faveur de notre armée navale.

En tout cas nous n'avons pas résolu et nous ne prétendons pas résoudre les difficultés du transbordement à la mer.

Est-il possible, au large, avec du tangage, avec du roulis, de maintenir deux grands navires assez rapprochés pour que l'on fasse passer de l'un à l'autre des mannes de charbon sans qu'une manœuvre aussi délicate entraîne de graves avaries ? — C'était déjà fort difficile dans la Mer du Nord, à l'abri d'Helgoland, avec des frégates cuirassées qui ne pesaient que 5,600 tonnes : mais nos grandes unités de combat en déplacent aujourd'hui plus de 10,000 !..

Ces difficultés s'atténuent singulièrement si nous nous bornons à demander un seul vapeur charbonnier, dont les 1,200 tonnes de chargement suffiront fort bien, le réapprovisionnement de nos avisos et de nos torpilleurs. Sans nul doute c'est à ces éclaireurs, toujours en quête et le plus souvent à grande vitesse, que la nécessité de refaire le plein de leurs soutes se fera sentir le plus fréquemment : ce n'est pas seulement du charbon qu'il leur faut, du reste, c'est encore de l'eau douce, avec laquelle ils alimentent leurs trop fragiles chaudières.

Grâce à leurs faibles dimensions, grâce aux facilités que présente leur manœuvre, un torpilleur, un aviso même, peuvent accoster sans dommage un paquebot et rester attachés au flanc le moins exposé au choc des lames. — Un tuyau en cuir ou une manche en toile épaisse et quelques coups de pompe suffisent pour l'eau, si l'on ne peut réaliser l'idéal du siphon ; pour le charbon, des mannes d'osier et des sacs sont rapidement « affalés » sur le pont du petit navire. En coûterait-il davantage de lui fournir des torpilles automobiles réglées et pourvues de leur provision d'air comprimé ?

Non, sans doute, mais ceci suppose déjà que notre paquebot a reçu un outillage particulier, des machines à comprimer l'air, des soutes à fulmi-coton, sans parler d'un personnel torpilleur que, seul, l'État peut fournir. — À ce compte, n'est-il pas plus simple d'employer à ce service un transport de la marine de guerre ? — C'est, en effet, la conclusion où sont arrivées la plupart des puissances étrangères.

Au reste, mêler des navires de commerce aux opérations actives d'une escadre entraîne des inconvénients de plus d'un genre auxquels les officiers de la marine de guerre sont en général assez sensibles. — Sans y insister davantage, nous rappellerons que lorsque, au siècle dernier, on imagina de militariser l'industrie des transports aux armées, l'applaudissement fut unanime ; certes, bien mal avisé paraîtrait aujourd'hui le réformateur qui supprimerait le train des équipages et qui mettrait en adjudication les services à l'arrière de nos années.

C'est assez que pour les transports de troupes, comme nous le dirons en son lieu, nous soyons obligés de recourir aux compagnies de navigation commerciale : encore prendrons-nous nos précautions.

Ainsi notre armée navale aura, ou plutôt devrait avoir, car il nous est bien difficile d'oublier que c'est, au fond, d'une flotte française qu'il s'agit, un grand transport de l'État construit et aménagé tout exprès pour jouer ce rôle de ravitailleur des bâtiments légers ; rôle que nous avons fait remplir jusqu'ici, faute de mieux, soit par un navire de combat qui avait autre chose à faire, et le témoignait, soit par un transport ordinaire, à vitesse moyenne, fort empêché de suivre les torpilleurs partout où les entraînait l'exécution des ordres du commandant en chef.

Plus avisés, plus prévoyants que nous, les Anglais, les Italiens, les Allemands n'ont pas admis que l'on pût se passer dans une guerre sérieuse d'un transport torpilleur, et ils ont actuellement en service ou en chantier de grands navires rapides abondamment pourvus de tout ce qui est nécessaire aux torpilleurs de toutes classes : charbon, eau douce, torpilles automobiles, outillage spécial, personnel même, car, on le sait, rapide est l'usure des forces humaines sur ces petits navires.

Ces magasins, ces ateliers flottants sont toujours disposés pour porter sur leur pont quatre ou six torpilleurs minuscules, les microbes d'autrefois, à qui l'on épargne ainsi les dangers de la haute mer et que l'on débarque sur la côte, dans une rade, à l'entrée d'un port où l'ennemi se tient renfermé, confiant dans la difficulté de l'attaque.

Il y a plus de dix ans, le vapeur russe *Constantin*, lançant à Batoum ses quatre torpilleurs vedettes sur une division de navires turcs, nous fournissait un modèle excellent de ce genre d'opérations. — L'exemple est bon à suivre, et qu'attendons-nous pour nous y décider ?

Supposons donc notre escadre type pourvue d'un transport torpilleur capable de suivre de près les éclaireurs, capable aussi de se défendre contre ceux de l'ennemi. — Il nous reste à assurer un service auquel on ne songe peut-être pas assez et dont l'étroite liaison des opérations maritimes avec l'ensemble des événements de guerre fera de plus en plus sentir l'impérieuse nécessité : je veux parler du service de la correspondance et des communications.

En 1870 déjà, le ministre de la marine, pressé peut-être par l'inquiétude du chef de l'Etat, ne cessait de se plaindre aux commandants en chef des escadres de la Baltique et de la mer du Nord de la rareté de leurs nouvelles, et l'on avait fini par créer une sorte de service postal entre ces forces navales et Dunkerque. Cela nous était facile alors : nous étions maîtres de la mer.

Pour satisfaire à la même nécessité, il faudrait aujourd'hui plus de précautions, au moins des navires plus rapides et sommairement armés ; nous trouverions là un judicieux emploi des paquebots que l'école nouvelle veut convertir en croiseurs auxiliaires. Les plus rapides de ces paquebots devraient être employés à créer cette « ligne de communications » dont nous parlions dans l'étude de la stratégie navale.

Service postal, d'abord, mais pas seulement cela : renforts de personnel, gargousses et projectiles, viandes sur pied, cuivre, fers, tôles d'acier préparées, clous et vis, outils de toute sorte dont on fait à la guerre une si grande consommation et que nos escadres ont toujours été obligées d'acheter en pays neutre, en Danemark, en Norvège, à Hong-Kong, à Yokohama, tout enfin arriverait par ces grands vapeurs à notre armée navale, en pleine opération à la vérité, mais qui chargerait un de ses éclaireurs d'avertir le paquebot de service des parages où il la devrait chercher. Et si le tonnage de ces paquebots le permet, — ce sont le plus souvent de fort grands navires, — le charbon pourrait trouver sa place dans les approvisionnements dont ils seraient chargés. — L'amiral Bouët-Willaumez évaluait à 1,400 tonnes par semaine la consommation de son escadre, occupée au blocus des côtes de l'Allemagne. Si, d'une part, la flotte que nous venons de constituer est plus nombreuse, si ses opérations doivent être plus actives, d'autre part, la consommation du combustible par cheval-vapeur développé s'est abaissée depuis vingt ans dans de telles proportions que l'on peut accepter le chiffre de 3,000 tonnes comme assez rapproché de ce que demanderait le commandant en chef pour assurer le réapprovisionnement hebdomadaire de ses grandes unités de combat.

Il s'en faut bien qu'à la guerre on marche toujours à grande vitesse, et ce sont les grandes vitesses seules qui entraînent les fortes dépenses de charbon ; — 3,000 tonnes… nos grands paquebots, qui en déplacent 6,000 ou 7,000 au moins, les porteront volontiers. — Ainsi feront, on peut en être assuré, les croiseurs auxiliaires anglais : *Aurania*, *Etruria*, qui déplacent 7,000 tonnes et filent 17 nœuds avec des machines relativement économiques ; ainsi feront les italiens *Nord-America*, *Regina-Margherita*, qui ont la même capacité et la même vitesse.

Je l'ai dit déjà : il ne faut pas se faire d'illusion sur la valeur d'une ligne de communications exposée à tant de hasards ; un paquebot, si grand, si rapide, si bien aménagé qu'on le suppose, ne vaudra jamais des dépôts judicieusement placés. Mais enfin, on peut tenter l'aventure. L'avantage de permettre à notre armée navale de prolonger ses opérations, de poursuivre l'ennemi, de l'achever peut-être, serait assez grand pour justifier des tentatives plus téméraires.

Parlerai-je de la nécessité d'embarquer sur nos escadres des pilotes, des interprètes et de l'argent comptant ? — Rappellerai-je nos embarras dans la Baltique, dans la Mer du Nord, dans les golfes vaseux de la Chine ? — Certes, ce sont là des souvenirs présents à toutes les mémoires. En déduirons-nous que l'on ait pris toutes les mesures nécessaires, et que, si la guerre éclatait demain, nous serions en mesure de pourvoir tous nos bâtiments de pratiques sérieux, et les navires amiraux, au moins, d'interprètes autorisés ?

II

Marcher à l'ennemi sans balancer, puisque nous nous estimons en mesure de le combattre avec avantage, l'attaquer partout où nous le rencontrerons et décider par une action vigoureuse de la suprématie sur la mer, tel est le plus simple et souvent aussi le plus judicieux concept stratégique que puisse adopter, au début des hostilités, le chef de notre armée navale.

Marcher à l'ennemi, toutefois, cela suppose que l'on est exactement renseigné sur le point qu'il occupe et sur ses desseins. Sans doute, jusqu'au moment où la guerre a été déclarée, les communications des consuls, les inévitables indiscrétions de la presse, la connaissance que l'on a des points de concentration obligés des forces ennemies, ont dû fournir au ministre et au commandant en chef des renseignements suffisants sur la position du gros de l'armée navale que l'on veut combattre. Mais, la déclaration faite, la plupart des moyens d'information disparaissent, et si quarante-huit heures s'écoulent entre l'interruption des communications directes et le départ de notre flotte, le commandant en chef tracera sa ligne d'opérations à l'aventure. Le plus souvent ce sera devant un port vide, devant une rade abandonnée que se présenteront ses vaisseaux déroutés, affaiblis déjà par une inutile consommation de charbon.

Il importe donc au plus haut point de prendre le contact avec l'armée navale ennemie aussitôt les hostilités ouvertes.

Difficile à réaliser autrefois, quand les éclaireurs, si bons marcheurs qu'ils fussent, étaient obligés de compter avec les vents, ce contact immédiat et continu devient possible lorsqu'on dispose de navires rapides et solides à la fois, capables de croiser devant un port quelque temps qu'il fasse, capables de refouler la mer pour aller en toute hâte porter au sémaphore le plus voisin un avis précieux.

L'idéal serait qu'une chaîne ininterrompue d'éclaireurs reliât la base d'opérations de notre escadre avec celle de la flotte ennemie. Cet idéal est irréalisable : en supposant que ces navires pussent communiquer par signal à dix ou quinze milles de distance, il en faudrait encore un nombre trop considérable. Ajoutons que les communications par signaux sont toujours précaires quand elles s'écartent des prescriptions usuelles de la tactique. — Mais cette condition n'est pas indispensable : formons avec les éclaireurs immédiatement disponibles, par exemple avec ceux qui font partie de l'escadre d'évolutions, une division légère à laquelle nous adjoindrons quelques-uns des torpilleurs de haute mer armés dans le port qui nous sert de base. Tâchons de donner comme noyau à cette division légère, sinon un cuirassé rapide et abondamment pourvu de charbon, *rara avis*, du moins un grand croiseur protégé, un navire enfin qui soit capable de tenir tête à ceux que l'ennemi ne tardera pas de dépêcher à cette division légère pour la repousser hors de la vue de sa base d'opérations. Ce croiseur expédiera trois ou quatre fois par jour, et à tour de rôle, un aviso ou un torpilleur de haute mer au plus prochain sémaphore ou au port neutre le plus voisin pour tenir le commandant en chef au courant de tous les mouvements de l'ennemi. Cette navette n'exigera guère plus de six de ces petits navires qui pourront même, à leur traversée de retour, marcher à une allure relativement réduite.

Que cette division légère ait à subir de sérieuses attaques, on en peut être assuré ; c'est aux croiseurs, aux découvertes, comme en 1778 à la *Belle-Poule* et à l'*Arethusa*, que reviendra l'honneur d'échanger les premiers coups de canon.

Il faut le dire, ces engagements auront une grande portée morale. À l'enthousiasme que souleva dans la marine et dans toute la nation la victoire de M. de La Clocheterie, il est permis de juger que, si la Belle-Poule avait été capturée par l'*Arethusa*, la guerre maritime de 1778 à 1783 n'aurait pas couvert d'un si bel éclat les derniers jours de la monarchie.

« Si vous gagnez une bataille sur les Français, vous serez assurés d'en gagner beaucoup d'autres, disait Frédéric II à la fin de sa glorieuse carrière ; mais aussi, ajoutait-il, ne vous laissez pas vaincre dans la première rencontre ! »

Efforçons-nous donc de garder l'avantage dans ces premiers combats qui auront pour théâtre la côte ennemie.

Il faut s'entendre pourtant : ici l'avantage ne consiste pas précisément dans une victoire tactique, et notre division légère, isolée, relativement faible, ne saurait avoir la prétention de résister aux forces que l'ennemi jettera sur elle : il suffit que, cédant peu à peu, et sans se laisser entamer, elle entraîne, toujours combattant, ses adversaires au large, qu'elle les fatigue et qu'elle revienne sur leurs pas quand ils rentreront au port ; il faut aussi que son chef, distribuant ses torpilleurs de haute mer en éventail, sache diviser la poursuite et puisse répondre qu'en aucun moment la côte n'a été perdue de vue ; il faut enfin que, si l'armée ennemie quitte sa base d'opérations avant l'arrivée de notre escadre, il se jette à sa suite, quoi qu'il en puisse arriver ; qu'il s'efforce de deviner sa destination en déjouant ses contre-marches, qu'il expédie une de ses découvertes pour prévenir toutes les fois qu'il pense avoir recueilli un indice assuré, sans trop se démunir pourtant, afin de pouvoir lutter contre la division légère de la flotte ennemie… Rôle difficile, sans doute, le plus difficile que l'on puisse confier à un officier de vaisseau, comme celui de commandant d'une division de cavalerie indépendante est le plus difficile de ceux qui peuvent échoir à un officier de l'armée, car il exige à la fois une activité infatigable et un sang-froid parfait, une intelligence prompte et un jugement sûr.

Que la vitesse, d'ailleurs, soit nécessaire aux navires qui composeront notre division légère, cela n'est pas douteux, et cette nécessité ressort des principes mêmes que nous posions plus haut ; mais aussi, dans cette position aventurée, loin de tout secours, quelles machines robustes ne leur faudra-t-il pas ? Tranchons le mot, quelles machines impeccables !

Mais revenons au gros de notre armée navale, qui, rapidement complétée par les navires tenus en réserve, appareille et prend son ordre de marche.

Qu'est-ce donc que cet *ordre de marche* que l'on oppose toujours à l'*ordre de combat* ?

Pour une armée à terre, obligée de cheminer sur des routes tracées d'avance, dans des défilés étroits par conséquent, c'est l'ordre qui lui permet à la fois de progresser rapidement, avec régularité, avec cohésion, et de concentrer tous ses combattants à la hauteur de ses têtes de colonne en moins d'une journée.

Il est clair que la profondeur de cet ordre de marche, pour un effectif donné, dépend tout d'abord d'une condition qu'il n'est pas au pouvoir du commandant en chef de modifier, c'est-à-dire du nombre des voies dont il peut disposer pour atteindre son objectif.

Sur mer il n'en est pas ainsi : là, tout est chemin ; et, sauf certains accidents géographiques ou hydrographiques dont l'influence est passagère, il semble que rien ne puisse contraindre une armée navale à adopter un ordre de marche en profondeur, en tout cas un ordre de marche différent de l'ordre de combat.

Pourquoi donc, dès la sortie des passes qui débouchent sur la haute mer, une armée navale ne se range-t-elle pas, en effet, comme si elle allait rencontrer l'ennemi ?

Répondre à cette question ne serait pas facile si nous ne remontions à l'origine de « l'ordre. » Aussi bien cette étude, que nous nous efforcerons d'abréger, nous serait-elle indispensable plus tard pour apprécier la valeur des différents ordres de combat ; nous pouvons donc l'entreprendre de provision.

Lorsque, en temps de paix, un certain nombre de navires obéissant au même chef prennent la mer et font route pour la même destination, il est certain que le seul lien naturel et essentiel entre toutes ces volontés particulières est l'identité du but à atteindre, du point d'arrivée.

Le seul lien naturel, disons-nous, car, remontant à l'origine de l'ordre, nous faisons momentanément abstraction des liens conventionnels, de la déférence hiérarchique, par exemple, qui, à moins de mission spéciale, ne permet pas de dépasser le navire que monte le commandant en chef.

Qu'on laisse donc agir les diverses volontés particulières qui donnent l'impulsion aux différents navires, et peu à peu l'armée s'égrènera sur la route à suivre, chacun adoptant l'allure la plus convenable d'après les circonstances atmosphériques, d'après les facultés nautiques de son bâtiment.

J'ai à peine besoin de montrer les inconvénients d'une telle méthode, en dehors même du point de vue exclusivement militaire : la route suivie à la mer, pour se rendre d'un point à un autre, est rarement une ligne droite, et ses inflexions dépendent d'éléments dont l'appréciation varie avec le caractère, l'expérience, les aptitudes professionnelles de chaque capitaine. Les routes ne seront donc pas identiques pour toutes les unités de l'armée navale, et le commandant en chef n'aura même pas la certitude de conserver autour de lui les navires pourvus des mêmes qualités, de la même vitesse que le sien. Vienne le mauvais temps, et, chaque bâtiment cédant à sa manière aux efforts de la mer et du vent, l'escadre se dispersera sur une aire considérable : dès lors les navires compromis ne pourront plus espérer de secours.

Il est donc nécessaire de marcher groupés, de naviguer « de conserve, » et c'est ainsi en effet que, depuis les temps les plus reculés, naviguent les bâtiments chargés, sous les ordres d'un chef unique, d'accomplir la même mission.

La navigation de conserve, qui n'implique guère d'autre condition que celle de ne pas perdre de vue ses compagnons de route, telle est l'origine de la navigation d'escadre, aujourd'hui si compliquée ; le groupe, tel est l'ordre rudimentaire.

Mais que d'inconvénients à lui reprocher ! que d'à-coups dans la marche, que d'abordages involontaires, la nuit surtout ; et lorsque les navires, pour les éviter, instinctivement élargissent leurs intervalles, combien de séparés du convoi, combien de perdus au lever du jour !

C'est ce qui arrivait presque toujours autrefois, et même aux marins les plus expérimentés, à ceux, par exemple, qui montaient cette vaillante escadre dieppoise du temps d'Henri II dont nous aurons peut-être l'occasion de commenter les hauts faits : « Et le lendemain septième, au point du jour, dit la chronique, l'armée se trouva aucunement séparée, parce que les navires n'avaient viré la nuit précédente si tôt les uns que les autres. »

Au XVIIe siècle pourtant, quand la science de l'équilibre du bâtiment sous voiles se fut répandue et qu'une habile répartition de la voilure en rendit le maniement plus facile, on crut pouvoir remédier à ces inconvénients en obligeant les bâtiments d'une force navale à conserver entre eux un intervalle invariable et fixé d'avance : cette condition, à la vérité fort sévère, ne parut réalisable que si on en atténuait la rigueur en rangeant les navires sur une seule ligne et l'un derrière l'autre, en un mot en adoptant la « ligne de file. » Dans cet ordre, en effet, chaque bâtiment n'avait pas d'autre préoccupation que d'observer la distance qui le séparait du navire placé immédiatement avant lui : d'ailleurs ce n'était pas toujours très facile ; si le navire de tête diminuait de vitesse, il fallait que chacun de ceux qui le suivaient fût attentif à faire subir à son sillage la même réduction, sans sortir de la ligne, bien entendu ; s'il prenait de Terre, au contraire, il fallait, à point nommé, déployer au vent la quantité de toile qui, sur chaque navire, devait procurer l'augmentation de vitesse convenable… Tout cela exigeait de l'instruction, de la pratique, une attention toujours éveillée, en tout cas un nombreux équipage où la fatigue de telles manœuvres pût se répartir sur un grand nombre de bras. Ces efforts, ces qualités du personnel, on ne pouvait les demander qu'aux bâtiments bien montés, bien armés, qui appartenaient au roi.

Dans la navigation de conserve, le groupe et la ligne de file, l'ordre rudimentaire et l'ordre perfectionné, établirent donc bientôt une différence essentielle, une différence que l'œil saisissait immédiatement entre un convoi de navires marchands et une flotte de guerre.

Disons ici que cette étroite obligation pour les escadres du roi de suivre un ordre parfaitement défini, satisfaisait autant à des considérations militaires qu'à des exigences purement nautiques.

On sentait que la navigation ordinaire, celle du temps de paix, était pour une escadre la meilleure école de navigation du temps de guerre et que celle-ci voulait des formations régulières, seules capables de suppléer par la coordination de tous les mouvements individuels au défaut d'homogénéité d'une si grande réunion de navires disparates ; on sentait qu'on resserrait ainsi les liens de la discipline et de la confraternité d'armes, et bientôt, en effet, naissait au milieu des escadres, trop nombreuses pour que tous les capitaines pussent se connaître et s'apprécier, ce point d'honneur particulier qui défendait d'abandonner jamais son « matelot d'avant » et son « matelot d'arrière. »

C'était, du reste, le nombre même des unités de combat des flottes anciennes qui gênait, qui paralysait quelquefois leurs mouvements : le vent et la mer n'agissaient pas de la même façon sur la tête et sur la queue de ces armées navales ; quelquefois les premières divisions voyaient leurs voiles se gonfler quand les dernières restaient immobiles, en plein calme ; ainsi de l'escadre d'Ashby, arrière-garde de la flotte anglo-batave, le jour de la sanglante bataille de la Hougue. Ajoutons que l'imperfection des signaux laissait toujours le commandant en chef dans l'incertitude si ses intentions avaient été comprises par les derniers vaisseaux de son escadre, qui naviguaient derrière les limites de l'horizon.

Un des premiers progrès, et des plus utiles, fut de répartir cette masse confuse de navires entre trois ou quatre chefs subalternes à qui un mérite reconnu ou une haute situation sociale assuraient une autorité morale incontestée. Déjà, en 1544, l'amiral d'Annebaut, un précurseur trop peu connu, avait formé trois escadres de ses deux cents galiotes de guerre et constitué une division légère, dont le rôle était parfaitement défini, avec les cinquante galères du baron de La Garde. Chargé par François Ier d'attaquer la flotte anglaise et de dévaster le littoral britannique, l'amiral parut, le 18 juillet 1544, devant l'île de Wight, à l'abri de laquelle se tenait l'armée ennemie, mouillée dans le Soient et vers Portsmouth. Les Anglais refusant le combat au large, d'Annebaut prescrivit au baron de La Garde de les harceler avec ses galères jusqu'à ce qu'ils se décidassent à sortir de leur réduit. Le général des galères manœuvra si habilement qu'il coula un des vaisseaux anglais et réduisit le *Henri-Grâce-à-Dieu*, que montait l'amiral, à s'échouer à Gosport. L'armée anglaise ne pouvait se laisser ainsi détruire en détail : profitant d'une brise favorable qui se levait de terre, elle courut sur les galères françaises ; celles-ci, tout en combattant, se replièrent sur les trois escadres d'Annebaut. L'amiral se flattait d'un engagement décisif lorsque, après une canonnade lointaine, les Anglais serrèrent le vent et reprirent leur mouillage. Les flottes de ce temps-là n'étaient pas approvisionnées pour tenir longtemps la mer ; l'amiral d'Annebaut, désespérant d'en finir par une bataille en règle, opéra une descente à Sandown bay et ravagea complètement la florissante île de Wight.

Il faut pourtant descendre encore d'un siècle pour voir des flottes de 80 à 100 vaisseaux divisées d'une manière permanente en trois escadres : l'avant-garde, le corps de bataille et l'arrière-garde, dénominations arbitraires, du reste, pour la première et la dernière, car le caprice des vents pouvait mettre l'arrière-garde en situation d'ouvrir la marche ou de commencer le combat.

Chaque escadre se partagea bientôt en plusieurs divisions, et, comme le vaisseau-amiral, les navires que montaient les chefs d'escadres et les chefs de divisions arborèrent des pavillons particuliers, des marques distinctives. Ces officiers généraux eurent qualité pour répéter les ordres du commandant en chef, pour en marquer l'exécution ou pour accélérer les mouvements qui en étaient la conséquence par des signaux particuliers.

Pendant que la répartition des vaisseaux en escadres et en divisions mettait entre les mains des amiraux des instruments plus souples et que l'exacte transmission des signaux assurait à leurs ordres une exécution plus précise, l'expérience de la grande guerre faisait sentir le besoin de multiplier les ordres de marche pour satisfaire à des circonstances variées et de fixer les règles qui devaient permettre à une flotte de passer sans confusion, sans accidents, d'un ordre à un autre.

C'était la naissance de la science des évolutions. La ligne de file, nous le disions plus haut, s'était imposée tout d'abord comme l'ordre de marche naturel, instinctif ; mais cet ordre, quand il s'agissait de conduire 100 vaisseaux, avait le grand inconvénient de développer l'armée sur un espace considérable : si à la longueur (50 ou 60 mètres) de chacun de ces navires, nous ajoutons l'encablure, 200 mètres environ, qui devait les séparer de leur « matelot d'avant, » on voit tout de suite qu'une flotte de 100 vaisseaux étendait sur la mer un mince cordon de 25 kilomètres, de 13 à 14 milles marins. C'est dire que le commandant en chef, encore qu'il se plaçât en général au milieu du corps de bataille, ne pouvait ni diriger efficacement sa pointe d'avant-garde, ni surveiller effectivement la queue de son arrière-garde. Que l'ennemi se présentât à l'improviste, au détour d'une côte, au sortir d'un banc de brume ou d'un grain de pluie, et l'action s'engageait en tête ou en queue, souvent contre le gré du commandant en chef, en tout cas sans que, de longtemps, il pût en prendre la direction. Il arrivait même que le succès se décidât avant que l'arrière-garde fût en mesure d'intervenir, et souvent il ne lui restait plus qu'à couvrir la retraite : ce fut le cas de l'armée anglaise de Blake, en 1653, dans sa rencontre avec la flotte hollandaise, commandée par l'illustre amiral Tromp : celui-ci, qui avait concentré ses forces en formant ses 70 vaisseaux en trois colonnes, se jeta sur le centre de la flotte anglaise, développée sur un espace de 12 milles, et l'écrasa avant que l'arrière-garde eût le temps d'accourir. — Nous avons vu tout à l'heure que l'arrière-garde de l'armée combinée, à la bataille de la Hougue, avait été retardée par le calme alors que le gros et l'avant-garde recevaient déjà la brise qui poussait sur eux l'audacieuse flotte de Tourville ; pendant trois heures, les 25 vaisseaux de Shovel ne purent tirer un coup de canon, et c'est à cette circonstance, autant qu'à l'héroïsme des siens, que l'amiral français dut de n'être pas accablé dès le début de ce combat trop inégal. Mais on n'avait pas tardé à remédier au grave inconvénient de la ligne de file, et, à partir du moment où l'on avait pu répartir les vaisseaux en plusieurs escadres, on avait imaginé l'ordre en colonne, où l'armée se rangeait sur autant de lignes de file parallèles qu'elle comptait d escadres distinctes. — Pour le maintien de cet ordre de marche, déjà plus difficile que la simple ligne de file, deux préoccupations s'imposaient aux capitaines : ils avaient à conserver à la fois leur distance au navire qui les précédait et l'intervalle, invariablement fixé, qui les séparait de la colonne voisine. — On se résignait à cette complication en faveur de l'avantage de garder la flotte plus massée, mieux concentrée dans la main de son chef.

Duquesne et Tourville adoptèrent souvent cet ordre en colonnes pour leurs grandes flottes ; nous venons de voir que Tromp leur en avait donné l'exemple.

D'autres ordres de marche durent leur origine à des exigences purement militaires : l'ordre de front, très difficile à garder pour des navires à voiles, pouvait convenir lorsqu'une escadre nombreuse entreprenait d'intercepter un convoi que ses éclaireurs lui avaient signalé : c'est une disposition de ce genre qu'adopta le lieutenant-général Gabaret pour arrêter et pour rejeter sur les vaisseaux de Tourville une bonne partie du convoi anglais de Smyrne qui s'efforçait de s'élever au large (affaire de Lagos : 1693).

Quand une armée navale chassait une escadre inférieure en forces, la rigide ligne de file ou même l'ordre en colonnes ne pouvaient satisfaire au besoin de « mordre » sur l'ennemi, de l'arrêter en l'obligeant à répondre ou en avariant ses agrès. Il fallait, dans ce cas, rompre la formation de marche des vaisseaux et laisser prendre la tête aux meilleurs marcheurs, derrière lesquels s'échelonnaient en éventail, prêts à les soutenir, ceux qui les suivaient naturellement dans l'ordre des vitesses. Ainsi se formait, sous la pression des circonstances, un ordre nouveau, l'angle de chasse. Pour avoir voulu conserver trop longtemps ses vaisseaux en ligne de file pendant qu'il poursuivait l'escadre de Rooke, au début de cette affaire de Lagos dont nous parlions tout à l'heure, Gabaret perdit l'occasion d'infliger à cette armée navale un désastre qui nous aurait consolés de notre échec de la Hougue.

Des considérations inverses de celles que nous venons d'exposer amenaient l'escadre en retraite à adopter une formation angulaire dont le saillant, occupé par les vaisseaux les plus robustes et les mieux armés, était tourné vers l'ennemi.

En 1653, près de Portland, Martin Tromp, forcé de se retirer devant la flotte anglaise renforcée après son premier échec, couvrait avec ses vaisseaux de guerre ainsi disposés la masse du convoi de galiotes hollandaises que Monk et Dean voulaient lui enlever.

Tels étaient, dans la tactique de marche d'autrefois, les ordres les plus employés : de toutes ces formations, la ligne de file restait de beaucoup la plus appréciée, parce qu'elle était la plus commode pour les capitaines, sinon pour le commandant en chef. D'ailleurs, à mesure que les escadres, composées d'unités plus coûteuses et plus puissantes, devenaient aussi moins nombreuses, à mesure que les vaisseaux mieux voilés et mieux construits devenaient plus rapides, on voyait s'atténuer le grave inconvénient de cet ordre tout en longueur… Disons surtout que la ligne de file était à la fois un ordre de marche acceptable et l'ordre de combat à peu près indiscuté : en l'adoptant on n'avait pas à évoluer devant l'ennemi, et cet avantage emportait tout.

A la vérité, il n'en était pas de même d'un élément des armées navales qui, jusqu'au commencement du XVIIIe siècle, a joué un rôle important dans les combats de mer, j'entends les galères : ces navires, qui employaient la voile pour la navigation courante, mais qui combattaient à l'aviron en présentant la proue à l'ennemi, avaient adopté un ordre de combat différent de l'ordre de marche : ils naviguaient en ligne de file ou en colonnes et combattaient en ordre de front, quelquefois en avançant les deux ailes pour former une sorte de croissant.

Mais de 1733 à 1866, pendant près d'un siècle et demi, les navires qui se battaient en présentant l'avant à l'ennemi disparurent de nos mers, et ce long intervalle, où se consolidait le triomphe de la ligne de file, vit grandir l'importance des évolutions régulières qui permettaient de passer sans confusion, sans abordages, de cet ordre primordial à tous les autres.

Ce fut sous Louis XVI que la science des évolutions, favorisée par les recherches de l'Académie de marine et par les progrès des constructions navales, atteignit son apogée. Malheureusement cette supériorité de la tactique de marche devait avoir pour conséquence une réelle infériorité de la tactique de combat, parce que l'on ne sentit pas assez vivement que, si la navigation normale d'une grande flotte pouvait s'accommoder de règles inflexibles destinées à assurer la sécurité et le bon ordre, les circonstances variées du combat exigeaient plus de souplesse, plus de liberté dans les formations, et devaient autoriser les chefs de division, les commandants même, à prendre, sous leur responsabilité, l'initiative d'une manœuvre urgente, d'un mouvement décisif.

Le temps marchait cependant, et ce siècle naissait où la science, poursuivant l'idéale conquête de l'énergie, distribuait aux industries humaines les forces latentes qu'elle découvrait sur son chemin. La vapeur, enfin asservie, allait permettre aux vaisseaux, jusque-là réduits à composer avec les éléments , de lutter contre eux et bientôt de les vaincre. Le jour où les premiers pyroscaphes vinrent prendre une place modeste à côté des superbes et dédaigneux vaisseaux à voiles, les esprits clairvoyants jetèrent un regard attristé sur ces figures compliquées du *Livre des signaux*, où l'on s'était plu depuis tant d'années à chercher la suprême expression de la tactique navale.

Pourtant, comme on répugne tout d'abord, par indolence d'esprit, par crainte de l'inconnu, par respect du passé, à pousser jusqu'à leurs dernières limites les conséquences d'une découverte féconde et les avantages d'un engin nouveau, on ne vit pas tout de suite, — peut-être ne voulut-on pas voir, — que la raison d'être essentielle des évolutions expressément réglées dans le temps et dans l'espace allait disparaître avec la difficulté que les anciens vaisseaux, privés d'un moteur propre, éprouvaient à exécuter sans confusion, sans risque d'abordages, les changements de route exigés par le passage d'un ordre à un autre.

On fut frappé au contraire de l'aisance avec laquelle les vaisseaux à vapeur se tiraient des évolutions les plus difficiles et l'on s'ingénia à multiplier les ordres, à les compliquer, à resserrer plus étroitement les bornes de l'initiative individuelle par des règles plus précises et plus rigoureuses. On avait déjà des escadres d'évolutions ; on leur donna plus d'importance ; on insista sur le but qui leur était proposé et que définissait suffisamment leur dénomination officielle ; on eut soin d'y faire passer le plus grand nombre possible d'officiers pour s'assurer en tout temps des capitaines initiés aux mystères d'une science de convention. Bientôt le meilleur commandant dans une marine militaire fut réputé non pas celui qui savait le mieux la guerre, qui en avait étudié les aspects variés, évalué les chances, sondé les ressorts profonds, mais celui qui se rappelait exactement avec quel angle de barre et quel nombre de tours d'hélice il fallait parcourir les diverses phases d'une évolution.

Dans cet entraînement général, toutefois, une résistance se produisit : il y a vingt ans déjà un vice-amiral, un de ceux que la marine française se tient pour honorée de trouver encore à sa tête, ayant pris le commandement de l'escadre de la Méditerranée, s'avisa de remonter aux sources mêmes de la tactique et découvrit clairement que, pour passer d'un ordre à un autre, il n'était besoin que de permettre à chaque navire de suivre le chemin le plus court entre son ancien poste et le nouveau, en observant seulement les règles, connues et pratiquées de tous les marins, qui préviennent les abordages entre navires voisins.

Ce concept, à la fois simple et hardi, devait soulever des objections très vives et une opposition longtemps victorieuse : c'est le sort des idées justes... Il n'a pas fallu moins que les manœuvres entreprises depuis trois ans, et surtout le simulacre d'attaque et de défense de nos côtes du mois de juillet dernier, pour convaincre la majorité de nos officiers qu'à la guerre on aurait d'autres soucis que celui de tracer sur la face des eaux des courbes harmonieuses et des lignes savamment entrecroisées. On a senti qu'au-dessus de ces inutiles évolutions il y avait des mouvements d'un tout autre caractère, imposés par les circonstances, des dislocations et des concentrations rapides qui n'avaient pour objet que de présenter à l'ennemi, en un point donné et au moment voulu, une ou plusieurs divisions groupées dans un ordre quelconque. — Il a fallu convenir que le soin de s'éclairer à grande distance pour se couvrir contre toute surprise, de reconnaître à temps, la nuit surtout, l'ami de l'ennemi, de maintenir dans un sang-froid parfait des équipages quelquefois impressionnables, allait absorber la meilleure part de l'attention des états-majors, et que ces états-majors eux-mêmes devaient tenir un large compte de la fatigue nerveuse, de la rapide usure des forces, en un mot des effets physiologiques de l'état de guerre, un peu trop oubliés peut-être.

Ce n'est pas tout : on a dû constater qu'il était difficile, au moins dans les premiers jours, d'exiger des bâtiments tirés en toute hâte de la réserve, la somme d'efforts que fournissaient ceux de l'escadre permanente : le service des signaux, pour m'en tenir à l'ordre d'idées qui nous préoccupe spécialement, ce service si important dans une force navale et auquel on avait laissé prendre une extension sans doute excessive, a paru souffrir, en Angleterre comme en France, de l'inexpérience ou du défaut d'exercices suivis des timoniers de la réserve.

De cet ensemble de faits, — et j'en néglige d'aussi probants, — ne résulte-t-il pas pour le commandant en chef la convenance de n'ordonner que les mouvements indispensables, assez indiqués par les circonstances pour que les capitaines et les officiers de quart puissent suppléer aux indications insuffisantes ou erronées de la timonerie ? — N'en résulte-t-il pas aussi l'avantage de n'exécuter de changements de route, — ou de direction, — que par la contre-marche, ce qui entraîne l'adoption de la ligne de file ou d'une formation dérivée de la ligne de file comme ordre de marche à peu près exclusif ? — Dans ce cas, en effet, chaque cuirassé, n'ayant d'autre préoccupation que de se tenir exactement dans les eaux de son matelot d'avant, viendra tourner au point même où celui-ci aura tourné.

Mais, objectera-t-on, si nous adoptons la ligne de file comme formation de marche normale, nous retombons dans les inconvénients qu'on lui avait reconnus pour une action imprévue : sans doute nos vaisseaux marchent mieux qu'autrefois et manœuvrent plus librement ; mais l'ennemi va vite, lui aussi, et ses cuirassés évoluent aussi bien que les nôtres… S'il se présente inopinément, le commandant en chef aura-t-il le temps de rompre l'ordre de marche et d'amener à la hauteur de sa tête de colonne ses derniers navires, restés en arrière de près de 4,000 mètres, avant que le combat s'engage ? Ne sera-t-il pas, en un mot, surpris en flagrant délit de manœuvre ?

Nous pourrions répondre que ces justes observations prouvent seulement la nécessité de disposer autour de l'armée navale, et à bonne distance, un réseau d'éclaireurs dont les mailles restent assez serrées pour qu'une surprise de ce genre soit toujours déjouée ; mais nous ne sommes pas obligés d'adopter expressément la ligne de file et nous faisions allusion tout à l'heure à une formation dérivée de cet ordre primordial, formation qui nous assurera les avantages de la ligne de file et qui en fera disparaître le plus grave, le seul inconvénient même, la longueur.

Cette formation, c'est l'ordre de file par pelotons, disons mieux, par groupes.

Le peloton n'est pas nouveau dans nos escadres : en 1855 déjà, il était préconisé en ces termes par l'amiral Bouët-Willaumez, qui en faisait la base d'un ordre de front maniable et peu étendu :

« Dans cet ordre, les vaisseaux des chefs d'escadre, — ou des chefs de division, — seuls doivent se tenir à la hauteur du commandant en chef, en observant de maintenir les intervalles convenables entre eux ; les autres vaisseaux naviguent « pelotonnés, » c'est-à-dire sans ordre, autour de leurs chefs respectifs, qu'ils ont soin de ne pas dépasser, toutefois. — L'ordre de front en pelotons, n'astreignant que les chefs d'escadre à observer leur alignement, rend la marche d'une flotte plus libre, et par suite moins pesante. »

Ainsi, il y a trente-cinq ans, l'éminent officier général, plus heureusement inspiré peut-être dans ce seul paragraphe que dans toute la suite de son étude sur la tactique d'une flotte à vapeur, reconnaissait l'avantage de revenir au groupe primitif, auquel il donnait le nom de peloton, et se contentait fort judicieusement, pour maintenir son ordre, d'en fixer le linéament essentiel en donnant un poste déterminé à chacun des chefs de groupe. Il n'en faut pas plus, en effet.

Ce n'était point, il faut l'avouer, l'avis des rédacteurs de nos tactiques officielles : on s'empara du peloton, que l'on fit coïncider avec la division de trois cuirassés, mais on s'empressa de le régulariser, de lui donner une forme invariable en le jetant dans le moule des figures géométriques ; et le groupe commode et souple qu'avait entrevu l'amiral Bouët-Willaumez, devenu officiellement « le peloton d'escadre, » se présenta aux yeux des admirateurs des formations rigides sous l'aspect séduisant d'un triangle rectangle isocèle.

Eh bien ! ce n'est pas le peloton de la tactique officielle qu'il nous faut, et si nous acceptons en principe le chiffre de trois cuirassés comme composition normale de notre groupe, coïncidant ainsi avec l'unité administrative appelée division, du moins voulons-nous que, de ces trois navires, seul celui qui portera le chef de groupe soit astreint à se tenir à une distance invariable du vaisseau amiral. Les deux autres, qu'on les laisse faire, qu'on ne leur impose d'autre condition que de ne pas dépasser leur chef de groupe ; que l'on s'en rapporte du soin d'éviter les collisions à l'attention des capitaines ou des officiers de quart ! — Qui donc a jamais vu un abordage entre navires, marchant avec la même vitesse dans la même direction ? Toutes les catastrophes que l'on peut citer, aussi bien celles de la *Reine Blanche* et du *Forfait* que celles du *Grosser Kurfürst* et de l'*Irondake*, furent amenées par des évolutions, où le souci d'observer des règles trop compliquées paralysait le sens marin des capitaines.

D'ailleurs, peu à peu, dans ce groupe irrégulier, une sorte d'ordre instinctif se manifestera : le jour, on resserrera les distances, on s'habituera à côtoyer le chef de division, à former avec lui une sorte déniasse compacte dont l'utilisation se trouvera aisément, le jour du combat : jeu dangereux, dira-t-on : non pas ! Mais entraînement progressif, involontaire même ; et surtout exercice excellent, plus propre à former le coup d'œil des officiers, à leur souffler la hardiesse, que toutes les évolutions de la tactique officielle.

La nuit, au contraire, on s'écartera un peu du chef de groupe, pour tenir compte de la difficulté d'apprécier exactement les distances, et ce chef de groupe, en dernière analyse, restera le maître d'inviter un téméraire à augmenter sa distance ou un pusillanime à la diminuer.

Que devient la ligne de file ainsi formée par groupes, au lieu de l'être par navires ? — Supposons que le commandant en chef signale à ses lieutenants que l'intervalle entre chaque chef de groupe sera de 2 encablures ou 400 mètres : les quatre groupes échelonnés ne tiendront pas plus de 1,600 ou 1,700 mètres, au lieu de 4,000. — Assurément, une formation aussi ramassée satisfait à toutes les exigences.

Les circonstances seront-elles nombreuses où il faudra passer de cet ordre de file par groupes à la ligne de file par navires ? — Je ne le pense pas : le groupe, tel que nous l'avons conçu, tel qu'il sera formé souvent dans la pratique quand les cuirassés ne s'effraieront plus de leur propre masse, peut fort bien se réduire à un front de 150 mètres. Quel est le détroit, quel est même le chenal qui ne puisse lui livrer passage ? — Il n'est pas question ici de l'entrée d'un port, bien entendu, et nous ne nous occupons que de la navigation courante.

Reste la brume : encore faudrait-il qu'elle fût épaisse pour que ces trois navires, ainsi placés coude à coude, ne pussent s'apercevoir ; et si elle est si compacte, la ligne de file par unités n'est-elle pas l'ordre de marche le plus dangereux, quand il s'agit de cuirassés dont l'avant est armé d'un éperon tandis que l'arrière porte, fort mal défendus, les organes essentiels de la propulsion et de la direction, l'hélice et le gouvernail !

Pour le combat, enfin, pour la rencontre inopinée du moins, en admettant que le cas puisse se présenter, cet ordre de file par groupes ne s'éloigne-t-il pas trop de l'ordre de lront ou de ses dérivés, dont l'emploi paraît s'imposer à des navires qui combattent en présentant la pointe à l'ennemi ?

À cette question, nous répondrons un peu plus tard, quand nous étudierons la tactique de combat ; mais, dès maintenant, nous pouvons affirmer, dans une sorte de *postulatum*, que l'armée navale ainsi rangée n'aura rien à craindre de l'ennemi, et que toute manœuvre enveloppante serait aisément déjouée par une abatée rapide de l'un des groupes sur tribord ou sur bâbord.

A l'adoption du groupe, *comme unité de manœuvre*, nous allons trouver d'ailleurs un avantage d'un genre particulier, auquel les officiers qui ont la pratique des escadres d'évolutions ne seront pas insensibles : c'est que ce groupe si bien lié restera directement sous les ordres, dans la main, pour ainsi dire, du chef de division. — Aujourd'hui, dans la pratique du service d'escadre, la division n'est qu'une unité administrative ; son chef voit borner son rôle à transmettre les ordres du vice-amiral, à réunir un grand nombre « d'états » dont la nécessité n'est pas toujours justifiée, et à présider des commissions techniques. A la mer, le plus souvent simple spectateur des évolutions ordonnées par le commandant en chef, cet officier général se contente de répéter les signaux du navire amiral et doit croire son ambition satisfaite quand le navire qui porte son pavillon les exécute correctement. En fait, le vice-amiral dirige tous les navires de son escadre individuellement ; il leur adresse des signaux particuliers, il les presse ou les retient, les loue ou les gourmande.

Il n'y a pas à marchander : les chefs de division sont annihilés ; ils s'y résignent sans doute, mais ils le sentent, et quelquefois avec amertume. En tout cas, leurs capitaines s'habituent à ne considérer le cuirassé qui les porte que comme une unité de combat ordinaire : ailleurs est l'impulsion, ailleurs aussi vont les regards.

Comment ne s'est-on pas préoccupé de parer à un si grave défaut de la tactique officielle ou plutôt de nos traditions ?

Comment n'a-t-on pas compris qu'enlever au chef de division toute action immédiate sur ses navires, c'était une singulière manière de le préparer au rôle capital qui peut lui échoir dans une rencontre, alors que le succès dépendra de son initiative, de l'impulsion vigoureuse, entraînante, qu'il saura communiquer à des capitaines et à des équipages qui ne l'ont jamais ressentie jusque-là ?

Mais n'insistons pas en ce moment sur des conséquences dont l'exposé trouvera mieux sa place dans une étude plus approfondie. — Il nous suffit d'avoir montré le mal et, nous l'espérons du moins, d'en proposer le remède en préconisant un large emploi des formations par groupes compacts, intimement liés, recevant leur impulsion de leur chef immédiat, à qui seul s'adresseront les signaux du commandant en chef, à qui seul appartiendront l'initiative des mouvements et le choix de la route que doit suivre le groupe.

Nous ne pouvons évidemment entrer ici dans le détail des applications de l'idée générale de la tactique par groupes. Nous n'avons surtout pas la prétention de répondre d'avance aux objections qu'elle peut soulever et que soulèvent toujours les idées rajeunies, aussi bien que les conceptions nouvelles.

Nous affirmons seulement qu'il faut, de toute nécessité, simplifier la tactique de marche en s'arrêtant à un ordre à peu près exclusif, l'ordre de file par groupes, en substituant les formations aux évolutions, en tenant les groupes aussi serrés que possible autour de leur chef et en fortifiant l'action de ce dernier sur ses deux satellites. Nous remettons à plus tard, quand nous examinerons la tactique de combat, après avoir étudié celle des éclaireurs, le soin de montrer le parti que l'on peut tirer du groupe dans une bataille navale, à condition de lui donner une composition convenable.

Ainsi, poussés par un invincible besoin de simplification, nous revenons au groupe primitif et à l'ordre primordial. À ce besoin, qui est général, et qu'il nous serait facile de retrouver dans la conduite des énormes armées modernes, il y a des raisons profondes : l'esprit humain, du moins l'esprit des hommes que la Providence n'a pas marqué du sceau du génie, n'est capable d'embrasser qu'un nombre restreint de combinaisons ; il en est moins capable encore à la guerre, où la lutte contre l'instinct de conservation et les soucis de la responsabilité absorbent une forte part des facultés intellectuelles. Or depuis vingt ans nos navires sont devenus, nous l'avons dit, des usines flottantes, des machines admirables, mais trop compliquées ; et pourtant, alors qu'à ces outils de plus en plus délicats il faudrait des ouvriers de plus en plus habiles et rompus à leur spécialité par une longue pratique, la société moderne prétend nous donner un nombre considérable, un nombre superflu d'hommes ignorants qui ne font que passer à bord de nos navires et disparaissent à peine instruits.

Le meilleur de l'attention et de l'effort des capitaines se dépense donc à pénétrer l'infini détail des mécanismes, à « apprendre leur bateau, » tandis que leurs officiers, enfoncés dans le pur technisme, s'adonnent à la tâche ingrate d'instruire un personnel sans cesse renouvelé.

Eh bien ! ce qu'il reste d'un temps précieux, faut-il le consacrer à l'étude des opérations militaires ou à celle d'une tactique d'évolutions surannée ?

Le choix ne saurait être douteux : cessons d'embrasser l'ombre pour le corps ; tournons-nous enfin vers la réalité et familiarisons-nous avec ces problèmes redoutables qui se dresseront un jour devant nous… En un mot, apprenons la guerre. Sans doute il en est temps encore, mais peut-être n'y a-t-il plus un moment à perdre !

Auteur anonyme.

Explications de quelques termes de tactique navale.

par J-B.-A Babron officier de Marine en retraite -extrait du précis des pratiques de l'art naval.

Le lit du vent est la ligne par laquelle souffle le vent, qui prend son nom du rumb ou point de la boussole qui se présente à lui.

La perpendiculaire du vent est la ligne qui coupe le lit du vent à angle droit.

La ligne du plus près est celle que tiennent des vaisseaux qui s'approchent le plus du vent ; cette ligne, qui est estimée faire avec le vent un angle de 67 degrés 30 minutes, ou de 6 rumbs, se distingue en ligne du plus près tribord et en ligne du plus près bâbord, selon l'amure que l'on tient.

La route, est le rumb auquel on gouverne ; on dit qu'un vaisseau est en route, quand il se présente à l'aire de vent sur lequel il doit courir.

Un vaisseau est vent largue, quand il ne tient pas le vent et qu'il n'est pas vent arrière ; on distingue, par le nombre de rumbs, la quantité dont un vaisseau court largue, ou s'éloigne de la ligne du plus près.

Un vaisseau court vent arrière, quand sa quille est dans la ligne du vent, qui souffle de l'arrière sur sa poupe; on dit alors qu'il a le vent entre deux écoutes.

Être par le travers. Fig 1 et 2:

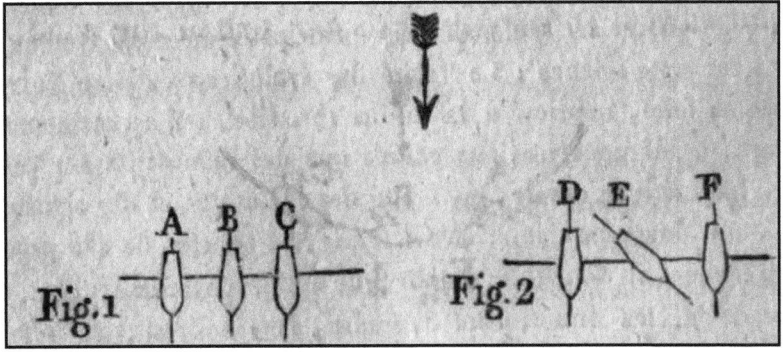

Lorsque deux ou plusieurs vaisseaux ont leurs côtés parallèles et leur proue également avancée, on dit qu'ils sont par le travers l'un de l'autre; on les relève alors sur un rayon visuel qui fait un angle droit avec leur quille : tels sont les vaisseaux A, B, C, de la figure 1; mais si leurs côtés ne sont pas parallèles, c'est-à-dire que leurs routes fassent un angle quelconque, le vaisseau qui est dans l'alignement du travers de l'autre, ou qui le relève dans un point quelconque de la perpendiculaire à sa route

, se trouve par son travers. Ainsi le vaisseau E est par le travers des vaisseaux D et F ; mais ni D ni F ne sont par le travers du vaisseau E ; car, pour cela, il faudrait que sa route fut parallèle a la leur, et qu'il se trouvât en même temps sur la perpendiculaire a leur route. ,:

Arriver. Fig.3:

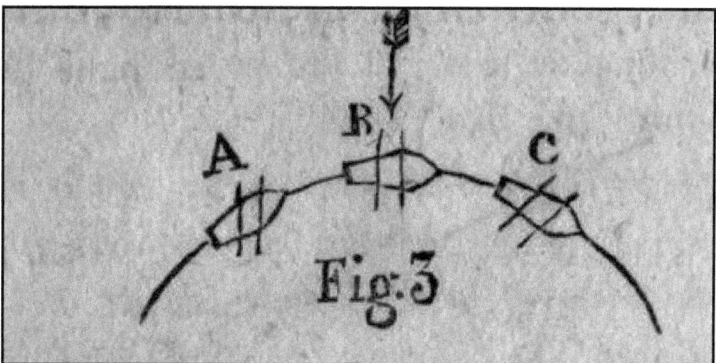

Un vaisseau arrive ou largue, quand il s'éloigne de la ligne du plus près ; on fait connaître, par le nombre de rumbs , la quantité dont un vaisseau doit arriver ou est arrivé : ainsi le vaisseau A laisse arriver lorsque , quittant la ligne du plus près, il présente sur les nouvelles routes B et C; dans le premier cas, étant en B il était arrivé ou avait largué de deux quarts ; dans le second , au point C, il se présente à une route plus largue de deux quarts que la route B, et de quatre plus largue que la première route A.

Venir au vent. Fig.4:

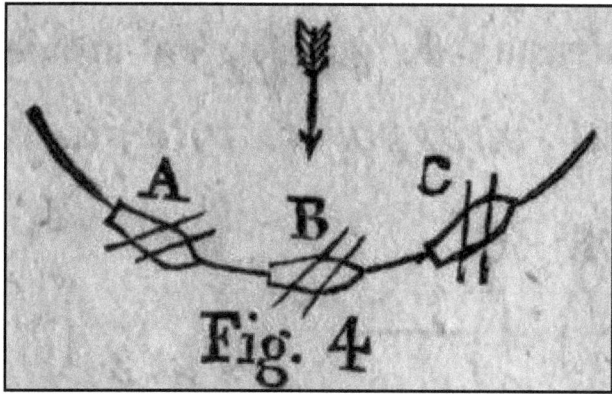

Un vaisseau vient au vent, quand, quittant la ligne sur laquelle il courait, il se rapproche de la ligne du plus près , en y dirigeant sa proue : ainsi le vaisseau A vient au vent ou au lof, lorsque , par l'effet de son gouvernail et de ses voiles, que l'on brasse plus obliquement, il présente sa proue aux nouvelles routes B et C. On fait connaître par le nombre de rumbs la quantité dont un vaisseau est venu ou doit venir au vent.

La contre-marche, c'est le mouvement d'une colonne ou d'une ligne dont les vaisseaux changent successivement d'amures, soit en virant vent devant pour prendre les eaux du vaisseau de tête, soit en virant lof pour lof; de sorte qu'on distingue deux contre-marches : celle vent devant et celle lof pour lof.

Mettre en panne fig5

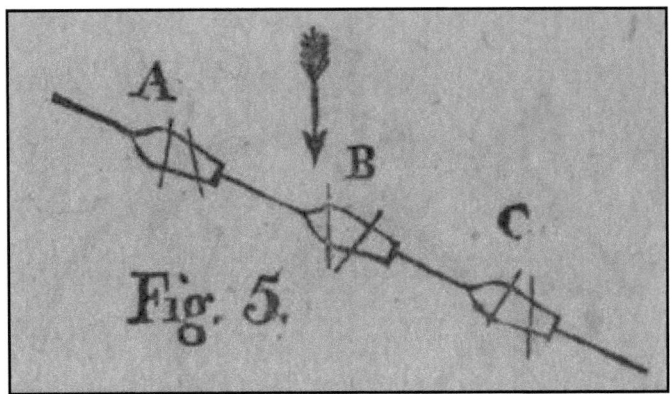

Par cette manœuvre, on arrête et retarde le sillage du vaisseau en disposant les voiles de manière que l'effet du vent sur elles se détruise en se balançant, et qu'ainsi le vaisseau reste en quelque sorte immobile, en dérivant seulement en travers y comme j'ai déjà eu occasion d'en parler. La position des vergues dans les figures, A, B et C fait connaître les deux espèces de panne ; celle des figures A et C offre la panne, le vent sur le petit hunier, vulgairement appelée panne marchande; celle de la figure B offre la. panne, le vent sur le grand hunier : c'est celle-ci que prennent ordinairement les vaisseaux de guerre, en armée.

Virer vent devant. Fig. 6.

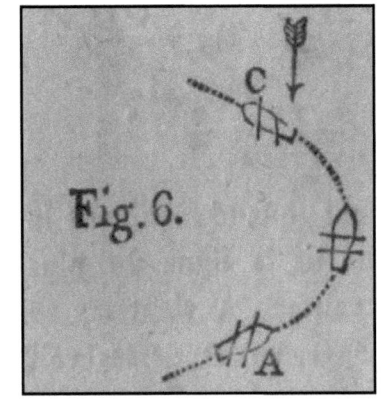

C'est faire tourner la proue du vaisseau vers le côté du vent ; pour changer sa route et ses amures, en lui faisant prendre le vent de l'autre côté, par une révolution de 12 rumbs;

ainsi le vaisseau A, passant du plus près les amures à bâbord, au plus près les amures à tribord, fait la révolution A, B, C, et vire vent

devant., Donner vent devant est l'action de pousser la barre du gouvernail sous le vent, à dessein de lancer le vaisseau dans le vent pour le faire virer et prendre le vent de l'autre bord.

Virer lof pour lof ou vent arrière. Fig.7

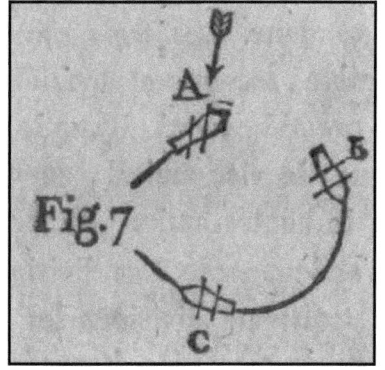

Un vaisseau vire lof pour lof ou vent arrière, quand, en faisant tourner sa poupe du côté du vent ou larguant toujours, il arrive de plus en plus et vient vent arrière pour se rallier ensuite au vent, en prenant les amures sur le bord opposé à celui sur lequel il courait, après avoir fait la révolution A, B, C.

Etre dans les eaux. Fig 8.

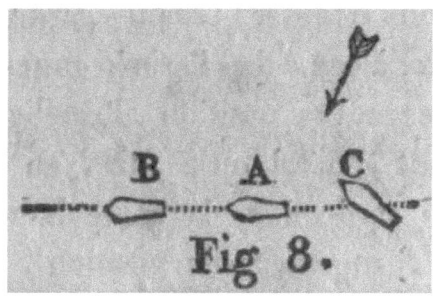

Un vaisseau est dit être dans les eaux d'un autre, quand l'un des deux, étant ou passant en arrière de l'autre, se trouve dans la direction de sa route ou sur la ligne qui est une continuation de sa quille ; ainsi le vaisseau A est dans les eaux du vaisseau B , et le vaisseau C, traversant les eaux des deux vaisseaux A et B, est dans leurs eaux ; mais ces vaisseaux ne sont pas dans les siennes.

Des Armées navales et de leur Répartition.

Les armées navales , doivent être telles que les forces soient égales dans chacune des trois escadres qui la composent. Ces trois escadres, sont elles-mêmes subdivisées chacune en trois divisions. Il faut, à la rigueur, trois vaisseaux ou autres bâtiments de guerre pour faire une division ; 9 forment une escadre , et 27 forment l'armée ; il est cependant reçu d'appeler armée une escadre qui passe 20 vaisseaux de ligne, sans y comprendre les frégates et autres bâtiments de moindre grandeur. Les trois escadres qui composent l'armée, s'appellent première , seconde et troisième escadre ; l'amiral marche au centre de la première, qui forme le corps de bataille, quand l'armée est en ligne; le vice-amiral, au centre de la seconde, qui forme l'avant-garde; le contre-amiral, au centre de la troisième qui est destinée à faire l'arrière garde. Les divisions portent les noms de première, seconde et troisième divisions des escadres auxquelles elles appartiennent ; ces trois escadres, étant égales en force et en nombre, peuvent plus facilement se substituer l'une à l'autre lorsque les circonstances l'exigent : il est surtout avantageux d'avoir à la tête des seconde et troisième escadres quelques vaisseaux bons voiliers, sous les dénominations de première et de seconde division de l'escadre légère ; ce corps, formé de vaisseaux de choix, est destiné à chasser et à renforcer les chasseurs dans le cours de la navigation, à couper ou doubler l'avant-garde ennemie pour la mettre entre deux feux ; à empêcher l'armée ennemie de faire un mouvement qui, en changeant sa position, l'améliorerait ; à forcer l'ennemi à un engagement général ou à fuir, en harcelant son avant-garde ou son arrière garde dans la route largue qu'il peut tenir, pour éviter, par des changements de position, une affaire sérieuse.

Le nombre des frégates doit être proportionné au nombre des vaisseaux dont l'armée est composée ; si l'armée est considérable, il faut au moins 8 frégates, dont 3 pour la répétition des signaux de l'armée en ligne, placées du côté opposé à l'ennemi, hors de la portée du boulet seulement : la première, par le travers du chef de la première division de l'avant-garde ; la seconde, par le travers de l'amiral qui est au centre du corps de bataille ; et la troisième, par le travers du chef de la troisième division. Ces trois frégates sont aussi chargées ainsi que les instants où ses signaux sont connus du chef de file et du serre-file de l'armée, lorsqu'il a ordonné un mouvement général. On répartit trois autres frégates dans les intervalles des trois premières, pour être à portée de secourir ceux des vaisseaux de leur escadre qui seraient désemparés, et leur donner une remorque, si cela était nécessaire ; les deux dernières frégates doivent être placées entre les deux lignes, l'une de l'avant et l'autre de l'arrière, hors de la portée du canon, pour observer les mouvements de l'ennemi et les signaler au général. Un nombre proportionné de corvettes, n'est pas moins nécessaire, pour porter les ordres des généraux auxquels elles doivent être attachées.

J'ai dit plus haut que les manœuvres exécutées par les armées navales s'appellent évolutions navales ; la science qui les enseigne, la tactique : elle apprend à trouver les moyens de nuire à son ennemi, quelle que soit sa position ; elle indique ceux que l'on doit employer pour résister à ses attaques. Dans la marine, plus encore que par terre, rien de grand ne saurait s'effectuer sans ordre et sans ensemble ; c'est pour cela qu'on a imaginé les différents ordres et positions pour les armées navales, soit pour protéger le commerce, traverser l'Océan et les mers, ou combattre son ennemi. La force principale d'une armée consiste dans l'ensemble, le bon ordre et la discipline ; il faut surtout y joindre une attention scrupuleuse aux signaux, et une prompte exécution des manœuvres ordonnées : une ligne de bataille n'est forte qu'autant qu'elle est serrée, pourvu toutefois que l'on conserve la distance nécessaire pour manœuvrer, car, si les vaisseaux de sa ligne ne sont pas aussi serrés que ceux de la ligne ennemie, plusieurs des premiers ayant à soutenir le choc de deux vaisseaux ennemis, il en résulterait une dangereuse infériorité.

Je crois, et les combats qui ont eu lieu la dernière guerre ne l'ont que trop prouvé, qu'il y a beaucoup d'avantage à avoir une ligne de bataille composée de forts vaisseaux ; premièrement, parce que en cas d'abordage, un fort vaisseau a une supériorité marquée sur un plus petit par sa hauteur, ce qui facilite, pour lui, l'exécution de cette manœuvre, tout en la rendant difficile, quand elle est tentée par un vaisseau plus petit; secondement, lorsque le vent est frais et que la mer est grosse ou houleuse, un vaisseau de 80 ou de 110 canons peut se servir de sa batterie basse avec moins d'inconvénients et plus de sûreté qu'un plus petit vaisseau ; aussi avons-nous vu les anglais composer leurs escadres de blocus et d'observation de nombreux trois ponts ; avec de pareils vaisseaux, si le temps est trop mauvais pour qu'on se serve de la batterie basse, ils ont sur nous l'immense avantage de deux batteries contre une; si la batterie haute, dans le cours du combat, se trouve accidentellement engagée ou encombrée par les débris du gréement et de la mâture, ils ont encore sur les vaisseaux de 80 et de 74, qui sont dans le même cas, l'avantage de deux contre un ; d'ailleurs les trois ponts, par l'épaisseur de leur échantillon, résistent mieux aux boulets qui traversent rarement leur batterie de 36 : on perd conséquemment moins de monde dans un combat. Ils ont aussi une plus grande solidité, et, en général, évoluent fort bien ; ils marchent mieux, d'une grosse mer, que les 74 ; un boulet a moins d'avantage sur un trois ponts que sur un plus petit vaisseau : la force et la hauteur dominantes de son artillerie lui offre plus de probabilité de couler son ennemi ; et le plus grand nombre de bâtiments à rames d'un trois ponts- donne aussi plus de moyens de se remorquer au large, au besoin. Il est prouvé, d'ailleurs, qu'une armée composée de gros vaisseaux, quoique inférieure en nombre, n'exige pas une ligne aussi serrée que celle de son ennemi, et elle est au fond plus forte : une telle armée, n'étant pas si serré, évolue plus vivement qu'une autre plus considérable, ses mouvements sont plus prompts, les signaux sont mieux observés, les séparations d'un corps de l'armée à l'autre sont moins à craindre, un changement de vent ne l'embarrasse ni ne la dérange autant qu'une armée plus nombreuse, elle peut s'approcher davantage de terre, si elle manœuvre à la vue de l'ennemi. Je concluerai donc de ce que je viens d'avancer, et je suis persuadé de n'être pas en opposition avec nos officiers-généraux et officiers de marine observateurs, que c'est au grand nombre et à la supériorité évidente des nombreux vaisseaux à 3 ponts qui composaient les escadres des anglais, pendant la dernière guerre (En 1813 ils en avaient 56.), qu'ils doivent les avantages obtenus dans différentes batailles l'expérience de 20 ans de guerre ayant prouvé que la force effective d'une armée navale ne consiste pas toujours dans le nombre de vaisseaux qui la composent.

Des ordres de marche.

On appelle ordre, la disposition déterminée des vaisseaux d'une armée navale, les uns par rapport aux autres. On distingue différents ordres, et on les adopte selon les circonstances dans lesquelles une armée peut se trouver, ou suivant les parages où l'on est : tout ordre est bon, quand il fait tenir à une armée le moins d'espace possible, et qu'il met à même de pouvoir se ranger promptement et sans difficulté à l'ordre de bataille, ou. d'exécuter tout autre mouvement que les circonstances du temps ou une rencontre pourraient exiger.

L'ordre est appelé naturel, toutes les fois que chaque vaisseau suit le vaisseau ou le matelot de l'avant qui lui a été désigné par l'ordre de bataille donné par le général.

On dit que l'ordre est renversé, quand le matelot ou vaisseau devant devient matelot de l'arrière : cela arrive toutes les fois que les queues deviennent têtes, par inversion d'ordre ou de changement de position. On voit par là que la transposition des escadres, dans un ordre de bataille, ne renverse point l'ordre qui sera naturel, tant que, dans chaque escadre, les têtes mènent les queues; il sera renversé, au contraire, si, dans chaque escadre, les queues mènent les têtes, quand bien même les escadres seraient à leur poste naturel, c'est-à-dire la seconde escadre à l'avant-garde.. la première au centre ou au corps de bataille, et la troisième à l'arrière-garde.

La marche sur trois pelotons, et plus encore celle sans observer d'ordre, accéléreraient sans doute la vitesse d'une armée nombreuse qui aurait une longue traversée à faire ; mais elles exposeraient à des abordages, des séparations ou autres fâcheux accidents dans les parages où les sautes de vent sont fréquentes, dans les longues et sombres nuits d'hiver : c'est pour cela qu'en temps de guerre surtout, on leur a préféré l'ordre de marche sur trois colonnes, parce qu'il réunit moins d'inconvénients majeurs, et qu'on passe facilement 4e cet ordre à celui de bataille.

Ordre de marche sur une ligne. Fig. 9.

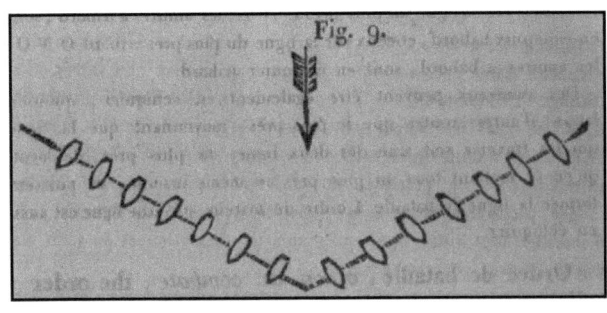

On dit qu'une armée est en ordre de marche, sur une ligne, lorsque tous les vaisseaux sont rangés sur une des lignes du plus près, parcourant des routes parallèles, mais différentes du plus près; cet ordre a l'inconvénient d'étendre trop l'armée, et de rendre difficile la communication entre l'avant et l'arrière-garde; en outre, la régularité de la ligne est difficile à conserver ; les mouvements en sont longs ; aussi on ne le choisit qu'en vue de l'ennemi, pour la prompte exécution de quelques évolutions particulières, et afin de passer plus facilement à l'ordre de bataille.

L'Echiquier, Fig. 10.

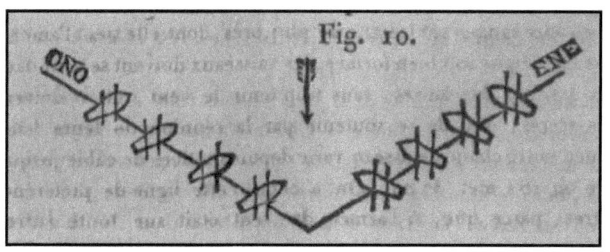

L'échiquier est l'ordre de marche oblique d'une escadre ou d'une armée, dont tous les vaisseaux, Suivant une même route, qui est le plus près, se relèveront sur la ligne du plus près opposée à leurs amures; par cette disposition, si tous les vaisseaux virent ensemble, ils se trouveront sur la ligne du plus près de l'autre bord, dans les eaux les uns des autres, formant la ligne de combat ou de bataille : ainsi les vaisseaux sur la ligne du plus près E N E, les amures à tribord, sont en échiquier babord, et ceux sur la ligne du plus près tribord O N O, les amures à bâbord, sont en échiquier tribord.

Des vaisseaux peuvent être également en échiquier, quoique faisant d'autres routes que le plus près, moyennant que la ligne qui les traverse soit une des deux lignes du plus près, de façon qu'en se mettant tous au plus près au même instant, ils puissent former la ligne de bataille. L'ordre de marche sur une ligne est aussi en échiquier.

Ordre de bataille. Fig. 11.

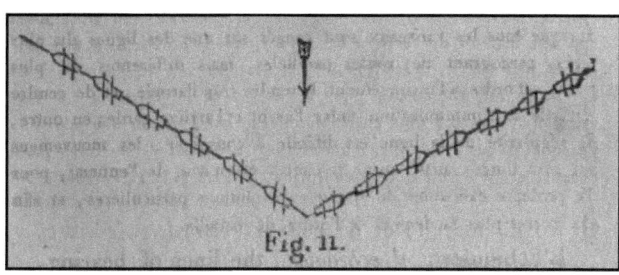

L'ordre de bataille ou de combat est celui qui tient une armée ou une escadre rangée sur la ligne du plus près, dont elle tient l'amure.

Pour que cette ligne soit bien formée, les vaisseaux doivent se tenir dans les eaux les uns des autres, sans trop tenir le vent, et ils doivent être très-serrés, afin de se soutenir par la réunion de leurs feux.

La distance entre chaque vaisseau varie depuis un tiers de câble jusqu'à un câble ou 162 met. 37 mil. On a choisi cette ligne de préférence aux autres, parce que, si l'armée du vent était sur toute autre , l'ennemi pourrait lui gagner le vent, ou tout au moins il choisirait l'heure et la distance pour combattre ; dans cet ordre, l'armée - sous le veut étant sur une ligne parallèle à l'ennemi, peut plus facilement profiter du premier changement de vent ou d'une fausse manœuvre de l'ennemi pour lui gagner le vent : c'est la position défensive la plus avantageuse.

Ordre de front, Fig. 12.

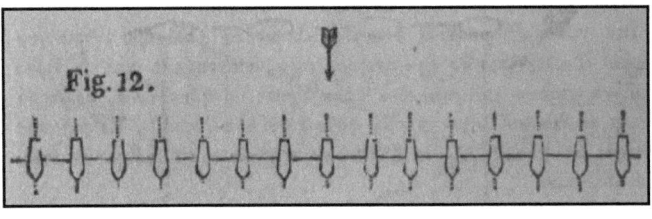

Dans cet ordre, tous les vaisseaux sont rangés et se relèvent sur la perpendiculaire du vent, la route largue ou vent arrière ; mais il offre l'inconvénient d'exposer chaque vaisseau à tomber sur son matelot de l'arrière dans les virements de bord ; si la ligne est un peu serrée, il est très-difficile de conserver la ligne régulière.

Cet ordre est avantageux pour la chasse et la retraite ; car les vaisseaux , mettant tous ensemble le cap sur la ligne sur laquelle ils sont rangés , présentent une ligne très-serrée et un front imposant, desquels on doit attendre les effets les plus vigoureux.

Ordre de marche et de convoi. Fig.13.

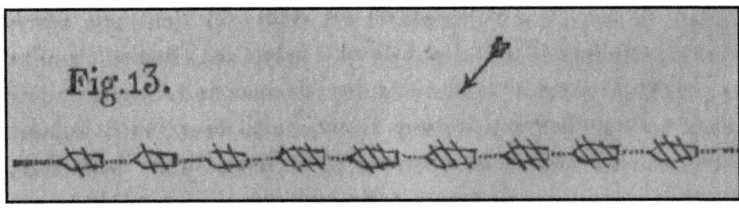

C'est l'ordre dans lequel naviguent des vaisseaux qui suivent la même route et se tiennent dans les eaux les uns des autres, en suivant la route du vaisseau de tête signalé par le général. On a aussi l'ordre de marche et de convoi sur deux lignes parallèles.

Ordre de marche sur trois colonnes,, vent arrière, largue ou au plus près. fig. 14.

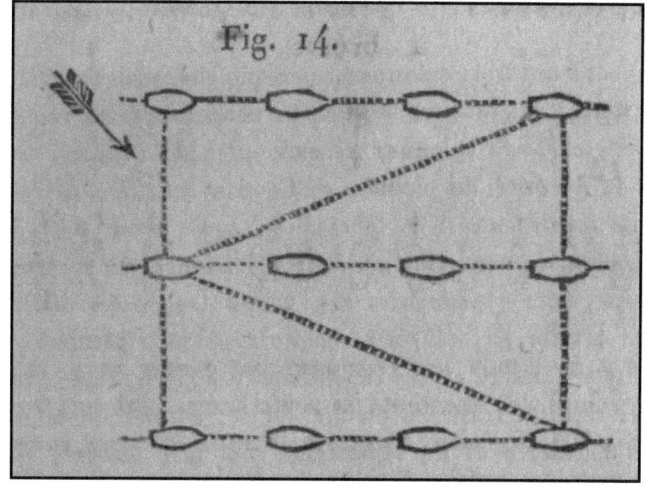

Dans cet ordre, la première escadre, qui est celle dans laquelle est l'amiral, et destinée à être le corps de bataille, quand l'armée est en ligne, occupe le milieu ; la seconde, qui est celle du vice-amiral, destinée à former l'avant-garde, dans l'ordre naturel, est ordinairement à la droite; la troisième, qui est celle du contre-amiral, destinée à être arrière-garde, est à la gauche : ces trois escadres, rangées sur trois lignes parallèles, les vaisseaux de chacune d'elles dans les eaux les uns des autres y forment l'ordre des trois colonnes qui se distingue en ordre naturel ou ordre renversé en ordre sur trois colonnes, tribord ou bâbord, selon les amures au plus près, largue ou vent arrière. Cet ordre de marche est celui auquel on donne la préférence, lorsque l'armée est trop nombreuse pour naviguer sur une ligne de convoi ou sur deux lignes parallèles, parce qu'il réunit bien moins d'inconvénients d'une conséquence majeure que tous les autres, dans des parages où l'on peut rencontrer l'ennemi en force ; parce que, dans cet ordre, on peut facilement passer à celui de bataille, tel qu'il a été combiné, par la répartition des forces et des places des généraux au centre de leurs escadres, pour répéter les signaux de l'amiral, quoique, dans le cours de la navigation, il donne peut-être trop d'étendue à une armée, et que sa régularité doive nuire à sa vitesse. Cet ordre permet à tous les capitaines de voir, de suivre la route et d'imiter la manœuvre, ainsi que d'observer les signaux du vaisseau amiral, qui marche ordinairement à la tête de la colonne du centre.

Dans l'ordre des trois colonnes, quelque changement qu'il arrive dans les vents, les officiers de quart, connaissant les relèvements des différents chefs de colonnes et serre-files de l'armée, savent à peu près la quantité de chemin qu'ils peuvent faire à l'aire de vent où ils présentent. Dans le cas où, après avoir fait chapelle dans une saute de vent, ils auraient à craindre de se trouver à bord opposé, cette combinaison des routes, supposées différentes, donne une grande facilité pour chaque manœuvre particulière, en attendant que l'amiral et ses répétiteurs aient fait connaître, par les signaux relatifs, l'ordre à établir, et les amures ou la route à tenir. Les abordages et les séparations sont bien moins à craindre dans l'ordre des trois colonnes ; il est aussi plus facile de former tel ou tel autre ordre de bataille combiné qu'il plaira au général d'ordonner , et en tous temps ; en outre, l'armée étant dans cet ordre , aucun bâtiment étranger ne peut s'y glisser , ni la traverser ou prolonger, sans être découvert; d'ailleurs la protection qu'on veut assurer à une flotte (si on en a une sous son escorte) exige un ordre établi qui facilite la formation de la ligne de bataille bien formée et prompte : c'est d'après tous ces avantages qu'on a justement préféré l'ordre de trois colonnes à tous les autres, jusqu'à ce qu'on en ait combiné un autre qui réunisse mieux que lui la sûreté de la navigation à la facilité de former, promptement et sans confusion ; l'ordre de bataille qu'il plaira au général d'ordonner. C'est donc cet ordre qui est adopté dans les Marines de France, d'Espagne et d'Angleterre, quoique , dans certaines circonstances, un général puisse juger avantageux d'adopter un ordre de marche sur trois pelotons, ou la marche sans observer d'ordre, l'un et l'autre offrant l'avantage de rendre la marche d'une armée moins pesante et d'accélérer beaucoup sa vitesse.

Ordre de chasse, Fig. 15.

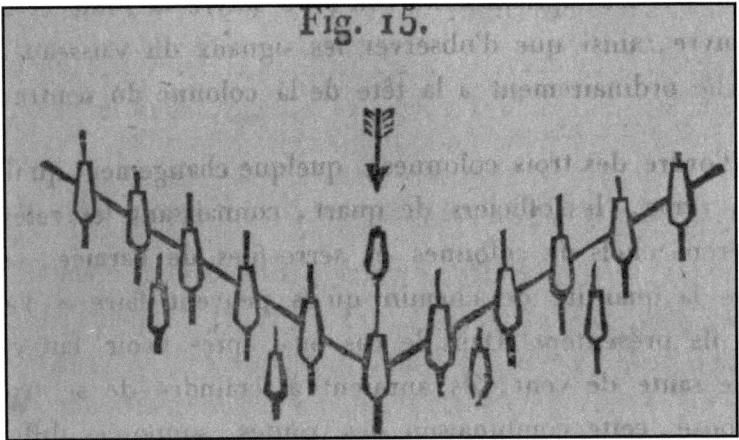

Toute l'armée est rangée sur les côtés d'un angle de 135 degrés, ou douze rumbs , formé par les deux lignes du plus près ; le général, sous le vent et au sommet de l'angle, la route vent arrière ou largue. On a choisi cet ordre pour la chasse, parce qu'il réunit les vaisseaux d'une manière avantageuse pour harceler un ennemi qui fuit.

Ordre de retraite, Fig. 16

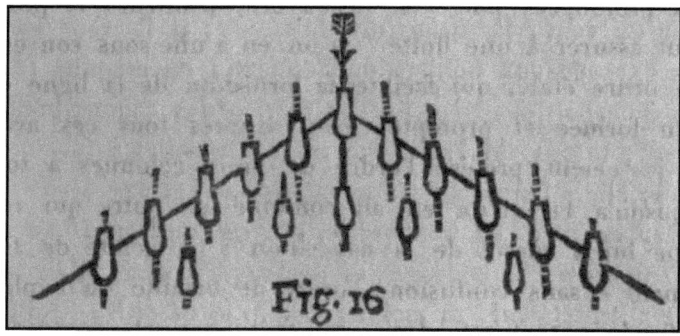

Cet ordre est formé, seulement en présence de l'ennemi, par une armée inférieure, lorsque, étant sous le vent, dans le cas d'une défaite, ou pour éviter une action, on adopte cet ordre de préférence à un autre, parce qu'on peut aisément passer de cet ordre à l'ordre de bataille, et que les frégates, les brûlots et les autres bâtiments attachés à l'armée sont plus à l'abri.

Les vaisseaux sont rangés sur les deux c4tés d'un angle obtus, formé par les deux lignes du plus près, le général au vent, et an sommet de l'angle, qui a pour mesure un arc de 12 rumbs, ou 135 degrés, la route largue ou vent arrière.

Les frégates, les corvettes, les brûlots et les vaisseaux hôpitaux se placent au milieu des côtés de l'angle, sous le vent, et sur les ailes.

J-B.-A Babron

En 1817 J-B-A Babron était lieutenant de vaisseau quand il fait publier à Brest un précis des pratiques de l'art naval, en France, en Espagne et en Angleterre, donnant pour les trois marines, les termes techniques, les commandements et des vocabulaires en français, espagnol et anglais des tables et dimensions de la mâture, les proportions du gréement etc..pour chaque vaisseau de guerre ou de commerce, les évolutions, la description des pavillons..

Le combat naval au temps de la marine à voile par Frédéric Rateau.

Lorsque ces deux bâtiments naviguent de conserve la première idée qui nous vient à l'esprit est de comparer leur performances et d'en conclure que l'un est archaïque, voir primitif, que son équipage est peu instruit et ne compte que sur sa témérité pour naviguer et combattre. L'autre bâtiment présente tous les avantages de la technologie et la science moderne. Son équipage a été instruit dans les meilleures écoles navales, sa guerre est propre il suffit d'appuyer sur un bouton pour tuer et jamais on ne lui ordonnera de prendre ses ennemis à l'abordage dans un combat au corps à corps. Pourtant cette comparaison factuelle donne une fausse interprétation de ce qu'a été la vérité de la navigation à voile. La marine a toujours été comme toutes les autres armes le domaine où s'exprimait la compétition technologique des royaumes et des nations en conflit. Mais parce que les hommes combattent sur mer, milieu hostile par excellence, la marine a, plus que pour le combat terrestre, fait appel à ses meilleurs ingénieurs et ouvriers pour la construction des vaisseaux et aux plus intrépides hommes pour combattre tout en maîtrisant la technicité de la navigation, des manoeuvres. S'il fallait quelques jours pour former un fantassin ou un cavalier, plusieurs mois ne suffisaient pas pour former un marin.

Au temps de la marine à voile la stratégie, la tactique faisaient appel aux compétences de marins qualifiés comprenant la mer, sachant observer l'état la surface, la force et la direction des vents et des courants, ayant la connaissance des récifs dangereux et sachant écouter la mer pour écouter le bruit de l'écoulement de l'eau sur la coque, sachant observer la direction et la vitesse des nuages. Le capitaine doit anticiper la réaction des éléments. Si le capitaine est celui d'un vaisseau combattant, il doit savoir anticiper les actions de son adversaire, prendre une décision très rapidement. Le capitaine doit compter sur un équipage qu'il a si possible formé et entrainé lui même, chaque jour il doit, dans un esprit de cohésion, procéder à des exercices pour instaurer émulation et confiance entre tous les membres de l'équipage et de son état major.

C'est une donnée stratégique qui prit tout son sens après les guerres de Vendée qui furent une saignée dans les effectifs des marins de l'Ouest et des capitaines, uniquement nobles jusque là. Combien de frégates et vaisseaux partirent au combat avec des marins qui n'avaient que 3 jours de mer?

Dans ce premier article je ne traiterai que des combats qui opposèrent que deux navires.

A cet effet, pour traiter le sujet je suis allé chercher les travaux de Verdier, dont le Manuel de Marine est conçu en deux parties; La première traite du gréement et la seconde partie traite de « Manoeuvre et artillerie ». Dans le but d'instruire les jeunes officiers il donne les résultats d'exercices en mer et d'expérience de combats en ce qui concerne la manoeuvre. Pour la partie « artillerie » Verdier enrichie sa démonstration de tables de résultats de tests balistiques effectués en mer et dans la fonderie de Nevers. Certaines de ces tables ont été établies avec la complicité du capitaine Montgéry (1781-1839, un visionnaire qui préconisa l'emploi de la vapeur, l'invention des cuirassiers et des sous-marins.) dans son livre « Règles de pointages à bord des vaisseaux ». Mais ses tables de mire rédigées en 1820 furent révisées par le règlement de 1834

Sans reprendre dans son intégralité le Manuel de Marine rédigé par Verdier, dont le tome 2 « Manoeuvre et artillerie » fait 300 pages, nous allons voir ci-dessous quelques données importantes traitant uniquement des combats qui opposent deux navires.

Les batailles, où s'affrontaient des formations navales, comme des escadres, constituent un sujet plus large englobant la tactique navale et les techniques de signalisation, ne peuvent faire l'objet que d'un article ultérieur, même si ces batailles « en ligne » finissaient dans la confusion et les duels entre deux bâtiments.

Il faut se rendre compte que l'issue de la bataille de navires sous voiles, de force équivalente pouvaient être déterminée par la force et la direction des vents. Les équipages devaient savoir manoeuvrer pour obtenir un avantage tactique dans la préparation du combat. La compétence technique du capitaine, de l'équipage à la manoeuvre, des artilleurs faisaient la différence. Plusieurs paramètres entraient en jeu. Nous allons les étudier.

La fumée de la cannonade obscurcissait la visée de l'artilleur. L'artillerie de quelques canons placés sur la proue d'une galère l'obligeait à engager le combat par l'avant. Quand les vaisseaux furent équipés d'une artillerie sur les flancs, la stratégie fut bouleversée, obligeant les combats bords à bords. Par contre si les murailles très épaisses constituaient de véritables blindages sur lesquels les boulets ennemis pouvaient causer des dégâts limités, en revanche la proue et la poupe étaient mal protégées et l'état major qui se tenait sur la dunette du gaillard d'arrière pouvait être décimé en une seule salve d'une artillerie de caronades.

Première donnée tactique: reconnaître de loin un navire ennemi et évaluer ses forces.

La marine d'aujourd'hui dispose de moyens techniques qui permettent de reconnaître un ennemi au-delà de l'horizon. Du temps de la marine à voile, il fallait installer sur les barres du grand perroquet, à plus de trente mètres au-dessus du pont, une vigie, qui par temps clair pouvait apercevoir les voiles d'un vaisseau à trente kilomètres. Les navires de guerre se repéraient en premier par la présence de voiles de perroquets car il fallait disposer d'un équipage important pour les établir, on les repérait aussi à la vitesse de leur déplacement toujours plus rapides que les vaisseaux marchands. En se rapprochant, on pouvait distinguer les détails de la structure du bâtiment qui pouvaient identifier sa construction.

Pour estimer la distance en encablure d'un bâtiment l'officier de quart se servait de tables qui avaient pour référence la hauteur angulaire des mâts mesurés de la ligne de flottaison au capelage du grand mât de perroquet, sachant que les mâts anglais étaient de 1/12 moins élevés que les bâtiments français du même rang.

Anecdote: en 1808, le général Decaen gouverneur de l'Ile de France, pour la protection de la colonie, avait réquisitionné le navire « Le Revenant » et son équipage, que Surcouf avait fait construire selon ses idées et armé à ses frais d'un excellent équipage qu'il avait formé lui même. Decaen donna le commandement du « Revenant » à Morice capitaine qui avait commandé la frégate « la Sémillante » qu'il fallait restaurer après un engagement avec la Terpsichore. La Sémillante fut rachetée à l'Etat par des armateurs en septembre 1808 pour transporter en France fret et passagers. Il la proposèrent à Surcouf, contre un gros pourcentage dans les revenus. La «Sémillante » fut rebaptisée « Charles ». Elle était en fort mauvais état, Surcouf fit des travaux mais elle pouvait transporter tous les biens que Surcouf rapatriait sur Saint Malo. Le 21 novembre 1808 il prit le large. Après de nombreuses péripéties il arriva au large de Brest le 1er janvier 1809 au beau milieu de l'escadre anglaise qui en faisait le blocus. Utilisant la ressemblance de son navire avec celui d'un anglais il se glissa entre les ennemis attendant la nuit, reconnu au crépuscule il s'échappa de peu. A l'aube, dans la Manche, un autre ennemi faisait route vers lui, il vira alors vers l'Angleterre pour faire croire qu'il était anglais, puis profitant de la mauvaise visibilité à cause du mauvais temps il vira vers St Malo. Mais personne dans la ville ne connaissait ce navire. On lui refusa un pilote, et malgré le pavillon national les artilleurs du fort le prenait pour une ruse d'un vaisseau anglais. Heureusement un bateau pêcheur passa dans les eaux de la frégate et la guida entre les passes difficiles. Il fallu que les couleurs de la maison Surcouf soient hissées pour que ce navire soit connu comme le sien.

Cet épisode nous montre qu'il était utile de savoir donner le change pour gagner du temps, en se comportant comme un bâtiment neutre, ou pour fuir ou pour faire mine de « donner la chasse » comme si on avait l'avantage d'une force supérieure dans les parages.

Choix tactique: fuir ou « donner la chasse »?

En fonction des observations de la vigie on se fait une idée sur la nationalité et la force de la voile aperçue à l'horizon et on a plusieurs minutes de réflexion avant de prendre une décision.

Si on est certain que le navire est neutre, soit on l'ignore et on poursuit sa route, soit on le rejoint pour échanger des informations.

S'il s'agit d'un bâtiment ennemi on s'engage à « donner la chasse » si on estime avoir des chances de succès dans un combat.

Si dans le cas contraire, on pense que les voiles aperçues sont supérieures en force et en nombre, on peut décider de « prendre la chasse » c'est à dire la fuite.

1: « Donner la chasse » La poursuite d'un vaisseau ennemi se déroule différemment en fonction de la position des combattants par rapport au vent.

-Si le vaisseau chassé était sous le vent, il ne s'agissait que d'une question de vitesse. Si le chasseur avait meilleure carène et meilleure voilure il rattrapait le vaisseau chassé. Pour aller le plus vite possible, dans cette course on évitait le vent arrière qui n'est pas le plus rapide et qui est dangereux par mer formée.

Si le vaisseau chassé se trouvait dans le lit du vent, le chasseur tirait une suite de petits bords de grand largue pour le rattraper

-le vaisseau chassé qui se trouvait au vent du vaisseau chasseur, avait sur lui un avantage. Dans ce cas pour le rattraper, le vaisseau chasseur devait louvoyer en tirant des bords plus rapidement que son adversaire tout en observant la moindre saute de vent pour la mettre à profit. En conséquences, c'était le meilleur manoeuvrier qui chassait le plus efficacement contre le vent. La poursuite pouvait durer des heures et parfois le chassé s'en sortait à la faveur de l'obscurité du brouillard ou de la nuit.

Dans la poursuite la différence de gréement avait un grand intérêt.

Du temps de la marine à voile les caps de route étaient donnés dans les 32 quarts de la rose des vents (les 360 degrés étaient divisés en 32 parties de 11°25').

Les bâtiments à gréement carré (vaisseaux et frégates) ne pouvaient que difficilement serrer le vent à moins de six quarts (6x11°25=67°).

Les bâtiments gréés à voiles latines avaient l'avantage de remonter au vent plus facilement puisqu'ils pouvaient serrer le vent à 4 quarts de la rose des vents, soit 45°.

Le gréement latin était plus adapté à la navigation en Méditerranée de sorte que la course pouvait donner un avantage aux navires barbaresques pirates sur les navires marchands à voiles carrés.

Choix tactique en fin de poursuite, les deux navires se trouvant à proximité

Les capitaines belligérants, chasseur et chassé, devaient faire rapidement un choix tactique de route et de voilure pour gagner une position favorable par rapport à l'ennemi en fonction des vagues, de la direction et la force du vent. Fallait il se placer au vent ou sous le vent de l'ennemi?

Le combat sous le vent de l'adversaire:

Si l'on combat sous le vent de l'ennemi on a l'inconvénient d'avoir le vent contre soi. La fumée des canons, le feu de la bourre, les débris des valets qui enserrent la bourre et sortent de l'âme du canon, sont repoussés par le vent, reviennent par les sabords et retombent sur les servants. Cela gêne la visibilité du pointeur et peut causer des accidents avec les résidus de poudre enflammés. Par contre dans cette position le vaisseau gite sur le bord opposé à l'ennemi, la batterie la plus basse est dégagée, celle qui a les canons des calibres les plus gros sont donc en mesure de faire feu et les batteries moins puissantes peuvent avoir une portée et une visée meilleure.

Si l'on combat au vent de l'adversaire.

La fumée de l'artillerie et les débris de valets et poudre s'échappent plus facilement du bord, mais le nuage de fumée peut stagner et cacher l'ennemi qu'on ne distingue plus que par la lueur du feu de son artillerie. La gite fait pencher les batteries vers la surface de la mer de sorte que l'on peut moins facilement atteindre le gréement adverse et les mantelets de sabords de la batterie basse seront fermés pour éviter d'embarquer de l'eau de mer. Enfin, après le recul, le canon a tendance à revenir contre le sabord puisque le pont du navire est incliné dans sa gite. Les servants sont dans ce cas obligés de faire des efforts pour tirer fortement sur les palans de retrait et cela ralenti la cadence de tir. L'entrainement des artilleurs est donc capital pour avoir l'avantage.

Arriver au vent de l'adversaire donne surtout un avantage dans la manoeuvre, le vaisseau a de la vitesse qui lui permet de l'aborder sur un angle favorable ou encore de virer rapidement pour présenter son flanc et toute son artillerie en enfilade de la proue ou de la poupe.

Pour résumer, la position de combat la plus favorable est celle quand on se présente au vent de l'adversaire, sauf si la surface de la mer est creusée car le service des batteries s'en trouve gêné. Les duels entre deux vaisseaux sont donc souvent précédés de phases de manoeuvres qui voient les deux capitaines cherchant à prendre l'avantage du vent.

Quand le vaisseau se trouve en position favorable au vent de l'adversaire son intérêt est d'y rester le plus longtemps possible pour faire jouer le maximum de ses batteries, dès lors il ralenti son allure en amenant ses voiles.

Les manoeuvres pour la recherche de la position favorable:

Pour prendre l'avantage sur l'ennemi les officiers de marine à voile se livraient à des manoeuvres d'approche qui pouvaient prendre plusieurs heures parce que le vent pouvait changer de direction. Parfois il adonne, parfois il refuse de quelques quarts de la rose des vents. Le timonier et les gabiers devaient oeuvrer à tenir la route et la voilure la plus rapide en tenant le vent au plus près possible et anticiper la moindre saute de vent pour virer rapidement afin de prendre l'avantage. Grand principe de la voile, on lofe dans les adonnantes et les rafales de vent, et on change de cap ou on vire de bord dès que le vent refuse.

L'avantage revient au meilleur capitaine, à l'équipage le mieux entrainé et au bâtiment qui remonte le mieux au vent. Pour cette dernière donnée, la construction de la carène et du gréement étaient déterminantes mais on pouvait améliorer les performances en équilibrant le lest. Au début de la croisière, le capitaine devait penser à faire des tests de navigation avec un maximum de voilure au près avec un minimum de gite. Pour obtenir ce résultat il devait trouver la meilleure répartition du lest. Afin de mieux remonter au vent le capitaine donnait l'ordre d'orienter les vergues « en pointe » c'est à dire en les plaçant le plus possible dans l'axe longitudinal de la coque. A cet effet, sur le premier hauban de chaque mât, la pose d'un palan en lieu et place d'un cap-de-mouton sur le porte-hauban, permettait de mollir le premier hauban sous le vent et d'ouvrir l'angle des vergues au maximum. pour orienter les vergues plus près du vent.

Le combat bord à bord:

Après ces manoeuvres, le capitaine qui a réussi à prendre l'avantage de la position sur l'adversaire, abat pour se rapprocher, ensuite il lofe pour revenir au près et garder l'avantage du vent en sachant qu'il pourra abattre à tout moment pour le contrôler. L'adversaire ne peut lofer sans prendre le risque de se retrouver stoppé debout au vent et de « faire chapelle ».

Après cette dernière approche, le capitaine donne l'ordre de carguer les basses voiles dont il n'a plus besoin, il dégage la vue sur le pont et stoppe ainsi sa vitesse, le combat se déroule avec les huniers et les perroquets si le vent est faible et si on envisage pas d'envoyer de signaux. Pour conserver le pouvoir de manoeuvrer il faut garder la puissance des voiles dans l'axe, on garde donc un ou deux focs l'avant et la voile d'artimon sur l'arrière. Sous le feu de l'ennemi il faut toujours conserver un pouvoir de manoeuvre et de la visibilité, il fallait donc éviter de combattre au près serré.

L'ouverture du feu d'artillerie:

Le manuel de marine rédigé par Verdier, tome 2 « Manoeuvre et artillerie » donne dans des tables les résultats d'expérience à terre effectuées dans les arsenaux et notamment la fonderie de Nevers et d'exercices en mer ou d'expériences de combat. Il serait assez long de donner dans cet article un résumé détaillé d'un livre de 300 pages mais on peut évoquer quelques principes balistiques

La portée varie pour une même bouche à feu suivant la charge de poudre, la forme, la grosseur et le poids du projectile et suivant l'axe d'inclinaison de la pièce (la ligne de tir) par rapport à l'horizon. La portée commence à diminuer passé un angle de 42°5 pour les canons et 28° pour les fusils de l'époque. La distance du but-en-blanc, avec la charge ordinaire de combat est d'environ 4 encablures pour les canons de 18 et de 36 et de 4 1/2 encablures pour les caronades de 24. Les mêmes distances sont à peu près réduites d'un tiers si elles sont chargées avec des boulets ramés et de moitié si c'est avec de la mitraille. En faisant connaître la distance où se trouve l'ennemi et s'il faut tirer soit à couler bas, soit aux gaillards, soit à démâter, l'officier commandant la batterie indique aux chefs de pièces à quelle hauteur ils doivent viser. On a cherché un moyen de donner ces indications en présentant les hauteurs respectives des coques et des mâtures des divers navires , en plaçant à côté de la visée une échelle dite « de pointage » qui indique d'une manière exacte selon les distances, les hauteurs où il faut pointer pour atteindre les bâtiments aux points voulus. Avec des boulets ronds pour pointer à couler bas, à 5 encablures il fallait viser un peu au-dessus des bastingages des vaisseaux, ou au quart de la distance qui sépare les bastingages de la grande hune des frégates. Pour pointer aux gaillards, à la distance de 4 1/2 encablures, il fallait viser à la hune des grands mâts des vaisseaux, à la moitié du ton des frégates Pour pointer aux trélingages afin de démâter, à la distance de 6 encablures, il fallait viser au dessus du chouquet du grand mât de hune des vaisseaux et au capelage du grand mât de perroquet des frégates.

Les tirs à double charge pouvaient avoir lieu qu'à moins d'une encablure pour les boulets ronds, et une demi encablure pour les mitrailles.

La particularité de l'artillerie de marine c'est que le tangage et le roulis rendent la visée difficile. Il faut toute l'expérience du pointeur qui place son oeil dans l'axe de la ligne de mire et qu'il anticipe les mouvements du navire pour faire partir le coup. Il arrive souvent que les boulets arrivent plus haut que prévus et atteignent les mâts ou que, pointés trop bas ils ricochent sur l'eau et frappent la coque.

Il fallait donc faire feu pendant que le vaisseau s'élevait sur la vague si l'on voulait tirer pour démâter, à boulet ramé ou à mitraille; et tirer quand le vaisseau redescendait de la vague si la mer n'est pas trop grosse si on voulait tirer pour couler bas. Les boulets ricochaient sur l'eau avec un angle de projection de moins de 7 degrés. Si on tirait sur un bâtiment sous le vent et s'il y avait du roulis, il fallait tirer quand le vaisseau s'abaissait du côté où l'on tire.

Dans les faits, les combats d'artillerie avaient lieu généralement à portée de fusil et cette distance de combat était réglée par le vaisseau au vent qui déventait ou déréglait le réglage des voiles du vaisseau sous le vent. Si on s'approchait trop de l'ennemi la grosse artillerie du premier pont ne pouvait qu'atteindre que la coque renforcée de l'adversaire et pas les gaillards et encore moins le gréement. Par contre les caronades avaient toute leur efficacité meurtrière en tirant à mitraille sur les gaillards..

Les bâtiments de guerre de la marine à voile protégés par des murailles épaisses arrêtaient la plupart des boulets et les dommages pouvaient être facilement réparés en mer. A cette époque les exemples de vaisseaux coulés sous le feu direct de l'ennemi sont très rares. Par contre la vulnérabilité tenait surtout sur les gréements et les gaillards et les dunettes peu ou pas protégés. Des tirs à mitrailles par les caronades étaient si meurtriers qu'il est souvent arrivé qu'un vaisseau perde tout son état major en quelques bordées.

Dégréé en totalité ou en partie un bâtiment ne pouvait plus manoeuvrer, dès lors il était très vulnérable aux bordées tirant en poupe ou en enfilade.

Il était donc préconisé par les instructions de viser le mât de misaine et les trélingages pour des tirs à démâter. Certains capitaines préféraient le tir au relevé du roulis et de viser au raz des gaillards afin d'atteindre l'équipage et les porte-haubans

L'instruction de 1834 donnait les résultats des expériences de visées et préconisait l'emploi de hausses. Les chefs de batteries communiquaient la distance de l'objectif aux chefs de pièces. Le système de hausse était composé de deux pièces: une masse de mire, un morceau de métal adapté au renfort de la volée, au moyen d'un cercle en fer à écrou; une deuxième pièce, une espèce de boite en cuivre renfermant un montant mobile adapté par deux vis sur le champ de la lumière à l'arrière de la plate-bande de culasse; Le montant mobile est gradué sur ses faces avant et arrière de 1/2 à 6 encablures pour les charges au tiers et au quart. Une vis de pression immobilise ce montant mobile quand le chef de pièce l'a mis à hauteur convenable.

La cadence de tir de l'artillerie de la marine à voile n'est pas facile à connaitre. Elle dépendait de beaucoup de facteurs, en premier lieu, du calibre des pièces, du type de chargement, des incidents de tirs qui obligent au nettoyage de l'âme du canon, de l'état de la mer qui oblige les servants à souquer sur les palans de l'affut soumis au tangage et au roulis, et enfin et surtout la cadence de tir est déterminée par le niveau d'entrainement des artilleurs.

Avec des batteries dont les servants étaient bien entrainés on peut, d'après les enquêtes effectuées par les marines de l'époque à l'issue de batailles, tirer des moyennes de performances par les servants bien entrainés.

Il faut connaitre toutes les manoeuvres d'artillerie pour comprendre les délais. Ces manoeuvres sont détaillées dans le chapitre IV du volume 2 (manuel de manoeuvre et de l'artillerie) du Manuel de Marine de Verdier, depuis le « branle-bas » de combat jusqu'au 12ème commandement. Chaque pièces est armée d'un chef de pièce, d'un pourvoyeur et de 4 à 12 servants selon le calibre. Au total 6 hommes pour une pièce de calibre 8, 10 hommes pour les calibres 12 & 18, 12 hommes pour les calibres supérieurs à 24.

Pour les premiers ponts de batteries en calibre de 32 et 18, la cadence était estimée à environ 5 minutes; et la cadence était d'environ de 3 minutes pour les calibres 12.

Exemple de manoeuvre pour prendre l'avantage sur le navire ennemi.

Les buts d'un combat étaient de neutraliser le navire adverse en le privant de marche de manoeuvre par des tirs à démâter et en lui causant le plus de victimes possible par des tirs à mitraille à bout portant en enfilade ou sur les gaillards par les caronades. L'avantage était recherché en se plaçant au vent de l'adversaire ainsi on « masquait » ses voiles (on les déventait) et quand il était ralenti ou immobilisé, on pouvait manoeuvrer pour se placer derrière lui et lui envoyer une bordée sur la poupe et le priver de mât d'artimon ou de gouvernail. Pour effectuer cette manoeuvre l'équipage devait être bien formé et les artilleurs bien entrainés pour envoyer une bordée sur un bord au début de la manoeuvre, changer de bord pendant le changement de cap, charger très vite la batterie sur le nouveau bord et être prêt à faire feu dès que le navire au travers de la poupe de l'adversaire. Mais si l'adversaire comprend que cette manoeuvre se prépare il peut virer pour l'empêcher et c'est lui qui se retrouve alors au vent.

Quatre phases de la manoeuvre du bâtiment A au vent de son adversaire qui se place pour tirer en poupe et manoeuvre d'évitement du vaisseau B qui tente de contrer son adversaire.

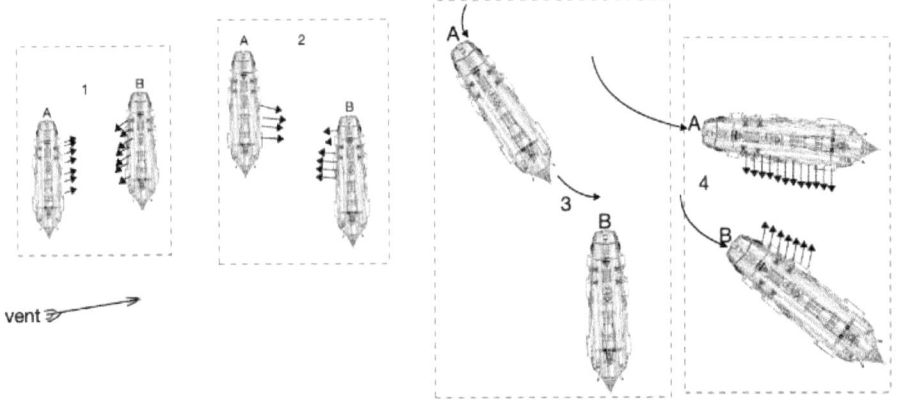

Phase 1: Deux frégates A et B au combat bord à bord. La frégate A a l'avantage du vent et masque le vent à la frégate B.

Phase 2: La frégate A qui a l'avantage du vent ralenti et A abat.

Phase 3 la frégate A change de cap pour se glisser sous la poupe de B, pendant ce temps les artilleurs de A qui étaient à bâbord changent de bord et chargent les pièces de tribord.

Phase 4: La frégate A ouvre le feu et la frégate B ayant repris le vent peut manoeuvrer pour riposter. Les deux bâtiments sont de nouveau bord à bord mais B est maintenant au vent de A.

Si la frégate B a compris rapidement la manoeuvre de A, et si le vent est assez fort la manoeuvre d'évitement de B peut limiter les dégâts sur sa poupe. Si A dispose d'assez de vitesse il peut envisager un abordage de B.

2: « Prendre la chasse », éviter le combat.

Si après avoir identifié les voiles à l'horizon on pense que les voiles aperçues sont supérieures en force et en nombre, on peut décider de « prendre la chasse » c'est à dire la fuite.

Si le bâtiment ennemi approchant est supérieur en vitesse le combat s'engagera sans doute au début avec les pièces de chasse du poursuivant et les pièces de retraite du poursuivi. Ce combat n'est pas très efficace car ces pièces à l'avant et à l'arrière sont peu nombreuses et peu précises à cause du tangage. Le poursuivant cherchera à prendre le vent de son adversaire. Pour se défendre, le poursuivi peut faire une auloffée très soudaine, de sorte que par ce virement de bord il peut envoyer une bordée sur la proue de son adversaire qui le rattrape. Si les vaisseaux naviguent au près la manoeuvre est risquée car le poursuivi sera subitement ralenti pendant le changement de cap et le poursuivant peut anticiper en abattant, c'est à dire en s'éloignant du lit du vent, si sa manoeuvre est réussie il se retrouvera au vent de son adversaire et pourra lui envoyée une volée sur la poupe.

3: Les combats à l'abordage.

Les manoeuvres pour aborder au vent ou sous le vent de l'ennemi sont décrites dans le Manuel de Marine de Verdier Chapitre X de la partie « Manoeuvre du navire »

L'abordage consiste à se rapprocher à bonne vitesse du bateau ennemi, lancer des grappins pour l'accrocher pour le prendre d'assaut.

Cette manoeuvre étai dangereuse pour l'équipage de l'abordeur amassé sur la guibre et le mât de beaupré et vulnérable aux tirs de caronades ennemis. Le capitaine du navire abordeur devait préparer sa manoeuvre. Plusieurs options étaient possibles:

Abordage au vent, en courant au plus près: Il fallait se placer dans la hanche du vent de l'ennemi. Ce dernier pour échapper aux grapins contre-brasse sur la misaine et brasse sur l'artimon, cargue la brigantine et met la barre dessous. Son navire cule rapidement et fait casser les cartahus des grapins ennemis, vire lof pour lof sous sa poupe pour lui envoyer une bordée. L'abordeur devra virer lui aussi lof pour lof, mais le vaisseau abordé pourrait avoir l'avantage si ses voiles sont déjà au vent car le virement lof pour lof donne de la vitesse de rotation qui peut libérer plus facilement le navire.

Aborder sous le vent, courant au plus près: C'est la manoeuvre la plus dangereuse pour l'abordé. L'abordeur doit se placer dans les eaux de l'abordé et légèrement au vent. A une demi-encablure il rase la bouteille de navire ennemi avec la civadière, redresse sa route pour aborder sous le vent la poupe et lancer les grapins. Mais si brusquement l'abordé contre-brasse devant et brasse à culer derrière, cargue la brigantine et met la barre dessous, le vaisseau cule et vire brusquement présentant son flanc au beaupré de l'abordeur. Un tir en enfilade sur le beaupré ennemi coincé dans ses haubans sera très meurtrier pour le vaisseau abordeur et l'équipage qui s'apprêtait à monter à l'abordage.

Aborder sur l'avant en courant au plus près: L'abordeur passe au vent de l'ennemi à petite distance, et arrivé à une ou deux longueur de sa joue du vent, il brasse derrière et contre brasse devant pour stopper, cargue la brigantine pour abattre, place la barre dessous le vent dès que l'aire est amortie et tombe en travers sur le beaupré de l'ennemi. Pour éviter le vaisseau abordé doit faire la même manoeuvre très rapidement. Si le vaisseau abordé a prévu la manoeuvre de abordeur, il peut anticiper en stoppant son vaisseau et en amenant les focs et mette la barre dessous le vent. Il peut éviter que l'abordeur ne tombe sur son beaupré.

Aborder en courant au largue: L'abordeur doit se placer au vent dans la hanche du vaisseau abordé qui peut facilement changer de bord. L'abordeur se trouvant au largue doit suivre l'abordé dans ses eaux et lofer pour prolonger l'ennemi pour lancer les grappins. L'abordé peut culer et virer pour engager le beaupré de l'abordeur.. Si étant au largue on veut aborder le beaupré de l'ennemi, on prolonge l'ennemi de très près pour l'empêcher de lofer et avant de le dépasser on met la barre au vent, si l'état de la mer ou une saute de vent sépare les vaisseaux, on parviendra quand même à l'aborder de travers.

Pour résumer le combat à l'abordage requière les mêmes compétences que pour les autres phases de tactique navale. Le capitaine l'ordonne s'il a un navire rapide et manoeuvrant et un équipage motivé, bien entrainé pour les manoeuvres et les combats à l'artillerie et au corps à corps. En règle générale, le vaisseau abordeur s'approche par la hanche du vaisseau abordé qui est un angle mort de l'artillerie. Il évite ainsi son artillerie, ses hommes se précipitent sur la guibre et le beaupré. Le but est d'accrocher le beaupré dans les haubans du vaisseau abordé pour le prendre d'assaut. .

Combat de «La Bayonnaise » contre la frégate anglaise « L'Ambuscade » Prise à l'abordage le 14 décembre 1798. Tableau de Louis-Philippe Crépin 1801 Musée de la Marine.

Frédéric Rateau. 22 au 26 décembre 2024

Les batailles d'escadres « en ligne » et signalisation au temps de la marine à voile, par Frédéric Rateau.

Il faut se rendre compte que l'issue de la bataille de navires sous voiles, de force équivalente pouvaient être déterminée par la force et la direction des vents. Les équipages devaient savoir manoeuvrer pour obtenir un avantage tactique dans la préparation du combat. La compétence technique du capitaine, de l'équipage à la manoeuvre, des artilleurs dans les batteries faisaient la différence.

Lorsque le combat opposait deux armées navales les mêmes principes de base s'appliquaient que pour les duels entre deux vaisseaux: identifier le vite possible toute escadre au large, sa force, sa direction, prendre en compte les paramètres maritime: météorologie, état de la mer, visibilité, direction et force des vents et des courants. Evaluer la force et la compétence de l'adversaire et calculer comment prendre l'avantage sur lui. Les batteries de sabords étant massées sur les flancs, et très peu sur la proue et la poupe, les combats se déroulaient le plus souvent bord à bord, les belligérants suivaient des routes parallèles.

On comprend donc logiquement pourquoi les armées navales constituées en escadres se déplaçaient et combattaient de manière à faire feu sur l'ennemi avec le maximum de puissance possible sans que les vaisseaux se gênent entre eux.

Dès que la ou les frégates envoyées en éclaireur envoyaient des signaux pour signaler l'identité, le nombre et la direction de vaisseaux à l'horizon, le chef d'escadre devait immédiatement transmettre ses ordres pour organiser le regroupement de ses vaisseaux et la ligne de bataille. Le plus souvent, l'escadre était disposée en ligne de file, naviguant au près, c'est ce qu'on appelait « l'ordre de bataille ». Les vaisseaux qui étaient éparpillés en désordre soit isolés, soit entre l'ennemi et le reste de l'armée étaient vulnérables et gênaient les manoeuvres et les tirs des vaisseau de l'escadre.

Usages généraux sur la distinction des escadres, ou divisions d'une armée navale.

On distingue les escadres par des pavillons particuliers, pour ne point les confondre et rendre la communication des commandements plus aisée, le nombre de ces différents corps, varie suivant la grandeur de l'armée, et les vues que le général peut avoir pour attaquer ou se défendre avec plus d'avantages. Quand ces premières divisions sont très grandes on les partage en petites escadres, que l'on distingue par des pavillons qui marquent le corps auquel elles appartiennent. Les frégates de suite portent aussi les pavillons de leur division; Par ce moyen, les officiers généraux connaissent tous les vaisseaux de l'armée, et les mouvements deviennent plus aisés à exécuter.

La nuit on distingue les vaisseaux par des feux, et suivant l'occasion, on y ajoute le bruit de quelques coups de fusils, ou celui de la caisse en battant des marches particulières à chaque vaisseau, pour les mieux connaître. On prend enfin toutes les mesures que l'on peut pour éviter les abordages. Outre les pavillons qui distinguent les différents corps d'une armée, il y en a d'autres pour la distinction de grade des officiers généraux. L'amiral de France porte un pavillon blanc à la tête du grand mât; le vice-amiral le porte au mât de misaine; le lieutenant général au mât d'artimon; le chef d'escadre porte une cornette au mât d'artimon, et la flamme arborée à la tête du du grand mât est la marque de commandement des officiers inférieurs.

Ancien ordre de bataille: les Anciens allaient au combat avec des galères dont la puissance de feu était sur l'avant, dès lors, ils présentaient la proue à l'ennemi et leur ligne de bataille était une courbe au milieu de laquelle s'installait le général qui pouvait voir ainsi chaque flanc de son armée.

Ordre de bataille des vaisseaux dont l'artillerie est sur les côtés: Les vaisseaux combattent par les côtés parce que leur artillerie y est également partagée et se tiennent dessous voiles pour être mobile et pouvoir manoeuvrer. La ligne de bataille se forme sur une ligne, les vaisseaux étant tous soit sur une ligne de plus près du vent tribord amure, soit ligne de plus près bâbord amure. La distance entre chaque vaisseau dépend de la force du vent. Mais celle préconisée est d'une demi-encablure (environ 100 mètres). Les frégates marchent sur une ligne parallèle pour recevoir et répéter les signaux du vaisseau amiral. Les brûlots marchent en dehors de la ligne des frégates loin des vaisseaux. Les bâtiments de charge, qui servent à la logistique de l'armée marchent en dehors des brûlots.

L'escadre qui marche à la tête s'appelle l'avant-garde et celle qui marche à l'arrière s'appelle l'arrière-garde. Au centre se place l'escadre du général de l'armée navale, elle s'appelle le Corps de Bataille. Chaque vaisseau de la ligne prend le nom de « matelot » dans la tactique navale.

Il était important que l'intervalle entre chaque vaisseau de la ligne de file soit le plus court possible pour éviter que l'ennemi vienne couper la ligne. Chaque vaisseau calait sa vitesse sur les vaisseaux « matelot » de l'avant et de l'arrière. en amenant ou en hissant le perroquet de fougue qui était facile à manier. Pour contrôler la distance on pouvait le faire en mesurant la hauteur angulaire des capelages des mâts des autres vaisseaux en se servant du sextant, comme on le faisait pour estimer au loin la distance des ennemis. Les navires marchaient en échiquier, ce décalage évitait les risques d'abordages entre eux.

Les frégates répétitrices des signaux qui marchaient de conserve en parallèle avaient mission de porter secours aux vaisseaux en difficulté ou aux hommes des vaisseaux tombés à la mer.

Inconvénients de l'ordre de bataille en ligne de file:

Si les vaisseaux étaient nombreux, alignés en ligne de file espacés de 100 mètres environ, cela signifiait que la ligne mesurait plusieurs kilomètres de long. Dès lors, compte tenu de la visibilité en mer qui pouvait être réduite par le mauvais temps, compte tenu de la fumée de centaines de canons tirant en même temps, il était impossible pour le général d'avoir une vision d'ensemble de son « camp de bataille » même si avec son corps de bataille il s'installait au milieu du dispositif. De plus , le temps qu'il transmette ses ordres aux frégates et que celles-ci les répètent aux vaisseaux de la ligne, il pouvait y avoir un brusque changement, une saute de vent par exemple, qui pouvait compromettre le mouvement ordonné.

Il était courant que les signaux ne soient pas vus à cause de la fumée et du mauvais temps. .

Nous l'avons signalé, il fallait maintenir la ligne, afin d'éviter de se faire couper par l'adversaire.

Armée du vent, coupant la ligne ennemie: Couper la ligne ennemie, c'est la traverser pour en séparer quelques vaisseaux dans le dessin de les combattre séparément et les réduire avant qu'ils puissent être secourus par leur armée. Plusieurs vaisseaux de l'escadre au vent peuvent couper la ligne de l'escadre sous le vent.

Armée de dessous le vent, coupant la ligne ennemie: Cette manoeuvre est plus difficile à exécuter parcequ'il est moins aisé de s'approcher du vent que de lui obéir. On ne coupe la ligne ennemi dans cette position que si l'on est sûr d'avoir la supériorité car en effectuant cette manoeuvre l'adversaire qui est au vent peut lui aussi couper la ligne ennemie.

Choix tactiques de l'amiral pour vaincre une flotte ennemie.

Nous l'avons vu dès que les frégates annonçaient une flotte ennemie au large, l'amiral devait rapidement regrouper ses vaisseaux afin d'éviter que l'ennemi tente de combattre une partie de ses forces isolées. En effet, faisant force de voiles, l'ennemi pouvait attaquer la flotte avant que celle-ci soit organisée. C'est ce que firent les français à la bataille de Minorque en 1756 quand ils ont attaqué l'avant-garde anglaise avant que l'arrière garde qui suivait trop loin ne puisse rejoindre l'ordre de bataille.

L'amiral pouvait également envisager de contourner l'avant-garde ou l'arrière garde ennemie en coupant la ligne pour la prendre entre deux feux. Mais la ligne attaquée peut réagir vite, si elle est bien entraînée et coordonnée. Ces manoeuvres de contournement exigent d'être au vent de l'ennemi afin d'avoir de la vitesse et il faut que toute la ligne de bataille suive le mouvement en ligne serrée.

L'amiral pouvait couper la ligne ennemie en plusieurs endroits et combattre entre deux feux plusieurs navires séparément avec le risque de présenter les proues de ses navires face aux batteries de la ligne attaquée.

L'amiral pouvait choisir de combattre l'ennemi par la contre-marche, c'est à dire en ligne mais en naviguant dans le sens inverse. Cette méthode surprend l'adversaire par son audace et sa rapidité mais compte tenu de la vitesse des deux escadres ennemies qui se croisent, la rencontre entre les deux ennemies est brève, laissant peu de temps aux artilleurs de faire feu efficacement plus d'une fois, puisque la cadence de tir est de l'ordre de 5 minutes en fonction du calibre, de l'état de la mer et de l'entraînement des servants de batteries.

Les plans des officiers commandant l'escadre peuvent être déjoués par une saute de vent puisque dans une attaque à la contre-marche, une ligne navigue au près et l'autre navigue au largue. Une saute de vent peut avoir des conséquences tragiques ou favorables. Si le vent refuse pour la ligne naviguant au près, celle-ci doit abattre, alors que pour l'autre qui navigue au largue, pour elle le vent adonne et cela lui donnera des possibilités de manoeuvre favorables pour lofer même si sa ligne était sous le vent.

Bilan des batailles navales en ligne de file: La Marine Royale Française a remporté plusieurs victoires sur la Royal Navy: Béveziers, Velez-Malaga, Minorque, Ouessant, Chesapeake mais les résultats ne sont pas considérés aujourd'hui comme décisifs car en fait, cela tenait à une conception stratégique différente de la bataille navale. Pour les Français, la marine était considérée comme une force d'appoint à une force militaire terrestre, destinée à livrer des troupes de débarquement sur les côtes ennemies sous la protection d'une escorte. Pour les rois français seul comptait la conquête territoriale sur le continent et très accessoirement dans les colonies. Ainsi les flottes vaincues et désemparées n'étaient elles mêmes pas poursuivies. Le ministre de Louis XVI Maurepas avait déclaré pour faire un bon mot comme c'était l'usage à Versailles: « on se canonne, puis on se sépare et la mer est toujours aussi salée. »

Du côté anglais, la force marine était vitale pour la survie des iles britanniques. D'une part sur le plan économique les ressources dépendaient du commerce, les faibles ressources agricoles ne lui donnaient aucune souveraineté alimentaire. D'ailleurs ils cherchèrent longtemps à exercer des blocus sur les ports du continent afin de faire des prises de navires marchands. D'autre part sur le plan militaire, la nation britannique était moins peuplée que ses adversaires continentaux. Ainsi chaque bataille navale engagée par la Royal Navy était vécue comme un combat qui avait pour but de détruire le plus possible le potentiel maritime ennemi. L'amiral anglais John Byng avait été condamné à mort par la cour martiale et n'avait pas été gracié par le roi au prétexte qu'il n'avait pas usé de tout ce qui était en son pouvoir pour éviter la défaite et la conquête de l'île de Minorque par les Français. Cet exemple obligera les officiers anglais à des résultats décisifs quelque soit le prix à payer.

Les escadres d'évolution:

Les Français sous le règne de louis XVI considérèrent qu'en regard de la création des arsenaux et des postes d'ingénieurs, il fallait professionnaliser les équipages, améliorer la formation des gardes de marine et celle des gabiers, servants de pièces d'artillerie et qualité manoeuvrières des maîtres d'équipages. Pour entraîner ses gens, équipages et états-majors à évoluer et combattre individuellement et en escadre, du temps du ministère de Choiseul (1761-1766) fut créé la première escadre d'instruction on l'appela « escadre d'évolution ». Les officiers de marine s'exercèrent à manoeuvrer ensemble. Les ministres suivants: Sartine de 1774 à 1780 et de Castries poursuivirent la réforme et créèrent en 1786 neuf escadres: cinq escadres à Brest, deux escadres à Toulon, deux escadres à Rochefort.

En 1785 pour armer ces neuf escadres, la Marine Royale Française comptait 256 navires répartis en 72 vaisseaux de ligne de 110 à 74 canons, 74 frégates de calibre 18 et calibre 12 livres, 28 corvettes de calibres et chébecs de calibres 6 & 8 livres et quantité de gabares, cotres, flutes, brulots.

L'inconvénient de discipliner strictement les escadres dans le cadre des manoeuvres des escadres d'évolutions pouvait empêcher l'esprit d'initiative de certains officiers de marine.

La transmission des ordres au sein de l'armée navale:

Bigot de Morogue dans son traité de *Tactique Navale* ou traité de l'évolution des signaux de 1763 aborde le problème de la transmission des ordres et des messages.

Au cours de plusieurs batailles il avait été constaté que les ordres ou les messages n'avaient pas été vus, ou compris, par manque de clarté, manque de visibilité et que les erreurs d'interprétation avaient été faites, obérant ainsi les chances de succès de la campagne.

Depuis toujours, les marins avaient coutume de communiquer d'un navire à l'autre au moyen de signaux, soit fait de pavillons de jour, soit de corne de brume ou lumineux. Au départ de la campagne le chef de la flotte distribuait à ses capitaines de vaisseaux un livre d'ordres qui traduisaient les signaux, sans qu'il soit indiqué une place conventionnelle dans la mâture. Il n'y avait pas d'autre choix finalement et Bigot de Morogue le préconise mais cherche à trouver une logique dans la création d'un code de signaux. On créa d'abord des chapitres, comme ceux d'un livre, dans lequel on classait les messages par rubrique: A chaque chapitre, mouillage, chasse, retraite etc.. correspondait un premier pavillon et un second indiquait l'ordre dans le chapitre.

Bourdé de Villehuet, officier de la compagnie des Indes proposa un système reposant sur l'utilisation de dix flammes numérotés de 0 à 9 hissées conventionnellement à la pomme du mat de grand perroquet, chaque flamme donnait le nom du chapitre et une ou deux autres flammes donnaient l'ordre dans le chapitre concerné. En changeant la répartition des flammes on changeait le codage si l'on craignait qu'il ait été pris par l'ennemi.

Le chevalier du Pavillon qui était un officier issu des gardes de marine repris l'idée précédente et créa un tableau avec des abscisses et des ordonnées à l'intersection desquelles on obtenait une référence numérique qui renvoyait à un ordre précis. Il y avait plusieurs tableaux qui donnaient la possibilité d'envoyer une grande quantité de messages. Une flamme supérieure indiquant le chapitre, surmontait deux pavillons de chiffres qui renvoyaient à un ordre dans le chapitre.

Il semble que ce dispositif donna un avantage de la marine française sur la marine britannique pendant la guerre d'indépendance américaine.

Frédéric Rateau. 26 décembre 2024.

Le marquis de Vaudreuil publie en 1782 un traité de tactique navale dans lequel il utilise le système proposé par le chevalier du Pavillon

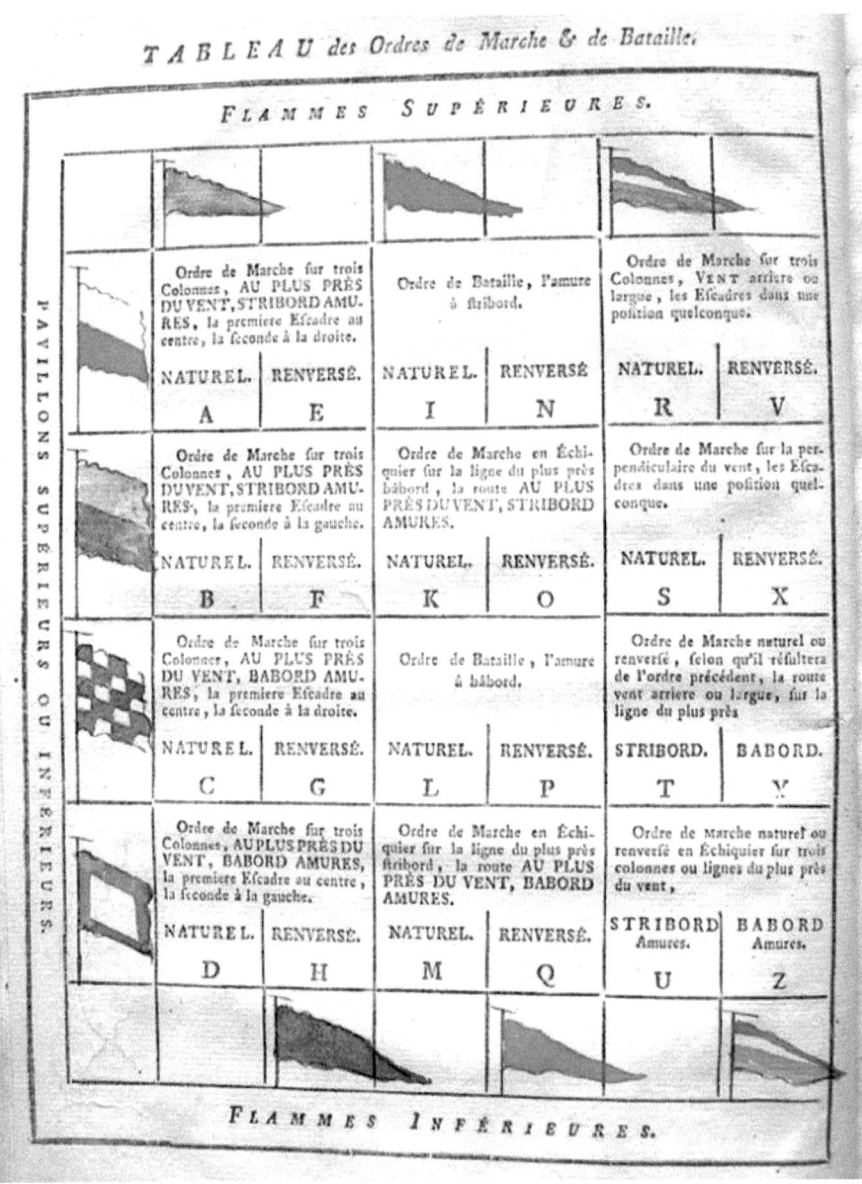

Les Pavillons. texte de Médée Gréhan.

Le pavillon est pour les marins ce qu'est le drapeau pour l'armée de terre. Drapeau, pavillon, sont pour eux deux mots qui expriment une même idée : l'honneur. C'est sous ce signe que prêtent leur serment de fidélité le matelot et le soldat; c'est sous lui qu'ils doivent mourir plutôt que de l'amener ou de le rendre.

Mais telle est la position du marin qu'un seul pavillon distinctif ne lui suffit pas. De là, la nécessité de l'emploi de plusieurs signes, lorsque cependant ce n'est qu'à un seul qu'est attachée la synonymie dont nous parlions il n'y a qu'un instant. Il n'est pas sans utilité et il ne sera pas sans intérêt peut-être de donner quelque étendue à une notice qui fournira sur les pavillons des indications peu connues de personnes étrangères à la mer.

Le pavillon est une bannière, une enseigne, un étendard d'étoffe légère, soie, toile ou étamine, que l'on déploie au vent. Cette bannière porte les couleurs, le blason, les armoiries, le chiffre, les marques distinctives de la nation, de la province, du port, de l'officier qui commande le navire qui l'arbore, de l'armateur auquel il appartient.

Quoique l'histoire ne laisse rien de précis sur les signes auxquels les navires phéniciens étaient distingués des côtes où ils se présentaient, il est hors de-doute qu'ils avaient quelques marques de reconnaissance, et ces marques ne durent être que des pavillons.

Les habitants d'Egine furent les premiers Grecs qui eurent une prépondérance marquée dans les Cyclades. Ils se distinguèrent dans leurs guerres contre les Perses, et des bâtiments de mer, quels qu'ils fussent, susceptibles de se séparer, de se rencontrer ensuite, de chercher l'ennemi, de l'attaquer, de se mêler avec lui, avaient sans doute des signaux pour se reconnaître, donner et recevoir des ordres.

Les historiens, les poètes, sans s'expliquer positivement sur ces signaux, donnent cependant à entendre qu'ils étaient faits avec des pavillons. Homère, Hérodote, Strabon, Diodore, Thucydide, le font suffisamment connaître.

Laissons l'antiquité pour nous rapprocher des temps modernes.

On distingue les pavillons de nation, de province ou d'arrondissement, des signaux généraux ou particuliers.

Les premiers sont invariables, et si quelque circonstance y amène quelque changement, la notification en est faite aux autres états par communication diplomatique ; ils intéressent toutes les nations maritimes, et doivent être connus de toutes. On distingue souvent ceux qui sont spéciaux aux bâtiments de guerre de ceux qui ne peuvent être arborés que par les navires du commerce; ils sont placés sur un petit mât appelé mât de pavillon, élevé sur le couronnement du navire, et qui reçoit une légère inclinaison qui permet de distinguer le pavillon, même quand il fait peu de vent. À bord des petits navires, le pavillon national est hissé à la corne d'artimon.

Les pavillons d'arrondissement ou de province ne sont, à bien dire, que des signaux de reconnaissance; ils ne sont pas d'obligation : chaque nation peut en adopter ou en changer, sans qu'il soit besoin de les notifier aux puissances étrangères; c'est une affaire de famille.

Lorsque la France était divisée en provinces, chacune de celles qui avaient des ports avait son pavillon, de même que, plus anciennement, elles avaient leur amiral. On connaissait ainsi en France le pavillon de Picardie, de Normandie, de Bretagne, de Guyenne, de Provence.

La loi du 24 octobre 1790, qui fixa le nouveau pavillon français, décida qu'un seul pavillon serait désormais arboré par tous les bâtiments, soit de guerre, soit de commerce : et comme déjà les provinces avaient cessé d'exister comme fractions d'un même corps, les pavillons qui les distinguaient cessèrent d'être mis en usage.

Ce ne fut qu'en 1817, par un règlement du 5 décembre, que la France étant divisée par arrondissements maritimes, chacun de ces arrondissements reçut un pavillon distinctif, dont la place fut fixée en tête du grand mât. Ils ne doivent être arborés à la mer qu'en cas de rencontre ou en vue du port; et, quand ils le sont, le pavillon français doit toujours l'être ou au mât de pavillon ou à la corne d'artimon.

La nécessité de communiquer ses idées à des distances plus ou moins grandes, a fait imaginer les signaux : nous ne parlerons ici que de ceux qui se font à la mer et de jour. C'est un véritable langage qui a ses signes, sa grammaire, son dictionnaire.

Les pavillons de signaux sont arbitraires et faits avec des étoffes légères, généralement en étamine. On choisit les couleurs les moins faciles à confondre, même à l'œil nu ; telles sont le blanc, le rouge, le jaune, le vert, le bleu.

On ne réunit jamais dans un même pavillon le bleu et le vert, ou le blanc et le jaune, couleurs qui peuvent aisément à distance être prises l'une pour l'autre, surtout lorsque, les pavillons ayant servi longtemps, les teintes ont perdu leur premier éclat.

Ces pavillons sont ou d'une seule couleur, ou de couleurs diverses disposées par bandes horizontales ou verticales, en carreaux, en quartiers.

Souvent un disque de couleur tranchante est placé au milieu du pavillon ; on les hisse ensemble ou séparément à la tête des mats ou au bout des vergues, en général aux lieux les plus apparents.

Il est des signaux adoptés par toutes les nations; par exemple, un pavillon rouge en tête du mât ou à l'arrière du canot, fait connaître que le navire est chargé de poudre.

Un pavillon jaune indique que le navire est suspect de contagion, ou qu'il y a contagion à bord.

Deux bâtiments ennemis qui veulent communiquer ensemble, ou un bâtiment qui veut communiquer avec un port ennemi, arborent pavillon parlementaire.

C'est presque toujours le pavillon de la nation à laquelle le bâtiment appartient, placé à la poupe, lorsque celui de la nation avec laquelle on veut communiquer est hissé soit au grand mât, soit au mât de misaine.

Presque toutes les nations autres que la France emploient le pavillon blanc au mât de misaine pour désigner la mission du parlementaire.

On fait connaître que le bâtiment est une prise faite sur l'ennemi en plaçant au mât de pavillon ou à la corne d'artimon deux pavillons sur la même drisse; celui du vainqueur occupe le haut, celui du vaincu est placé plus bas.

Si l'on est dans la détresse, si l'on réclame des secours, si l'on demande un pilote, on met le pavillon en berne, c'est-à-dire que, placé à la poupe du navire, le pavillon national est plié et serré de manière à ne pas flotter au vent.

En signe de deuil, on tient le pavillon à mi mât.

Dans un combat, on amène le pavillon pour annoncer que l'on se rend, que l'on capitule.

Revenons aux signaux particuliers.

On a cherché les combinaisons qui pussent procurer le plus grand nombre possible d'indications spéciales avec le moindre nombre de pavillons. On voulait obtenir plus de facilité d'exécution, éviter surtout la confusion.

La méthode la plus féconde est due à M. le chevalier du Pavillon, capitaine de vaisseau, tué en 1782, à bord du vaisseau le Triomphant, à l'âge de 52 ans ; elle est remarquable par l'emploi qu'il a fait du pavillon dans la langue des signaux, par sa simplicité et le grand nombre de combinaisons quelle présente, et qui peut être encore facilement et singulièrement augmenté. En n'employant que trois pavillons pour chaque signal, un supérieur pour l'unité, un intermédiaire pour les dizaines, et un inférieur pour les centaines, treize pavillons suffisent pour donner neuf cent quatre-vingt-dix-neuf combinaisons.

Si à chacune on attache une phrase, une idée, une signification quelconque, on a un langage fort étendu.

Les pavillons les plus ordinairement employés dans les signaux, du moins chez les Français,

sont :

Le bleu.

Le rouge,

Le jaune.

Mi-parti rouge et blanc,

Mi-parti bleu et blanc.

Damier blanc et rouge,

Damier blanc et bleu.

Blanc percé de rouge,

Blanc percé de bleu,

Rouge percé de blanc,

Bleu percé de blanc,

Bleu percé de rouge.

Le blanc n'est jamais employé seul que comme pavillon parlementaire.

En bandes verticales, on n'emploie pas les bandes horizontales qui pourraient faire confondre la bande inférieure d'un pavillon avec la bande supérieure de celui qui le suit, et produire erreur de signal.

Un disque de la couleur indiquée est placé au centre du pavillon indiqué.

Neuf de ces pavillons indiquent les neuf premiers chiffres de la numération.

Deux sont affectés au zéro;

Deux ont pour fonction de figurer tel des neuf premiers chiffres qui seraient répétés.

Les tables de signaux se partagent ordinairement en neuf chapitres, dont le premier comprend tous les nombres qui ont en tête le chiffre 1. Ainsi, 1, 10, 11, 12, 15, etc., jusqu'à 199.

Le deuxième chapitre comprend tous les nombres qui ont le chiffre 2 en tête, comme 2, 20, 21, 200, 210, etc., jusqu'à 299.

Le troisième, tous ceux qui ont le chiffre 5 en tête, ainsi des autres.

Que l'on applique à ces chapitres diverses sections, comme signaux à l'ancre, signaux à la voile, signaux de combat et de marche, etc., dont les titres indiquent les principales circonstances générales, on conçoit jusqu'à quel nombre étendu de combinaisons différentes on peut élever ce dictionnaire.

Chaque chapitre, chaque section, sont annoncés par un pavillon particulier ou par le lieu où le signal est placé (1).

Les ordres donnés par les signaux pourraient être entendus de tout le monde : la plupart des phrases sont imprimées, et ces cahiers peuvent tomber dans des mains où ils ne se trouveraient pas sans danger.

On a résolu cette difficulté en n'affectant pas toujours les mêmes pavillons aux mêmes chiffres.

Le premier travail du général qui commande une armée est de faire faire la table de signaux, qui est distribuée à chaque capitaine. Si l'on peut craindre que l'ennemi ait découvert le secret de ce langage, il suffit, pour le dérouter, de changer le pavillon indicateur du chiffre. Ainsi, par exemple, que l'on transporte au n° 9 le pavillon qui aura jusqu'alors désigné le n° 1, toute la table est changée, et les mêmes pavillons expriment d'autres idées.

Supposons, par exemple, que le pavillon bleu indique le no 1, le damier rouge le n° 7, et le blanc percé de rouge le n° 9 ; en plaçant les pavillons ainsi , ils exprimeront le chiffre 179, qui peut prescrire l'ordre de marche sur trois colonnes au plus près du vent.

Que l'on déplace le chiffre 9, et que le pavillon qui l'a indiqué jusqu'alors indique maintenant le n° 1, le bleu deviendra l'indicateur du n° 2, le damier rouge l'indicateur du n° 8.

Les trois mêmes pavillons, restant placés comme il vient d'être dit, représenteront le chiffre 281, qui pourrait exprimer l'ordre de former la ligne de bataille et d'attaquer l'ennemi.

Un bâtiment ressemble tant à un autre, il est si facile de prendre des couleurs autres que celles qu'on a droit de porter ; il est si généralement admis qu'en guerre toute ruse est permise, qu'il est devenu indispensable de convenir de signaux de reconnaissance. C'est, en marine, l'équivalent du mot d'ordre des armées de terre.

Confiés au capitaine qui doit les tenir soigneusement sous clef, ne les ouvrir que dans le cas où il est indispensable de s'en servir, et les jeter à la mer s'il craint que l'ennemi les surprenne, ils sont secrets de leur nature. Propres à toutes les côtes du royaume, ou particuliers à certains points de la côte, ils se font, comme tous les signaux, avec des pavillons, des fusées, des coups de canon, quelquefois par la combinaison de ces trois moyens. Il n'y a et il ne peut y avoir de règles pour l'adoption de ces signaux.

La Ville de Paris.

On doit à des Anglais ingénieux, MM. Luscombe frères, une langue générale par signaux, au moyen desquels les navires de diverses nations, ignorant même la langue spéciale à chacune, peuvent converser entre eux. Nous reviendrons sur cette polygraphie, à cause des avantages que la navigation peut en retirer.

Les armateurs des navires du commerce sont autorisés à faire porter à leurs navires des signaux particuliers ; leur place est au mât de misaine, et mention doit être faite sur le rôle d'équipage de ceux adoptés pour chaque navire.

Ainsi l'a disposé le règlement de 1827, en conformité de l'ordonnance du Roi de 1765.

Le caprice seul règle l'assemblage des couleurs de ces pavillons ; souvent on se borne à écrire en grosses lettres noires le nom entier du navire dans un pavillon ou guidon blanc, ou en lettres blanches sur un pavillon bleu. C'est bien le signe le plus expressif, mais il ne peut se distinguer de très-loin, même avec la lunette ; souvent le vent ou la position du navire, relativement à l'observateur, ne permettent de lire qu'à rebours.

La disposition diverse de couleurs différentes est en définitive le meilleur mode à employer.

Lorsque Louis XVI vint au Havre en 1786, un navire du commerce fut mis à l'eau en présence de Sa Majesté, qui voulut bien donner son nom à ce bâtiment, et lui accorder quelques faveurs spéciales, telles que l'exemption de certains droits, etc. ; une de ces faveurs purement honorifiques fut de porter une fleur de lis d'or dans son pavillon de poupe.

Aux jours des fêtes nationales, on pavoise les navires, on garnit les mâts, les vergues d'un nombre infini de pavillons, de guidons, de cornettes, de flammes de toutes couleurs, dont le mélange offre le coup d'œil le plus flatteur. L'art du timonier, qui est chargé du service des pavillons, est de les disposer de la manière la plus agréable à l'œil. On y emploie généralement les pavillons de signaux ; on se sert aussi des pavillons de nation. Le grand pavillon national est exclusivement placé à la poupe du navire; ceux des nations amies le sont suivant le rang qu'un ordre du 26 avril 1827 a réglé en affectant les postes d'honneur pour les pavillons étrangers, 1° à la grande vergue à tribord ; 2° la grande vergue à bâbord; 3° la vergue de misaine à tribord; 4° la même vergue à bâbord ; 5° la vergue barrée à tribord; 6° la même vergue à bâbord. S'il y avait un plus grand nombre de pavillons étrangers à placer, ils le seraient sur les vergues de hune, en hissant l'ordre indiqué ci-dessus pour les basses vergues. On ne peut arborer aucun pavillon de nation en tête du mât, mais seulement le pavillon tricolore ou des pavillons de signaux.

Il est défendu de mettre aucun pavillon de nation sous le beaupré.

Dans les ports de France, les bâtiments français doivent donner le poste d'honneur au pavillon des bâtiments étrangers qui s'y trouveront avec eux, dans l'ordre suivant :

1° le pavillon de nation de l'officier étranger commandant dont le grade sera le plus élevé, ou, à grade égal, le pavillon de celui qui sera arrivé le premier dans la rade, et successivement les pavillons des autres bâtiments de guerre étrangers, selon le grade des commandants, ou, à grade égal, selon la date de leur arrivée.

En pays étranger, on arbore au premier poste d'honneur le pavillon de la nation chez laquelle on est, ensuite ceux des bâtiments étrangers qui sont au même mouillage, selon l'ordre de grade ou de date indiqué ci-dessus ; puis ceux des nations étrangères dont les consuls résidant dans le pays arboreront les couleurs les jours de fêtes.

Dans tous les cas, les bâtiments du Roi peuvent employer, dans leurs pavois, tous les autres pavillons de nation dont ils seraient pourvus.

Avant cet ordre, on arborait les pavillons de nation en tête des mâts, le grand mât étant réservé au pavillon français: le premier poste d'honneur était le mât de misaine, le second le mât d'artimon, puis les bouts de vergues, comme il vient d'être dit.

Le pavillon espagnol était toujours le premier, à moins qu'on ne fût dans un port étranger, auquel cas on hissait par courtoisie, à la place d'honneur, le pavillon de la nation chez laquelle on se trouvait. La cause de cette préférence pour le pavillon espagnol venait sans doute de la liaison de famille qui existe entre les souverains.

On n'oublie pas en France qu'un fils de Louis XIV est la souche delà dynastie actuelle des rois d'Espagne.

On plaçait après ce pavillon ceux des nations qui ont à leur tête des princes de la même famille, puis ceux des nations avec lesquelles la France avait des relations politiques plus particulières, des liaisons plus étroites.

Dans le droit des nations, un navire ne doit entrer dans un port, et ne doit combattre que sous le pavillon de sa patrie ; lorsqu'on temps de guerre on arbore son pavillon, on doit l'assurer d'un coup de canon, si l'on veut ne donner lieu à aucun soupçon.

Deux navires qui se rencontrent à la mer peuvent, pour se masquer, pour cacher une opération concentrée, pour tout autre motif fondé, souvent même par caprice, arborer un pavillon national autre que le leur. Mais, dans ce cas, il n'est pas permis d'assurer le pavillon sous lequel on se déguise. Le faire serait agir d'une manière contraire à l'honneur et à la foi publique. Il est à remarquer que cette règle prescrite aux bâtiments français (notamment aux corsaires qui ne craignaient point d'en agir autrement), par une ordonnance de Louis XIV, du 17 mars 1696, a été adoptée par toutes les nations. Il y a peut-être de l'amour-propre national à faire cette remarque, mais ce mouvement est bien permis quand il est fondé sur un fait si honorable pour la France.

Le pavillon étant le signe extérieur de la nationalité, un navire ne peut arborer qu'un seul pavillon, et tout bâtiment à bord duquel il en était trouvé deux était, par nos anciennes ordonnances, réputé pirate. Il faut vraisemblablement donner aux mots soulignés une interprétation différente de l'idée qu'ils expriment ; car les bâtiments de guerre ont tous les pavillons des diverses nations : il en est de même des corsaires, et souvent aussi de beaucoup de bâtiments du commerce. Au surplus, cette défense d'avoir à bord des pavillons de plusieurs nations se rapprochait de celle de combattre sous un autre pavillon que le sien, sous un autre que celui que l'on avait assuré. On pourrait croire alors que par ces mots trouvé deux pavillons, on aurait entendu combattre sous deux pavillons que l'on aurait tous deux assurés.

C'est bien là, en effet, l'usage des pirates, qui n'hésitent pas, non-seulement à arborer, mais à assurer le pavillon qu'ils croient le plus propre à rendre plus facile la capture des bâtiments dont ils projettent de s'emparer.

On en voit, au surplus, ne pas faire tant de façons, et, dans leur impudente audace, frapper un pavillon noir, sur lequel quelquefois ils peignent des têtes de morts, des os en sautoir, des sabres croisés. Ceux-là, du moins, ne se déguisent pas, et l'on sait à quoi s'en tenir sur leur compte.

Nous terminerons cette notice en rapportant un extrait des dernières ordonnances en ce qui concerne les pavillons, tant celui indicatif de la nation, que ceux qui font connaître le rang et le grade dans l'armée navale des officiers-généraux et autres pourvus des divers commandements. Il est intéressant pour les navigateurs de savoir quels sont ces signes caractéristiques, afin de remplir convenablement les devoirs qui leur sont imposés, soit pour les saluts, soit pour les comptes à rendre des divers événements de mer.

La révolution de 1850 a remis en vigueur le décret de février 1793, ainsi conçu : « Le pavillon national est formé de trois bandes verticales, bleu à la gaine, blanc au milieu, rouge flottant.

« — La flamme, un cinquième bleu, un cinquième blanc, trois cinquièmes rouge. »

31 Août 1817. — Les pataches de douane ont droit de porter la flamme au grand mât et le pavillon de poupe comme tous les autres bâtiments de l'état.

3 Décembre 1817. — Règlement pour les pavillons d'arrondissement affectés aux navires du commerce.

51 Octobre 1827. — Cette ordonnance, modifiée par les événements de 1850, règle tout le service et les devoirs des officiers de la marine à bord des vaisseaux. Nous ne parlons ici que de celles de ses dispositions qui sont relatives aux pavillons.

Le vaisseau à bord duquel le Roi se trouverait en personne porterait le pavillon national au grand mât, au bâton d'enseigne et au mât de beaupré.

Celui à bord duquel serait l'amiral de France en personne porterait le pavillon carré tricolore aux armes de France avec deux ancres en sautoir.

Le vaisseau monté par un officier-général, pourvu du titre d'amiral, par commission royale, portera le pavillon carré tricolore au grand mât; celui monté par un vice-amiral, le même pavillon au mât de misaine ; et celui monté par un contre-amiral, au mât d'artimon.

Les capitaines de vaisseau, pourvus de lettres de chef de division et commandant plusieurs vaisseaux réunis, porteront un guidon tricolore au grand mât. Si c'est en armée, leur guidon sera de la couleur de l'escadre à laquelle ils seront attachés.

Si deux chefs de division commandent dans un même détachement, le plus ancien portera son guidon au grand mât, l'autre au mât de misaine.

Les capitaines de frégate, lieutenants et enseignes de vaisseau commandant plusieurs bâtiments réunis, porteront seulement un guidon en vergue ; s'ils commandent un seul bâtiment, ils portent une flamme. Le plus ancien capitaine des bâtiments de commerce réunis au même mouillage arborera la flamme tricolore au mât de misaine. Il l'amènera en présence d'un bâtiment de guerre, et pourra cependant la conserver, s'il y est autorisé par l'officier commandant le bâtiment de guerre.

Les bâtiments de commerce porteront le pavillon tricolore à poupe, et, en outre, telles marques de reconnaissance qu'ils jugeront convenable; mais ils ne pourront en faire usage qu'après les avoir fait connaître au bureau de la marine, et qu'il en aura été fait mention au rôle d'équipage.

Ils sont tenus d'arborer en même temps que le pavillon de poupe le pavillon d'arrondissement.

Il leur est défendu d'arborer un pavillon tricolore à la poupe des embarcations.

La même ordonnance détermine les pavillons de distinction à arborer sur les canots, la manière dont ils doivent l'être, soit déployés, soit ferlés, suivant le grade et le rang des officiers qui sont à bord, et qui ne sont point officiers-généraux.

(1) M. de Rossel, dont la marine déplore la perte récente, a publié en 1822, en un vol. in-8°, de concert avec M. le vice-amiral de Rosily, un livre de Signaux de jour, à l'usage des vaisseaux de guerre français.

- *Médée Gréhan, directeur-fondateur de la France maritime,* 1er janvier 1848

Amédée Géhan est né en 1802 à Lorient, il rassemble plusieurs marins et romanciers pour publier des récits et rapports de mer dans un ouvrage en 4 volumes: « la France Maritime » à partir de 1837. Nommé consul du Siam à Paris. Il décède en 1879.

La galère la Réale rentrant au port.

La Réale fut construite à Marseille entre 1692 et 1694 par Jean-Baptiste Chabert. Tableau d'un peintre anonyme (fin 17e siècle). Elle porte l'étendard rouge fleurdelisé.

Les pavillons des bâtiments marchands et des bâtiments du Roy..

La marine de guerre française n'a commencé à exister dans la tête des souverains qu'au coeur du Moyen-Âge. Ils n'avaient nul besoin de partir sur les mers à la conquête de terres plus prospères que les leurs. En effet, les rois français, seigneurs terriens, commandaient aux paysans d'un pays facile qui sut toujours nourrir ses habitants. Certes Philippe Auguste et son petit-fils Saint Louis avaient navigué en Méditerranée mais leurs troupes avaient embarqué sur des naves louées à des marins étrangers: Vénitiens, Génois, Marseillais, Montpelliérains. Ces deux dernières villes n'étaient pas françaises. En 1191 Philippe Auguste licencia la flotte mercenaire qui l'avait conduit en Palestine. Saint Louis qui régna 43 ans avait pensé créer un port à Aigues-Mortes mais la Méditerranée est tout de même loin de Paris, capitale des capétiens. Philippe le Bel, petit-fils de Saint Louis créa à Rouen le premier arsenal: le clos des galées en 1294, avec l'assistance technique des génois pour accueillir et construire des navires, entreposer des vivres. Sous le règne de Charles V l'amiral Jean de Vienne réorganisa la marine et cet arsenal. Il fut brûlé en 1418 par les Rouennais pour éviter qu'il ne tombe aux mains des Anglais. L'arsenal fut reconstruit, et Charles VII acheta une galée en 1451 avec l'argent de Jacques Coeur. Charles V et Charles VII avaient créé une armée terrestre permanente mais pas de marine militaire. Pendant tous les règnes de la dynastie des Valois, le pays le plus peuplé et le plus riche d'Europe avait ses énergies tournées vers les guerres de religion, les guerres d'Italie, nul n'avait eu le financement, le temps ou l'intérêt de regarder ce qui pouvait se découvrir au delà de l'horizon. Par une ordonnance de François 1er en juillet 1517 à l'article 19: « *tout navire allant par la mer et à nous obeyssant, à qui qu'il soit, ne quelque bannière qu'il porte, doyt porter les bannières, estandars et enseignes de nostredict admirail* ». Ainsi avant la réunion de provinces méditerranéennes à la couronne, les amiraux nommés par le roi faisait hisser leurs couleurs sur les navires loués à des armateurs. qui gardaient leurs pavillons particuliers. Les navires provençaux arboraient un pavillon d'argent ou blanc avec une croix bleue; les pavillons de Marseille avaient un pavillon bleu à croix d'argent. Le pavillon normand était partagé en plan et bleu et celui de Calais était bleu avec croix blanche.

La Marine Royale de France.

Les galères royales portaient un étendard rouge semé de fleurs de lys d'or chargé des armes de France, entourés des colliers des ordres de Saint-Michel et du Saint Esprit.

Chaque nation disposait de son, ou de ses pavillons pour les vaisseaux de guerre et d'autres qui distinguent les vaisseaux marchands.

Les villes marchandes avaient également leurs pavillons particuliers arborés en plus de celui de la nation.

C'est le cardinal de Richelieu qui mit fin à la pratique des pavillons de particuliers puisqu'il créa l'armée navale permanente. Il fut en effet nommé grand maître de la marine, surintendant et général de la navigation et du commerce, ministre de Louis XIII de 1624 à 1642. L'année suivante en 1643 dans un traité sur l'hydrographie il est écrit: « *La France porte d'argent, ou blanc, sans aucun blazon, pour l'ordinaire* ».

Sous l'autorité de Colbert, ministre de 1661 à 1683 l'ordonnance du 9 octobre 1661 signée à Fontainebleau distingue la marine de guerre du roi pour lesquels le pavillon blanc uni leur est réservé, et les navires marchands qui doivent porter le pavillon de la croix blanche sur fond bleu avec l'écu des armes du roi de France. L'ordonnance est ainsi rédigée:

« *Défense aux capitaines des vaisseaux marchands de porter le pavillon blanc. De par le Roy, Sa Majesté, ayant été informée que plusieurs particuliers, capitaines, maistres et patrons de vaisseaux estant à la mer et allant en voyage de long-cours, au lieu de porter seulement l'ancien pavillon de la nation françaíse, prennent la liberté d'arborer le pavillon blanc... fait très expresses inhibitions et défenses à tous capitaines, maistres et patrons vaisseaux particuliers, ses sujets, de porter le pavillon blanc qui est réservé à ses seuls vaisseaux. Et veut et ordonne qu'ils arborent seulement, allans à la mer, ou en quelque autre rencontre que ce puisse estre, l'ancien pavillon de la Nation française qui est : la croix blanche dans un estendart d'etoffe bleue, avec l'escu des armes de Sa Majesté sur le tout. »*

Scène de mai 1672: Les flottes de d'Estrées et de celle duc d'York se rejoignent avant de combattre la flotte des provinces Unies commandée par Ruyter. Au premier plan, le Saint-Philippe. Tableau de Jan Karel Donatus Van Beeck.

Ainsi, de 1661 à 1790, le pavillon blanc uni, était le pavillon de la marine du roi de France, hissé à la poupe des vaisseaux de façon à faire connaitre à quelle nation il appartient.

Mais les navires de commerce continuaient à porter le pavillon blanc réservée à la marine de guerre française car en 1670 une nouvelle ordonnance rappelle: *« Les vaisseaux marchands porteront l'enseigne de poupe de couleur bleue, avec une croix blanche, transversante, et les armes de Sa Majesté sur le tout, suivant l'ancien usage. »*

Une autre ordonnance de Louvois en 1689: *« Les vaisseaux marchands porteront l'enseigne de poupe bleue avec une croix blanche traversante, ou telle autre distinction qu'ils jugeront à propos, pourvu que leur enseigne de poupe ne soit point entièrement blanche.«*

En 1756, Jacques Nicolas Bellin, ingénieur au dépôt des Cartes et Plans, avait publié un *« Tableau des Pavillons et Bannières que la plus part des nations arborent à la mer »* (voir ci-dessous), Il dit : *« le pavillon des marchands français est bleu à croix blanche, chargé des armes du Roi ; un autre pavillon des marchands français, rouge semé de fleurs de lys,* avec les armes du Roi et la couronne, mais sans les colliers des Ordres ; les pavillons de Provence, de la ville de Dunkerque, de la ville de Calais, de Marseille, et encore un autre pavillon des « marchands français », qui ressemble étrangement à celui de Dunkerque, à bandes alternées bleues et blanches, horizontales.

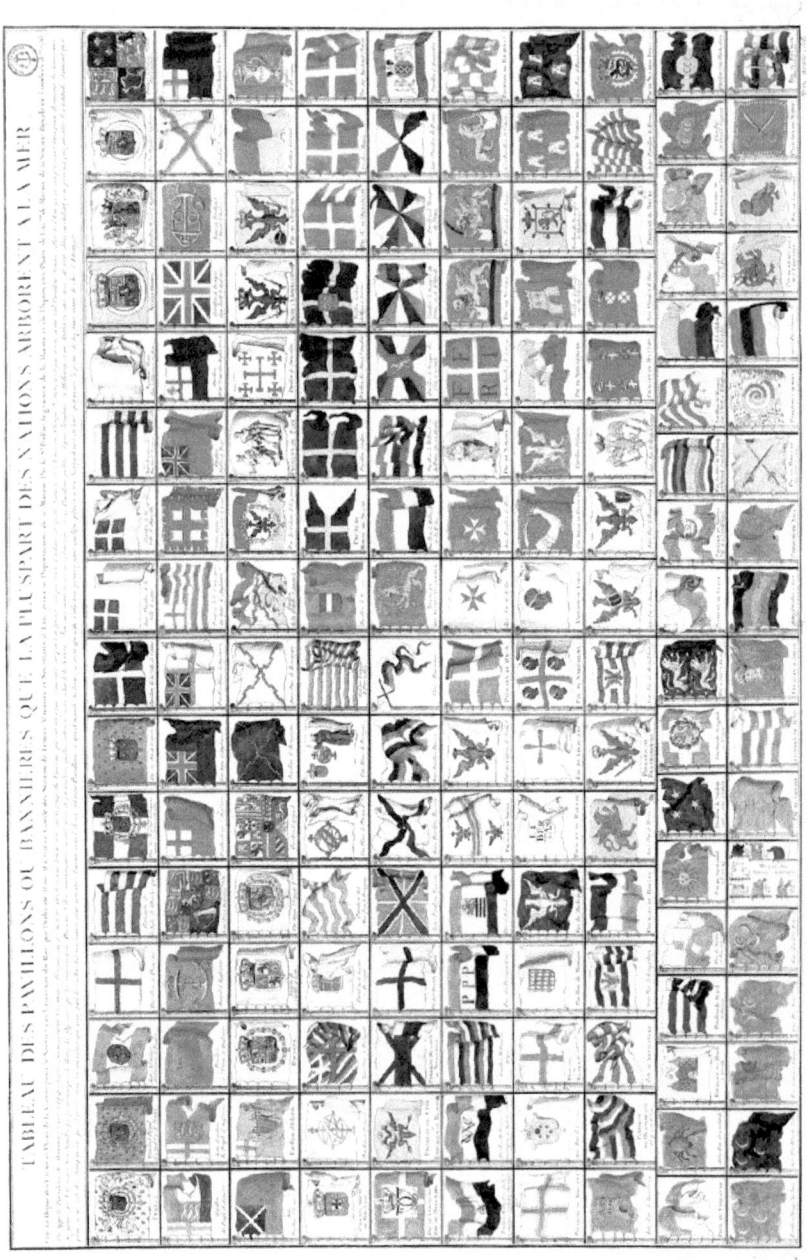

La confusion qui régnait, l'obstination des marchands à porter, quand ils étaient éloignés des navires de guerre, le pavillon blanc, amenèrent le duc de Penthièvre, amiral de France, à donner aux vaisseaux marchands le pavillon des vaisseaux du roi. L'ordonnance du 25 mars 1765 (une année avant que parussent les *Commentaires de Valin*) édicte (Livre III, titre XIX, article 236) : « *Permet Sa Majesté aux commandants des vaisseaux marchands de porter à poupe de leurs bâtiments une enseigne blanche, et d'y joindre telle marque de reconnaissance qu'ils jugeront à propos.* »

Depuis cette ordonnance de 1765, les navires de commerce français n'ont pas cessé de porter le même pavillon que les navires de la marine militaire : le pavillon national.

En 1765 (8), L'ordonnance du 25 mars 1765 « *Permet sa Majesté aux Commandans des vaisseaux marchands, de porter à poupe de leurs bâtimens une enseigne blanche, & d'y joindre telle marque de reconnoissance qu'ils jugeront à propos* ».

Cette même ordonnance permet également aux navires marchands d'arborer le pavillon blanc.

En 1790, le pavillon blanc disparaît et laisse sa place au pavillon tricolore. le 03 décembre 1817 aux Tuileries, sous le règne de Louis XVIII, un règlement sur les pavillons des navires du commerce indique que « *la faculté laissée aux armateurs de choisir les marques à l'aide desquelles ils distinguent leurs navires, n'est pas assujettie à une règle constante qui soit propre à faciliter la police des bâtimens dans les rades et ports, comme à prévenir des méprises qui, à la mer, pourraient avoir des suites fâcheuses* ».

Son article 1er dispose donc que « conformément à l'ordonnance de 1765 (article 236, Titre IX), les armateurs de navires continueront d'avoir la faculté de joindre une marque de reconnaissance au pavillon français ».

L'article 2 précise également qu'un pavillon spécial sera affecté à chacun des arrondissements maritimes.

Par exemple pour l'arrondissement de Cherbourg, zone de Dunkerque à Honfleur: « une cornette à quatre bandes horizontales et alternativement bleues et blanches »

Pour l'arrondissement de Brest, valable de Brest à Quimper, la rivière l'Odet fait office de limite, par une cornette à quatre bandes horizontales et alternativement bleues et jaunes.

Quant à l'article 6: « *les armateurs seront tenus de faire connaître au bureau de l'inscription maritime les marques de reconnaissance dont ils voudront faire usage, et ils ne pourront les employer qu'après avoir fait la déclaration, qui sera enregistrée et mentionnée sur le rôle d'équipage du navire* ».

Le 19 août 1929, paraît un nouveau décret dont le but est « *d'adapter aux conditions actuelles de la navigation les dispositions sur la matière, dispositions déjà anciennes et qui remontent notamment au règlement royal du 3 décembre 1817* sur « *la réglementation de la police du pavillon des navires de commerce, de pêche et de plaisance* ».

dispose désormais en son article 4 que « *les armateurs des navires francisés peuvent, s'ils le jugent convenable, joindre au pavillon national une marque ou guidon particulier de* reconnaissance. *Ces marques ou guidons ne peuvent être utilisés qu'après avoir été autorisés par administrateur de l'inscription maritime du port où le bâtiment est immatriculé. Les marques de reconnaissance sont hissées en tête de mât. Elles ne doivent jamais être mises à la place réservée au pavillon national* ».

Le Décret du 24 novembre 1934, modifiant celui de 1929 n'a pas changé la donne en la matière et ce texte de 1929 constitue donc la base réglementaire encore applicable à ce jour, malgré de nombreuses réformes et refontes du corpus législatif et règlementaire depuis cette date.

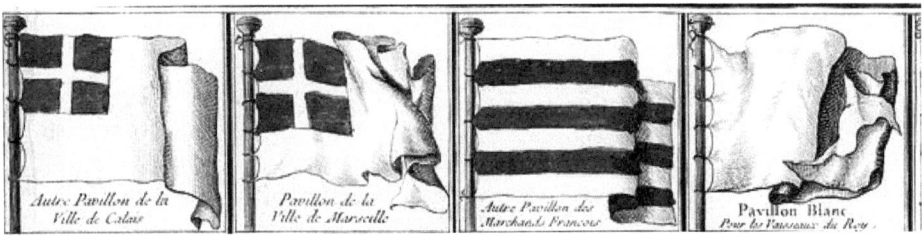

De gauche à droite blancs et bleus: Ville de Calais; Ville de Marseille, autre pavillon des marchands français et pavillon blanc uni de la marine roi de France.

De gauche à droite, blanc et bleu: Ville de Dunkerque, Marchands français en bleu et en rouge, à droite: bleu avec croix blanche: Ville de Calais.

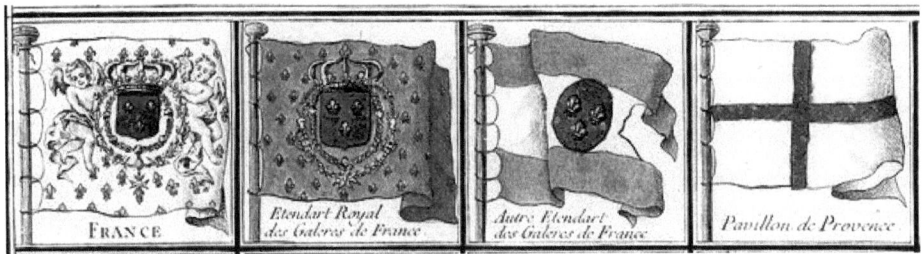

De gauche à droite: Pavillon de France, Étendard Royal des Galères (2 versions) et enfin Pavillon de Provence croix bleue sur fond blanc.

Frédéric Rateau . 26 décembre 2024

Histoire du pavillon tricolore. signé Augustin Jal

article de *la France Maritime* (édition 1837, volume 1, p.115) – revue fondée en 1834 par Amédée Gréhan, sous-chef de bureau au ministère de la marine, et Jules Lecomte

Une révolte avait éclaté dans l'escadre de Brest aux ordres de M. d'Albert de Riom; c'était le 16septembre 1790. M. d'Albert en instruisit aussitôt M.de La Luzerne, ministre de la marine, qui communiqua la lettre du chef d'escadre à l'Assemblée nationale.Celle-ci renvoya la lettre et l'instruction de l'affaire à ses comités de marine, des colonies et des recherches. M. Curt, rapporteur de ces comités, proposa un décret qui tendait à faire pour suivre et juger les principaux auteurs de l'insurrection, et ceux de l'insulte faite à M. Bernard de Marigny, major général de la marine: — on avait planté à sa porte une potence.—Le décret, adopté et sanctionné, fut sans vertu. Les événements marchaient vite à Brest; l'esprit d'insurrection, arrivé de Saint-Domingue sur le vaisseau le Léopard, avait trouvé un aliment au port français dans une assemblée populaire qui s'appliquait à donnera la révolution la même allure qu'à Paris lui imposait un certain parti. Le Code pénal maritime avait été modifié par l'Assemblée nationale; plusieurs articles déplurent aux matelots, ou plutôt aux Amis de la constitution de Brest, et l'insubordination prit ce prétexte pour ne plus connaître de bornes. Les comités s'occupèrent de nouveau de cette affaire, et en leur nom M. Menou dit, entre autres choses : «Le comité regarde comme un moyen efficace de publier incessamment les règles de l'avancement, et de changer le pavillon blanc en pavillon aux couleurs nationales; mais il pense que cette grâce ne doit être accordée qu'au moment où l'insubordination aura entièrement cessé. »

Quant au Code pénal, il s'expliquait ainsi : « On s'est occupé, dans les comités, de savoir s'il fallait changer quelques articles du Code pénal de la marine. Nous avons pensé que si l'inconstance des lois était l'attribut du despotisme, leur immuabilité est celui d'une constitution libre. C'est à des chefs, qui auraient la confiance des marins, à user avec sagesse, peut-être avec clémence, des lois que vous avez portées. (Moniteur, 20 août 1790.) L'Assemblée nationale adopta un projet de résolution, rédigé sur les conclusions de ce rapport, et le pavillon aux couleurs nationales fut décrété.

La discussion fut vive sur cette question. Le côté droit de l'assemblée tenait pour le pavillon blanc; Mirabeau et le côté gauche opinaient pour ce qu'ils croyaient de nouvelles couleurs nationales. M. de Vandreuil, voulant écarter la proposition, qu'il voyait près de passer, disait :

« J'ai une observation à faire sur le pavillon qu'on propose d'arborer : c'est le même que celui des Hollandais. »

M. de LaGalissonnière, dans le même intérêt, ajoutait :

« Il est d'autant plus nécessaire de conserver la couleur de notre pavillon, que ceux des Anglais et des Hollandais sont aux trois couleurs : d'ailleurs, vous occasionneriez des dépenses considérables... Il faut conserver à la monarchie son ancien pavillon. »

Mirabeau était trop habile pour laisser échapper le pauvre argument tiré des dépenses que le changement de pavillon devait amener, et, dans un discours en réponse à toutes les objections du côté de l'assemblée qui lui était opposé, il jeta cette phrase dont je souligne à dessein les derniers mots, qui me serviront quand je discuterai plus bas l'origine des trois couleurs :

« On a objecté la dépense, comme si la nation, si longtemps victime des profusions du despotisme, pouvait regretter le prix des livrées de la liberté. »

M. de Virieu ouvrit un avis qui finit par triompher; il voulait bien que les couleurs nationales figurassent au pavillon, mais il prétendait que le pavillon restât blanc, quant au fond. Voici comment il exprima sa pensée :

« Je ferai aussi quelques observations sur le pavillon qu'on se propose de substituer à celui qui a toujours fait l'honneur et la gloire du nom français. Tous les bons citoyens seraient effrayés si la couleur était changée. C'est ce pavillon qui a rendu libre l'Amérique. Un changement tendrait à anéantir le souvenir de nos victoires et de nos vertus. Je partage le sentiment qui a engagé le comité à nous proposer ce signe de notre liberté. En conséquence, je demanderai qu'à la couleur qui fut celle du panache d'Henri IV, se joignent celles de la liberté conquise, c'est-à-dire qu'il y soit joint une bande aux couleurs nationales. »

Mirabeau repoussa cette proposition comme les autres; il ne vit dans l'intention de conserver le fond blanc qu'une pensée contre-révolutionnaire. Il répondit ensuite à une phrase méprisante de M. de Foucault, qui avait dit :

« Laissez à des enfants ce nouveau hochet des trois couleurs! »

Voici les paroles de Mirabeau : « Je dis qu'il est profondément criminel de mettre en question si une couleur destinée à nos flottes peut être différente de celle que l'Assemblée nationale a consacrée, que la nation et le roi ont adoptée, peut être une couleur suspecte et proscrite. Je prétends que les véritables conspirateurs, les véritables factieux », — on l'avait accusé de tenir le langage d'un factieux, — « sont ceux qui parlent de préjugés à ménager, en rappelant nos antiques erreurs et les malheurs de notre honteux esclavage. »

M. Guilhermy répliqua qu'on ne pouvait vouloir la contre-révolution parce qu'on voulait conserver le drapeau blanc: « Comme si, ajouta-t-il, lorsque l'oriflamme suspendue à la voûte de cette salle ne porte pas les couleurs nationales, elle est un signe de contre-révolution. » On ne répondit point à l'objection. Il semblait, en effet, que, pour être conséquente à elle-même, l'Assemblée nationale aurait dû avoir le drapeau tricolore dans le lieu de ses séances, au lieu de l'étendard, qui, au surplus, était encore celui de l'armée, auquel peu de jours après, seulement, on suspendit une cravate aux couleurs nationales. L'Assemblée, après ces chauds débats, renvoya à son comité de marine la question de la composition de l'enseigne navale; et, le 24 octobre 4790, un décret, rappelant celui du 21 octobre, ordonna que le pavillon français porterait à l'avenir les couleurs nationales. Voici les dispositions principales de ce décret, qui donnait gain de cause à M. de Virieu. »

Art. 4 . « Le pavillon de beaupré sera composé de trois bandes égales et posées verticalement ; celle de ces bandes la plus près du bâton sera rouge, celle du milieu blanche, et la troisième bleue. »

(On adoptait cette disposition des bandes verticales pour éviter la ressemblance avec le drapeau hollandais.)

Art. 2. « Le pavillon de poupe portera, dans son quartier supérieur, le pavillon de beaupré ci-dessus décrit; cette partie du pavillon sera exactement le quart de sa totalité, et environnée d'une bande étroite, dont une moitié de la longueur sera rouge et l'autre bleue; le reste du pavillon sera de couleur blanche. Ce pavillon sera également celui des vaisseaux de guerre et des bâtiments de commerce. »

Le comité de la marine fit exécuter sur une feuille de papier un modèle du pavillon de poupe, et l'envoya à M. de Fleurieu, nouvellement nommé ministre de la marine à la place de M. de La Luzerne, qui avait donné sa démission. Ce modèle, je l'ai sous les yeux ; il a été conservé à la section historique par les soins de mon collègue, M. Parisot. Il porte cette suscription, de la main de M. de Champagny, mort récemment duc de Cadoré: « Certifié conforme au décret de l'Assemblée nationale, le 11 novembre 1790. J.-B. Nompère, président du comité de la marine. »

L'espèce de transaction qui avait timbré le pavillon de la monarchie des couleurs nationales, devait déplaire à la république ; elle n'y pensa cependant que longtemps après la mort de Louis XVI. Jean-Bon Saint-André, au nom du comité de salut public, proposa, le 27 pluviôse an II, un décret qui supprimait le fond blanc et changeait l'ordre des couleurs. Ce décret fut adopté en ces termes :

« Art 1 er . Le pavillon décrété par l'Assemblée nationale constituante est supprimé.

» Art. 2. Le pavillon national sera formé des trois couleurs nationales, disposées en trois bandes égales posées verticalement, de manière que le bleu soit attaché à la gaule du pavillon, le blanc au milieu, et le rouge flottant dans les airs. »

Jean-Bon ne pouvait proposer un changement si important sans expliquer la pensée du comité de salut public à cet égard. Voici quelques passages de son rapport:

« Un pavillon qui n'est pas celui de la république flotte encore sur nos vaisseaux. Les marins s'en indignent; ils appellent à grands cris une réforme que vos principes, que l'honneur de la liberté réclament avec eux.... L'Assemblée constituante apporta quelque changement ou plutôt une légère modification au pavillon ci-devant royal. Le peuple, fatigué de la tyrannie, demandait que tout ce qui en retraçait le souvenir fût absorbé par les couleurs chéries de la liberté ; des disputes sérieuses s'élevèrent dans le sein de cette assemblée sur la forme du pavillon national. On sentit bien qu'il fallait se soumettre à l'opinion publique;... mais on tâcha de l'éluder, même en paraissant la respecter :

» on conserva pour le fond la livrée du tyran. »

— Je souligne ici comme dans le discours de Mirabeau, et je fais remarquer, en passant, les deux expressions de : livrée du tyran, et de : livrées de la liberté, dont l'une est, selon Jean-Bon Saint-André, une appellation de mépris, tandis que l'autre, dans la pensée de Mirabeau, est une désignation honorable ! Mirabeau et Saint-

André se trompaient également, comme on verra plus bas dans la dissertation sur l'origine des trois couleurs. — « Et les couleurs républicaines, reléguées dans un coin du pavillon, n'attestèrent, par la mesquinerie ridicule avec laquelle on les y avait placées, que le regret de ceux à qui la puissance du peuple avait arraché ce faible sacrifice... Ce pavillon déplut presque également aux partisans du despotisme et aux amis de la liberté. Les uns ne virent dans cet alliage bizarre qu'une tache à ce pavillon, flétri par les Conflans et les Grasse ; les autres n'y virent, avec plus de raison, qu'une dérision, une caricature outrageante pour le peuple, que l'on comptait presque pour rien au moment où l'on proclamait sa souveraineté. L'imitation servile de la forme anglaise acheva d'indisposer les esprits, et ce fut avec beaucoup de peine qu'on parvint à le faire adopter. » Moniteur, nonidi 29 pluviôse an 2 (17 février 1794).

Je ne sais si l'on eut, en effet, beaucoup de peine à faire adopter le pavillon décrété par l'Assemblée nationale. Jean-Bon Saint-André l'atteste ; mais c'est pour moi une autorité peu respectable que celle de ce représentant du peuple, depuis que j'ai lu son rapport sur le combat du 15 prairial. Je ne trouve nulle part traces de cette répugnance des matelots ; je ne sais aucune mutinerie à ce sujet, et je suis très-fondé à croire que c'était un argument de plus que le rapporteur du comité de salut public forgeait pour renforcer son opinion. Ce fut en 1814 qu'il y eut une répugnance manifeste pour l'adoption d'un pavillon que les deux siècles de la république et de l'empire avaient fait complètement oublier; toutefois on n'eut pas de peine à le faire arborer. La marine se soumit à une nécessité, confiante dans l'avenir. Au 20 mars 1815, le pavillon tricolore fut salué par des acclamations qui disaient assez quels regrets l'avaient accompagné dans son exil. Cent jours après, l'enseigne blanche remonta à la corne des vaisseaux. Elle eut deux belles journées pendant les quinze ans de sa possession : c'est la journée de Navarin ; c'est le jour de la prise d'Alger !

Juillet 1850 ramena enfin le pavillon aux trois couleurs nationales, dont je vais tâcher d'expliquer l'origine.

ORIGINE DES TROIS COULEURS FRANÇAISES.

On sait quel fut le premier signe de ralliement adopté en 1789 contre la cour et son parti, si fatal au roi; on se rappelle la démission forcée de Necker et les bruits répandus sur l'exil du duc d'Orléans; on se souvient de Camille Desmoulins entrant, le 12 juillet, au jardin du Palais-Royal, montant sur une table un pistolet à la main, criant aux armes ! et arrachant à l'arbre le plus voisin une feuille qu'il met à son chapeau, et qui devient à l'instant la cocarde des patriotes. Tous les arbres sont bientôt dépouillés de leurs feuilles, et ,un instant après, des marchandes vendent à tous les coins du palais des touffes de rubans verts, dont les citoyens ornent leurs boutonnières et leurs coiffures, que les femmes placent sur leurs bonnets, sur leurs cœurs, autour de leurs cous, autour de leurs tailles : c'est une fureur, c'est une rage ! La cocarde blanche qui, sous Louis XIII, avait remplacé l'écharpe trop embarrassante pour le soldat, n'est plus gardée que par la troupe et les familiers du château de Versailles; le vert a tué le blanc. Demain, le vert sera tué à son tour !

Les électeurs de Paris, constitués en un comité permanent, le 13 juillet, proclament la nécessité d'organiser sans délai ou, pour mieux dire, de rétablir l'ancienne milice parisienne. Ils prennent un arrêté à cet effet. Mais ils songent à donner une cocarde aux miliciens ; laquelle ? ils s'avisent que le vert est la couleur de la livrée des princes cadets, et ils repoussent le vert, que Camille Desmoulins avait pris sans penser à cela. Les couleurs de la ville de Paris leur paraissent convenir à merveille à une milice parisienne ; ils arrêtent donc, art. 10 :

« Comme il est nécessaire que chaque membre de cette milice porte une marque distinctive, les couleurs de la ville ont été adoptées par l'assemblée générale des électeurs. En conséquence chacun portera la cocarde bleue et rouge. Tout homme qui sera trouvé avec cette cocarde sans avoir été enregistré dans l'un des districts sera remis à la justice du comité permanent. »

Ainsi voilà deux couleurs adoptées: le bleu, qui est venu de l'écu de France aux armes de Paris, avec ses fleurs-de-lis d'or, et le rouge, sur lequel se détache le navire que la Seine a donné aux armes de la vieille capitale de l'Ile-de-France. Mais le blanc, qui, depuis, a séparé ces couleurs, soit que le rouge ait marché devant, comme dans le pavillon de M. Nompère et de la Constituante, soit qu'il ait cédé le pas au bleu, comme dans le pavillon de Jean-Bon Saint-André et de la Convention nationale, le blanc, quand s'est-il introduit dans la cocarde, et comment s'y est-il introduit ?

C'est ce que, malgré les plus longues recherches, je n'ai pu parvenir à savoir. J'ai interrogé tous les pamphlets du temps, j'ai cherché dans le Moniteur, j'ai fait un appel aux souvenirs de tous les contemporains de la cocarde tricolore naissante; rien. Les livres sont muets, les hommes ont oublié.

On a dit bien des choses, mais sur quels fondements? on a dit que les trois couleurs représentaient les trois ordres; le bleu appartenant au tiers, le rouge à la noblesse, le blanc au clergé.

Je ne trouve la preuve de cela nulle part, je n'en trouve même pas d'indices raisonnables.

Pourquoi le bleu appartiendrait-il au tiers-état?

Serait-ce pour rappeler l'origine des premiers Français, dont les blasonneurs de l'écu des armoiries de France, et Fauchet après eux, ont dit que descendus des Sicambres, habitants des marais de là Frise, ils durent adopter « de champ d'azur qui ressemble à l'eau, laquelle étant reposée prend la couleur du ciel, » et y placer « la fleur de pavillée qui est un petit lis jaune qui croît dans les marais de ce pays?» C'est peut-être beaucoup d'ingéniosité perdue que cette explication de l'écu des anciens rois français, mais à coup sûr il n'y a rien là de bien convaincant. Quant au rouge de la noblesse, est-ce parce qu'elle portait les armes et avait comme le privilège de répandre son sang ? Et le clergé avec sa couleur blanche, est-ce à cause de sa pureté, de sa chasteté ! Tout cela jeux d'esprit, joujoux d'enfants.

Si la révolution française s'était arrêtée à de si petites choses, elle serait risible. Elle avait besoin d'une cocarde pour l'opposera celle de Versailles, elle voulait se séparer de la cour, mais elle ne songeait pas encore à se séparer de Louis XVI; elle joignit le blanc de la cocarde du roi au bleu et au rouge de la cocarde parisienne.

Les choses ont pu se passer ainsi, je ne l'affirme point, mais il y a du moins un ordre logique dans ces idées de composition pour la cocarde nationale.

Quelques personnes, de celles même qui ont porté les premières la cocarde aux trois couleurs, et qui ont pu être dans le secret, affirment que ce fut à cause du duc d'Orléans que l'on prit cet emblème en remplacement de la cocarde verte. La position du duc d'Orléans à cette époque, son influence, la popularité dont il jouissait, ont dû faire adopter celte opinion : mais la singulière chose que celle-là, si elle est vraie !

Nous avons entendu Mirabeau adopter avec sa chaleur ordinaire les livrées de la liberté, et ces livrées qu'il glorifiait, c'étaient celles du roi ! oui, du roi. Qu'on les ail prises ou non à cause du duc d'Orléans, toujours est-il que les trois couleurs étaient celles de la livrée de Louis XVI comme elles l'étaient de la livrée de Louis XV, qui n'avait pas changé celle de Louis XIV et de Henri III ! Ainsi, dans l'entraînement des passions, tout valait mieux que la cocarde blanche, et pour renier le panache d'Henri IV, on prenait la livrée de Henri III ! Que cette livrée soit aux couleurs rouge, blanche et bleue, c'est là ce que tout le monde sait ; c'est ce dont Mirabeau, ni les auteurs de la cocarde nationale ne se souvinrent quand ils arborèrent un signe de ralliement contre le parti opposé à la révolution. Ils prirent la livrée du duc d'Orléans, sans regarder la livrée de Louis XVI qui était aux mêmes couleurs, et pour éviter la livrée du tyran, comme disait Jean-Bon Saint-André, on se plaçait sous la protection de la livrée de quatre rois tous plus tyrans que Louis XVI !

Au reste, avant 1789 on avait vu le pavillon de là galère Réale porter les trois couleurs. Ce pavillon, pendu comme une cornette, était en effet partagé en trois bandes horizontales dont la plus haute et la plus basse étaient rouges et celle du milieu était blanche. Sur la blanche était l'écu d'azur des armes de France.

Les couleurs de la famille royale étaient depuis longtemps le bleu, le blanc et le rouge. Je lis dans le tome 5 des Monuments de la Monarchie, que les Suisses de la garde de Henri III étaient vêtus d'habits blancs à coupures remplies l'une entre l'autre de taffetas rouge et gros bleu, avec un bas bleu et un bas blanc; » que « les pages du roi portaient des chamarrures blanches et rouges sur un fond bleu, avec des chapeaux rouges; » enfin que « les valets de pied de sa majesté avaient l'habit bleu garni de rubans rouges, et portaient les bas blancs. »

Breneton de Morange de Perrins, dans son Traité des Marques nationales, ouvrage où sont minutieusement enregistrées toutes les choses de l'étiquette ancienne, dit que Philippe de France, duc d'Orléans, frère unique de Louis XIV, prit pour sa livrée un fond rouge doublé de bleu, galonné de deux galons accostés, l'un blanc et l'autre bleu, et tous deux limbés ou brodés d'un échiquier de blanc et de rouge de deux traits, ce qui est devenu une livrée héréditaire pour tous les descendants mâles de ce prince. » Cette livrée, que le duc d'Orléans avait prise parce qu'au roi seul et au prince royal appartenait l'habit bleu aux galons rouge et blanc, avait été portée déjà par Gaston de France, duc d'Orléans, frère puîné de

Louis XIII, qui la tenait des grands ducs de Toscane, de la maison de Médicis, ses aïeux maternels (9).

Quant à Louis XIV, avant son mariage, les galons de sa livrée étaient aux trois couleurs blanche, rouge et bleue, en échiquier à carreaux opposés les uns aux autres : les tableaux de Vandermeulen et les tapisseries de la couronne font foi de cette disposition. Après son mariage, le galon fut blanc et rouge sur l'habit bleu, comme nous l'avons vu encore sous Louis XVIII. Il n'y a donc aucun doute sur l'ancienneté des trois couleurs nationales accolées dans la livrée de l'ancienne maison royale et dans celle des ducs d'Orléans. Jean-Bon Saint-André, Mirabeau, et ceux qui ont rejeté le blanc pour le tricolore, afin de se délivrer seulement de la livrée des tyrans, n'ont donc pas su ce qu'ils faisaient ; ils nous ont donné un autre drapeau, une antre cocarde, sans se douter qu'ils prenaient les anciennes couleurs nationales et royales, et rejetaient la cocarde blanche sans se rappeler que Henri IV l'avait prise parce quelle était celle des Huguenots, et en opposition à la cocarde et à l'écharpe rouge des catholiques.

Dans les guerres de religion, les partis prirent l'un contre l'autre les couleurs alternativement anglaises et françaises. Ces couleurs avaient d'abord été adoptées après les croisades, la croix rouge par la France, la croix blanche par l'Angleterre. Sous Philippe de Valois les deux nations échangèrent leurs couleurs : alors la dévotion à la Vierge avait fait désirer en France cette permutation. C'est le bon Auguste Galland qui nous apprend cela dans son traité des Enseignes et Etendards de France, imprimé à Paris en 1636.

Ce dissertateur consciencieux et savant donne sur les trois bannières successives de France des détails curieux où je trouve une origine, que je crois certaine, des trois couleurs réunies en notre pavillon, et que nous avons prises à la livrée d'Orléans, c'est-à-dire à la livrée royale.

La première bannière française fut la chappe (cappa, manteau, d'où chapelle, chapelain, pour désigner le reliquaire qui renfermait la chappe et le clerc qui portait ce reliquaire), la chappe de saint Martin. Elle était bleue. L'oriflamme la remplaça ; celle-ci était de cendal (sandal (arabe), taffetas), couleur de flamme d'or, ayant la splendeur rouge, comme disent les anciens auteurs. A son tour l'oriflamme fut abandonnée pour la cornette blanche : ce fut au temps de Charles VII.

---

9 (1) Les trois couleurs n'appartenaient pas, en Italie, à la seule maison de Médicis : la maison Buonaparte les portait aussi dans ses armes. Cette singularité est attestée par le jeune Napoléon-Louis Bonaparte, dans une dissertation très-curieuse, que le fils de l'ancien roi de Hollande publia à Florence en 1830, à la tête d'une traduction du Sac de Rome, dont on croit que Jacques Buonaparte est l'auteur. Dans cette dissertation, Napoléon-Louis établit que sa famille descend d'un Trévisan célèbre, nommé Jean Buona parte, député par Trévise auprès du gouvernement de Padoue pour traiter des intérêts politiques de sa ville natale, en 1178. Ainsi, d'après son neveu, Napoléon Ier, empereur des Français et roi d'Italie, était d'une noblesse qui datait au moins du douzième siècle; il avait dans ses armes les trois couleurs ; et ce qui n'est pas moins singulier, l'écu de sa maison trévisane et florentine était timbré de fleurs de lys.

Les couleurs de ces trois étendards furent mêlées et formèrent la livrée des rois de France. Je regarde cela comme certain. Galland et Breneton de Morange ne font pas difficulté de le croire, et je crois que M. Alexandre Dumas, dans Gaule et France, a adopté cette opinion, qui me paraît plus raisonnable cent fois que celle de ces faiseurs d'origines ingénieusement arrangées qui disent : Le blanc nous vient des Gaulois, le rouge des Francs, et le bleu de l'écu des rois de France. Que le bleu, l'azur, soit royal, c'est reçu ; mais le rouge, pourquoi serait-il franc? où ont-ils vu cela? Quant au blanc, le donnent-ils aux Gaulois à cause de l'analogie du nom de ce peuple avec la racine laiteuse de quelques mots latins? ou bien disent-ils comme Galland que je citais à l'instant : « La couleur blanche est adoptée dès long temps par les Français parce que sa candeur convient à leurs mœurs ? »

Je tiens pour la fusion des trois antiques bannières nationales. Elle a fait la livrée des maisons régnantes depuis Henri III, et peut-être avant, jusqu'à Louis XVI, ce n'est pas ma faute ; cette livrée est devenue celle de la liberté, par hasard ou par l'ignorance des hommes ardents qui la reçurent toute faite du Palais-Royal en 1789, j'en suis bien aise; car enfin c'est notre pavillon, notre drapeau glorieux qui a fait en vainqueur le tour de l'Europe, où il est encore en vénération aujourd'hui qu'il a servi d'emblème à notre pacifique révolution de 1830 ! Je l'avoue, ce n'est pas sans orgueil que Français, fier de nos aïeux, j'y puis trouver la réunion des trois étendards sous les quels nos pères marchèrent à la victoire pendant une douzaine de siècles !

ÉTYMOLOGIES.

A pavillon d'abord. Et commençons par mettre hors de cause M. Du Pavillon, à qui une erreur assez répandue a fait gratuitement l'honneur d'avoir imposé son nom aux drapeaux maritimes.Du Pavillon servait dans la marine vers le milieu du dernier siècle, et j'ai rapporté une ordonnance de Louis XIV (celle de 1661) qui parle de l'ancien pavillon français. Le mot pavillon est donc dans la langue maritime depuis Louis XIII au moins ; M. Du Pavillon n'a rien à y prétendre.

Faut-il voir dans pavillon un diminutif de pavois, et aller chercher dans le mot latin pavire l'origine de ce terme ? Bien que depuis assez longtempsles pavillons soient employés dans le pavoisement des navires aux jours de fêtes, je rejette cette filiation, parce que je ne vois point d'analogie ancienne entre l'étendard et la bande d'étoffe (pavois) qui recouvrait la pavesade, c'est-à-dire la rangée de bouchers du pavois placés autour du vaisseau pour garantir les hommes pendant le combat. J'aime mieux voir dans pavillon le papillon, comme il est dans l'origine avouée de la tente appelée pavillon.

Pavillon n'est qu'une figure, une image. Quand on vit la tente faite de riches et éclatants tissus, retroussée des deux côtés de son entrée principale, comme si elle ouvrait ses ailes pour prendre son essor, on fut frappé du rapport que présentait cette forme avec celle du papillon. Ici je n'invente pas; je retrouve partout dans une latinité respectable papilio pour désigner la tente. Pline l'a employé plusieurs fois. La langue maritime est imagée, poétique, riche de figures hardies ou gracieuses , ce que je crois avoir démontré par le travail étymologique placé dans mes Mémoires d'Archéologie navale, publiés en 1859; cette langue admet une foule de mots qui ne sont autre chose que des métonymies ou des métaphores. Eh bien ! pavillon (bannière) est un trope aussi ; c'est ce que la rhétorique nomme une hypotypose. Le marin, dans le drapeau flottant avec ses couleurs vives et brillantes au soleil, a vu le papillon, et pour lui l'étendard du vaisseau est devenu le papillon. Qu'ensuite le P se soit changé en V, ce n'est pas chose merveilleuse, bien que la transformation soit rare. Voyez que de modifications a subies quitran pour devenir goudron, et étonnez-vous encore de quelque chose ! Les Italiens ont paviqlione qui veut dire papillon aussi bien que papellone. Les Anglais disent flag, les Hollandais vlag ; ces deux mots de commune origine m'ont tout l'air d'une onomatopée. N'est-ce pas le flac-flac ou claquement du pavillon fouettant l'air dans lequel il s'agite ? Les Portugais et les Espagnols ont conservé bandeira, la bannière, qui vient du vieux mot allemand banner, d'autres disent de l'arabe.

Flamme est une figure de comparaison, aussi bien que pavillon. Cette longue bande, affilée comme une langue quand elle ondule au vent, a tous les mouvements de la flamme ou langue de feu. Rien n'est plus juste que cette image, qui, au surplus, est antique ; témoin les flammes qui ont légué aux hulans et à nos anciens hussards la flamme, ornement déployé de leurs sackos, et aux artilleurs la mèche de crins rouges qui flotte, et, par sa forme comme par sa couleur, rappelle la flamme ardente de la grenade embrasée ([10]I). L'Italien a flamme et flammeolo. Autrefois la flamme était une langue fendue à son extrémité ; aussi les Flamands l'appelèrent-ils splicstong (fendue langue).

Les Anglais ont plusieurs mots pour exprimer ce que nous appelons flamme : streamer, pendant et pennant. Le dernier, c'est notre ancien pennon, gardé aussi par les Italiens(pennone}; le second est une figure comme le premier. Pendant, c'est la banderole longue, et qui pend parce qu'elle est longue; streamer, c'est la bande d'étoffe qui serpente et a l'air de couler.

Pour cornette, ai-je besoin d'aller en chercher l'étymologie dans cette espèce de coiffure de soie de couleur que les chevaliers mettaient autrefois sur leurs casques, et qui, selon plusieurs auteurs, fut portée ensuite par leurs écuyers comme les étendards particuliers de ces chevaliers? C'est bien là l'origine des cornettes de cavalerie ; mais pour la marine n'allons pas si loin ! La cornette est un pavillon qui a deux cornes, et voilà tout. Les bâtiments marchands ne peuvent jamais porter la cornette, si quelquefois ils peuvent arborer la flamme. Le guidon est une variété de la cornette; il n'est pas envergué sur un bâton comme elle, comme les anciennes bannières, comme les grandes banderoles des galères. Qui sait la valeur du verbe guider, sait ce que veut dire guidon. Dans la marine de LouisXIV le guidon n'était pas en usage; il l'était seulement dans les troupes à cheval. Les navires du commerce ne la portent pas plus que la cornette. Ce sont des signes militaires, des marques de commandement. Le guidon appartient au capitaine de vaisseau, chef

---

[10] (I) Meursius, dans sa traduction des Tactiques de l'empereur Léon, dit : Signant aliquod in tua triremi, sive flamulum, sive aliud, etc. On voit que ce signe était appliqué à la marine au moins dès le dixième siècle.

d'une division d'au moins trois bâtiments de guerre ; la cornette désigne le commandement d'une division de trois, ou plus, bâtiments de l'Etat, exercé par un capitaine de frégate ou un officier de grade inférieur à celui de ce capitaine. Me voilà parvenu à la fin d'un travail auquel j'aurais pu donner un plus grand intérêt si j'étais plus savant, mais auquel je n'aurais pu donner plus de soins. Je dois peut-être m'excuser d'avoir été si long ; mais j'atteste que j'ai abrégé beaucoup. La matière était ample, le sujet curieux, et au bon temps où l'on avait le courage de lire les grands traités, dans ce temps où écrivaient Fauchet, le père Daniel, Allard, Morange de Perrins, Guignard et Auguste Galland, on en aurait fait un volume. Que les lecteurs me pardonnent donc et s'estiment heureux d'en être quittes pour quelques pages !

Augustin Jal.

Né en 1795 à Lyon, marin devenu journaliste et critique d'art sous la Restauration, il écrit dans la revue des deux mondes et assiste à la prise d'Alger comme journaliste correspondant de guerre. Il devient historiographe officiel de la marine en 183, il s'intéresse à l'archéologie navale et écrit un glossaire maritime en 1848, puis conservateur des archives de la marine en 1852.

Constat sur l'artillerie navale française au 1er empire. par J.-B.-A. Babron
Extrait du *Précis des pratiques de l'art naval* (1817),

« L'artillerie d'un vaisseau, artilleria de un navio, the artillery of aman of war, est composée de tous les canons qui forment ses différentes batteries, de leurs ustensiles, munitions et garnitures. Les ordonnances du Roi ont fixé les calibres de l'artillerie des vaisseaux de guerre français aux sept suivants : 36, 24, 18, 12, 8, 6, 4 ; et pour les caronades, à ceux de 36, 24, 18, 12. On dit qu'un vaisseau a une plus forte artillerie que tel autre, lorsqu'il porte des canons d'un plus fort calibre. On fait les canons marins plus courts et plus renforcés de métal que ceux qui servent à terre, afin qu'ils occupent moins de place dans le vaisseau et qu'ils soient plus solides, quoique plus légers que ceux-ci. On tient les canons de la batterie basse à la serre pendant le cours de la navigation, et on ne les met en batterie, hors de leurs sabords, que pour le combat, ou en rade, afin de donner au vaisseau une apparence guerrière.

Lorsque les canons sont à la serre ils se trouvent assujettis de façon à ne pouvoir remuer en aucun sens que par une force extrême ; il arrive quelquefois cependant que les mouvements de roulis sont si violents qu'ils font rompre toutes les amarres de serre, et le canon, abandonné alors à lui-même, peut occasionner de graves accidents , si on ne parvenait à le retenir. […]

Les espagnols emploient les mêmes calibres que nous pour l'artillerie de leurs vaisseaux , mais leurs canons sont plus légers ; quant aux anglais, ils en mettent sur leurs vaisseaux de guerre du calibre de 42, 32, 24, 18,12, 9, 6, 4 et 3 livres de balles, poids d'Angleterre. […]

Toute l'Europe a justement admiré, ainsi que les militaires du siècle, le degré de perfection que notre artillerie de terre a atteint. L'artillerie navale seule a conservé dans son matériel presque toutes ses imperfections : nos canons n'offrent à bord aucun moyen sur de pointage ; nos affûts sont bien inférieurs à ceux des anglais, et notre artillerie est en tout beaucoup plus pesante. Une pièce de 32 anglaise pèse 1,690 livres moins que notre 36, et si on y comprend l'affût, cela seul monte à 2,500 : on conçoit qu'à bord d'un vaisseau à trois ponts cette différence est énorme. Il me semble donc que l'on pourrait, avec avantage, rendre notre artillerie plus légère, sans crainte d'accident, car les hollandais, les russes, les danois, les portugais, ainsi que les espagnols et les anglais, ont des canons presque d'un quart plus légers que les nôtres, et nous ne voyons pas que leurs canons crèvent plus fréquemment […]

Quant à notre poudre, j'ai été à même de me convaincre qu'elle a été longtemps, si elle ne l'est encore, très inférieure à la poudre anglaise, qui, étant beaucoup plus fine et plus régulière que la nôtre, laisse moins de vide dans la chambre, et l'inflammation ainsi que l'effet doit nécessairement en être plus générale, plus prompte et plus forte. Des anglais instruits m'ont assuré que cela venait aussi de ce que la lumière de leurs canons était percée juste au-dessus du grand diamètre de la chambre, et de la forme avantageuse de cette chambre. Je citerai seulement deux faits à l'appui de mon observation, laissant aux gens de l'art à décider sur cette question.

Après ma rentrée en France, en 1801, je commandais une canonnière de seconde espèce et la station navale au port de Nieuport, dépendant de la préfecture du contre-amiral NIELLY, officier-général, estimé par sa bravoure distinguée et par sa loyauté, à qui j'avais l'obligation d'avoir guidé mes premiers pas dans la carrière maritime, avant la révolution. Ayant reçu de lui l'ordre de me rendre à Dunkerque avec ma canonnière, j'eus l'occasion d'échanger quelques coups de canon avec un petit cutter qui me donna chasse, et je ne fus pas peu surpris de voir que mes boulets de 24 l'atteignaient à peine, pendant que les siens, qui n'étaient guère que du 16 français, me dépassaient, encore étaient-ce des caronades qu'il portait.

Au combat donné le 6 février 1806, près de Santo-Domingo, je fus pris sur le vaisseau le Brave, de 74, après un combat meurtrier contre quatre vaisseaux anglais qui nous avaient entourés, et qui, dans moins d'une heure (je copie ici littéralement le rapport officiel de notre prise), nous mirent 410 hommes hors de combat, dont 200 tués et 168 blessés dangereusement. Nous eûmes la douleur de voir que nos boulets faisaient peu d'exécution et restaient en partie amortis dans les côtés des vaisseaux ennemis, tandis que les leurs traversaient nos batteries d'un bord à l'autre. Dans cette affaire malheureuse, qui offrit l'exemple frappant et terrible de l'insuffisance de la bravoure personnelle, quand l'expérience et l'ensemble ne s'y joignent pas, toute l'escadre britannique, suivant le rapport officiel inséré dans la gazette royale de la Jamaïque, du 22 février 1806, que je copie ici, forte de 7 vaisseaux, 2 frégates et 2 corvettes, ne perdit (chose incroyable) que 74 tués et 264 blessés, dont 30 par l'explosion d'un canon ; ce qui n'approche pas du nombre d'hommes que notre vaisseau perdit à lui seul. D'après ce même rapport, la perte des cinq vaisseaux français monta à 1310 tués et 560 blessés, c'est-à-dire plus de 6 fois celle des anglais. Deux jours après la prise de notre vaisseau, ayant été envoyé à bord de l'Atlas, vaisseau à trois ponts rasé, commandé par le capitaine Pym , quels furent mon étonnement et mon dépit lorsque ce capitaine m'ayant fait voir son vaisseau qui nous avait canonnés de près et qui avait eu son beaupré emporté en combattant l'amiral français, je ne remarquai que quelques trous de boulets, mais un assez grand nombre ensevelis dans son côté. Il n'avait eu, d'après la gazette anglaise, que 7 hommes tués et 9 blessés. Quelles tristes réflexions ne fis-je pas en comparant ces légères avaries avec celles de notre vaisseau, dont les murailles étaient percées à jour par plus de 360 boulets, la mâture chancelante et un tiers de nos canons démontés ; aussi ne put-il pas se rendre en Angleterre, et coula en pleine mer pendant la traversée. En voilà assez pour faire sentir la nécessité de perfectionner notre système d'artillerie, puisqu'elle seule, ou au moins en grande partie, décide de la perte ou du gain d'un combat naval. Il est de toute justice de dire aussi que, dans les dernières années de la guerre, on s'est occupé avantageusement des moyens de perfectionner notre artillerie ; aussi les résultats ont-ils été moins désavantageux, et, dans plus d'une circonstance, même à force inférieure, nos canonniers ont reconquis la réputation qu'ils avaient justement méritée autrefois. »

Napoléon & l'évolution de l'artillerie des vaisseaux.

L'empereur Napoléon avait voulu faire revivre la marine française qui avait bien souffert pendant la Révolution. Preuve de son intention: les chantiers navals très actifs pendant l'Empire et signe palpable: sa collection de modèles réduits illustrant, du vaisseau de ligne à la chaloupe canonnière tous les types de navires en service dans sa marine de guerre. Cette collection fut installée à partir de 1810 dans la grande galerie du palais de Trianon. Elle rassemblait de très beaux modèles d'arsenal de la marine d'ancien régime, complétée par des modèles spécialement réalisés pour montrer le savoir faire des chantiers de la marine impériale. L'intérêt de Napoléon pour la marine n'est donc plus à démontrer. Mais l'empereur était un officier d'artillerie et il ne manqua pas de s'intéresser à l'artillerie de marine. Il eut deux idées qu'il fit connaître à son ministre de la marine.

1/ Armer les vaisseaux avec des canons de même calibre & 2/ « Adopter un bon plan de caronades ».

Le 25 mars 1805, il écrit à l'Amiral Decrès :

« Je vous ai plusieurs fois parlé de mon projet d'armer les vaisseaux avec des canons de même calibre : pour armer un vaisseau de 74, par exemple, il faudrait, en laissant l'armement actuel à la batterie basse faire faire dans une de vos meilleures fonderies des caronades de 36, du même poids que les pièces de 18 pour la batterie haute et des caronades du même calibre pour les gaillards, du poids des pièces que l'on y met actuellement ; les calibres de 12, 8 et 6 ne sont bons que pour les bricks. Toute la difficulté est d'adopter un bon plan de caronade. Dans cette guerre, les Anglais sont les premiers qui se soient servis des caronades et partout il nous font grand mal. Je suis persuadé qu'un vaisseau armé ainsi aurait un avantage incalculable sur un vaisseau armé à l'ordinaire. » Napoléon.

1/ Armer les vaisseaux avec des canons de même calibre.

Les canons du plus fort calibre sont toujours sur les batteries les plus basses afin d'assurer la stabilité du navire. Sur les trois-ponts la première batterie est armée de calibres 36 et sur les ponts supérieurs ont y installe les batteries de 24, 18 et les calibres 12 sur les gaillards. Napoléon propose d'armer les vaisseaux avec des canons de même calibre car il sait qu'une diversité de calibre oblige à un tri des boulets dans la zone de stockage et complique l'approvisionnement pendant le combat. De plus, la particularité de l'artillerie de marine c'est qu'elle est opérationnelle en mer, les batteries ne sont pas sur un poste de tir fixe mais au contraire par définition en mouvement permanent, tangage et roulis compliquent la tache des servants et du pointeur. Par forte gite la première batterie sous le vent est inutilisable et ses sabords doivent être impérativement fermés de leur mantelet pour éviter d'embarquer de l'eau de mer.

En 1814, Charles Dupin, ingénieur du génie maritime, écrit : *« Ne pourrait-on par n'employer que les canons d'un seul et même calibre, de 36, par exemple ? Ces pièces ne différeraient que par leur longueur. On placerait les plus longues à la première batterie, et ainsi de suite, jusqu'aux caronades des gaillards et aux obusiers de la dunette. Les plus longues pièces devraient encore être sensiblement plus courtes que les canons ordinaires de 36. De cette uniformité naîtraient les plus grands avantages. Des pièces plus maniables et plus légères pourraient être rapprochées. On multiplierait les bouches à feu, sans augmenter le nombre des canonniers, parce qu'il en faudrait moins pour manœuvrer chaque pièce. Chaque décharge d'artillerie enverrait donc à l'ennemi un plus grand nombre de projectiles, tous du plus fort calibre ; enfin toutes les pièces pourraient se servir des mêmes boulets. »*

Dupin propose l'armement des vaisseaux uniquement en calibre 36 mais avec des canons plus courts et plus légers ceci afin de diminuer le nombre de servant à chaque pièce.

Rappel technique:

Un **canon de 36 livres** tire des boulets de 36 livres, c'est à dire pesant 17,6 kg et mesurant 174,8 mm de diamètre. Il arme toutes les batteries basses des vaisseaux. Il y en 28 sur un vaisseau de 74 canons, 30 sur un vaisseau de 80 et 32 sur un vaisseau de 110.

Règlement de 1786:

Masse du canon : 7 450 livres= 3 250 kg

- Masse de l'affût: 628kg.
- Circonférence des bragues: 8 pouces 3/4=236mm.
- Longueur du canon : 9 pieds 1/2= 3,08mètres.
- Longueur du tube : 2,865 mètres
- Diamètre de l'âme : 5 pouces, 6 lignes.=174,8mm=diamètre du boulet.

Projectiles tirés par le canon de 36:

- Boulet rond.
- Boulet ramé (2têtes de calibre inférieur en fer forgé liées par un axe)
- un paquet de mitraille « Grappe de raisin » composé de 9 biscaïens de la forme d'un oeuf dans un plateau en fer entourés d'un filet. On en accroche 4 près du canon.
- au pied de chaque pièce de 36 on dispose dans de petits parcs à boulets, dix boulets ramés et soixante boulets, la réserve est placée dans le puits aux boulets8.

La poudre: elle est conditionnée en sacs de tissu en sergé de laine ou en peau: la gargousse. la gargousse pèse 12 livres=5,87 kg.

La portée est de 650 mètres de but en blanc. La portée maximale est de 3700mètres. L'énergie cinétique a été mesurée à 1782 joules

Décomposition des ordres du chef de pièce:

1. « poudre dans le canon » Le premier servant de gauche introduit une gargousse dans l'âme du canon ;
2. « Refoulez »: le premier servant de droite enfonce la gargousse au fond du canon grâce au refouloir;
3. « Boulet et valet dans le canon »: le premier servant de gauche met un boulet de 36 livres dans la gueule du canon, puis rajoute un valet qui est une bourre faite de vieux cordages; «
4. Refoulez »: le premier servant de droite refoule le valet et le boulet; « Palanquez »:l'équipe de pièce met le canon en batterie en tirant sur les palans de côté.
5. « Dégorgez »:Le chef de pièce perce la gargousse en enfonçant son dégorgeoir dans la lumière du canon;
6. « Amorcez » le chef de pièce remplit la lumière de poudre fine contenue dans une corne qui va servir d'amorce, laissant une trainée de poudre à côté de la lumière ;
7. « Pointez »: le chef de pièce pointe son canon en hauteur avec l'aide des troisième et quatrième servants qui soulèvent la culasse grâce à la pince et à l'anspect pendant que le chef glisse dessous un coin de mire, ou changent l'azimut en agissant sur l'affut.
8. « Au boutefeu »Les servants se positionnent pour parer les palans et la brague, afin d'empêcher le canon de revenir au sabord après son recul. Le dernier servant de gauche met le feu à l'amorce à côté de la lumière avec un boutefeu.
9. Après le départ du coup, le premier servant de droite cale une roue de l'affut avec la pince. Le premier servant de droite écouvillonne trois coups en tournant pour nettoyer l'âme du canon, pendant que le chef de pièce bouche la lumière avec son doigt ganté.

<u>La cadence de tir</u> est lente: environ 5 minutes selon l'entrainement des servants.

L'usage du canon de 36 livres remonte à Louis XIV. Le maximum fut atteint en 1702 avec un total de 860 canons de 36 livres pour toute la marine,(411 en bronze et 449 en fer.)

En 1786 les canons sont tous en fer il y en aura 2484 de tous calibres.

Les dimensions d'un canon de 36 livres varient selon la nationalité et l'époque.

Avec une gargousse pleine, un boulet de 36 livres (17,6 kg) traverse une épaisseur de chêne de 65 cm à 1000 mètres de distance, et 1 mètre à 400 mètres. A une distance de quelques dizaines de mètres, le chef de pièce pouvait choisir de réduire la quantité de poudre de la gargousse pour baisser l'énergie du boulet afin qu'il pénètre moins la muraille mais provoque plus d'éclats de bois afin de blesser plus de monde. L'effet mitraille sera recherché par le tir de « grappes de raisins » paquet de mitraille et surtout par les caronades. .

Vue rapprochée d'une platine à silex sur un affut de 36.

Extrait du Précis des pratique de l'art naval rédigé par J-B A. Babron en 1815 « *Toute l'Europe a justement admiré, ainsi que les militaires du siècle, le degré de perfection que notre artillerie de terre a atteint. L'artillerie navale seule a conservé dans son matériel presque toutes ses imperfections : nos canons n'offrent à bord aucun moyen sur de pointage ; nos affûts sont bien inférieurs à ceux des anglais, et notre artillerie est en tout beaucoup plus pesante. Une pièce de 32 anglaise pèse 1,690 livres moins que notre 36 , et si on y comprend l'affût, cela seul monte à 2,500 : on conçoit qu'à bord d'un vaisseau à trois ponts cette différence est énorme. Il me semble donc que l'on pourrait, avec avantage, rendre notre artillerie plus légère , sans crainte d'accident, car les hollandais , les russes , les danois, les portugais , ainsi que les espagnols et les anglais , ont des canons presque d'un quart plus légers que les nôtres , et nous ne voyons pas que leurs canons crèvent plus fréquemment : on n'aurait qu'à en fixer les dimensions sur une connaissance prouvée des lois de la cohésion, de la force de ténacité dans les molécules du fer fondu et de l'effet qui tend à les rompre ; afin de faciliter le pointage, on n'aurait qu'à établir des hausses mobiles et des boutons de mire, comme en ont les pièces de campagne, mais dont les. propriétés, adaptées aux mouvements du vaisseau, seraient plus étendues. Il faudrait aussi faciliter le pointage latéral soit en donnant plus d'ouverture aux sabords, comme font les anglais , soit par d'autres moyens : un pouce seulement de chaque côté serait un avantage considérable. Quant à notre poudre, j'ai été à même de me convaincre qu'elle a été longtemps, si elle ne l'est encore, très inférieure à la poudre anglaise , qui, étant beaucoup plus fine et plus régulière que la nôtre , laisse moins de vide dans la chambre , et l'inflammation ainsi que l'effet doit nécessairement en être plus générale , plus prompte et plus forte. Des anglais instruits m'ont assuré que cela venait aussi de ce que la lumière de leurs canons était percée juste au-dessus du grand diamètre de la chambre, et de la forme avantageuse de cette chambre.*

Je citerai seulement deux faits à l'appui de mon observation, laissant aux gens de l'art à décider sur cette question… »

… inutile de reproduire intégralement les faits de bataille qu'il a vécu pour étayer sa démonstration:

« *…et je ne fus pas peu surpris de voir que mes boulets de 24 l'atteignaient à peine, pendant que les siens, qui n'étaient guère que du 16 français, me dépassaient, encore étaient-ce des caronades qu'il portait. …»*

« *…Un canon de bronze ou de fonte, est le meilleur pour résister à l'effet de la poudre et obvier aux accidents d'une pièce qui crève, parce que la fonte n'éclate pas comme le fer qui vole en éclats ; mais à cause du haut prix du métal et de la surdité que l'artillerie de fonte occasionne aux canonniers par son tintement, surtout dans les batteries basses, on l'a entièrement supprimé sur les vaisseaux du Roi, et l'on n'emploie que des canons de fer… »*

Napoléon avait donc compris ce que ses officiers confirmeront par l'expérience des combats: emploi d'un seul et même calibre, avec gradations de longueur et de poids, sur les différentes batteries des vaisseaux. Mais même avec une longueur réduite, le canon de 36 restait trop lourd pour armer toutes les batteries.

En 1820, on pense à le supprimer comme le préconise Babron et Tupinier et ce n'est qu'en 1838 que le 36 est remplacé par le calibre de 30, supérieur au 32 anglais tout en étant plus léger et de cadence plus rapide que le calibre 36

Ce n'est donc qu'en 1836 que les voeux de Napoléon seront réalisés par l'adoption du calibre de 30 qui permet réellement l'uniformisation de l'artillerie des navires de guerre français, des vaisseaux et frégates, que ce soit les versions canon long, canon court ou caronades.

C'est pendant l'empire que la platine à silex se généralise.

2/ « Adopter un bon plan de caronades ».

Depuis Louis XIV l'artillerie embarquée sur les vaisseaux n'avaient pas évolué. Les calibres sont caractérisés par le poids en livres des projectiles: des boulets en fer de 36, 24, 18, 12, 8, 6 & 4 livres. Les vaisseaux de ligne sont armés avec les trois plus gros calibres.

Ayant constaté à ses dépends que les Anglais avaient installé des caronades, la marine française embarque à partir de 1786 quelques obusiers.

En 1774, soucieux de faire des économies la Compagnie Britannique des Indes Orientales veut armer ses navires de commerce d'une artillerie peu couteuse, légère efficace à courte portée pour repousser les pirates et nécessitant peu de servants (4) car les équipages marchands ont moins d'hommes que la marine de guerre. Carron, un fondeur écossais répond au marché. Cette nouvelle artillerie sera donc nommée « caronade ». La Royal Navy constate effectivement l'intérêt du service d'une telle arme et l'adopte immédiatement. La France en est informée immédiatement car en 1779 la frégate « la Précieuse » du chevalier De Vialis capture le brick anglais « Le Finkastre » armé de caronades.

Les Français installent une caronade sur la frégate française pour effectuer des essais. Ils ne sont pas convaincus. Grave erreur. En effet, dès 1782, la frégate de 18 « L'hébé » est prise par un vieux et petit vaisseau « le Rainbow » armé uniquement de caronades qui ont certainement décimé l'équipage français qui s'apprêtait à la prendre facilement à l'abordage. L'équipage français était deux fois plus nombreux et armé d'une artillerie bien supérieure sur le papier mais la défaite du Chevalier de Vigny qui la commandait s'explique. La masse de ses hommes sur le beaupré prêts à bondir le sabre au clair sur les Anglais a été décimée par la volée à mitraille de toutes les caronades du vaisseau abordé. Bien sûr le Chevalier de Vigny fut condamné en cour martiale et l'état major français continua à considérer que les caronades comme peu efficaces (un rapport français de 1781 indique que la portée utile de la caronade est limitée à 400 mètres au plus)

Mais la marine française réfléchit tout de même à évoluer car l'ordonnance de 1786 adopte l'obusier de vaisseau, en suivant la technique des obusiers de siège ou de campagne utilisés de l'armée de terre. On prévoit des obusiers de 36 (pour les vaisseaux de 118, de 110 et de 80 canons), de 24 (pour les 74 canons) et de 18 (pour les frégates de 18), mais on arme seulement des obusiers de 36. Pièce courte (85 cm) et légère (350 kg), en bronze, l'obusier doit armer les gaillards des navires pour tirer des obus sphériques explosifs.

Mais l'obus est jugé trop dangereux pour les artilleurs ; Il est remplacé par un boulet plein ou les « grappes de raisin ». Les obusiers équipent encore quelques dunettes de vaisseaux ou gaillards arrières de frégates.

Il faut donc attendre Napoléon en 1804 pour que la décision soit prise de voir les caronades en fer équiper les vaisseaux français. Mais trop tard pour équiper la flotte avant Trafalgar.. Les Français prévoient deux calibres: le 36 pour les vaisseaux et le 24 pour les frégates qui ne sera en fait armé en 1810. Napoléon signe une nouvelle ordonnance en 1807: les vaisseaux de 118 cannons porteront 12 caronades les vaisseaux de 74 et 80 canons porteront 10 caronades et les frégates de 18 porteront 8 caronades sur les gaillards.

Les Français considéraient la caronade comme une artillerie secondaire à coté des canons traditionnels. Ils ne commettent pas l'erreur des Anglais et des Américains (sur la frégate *Essex*) qui armèrent certains de leurs navires exclusivement avec des caronades, car l'expérience prouvera que ces bâtiments étaient vulnérables en cas de combat à distance à plus de 400 mètres.

L'idée de Napoléon d'équiper ses vaisseaux de caronades était bonne à condition de considérer que cette artillerie devait rester secondaire à coté des canons traditionnels.

A partir de la Restauration les vaisseaux sont armés de caronades uniquement sur les gaillards.

Frédéric Rateau.

La Caronade par P. Luco,

La Caronade

C'est une bizarrerie remarquable dans ce siècle réputé celui de la philantropie, que l'art ait doté l'humanité de l'une des machines les plus destructives qui soient sorties de la pensée des hommes.

La caronade, canon terrible, d'un nouveau modèle, la caronade, appelée ainsi du nom de son auteur, l'Ecossais J. Caron, est une modification du canon ordinaire, et inventée pour être employée spécialement à bord des vaisseaux de guerre.

Cette pièce d'artillerie, par sa conformation seule, a, sur le canon, plusieurs avantages très-appréciables dans sa spécialité. Elle est moins matérielle, par conséquent moins nuisible à la stabilité des vaisseaux et à la solidité du pont qui la supporte ; plus manœuvrable avec moins de bras qu'un canon de même calibre, elle reçoit un boulet trois fois aussi gros que les canons ordinaires de la même pesanteur. Ce dernier avantage est tel, qu'il triple la force guerrière d'un navire, en lui permettant de porter une artillerie d'un calibre deux fois plus fort que celui qui lui est assigné par sa construction.

La caronade, à dire vrai, a un désavantage, comparée à l'ancien canon; c'est celui de ne pas lancer son boulet à une aussi grande distance; mais cet inconvénient, loin d'avoir été une objection pour l'emploi de la caronade sur les vaisseaux, a plutôt contribué à faire adopter l'usage de ce terrible instrument de mort; en effet, cette moins grande portée a nécessité le rapprochement des vaisseaux combattants ; et cette circonstance sert convenablement l'impatience et l'ardeur des marins; les coups deviennent plus sûrs et plus fréquents; le ravage plus grand, la fin des combats plus prompte.

La gravure très-exacte qui accompagne cette description peut donner une idée parfaite de la caronade. Sa forme n'est pas aussi élégamment modelée que celle du canon ; l'œil est choqué de la disproportion entre le raccourcisse ment de la pièce et le diamètre renforcé de la culasse; mais on présume, par la grosseur de cette culasse, des diamètres de l'âme et de la bouche.

L'affût de la caronade a reçu les modifications que nécessitent la forme de la pièce, et les efforts plus grands produits par chaque explosion. La caronade n'a pas de bras ou tourillons pour reposer sur son affût, elle est supportée par son milieu au moyen d'un boulon-tourillon en fer, qui repose par ses extrémités dans des crapaudines fixées sur les flasques de l'affût, après avoir passé dans un « dez » saillant en-dessous de la pièce, et faisant corps avec elle. Dans cette position, la caronade est très-librement balancée pour recevoir les inclinations requises par le pointage.

L'exercice d'une caronade sur un affût roulant, comme celle dont nous donnons la gravure, et dont le boulet est supposé peser douze livres, exige six canonniers pour sa manœuvre : un chef de pièce, quatre servants, un pourvoyeur.

Le chef de pièce est le canonnier le plus expérimenté des six ; ses fonctions exigent un grand tact, fruit d'une longue habitude et de nombreuses expériences; c'est lui qui dirige les coups de sa caronade. Parmi les quatre servants, il y a celui qu'on appelle le chargeur : ses fonctions consistent à placer et bourrer dans la pièce la poudre et les projectiles. Ce doit être un homme de courage et d'adresse ; il est le plus exposé de tous les servants, en ce que, pour charger la caronade, il lui faut se placer presque devant sa bouche, et comme il peut arriver que quelques parcelles enflammées, restées dans l'âme de la pièce après un coup tiré, embrasent la nouvelle gargousse au moment qu'il la refoule, il est exposé à être emporté et broyé par l'explosion; d'ailleurs, le chargeur étant forcé de se mettre en dehors du sabord ou embrasure, pour charger la caronade, il présente son corps à découvert à la mousqueterie de l'ennemi.

Les trois autres servants assistent le chef de pièce dans le pointage de la caronade, et dans son maintien contre les mouvements et le roulis du vaisseau.

Le pourvoyeur est ordinairement le moins expérimenté des six canonniers ; son nom vient de ce qu'il est chargé de pourvoir continuellement la caronade de poudre. Aussitôt qu'il a délivré celle qui lui a été confiée, il court en chercher une autre aux soutes; il la renferme dans un étui en cuir appelé gargoussier, et prévient le chef de pièce de son retour à son poste.

Tout ce qui vient d'être dit des fonctions des servants, sont celles affectées spécialement à chacun; mais il en est une qui leur est commune; ce sont, lorsqu'il faut agir de force pour rentrer la caronade après qu'elle a tiré, les dispositions et les efforts nécessaires pour la placer en position d'être rechargée, et pour la remettre en batterie après qu'elle a reçu sa charge. Pour cette manœuvre ils agissent ensemble sur des appareils disposés pour cela, et qu'on appelle palans.

Le palan est un appareil très-usité dans toutes les œuvres de force, et surtout en marine, pour multiplier la puissance des hommes lorsqu'ils remuent ou élèvent des fardeaux d'une grande pesanteur. Il se compose de deux poulies, à un ou plusieurs rouets, renfermés dans ce qu'on appelle la caisse de la poulie, et tournant sur un essieu commun qui s'appuie par ses extrémités dans l'épaisseur des côtés de la caisse. Un cordage passé sur ces rouets, par des retours correspondants, unit les deux poulies, et complète le système. Si l'une des poulies est adaptée au moyen d'un croc sur le corps à mouvoir, et que l'autre poulie soit également adaptée à un point fixe, comme une muraille, il est clair qu'en agissant avec force sur le cordage, les deux poulies tendront à se réunir, et par conséquent le corps en mouvement tendra vers le point fixe. Plus les rouets sont multipliés, plus la force des hommes agissants est augmentée, mais plus aussi le temps nécessaire pour la réunion des deux poulies augmente dans le même rapport, ou, ce qui est la même.chose, plus le corps à mouvoir se meut lentement; ainsi, si les hommes agissent plus facilement, il faut qu'ils agissent plus longtemps.

Pour mettre la caronade en batterie ou au sa bord, les servants usent de deux palans, un pour chaque côté ; chacun d'eux est croche par sa poulie simple à un piton sur l'arrière de l'affût, la poulie double dans une boucle plantée dans la muraille du navire, près du sabord. Les canonniers, pour remettre leur pièce en batterie à bord d'un vaisseau, rendent cette manœuvre moins pénible, en profitant avec tact des inclinaisons du vaisseau favorables à leur manœuvre ; quelquefois même, par cette seule inclinaison, la pièce, quelque lourde qu'elle soit, se rend au sabord d'elle-même sur ses roulettes.

Il ne faut qu'un palan pour mettre la pièce en retraite afin de la charger. Celui-ci a l'une de ses poulies fixée derrière et au bas de l'affût, et l'autre poulie en arrière l'est à un anneau attaché au pont, un peu en arrière de la caronade.

Le recul de la pièce, après avoir tiré, aide beaucoup cette manœuvre.

On remarque aussi, dans la gravure, un gros cordage dont l'un des bouts est fixé par un gros nœud à un anneau enfoncé dans la muraille du vaisseau, près du sabord, et dont l'autre bout, qui n'est point en vue, a été passé dans le trou d'une pièce de fer qui fait corps avec la caronade, pour aller se fixer de la même manière à la muraille du vaisseau, de l'autre côté de la caronade. Ce gros cordage est appelé braque, et sert à contenir la pièce dans son recul, après qu'elle a tiré, et à limiter ce recul. La résistance opposée par la brague au recul de la caronade, communique à la muraille du vaisseau un ébranlement nuisible à sa solidité ; encore, dans la gravure ci-jointe, cet ébranlement est en partie amorti par le recul que ce genre de brague permet à la pièce; mais il est une installation de brague qui ne permet aucun recul, et qu'on appelle braque fixe : alors la secousse transmise à la charpente du navire est d'autant plus violente, qu'elle est plus immédiate, et leurs répétitions ruineraient promptement le bâtiment.

Mais il importerait peu qu'un navire ne pût servir après un combat, s'il avait vaincu dans ce combat ; au moins telle est la maxime des Anglais.

D'autres instruments servent à la manœuvre de la caronade: deux leviers, l'un en bois appelé anspect, l'autre en fer appelé pince, servent à embarrer sous les flasques de l'affût, pour faciliter le pointage, à droite ou à gauche ; à balancer la pièce sur son boulon de support, pour diriger son axe en haut ou en bas dans le pointage.

Un coussin et un coin en bois servent à soutenir la culasse de la caronade, et à maintenir le pointage.

Le chef de pièce est armé d'une corne d'amorce, qu'il porte en bandoulière de gauche à droite : cette corne est remplie de poudre pour amorcer la caronade ; d'une petite boîte en fer-blanc qu'il porte devant lui par une courroie en ceinture : cette boîte est remplie d'étoupilles, espèce d'artifice qui sert à amorcer plus promptement; d'une sonde et d'un dégorgeoir pour dégorger la lumière de la pièce et percer la gargousse lorsqu'on charge la caronade.

L'ustensile qui complète l'armement d'une caronade, c'est la platine, espèce de batterie de fusil (car les canons des vaisseaux, ceux même dont les boulets pèsent 48 livres, portent des batteries comme celles des fusils de l'infanterie). Cette platine d'un travail parfait, et faite en acier et en cuivre, s'adapte au canon contre une plate-bande faisant corps avec le canon, et placée près de la lumière. Elle y est fixée invariablement au moyen de deux vis à écrou et à tête. Son bassinet se remplit de poudre communiquant à l'amorce de la pièce. Son chien, garni d'une pierre de silex, s'arme comme celui d'un fusil. Tout le mécanisme est recouvert par un emboîtement en cuivre, et est mis en mouvement par une gâchette extérieure à laquelle est attachée une ficelle, dont la longueur permet au chef de pièce qui la tient à la main, de se placer en arrière de sa caronade, hors de portée de son recul, pour de là suivre son pointage ; et lorsqu'il le trouve bon, un coup sec donné à cette ficelle fait partir le coup, sans intervalle entre l'impulsion du boulet et le sentiment d'un pointage exact.

La manœuvre d'une caronade exige moins de temps et moins de bras que celle d'un canon. La caronade à braque fixe, de quelque calibre qu'elle soit, et il y en a de 60 livres, n'a besoin que de trois hommes et un pourvoyeur pour être manœuvrée, et peut tirer un coup par minute. C'est beaucoup si l'on considère les mouvements continuels d'un vaisseau. Qu'on juge par cette succession rapide de coups tirés par 40 ou 60 bouches à feu de ce modèle, et tirés à une distance si rapprochée, qu'il n'est plus nécessaire de pointer pour que tout coup soit bon; qu'on se figure dans un combat de 4 ou 5 heures la multitude de projectiles lancés par les larges bouches de ces machines terribles! Si l'on connaît la forme hideuse des projectiles employés dans les caronades, tels que les boulets ramés avec leur barre qui les unit, les boulets enchaînés, les quartiers de cylindre en éventail, les grappes de raisin dont chaque grain est un biscaïen d'une livre, les boîtes de mitraille contenant toutes sortes de ferrailles oxydées, et jusqu'à des tessons de bouteilles, qu'on se figure tous ces corps lancés, sifflants et bondissants dans une foule d'hommes amassés sur un espace étroit et boisé; coupant, emportant, abattant les cordages, les poulies, les mâts ; les éclats, qui écrasent dans leur chute tournoyante les hommes épargnés par cette pluie de fer; qu'on se figure enfin le carnage horrible et le ravage effrayant causés par les caronades, et qu'on décide, à l'aspect de celte scène de désolation si rapide, si le génie de l'homme est plus puissant pour le bien ou pour le mal.

P. Luco,

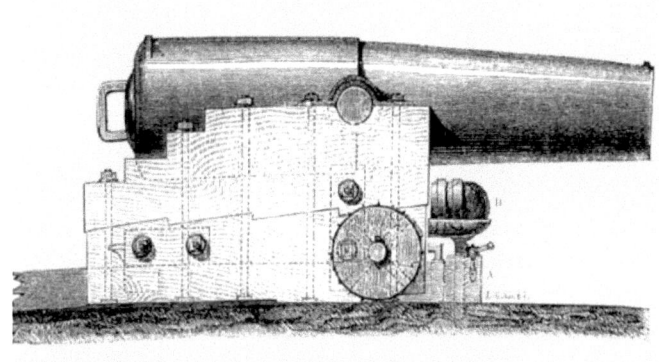

Canon obusier dit « à la Paixhans », Musée de l'Armée. Ce nouveau type de bouche à feu est l'une des principales causes de la fin de la marine de guerre en bois.

Précis de l'Armement d'un Vaisseau de guerre. par J.-B.-A. Babron.

Extrait du *Précis des pratiques de l'art naval* (1817),

Pour armer un vaisseau de guerre, lorsque les cloisons, soutes et différents emménagements sont achevés, et qu'il n'y a plus rien à faire au corps du vaisseau et dans ses hauts, on le fait ordinairement entrer dans le bassin pour le doubler en cuivre, après l'avoir d'abord caréné, s'il en a besoin, et, s'il n'y avait pas de bassin, on l'abattrait en carène pour faire cette opération. Cette dernière méthode a été judicieusement abandonnée en France, parce que nous avons des bassins dans presque tous nos ports militaires. Lorsqu'on est forcé d'employer cette méthode, il est de toute nécessité de mâter le vaisseau de ses bas mâts ou mâts majeurs.

Quand le vaisseau est sorti du bassin, et quelquefois même avant, on y destine ou son état-major, ainsi que MM. les élèves de la marine, chirurgiens et les premiers maîtres, ou des officiers qui sont provisoirement chargés de l'armement ; les officiers-mariniers et maîtres de postes, sous-officiers d'artillerie, canonniers, les matelots et soldats qui doivent former son équipage et la garnison sont ensuite embarqués.

Les différents maîtres chargés, ayant reçu leurs feuilles d'armement et de rechange, s'occupent, sans délai, chacun dans sa partie, des différents objets nécessaires à l'armement, dont toutes les opérations et les travaux s'exécutent sous la direction supérieure du capitaine en second du vaisseau, qui est pour l'ordinaire, d'après l'ordonnance, un capitaine de frégate, ou ; à son défaut, le premier lieutenant de vaisseau; et sur les frégates et autres bâtiments inférieurs, le plus ancien officier en grade après le capitaine ; cinq officiers sont chargés, sous ses ordres, des principaux détails, et ceux-ci sont secondés par d'autres officiers et des élèves de la marine.

On commence par nettoyer parfaitement la cale, et on y place successivement le lest en fer et le lest en pierres, ensuite les pièces à eau ou tonneaux, que l'on remplit à mesure que les plans se font, afin de plomber le vaisseau et ne pas s'exposer aux accidents qui sont quelquefois arrivés, non à des vaisseaux, mais à des flûtes et autres bâtiments, qui ont chaviré parce que leur cale était vide, et que leur mâture était haute et leur haut trop chargé.

Etant, sur la rade du Cap-Français, second du navire la Minerve, en 1 802, j'ai vu un brick de commerce, nommé le Hohenlinden, de Brest, chavirer et couler dans un moment, parce que l'on tira sans précaution quelques boucauts de sucre de sa cale pour les mettre sur le pont.

Cette opération se fit quoique la mâture fût haute et les perroquets en croix ; aussi le navire, qui se trouvait cintré par ses câbles dans une folle risée, chavira par le plus beau temps du monde, sans qu'on pût l'en empêcher. Il n'y a pas longtemps qu'un accident de cette nature, mais qui n'eut pas de suites aussi graves(puisque le navire fut relevé), arriva à une flûte du Roi, à Brest.

On profitera du commencement de l'armement pour monter le gouvernail, opération d'autant plus facile que le vaisseau est plus léger.

Les plans de la cale étant achevés, on embarque assez ordinairement les canons, en commençant toujours par ceux des batteries les plus basses, ensuite les munitions, excepté la poudre que l'on n'embarque qu'en rade ; les rechanges des différents maîtres, les vivres et provisions, les ancras, les câbles, grelins et orins, les aussières et en général tout ce qui doit se placer dans le corps du vaisseau, suivant la position et l'emplacement destinés à chaque objet ; le tout arrimé le plus convenablement et le plus solidement possible. Pendant qu'on exécute les différentes parties de l'arrimage et de l'embarquement des munitions et vivres, une partie de l'équipage s'occupe à capeler les haubans, étais et autres manœuvres dormantes; et ensuite, comme nous l'avons indiqué plus haut 1 on passe et guinde les mâts d'hune ; on place les basses vergues sur les porte-lofs, on les garnit, on hisse les vergues d'hune en place, on passe et guinde les mâts de perroquet et mâts de cacatois, si on en porte ; on passe ensuite les manœuvres courantes, on garnit les vergues de leurs bouts-dehors, on forme les bastingages, on envergue les voiles, on étalingue les câbles et on achève toutes les opérations de l'armement, afin que le vaisseau ainsi que ses bâtiments à rames soient pourvus de tout ce qui est nécessaire, tant pour le séjour en rade que pour la navigation et le combat, de manière qu'il n'y ait plus rien à prendre de considérable ou qui puisse retarder le départ du vaisseau une fois en rade. Pendant le coursée l'armement, le second, ou l'officier supérieur chargé du détail, rend un compte journalier au commandant du vaisseau des progrès de l'armement, et prend ses ordres en tout ce qui concerne les détails tant d'installation que de service. On attache beaucoup d'importance à l'armement primitif d'un vaisseau, et on suit scrupuleusement le devis donné par l'ingénieur-constructeur pour le tirant d'eau, et la différence de l'avant à l'arrière. Cette partie est délicate ; elle exige beaucoup de connaissances de la part de celui qui en est chargé ; souvent les bonnes ou mauvaises qualités d'un vaisseau français, auquel il est très-facile de faire perdre les lignes d'eau, dépendent de la manière dont s'est fait l'arrimage : c'est surtout à l'égard des bâtiments légers qu'il est important de soigner cette opération.

On attend assez ordinairement que le vaisseau soit en rade pour le peindre, au moins à l'extérieur; c'est aussi alors que l'on prend les poudres. La sortie du port et la mise en rade entrent dans les attributions du directeur du port : c'est ordinairement un des officiers, sous ses ordres, qui est chargé de diriger ce mouvement. Il répond de tous les événements, et ne rend le vaisseau au commandant que lorsqu'il est bien amarré et affourché, ou sur ses corps-morts.

Pendant le séjour en rade, l'officier commandant en second s'occupe de la formation des différents rôles tels que rôle de plat qui est la base de tous les autres, rôle de quart, rôle de manœuvre et d'appareillage, et surtout du rôle de combat ; il répartit l'équipage de manière que tout soit balancé, les forces combinées et également réparties pour les quarts et le service de l'artillerie.

On exerce aussi souvent qu'on le peut, l'équipage aux différents exercices : à serrer les voiles, prendre des ris, passer et dépasser des mâts d'hune, garnir et dégarnir les basses vergues et vergues d'hune ; mais le principal est de familiariser tellement les hommes de son vaisseau au maniement des armes, à l'exercice de l'abordage et du canon , que l'on fera fréquemment à feu et au tir à boulet sur un blanc, afin de les habituer à l'odeur de la poudre à canon ; que le jour d'un combat ne leur paraisse qu'un jour d'exercice et qu'ils y conservent le même sang-froid.

J'ai cru que ce n'était pas m'écarter du plan de l'Ouvrage, que de donner ici un précis du personnel et du matériel du département de la marine, l'expérience m'ayant plus d'une fois prouvé que dans les ports étrangers, et même dans nos arsenaux maritimes, il est fréquemment arrivé que l'ignorance des formes à remplir, celle des attributions des différentes autorités ou des localités, ont occasionné des retards et quelquefois des difficultés désagréables ; c'est particulièrement lorsqu'un bâtiment se trouve en relâche dans un port d'Espagne ou d'Angleterre que le précis de la nomenclature du matériel d'un port paraîtra utile.

J.-B.-A. Babron. 1817

Les vaisseaux de ligne. par Frédéric Rateau..

1: Avant le règne de Louis XIV.

Nous l'avons vu dans les chapitres précédents, l'invention de l'artillerie a complètement changé la stratégie guerrière au cours du Moyen Âge. Sur mer les combattants des croisades comme ceux de l'antiquité s'amassaient sur des navires et s'approchaient au contact de l'ennemi, utilisaient des armes de jet ou par une manoeuvre d'abordage ou d'éperonnage par la proue se livraient à un corps à corps. Les navires étaient adaptés au type de navigation: avec des rames pour remonter les fleuves ou pour les eaux calmes de Méditerranée: Drakkars, Galères, ou bien il pouvait s'agir de navires marchands loués à des armateurs, à peine modifiés pour le transport de troupes et de chevaux : les Cogues, (coques à fond plat avec bordées à clins, avec voiles carrées, nacelle de vigie), les Caraques. Pour installer des archers on y ajoutait une plate-forme surélevée: le « château » à l'avant et à l'arrière. Ces constructions massives ajoutées pouvaient compromettre la stabilité du navire.

Dès l'invention de l'artillerie les Français furent parmi les premiers à vouloir embarquer des bombardes puis des canons à l'étrave des galères, mais le manque d'espace ne pouvant pas en installer beaucoup, on décida de mettre cette artillerie sur chaque flanc du navire. Il ne pouvait s'agir que d'armes légères et de petit calibre à faible portée destinées surtout à se protéger des navires pirates montant à l'abordage. La France, pays le plus riche et le plus peuplé d'Europe a longtemps hésité à se doter d'une armée navale appartenant au roi, sauf par exception quelques navires de prestige. Avec la conquête des Amériques permise par l'amélioration de la construction navale et l'invention d'instruments de navigation, l'équilibre financier de l'Europe est changé, les Portugais et les Espagnols construisirent de nouveaux vaisseaux mieux construits qui permirent de franchir les océans, et les monarques voient l'intérêt de se constituer une flotte et de l'armer puissamment pour protéger les convois venant des colonies.

En effet, les marins intrépides se livrèrent pour leur compte personnel à une compétition commerciale et guerrière avec les deux rois ibériques qui s'étaient partagé le monopole du commerce sur les Indes orientales et occidentales avec la complicité du pape. François 1er et surtout Elisabeth 1ère vont concurrencer cette hégémonie. (François 1er est occupé par les guerres d'Italie)

Les Anglais décidèrent au XVI siècle de se lancer officiellement dans la guerre de course contre la flotte maritime espagnole, la première d'Europe. Mais disposant d'un peuple moins nombreux et de moins d'argent, ils adoptèrent une stratégie adaptée à leurs ressources: ils construisirent des bateaux plus légers servis par des équipages moins nombreux mais équipés d'une artillerie puissante permettant de combattre à distance. Les bateaux plus petits, débarrassés des châteaux devinrent plus manoeuvrables, ils disposaient de haut-bords. Leur artillerie installée sur les flancs, le fût du canon passant à travers la muraille par le moyen de sabords que l'on ouvrait pour le combat.

Puisque les navires avaient leur artillerie sur les côtés, la stratégie se trouvait changée. Toute une armée navale constituée de plusieurs vaisseaux pouvait donc opposer à l'ennemi une puissance de feu maximale en se disposant alignés les uns derrière les autres.

C'est ainsi que furent créés « les vaisseaux de ligne ».

En conséquence, une bataille navale entre deux armées alignait les navires les plus puissants. Ces « vaisseaux de ligne » étaient des vaisseaux de hauts-bords car leur artillerie était disposée sur deux ou trois ponts.

Les vaisseaux armés sur un seul pont étaient les bateaux de « bas-bords ». Plus légers, plus rapides, les frégates, corvettes, bricks, brûlots, canonnières, avaient leur mission au combat mais n'étaient pas alignés sur la ligne de bataille.

Le modélisme naval conserve le souvenir de ces bâtiments puissants et prestigieux qui étaient la vitrine de la puissance politique de leur Nation.

Mais la puissance maritime ne pouvait pas se mesurer uniquement par la quantité de navire marchands et la puissance de feu de l'artillerie embarquée. Encore fallait-il que les performances des bâtiments soit compétitives et que les équipages soient eux mêmes professionnels et bien entraînés.

Au XVII siècle les nations européennes se lancèrent dans la compétition. Des batteries réparties sur trois ponts furent montés en Angleterre (*Le Prince Royal* en 1610, *le Sovereing of the Sea* en 1637); en Suède avec le *Vasa* en 1628; (il coula le jour de son lancement, fut renfloué et se visite aujourd'hui); la France avec *« La Couronne »* en 1632.

Mais ils construisirent des vaisseaux de taille et de puissance inégales. De sorte que de même que des fantassins sont vulnérables s'ils perdent le contact entre eux, des vaisseaux sont affaiblis et désorganisés s'ils ne marchent pas à la même vitesse Pour remédier à ce problème, les marines de guerre ont imaginé construire des vaisseaux pouvant naviguer à la même vitesse et disposant d'une puissance de feu équivalente.

Afin d'aligner au combat des vaisseaux dont on pouvait comparer les performances, en 1653 les Anglais inventèrent un classement en six rangs différents. En 1669, la marine de Louis XIV classa ses vaisseaux de ligne en cinq rangs. Les critères de classement retenus étaient le volume en tonneaux du vaisseau et, ou le nombre de ses canons.

2: La marine de Louis XIV

Pendant le règne de Louis XIV il y a eu une cinquantaine de vaisseaux de trois ponts en chantier mais ils étaient de performances très différentes:

Neuf vaisseaux de premier rang portaient plus de 100 canons et ont été classés « de premier rang »: *le Royal Dauphin* (1667), *le Royal Louis* (1668), *la Reine* (1668), *le Soleil Royal* (1669), *le Victorieux* (1675), *le Royal Louis* deuxième du nom (1692), *le*

Soleil Royal deuxième du nom (1692), *le Terrible* (1692) et *le Foudroyant* (1694). Puis Louis XIV décide de lancer sa marine dans la guerre de course.

Il n'avait plus besoin de grand vaisseaux.

Rangs	Volume en tonneaux en 1669	Nombre de canons en 1669	Volume en tonneaux en 1689	Nombre de canons en 1689
Vaisseau de premier rang	plus de 1 400	plus de 80	plus de 2 000	plus de 100
Vaisseau de deuxième rang	1 000 à 1 200	environ 64	1 500	environ 80
Vaisseau de troisième rang	900 à 1 000	environ 50	1 200	environ 60
Vaisseau de quatrième rang	600 à 800	environ 40	700	environ 44
Vaisseau de cinquième rang	300	environ 30	400	environ 36

Pour la marine de Louis XIV comme il est indiqué dans ce tableau, il y eut deux règlements qui tenaient compte de l'augmentation de puissance des vaisseaux en vingt ans: 1669 & 1689.

1er rang: En 1669, les vaisseaux de premier rang étaient de plus de 1400 tonneaux et armés de plus de 80 canons.; en 1689: 2000 tonneaux et plus de 100 canons. C'était des vaisseaux à trois-ponts comme celui du navire amiral Comte de Tourville à la bataille de Béveziers: *« Le Soleil Royal »*.

Au temps de Louis XV et Louis XVI, les vaisseaux de plus de 100 canons ex-1er rang, étaient à trois ponts tel le *« Ville de Paris »* 1764; *« le Bretagne »* 1766; le *« Majestueux »* 110 canons en 1780; les *« Etats de Bourgogne »* 1790 de 118 canons. Les canons étaient jusqu'à du 36 livres (poids du boulet) et étaient construits en bronze. Les autres calibres étaient en fonte ou en fer.

Aujourd'hui on considère de 1er rang les frégates les plus puissantes.

Deuxième rang: Les vaisseaux de deuxième rang étaient en 1669 de 1000 à 1200 tonneaux et armés de 64 canons, 20 ans plus tard c'était ceux de 1500 tonneaux et plus de 80 canons. Tous étaient à trois ponts.

Sous les règnes de Louis XV et Louis XVI les vaisseaux de 2 ème rang étaient classés en vaisseaux de 80 canons, tel les vaisseaux de la **classe *« Tonnant »***.

Troisième rang: en 1669, navires de 900 à 1 000 tonneaux armés de 50 canons; en 1689, 1200 tonneaux portant 60 à 74 canons Ce sont essentiellement des deux-ponts, parfois des trois-ponts.

Avec les règnes de Louis XV et Louis XVI on classait ensemble les vaisseaux portant 60 et 74 canons, ils étaient de la **classe *« Téméraire »*** à partir de 1782.

Quatrième rang: en 1669: navires de 600 à 800 tonneaux armés de 40 canons, et en 1689 navires de 700 tonneaux portant 44 canons. Ce sont des deux ponts. Par contre au temps des marines de Louis XV et Louis XVI on arrête de construire des vaisseaux de ligne de 40 à 50 canons, mais on lancera des frégates de 24 canons comme « la Forte » en 1794.

Cinquième rang: Les navires de 300 tonneaux armés de 30 canons en 1669, et ceux de 400 tonneaux armés de 36 canons en 1689 furent classés dans le 5ème rang. Ils servaient de frégates et aux règnes suivants ils furent classés dans la catégorie des frégates portant des canons de calibre de 18 livres.

Sixième rang: en 1669 ce sont les petits navires de 100 tonneaux armés de 20 canons au temps de louis XVI on considéra de sixième rang les corvettes, les frégates de 8 et les frégates portant des canons de calibre de 12 livres comme la fameuse « Hermione » lancée en 1779 à Rochefort.

Ainsi comme on le voit, uniquement les vaisseaux combattant en ligne sont d'abord classés mais on voudra finalement classer tous les autres navires en fonction des calibres (poids en livres du projectile) de leur artillerie la plus forte.

A la mort de Louis XIV les vaisseaux à trois ponts qui ne naviguaient plus depuis des années ont tous été détruits.

Pour les marines de Louis XV et Louis XVI les vaisseaux étaient classés en fonction du nombre de canons à bord.

3: De Louis XV à la fin de la guerre d'Indépendance américaine: 1715-1774-1783.

Les trois-ponts: De janvier 1723 à avril 1724 le chantier de Brest a construit un vaisseau trois ponts de 110 canons désigné par Laurent Hélie: **« Le Foudroyant »**. Long de 173 pieds portant 30 canons de calibre 48 livres sur le 1er pont, 32 canons de 18 sur le 2ème pont, 28 canons de 12 et 16 canons de 8 sur le 3ème pont, 4 de calibre 6 sur les gaillards. Sur le papier il était très puissant mais il n'a pratiquement jamais navigué car la politique de Louis XV a été longtemps à vouloir la paix et à ne pas envisager de combats couteux sur mer. En 1742 un nouveau trois-ponts, dessiné par Blaise Ollivier est en chantier: **« Le Royal Louis »** 3ème du nom mais le 25 décembre de la même année, il est détruit par un incendie criminel. Dommage, les dessins prévoyaient un vaisseau de 190 pieds, 61 mètres de long et large de 16,60m armé de 124 canons: 32 canons de 36 dans la batterie basse, 34 canons de 18 dans la deuxième batterie, 34 canons de 12 dans la troisième batterie, 18 canons de 8 sur les gaillards, et 6 canons de 4 sur la dunette.

Les deux-ponts: Les 50-60-62 et 64 canons: Sous le règne de Louis XIV de nombreux vaisseaux furent construits avec des batteries de 60 ou 62 canons sur deux ponts, mais ce fut avec le règne de Louis XV que fut lancé en 1734 le premier deux ponts de 64 canons, percé de 13 sabords pour répartir ces 64 canons en calibres de 26 canons de 24, 28 canons de 12 et 10 canons de 6 ou 8 livres. Le premier 64 canons des 61 construits fut « Le Borée » et le dernier fut « le Jason » en 1779. Ils mesuraient 48 à 43 m de long, 13,50 de large et n'avaient un tirant d'eau que de 5,5 m, avec un équipage d'environ 500 hommes. Pendant cette période, jusqu'en 1750 environ, la construction des deux ponts se répartie en vaisseaux de 50 canons percés à onze ou douze sabords pour du calibre 18 livres, de 64 canons percés à douze pour du 24 livres, et de 74 canons percés à treize sabords pour du 36 livres. Puis on abandonne les calibres 18 et 24 pour la batterie basse préférant le calibre 36. Logiquement on stoppe la production en France de la construction des vaisseaux de 50 canons à partir des années 1750, et vingt ans après on arrête de produire les vaisseaux de 64 canons, le dernier étant « Le Jason » en 1779.

Les 74 et 80 canons: On préféra les vaisseaux deux ponts de 74 et 80 canons à commencer par 80: **« le Tonnant »** dessiné par François Coulomb et construit à Toulon en 1743. Il mesurait 167 pieds 8 pouces de long et 44 pieds de large sur 22 pieds 3 pouces de creux. Son artillerie: batterie basse 30 canons de 36 ; seconde batterie 32 canons de 18 ; gaillards 18 canons de 8. Puis, en 1749 à Brest fut lancé le **« Soleil Royal »** qui armé de canons de calibre 24 lui conférait une grande puissance de feu, vaisseau français le plus important des années 1750. Il présente de nombreuses différences avec *le Tonnant*. Sur ses dimensions, tout d'abord, il est plus long et plus large:183 pieds 2 pouces de long et 48 pieds 6 pouces de large sur 23 pieds de creux. Sur l'artillerie: sa batterie étant armée de canons de 24 livres et non de 18. « Le Soleil Royal » fut d'une puissance de feu supérieure à celle des vaisseaux de 74 canons et bien que deux-ponts il rivalisait avec les trois-ponts britanniques. Il fut détruit par un incendie accidentel. Entre 1740 et 1785, douze vaisseaux de 80 canons ont été construits par les chantiers français.

Vaisseau deux ponts de 80 canons	Plan	Arsenal	Long.	Larg.	Creux	Batteries		
						basse: 30 pièces de cal:	2ème: 32 pièces de cal:	Gail. 18 pièces de cal.
Le Tonnant (1743 – 1780)	F. Coulomb	Toulon	169	44	23	36	18	8

Le Soleil Royal (1749 – 1759)	J. L. Coulomb	Brest	183.2	48.6	23	36	24	8
Le Foudroyant (1750 – 1758)	F. Coulomb	Toulon	173	46	22.6	36	18	8
Le Formidable (1751 – 1759)	J. L. Coulomb	Brest	180	45	21.10	36	18	8
Le Duc de Bourgogne (1751 – 1798)	Clairin Deslauriers	Rochefort	173	44	22.6	36	18	8
L'Océan (1756 – 1759)	F. Coulomb	Toulon	175	46	23	36	18	8
Le Saint Esprit (1765 – 1795)	J.-L. Ollivier	Brest	184.4	48.6	23.2	36	24	8
Le Languedoc (1766 – 1798)	J. M. B. Coulomb	Toulon	188	48.4	23.2	36	24	8
La Couronne (1768 – 1795)	A. Groignard	Brest	184	46	23	36	24	8
L'Auguste (1778 – 1795)	L. M. Guignace	Brest	186	46	23	36	24	12
Le Triomphant (1779 – 1793)	J. M. B. Coulomb	Toulon	184	48	23.9	36	24	12
Les Deux Frères (1784 – 1794)	A. Groignard	Brest	181.4	46.6	23	36	24	12

Les trois-ponts construits de 1758 à 1783:

Il n'y avait plus de trois-ponts depuis longtemps dans la marine de Louis XV quand en 1758 on décida de remettre en chantier le **troisième trois-pont**. Il fut lancé en mai 1759 à Brest sur des plans de Jacques-Luc Coulomb. Ce vaisseau, **« Le Royal Louis »** fut armé de 116 canons: 32 canons de 36 à la première batterie, 34 canons de 24 (et non de 18 comme le précèdent *Royal Louis*) à la deuxième batterie, 34 canons de 12 à la troisième batterie, 16 canons de 8 aux gaillards. Le navire ne quitta pas la rade de Brest car la paix fut proclamée alors qu'il préparait une expédition contre Rio de Janeiro en juillet 1762. Le 11 novembre 1762 il manqua chavirer dans un coup de vent. Pour équilibrer le centre de gravité on retira la troisième batterie ainsi armé avec seulement 58 pièces (28×36, 24×24 et 6×8), le *Royal Louis* effectua en 1763 une campagne de 5 mois aux Antilles. A son retour, le *Royal Louis* ne naviguera plus jamais, il fut détruit en 1778.

La Ville de Paris (Rochefort chantier de 1757 à 1764)

En janvier 1762 la municipalité de Paris accepta de financer la construction d'un vaisseau à trois-ponts. En effet, les finances royales étaient à sec après la Guerre de Sept ans et le ministre Choiseul eu l'idée de faire financer la construction d'une nouvelle flotte de la marine royale par les villes et les provinces. Le 19 janvier 1764 **« le ville de Paris »** fut lancé. Les dessins de Clairin Deslauriers n'avaient pas prévu d'artillerie sur les gaillards. A ce vaisseau 3 ponts de 90 canons, à l'entrée de la guerre américaine, on y ajouta pendant une refonte, six canons sur les gaillards et la dunette et 2 pièces sur chaque bord du troisième pont. Il avait donc 100 canons. En 1779, *la Ville de Paris* commandée par le Cne de vaisseau Huon de Kermadec, et le capitaine de pavillon de Guichen, fit partie de l'armée franco-espagnole chargée de couvrir un débarquement à Wight. A cause d'une épidémie qui décima l'escadre et l'équipage du ville de Paris, (560 malades et 61 morts) la mission fut annulée.

Il reçu un doublage en cuivre en 1780 et on ajouta 4 canons de 8 livres sur le gaillard d'arrière. Vaisseau amiral de De Grasse, le 22 mars 1781 il appareille pour les Antilles avec 22 vaisseaux ils vont libérer la Martinique prise par un blocus anglais. La marine de l'amiral Hood, vaincue n'échappa à la destruction que parce que ses vaisseaux doublés en plaques de cuivre purent prendre la fuite. Ce genre de batailles se renouvela le 5 juin à Tobago. Le 16 juillet il réarme la flotte pour renforcer l'armée américaine en difficulté à Yorktown. L'escadre française partie le 03 août arrive le 29 dans la baie de Chesapeake et après avoir trouvé enfin des pilotes pour s'approcher des côtes, De Grasse débarqua 3000 hommes et commença le siège d'encerclement de la ville de Yorktown, l'autre partie étant assurée par Washington et La Fayette. Le 05 septembre la flotte de l'Amiral Graves vient porter depuis New-York des renforts anglais mais la flotte de De Grasse leur ferme la baie de Chesapeake et après une bataille navale de 4 heures 30 les navires Anglais endommagés prennent la fuite vers New-York. De Grasse ne les poursuit pas. Après la bataille, la France et les Etats-unis ne disposent pas d'arsenal sur cette côte, De Grasse retourna à Fort-Royal (Fort de France) en Martinique le capitaine de Vaisseau La Villéon remplaça Saint-Cezaire sur le navire amiral de De Grasse. Ils s'emparent de l'Île de Saint Christophe le 25 janvier 1782 et le 08 avril ils partent à Saint Domingue avec l'escadre de 35 vaisseaux, pendant la route, le vaisseau « le Zélé » entra en collision sur le « Ville de Paris », le convoi stoppa, le « Zélé » fut pris en remorque par la frégate « L'Astrée ». Le convoi tournait en rond, désorganisé pour reprendre la route quand arriva à ce moment la flotte de Rodney. Les signaux de De Grasse ne furent pas vus par certains et pas compris par d'autres, la flotte anglaise profitant d'une saute de vent, put facilement couper la ligne de file française et plusieurs vaisseaux dont le « ville de Paris » se trouvèrent isolés. A cette bataille « Les Saintes » démâté, 121 tués et 280 blessés,« le Ville de Paris » amena son pavillon. De Grasse libéré sur parole fut condamné à Lorient par le conseil de guerre et disgracié. Ce vaisseau fut pris par les Anglais et fit naufrage dans une tempête cinq mois plus tard.

La province de Bretagne finança un vaisseau avec les plans d'Antoine Groignard. Commencé en 1764 à Lorient, le chantier n'avançait pas et sur ordre du ministre Choiseul il fut transporté et terminé à Brest où il ne fut lancé qu'en 1777. Ce fut **« Le Bretagne »** de l'amiral Comte d'Orvilliers à la bataille d'Ouessant le 27 juillet 1778. Elle y rencontra d'ailleurs le fameux *Victory* britannique, qui combattait lui aussi pour la première fois. Rebaptisée *le Révolutionnaire* durant la Révolution, en octobre 1793, « Bretagne » participa à la bataille du 13 prairial an II (1er juin 1794), il y fut gravement endommagé, évita la capture, puis après la catastrophique campagne du Grand Hiver (24 décembre 1794 au 3 février 1795). Il fut rayé des listes en 1796.

22 vaisseaux furent lancés entre 1762 et 1768, 5 seulement provinrent directement du financement royal. Les 17 autres furent construits grâce aux dons des divers corps constitués qui composaient alors la France ainsi qu'à ceux des particuliers. Parmi ces vaisseaux se trouvaient deux trois-ponts : *la Bretagne* et *la Ville de Paris*.

En 1779 et 1780 deux vaisseaux furent construits à Toulon avec les plans de Joseph Marie Blaise Coulomb: « Le Terrible » et « Le Majestueux ».

En 1780 fut lancé à Brest « le *Royal Louis* » sur les plans de Léon Michel Guignace et à Rochefort « *l'Invincible* », sur les plans de Clairin Deslauriers, qui avait déjà réalisé « *la Ville de Paris* ».

Ces trois-ponts, sont armés de 110 canons, mais ils ne donneront pas grande satisfaction aux marins. Ainsi, de l'avènement de Louis XV (1715) jusqu'à la fin de la guerre d'Indépendance (1783), la France n'a mis en chantier que neuf trois-ponts. Parmi eux, cinq sont mis en construction durant le règne de Louis XV, aucun ne sera jamais véritablement armé. Le premier, *le Foudroyant*, ne naviguera pas ; le deuxième, le *Royal Louis* de Blaise Ollivier ne fut pas achevé puisque détruit par incendie quand il était encore en chantier ; le troisième, le *Royal Louis* de Jacques-Luc Coulomb, ne fit jamais campagne ; les deux derniers, *la Ville de Paris* et *la Bretagne*, ne furent armés qu'au commencement du règne de Louis XVI (1774) et le début de la guerre d'indépendance américaine (1775). Ce désintérêt pour la formule trois-ponts durant le règne de Louis XV s'explique avant tout par les défauts, que nous avons déjà vus, de ce type de navire, dont la construction se révèle toujours être longue, difficile et coûteuse, pour un résultat jugé au final décevant.

Trois-ponts mis en chantier du commencement du règne de Louis XV jusqu'à l'adoption des plans types de Sané-Borda :

Nom(s)	Constructeur	Arsenal	Sur cale	Lancement	Rayé
Le Foudroyant	Laurent Hélie	Brest	1724	1725	1731
Le Royal Louis	Blaise Ollivier	Brest	1740	détruit par incendie criminel	1742
Le Royal Louis	Jacques-Luc Coulomb	Brest	1757	1759	1778
L'Impétueux, La Ville de Paris (1762)	Clairin Deslauriers	Rochefort	1757	1764	1782
La Bretagne, Le Révolutionnaire (1793)	Antoine Groignard	Brest	1765	1766	1796
Le Terrible	Joseph Marie Blaise Coulomb	Toulon	1779	1780	1802
L'Invincible	Clairin Deslauriers	Rochefort	1779	1780	1807
Le Royal Louis, Le Républicain (1792)	Léon Michel Guignace	Brest	1779	1780	1794
Le Majestueux, Le Républicain (1797)	Joseph Marie Blaise Coulomb	Toulon	1780	1781	1807

Après la couteuse guerre de l'indépendance américaine:

Après les défaites navales de la guerre de sept ans 1756-1763, le règne de Louis XV s'achève en 1774 et son successeur Louis XVI décide de reconstruire la marine notamment dès la guerre d'indépendance américaine 1778-1783. Pour limiter les coûts importants l'inspecteur des constructions navales Borda veut simplifier ce classement administratif et standardiser (pas encore assez) l'artillerie en ne retenant que 3 catégories. En 1782 un concours fut lancé pour la construction de vaisseaux. L'ingénieur Jean Noël Sané trace des plans à l'échelle 1/48. Dans les arsenaux les charpentiers construisent les pièces en suivant le dessin standard de l'ingénieur. Il invente la production en série et diminue ainsi les coûts de fabrication et la durée du chantier des bâtiments.

Sané adopta certains progrès techniques, comme l'emploi de pièces en fer pour la construction de la coque autorisant l'ingénieur à dessiner des navires plus longs, plus rapides car mieux profilés et cette plus grande longueur pouvait rendre possible l'installation de plus de canons dans la longueur. En 1779 on décida de rattraper le retard dans le doublage de la coque en plaque de cuivre.

Après la guerre d'indépendance américaine, la marine de Louis XVI fut réorganisée en 9 escadres. En attendant la construction des 9 vaisseaux amiraux de 118 canons nécessaires pour équiper chacune de ces escadres on leur a attribué les 110 canons dont on disposait. Les neuf escadres devaient se répartir en plus d'un vaisseau chacune de 118, 12 vaisseaux de 80 canons de la classe « Tonnant » et 60 vaisseaux de 74 canons du modèle « Téméraire ».

Progressivement la voilure fut changée, en effet on constata qu'en remplaçant les voiles de civadières et contre-civadières par des focs plus nombreux et en remplaçant la voile d'artimon par une brigantine pourvue d'un gui (bôme) on améliorait la manoeuvrabilité du vaisseau.

Borda choisi en 1782 les plans de l'ingénieur Sané qui fait produire des frégates standardisées de 18 avec la classe Hébé. Il dessina un vaisseau à deux ponts de 74 canons très performant et cette conception fut reprise en 1785 avec l'association Sané-Borda pour la construction d'un trois ponts à 118 canons.

6 vaisseaux à trois-ponts sont ajoutés à cette liste en 1784 et finalement en 1789 avec la classe Tonnant, Sané standardise le vaisseau de 80 canons.

Pour résumer avant la Révolution la France adopte les plans des:

-les frégates de 18 (plan de 1782 de la classe Hébé)

-Les deux-ponts de 74 (plan-type adopté en 1782) de la classe Téméraire

-Les deux ponts de 80 canons (plan-type adopté en 1787, de la classe Tonnant

-Les trois-ponts de 118 canons (plan-type adopté en 1785). (6 vaisseaux commandés).

Après l'Empire, on adoptera en 1824 de nouveaux types de vaisseaux : le 120 canons, le 100 canons, le 90 canons et le 80 canons. Relativement peu de ces vaisseaux seront construits, et l'on se contentera pour l'essentiel des navires de type Sané jusqu'à l'apparition de la vapeur et de la cuirasse, en 1850-1860.

On remarque que pendant le règne du Roi Soleil, prestige oblige, la France construit beaucoup de vaisseaux à trois-ponts, certains construits au début furent abandonnés par la suite car ils était trop courts, trop haut, naviguant mal et armés d'une artillerie trop faible. A partir de 1689 il fut décidé de construire des vaisseaux de plus de 100 canons avec des calibres de 36.

Pendant les règnes de Louis XV et de Louis XVI, les Anglais préféraient des vaisseaux trois ponts, légèrement moins grands et plus maniables. Ils ont construit 23 vaisseaux à trois-ponts entre 1755 et 1785, et 24 entre 1785 et 1830.

Les Français, pendant cette période, c'est à dire de 1700 à 1785, ont privilégié la construction des vaisseaux à deux ponts, puisqu'ils en construisent 200 alors qu'ils en construisent 9 à trois ponts et pour être plus précis 5 pendant le règne de Louis XV et 3 pendant le règne de Louis XVI.

Les cinq trois ponts de Louis XV:

- *« Le Foudroyant »* n'a jamais navigué et restera en rade de Brest à pourrir.
- *« Le Royal Louis »* de 1742 est détruit par un incendie pendant le chantier.
- *« Le Royal Louis »* de 1758 naviguera mais n'a jamais combattu.
- *« Le Ville de Paris »* et *« La Bretagne »* ne serviront que pendant la guerre d'indépendance américaine pendant le règne de Louis XVI.

Les vaisseaux à trois ponts pendant le règne de Louis XVI:

- *« Le Terrible »* et le *« Majestueux »* sont construits à Toulon;
- *« L'Invincible »* est construit à Rochefort

Ce constat s'explique par la mauvaise réputation des vaisseaux à trois ponts en France. On considérait que la première batterie armée des canons les plus puissants était trop proche de la ligne de flottaison et qu'elle ne pouvait pas être ouverte par gros temps. Le constructeur du *« Royal Louis »* de 1758, J.L Coulomb, considère lui même que le centre de gravité de son bâtiment est trop haut, que sa stabilité est donc mauvaise, qu'il est lent et tient mal le cap.

Un autre facteur à prendre en considération est le coût de construction et le coût d'entretien d'un vaisseau à trois-ponts par rapport à un deux-ponts.

En effet, construire un trois-ponts demande plus d'artillerie, et les canons étaient longs et chers à produire, ensuite il fallait des bois plus massifs, plus chers, et plus nombreux. Il fallait environ 2 900 chênes âgés de 80 à 100 ans pour construire un 74 canons. Ensuite, la coque plus grande avait besoin de plus de plaque de doublage en cuivre. Or ce doublage était cher mais indispensable pour préserver le bois de l'attaque des tarets et aussi pour améliorer la vitesse de ces vaisseaux qui sont bien plus lents que les frégates. Les amiraux le constatèrent aux batailles de la guerre d'indépendance où plusieurs fois les navires anglais échappèrent aux combats. Il ne faut pas oublier non plus la main d'oeuvre à payer , pour un trois ponts il faut compter près d'un millier d'ouvriers, travaillant près de 12 heures par jour pendant plusieurs mois.

Le coût de construction d'un vaisseau de 118 canons était d'environ 2,5 millions de livres; celui d'un 80 canons, de 2 millions et enfin celui d'un vaisseau de 74 canons était d'environ 1,5 million de livres de l'époque de Louis XVI. La construction de la coque et de la mâture représente la moitié du cout, 20 % pour l'artillerie et le reste pour les salaires et les repas des ouvriers.

Le coût d'entretien était également plus élevé, ces navires ayant besoin plus souvent d'être radoubés et parfois même d'être immobilisés en refonte pour changer des bois de charpente.

Enfin, les équipages, plus nombreux, sur les navires à trois ponts représentaient donc un cout de fonctionnement plus important. Il faut savoir que 1100 hommes d'équipage environ sur un 118 canons; 800 hommes sur un 80 canons et 700 hommes sur un 74 canons. Après les guerres de Vendée et l'émigration de beaucoup d'officiers, la marine française a manqué de marins et d'officiers expérimentés pendant les guerres de la Révolution et de l'Empire

De la fin de la guerre d'indépendance américaine à la fin de l'Empire, la France a pu construire deux vaisseaux à trois ponts de 110 canons: « Le Commerce de Paris » et le « Iéna » et 47 vaisseaux de 80 canons et 130 vaisseaux de 74 canons.

En ce qui concerne la marine espagnole, le vaisseau à trois pont à la côte plus qu'en France. C'est à Cuba qu'est construit le navire amiral *« Santisima Trinitad »* à partir de 1767, puis à partir de 1783 ils construisent huit vaisseaux à trois ponts de 112 canons: *Santa Ana. Mejicano, Conde de Regla, Real Carlos, Salvador del Mundo, Reina Luisa, San Hermenegildo* et *Principe de Asturias* avec les plans de José Romero y Fernández de Landa. La marine espagnole est forte de 76 vaisseaux de ligne en 1796!

Si les Anglais au début n'étaient pas sur cette logique, ils se sont rendus à l'évidence que la meilleure construction était ce type de vaisseaux et ne tardèrent pas à copier le modèle. avec des canons de 32 livres. (28 canons de 32; 30 canons de 18 et 16 canons de 9 livres)

Les autres vaisseaux français étaient:

Le vaisseau de 110 canons, à trois ponts (qu'on disait par habitude de premier rang) Il avait 30 pièces de 36 livres sur le pont inférieur ;32 de 24 livres sur le pont intermédiaire ;32 de 12 sur le pont supérieur ;16 de 8 sur les gaillards.

Les trois-ponts de 118 canons de Borda et Sané, de la **classe Océan** étaient armés en plus de 6 caronades (ce qui faisait au total 124 canons)

Le vaisseau de 80 canons qu'on disait de deuxième rang avec deux ponts: 30 pièces de 36 sur le pont inférieur ; 32 de 18, puis de 24, sur le pont supérieur ;et par 18 de 8 puis de 12 sur les gaillards. On leur ajouta 6 caronades en 1806. Bon compromis entre les trois-ponts de la classe Océan et les deux-ponts de la classe Téméraire.

Le vaisseau de 74 canons de la **Classe Téméraire** : Le choix du 74 canons français s'explique par les facteurs énoncés mais on peut y ajouter une considération technique sur l'artillerie en effet, ces vaisseaux de 74 canons étaient composés de 28 canons de 36 livres sur le premier pont, de 30 canons de 18 livres sur le deuxième pont et de 16 canons de 8 sur les gaillards et la dunette. Avec un pont de moins le centre de gravité était plus bas, cela leur permettait de virer plus facilement tout en ayant finalement la même puissance de feu qu'un trois ponts. En 1788, on ajouta sur la dunette 4 caronades de calibre 36 et 10 caronades de 36 en 1806 en retirant 2 pièces de 8.

4: Pour finir le chapitre concernant les vaisseaux il reste à parler des vaisseaux qui ont servit la Révolution et l'Empire de 1789 à 1815.

Plusieurs vaisseaux construits sous l'ancien régime changèrent de nom plusieurs fois à la faveur de la Révolution, puis sous l'Empire et après l'Empire.

Avant d'entrer dans la production française de vaisseaux de ligne et de frégates, nous pouvons rappeler les navires des flottes étrangères tombées sous main de la France. Certains bâtiments ont servi sous les couleurs tricolores.

Les batailles gagnées par la Révolution et l'Empire ont permis à la France d'acquérir des vaisseaux bloqués dans leurs ports. Ces prises à l'ennemi ont pour certaines été restituées à la faveur de traités de paix.

Les vaisseaux hollandais furent restitués à la nouvelle République Batave qui était en fait sous contrôle de la République française. Le 21 janvier 1795, le 8e régiment de hussards et le 15e régiment d'infanterie légère avaient capturé au nord d'Amsterdam, une quinzaine de navires néerlandais piégés par les glaces, dont quatre vaisseaux: l'*Amiral De Ruyter*, l'*Amiral Général*, l'*Amiral Piet Heyn*, l'*Amsterdam*.

En 1797 après la prise de Venise par Bonaparte, les vaisseaux confisqués au port changèrent de noms. En hommage à ses collègues généraux morts au combat Bonaparte leur donna les noms de :

Dubois, Causse, Robert, Banel, Sandos, Frantin, Laharpe, Beyraud, Stengel.

Les frégates furent baptisées de nom de batailles:
Mantoue, Leoben, Montenotte, Lonato, Lodi, Rivoli. excepté *la Muiron* qui était son ami mort à Arcole.

En 1798, les armées françaises prirent l'île de Malte, et deux vaisseaux :
– *L'Athénien*, ex-*San Giovanni*. Détaché au service des hôpitaux de Malte. Repris par les Britanniques lors de la reddition de Malte en 1800.
– Et *Le Dego*, ex-*San Zaccharia*. Repris lui aussi par les Britanniques en 1800.

A partir du Consulat plusieurs vaisseaux espagnols, furent incorporés dans la Marine française, ayant été achetés ou échangés. Il s'agit des 74 canons :
– *L'Alliance* – ex-espagnol *San Sebastian* incorporé dans la Marine française en 1799. Rayé en 1807.
– *Le Saint Antoine* – ex-espagnol *San Antonio* acheté en 1800. Rayé en 1805.
– *L'Atlas* – ex-vaisseau espagnol *Atlante* cédé en 1801. Rayé en 1808.
– *L'Intrépide* – ex-espagnol *Intrepido* cédé en 1801. Rayé en 1805.
– *Le Saint Génard* renommé *L'Ulysse* en 1803 puis *Le Tourville* en 1811 – ex-espagnol *San Gennaro* cédé en 1801. Il devient école flottante à Brest en 1811. Rayé en 1814.
– *Le Desaix* – ex-espagnol *Pelayo* acheté en 1802. Rayé en 1804.
– *L'Argonaute* – ex-espagnol *Vencedor* échangé avec le français *L'Argonaute* en mauvais état à Cadix en 1806. Rayé en 1808.

Lors de l'alliance franco-russe, deux vaisseaux russes se trouvant à Toulon furent cédés à la France en 1808. Il s'agit des 74 canons :
– *Le Duquesne* – ex-russe *Moskva*. Il devient école flottante à Toulon en 1811. Rayé en 1813.
– *Le Saint-Pierre* – ex-russe *Sviatoi Piotr*. Rayé en 1815.

En septembre 1810, la France annexa le Royaume de Hollande et incorpora plusieurs vaisseaux Ils furent rendus aux Hollandais en novembre 1813 à Amsterdam, et en avril 1814 à Anvers, lors du départ des Français.:
* Deux vaisseaux deux-ponts de 80 canons :
– *Le Royal Hollandais* renommé *L'Hollandais* en 1811 – ex-hollandais *Koninkl. Hollander*
– *Le Chatham* – ex-hollandais *Chatham*
* Six vaisseaux de 74 canons :
– *Le Commerce d'Amsterdam* renommé *L'Amsterdam* en 1811 – ex-hollandais *Amsterdamse Handel*
– *Le Brabant* – ex-hollandais *Braband*
– *Le De Ruyter* – ex-hollandais *Admiraal De Ruyter*
– *L'Amiral Evertsen* renommé *L'Evertsen* en 1811 – ex-hollandais *Admiraal Evertsen*
– *Le Prince* – ex-hollandais *Kroonprins*
– *L'Amiral Zoutman* renommé *Le Zoutman* en 1811 – ex-hollandais *Admiraal Zoutman*
* Cinq vaisseaux de 64 canons : *Le Dogger Bank, Le Jean de Witt, Le Rotterdam, Le Tromp* et de *l'Utrech*.
(J'ai un certain doute sur le type de ces navires).

A noter que lors de l'évacuation d'Amsterdam puis d'Anvers par les Français en 1814, plusieurs vaisseaux sur le point d'être achevés sont pris par les Néerlandais et immédiatement incorporés dans leur marine. Les autres vaisseaux encore sur cale sont démolis, notamment quatre trois-ponts de 110 canons – *le Monarque, l'Hymen, le Neptune* et *le Terrible* – ainsi que plusieurs 80 et 74 canons. Seuls douze vaisseaux construits à Anvers durant l'Empire sont laissés à la France : il s'agit des 80 canons *l'Auguste, le Pacificateur, le Conquérant* ; et des 74 canons *l'Anversois*, *le César*, *le Commerce de Lyon*, *la Ville de Berlin*, *le Du Guesclin*, *le Dalmate*, *le Trajan*, *le Gaulois*, *le Superbe*. Sept vaisseaux sont en revanche laissés à disposition de la marine royale néerlandaise : il s'agit des 80 canons *l'Illustre*, *le Friedland*, *le Tilsitt* ; et des 74 canons *le Charlemagne*, *l'Achille*, *le Pulstuck*, *l'Albanais*.

Total des vaisseaux ayant servi: 200 navires :
10 vaisseaux de 118 canons,
7 vaisseaux de 110 canons,
34 vaisseaux de 80 canons et
149 vaisseaux de 74 canons.

Frédéric Rateau. 29 décembre 2024.

Le Commerce de Marseille.

Nom de chaque bâtiment et changement de son nom.	Arsenal	En service	Rayé
### Vaisseaux trois-ponts de 118 canons			
Le Commerce de Marseille	Toulon	1788	1793
Les États de Bourgogne, La Montagne (1793), Le Peuple puis l'Océan (1795)	Brest	1790	1855
Le Dauphin Royal, Le Sans-Culotte (1792), l'Orient (1795)	Toulon	1791	1798
Le Peuple, Le Vengeur (1794), L'Impérial (1805)	Brest	1803	1806
La République Française, Le Majestueux (1803)	Rochefort	1803	1839
L'Austerlitz	Toulon	1809	1837
Le Monarque, Le Wagram (1810)	Toulon	1810	1837
Le Montebello	Toulon	1813	1867
Le Héros	Toulon	1813	1828
L'Impérial, Le Royal Louis (1814)	Toulon	1814	1825
### Vaisseaux trois-ponts de 110 canons			
La Bretagne, Le Révolutionnaire (1793)	Brest	1766	1796
L'Invincible	Rochefort	1780	1806
Le Royal Louis, Le Républicain (1792)	Brest	1780	1794
Le Terrible	Toulon	1780	1802
Le Majestueux, Le Républicain (1797)	Toulon	1781	1808

Le Commerce de Paris, Le Commerce (1830), Le Borda (1839), Le Vulcain (1863)	Toulon	1807	1884
Le Iéna, Le Duc d'Angoulême (1814), Le Iéna (1830)	Rochefort	1814	1864
Vaisseaux deux-ponts de 80 canons			
Le Duc de Bourgogne, Le Peuple (1792), Le Caton (1794)	Rochefort	1752	1798
Le Saint Esprit, Le Scipion (1794)	Brest	1766	1795
Le Languedoc, L'Antifédéraliste (1794), Le Victoire (1795)	Toulon	1778	1798
La Couronne	Brest	1768	1796
Le Triomphant	Toulon	1779	1793
L'Auguste, Le Jacobin (1793), Le Neuf Thermidor (1794)	Brest	1779	1795
Les Deux Frères, Le Juste (1792)	Brest	1785	1794
Le Tonnant	Toulon	1790	1798
L'Indomptable	Brest	1793	1805
Le Sans Pareil	Brest	1793	1794
Le Formidable	Toulon	1795	1805
Le Guillaume Tell	Toulon	1796	1800
Le Franklin	Toulon	1798	1798
L'Indivisible, L'Alexandre (1803)	Brest	1799	1806
Le Foudroyant, Le Dix-Huit Fructidor (1799), Le Foudroyant (1800)	Rochefort	1800	1833
Le Bucentaure	Toulon	1803	1805

Le Neptune	Toulon	1804	1808
Le Robuste	Toulon	1807	1809
Le Diadème	Lorient	1807	1811
Le Tonnant, Le Ville de Varsovie (1807)	Rochefort	1808	1809
Le Donawerth	Toulon	1808	1825
Le Saturne, Le Eylau (1807)	Lorient	1809	1829
Le Royal Hollandais, L'Hollandais (1811) – ex hollandais Koninkl. Hollander	Rotterdam	1810	1814
Le Chatham – ex hollandais Chatham	Rotterdam	1810	1814
L'Illustre	Anvers	1811	1814
Le Friedland	Anvers	1811	1814
Le Tilsitt	Anvers	1811	1814
L'Auguste	Anvers	1811	1827
Le Pacificateur	Anvers	1811	1824
Le Sceptre	Toulon	1811	1828
Le Diadème	Lorient	1811	1856
Le Conquérant	Anvers	1812	1831
Le Magnifique	Lorient	1814	1837
Le Zelandais, Le Duquesne (1814), Le Zelandais (1830)	Cherbourg	1814	1836
Vaisseaux deux-ponts de 74 canons			

Le Conquérant	Toulon	1747	1798
La Couronne, Le Ça Ira (1792)	Rochefort	1750	1795
Le Guerrier	Toulon	1754	1798
Le Diadème, Le Brutus (1792)	Brest	1756	1797
Le Souverain, Le Peuple Souverain (1792)	Toulon	1757	1798
Le Zélé	Toulon	1764	1806
Le Citoyen	Brest	1764	1790
Le Marseillais, Le Vengeur Du Peuple (1794)	Toulon	1767	1794
La Victoire	Lorient	1773	1792
Le Neptune	Brest	1778	1795
Le Destin	Toulon	1778	1793
Le Magnanime	Rochefort	1779	1792
L'Annibal, L'Achille (1786)	Brest	1779	1794
Le Héros	Toulon	1779	1793
Le Pluton, Le Dugommier (1797)	Rochefort	1779	1805
Le Sceptre, La Convention (1792), Le Marengo (1800)	Brest	1780	1802
Le Northumberland	Brest	1780	1794
L'Argonaute, Le Flibustier (1794)	Rochefort	1781	1795
Le Brave (transformé en frégate en 1794 après avoir été rasé d'un pont)	Rochefort	1781	1801

L'Illustre (rasé et reconstruit en frégate en 1793, devient Le Scevola)	Rochefort	1781	1796
Le Suffisant	Toulon	1782	1793
Le Puissant	Lorient	1782	1793
Le Dictateur, La Liberté (1792)	Toulon	1782	1793
Le Censeur	Rochefort	1782	1799
Le Centaure	Toulon	1782	1793
L'Alcide	Rochefort	1783	1795
Le Téméraire	Brest	1783	1802
L'Heureux	Toulon	1783	1798
Le Mercure	Toulon	1783	1798
Le Séduisant, Le Pelletier (1793), Le Séduisant (1795)	Toulon	1783	1796
L'Audacieux	Lorient	1785	1802
Le Fougueux	Lorient	1785	1805
Le Superbe	Brest	1785	1795
Le Généreux	Rochefort	1785	1800
Le Commerce de Bordeaux, Le Timoleon (1794)	Toulon	1786	1798
Le Ferme, Le Phocion (1792)	Brest	1786	1792
Le Patriote	Brest	1786	1820
Le Borée, Le Ça Ira (1794), L'Agricola (1794 – mis en rade après avoir été rasé)	Lorient	1787	1803

Le Commerce de Marseille, Le Lys (1786), Le Tricolor (1792)	Toulon	1787	1793
Le Léopard	Brest	1787	1793
L'Entreprenant	Lorient	1788	1802
L'Impétueux	Rochefort	1788	1794
L'Orion, Le Mucius Scaevola puis Le Mucius (1793)	Rochefort	1788	1803
L'Apollon, Le Gasparin (1794), L'Apollon (1795), Le Marceau (1797)	Rochefort	1788	1797
L'América	Brest	1789	1794
Le Duquesne	Toulon	1789	1803
Le Duguay-Trouin	Brest	1790	1793
Le Tourville	Lorient	1790	1833
L'Aquilon	Rochefort	1790	1798
L'Eole	Lorient	1790	1806
Le Jupiter, Le Montagnard (1794), Le Démocrate (1795), Le Jupiter (1795), Le Batave (1797)	Brest	1790	1807
Le Vengeur	Brest	1790	1792
Le Scipion	Toulon	1790	1793
Le Thésée, La Révolution (1793), Le Finistère (1803)	Rochefort	1790	1804
Le Jean Bart	Lorient	1791	1809
Le Suffren, Le Redoutable (1795)	Brest	1792	1805
Le Thémistocle	Lorient	1792	1793

Le Trajan, Le Gaulois (1797)	Lorient	1792	1802
Le Mont Blanc, Le Trente Et Un Mai (1794), Le Républicain(1795), Le Mont Blanc (1796)	Rochefort	1793	1805
Le Nestor, Le Cisalpin (1797), L'Aquilon (1803)	Brest	1793	1809
Le Pompée	Toulon	1793	1793
Le Tigre	Brest	1793	1795
Le Tyrannicide, Le Desaix (1800)	Lorient	1793	1802
Les Droits de l'Homme	Lorient	1794	1797
Le Jemmapes	Rochefort	1794	1820
Le Lion, Le Marat (1793), Le Formidable (1795)	Rochefort	1794	1795
Le Wattignies	Lorient	1794	1808
L'Alexandre – ex anglais HMS Alexander pris en 1794 et repris par les anglais en 1795	Deptford	1794	1795
Le Barra, Le Pégase (1795), Le Hoche (1797)	Toulon	1795	1798
Le Dix-Août, Le Cassard (1795), Le Dix-Août (1798), Le Brave(1803)	Lorient	1795	1806
Le Berwick – ex anglais HMS Berwick	Portsmouth	1795	1805
Le Jean-Jacques Rousseau, Le Marengo (1802)	Toulon	1796	1806
Le Vialla, Le Voltaire (1795), Le Constitution (1795), Le Jupiter(1803)	Lorient	1796	1806
L'Hercule	Lorient	1798	1798
Le Spartiate	Toulon	1798	1798

Le Quatorze Juillet	Lorient	1798	1798
L'Argonaute	Lorient	1799	1805
L'Alliance (1799) – ex espagnol *San Sebastian*	Pasajes	1799	1807
L'Union, Le Diomède (1803)	Lorient	1800	1806
Le Duguay-Trouin (coulé à l'aide d'une charge explosive en 1949)	Rochefort	1800	1805
Le Saint Antoine – ex *San Antonio* acheté aux espagnols	Carthagène	1800	1801
L'Atlas – vaisseau espagnol *Atlante* cédé à la France en 1801	Carthagène	1801	1808
L'Intrépide – ex espagnol *Intrepido* cédé à la France en 1801	Ferrol	1801	1805
Le Saint Génard, L'Ulysse (1803), Le Tourville (1811) – ex espagnol *San Gennaro* cédé à la Fr.	Carthagène	1801	1814
L'Aigle	Rochefort	1801	1805
Le Héros	Rochefort	1801	1808
Le Scipion	Lorient	1801	1805
L'Annibal – ex HMS *Hannibal* pris aux anglais	Blackwall	1801	1823
Le Swiftsure – ex HMS *Swiftsure* pris aux anglais	Deptford	1801	1805
Le Desaix – ex *Pelayo* acheté aux espagnols	La Havane	1802	1804
Le Magnanime, Le Quatorze Juillet (1798), Le Vétéran (1803)	Brest	1803	1833
Le Brutus, L'Impétueux (1803)	Lorient	1803	1806
Le Magnanime	Rochefort	1803	1816
Le Suffren	Lorient	1803	1843

Le Lion, Le Glorieux (1798), Le Cassard (1798)	Brest	1803	1815
L'Achille	Rochefort	1804	1805
L'Algésiras	Lorient	1804	1808
Le Lion	Rochefort	1804	1809
Le Regulus	Lorient	1805	1814
Le Borée	Toulon	1805	1828
Le Génois	Gênes	1805	1821
Le Pluton	Toulon	1805	1808
Le Ajax	Rochefort	1806	1815
Le Courageux	Lorient	1806	1831
L'Argonaute – ex espagnol Vencedor échangé avec le français L'Argonaute à Cadix en 1806	Ferrol	1806	1808
Le Courageux, L'Alcide (1802), Le D'Hautpoul (1807)	Lorient	1807	1809
L'Anversois	Anvers	1807	1815
Le César	Anvers	1807	1817
Le Charlemagne	Anvers	1807	1814
Le Commerce de Lyon	Anvers	1807	1819
L'Illustre, Le Dantzig (1807), L'Achille (1814)	Anvers	1807	1814
L'Audacieux, Le Pulstuck (1807)	Anvers	1807	1814
Le Ville de Berlin, L'Atlas (1814/1815)	Anvers	1807	1819

Le Du Guesclin	Anvers	1807	1818
Le Danube	Toulon	1808	1827
Le Polonais, Le Lys (1814/1815)	Lorient	1808	1822
Le Tonnerre	Brest	1808	1809
L'Albanais	Anvers	1808	1814
Le Breslau	Gênes	1808	1837
Le Dalmate, Le Hector (1814), Le Dalmate (1815)	Anvers	1808	1819
Le Triomphant	Rochefort	1809	1822
L'Ulm	Toulon	1809	1828
Le Duquesne – ex russe Moskva cédé à la France en 1808	Arkhangelsk	1809	1815
Le Saint Pierre – ex russe Sviatoi Piotr cédé à la France en 1808	Arkhangelsk	1809	1813
Le Commerce d'Amsterdam, L'Amsterdam (1811) – ex hollandais Amsterdamse Handel	Amsterdam	1810	1813
Le Brabant – ex hollandais Braband	Rotterdam	1810	1813
Le De Ruyter – ex hollandais Admiraal De Ruyter	Amsterdam	1810	1813
L'Amiral Evertsen, L'Evertsen (1811) – ex hollandais Admiraal Evertsen	Amsterdam	1810	1813
Le Prince – ex hollandais Kroonprins	Amsterdam	1810	1813
L'Amiral Zoutman, Le Zoutman (1811) – ex hollandais Admiraal Zoutman	Amsterdam	1810	1813
Le Marengo, Le Pluton (1866)	Lorient	1810	1873

Le Nestor	Brest	1810	1849
Le Trajan	Anvers	1811	1829
Le Trident	Toulon	1811	1858
Le Rivoli	Venise	1811	1812
Le Mont St Bernard	Venise	1811	1814
Le Régénérateur	Venise	1811	1814
Le Golymin	Lorient	1812	1814
Le Gaulois	Anvers	1812	1824
Le Romulus, La Guerrière (1821)	Toulon	1812	1840
Le Ville de Marseille	Toulon	1812	1877
L'Agamemnon, L'Amphitrite (1824) – rasé et refondu en frégate de 58 canons a Brest	Gênes	1812	1836
Le Royal Italien	Venise	1812	1814
Le Colosse – rasé et refondu à Brest en frégate de 36 canons, devient alors La Pallas	Toulon	1813	1848
Le Duguay-Trouin	Cherbourg	1813	1826
L'Orion	Brest	1813	1841
Le Scipion	Gênes	1813	1846
Le Superbe	Anvers	1814	1833
Le Hercule, La Provence (1814/1815)	Toulon	1815	1858

Le vaisseau de 74 canons et la vie à bord d'un vaisseau: par F. Rateau.

Jean Baudriot a fait paraître dans les années 1970 quatre gros volumes très détaillés sur le vaisseau de 74 canons et les états de la marine avant 1780. Une réforme de la marine eut lieu en 1786. On va ici en donner quelques informations:

La coque: C'est un bâtiment construit en bois de chêne. Il allait 2900 arbres pour en construire un seul. la coque mesure entre 52,65 et 59,75 de long selon les constructeurs, 57 mètres de long et 15 de large (maître bau) sur deux ponts. Ce n'est pas un gros volume pour les 750 hommes d'équipage sans aucun confort, obligés de partager un espace avec les animaux vivants: porcs, volailles, moutons embarqués pour la viande fraiche.

Armement: Au premier pont nous trouvons les 27 pièces d'artillerie de calibre 36 où la hauteur de plafond est de 1,73 m. Là, il faut de la place aux 14 hommes qui manoeuvrent les 4 tonnes et les 3 m de chaque pièce.

Donc, dans l'espace restreint d'une batterie basse d'un 74 canons (voir plus haut) ce sont pas moins de 392 hommes qui s'activent au service des 28 pièces qui y sont cantonnées, soit plus de la moitié de l'équipage. Si le temps est trop mauvais le navire a de la gite de sorte qu'avec le tangage l'ouverture des sabords de la batterie proche de la ligne de flottaison au côté sous le vent présente un réel danger. L'artillerie d'un vaisseau de 74 canons pèse au total 215 tonnes, mais il faut ajouter plus de 50 tonnes pour le poids des munitions: 50 boulets pleins par pièce, plus le poids des boulets ramés, des « grappes de raisin » la poudre les refouloirs, aspects et écouvillons. Le pont à l'air libre reçoit les canons de 8 et les caronades.

La mâture du vaisseau de 74 canons. Selon leur diamètre, il s'agit de l'assemblage de quatre à neuf pièces de bois de résineux cerclés de fer pour les grand mats mâts et de misaine pour fabriquer les mâts.

Le gréement dormant et courant est fait de chanvre.

La voilure est de deux types, dans l'axe perpendiculaire, il s'agit de voiles carrées portantes envergées, et dans l'axe longitudinal il s'agit de voiles triangulaires « latines »: voiles d'étais et focs. Ces dernières permettent de serrer le vent et de faciliter les virements de bords.

Organisation de la vie à bord: Il est à noter que nous découvrons deux ordonnances qui règlementent cette question: Celle du 15 avril 1689 consacre 17 articles aux relations hiérarchiques ensuite 14 articles donnent des instructions relatives à l'armement et au fonctionnement journalier, seulement 9 articles pour la navigation et le mouillage enfin 9 articles ont le combat pour objet. L'ordonnance de 1786 tend à améliorer les relations de commandement.

Les idées humanistes de Louis XVI dont l'éducation a été influencée par les philosophies des lumières de Rousseau par exemple se retrouvent dans le règlement de 1786.

L'ordonnance royale du 1er mai 1786 dit que l'équipage théorique d'un classe Téméraire est de 707 hommes, 497 en temps de paix: 12 officiers de marine, 2 officiers d'infanterie de marine ou infanterie de ligne, un aumônier, un chirurgien, 7 élèves Gardes de Marine, 55 officiers mariniers, 42 artilleurs, 6 timoniers, 400 matelots, 100 soldats d'infanterie de marine, 50 mousses, 13 surnuméraires (cuisinier) 13 valets pur les officiers qui sont tous nobles.

L'état-major du bord, les missions et les soldes fin XVIII siècle.

Le capitaine de vaisseau est tenu de veiller à la santé de son équipage: nourriture saine, propreté du vaisseau et sur le plan disciplinaire stricte respect de l'ordre de bataille sous l'autorité de l'amiral, sous peine de sanctions, respect absolu des signaux répétés par les frégates. Lui et son second sont les seuls à avoir une chambre à part. Les autorités françaises se souviennent des conséquences néfastes de l'indiscipline des officiers des commandants de vaisseaux de l'escadre de Sufren.

Le capitaine de vaisseau pouvait être issu de la compagnie des Indes mais pour faire partie du sérail, « le grand corps », il fallait prouver son appartenance à la noblesse et intégrer la formation de corps des Gardes de Marine.

La solde: selon le règlement de 1786 le capitaine commandant le vaisseau perçoit annuellement 3000 livres françaises (la livre tournois) avec une prime de 30 livres/jour de campagne et 600 livres s'il fait partie des 40 plus anciens dans le grade.

A grade équivalent, en Angleterre sachant que le taux de change est de 1 livre anglaise=24 livres tournois, son collègue anglais perçoit 1 livre anglaise, soit 24 livres tournois/jour de campagne et 1/2 solde hors campagne avec un minimum de 180 livres anglaises annuellement.

A ces revenus il faut ajouter la probable revente de la prise du vaisseau ennemi et son fret.

Dans la marine Royale Française le capitaine est secondé par un officier en second qui est chargé du respect de la discipline à bord, qu'il ne quitte jamais, il est surnommé le « chien de bord ». On observe qu'il n'y a pas de commandant en second dans la Royal Navy de l'époque.

La formation des officiers: Pour devenir officier, en France il faut, je l'ai dit intégrer le corps des Gardes de Marine. En Angleterre le jeune d'à peine dix ans doit être recommandé par une famille noble et il commence sa carrière comme mousse pendant 3 à 5 ans, ensuite il devint « midship » c'est à dire aspirant officier sur le gaillard d'arrière où il apprend pendant six ans la navigation et les manoeuvres avec les timoniers. Interrogé sur des questions techniques par le commandant de bord il est admis junior officier s'il est jugé apte. Ainsi arrivé à la vingtaine, cet officier est susceptible de prendre des responsabilités.

Les élèves gardes de Marine français reçoivent une excellente formation théorique et pratique en école à Brest Toulon ou Rochefort. Leur sélection se faisait par leurs compétences en mathématiques (Bonaparte avait été pressenti pour intégrer l'école) mais les quartiers de noblesse et la cooptation étaient surtout déterminants. Cela explique sans doute pourquoi Bonaparte a été refusé et a été orienté vers l'armée et non la marine). Les cours théoriques étaient basés sur la géométrie, la balistique, la physique, le dessin, l'apprentissage de la langue des ennemis anglais, sur le plan pratique ils avaient des cours sur la structure des bâtiments grâce à des maquettes d'arsenal et ils apprenaient à établir la voilure, grimper dans la mâture et effectuer les manoeuvres.

Comme pour la marine anglaise, la marine française formait ses officiers sur une période de dix ans.

Les ordonnances du 1er janvier 1786 réorganisent aussi largement le corps des officiers. Douze ordonnances et onze règlements qui sont communément appelés code Castries. De Castries y reprend certains aspects de l'ordonnance de Sartine en 1776, mais innove aussi par des décisions originales. Les ordonnances de 1786 confirment l'autorité des officiers de marine dans le fonctionnement des arsenaux, mais rétrocèdent cependant quelques responsabilités importantes aux officiers d'administration. Ainsi, la direction des constructions est à nouveau confiée à un ingénieur constructeur en chef, donc un civil. Mais le maréchal de Castries contourne la difficulté en lui octroyant le rang de capitaine de vaisseau. Par ailleurs, reprenant les idées de Bourgeois de Boynes, il décide de revoir complètement la formation des officiers en supprimant les trois écoles des compagnies des Gardes de la marine de Brest, Toulon et Rochefort, où, depuis 1683, devaient passer tous les futurs chefs. De même, les gardes du pavillon amiral sont dissous. De Castries régularise aussi les écoles d'hydrographie, de pilotage et de navigation.

L'idée première est de détruire l'esprit de corps fondé sur les relations familiales. Jusque là, seuls pouvaient entrer dans les trois écoles d'officiers les jeunes gens faisant état de leurs titres de noblesse. Cette exigence, que le ministère songeait déjà à remettre en cause à la fin du règne de Louis XV, disparait presque totalement dans les deux nouveaux collèges préparatoires ouverts à Vannes et Alès. Le successeur du maréchal de Castries, le comte de La Luzerne en 1787-1788, voudrait aller plus loin et supprimer toute condition de noblesse pour l'accès à ces collèges, mais Louis XVI refuse ce projet qui lui semble trop audacieux. Pour contourner la difficulté, le ministère crée de nouvelles possibilités d'accès au corps des officiers, ouvertes aux enfants de bonnes familles de négociants, d'armateurs ou de capitaines marchands ayant déjà eu une certaine expérience de la navigation ; pour ceux-ci il n'est plus question de noblesse. On établit aussi une passerelle entre marine marchande et marine de guerre grâce à laquelle les capitaines au long cours peuvent obtenir le grade de sous-lieutenant de vaisseau avec possibilité d'avancement. S'ébauche ainsi une sorte de corps d'officiers de réserve qui peut permettre de résoudre les problèmes d'effectif qui se posent à chaque période de guerre.

La deuxième idée de ces réformes est d'améliorer la formation des officiers, qui jusque là, en temps de paix, se faisait largement « en salle », c'est-à-dire sur des livres, et pas assez à la mer. Le ministère ne veut plus seulement des officiers savants –nombreux dans le corps– mais aussi des officiers marins hardis à la manœuvre et bon combattants, comme en témoigne l'*Encyclopédie méthodique de la marine* publiée entre 1783 et 1787. L'un de ses auteurs, très au fait de cette évolution, insiste sur le fait que « l'officier de marine doit être homme de condition si l'on veut ; homme de savoir, s'il est possible, mais homme de mer absolument (…). Son capital est de beaucoup naviguer ». D'où la popularité de Suffren au retour de sa campagne des Indes, ou de marins du siècle précédent comme Jean Bart ou Duguay-Trouin à qui on donne le nom d'unités qui entrent en service. La maistrance n'est pas oubliée. Les réformes prévoient que les meilleurs sous-officiers (maîtres pilotes et maîtres d'équipages) qui se sont distingués puissent accéder au corps des officiers. « Tout cela constitue un véritable bouleversement des habitudes et, pour la première fois depuis le règne de Louis XIV, il devient possible d'être officier de marine sans être noble » (Étienne Taillemite). C'est un fait rarement relevé par les historiens : peu avant 1789, la Marine, en faisant passer la compétence (voire l'excellence) avant la naissance a déjà fait sa révolution (contrairement à l'armée de Terre, ou le lien noblesse-officiers reste essentiel), même si beaucoup d'officiers supérieurs continuent à afficher un côté nobiliaire outré. Une évolution dont la Marine ne sera guère payée de retour puisque la maistrance, jouera, de 1789 à 1793, un rôle capital dans l'agitation et le refus d'obéissance sur les vaisseaux.[11]

Les lieutenants de vaisseau: officiers de quart, à tour de rôle, ils contrôlent la marche du bâtiment. en transmettant les ordres du commandant. Se tiennent sur les gaillards et les batteries. Ils contrôlent la gestion de la logistique. La solde annuelle est de 1600 livres environ. Ils sont cinq, ont servi deux ans comme enseigne. Celui nommé officier de détail a le rôle particulier d'être à l'écoute de l'équipage pour transmettre au commandant les problèmes. Les lieutenants de vaisseau partagent des petites cabines à l'arrière.

L'officier des signaux communique avec les autres navires et les ports. Il a un livre des codes de communication de l'escadre qui sont changés à chaque mission. .

Les enseignes de vaisseau: Ils sont cinq, adjoints des lieutenants de vaisseau. Leur solde est de moitié (800 livres/an). Ils ont navigué 2 ans et demi pour obtenir ce grade.

Ecrivain: c'est celui qui gère la logistique. Il contrôle les approvisionnements, le stockage et la distribution des vivres.

Chirurgien et ses aides: les blessés sont soignés sur les ponts inférieurs et opérés dans la cabine du chirurgien entièrement peinte en rouge pour cacher la vue de projections de sang. A bord ils ne sont pas médecins mais ont une plus ou

---

[11] Voir mon livre "Les marines de Louis XV & Louis XVI"

moins bonne pratique de soins infirmiers. Mais de toutes façons les septicémies sont inévitables.

Prévôt: a un rôle pour le maintien de l'orde, aidé en cela par les fusiliers de l'infanterie de marin.

L'aumônier: Ils sont formés à Rochefort, ce sont surtout des Jésuites. Leur ministère n'est pas enviable par rapport à celui d'un curé de campagne. Ils aident les officiers à faire accepter la discipline et les vicissitudes de la vie en mer. Il conduit la messe à bord chaque dimanche et les Saint Sacrements et funérailles.

La maistrance: ce sont les maîtres d'équipage: **Le bosco, premier maitre d'équipage**, il porte le sifflet d'argent du bosco et le porte voix pour donner les ordres de manoeuvre, le réglage du gréement, les ordres aux timoniers et au cabestan. C'est souvent l'homme qui a le plus d'expérience et d'autorité à bord. **Le second maître** est l'adjoint du bosco et se tient généralement sur le gaillard d'avant près de la misaine et du beaupré qui sont cachés du bosco si ce dernier se tient vers l'arrière. **Les quartiers maîtres**, il y en a une quinzaine répartis dans divers secteurs du gréement pour diriger les manoeuvres.

Le maître pilote: c'est le navigateur du bord, il connait plus ou moins les côtes, les courants, les récifs grâce aux notes prises dans ces précédentes navigations, il a la charge de relever régulièrement la position du navire avec le instruments de l'habitacle, près de la barre à roue: horloges, boussole, compas, sextant. Il a un ou deux aides. Il commande aux 10 timoniers.

Les maîtres artilleurs: il y en a un par batterie, responsable de l'entretien des pièces, du stockage et manutention des accessoires et munitions.

Les chefs de pièce: ils ont la responsabilité de deux pièces, une de chaque bord sachant que les combats se déroulent rarement sur deux bords en même temps, enfin c'est à éviter!

Le maître charpentier. Il contrôle au quotidien l'état du navire, l'état des pompes et visite le fond de cale où les eaux croupissent, la sentine, il en contrôle le niveau et l'odeur pour savoir s'il n'y a pas de voie d'eau. Il procède aux réparations permanentes même pendant les combats sous le feu de l'ennemi. Un maître calfat et ses adjoints travaillent avec le maitre charpentier.

Le maître voilier tient un rôle similaire. Il se fait aider de tous les matelots pour la couture des voiles à réparer.

Les maîtres ouvriers: armurier, forgeron, cuisinier, chaudronnier.

Les matelots, ils se relèvent dans les quarts. Ils partagent les hamacs ou « branles » car se balancent au gré du tangage et du roulis, l'ordre de combat est « Branle bas de combat », car ils sont suspendus dans les batteries et au-dessus des canons, il faut donc les décrocher, et on a pris l'usage de les plier et les disposer sur les bastingages pour se protéger de la mitraille. Les matelots sont les hommes à tout faire dans le navire sur le pont comme dans la mâture sauf en principe sur les pièces de batterie. Ils sont à la manoeuvre sur le pont, dans les gréements, aux ancres, au calfatage et à à la couture des voiles. **Les 13 gabiers**, 1/3 de l'effectif, encadrent les 500 matelots et les 65 mousses et novices. Les mousses sont des enfants certains n'ont pas plus de 8 ans. Après 6 mois ils deviennent novices qui sont apprentis pendant 6 mois avant d'être matelots. quant à eux font leur apprentissage en vue de devenir matelot (au bout de 6 mois minimum).

L'infanterie de marine: Effectif d'une compagnie soit 100 à 130 hommes, elle a toujours été présente à bord des vaisseaux de guerre. Leur nombre varie selon la puissance du bâtiment. Ils sont au combat rapproché à portée de fusil et ce sont eux qui montent à l'abordage en premier. Sinon, ils aident à la manoeuvre des canons et à l'approvisionnement des munitions. Ils aident à faire respecter la discipline. A l'escale, ils montent la garde sur le pont. Ils complètent l'équipage à tous les postes dont l'effectif souffre des maladies et des combats. Ces hommes sont commandés par un capitaine ou un lieutenant de l'infanterie de marine qui reçoit en plus de son traitement une prime de 50 livres par mois et 2 écus par recrue qu'il fera sur le bâtiment. Un fusilier de marine est engagé pour six ans, il est moins payé qu'un matelot: 9 livres au lieu de 11 livres par mois. Choiseul les remplace par des fusiliers de l'armée de terre en 1761, alors que les Anglais font l'inverse en 1755.

Les surnuméraires, 30 environ sont le chirurgien et ses aides, le cuisinier, boucher, tonnelier, maîtres valets, armurier., les valets entretenus aux frais du commandant.

Les conditions de vie à bord étaient très difficiles à cause de la surpopulation, bien évidemment l'hygiène était déplorable, les insectes parasites pullulaient, les rats pillaient les vivres, ils pouvaient faire l'objet d'une chasse pour leur viande et l'apport en vitamine C si on leur mangeait le foie. Souvent des hommes d'équipage pour s'amuser emportaient avec eux non pas des albatros mais des chats, des chiens, des perroquets ou mêmes des singes. Mais les animaux vivants les plus nombreux étaient ceux de basse-cour dont on emportait une très grande quantité sur le premier pont. On peut imaginer l'odeur pestilentielle qui s'en dégageait avec ces veaux, vaches, cochons et volailles de toutes sortes, la paille de litière souillée, les sabords fermés la nuit. Une manche à air était installée, elle pouvait apporter de l'air frais à l'intérieur. Les fonds de cales étaient chargés de barriques de vin d'eau, de harengs, de salaisons.

La discipline à bord: La campagne de navigation commence par une messe et la lecture publique du règlement: Les hommes sont frappés par la maistrance s'ils ne travaillent pas assez vite ou pas assez bien,.Les peines sont prononcées par le capitaine avec la peine de mort dans certains cas: « … sera puni de mort tout homme qui se sera rendu coupable d'avoir fomenté ou participé à un complot contre l'autorité du commandant ou contre la sûreté du bâtiment, d'avoir prononcé des paroles séditieuses ou ayant le caractère d'une mutinerie, …d'avoir outragé un officier supérieur par paroles, geste ou menace, … de s'être querellé avec un supérieur ou d'avoir refusé d'obéir à un ordre légal. » En dehors de ces crimes graves, les autres infractions sont passibles des fers, on enchaine et on attache le puni en fond de cale par des fers aux chevilles; le supplice de la cale: le puni est pendu par les pieds à une vergue et on le laisse chuter pour le retenir brusquement au-dessus de l'eau. S'il est condamné à la grande cale à ce moment là on le laisse tomber dans l'eau et on le laisse trainer dans le sillage du bateau. Il peut être fouetté ou privé de ration de vin ou de nourriture.

On parle de mutineries dans la littérature et le cinéma. Celle du Bounty est célèbre. En fait elles étaient rares car uniquement 5 cas auraient été recensés dans la marine française au XVIII siècle. Prendre le contrôle du bâtiment est une chose mais savoir naviguer, c'est à dire faire le point pour ne pas se perdre sur les Océans n'est pas à la portée de tous les marins. Ainsi pour qu'une mutinerie réussisse il fallait aussi qu'un officier ou un maître bien formé fasse parti des mutins.

Nous observons que deux cloches se trouvaient sur le pont, de forme et de son différents. Elles portent dans la fonderie le nom du bâtiment.

La journée de travail commence à minuit. Elle est divisée en 2 quarts de 6 heures et 3 quarts de quatre heures.

La grosse cloche sur le gaillard d'arrière sonne les quarts et les repas c'est à dire toutes les six heures.

La petite cloche sur le gaillard d'avant sonne les demi heures.

La mise en place des branles, (les hamacs) est à 19 heures et on les retire à 07 heures de leur installation dans le fond-pont et les batteries.

Pour mesurer le temps on dépose dans les habitacles près de la barre à roue, un chronomètre. Inventé par Le Roy et amélioré par Ferdinand Berthoud, très bon horloger.

Afin que le bâtiment soit en permanence opérationnel, l'équipage est divisé en deux parties: le quart de tribord, « les tribordais » et le quart de bâbord: « les bâbordais ». Quand une équipe travaille, l'autre se repose.

Il y a trois repas par jour aux changements de quart: à 07 heures, vers midi, le soir vers 19h30.

Nourriture: essentiellement des produits facile à conserver: légumes secs, viande séchée, fromages à pâte dure. Ration quotidienne d'une livre de biscuits de mer, soit 60 % de la ration en calorie. Ils n'ont pratiquement jamais d'oeufs, laitages, fruits et légumes verts. Les français aiment à avoir du pain frais à bord. Ils vont jusqu'à installer des moulins à vent sur le gaillard arrière comme ce fut le cas sur les flutes pour l'expédition scientifique de Lapérouse. Les hommes n'arrivent à consommer que la moitié de la ration calorique qui leur serait nécessaire. Ils mangent peu de poissons car ils n'ont pas le temps de pêcher et pour çà la vitesse du navire devrait être réduite à 5 noeuds. La consommation moyenne d'eau est de 2 litres par jour et par personne et l'eau se gâte très vite à bord. C'est de l'eau vinaigrée disposée dans des baquets « les charniers » distribués sur les ponts, les mousses viennent remuer l'eau très souvent pour éviter qu'elle stagne et que viennent les moustiques. Seuls les officiers mangent à table.

La santé à bord de la marine en bois: En 1822 le docteur Forget écrit un excellent article sur l'hygiène navale, voir ce texte page 19. Rappelons simplement qu'aux risques de la navigation sur les Océans à une époque où la science météorologique n'existait pas, il fallait que les hommes de mer soient d'une forte constitution physique pour être exposés sur les ponts ou dans les mâtures, aux rudesses climatiques, froids ou chaleurs et humidité extrêmes, responsables de fièvres et maladies respiratoires infectieuses mortelles. A cela s'ajoutent toutes ces conditions de vie malsaines et cette mauvaise sécurité alimentaire qui cause plus de mortalité que les combats. Les blessures par plaies sont peu désinfectées, l'alcoolisme, les dysenteries, le typhus, le scorbut, les maladies vénériennes, la fièvre jaune, sont des infections courantes malgré les consignes de nettoyage quotidien des ponts, des parcs à volaille, des cales, et aussi des hommes d'équipage eux-mêmes: toilettes, lessive. « Le branle-bas de propreté » n'est pas régulier surtout par mauvais temps.

La sécurité au travail: Aujourd'hui sur les répliques de vaisseaux à voile les hommes d'équipage sont obligatoirement équipés de harnais de sécurité. Autrefois évidemment ce n'était pas le cas et, les pieds nus sur les cordes des marche-pied des vergues, ils devaient tirer sur la voile d'une main en se cramponnant de l'autre main. Un coup de vent brusque pouvait faire tomber un homme qui s'écrasait sur le pont ou tombait à la mer et se noyait presque aussitôt. On jetait, dis le règlement, une bouée à laquelle s'accrochait le malheureux s'il parvenait à l'atteindre dans les flots tumultueux mais faire un virement lof pour lof en lançant un canot à la mer prenait trop de temps et trop de risque de perdre dix hommes pour en sauver un seul.

Le taux de mortalité acceptable pour une campagne en mer de la marine à voile tournait autour de 5 à 10 %.

D'après le journal de bord du vaisseau "Le Héros" lancé à Toulon en 1779 et rayé des contrôles en 1793, la campagne de Suffren aux Indes de 17881 à 1784 a causé la perte de 40 % de l'équipage.

Frédéric Rateau. 31 décembre 2024.

Les vaisseaux trois-ponts de 118 canons la classe « Océan » F. Rateau.

Page 155, j'ai évoqué ce type de bâtiment. Il y a eu longtemps discussion sur l'intérêt de construire des vaisseaux à trois ponts couteux à la construction et à l'exploitation et assez lents dans le déplacement et la manoeuvre. Mais certains progrès techniques apportés à leur conception justifièrent les règnes de louis XVI, de la République et l'Empire de doter leur marine de ces géants des mers.

Le premier bâtiment construit date de 1788, il s'appelait « *le Commerce de Marseille* » (voir image page 162) Dix de ces vaisseaux naviguèrent entre 1785 et la fin de l'Empire en 1815. (Voir leurs noms page 156-163). Ces navires étaient construits en série, et logiquement un nom fut donné à la série: ce fut « *L'Océan* » qui fut un bâtiment de 118 canons qui s'appelait à l'origine « *Les Etats de Bourgogne* » qui fut rayé des contrôles de l'armée en 1855!

Louis XVI fit la commande de ces deux premiers vaisseaux le 30 septembre 1785. Le « *commerce de Marseille* » fut construit à Toulon, destinée pour l'escadre de la flotte du Levant et « *Les Etats de Bourgogne* » fut construit à Brest pour l'escadre de la flotte du Ponant. A cette époque, la marine fut réorganisée en 9 escadres. (5 escadres à Brest et 2 à Rochefort, et 2 escadres à Marseille). Et l'on voulait affecter un navire amiral trois-ponts de 118 canons à chacune de ces neuf escadres. En attendant leur construction on leur a attribué les anciens 110 canons dont on disposait. Les neuf escadres devaient se répartir en plus 12 vaisseaux de 80 canons de la classe « Tonnant » et 60 vaisseaux de 74 canons du modèle « Téméraire ».

Il est à noter que ces bâtiments étaient en grande partie financés par dons d'entreprises qui arrivaient aux chambres de commerces locales, c'est la raison pour laquelle le premier est baptisé « *Commerce de Marseille* ».

Cette classe « Océan » était construite selon les principes de standardisation dessinés par J.N. Sané. (Voir page 152). Très puissants, très solides, et lents, ces bateaux était cependant plus manoeuvrants que leurs concurrents étrangers.

A la fin du chantier du « Commerce de Marseille » en 1790, Toulon poursuit la série avec le troisième bâtiment: « *Le Dauphin Royal* » rebaptisé « Le Sans Culotte » à la Révolution » et « L'Orient » en 1795. Il a fallu attendre l'Empire pour trouver le financement à la poursuite de la série.

Histoire du «Commerce de Marseille », le 1er de la classe « Océan ».

Alors que le chantier commence avant la Révolution le 07 septembre 1788, le navire est terminé et lancé en octobre 1790. Il est au port de Toulon en 1793 quand, profitant de la guerre civile sur la ville, la flotte britannique de l'amiral Hood entre dans la rade pour s'emparer de toute la flotte française, 17 vaisseaux étaient au mouillage et uniquement quatre d'entre eux avaient un officier et un équipage présents pour réagir. A l'arrivée de l'armée française qui vient libérer Toulon, les Anglais brûlent les entrepôts et les navires qu'ils ne peuvent pas voler. « Le Commerce de Marseille » fait partie des prises. Les Anglais le testent en haute mer et rédigent un rapport: « Vaisseau aux lignes exceptionnellement fines, un bon navire de haute mer [...]. En dépit de ses dimensions, il navigue comme une frégate, il a une bonne tenue à la mer. Peu de navires sont comparables à lui, c'est un remarquable navire, très sûr et aisé ». Mais dans un deuxième temps, la marine anglaise semble ne pas savoir quoi faire de ce géant. L'un des plus importants constructeurs anglais, Gabriel Snodgrass, spécialiste des bâtiments de l'East India Company, juge les trois-ponts français comme « des monstres ridicules ». À la même époque, les marins français eux-mêmes leur préfèrent les 80 canons, plus rapides et plus manœuvrants.

Cette prise anglaise fut emmenée à Portsmouth puis navigue dans les Antilles où en 1795, victime d'une violente tempête il est trop endommagé pour naviguer et sert un moment de ponton flottant (prison) et est démoli en 1802.

Caractéristiques d'un 118 canons classe « Océan »:

Coque d'un 118 canons: 65,18 mètres de long, 16,24 mètres de maitre-bau et 8,12 mètres de creux (tirant d'eau).

Déplacement est de 3 000 tonneaux = 5 100 tonnes (poids de l'eau de mer qu'occupe le vaisseau en s'enfonçant dans l'eau).

Voilure: 3 200 m^2 de voiles. Vitesse max:10 noeuds. Les vaisseaux trois-ponts de 118 canons français sont plus lourds et plus longs mais plus manoeuvrables que le 138 canons vaisseau amiral Santisima Trinidad et le vaisseau amiral anglais HMS Victory de 104 canons.

Armement de la classe Océan:

Aux 118 canons il faut ajouter 6 caronades en 1786 et dans la série des vaisseaux ont été renforcés en artillerie.

Initialement il y avait:

- en première batterie 32 canons de calibre 36,
- en deuxième batterie 34 canons de 24 livres,
- en troisième batterie 34 canons de 12 livres,
- Sur les gaillards: 18 canons de 8 livres et 6 obusiers de 36 livres.

En 1803 fut lancé le vaisseau « *L'impérial* » armé en troisième batterie de 34 canons de 18 livres.

En 1806, le vaisseau « *L'Austerlitz* » fut équipé sur les gaillards de 14 canons de 8 livres et 12 caronades de 36 livres.

Ces vaisseaux naviguaient encore sous la Monarchie de Juillet et le Second Empire, et comme nous l'avons vu page 138, sur une idée de Napoléon, on décida de standardiser l'artillerie embarquée mais au lieu de choisir le calibre 36, les vaisseaux furent armés finalement uniquement de canons de 30 livres à partir de 1836.

L'équipage d'un trois-ponts 118 canons classe « Océan »:

Officiers: 16, un capitaine de vaisseau, un major, sept lieutenants sept sous-lieutenants (ex-enseignes); Gardes de Marine (élèves officiers) : 9; officiers mariniers: 81 deux premiers maîtres, 3 seconds maîtres, 4 contre-maîtres, 24 quartiers maitres, dix pilotes et deux pilotes côtiers, ; 66 canonniers en 1786 ils sont troupes de Marine quatre maitres canonniers, sept seconds maîtres canonniers, un maître armurier, un maitre charpentier deux seconds maîtres et 6 aides, un maître calfat, deux seconds mètres et 6 aides calfats, un voile, un second-maître et trois aides voiliers; 19 surnuméraires: un chirurgien et ses aides, un aumônier, cuisinier et aides aux cuisines. Au temps de la République et de l'Empire l'effectif total théorique en temps de campagne en mer est porté à 1130 hommes.

Au total, seize trois-ponts de type 118 canons de Sané-Borda ont été mis en chantier. Les deux premiers sous l'Ancien Régime (*le Commerce de Marseille* et *les États de Bourgogne*); Trois autres durant la Révolution (*le Dauphin Royal, le Vengeur* et *la République française*). Les onze autres a eu lieu durant le Premier Empire (*l'Austerlitz, le Marengo, le Monarque, le Montebello, l'Impérial, le Tonnant, le Roi de Rome, l'Inflexible, le Héros, le Formidable* et *le Souverain*). Seul cinq de ces vaisseaux de 118 canons commencés sous l'Empire entreront en service avant l'abdication de Napoléon, en 1815.

Le Roi de Rome, mis en chantier en 1811 en l'honneur du fils de l'Empereur, ne sera jamais terminé. Renommé *le Sans-Pareil* au début de la Restauration, il est en effet démonté en 1816 parce que sa membrure, peu avancée, dépérissait sur les chantiers. Il servit à la refonte du vaisseau *le Wagram* à la fin de l'année 1818

Frédéric Rateau. 1er janvier 2025

Les vaisseaux deux-ponts 80 canons de la classe Tonnant 1787 et le 80 canons de la classe Bucentaure 1802. F.Rateau.

En 1747 et en 1749 deux vaisseaux à deux ponts de 80 canons avaient été construits « *le Tonnant* » et le « *Soleil Royal* », ils étaient réputés plus rapides et plus puissants que les trois-ponts de 80 à 110 canons de leur époque. (pages 152-153)

A partir de 1782 des frégates et trois modèles de vaisseaux dessinés par Jean Noël Sané sont construits voir page 152.

-les frégates de 18 (plan de 1782 de la classe Hébé)

-Les deux-ponts de 74 (plan-type adopté en 1782) de la classe Téméraire

-Les deux ponts de 80 canons (plan-type adopté en 1787, de la classe Tonnant

-Les trois-ponts de 118 canons (plan-type adopté en 1785). (6 vaisseaux commandés).

Les deux ponts de 80 canons sont construits à partir de 1787 sur les plans de la classe « Tonnant » (à ne pas confondre avec « le Tonnant » de 1747). Ils ont été construits parce qu'ils présentaient un compromis efficace entre le vaisseau 74 à deux ponts de la classe Téméraire et le vaisseau à trois-ponts de la classe Océan. Ce dernier était jugé couteux et lent bien que le modèle français était très manoeuvrant pour un trois-ponts.

Le vaisseau deux-ponts de la classe Tonnant fut très apprécié des officiers de marine quand il fut en service de 1789 à 1783. Il était très manoeuvrant et puissant avec ses 80 canons.

Par rapport au 74 canons il était plus long et plus large ce qui permettait de l'armer de plus de canons et plus puissants.

Le rallongement de la coque, permise par l'amélioration technique de la construction, permettait d'augmenter la vitesse en plus d'augmenter la puissance de feu.

Mais si la marine française disposait des meilleurs vaisseaux de son époque, le contexte politique de la période a joué en sa défaveur. Beaucoup d'officiers de marine avaient migré, les grands amiraux en fin de carrière étaient décédés et leurs équipages manquaient non seulement d'expérience mais aussi d'effectif.

La saignée des guerres civiles de l'ouest de la France, la République qui ne payait plus les soldes, la priorité donnée aux engagements dans les régiments pour combattre aux frontières envahies et la dure vie en mer ne pouvait pas encourager les enrôlements pendant la Révolution et l'Empire. Les meilleurs marins préféraient s'engager dans la guerre de course qui leur rapportait bien plus. Enfin, la France n'avait pas voulu changer de stratégie, se reportant sur la puissance de son artillerie il lui fallait éviter le combat rapproché et éviter de prendre les ennemis à l'abordage car eux avaient fait le choix de s'équiper d'une artillerie peu couteuse à produire et peu couteuse en effectif, constituée de caronades, canons courts et imprécis mais qui avaient une cadence très rapide pouvant tirer à mitraille à bout portant décimant les gaillards ennemis.

Le vaisseau deux-ponts, 80 canons de la classe « Tonnant » mesurait 60, 26 m de long; 15,60m de large et 7,58 de tirant d'eau. Il déplaçait 3868 tonneaux.

Il était armé en première batterie de 30 canons de 36 livres, en seconde batterie de 32 canons de 24 livres et sur les gaillards se trouvaient 18 canons de 12 livres et 6 caronades de 36 livres.

On avait conservé le règlement de 1786: 854 hommes: 12 officiers, 7 élèves ou volontaires, 60 officiers-mariniers, 45 canonniers (des troupes de marine), 7 timoniers, 503 matelots, 130 soldats (troupes de marine ou infanterie de ligne), 60 mousses, 14 surnuméraires et 13 valets.

La liste des navires de cette classe est sur le tableau page 164.

La classe Bucentaure:

Ce sont des vaisseaux de ligne à deux-ponts de 80 canons construits suivant les plans de Jacques-Noël Sané à partir de 1802. Napoléon en commande 29 mais 21 seront produits.

Dimensions: 63, 20m de long, 15,30m au maitre-bau. Plus long et plus étroit il ne pouvait qu'être plus rapide que le vaisseau de la classe « Tonnant ».

Voilure de 2683 m2.

Ces vaisseaux sont armés de 30 canons de 36 livres sur le premier pont et de 32 canons de 24 livres sur le pont supérieur et 18 canons de 12 livres plus six obusiers de 36 livres sur les gaillards. En 1806 les obusiers seront remplacés par des caronades de sorte qu'il y aura 14 canons de 12 livres et 10 caronades de 36 livres.

Leur liste est sur la page 163.

Le dernier vaisseaux de cette classe a été lancé en 1812.

Le Friedland lancé en 1811.

Frédéric Rateau. 1er janvier 2025

Les Frégates par Frédéric Rateau.

Le mot frégate aurait une origine antique: « fragata ». A partir du XIV siècle En Italie, on trouve à partir de 1350 le mot de « fregata » dans certains textes consacrés à la marine et un traité de la navigation italien écrit par Pedro de Medina en 1545. A la fin du XVII siècle les corsaires de Dunkerque appelèrent « Fregat » les navires rapides contre les vaisseaux hollandais. Ces derniers donnèrent ce nom à leurs navires contre les galions espagnols. En 1620 le baron de Beauvau raconta son voyage au Levant et a décrit des frégates comme étant de grandes barques semi-pontées, armées de pierriers. Sur l'arrière était un pontet genre de gaillard. Gréées en voiles latines avec des avirons pour les temps calmes. Légères, peu profondes et très rapides elles servaient pour transmettre les messages aux escadres en Méditerranée. Elles avaient un rôle d'aviso. Un Anglais, Sir Robert Dudley, Duc de Northumberland a reproduit par un dessin une de ces « Frigata »: 160 pieds (48 mètres) de long et de 24 pieds (7,3 mètres) de large. Armé d'une batterie sur un seul pont, et des canons sur deux petits ponts, genre de gaillards avant et arrière.

Une frégate française qui naviguait sur la Tamise fut recopiée en 1649 par Peter Pett. « le Constant-Warwick », jaugeait 380 à 400 tonneaux, portait 18 demi-couleuvrines ou canons courts de 9 livres sur le pont principal, 6 canons de 6 livres sur un gaillard arrière. Ce navire fut sur la liste d'inventaire des vaisseaux anglais en 1652.

La frégate était d'abord un vaisseau à deux ponts en France et en Angleterre.

Elles pouvaient avoir 18, 28 et même 48 canons. Vinrent ensuite vers 1750 les frégates légères à un pont.

Dans la seconde moitié du XVIII siècle on a eu 3 modèles de frégates:

- 1er ordre calibre 12,
- 2ème ordre calibre 8 et
- 3ème ordre: frégates légères.

La Frégate vaisseau à deux ponts

Les navires de guerre étaient classés: voir page 151.

Le règlement du 04 juillet 1670: plaçait les frégates dans le cinquième rang pour celles qui avaient 18 à 28 canons. 46 frégates deux-ponts de ce type furent construite de 1658 à 1715, la dernière fut la Rose en 1750.

La frégate de 18 canons mesurait 26 mètres de long, 6.9 mètres de large et 3.3 mètres de creux, pour 200 tonneaux.

Celle de 28 canons mesurait 28 mètres de long, 7.2 mètres de large et 3.3 mètres de creux, et jauge 270 tonneaux.

Les critères de classement évoluèrent avec le temps et les progrès techniques. Le règlement de 1670 imposait à chaque commandant de bâtiment de rédiger dans son livre de bord toutes ses remarques relatives au bâtiment et à sa marche en vue d'apporter les amélioration à la flotte: dans chaque port il y a un conseil de construction, composé des officiers généraux présents, de l'intendant, du commissaire général, du capitaine du port. Il se réunit chaque semaine pour s'informer des qualités et des défauts de chaque bâtiment au retour d'une campagne, établir à partir des leçons tirées de ces expériences les mesures et proportions des vaisseaux à construire, puis examiner et modifier éventuellement les devis et les plans proposés par les maîtres charpentiers pour ces bâtiments.

Ce règlement est repris dans la grande ordonnance de marine de 1689, ce qui en accroît le caractère obligatoire".

L'ordonnance de 1689 classe vingt ans plus tard dans le cinquième rang les frégates deux ponts ayant 36 canons et les dimensions de 35,60 m pour la longueur, 8,90 m de largeur et 4,50 m de creux. Huit seulement de ces frégates légères à deux ponts furent construites entre 1703 et 1732. Celles-ci se caractérisent cependant par l'augmentation du nombre de canons de la batterie et l'armement systématique du gaillard d'arrière

On remarque que ces frégates deux ponts ont pu avoir 28 canons sur une batterie et demi et jusqu'à 48 canons sur deux batteries.

A partir du milieu du XVIIIème siècle, elles vont disparaître car un nouveau modèle fut imaginé: la frégate légère à un seul pont avec des canons de calibres 8, 12, 18, 24 et 30 livres.

La frégate légère à un seul pont.

On s'était rendu compte que les frégates à deux ponts naviguaient mal, et que leur batterie basse était trop basse pour pouvoir être opérationnelle par forte mer. On imagina des frégates à un pont plus légères, plus rapides, manoeuvrant bien car on décida de leur faire porter des canons que sur un pont et des gaillards.

Le règlement du 4 juillet 1670:Les frégates légères de 8 à 16 pièces de canons, un tillac uniquement, pour les plus longues: un petit château sur l'avant pour couvrir les cuisines et un gaillard arrière pour le corps de garde. Une seule batterie. en diminuant les oeuvres mortes on améliora la manœuvrabilité et la vitesse. . On remarque que les

frégate légère

constructeurs ont construit des frégates légères armées de 24 voire 30 canons. Entre 1659 et 1744, 56 frégates légères, armées de 10 à 34 canons. sont lancées. 35 sont armées de 10 à 20 canons, 14 sont armées de 22 à 26 canons, et 7 sont armées de 28 à 34 pièces. Les longueurs varient de 70 à 100 pieds, soit 23 à 32,5 mètres environ. Leur artillerie était constituée de pièces des calibres de 4 ou 6 livres, et parfois 8 livres. A cause de leur faible artillerie, elles étaient destinées à la surveillance côtière, aux liaisons entre les ports et luttes sur de faibles petits bâtiments corsaires ou de contrebande.

La construction des frégates légères s'achève donc vers 1750.

Au milieu du XVIII siècle les progrès techniques permettent de créer en France de nouvelles séries de frégates sans cesse en amélioration. Elles étaient classées par le calibre de leurs canons.

Les Anglais ont modifié leurs frégates à deux ponts en supprimant la batterie basse pour les alléger. Elles étaient classées par le nombre de leurs canons. Au cours de la guerre de succession d'Espagne de 1702 à 1713, ils eurent tant de navires de commerce pris par les corsaires français de Louis XIV qu'ils comprirent que leurs frégates étaient pas en mesure de rivaliser pour protéger leurs convois.

La Frégate de 8 livres de calibre.

A la fin du XVIIème siècle, la marine est en voie vers la rénovation et la restructuration. Le charpentier devient constructeur, il sera bientôt ingénieur. Ce constructeur est tenu de dessiner à l'avance un plan-type et des croquis de pièces de charpente, c'est une première étape vers la standardisation . On remarque que les calculs mathématiques font progresser les recherches et les les navires sont plus performants.

A partir de la frégate légère à un seul pont le constructeur Blaise Ollivier dessine une frégate à un pont percée de 13 sabords pour 26 canons de 8 livres. La hauteur de batterie était de 5 pieds 2 pouces: 1,70 m. Sa coque est particulièrement bien dessinée, 39 m de long sur 10 m de large, lui donnant une bonne vitesse et une hauteur de la batterie qui permit d'être opérationnelle par mauvais temps et sous le vent. Cette frégate, « La Médée » surclassait toutes les frégates existantes jusque là. . En 1744 Blaise Ollivier a construit deux autre frégates, « la Renommée » et « La Sirène » qui fut copiée par l'anglais F.H. Chapman.

La « Renommée » fut capturée en septembre 1747 et bien évidemment il fut aisé aux Anglais de la copier. Voici le commentaire anglais sur cette frégate: *« Elle répond à la barre aussi bien que n'importe quel vaisseau au monde et vire lof pour lof dans des conditions où peu de navires y parviennent. De plus, elle domine ses rivaux tant en vitesse qu'en cap d'une manière surprenante ; sous huniers avec deux ris pris, elle était capable de réussir 11 nœuds au plus près et 13 nœuds par vent de travers ; par bon vent deux aires en arrière de travers et toutes voiles dehors, 15 nœuds. »*

D'autres constructeurs français , comme par exemple Jean Joseph Ginoux dessinent des plans-types: En mars 1756, la Blonde et la Brune. l'Aigrette, la Vestale (qui deviendra la Flore Américaine) et la Félicité.

Quarante-sept frégates de calibre huit, ont été construites pour la marine royale entre 1728 et 1774

Après la capture d'un corsaire français « Le tigre » en 1747, les Anglais ont construit de 1747 à 1749 deux frégates de 24 canons de 9 livres anglaises sur le pont supérieur et quatre petits canons de 3 livres sur la dunette.: « Lyme » et « Unicorn ». Classées comme « navires de 24 canons » elles sont considérés comme les premières véritables frégates construites pour la Royal Navy.

Frégate d'après gravure de jean Jérome Baugean.

L'*Astrée*, de la classe *Nymphe* commandée par La Pérouse pendant la guerre d'indépendance américaine.

Frégate de 12

Les constructeurs français reprennent leurs calculs pour augmenter la puissance des frégates. Ils se fixèrent l'objectif de construire des frégates avec 30 canons de calibre 12 livres sur une seule batterie. Cela représentait 725 kg de plus qu'une batterie d'une frégate de 8. Blaise Ollivier calcula qu'il fallait allonger la quille et lui donner une longueur de 127 pieds.

Finalement il fait construire à Rochefort en 1748 la frégate « Hermione » la première frégate de 26 canons de calibre 12. Elle avait un équipage de 250 hommes.

La frégate de 26 canons de 12 livres en batterie va devenir le bâtiment standard.

La construction navale française montrait sa supériorité sur la construction navale anglaise. Ces derniers ne peuvent pas rester sans réagir.

Six ans après le lancement de la frégate de 12 française, le 29 mars 1756 la Royal Navy confia la conception de leur « frégate de 26 » (selon leur classement) à Thomas Slade. Le chantier de Robert Inwood, lança le 05 mai 1757 le « Southampton », 128 pieds, de long armé de 26 canons de 12 livres et 6 canons de 6 livres sur les gaillards, 4 à l'arrière et 2 à l'avant. En août 1757 il lança le « Diana ».

Les Anglais rattrapèrent leur retard en 1761 avec le lancement du premier vaisseau doublé de plaques de cuivre: la frégate de 32 canons « L'Alarm » suivie de la « Pallas » du « Brillant » et de « La Venus »

En 1766 furent lancées deux frégates qui deviendront célèbres:

La classe « Dédaigneuse »: « **La Boudeuse** », frégate avec laquelle **Bougainville** fait son tout du monde,: dessinée en 1765 par Jean-Hyacinthe Raffeau, elle avait 26 canons de 12-livres et 6 de 6-livres, lancée en 1766 à Indret, elle participa à la guerre en Amérique, pris la frégate anglaise Alceste en 1794 et fini détruite en 1800 à Toulon pour alimenter en bois les boulangeries.

« *La Belle-Poule* », sur le plans de Léon Guignace sortie de l'arsenal de Bordeaux: frégate de 43 m de long; 11,20 m de large tirant d'eau 4,90m avec 32 canons dont 26 de 12 livres est victorieuse du HMS Arethusa, premier combat de la France contre l'Angleterre dans la guerre d'indépendance américaine.

La France lance plus d'une centaine de Frégate de 12 en cinquante ans jusqu'en 1800.

L'arsenal de Rochefort produit quatre frégates d'une série dessinées par Henri Chevillard à partir de la « *Concorde* » la première d'une première lancée en 1778 « la Concorde », « La Courageuse », « La fée », « L'Hermione » (une réplique a été construite à Rochefort de 1997 à 2014): 26 canons de 12 + 6 canons de 6 livres; longues: 43,60m Maître-bau: 11,40m; tirant d'eau: 3,53m tirant d'air 43m déplacement 550 tonnes.

La standardisation des chantiers et leur organisation avaient rendu possible des constructions très rapides, qui peuvent étonner encore au XXI siècle. L'Iphigénie commencée en février 1777 était lancée le 16 octobre 1777.

L'« *Iphigénie* » : frégate de 26 canons de 12 livres, 6 canons de 6 livres et 2 à 4 obusiers de 36 livres. Elle mesurait 40,80m sur 10,50m avec tirant d'eau de 5,50m déplaçant 620 tonnes.. Le 10 juillet 1778, elle capture le HMS Lively ce qui permet de copier le doublage de cuivre. L'Iphigénie a été le premier bâtiment français doublé en cuivre.

En 1780 l'Hermione reviendra au chantier pour recevoir son doublage de cuivre et d'autres également:

Dans cette classe Iphigénie dessinée par Léon Guignace furent construites: l'Amazone à St Malo, (avec laquelle Lapérouse capture la frégate anglaise Ariel le 07 octobre 1779). La Surveillante à Lorient construite d'aout 1777 au 26 mars 1778 dimensions 44,20 de long,; 11,20 m de large, tirant d'eau 4,90m, 620 tonnes. retourne en cale sèche juste après pour recevoir son doublage de cuivre. , la Bellone lancée le 22 aout 1778. « La Résolue » produite à St Malo d'avril 1777 au 16 mars 1778.

La classe « Magicienne dessinée par Joseph Marie Blaise Coulomb quille posée le 06 février 1777 lancée le 07 aout 1778. après elle 12 frégates sont construites et toutes à Toulon: Magicienne, Précieuse, Sérieuse, Lutine, Vestale, Iris, Alceste, Réunion, Sensible, Topaze, Artémise, la Modeste quille posée en février 1785 et lancée le 10 mars 1786.

La dernière frégate de ce type mise en chantier est *la Themis* (1798-1811).

Frégate de 18

La course à l'armement devient une vraie compétition entre les nations qui recherchèrent des frégates toujours plus rapides et plus puissantes, armées de plus de canons de plus gros calibres de 18 livres voir plus..

En Angleterre, un capitaine de vaisseau Shirley, dessine en 1757 une frégate de 44 m de long, 11 de large portant 28 canons de 18 livres et 12 canons de 9 livres anglaise.

En France en 1762 une frégate de 47 m de long et de 12 m de large, portant 30 canons de 18 livres dans une batterie à 2,40 m au-dessus de la flottaison et 20 pièces de 8 livres sur les gaillards. Ces quatre frégates de la **classe Nymphe** dessinées par Pierre Augustin Lamothe était bien supérieures à toutes celles naviguant à la même époque mais après la Guerre de Sept Ans le financement n'est plus là.

En Amérique, l'argent manque également aux Insurgés. Dès février 1777, le Marquis de La Fayette avait conclu avec Silas Deane, l'un des commissaires américains officiels en France, un accord secret selon lequel il s'engageait à servir les États-Unis en qualité de major général de l'armée américaine. Bravant l'interdiction royale, il fait voile vers l'Amérique sur un brick de 250 tonneaux, baptisé du nom symbolique de *La Victoire*. Sa première rencontre avec George Washington a lieu le 1er août 1777, à Philadelphie. Pour s'armer la Marine Continentale récupère de vieilles frégates en les équipant de tous les canons anglais ou français qu'ils purent trouver. Ils parvinrent à équiper en 1777 une frégate « L'Alliance » qu'ils armèrent avec uniquement des canons de 18 livres. La Fayette est rentré en France sur *l'Alliance* (Boston, 11 janvier 1779 - Brest, 6 février 1779), frégate de 36 canons, de la Marine Continentale (capitaine Pierre Landais).

Le 03 juin 1780 les anglais lancèrent à Woolwich une frégate de 28 canons de 18 livres complétés par 10 canons de 6 livres, 8 caronades de 18 livres et 14 pierriers, mesurant 43 mètres de long et 946 tonneaux. Cette frégate, « La Minerva » a été suivie par quatre autres: Arethusa, Latona, Phaëton et Thetis.

En 1782, la France lance **la classe Hébé** qui servira de modèle aux autres classes de frégates de 12 de la marine française. Elles étaient dessinées à partir des plans de Jacques Noël Sané, portaient 26 canons de 18 et 8 canons de 8 livres

En 1790, quinze frégates de dix-huit naviguaient et trois autres étaient en chantier.

Entre 1793 et 1795, 22 frégates de 18 furent lancées. Mais il leur manquait les caronades ce qui fut fait à partir de 1806, 8 caronades de 24 livres sont ajoutées.

Les frégates de 18 livres de la classe Hébé mesuraient 47,3 mètres, et large de 12,7 mètres avec un tirant d'eau de 5,3 mètres. Elles avaient un équipage de 300 hommes en moyenne.

La classe Hortense: du nom de la frégate de 44 canons construite à Toulon entre 1802 et 1803, 28 canons de 18 et 12 canons longs de 8. Long de 48,75m large de 12,20 1350 tonnes. Elle reçoit un doublage en cuivre en avril 1808. Baptisée Hortense, en hommage à Hortense de Beauharnais. Armée à Toulon en 1805, elle fit quelques croisières pour surveiller les côtes de Méditerranée. Au cours d'une mission, Hortense et l'*Incorruptible*, les deux frégates détruisent 7 navires d'un convoi anglais. Le 17 février, elles coulent la corvette HMS *Arrow*, brûlent la bombarde HMS *Achéron* (brûlée) et capturent 3 marchands. Le 22 juillet 1805 L'*Hortense* participe à la bataille des "Quinze-Vingt" et à celle de Trafalgar. Après la

chute de l'Empire, ne pouvant plus porter le nom d'Hortense de Beauharnais, elle fut renommée le 14 mars 1814, *Flore*. Elle fait une campagne à Saint Domingue en 1816, où le commandant Dupetit-Thouars décéda à bord de la fièvre jaune. En 1817, elle participa à la reprise de la Guyane aux Espagnols. Refondue en 1821, elle fait une croisière en 1826-27 de Brest à Rio via Gorée et retour. De retour en Méditerranée en 1828, elle prend part au blocus d'Alger. Elle est refondue encore en 1829. En 832 elle croise aux Antilles, aux Caraïbes et au Brésil. En 1833, elle participe à la guerre du Walo. Elle est retirée du service le 25 novembre 1840.

La France aurait construit 137 frégates de 18 de 1782 à la fin du siècle. La dernière naviguera jusqu'en 1891.

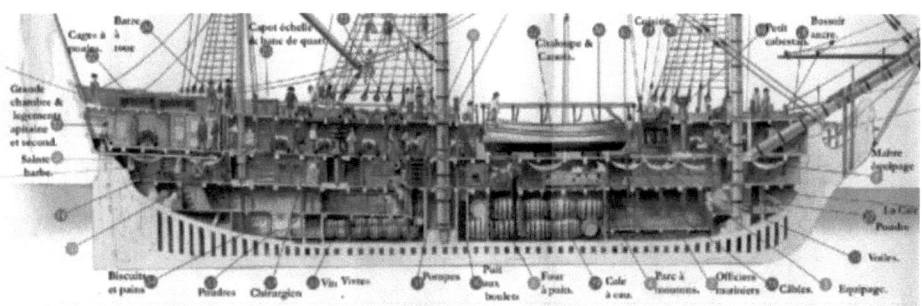

Villehuet écrit dans son manuel des marins:

FRÉGATE. Tout Vaisseau de guerre au-dessous de soixante Canons est Frégate. Nos Frégates Françoises sont en général à une seule Batterie & leurs Gaillards, il y en a très-peu à deux Batteries; & je crois qu'on a pris le bon parti en les supprimant, parce qu'il est toujours aisé de donner une grande vitesse aux Frégates qui ne porteront du Canon que sur un Pont & sur leurs Gaillards, & elles seront toujours assez fortes si on leurs donne du Canon de dix-huit ou de douze, avec du six sur les Gaillards, quarante a quante-six Canons en tout, & elles pourront tenir tête aux Vaisseaux ennemis qui auront cinquante-six Canons en deux Batteries & leurs Gaillards, parce qu'elles seront plus rases, qu'elles auront, proportion gardée, plus de monde, & que certainement elles marcheront mieux, & seront plus légeres de manœuvres. Une bonne Frégate de guerre doit être bien battante, marcher supérieurement, & avoir une grande stabilité, sous une Mâture peu élevée, facile à manœuvrer, prompte dans ses mouvements de rotation, & gouverner très-bien.

Les frégates de 18 construites en France entre 1782 et 1805

Nom des séries	Ingénieurs	Caractéristiques	Nombre construit	Naviguaient de:
Hébé	Jacques Noël Sané	26 canons de 18 et 8 canons de 8	6	de 1782 à 1793
Danaé	Charles Segonday-Duvernet	28 canons de 18 + 12 de 8	3	de 1782 à 1785
Nymphe	Pierre-Augustin Lamothe	32 canons de 18	4	de 1782 à 1791
Minerve	Joseph-Marie Blaise Coulomb		5	de 1782 à 1794
L'Uranie	Charles Segonday-Duvernet		1	1793
Seine	Pierre-Alexandre-Laurent Forfait		5	de 1793 à 1797
La Montagne	Joseph-Marie Blaise Coulomb		1	1794
Preneuse	Raymond-Antoine Haran		2	1794 à 1798
Virginie	Jacques Noël Sané		10	1794 à 1802
Diane	Pierre-Joseph Penetreau		1	1796
Carrère et Muiron	Pierre-Alexandre-Laurent Forfait	28 canons de 18 + 12 de 8	2.	1797 Venise
Valeureuse	Charles-Henri Le Tellier		2	1798 à 800
La Créole	Jacques-Augustin Lamothe		1	de 1794 à 1798
Consolante	François Pestel- à St Malo	28 canons de 18 + 12 de 8+ 4 caronades de 32	8	de 1800 à 1812-
Hortense	Jacques Noël Sané à Toulon	28 canons de 18 et 12 canons longs de 8	7	de 1803 à 1807

Nom des séries	Ingénieurs	Caractéristiques	Nombre construit	Navigaient de:
Gloire	Pierre-Alexandre-Laurent Forfait		7	de 1803 à 1807
Armide	Pierre Jacques Nicolas Rolland	48 canons- Long: 46,50m Large:12	15	de 1804 à 1823
Milanaise	Charles Segondat-Duvernet		4	de 1805 à 1813
Pallas	Jacques Noël Sané		54	de 1805 à 1832

Les frégates de 24 livres

C'est un ancien officier Louis Boux qui proposa en 1768 l'idée de remplacer les vaisseaux de 50 canons par des frégates puissantes portant des canons de calibre 24 livres.

Le 10 novembre 1772, puis en 1775, deux frégates sortirent de l'arsenal de Lorient « *La Pourvoyeuse* » *et la Consolante.*

Les frégates de 24 livres mesuraient entre 150 et 157 pieds de long. Armé de 26 canons de 24 et 12 canons de 8.

En Suède, la *Vénus*, lancée le 19 juillet 1783, construite d'après un plan de Fredrik Henrik Chapman,et, portait 26 canons de 24 livres et 14 canons de 6 livres, avec 39 mètres de long et un équipage de 160 hommes. Elle fut capturée par les russes en 1789 dans le fjord d'Oslo.

En France, de 1793 à 1796, c'est la relance des frégates de 24 à partir de la, *la Résistance* et « la Vengeance » destinées par Pierre Degay. Elles ont autour de 430 hommes d'équipage. Deux autres frégates de vingt-quatre aux dimensions plus importantes, *la Forte* et *l'Egyptienne* sont construites en 1794 et 1799, puis, la formule est abandonnée. La supériorité de la frégate de vingt-quatre sur celle de dix-huit n'apparaît pas clairement, et son coût atteint presque celui d'un vaisseau. Avant la Révolution 15 frégates de 24 furent construites en France avec les Classes Pourvoyeuse, Résistance, Forte, Romaine (9 construites par Pierre Forfait).

En Angleterre « L'Endymion est construite en 1797, une frégate qui mesure 154 pieds de long, porte 28 canons de 24 livres et 12 de 9 livres. Mais ils en produisent peu (6) armées de 44 pièces: 26 canons de 24, 16 caronades de 32 et 2 canons de 9.Ils se contentent surtout de réarmer des vaisseaux pris à l'ennemi en supprimant le pont batterie supérieur ou des frégates ennemies qu'ils armèrent avec des caronades de 32.

Les jeunes Etats-Unis d'Amérique veulent se doter d'une marine basée sur des frégates puissantes. En 1797, commençait le chantier de six grandes frégates portant des canons de calibre 24. Les USS: Constitution (52 pièce: 32 canons de 24, 20caronades de 32); Unied States (56 pièces: 32 canons de 24 et 24 caronades de 42); President (55 pièces: 32 canons de 24 et 22 caronades de 42 et un canon de 18; General Pike (28 canons de 24); Guerrière (53 pièces: 33 canons de 24 et 20 caronades de 42); Mohawk (42 pièces: 26 canons de 24 et 16 caronades de 32).

L'une d'elles l'USS Constitution fit une traversée en 1811 et fut étudiée à Cherbourg par l'arsenal mais la France dû attendre la fin de l'Empire pour construire de nouvelles frégates de 24, avec le type classe Jeanne d'Arc (8 frégates de 1820 à 1825 et la classe Artémise: 14 frégates de 24 avec 50 canons construites de 1828 à 1847.

Les dernières frégates de la marine à voiles

La Belle Poule 1834 Musée Bertrand à Chateauroux

Le souhait exprimé par Napoléon d'équiper la marine d'un seul calibre fut exhaussé en 1821 grâce au baron Tupinier. Les calibres 24 furent remplacés par des canons de calibre 30 longs et courts. Sur l'aspect extérieur elle apparaît similaire à la frégate de 24 dernier modèle mais elle est plus grande et il lui fallait un équipage de 500 hommes. La **Belle Poule,** lancée en 1834, est plus grande que les frégates américaines dont elle s'inspire. Elle porte deux batteries, une basse de vingt-huit canons de 30 et de deux obusiers de 80, et une haute de quatre canons de 30 livres et de vingt-six caronades de 30. Malgré son poids et sa taille elle reste remarquablement manœuvrante.

Au XIX siècle c'est la Révolution Industrielle qui apporte une révolution dans la marine. Progressivement la machine à vapeur va remplacer la propulsion à la voile et l'artillerie elle même tire maintenant des obus explosifs auxquels la construction en bois ne peut pas résister. On imagine protéger les vaisseaux d'une cuirasse métallique. La première frégate cuirassée fut *la Gloire*. Construite en bois, d'après les plans de l'ingénieur français Dupuy de Lôme, lancée en 1859, elle fut renforcée d'une cuirasse métallique de 12 cm d'épaisseur qui recouvrait la coque jusqu'à 2 m en dessous de la ligne de flottaison. Les anglais ripostèrent en construisant en 1860 *le Warrior*, réalisée entièrement en fer.

La Gloire

Récapitulatif des Frégates de 1670 à 1821

	Armement en livres	Longueur en mètres	Déplacement en tonneaux	Largeur	creux	Equipage
1670: Frégate vaisseau	18 à 28 canons de 6 à 8 livres	26 à 31	220 à 270	6 à 7	3.3	150 à 200
1680 : Frégate légère	14 à 26 canons de 6	22 à 32	220 à 500	6	3.3	150
1740 : Frégate de 8 (livres)	26 canons de 8 4 canons de 4	39	500	10	4	200
1748 : Frégate française de 32 canons dite de 12 (livres)	26 canons de 12 6 canons de 6	44	850	11	5	250
1757 : Frégate anglaise de 32 canons, dont 26 de 12 (livres)	26 canons de 12 6 canons de 6	39	700	10.6	3.6	210
1757 : Frégate anglaise de 36 canons, dont 26 de 12 (livres)	26 canons de 12 10 canons de 6	41	820	10.9	3.8	240
1780 : Frégate anglaise de 38 canons dont 28 de 18 (livres)	28 canons de 18 10 canons de 6 à 9 8 à 10 caronades de 18	48	950	13	4.5	280
1782 : Frégate française de 44 canons dite de 18 (livres)	26 à 28 canons de 18 8 ou 18 canons de 8 8 caronades de 24	47	1000	11.9	5.3	300 à 340
1793 : Frégate française de 40 canon dite de 24 (livres)	20 canons de 24 16 canons de 8	46	1400	11.8	5	430
1797 : Frégate Américaine de 24 livres	30 à 32 canons longs de 24 20 à 24 caronades de 42	53	1600 à 2200	13.3	4.2	340 à 450
1821 : Frégate de 60 canons dite de 30 (livres)	32 canons de 30 4 obusiers de 80 24 caronades de 30	54	2500	14.1	3,8	500

Sources :
– Boudriot, Jean. *La frégate. Marine de France. 1650-1850.*
– Boudriot, Jean. *La frégate dans la marine royale (1660-1750) : la frégate légère.* Revue Neptunia numéro 181.

L'histoire d'une frégate de 12: « L'Hermione » de 1779.

Sur les plans de l'ingénieur Henri Chevillard, l'arsenal de Rochefort a fait construire la frégate *« La Concorde »*, une frégate de 12 qui servit de modèle a une nouvelle série.

La seconde frégate du même type fut lancée le mercredi 28 avril 1779: *« L'Hermione »*

Caractéristiques: La coque mesurait 44,20 m et le maître-bau était de 11,50 mètres, tirant d'eau de 4,79 m seulement et tirant d'air de 46,90 mètres pour un déplacement de 1166 tonnes. Hauteur de mât 56,5o mètres grand mât & 35 mètres mât artimon; voilure 2200 à 3315m2 vitesse 15 noeuds; Armement 26 canons de 12 livres 8 canons de 6 livres et plusieurs pierriers

L'équipage:
rôle du 15 mai 1779: 303 hommes.
rôle du 23 janvier 1780: 302 + 14 passagers.
Ordonnance du 25 mars 1765:270 sans les valets.
Ordonnance du 1er mai 1786: 271 hommes.

Elle termine tragiquement sa carrière en 1793. Pendant les guerres de Vendée elle apportait des renforts de troupes de Nantes vers la Vendée quand le 20 septembre elle heurta le plateau rocheux « Le Four » au large, entre Le Croisic et La Turballe. Le pilote responsable fut condamné à un procès.

Pendant le Premier Empire une autre frégate *« L'Hermione »* fut construite à Lorient par le constructeur « Frères Crucy »

Le chantier fut très rapide: mise sur cale en décembre 1778, elle est lancée six mois après le 28 avril 79, mâtée le 30 avril et le 11 mai son armement est terminé!

Immédiatement elle appareille le 18 mai pour une campagne d'essais dans le golfe de Gascogne de mai à novembre 1779, commandée par le lieutenant de vaisseau Louis-René-Madeleine Levassor de Latouche, connu aujourd'hui sous le nom de « La Touche-Tréville ». Son journal de bord est conservé au Service Historique de la Défense. Il suffit d'en faire la lecture pour connaitre les détails de cette première campagne.

Son journal de bord commence par le rôle de l'équipage:

Le mardi 18 mai 1779: l'état-major de la frégate est:

- Louis-René-Madeleine Levassor de La Touche, lieutenant de vaisseau, Commandant
- Duquesne, lieutenant de vaisseau, Second
- Roudet, officier auxiliaire
- Mullon, officier auxiliaire
- de Villemarais, officier auxiliaire
- Chiuri de Saint Bris, officier auxiliaire

- Gourg, officier auxiliaire
- Auguste de Traversay (1762-1849), Garde de la Marine
- de Lassalle, Garde de la Marine
- Le Révérend père St Andrieu Augustin, aumônier
- Adrien-Jean-Pierre Fabré (ou Fabret) (1756-1847), Chirurgien major.

Capture de deux corsaires anglais

Peu après le départ apparaissent à l'horizon deux corsaires anglais que la frégate ne parvient pas à rattraper.

Le 29 mai elle parvient à capturer le corsaire anglais *« La Défiance »* armé de 18 canons et de 6 pierriers et 4 obusiers avec 70 hommes.

Le 30 mai elle capture *« la Lady's Resolution of London »* un corsaire anglais de 18 canons de 6 livres et 12 pierriers avec 119 hommes d'équipage. L'Hermione conduit les deux navires capturés à La Rochelle

Le 04 juin 1779, elle part de La Rochelle en compagnie de la frégate *« La Médée »* mais le 08 juin le petit mât de hune casse obligeant la frégate à faire demi-tour. Sur le retour à l'entrée de la Charente avant de gagner le mouillage de Port-des-Barques (17) la frégate s'échoue sur le banc de la Moulière, et se dégage ensuite. L'équipage répare au mouillage à Port des Barques et embarque un mois de vivres et d'eau douce.

Le 17 juin 1779 la frégate repart de Port-des-Barques avec *« la Médée »* et *« La Courageuse »* avec la mission de faire fuir le vaisseau de ligne l'*HMS Jupiter* de 50 canons (lancé en 1778) qui menace les navires marchands. Le 24 juin 1779 elle revient à l'île d'Aix.

Le 28 juin 1779 les trois frégates repartent patrouiller entre Belle Île et les Pertuis, plateau maritime entre l'Île d'Oléron et l'Île de Ré.

Le 03 juillet l'Hermione attend au large devant St Martin de Ré l'arrivée d'un convoi d'une centaine de navires marchands qui remontent vers la Bretagne. Elle escorte ce convoi jusqu'à Port Louis le 10 juillet.

La frégate patrouille ensuite dans l'estuaire de la Gironde à Pauillac, Jau, et Royan. A Royan La Touche Tréville fait embarquer de l'eau et du lest de sable pour compenser la perte de poids de la farine consommée par l'équipage.

Le 29 juillet 1779, le commandant reçoit la mission d'escorter un convoi de 12 navires jusqu'au Portugal. L'Hermione est accompagnée par « la Courageuse ». En face de la Galice les frégates font la rencontre de la flotte alliée espagnole et échangent avec la frégate « Santa Margarita ».

Le 28 août, *l'Hermione* capture le corsaire anglais *Hawk* de 14 canons de 4 livres, 16 pierriers, 4 obusiers, et 62 hommes d'équipage.

Le 2 septembre, *L'Hermione* et sa capture rejoignent le port espagnol de La Corogne et embarquent de l'eau et du bois sont embarqués. Ils prennent avec eux des marins qui étaient en soin à la Corogne.

Le 12 septembre ils appareillent de la Corogne pour arriver à Brest le 18 septembre o se trouve l'escadre du Comte d'Orvilliers

Le 1er octobre 1779, « L'Hermione » quitte le goulet de la rade de Brest et au large, le 06 octobre capture le navire marchand anglais « Anna » qui était de retour de Jamaïque avec fret de sucre et de rhum.

Le 21 octobre « *L'Hermione* » capture le navire marchand « *La Marie* » chargé de fruits et de vins qui venait de Lisbonne.

Le 22 octobre c'est la capture du navire « *Le Pélican* » qui revenait du Portugal avec un fret de sel.

Le 05 novembre 1779 « *L'Hermione* » est au mouillage à l'île d'Aix dans l'attente d'une mission mais finalement elle retourne à Rochefort le 08 novembre 1779.

Après cette première campagne de six mois la frégate reçoit son doublage de 1100 feuilles de cuivre, en carène pendant les mois de novembre et décembre 1779.

Après une courte permission L'*Hermione* quitte Rochefort le dimanche 23 janvier 1780:

Le livre de bord nous indique la composition de l'équipage le 23/01/80:

-Louis-René-Madeleine Levassor de La Touche, lieutenant de vaisseau, Commandant

-Duquesne, lieutenant de vaisseau, Second

-Mullon, officier auxiliaire

-de Villemarais, officier auxiliaire (?-1780)

-Gourg, officier auxiliaire

-Félix de la Palisse, officier bleu

-Auguste de Traversay (1762-1849), Garde de la Marine

-Desbiare, Garde de la Marine

-Lassalle, Garde de la Marine

-Le Révérend père St Andrieu Augustin, aumônier

-Adrien-Jean-Pierre Fabré (ou Fabret) (1756-1847), Chirurgien major

--Jean Jacques Etienne Lucas, pilotin (Il passe à la postérité depuis la bataille de Trafalgar pour son héroïque action sur « Le Redoutable ».

Le 29 janvier, la frégate sort de l'estuaire de la Charente et patrouille dans le golfe de Gascogne et revient vers la Bretagne: Belle île, Quiberon, Audierne et mouille devant Camaret le 12 février 1780.

Elle participe à l'escorte d'un convoi de 75 navires en direction de Bordeaux mais revient à Port-des-Barques à cause d'une avarie sur la grande vergue.

Le vendredi 10 mars 1780, alors que la frégate se trouve encore à Port-des-Barques, elle embarque le marquis de La Fayette et son personnel, ils vont à La Rochelle pour embarquer d'autres passagers attendus par La Fayette et prennent la mer aussitôt le 14 mars. Le lendemain la grande vergue défectueuse finit par casser, la frégate est obligée de faire demi-tour. La Touche Tréville arrive à l'Île d'Aix le 17 mars 1780. Pour réparer la grande vergue cassée ils prennent celle de « *La Galathée* » pour ne pas perdre de temps. Enfin il partent vers l'Amérique le lundi 20 mars 1780.

Le 22 avril ils sont en vue des côtes américaines. Le commandant fait mesurer la profondeur: 50 brasses. Ils longent la côte.

Le 27 avril 1780 l'Hermione passe le cap Anne au Nord de Boston, mouille au port de Marblehead, dans l'attente d'un pilote américain pour entrer au port de Boston.

Le 28 avril 1780. Lafayette débarque de l'Hermione. Il revient voir le Général Washington pour lui annoncer les renforts de troupes françaises.

Extrait du journal de bord: « *Vendredi 28 avril 1780. À 1 heure, la brise de l'Est ayant fraîchi avec le flot j'ai fait route avec le pilote du Congrès qui s'était rendu à bord pour le port de Boston où j'ai mouillé à 2 heures 1/2 après midi, par 6 brasses ; fond de gravier, à 1/3 de flot, près d'Hancock Warf, l'île du Château au S.E., l'île du Gouverneur à l'E.S.E. 1/2 Sud (...) À une encablure de terre, j'ai affourché Est et Ouest, avec une petite ancre. En passant par le travers de l'île du Château, au SE, l'isole du Gouverneur à l'ESE 1/2 Sud; le fort Hill au SO 1/4S: Bunker hill à O 1/4SO; Roxburry le clocher au SSO. A une encablure de terre, j'ai affourché Est et Ouest avec une petite ancre en passant par le travers de l'isole du Chateau. J'ai salué le fort de 13 coups de canon. Il m'en a été rendu le même nombre. Mr le marquis de La Fayette a débarqué à 3 heures. Je l'ai salué de trois "Vive le Roi" et de 13 coups de canon.* »

— *Latouche*

La frégate va jouer un rôle diplomatique:

Le 4 mai 1780, Latouche reçoit à son bord Samuel Adams, John Hancock, et les principaux membres du Conseil de l'État du Massachusetts. Au cours de l'entretien il propose les services de sa frégate pour combattre les frégates anglaises et les corsaires qui essaient de faire un blocus des côtes.

Le 14 mai la frégate quitte Boston pour donner la chasse à deux navires ennemis repérés dans la baie de Penobscot et fait une reconnaissance des cotes occupées par les Anglais à Castine. Le 19 mai à Portsmouth et le 21 mai la frégate est de retour à Boston.

Le 29 mai 1780 *L'Hermione* file vers le sud des cotes.

Le dimanche 02 juin capture le navire de commerce anglais : le brick anglais *Thomas of Irvine* chargé de beurre, de chandelles au sud de Nantucket.

Le 06 juin au sud de Long Island capture le navire de commerce « Ruovery » qui était chargé de sel.

Le 07 juin 1780 au large de Long Island l'Hermione est affrontée à la Frégate HMS Iris. Au cours du combat elle tire 260 coups de canon, 140 coups de pierriers et 1280 coups de fusil. C'est dire que le combat était rapproché. Il a duré une heure et demi. Dix hommes sont tués et 37 sont blessé y compris La Touche et son second Duquesne. Deux blessés graves meurent par la suite. Comme souvent les rivaux revendiquent la victoire, ou la défaite de l'adversaire.

« Si vous avez avancé que j'ai fui devant vous, vous en avez imposé et vous me connaissez mal, je n'aurai jamais eu la honte de fuir devant un ennemi de force égale. Vos coups m'ayant occasionné autant de dommages dans mon gréement que les miens vous en ont causé dans le corps de votre vaisseau, j'ai été dans l'impossibilité de tenir le vent pour recommencer le combat, il dépendait de vous d'arriver sur moi pour le rengager de nouveau, vous aviez infiniment plus de moyens de manœuvrer que j'en avais. Lorsque j'ai vu que vous teniez le vent, j'ai attribué votre retraite à la quantité de monde que vous aviez perdu, ce qui aide à me le persuader, c'est le peu de vivacité de votre feu dans les dernières bordées. »

— *Latouche*, Lettre au capitaine Hawker commandant la frégate du Roi d'Angleterre l'Iris de 32 canons de 12 et de 9, en date du 22 juin 1780

Liste des tués ou de ceux décédés des suites de blessures du combat contre l'Iris:

- Joseph Motay, aide canonnier, tué comme chef de la première pièce à la batterie
- Pierre Colin, quartier maître, tué sur le gaillard d'arrière à la manœuvre.
- Léon Metreau, matelot, tué à la première pièce à la batterie.
- Jean-Baptiste Careau, matelot, tué sur le gaillard d'arrière.
- Pierre Leneau, matelot, tué sur le gaillard d'arrière.
- Jean Laroche, matelot, tué sur le gaillard d'arrière.
- Mathieu Bruneau, matelot, tué sur le gaillard d'arrière.
- André Chain, matelot, tué sur le gaillard d'arrière.
- Jean Dumeau, mousse, tué sur les passavants.
- Jean Bernard, mousse, tué à la batterie.
- Jean Cantin, matelot de Royan, blessé sur le gaillard d'arrière d'une balle de mitraille dans la poitrine, trouve la mort le 10 juin 1780 à Newport.
- Monsieur de Villemarais, officier auxiliaire, blessé sur le gaillard d'arrière d'une balle de mitraille dans la cuisse, trouve la mort le 18 juillet 1780 à Newport

Le jeudi 08 juin 1780, le jour d'après le combat « L'Hermione » va au port de Newport pour réparer les dommages dans le gréement et soigner les blessés. Dans le port le Chevalier de Fayolle, aide de camp de Lafayette qui venait porter un message à La Touche Tréville se cogne sur la bouteille babord de la frégate alors qu'il arrivait avec son canot.

« Jeudy 08 juin 1780: La brume s'est tenue aussi épaisse toute la nuit jusqu'à 11h du matin, les vents au SO gros frais. A 11h1/2 le temps s'étant tout à fait éclairci, j'ai relevé les clochers de Newport au Nord à 3 lieues de distance. J'ai travaillé à lever mon ancre. A l'instant o je mettais sous voiles, les vents ont passé au Nord et j'ai pris la bordée du NO que j'ai couru tout à terre. A midi, j'ai viré et j'ai gouverné à l'ESE, ayant tiré un coup de canon pour assurer ma couleur. Il est venu à bord un pilote du bord pour m'entrer. J'ai continué de courir bord sur bord pour gagner l'entrée.

A 4h, le chevalier de Fayolle, capitaine du régiment de Brie, aide de camp de M. le marquis de La Fayette, chargé d'une commission importante de la part de ce général, est venu à à bord dans un petit canot de deux avirons. Par la faute des gens qui le conduisaient, il s'est engagé sous la bouteille de bâbord de la frégate et il s'est fracassé à la tempe. Il est tombé dans le canot, et il a expiré sur le champ. Tous les secours qu'on a cherché à lui donner ont été vains. Il était expiré avant de tomber à bord. ……A 7h1/2 du soir, le flot étant venu, et les vents de la partie du NNO, j'ai appareillé sous les huniers et les menues voiles. J'ai couru plusieurs bords dans la passe. …….. A 11h du soir, le bateau « Le recovery » que j'ai pris avant-hier est entré et a mouillé près de moi. »

Basée à Newport, depuis le 08 juin, la frégate repart en missions sur la cote dans les environs de New Bedford du 15 au 19 juin, puis dans le secteur de Martha's Vineyard du 29 juin au 1er juillet.

Le 4 juillet 1780, l'Hermione célèbre la déclaration d'indépendance des 13 Etats Unis d'Amérique. Le commandant fait pavoiser et tirer 3 salves de 13 coups de canon. (1 coup par Etat).

Le lundi 10 juillet 1780, arrive enfin la flotte française qui transporte le corps expéditionnaire français partie de Brest depuis le mois de mai 1780. Arrive en premier la Frégate « L'Amazone » commandée par La Pérouse qui transporte le Comte de Rochambeau général de l'armée française et une partie de son état major. Arrive ensuite le vaisseau amiral « Duc de Bourgogne » à bord duquel se trouve le chef d'escadre le chevalier de Ternay, ami de La Perouse. 30 navires de transport de troupe et l'escadre française arrivent à Newport. Il manque un navire, une flute « L'îsle de France » avec 350 hommes de troupe. « L'Hermione » reçoit la mission de la trouver en mer du 12 au 15 juillet.

Les troupes françaises venant de débarquer à Newport, il s'agit de protéger la ville et la baie toute proche contre une attaque anglaise probable.

L'équipage de la frégate reçoit la mission d'armer le Fort Dumpling et l'île de Rose Island. Pendant ce temps, du 1er aout la frégate mouille jusqu'au 9 octobre dans la baie entre les frégates « La Surveillante » et « L'Amazone » au Nord de Goat Island.

Le comte de Rochambeau veut demander à Louis XVI le renfort de troupes supplémentaires. Il charge son fils le Vicomte de Rochambeau de cette mission. Il doit partir en France à bord de « *L'Amazone* » de la Pérouse. Le 28 octobre 1780 L'Hermione et La Surveillante escortent le départ de l'Amazone.

En chemin, elles capturent le navire marchand anglais « *Philippe* » qui transportait du vin et des fruits. Les deux frégates sont de retour à Boston le 14 novembre.

Le 11 janvier 1781 la frégate et la flute « *L'Îsle de France* » partent à Newport et arrivent le 26 janvier.

Bataille du cap Henry et missions sur la Delaware

A Newport arrivent des nouvelles des combats livrés par La Fayette contre le traitre Benedict Arnold devant Portsmouth en Virginie.

Le jeudi 08 mars 1781, afin d'empêcher le débarquement de troupes anglaises en renfort d'Arnold, une escadre de 7 vaisseaux français quitte Newport pour se porter à la baie de Chesapeake.

Le 10 mars le vice-amiral Marriot Arbuthnot quitte Long Island pour aller vers Porsmouth et navigue plus rapidement que la flotte française car tous ses vaisseaux sont doublés de cuivre. De sorte qu'elle arrive la première devant la Chesapeake.

Le vendredi 16 mars les deux flottes ennemies se rencontrent au Cap Henry. Une bataille s'engage; Elle reste indécise et la flotte française retourne à Newport n'ayant pas pu déloger la flotte anglaise.

Pendant que la flotte retourne à Newport, l'Hermione prend en chasse un navire anglais qu'elle capture. C'est un navire marchand « *L'union* ».

Ensuite elle remonte le fleuve Delaware et embarque des vivres à la ville de Chester qu'elle apporte à Newport.

Le 14 avril dans la baie de Newport la chaloupe de l'Hermione qui était chargée de vivres et de 28 hommes fait naufrage, 12 hommes se noient.

Le 18 avril elle accompagne la sortie des cotes de la frégate « *La Surveillante* » qui part escorter un convoi vers St Domingue, ensuite elle fait demi-tour pour aller à Philadelphie en remontant la Delaware. Pendant l'escale où elle arrive le 30 avril, le 09 mai La Touche Tréville reçoit le président Samuel Huntington et les membres du second congrès continental des Etats Unis d'Amérique.

« *Mercredi 9 may 1781: Les vents ont varié dans la journée du Nord au NNO le matin et du Sud au SSO dans l'après midy. J'ai donné ce jour une fête à bord de ma frégate aux dames les plus notables de la ville. Les membres du congrès y ont assisté. La frégate a été pavoisée pendant le jour et illuminée pendant la nuit. J'ai fait tirer un feu d'artifice sur l'eau, vis-à-vis de la frégate. »*

Le 18 mai la frégate repart à Newport où vient d'arriver le nouveau chef d'Escadre, le comte Barras à bord de la « *Concorde* ».

« *Mardy 22 may 1781: ..;mouillé à Chester… A 2h1/4 du matin, dans un grain assez violent de la partie du Nord, la frégate Ariel a chassé sur son ancre et s'est échouée sur un banc de sable assez près des chevaux de frise. Ayant tiré des coups de canon d'incommodité, je lui ai fait porter une ancre à et et deux grelins. Le vent forçant j'ai fait amener les basses vergues au commencement du flot. L'Ariel a travaillé à se déséchouer en s'allégeant de son eau et virant sur l'ancre à jet que je lui ai envoyée. A 10h du matin elle a été remise à flot sans qu'elle ait souffert dans cet échouage. A 11h, j'ai appareillé sous le petit hunier pour me rapprocher des chevaux de frise? J'ai mouillé à quelques encablures d'eux…. »*

Le 02 juin 1781, La Touche et sa frégate quittent Newport pour rejoindre à Boston « *l'Astrée* » commandée par son ami Jean François de La Pérouse. (page 190)

Le 23 juin 1781 les deux frégates remontent les cotes vers le nord en direction de l'Acadie, de Terre Neuve et du Golfe de Saint Laurent.

Courant juillet, elles capturent quatre navires anglais: une corvette et trois navires marchands: le *Thorn*, corvette de 18 canons, le *Friendship* (sucre, rhum et café), le *Phoenix* (sel, café et tabac), et le *Lockard Rose* (bois et de filets de pêche).

La bataille de Louisbourg: 21 juillet 1781.

Le samedi 21 juillet « *L'Hermione* » et « *L'Astrée* » prennent en chasse un convoi anglais au large de Louisbourg. D'après le livre de bord de l'Hermione, en deux heures de combat la frégate tire 509 coups de canon, 100 de pierriers et 1 700 de fusil ou d'espingoles sur les frégates anglaises *le Jack* et le *Charlestown*. Le *Jack* de 14 canons de 9 livres est capturé, mais la frégate *Charlestown* de 28 canons de 9 et 6 livres réussit à fuir à la faveur de la nuit.

Comme pour respecter leur stratégie habituelle les anglais visaient le gréement car sur l'Hermione les dégâts y sont importants et on déplore 22 victimes sur *l'Hermione* : 3 morts, 13 blessés légers et 6 blessés graves dont trois meurent quelques jours plus tard.

Tués à bord de l'Hermione pendant la bataille de Louisbourg le 21 juillet 1781:

- Jacques Chenut, gabier, tué dans la hune d'artimon

- Pierre Bouillé, matelot calier, tué sur le gaillard d'arrière

- Pierre Sochet, matelot d'Olonne, tué sur le gaillard d'arrière

- Oudart Combault Boniment, bras emporté au niveau de l'articulation, meurt en mer de ses blessures le 23 juillet 1781

- Nicolas Bertrand, timonier de Marennes, crâne fracturé par une balle sur le gaillard d'arrière, meurt en mer de ses blessures le 30 juillet 1781

- Pierre (ou Louis) Labrégé, matelot canonnier de Bordeaux, poignet droit emporté sur le passavant, meurt en mer de ses blessures le 14 août 1781

L'Hermione à la Bataille de Louisbourg : détail du tableau de Rossel de Cercy

Le 17 aout 1781 *L'Hermione* et *L'Astrée* rejoignent Boston pour soigner les blessés et réparer les navires.

Le 1er septembre on apprend qu'un combat oppose la frégate « *la Magicienne* » au vaisseau anglais de 50 canons « *le Chatham* ». Les deux frégates partent à son secours avec le vaisseau *Sagittaire* mais arrivent trop tard.

La Bataille de Yorktown.

Le 9 septembre 1781, l'*Hermione* quitte Boston pour retourner vers la baie de Chesapeake.

Le 29 septembre elle arrive et retrouve , la flotte de Barras, qui est arrivé de Newport le 7 septembre, et la flotte de François Joseph Paul de Grasse arrivé des Antilles le 29 août.

« *Vendredi 28 septembre 1781: …..A 1h, la fraîcheur est venue du SE. J'ai fait gouverner à Ouest. A 2h, j'ai reconnu les deux voiles en vue pour des frégates qui tenaient le plus près. Lorsque j'en ai été à une lieue 1/2 (4,5 miles), j'ai mis en travers et j'ai fait les signaux de reconnaissance aux guets, elles ont répondu. J'ai fait porter sur elles en mettant mon numéro. Peu après, elles ont mis le leur. J'ai su par ce moien que c'étaient les frégates La Concorde et La Surveillante. A 6h, je les ai ralliées, j'ai mis mon canot à la mer et je me suis rendu à bord de la Concorde. J'ai appris que l'escadre de M de Barras s'était réunie à l'armée de M. le comte De Grasse le 7 de ce mois, que cette dernière était arrivée le 29 d'aoust, que les frégates anglaises L'Iris et le Richemond de 32 canons avaient été prises, ainsi que plusieurs autres bâtiments dont le nombre se monte à dix, que lord Cornwallis était retranché dans la ville d'York, j'ai fait route avec ces frégates pour l'entrée dans la baye… »*

De Grasse vient de remporter le 5 septembre 1781 la bataille de la baie de Chesapeake, victoire importante sur l'escadre anglaise de Thomas Graves. Cette victoire a permit de débarquer les troupes françaises en renfort des troupes franco-américaines et et de renverser le cours de la bataille. Lord Corwallis se retrouve assiégé dans Yorktown privé des renforts que la flotte de Graves devait apporter .

La Bataille de Yorktown s'engage par un blocus maritime empêchant l'arrivée de tout renfort anglais. L'Hermione assure les navettes de ravitaillement entre la côte et les vaisseaux qui assurent le blocus.

Le vendredi 19 octobre 1781 Lord Cornwallis dépose sa reddition au Général Washington et ses troupes ainsi qu'aux volontaires de La Fayette et au général Rochambeau.

La flotte française reste vigilante dans la baie quand le 27 octobre L'Hermione donne l'alerte. La flotte Anglaise de Graves approche avec des renforts envoyés par le général anglais Henry Clinton. Mais la flotte française est prête à les recevoir, dès lors la flotte de Graves fait demi tour.

Après la capitulation anglaise à Yorktown l'escadre du Comte de Grasse repart aux Antilles. En effet, à cette époque il était difficile pour les américains d'assurer la logistique pour de nombreuses troupes dans cette région. De plus, il fallait assurer la protection des Antilles qui pouvaient être sous la menace d'une attaque anglaise. Cependant quelques unités restent sur les côtes américaines, notamment le vaisseau « *Romulus* » et les frégates « *La Diligente* » et « *L'Hermione* ».

Le 14 décembre 1781 l'Hermione escorte une flute transportant du sucre et du café jusqu'à la baie de Chesapeake et en repart le 14 janvier 1782.

Le 21 janvier 1782 Latouche Tréville apprend, à son arrivée à Yorktown qu'il doit retourner en France et ramener des membres de l'état major de Rochambeau. Ils partent le 2 février et arrivent à L'Île d'Aix le 25 février 1782.

« *Lundy 25 février 1782: Aujourd'hui j'ai eu connaissance de la Tour des Baleines restant à lE 1/4 SE. J'ai gouverné au SE peu après j'ai vu la tour de Chassiron restant au SE 1/4 S.*

Etant en dedans les vents ont passé au Sud, ce qui m'a forcé de courir plusieurs bordées pour gagner le mouillage de l'isle d'Aix où j'ai laissé tomber l'ancre par 10 brasses fond de vase. J'ai débarqué tout de suite pour me rendre à la Cour.

Retour Boston Ile d'Aix: Départ: 1er février 1782-Arrivée 25 février: 24 jours; 3463 miles: 144 miles/24 heures: moyenne 6 noeuds.

signé: La Touche »

Pendant cette campagne de la guerre d'indépendance des Etats Unis d'Amérique qui eut lieu d'avril 1780 au 21 février 1782, l'Hermione pleure 45 tués à bord de l'Hermione dont 18 morts au combat; 13 morts par la maladie; 14 morts par accident (dont 12 le 14 avril 1781 à cause du naufrage d'une chaloupe)

Campagne aux Indes (1782-1784) sous le commandement de François Bérauld du Perou.

Le 2 septembre 1782, l'*Hermione* repart en mission d'éclaireur d'une petite flottille de navires qui vont renforcer l'escadre de Pierre André de Suffren qui livre combat contre les Anglais dans l'Océan Indien. Cette flottille arrive en Afrique du Sud au Cap le 07 février et y reste assez longtemps car elle repart le 13 mars 1783.

Le 18 avril 1783 le convoi de renfort et l'Hermione arrivent à L'Isle de France (ile Maurice aujourd'hui) et ne rejoignent l'escadre de Suffren au Sri Lanka que le 14 juillet 1783.

Le 15 septembre 1783 La Frégate L'Hermione » appareille de Trinquemalay pour revenir en France, et après des escales à l'Ile de France, l'Île Bourbon (Réunion), Le Cap, arrivent à Rochefort le 12 février 1784.

Il n'y a aucune mention de mission de la frégate pendant 9 années de 1784 à 1793, puis le commandement de Pierre Martin.

C'est la période révolutionnaire. La France est envahie par les nations européennes alliées contre la Révolution. Le 11 juillet 1792 la patrie est proclamée en danger par la Convention. La France mobilise ses troupes pour sa défense et les batailles victorieuses de Valmy et Jemappes en septembre et novembre 1792 ont porté tous les efforts vers les frontières terrestres. Les officiers rouges du Grand Corps de marine ont migré pour beaucoup à l'étranger pour éviter la guillotine, beaucoup d'aristocrates français oeuvrent diplomatiquement à l'étranger contre le nouveau régime, et quand la France doit affronter sur toutes ses frontières la première coalition de toutes les nations européennes, les régions de l'Ouest, hostiles aux levées de troupes se soulèvent contre le nouvel état. Les troupes terrestres ne reçoivent plus de solde et poursuivent le combat par patriotisme. Pendant ce temps beaucoup de marins de l'Ouest, fidèles à la Royale et ses traditions disparaissent dans les guerres de Vendée où ne veulent pas s'engager pour servir la République.

Dans ces conditions de fragilité des défenses la marine n'a plus de ressources financières. Les vaisseaux sont désarmés, ne quittent plus les ports, faute d'entretien, faute de marins et faute de capitaines. Les flottes ennemies vont en profiter, aidées par la trahison d'aristocrates notamment à Toulon. C'est l'entrée des Anglais dans la rade et le vol de nombreux navires de la flotte française.

Dans ce contexte, « L'Hermione » reçoit un nouveau commandant: Pierre Martin. Il n'a pas de quartiers de noblesse, et n'est donc pas issue du "Grand Corps », c'est ce qu'on appelait un officier bleu. Né dans la Nouvelle-France à Louisbourg en 1752, il entre dans la marine après la guerre de Sept Ans ses parents ayant été rapatriés en France à Rochefort. D'abord mousse mais sachant lire, il entre à l'école d'hydrographie et devient pilotin puis pilote. Il navigue dans l'Océan Indien puis sera à la bataille d'Ouessant et aux Antilles aux combats de la Grenade, de la Dominique sur le vaisseau « *Le Manifique* » de l'Amiral d'Estaing. Blessé en 1779 à celle de la Savannah qui oppose 2500 Anglais aux 3500 français et 1500 insurgés américains. En 1781 il est avec l'escadre du comte de Vaudreuil, navigue sur plusieurs corvettes et frégates. Officier auxiliaire en 1782, la réforme de Castrie lui permet de devenir officier; sous-lieutenant en 1788. Lieutenant de vaisseau en 1792 il commande la corvette « *L'espoir* » avant d'être nommé capitaine de vaisseau en 1793 sur « *L'Hermione* ».

Entre Brest et la frontière espagnole, la frégate escorte les navires de commerce, et donne la chasse aux corsaires anglais. Elle s'empare de l'un de ces corsaires.

Pour éviter l'arrivée de troupes anglaises qui viendraient renforcer les chouans sur la Vendée, *« L'Hermione »* navigue entre les Sables-d'Olonne et Nantes entre mars et juin 1793.

Le 20 septembre 1793, la frégate sort de l'estuaire de la Loire et se dirige vers Brest pour escorter 12 bâtiments dont 2 barques chargées de 65 canons neufs sortis des fonderies d'Indret. Le Capitaine de vaisseau Martin avait un pilote du Conquet, Guillaume Guillemin. Il lui demande d'aller sur Quiberon par la route la plus courte en passant entre la Pointe du Croisic et le « plateau du Four ». Mais la marée est descendante et à 18h30 le navire s'échoue sur le plateau rocheux. Par une brèche dans le bordé le navire se remplit d'eau peu à eu puis quand la marée fut basse « l'Hermione » s'est couchée sur le flanc tribord. Le navire est évacué et on sauve ce qui peut l'être le lendemain.

Frédéric Rateau.

sources: - Louis-René-Madeleine de Latouche-Tréville, Journal de la frégate du Roi l'Hermione de 32 canons, commandée par Mr de Latouche, lieutenant de vaisseau. La campagne commencée le 23 janvier 1780 et finie le 26 février 1782.

-Les combattants français de la guerre américaine, 1778-1783

La réplique de l'Hermione construite de 1997 à 2014:

Extraits du Procès-verbal du naufrage de la frégate *Hermione* sur le Four: Audition de Pierre Martin: (orthographe du manuscrit)

« *Aujourd'hui vingt septembre mille sept cent quatre vingt treize l'an 2ème de la République française une et indivisible, la frégate l'Hermione commandée par le citoyen Martin Capitaine de Vau est appareillé de Mindin dans la rivière de Nantes pour se rendre à Brest avec un convoy d'après l'ordre qu'il en avoit reçu du Ministre.[…] Il la remis entre les mains du citoyen Guillaume Guillemin pilotte cotié de la frégate et provenant du batiment le Phénix qui avait relevé l'Hermione à la station de Mindin. Nous étions au plus près tribord amures sous le petit hunier et le perroquet de fougue pour entretenir un convoy de 12 batiments que je devois mettre devant Brest. A 6 h.1/4 un grand batiment du convoy qui se trouvoit derrière la frégate vira de bord. Je demandois au pilotte pourquoi ce batiment viroit et s'il y avoit du danger à craindre sous le vent. il me repondit que non. Lorsqu'on cria brisants sous le vent le pilotte assuroit que ce n'étoit pas des brisants mais la force du courant qui faisoit cet effet...... A 8 heures du matin la mer se trouvant au 2/3 basse la frégate a donné de la bande dans un instant avec une vitesse incroyable et dans ce mouvement rapide et s'est crevé totalement le coté de tribord. J'ai continué à faire travailler à sauver tous les effets de conséquence qui se trouvoient possible et de les faires transporter à bord du chasse marée ou nous avons été prévenus que si les vents passoient à l'ouest avec force il serait possible dans la position ou se trouvoit la frégate qu'il périroit beaucoup de monde. A la basse mer la frégate nous a paru totalement crevé. L'équipage s'est décidé avoir de l'abandonner et a passé sur les chasse-marées qu'on nous avoient envoyé du Croisic. J'ai abandonné le batiment à 10 heures du matin le dernier avec le maître d'équipage qui a donné trois coups de sifflet pour s'assurer qu'il ne restoit plus personne à bord. Je n'ai que le meilleur témoignage à rendre de l'Etat Major et des principaux maîtres et de tout l'équipage qui se sont tous portés avec le plus grand zèle la plus grande activité à exécuter les ordres que j'ai donné jusqu'au moment ou nous avons abandonné la frégate. On ne peut attribuer qu'a l'ignorance du pilotte costié la perte de la fregate qui paroit infaillible. Malgré tout ce que j'ai pû lui dire il m'a donné toutes les raisons qu'il setoit trompé et qu'il ne se croyoit pas aussi près du Four. Je l'ai amené à terre avec moi et l'ai remis entre les mains du juge de paix avec une dénonciation par écrit par laquelle je demande que ce pilotte soit intérogé publiquement devant tout mon équipage et le public du Croisic, afin qu'il soit constaté juridiquement que c'est par sa faute seulement que la frégate a été mise à la côte* ».

Ainsi le commandant de « L'Hermione » dit que son équipage est irréprochable sauf le pilote Guillaume Guillemin qui s'était trompé et avait persisté dans son erreur, surtout après que les autres capitaines du convoi avaient changé de cap.

On peut douter de l'innocence du pilote. Nous sommes en 1793, la ville du Croisic avait été acquise aux Chouans le 21 mars et les habitants et beaucoup de marins guidés par Thomas de Caradeuc et Guérif de Lanouan, avaient pris Guérande le 18 mars 1793. Il est donc tout fait probable que le pilote ait volontairement cherché à échouer la frégate et le convoi sur les récifs du plateau du Four. La ville de Guérande avait été reprise par le général jean Michel Beysser le 30 mars 1793 mais il fut vaincu par les Chouans de Charette à la bataille de Montaigu le 21 septembre, jour du naufrage de l'Hermione!. .

Réplique de l'Hermione.

La construction de la réplique c'est basée sur un croquis de la coque de la frégate la Concorde 1777, de sorte que nous n'avons pas de détail précis (par exemple sur la figure de proue) sur la véritable Hermione. En fait, comme dans l'histoire industrielle le premier modèle d'une série fait l'objet de tests. Souvent des améliorations sont apportées au modèles suivants du type. On sait par exemple qu'il y a eu modification des sabords entre La Concorde et l'Hermione.

Le commandant Yann Cariou a effectué plusieurs navigations avec l'Hermione d'aujourd'hui. Il explique dans ses conférences qu'il a été impressionné par les qualité de robustesse et de voilier de la frégate qui a été conçue par les ingénieurs constructeurs du XVIII siècle. Stabilité de route, rapidité par toutes les forces de vent, capacité à remonter au vent pour un gréement trois mâts de voiles carrées et latines: 65 à 55 ° de vent frais, dérive au près de 4° uniquement, tangage doux et gite stable inférieure à 8°. La vitesse la plus élevée approchait les 15 noeuds.

Frédéric Rateau.

Canon de l'épave de l'Hermione posé sur un affut reconstitué.

Les chansons de marins.

Ce n'est pas, il faut l'avouer, chose facile, à l'endroit du bon goût et de la décence, que de faire un choix dans la littérature du gaillard- d'avant, pour initier nos lecteurs à ses allures. Pourtant c'est une étude curieuse que nous ne voudrions pas négliger de leur révéler. La muse maritime est sans façon, et ses thèmes éternels sont le vin et l'amour! Son vin, ce n'est pas ce lui que versait l'amphore antique; ses amours ne sont pas l'exquis sentiment qu'Ovide, Catulle et Anacréon ont divinisé dans leurs vers; c'est plutôt le vin d'Erigone, c'est plutôt l'amour de Grécourt, de Pétrone et de Piron.

Depuis quelques années, il faut le dire, la chanson traditionnelle à laquelle chaque génération ajoutait un couplet ou un mot plaisant, s'est tue sous le retentissement des chants patriotiques que les événements ont mis en faveur chez nous. Béranger s'est glissé dans le coffre du matelot, en cela plus libre que le soldat, et les longues veillées de quart, les vigies monotones se sont amusées des refrains du Vieux Sergent et du Cinq Mai. Pour celles-ci, le matelot met une véritable religion à les dire telles qu'il les a apprises, sans volontairement y rien changer. Par-ci par-là quelques mots estropiés font bien boiter les admirables vers du poète, mais c'est à coup sûr à son escient, le digne matelot! Quant aux chansons grivoises, c'est différent. La chanson leur vient-elle de quelque bouge de port de mer, de quelque tradition de petit souper des marins parfumés de la régence, ils en font leur affaire, pourvu qu'ils y fassent entrer un matelot, et que ce matelot puisse s'y montrer vainqueur de quelque chose. Il y aurait de longues lignes à écrire là-dessus, et je préfère en arriver aux citations. Je les choisis de mon mieux dans mes souvenirs, et j'ai cherché à présenter deux types variés. La première a un certain caractère poétique, qui, tout maritime qu'il est, décèle au moins une plume d'officier de marine, au milieu de son allure originale : j'ai lieu de supposer que mon collaborateur le capitaine Luco n'est pas étranger à ces premiers couplets. Quant aux suivants, ce sera une autre affaire.

Chanson Bachique des aspirants de la division navale de Lorient aux ordres du général Lallemand, en 1811, à l'occasion du départ de l'escadre.

Adieu Lorient, séjour de guigne;
Nous partirons demain matin
Le verre en main.
Que cent flacons de jus de vigne
Du départ signalent l'instant.
Adieu Lorient.
Demain Lorient sera tranquille :
L'époux ne craindra plus le bruit
Des chants de nuit.
Dans plus d'un café, par la ville,
Que de tonneaux déchalandés
Et rebondés !

Il nous faut quitter nos maîtresses.
Sachez pour braver le regret
Notre secret.
Si la terre voit nos faiblesses,
A la mer, n'aimons que le vin,
Plus de chagrin.
Le moment des combats s'avance.
Des combats oublions l'horreur
Pour voir l'honneur
Ne songeons plus qu'à la vaillance;
Toujours on donne après l'action
Double ration.
Sachons soutenir la mémoire
Des beaux noms Golymin, Eylatt
Et Marengo (I).
Jours où pour grossir la victoire,
Le Germain céda sans trafic
Gloire et chenic.
Pour les vaincus pas de rancune,
Quand nous aurons pris leurs vaisseaux
Et leurs tonneaux ;
Du brave honorons l'infortune :
Qu'il ait sa part de ratafia
Et de tafia.
Si Neptune, dans sa malice,
Nous garde d'un coup de trident
Un coup de vent;
Que notre dieu nous soit propice :
Bacchus a pour parer au choc
Un coup de croc.
Si du scorbut, l'horrible touche,
Nous minant par ses accidents,
Nous prend les dents
Amis, plus d'espace en la bouche,
Pour engloutir à doubles coups
Rhum et vin doux.
Il n'est qu'un instant dans la vie
Où le soiffeur, comme un badeau.
Boira de l'eau :
C'est lorsqu'une vague ennemie
Sera sa dernière boisson
Et son poison.
Pour éviter ce sort funeste,
Dans la cambuse tout exprès

                    Je m'en irais
              Fuir l'élément que je déteste,
              Et rencontrer mort et tombeau
                    Dans un tonneau.
              Près du port, dans la nuit obscure,
                Pour dire au vigilant amour
                    Notre retour;
              Comme un phare, dans la mâture,
                Faisons briller en arrivant
                    Un punch brûlant.
              Des couplets qu'ici je vous chante,
              Les auteurs sont deux bons enfants :
                    Deux aspirants.
              Sur l'Eylau, sur la Diligente,
              Ces deux vrais amateurs de rack
                    Avaient leur sac.

Maintenant voici la chanson matelotesque. Je regrette vivement que certaines tournures, certains tropes ne soient peut-être pas à la ponce de tous nos lecteurs, mais il était en vérité impossible d'altérer ces images, en voulant les dessiner d'une manière plus littéraire.

                    LE CORSAIRE.
                Le corsaire le Grand-Coureur
                Est un navire de malheur.
                  Quand il se met en croisière
                  Pour aller battre l'Anglais,
                  La mer, le vent et la guerre
                  Tournent contre le Français.
                    Il est parti de Lorient
                  Avec belle mer et bon vent.
                   Il cinglait bâbord amure,
                  Naviguant comme un poisson;
                  Un grain tombe sur la mâture,
                   V'là le corsaire en ponton.
                    Il nous fallut remâter
                   Et diablement bourlinguer.
                  Tandis que l'ouvrage avance.
                    On aperçoit par tribord
                    Un navire d'apparence
                    A mantelets de sabord.
                   C'était un Anglais vraiment
                    A double rangée de dents,
                   Un marchand de mort subite;
                  Mais le Français n'a pas peur.

Au lieu de prendre la fuite, .
Nous le rangeons à l'honneur.
Ses boulets sifflent sur nous.
Nous lui rendons coup pour coup.
Tandis que la barbe en fume
A nos braves matelots,
Nous voilà pris dans la brume
Nous échappons aussitôt. Pour nous refaire des combats
Nous avions à nos repas
Des gourganes et du lard rance,
Du vinaigre au lieu de vin,
Du biscuit pourri d'avance
Et du camphre le matin.
Nos prises au bout de six mois
Ont pu se monter à trois :
Un navire plein de patates,
Plus qu'à moitié chaviré,
Un second plein de savates,
Un troisième de fumier.
Pour finir ce triste sort,
Nous venons périr au port.
Dans cette affreuse misère,
Quand chacun s'est cru perdu,
Chacun, selon sa manière,
S'est sauvé comme il a pu.
Le capitaine et son second
Se sont sauvés sur un canon;
Le maître sur la grande ancre,
Le commis dans son bidon ;
Ah ! le triste vilain congre,
Le voleur de ration !
Il eût fallu voir le coq
Avec sa cuiller et son croc.
Il s'est mis dans sa chaudière
Comme un vilain pot au feu.
Il a couru vent arrière ;
il a pris terre à l'Ile-Dieu.
De notre horrible malheur
Le calfat seul est l'auteur,
En tombant de la grande hune
Dessus le gaillard d'avant,
A rebondi dans la pompe,
A défoncé le bâtiment.

Amédée Grehan 1848

Un événement de mer. par E. Emyn.

Il y a longtemps que le reproche en a été fait : on ne s'occupe généralement pas assez de marine en France.

Et cependant d'où peut provenir une telle indifférence? La position géographique de la France ne l'appelle-t-elle pas à jouer un rôle important sur la scène maritime; ses rives, creusées par le travail incessant des mers qui la baignent, ne comptent-elles pas d'excellents havres, de sûres et profondes rades, de beaux et majestueux arsenaux ; ses côtes ne sont-elles pas habitées par de hardis marins; et de la simple cabane de pêcheurs, de l'humble habitation de quelque obscur navigateur, ne s'est-il pas, parfois, élancé un homme au vaste génie, à la bouillante valeur, qui a su porter aux plus lointains rivages l'honneur du pavillon français?

Comment donc justifier une telle indifférence?

La justifier serait, à mon avis, impossible, et l'expliquer serait fort délicat, car il faudrait nécessairement attaquer cet égoïsme qui ronge notre société, qui désunit des parties que la nature avait créées homogènes et inséparables; il faudrait s'élever contre ces coteries, ce charlatanisme qui abusent l'esprit du peuple, et qui, à son insu, lui ravissent ses affections et leur impriment une fausse direction.

Si, comme cela n'est que malheureusement trop vrai, il faut user de ruse, de calcul pour éveiller l'attention, pour obtenir quelque intérêt; s'il faut recourir à cette sensiblerie d'emprunt pour mendier quelque bienveillance à l'opinion publique, jamais nos populations maritimes ne sauront mériter ni cette attention, ni cet intérêt, ni cette bienveillance, parce que, semblables à ces rochers sur lesquels la lime du temps n'a pu mordre, elles ont résisté au frottement des générations; parce qu'elles sont restées dans une simplicité de mœurs et d'habitudes inhérentes sans doute à la nature qui les entoure; parce que, bercées par la tempête, elles ont étudié le péril, reconnu la fragilité de l'homme et de ses œuvres, et, se trouvant constamment face à face avec la mort, elles ont su se créer de religieuses pensées, y puiser courage et consolation, et apprendre à souffrir sans se plaindre.

Mais qu'en résulte-t-il? Vainement la voix de l'histoire proclame-t-elle quelques-uns de ces drames sanglants, joués entre le ciel et les eaux, où tout conspire contre les hommes, où vainqueurs et vaincus descendent quelquefois dans l'abîme qui se referme aussitôt... Vainement arrive jusqu'à nous le récit de quelques-unes de ces catastrophes si fréquentes, dans lesquelles disparaissent partiellement tant de malheureux... Vainement quelques hommes généreux élèvent-ils la voix en faveur de ces familles infortunées que chaque tempête plonge dans le deuil, et qui viennent chaque jour demander au rivage un père, un fils, un frère qu'elles ne verront plus!... Tous ces désastres passent inaperçus aux yeux du plus grand nombre, et n'ont guère de retentissement que jusqu'où les échos répètent encore le sourd mugissement de la mer, où vient s'éteindre le bruit des lames, de ces lames qui vous portent les dernières plaintes... de vos semblables!...

Mais aussi, l'on entendra quelque commerçant demander froidement si le navire naufragé était assuré; on verra cette foule, si indifférente aux malheurs de nos populations maritimes, tressaillir à la nouvelle de quelque misérable suicide, de quelque fait scandaleux , de quelque faible incident politique.

Que ne s'occupent-ils d'une classe aussi admirable par ses mœurs simples et vertueuses que par son étonnante résignation? si ses plaintes ne s'élèvent pas jusqu'à eux, pourquoi leur philanthropie ne descend-elle pas jusqu'à elle? Leur faut-il des émotions fortes, terribles, des larmes à sécher, des infortunes à adoucir, des vertus sublimes, ils en trouveront toujours là!

Car, dans, la profession maritime, il y a vingt chances malheureuses contre une favorable; car chaque jour compte de nouveaux désastres.

Voulez-vous une preuve de ce que j'avance? Je choisis entre mille et je m'arrête à une époque peu éloignée de nous.

C'était en avril 1855.

« La Marie-Jeanne », bateau de poche de l'ile de Sein, non ponté et du faible port de deux tonneaux, était venu, sous le commandement du patron Yves Thémeur, porter du poisson à Brest; son équipage se composait, outre le patron, de deux matelots et d'un mousse. —Après avoir terminé leurs petites opérations commerciales, ils appareillèrent le 14 pour retourner à leur île; mais la nuit s'étant faite pendant la traversée et un grand vent d'est-nord-est s'étant élevé, le patron ne put reconnaître l'île, et le bateau fut jeté en pleine mer.

Sans doute ils ignoraient encore le danger de leur position et s'imaginaient se trouver en vue des côtes; mais quelle dut être leur consternation lorsque, les ténèbres s'étant dissipées, ils n'aperçurent que l'immensité des mers; lorsqu'ils virent que la force de la tourmente maîtrisait leur fiole embarcation et rendait inutiles tous leurs efforts pour regagner la terre ; lorsqu'ils se trouvèrent là, sans vivres, sans vêtements, exposés à toute la furie des vents et des flots ; lorsque leurs yeux éperdus ne lurent dans le ciel et sur la mer qu'une sentence de mort!

Encore, dans les premiers instants, l'instinct de la conservation, si fort chez l'homme, dut se faire entendre, et leur prêter une nouvelle énergie pour affronter le péril imminent auquel ils étaient exposés; mais lorsque la nuit eut étendu de nouveau son voile de deuil, lorsqu'ils virent la tempête redoubler, quand reparut un jour glauque, avec son ciel brumeux que chargeaient à chaque instant d'épais nuages qui disparaissaient rapidement pour faire place à d'autres plus épais encore ; quand la mer se montra plus irritée que la veille et déroula son horizon d'écume qu'accidentaient de longues lames de plus en plus élevées, alors ils se prirent sans doute de désespoir, et, découragés, l'œil éteint, ils gardèrent un morne silence, car ils n'osaient plus se communiquer leurs pensées.

Pourtant leurs souffrances étaient loin d'être finies... La nuit revint, puis le jour, puis encore la nuit; la tempête s'était apaisée; mais où étaient-ils? Qui le saura même jamais? Néanmoins ils reprirent quelque confiance, et s'aidant, à défaut d'instruments nautiques dont ils n'auraient d'ailleurs su se servir, de quelques signes célestes que leur expérience leur avait appris à connaître, ils essayèrent de regagner la côte. Mais, ils ne pouvaient se le dissimuler, ils en étaient fort loin, et à l'incertitude, déjà si cruelle de leur position, devait vraisemblablement se joindre la crainte de voir leurs forces trahir le faible espoir qu'ils conservaient.

Déjà le petit mousse s'était plaint du froid, et ces hommes qui, sous une rude écorce, cachaient un cœur bon, sensible et généreux, avaient, pour secourir l'enfant, oublié les souffrances que leur faisait éprouver à eux-mêmes l'atmosphère glacée qui les enveloppait; mais lorsque, cédant au plus impérieux des besoins, le pauvre petit murmura j'ai faim, ces paroles si simples, mais prononcées d'une voix entrecoupée et déjà affaiblie, durent résonner d'autant plus péniblement dans l'âme des trois matelots qu'elles leur rappelaient leur situation désespérée, et venaient comme donner une nouvelle violence au feu qui dévorait leurs entrailles.

Et alors commença la plus horrible scène qu'on puisse imaginer, scène à briser le cœur, à faire subir mille morts, à tuer la raison, scène toute d'acrimonie, surtout si l'on songe que ceux qui en étaient spectateurs ne pouvaient y voir que la première partie d'un drame dont ils étaient appelés à former l'affreuse péripétie.

Accablé de froid et de faim, le mousse perdit la résignation qui jusque-là l'avait porté à souffrir en silence; ses gémissements devinrent de plus en plus fréquents; ses plaintes redoublèrent: « Du pain... du pain, » disait-il à ses compagnons qui ne pouvaient lui répondre que par des larmes. « Oh! donnez-moi du pain... Mon Dieu! je vais mourir !... »

Et le pauvre enfant tendait ses mains qu'avait amaigries la souffrance, et ses yeux éteints se promenaient suppliants de l'un à l'autre des matelots.

Puis, jouet de son imagination affaiblie, il croyait être rendu à ses parents : « Ma mère, s'écriait-il alors, ma bonne mère, donnez à manger à votre fils.... il a bien faim, allez.... » il y a si longtemps qu'il n'a rien pris.... donnez-lui quelque chose, donnez, bonne mère, à votre pauvre fils.... J'ai bien souffert.... oh! oui, car nous avons été loin, loin comme tout.... et j'ai eu bien froid et j'ai eu faim pendant plusieurs jours Mais Dieu a eu pitié de moi Me voici près de vous maintenant.... je pourrai manger tant que je voudrai, n'est-ce pas?... Donnez vite, ma mère, j'ai bien besoin.... »

A ces moments d'affaissement succédait une fiévreuse exaltation; sa voix, brusque et saccadée, prenait plus de force; son regard témoignait de l'égarement de ses esprits, et ses joues appâlies, sèches et comme soudées à la partie osseuse de son visage, se recouvraient d'un vif incarnat. Puis vinrent d'horribles convulsions : ses membres se tordaient; tout son corps frémissait, bondissait; ses yeux, d'une effrayante mobilité, semblaient faire effort pour sortir de leurs orbites, et de sa bouche écumeuse s'échappait un sourd gémissement qu'interrompaient à peine de fréquents cris de rage.... C'était hideux.

Ce ne fut cependant qu'au bout de trois jours que cessa cette horrible agonie; il y eut un long silence après lequel s'éleva le murmure de quelques voix qui récitaient des prières.... Le mousse venait de succomber....

On était alors au 20 avril, et le ciel reculait toujours devant ces malheureux, et le spectacle seul de l'immensité de l'Océan venait frapper leur vue qui, plongeant dans toute la profondeur d'un horizon sans bornes, cherchait vainement quelque lointain visage, quelque voile passagère.

Et pendant deux jours et deux nuits le même tableau se reproduisit avec son accablante uniformité; mais il passait presque inaperçu aux yeux de ces malheureux.

Un seul, le nommé Yves Porsmoguer, qui jusque-là avait offert une plus vive résistance aux attaques redoublées des plus impérieux besoins, avait conservé assez de force pour s'élever au-dessus du plat-bord du bateau, et de là embrasser, de ses regards désolés, la vaste étendue de l'Océan.

Quant à ses deux compagnons dont les forces étaient épuisées, ils gisaient là, immobiles, l'œil atone, les dents convulsivement serrées, le teint livide, et le corps comme replié sur lui-même et singulièrement amoindri. Parfois, agités de mouvements spasmodiques, ils détordaient leurs membres desséchés, se soulevaient brusquement, et, livrés aux plus violents paroxysmes de rage, mordaient dans les cordages, dans le bois, dans le fer, se mordaient eux-mêmes.... C'étaient alors des cris, des hurlements arrachés par les douleurs les plus atroces; puis le bruit s'éteignait, et l'on ne pouvait plus distinguer qu'un son faible, péniblement arraché de poitrines agonisantes....

Tout à coup une voix s'écrie : « Une voile, une voile!! » C'était Porsmoguer qui, en interrogeant encore une fois l'horizon, venait d'apercevoir un bateau qui avait le cap sur eux. «Voile ! » répète-t-il ; mais ce mot, qui formulait à lui seul toute une nouvelle existence, se perdit dans l'espace sans éveiller la moindre vibration et sans trouver d'autre écho qu'un second murmure, semblable au gémissement lugubre d'un instrument dont la table d'harmonie s'est brisée.

La distance qui séparait les deux bateaux disparut cependant de plus en plus, et, peu de temps après, ils se trouvèrent bord à bord. Quelques paroles de Porsmoguer, son pâle visage sur lequel se voyaient empreintes tant de souffrances, le spectacle de ses deux malheureux compagnons qui, .dans un long et pénible râlement, consumaient les derniers efforts de leur vie expirante, eurent bientôt tout expliqué aux nouveaux venus, qui, après leur avoir donné les secours dont ils purent disposer, se dirigèrent immédiatement sur La Teste, port auquel ils appartenaient, et qui était peu éloigné, car c'était non loin du bassin d'Arcachon, à 150 lieues de Brest, qu'ils avaient rencontré ces infortunés.

Arrivés à terre, les soins les plus empressés leur furent prodigués; mais Porsmoguer put seul en profiter : les deux autres matelots succombèrent peu d'heures après. Ce n'étaient que deux cadavres que l'Océan avait rendus à la plage!

Le lendemain, trois cercueils furent conduits au champ du repos. Trois, car, au sein même de leur détresse, ces malheureux avaient religieusement conservé le corps du jeune mousse, espérant pouvoir le déposer en terre chrétienne.

Ainsi donc, dans ce fatal événement, trois existences, sur quatre, furent détruites ; ainsi voilà trois familles plongées dans le deuil, dans la misère sans doute, et ne pouvant compter que sur quelques secours bien faibles, hélas! comparativement à leur infortune; car la caisse des Invalides, à qui seule est réservée la noble mission de venir à l'aide des populations maritimes, et qui s'en acquitte avec toute la sollicitude, toute la justice d'une bonne mère, la caisse des Invalides n'est pas riche, quoi qu'on en dise; et puis elle a tant d'enfants, et tant d'enfants malheureux !

E. Eymin.

L'Ile de l'Ascension

On trouvera, dans tous les dictionnaires de géographie, par qui fut découverte cette petite île bien connue, devant laquelle passent presque tous les navires qui reviennent du Cap de Bonne- Espérance ou de l'Inde. Cependant ce n'est que dans ces derniers temps que sa position géographique fut déterminée avec précision par la corvette la Coquille, et plus tard par l'Astrolabe (I[12]).

Cette île, jadis déserte, commence à offrir un coup d'œil intéressant pour l'observateur, et de vient une preuve de ce que peut un bon système administratif, suivi avec constance, dans des lieux qui semblent le moins propres à cire habités.

En effet, après être débarqué et avoir franchi une grande plage de sable blanc, on ne voit, tant que la vue peut s'étendre, qu'un sol volcanique, rougeâtre, entrecoupé de plaines et de hauts pitons, sur lequel un naturaliste seul peut trouver des traces de végétation. Partout on ne marche que sur des laves ou des tas de scories, qui dans les plaines présentent cela de particulier, qu'elles forment des élévations irrégulières, comme si l'on s'était plu à les relever pour cultiver leurs intervalles composés d'une terre molle et rougeâtre. La montagne la plus élevée est a peu près placée au milieu de l'île. Les nuages quelle attire et fixe à son sommet y ont décomposé les substances volcaniques et produit une bonne terre, seul point où la végétation ait commencé à s'établir. C'est de ce lieu qu'on embrasse parfaitement l'ensemble géologique de l'île, et qu'on voit que tous ces pitons, plus ou moins élevés, furent des centres d'action, lorsque cette terre était dans une conflagration générale. Plusieurs d'entre eux ont encore leur sommet découpé en cratère plus ou moins bien conservé. Un, entre autres, présente un accident fort remarquable. Vu de haut, ses bords, parfaitement arrondis, ressemblent à la place d'un vaste manège qui aurait été nouvellement foulé; on y aperçoit jusqu'à la différence des lignes concentriques. La disposition de ce cratère, qui n'a que très-peu de profondeur, est certainement due à ce qu'il a autrefois contenu des eaux pluviales qui se soi oui peu à peu évaporées en laissant les traces que nous indiquons. Les Anglais donnent à ce lieu le nom de Cirque du Diable. Une personne qui l'a visité m'a dit que, lorsqu'on était dedans, on ne pouvait plus apercevoir la régularité de son ensemble par la grandeur des reliefs.

De cette hauteur encore on se rend parfaite ment compte de cette apparence de tas de scories relevées. C'est qu'après qu'elles furent formées, les irruptions qui survinrent furent com posées de cendres qui remplirent tous les vallons, les égalisèrent en forme de plaines, et ne laissèrent que les sommités de ses amas apparentes.

---

[12] (I) Voyez l' Allas de M. le capitaine Duperré, qui fixe le mouillage de Sandy-Ray, d'après les calculs de M. Lottin, officier de marine, par 7" 55' 9" 8 de latitude sud, et 16" 23' 7" de longitude occidentale, ou par 16° 43' 30", d après les calculs de M. Jacquinot, officier de l'Astrolabe.

Tout le sommet du piton central, une partie même de ses flancs ne se composent que de ces cendres agglomérées en morceaux de la grosseur du doigt, et contenant des scories légères, des ponces et de petites obsidiennes : c'est ce que les Italiens nomment rapillo. On creuse avec la plus grande facilité, au milieu de ces masses, des chemins et des excavations où les habitants se logent momentanément. Dans les coupures pratiquées à cet effet, on remarque des teintes diverses, toujours dans le brun ou dans le noir, et quelquefois des veines d'obsidienne de quelques lignes d'épaisseur, qui semblent s'être étendues, en coulant, comme le ferait du ver fondu sur du sable. Dans quelques localités (pie je n'ai point vues, il existe de gros blocs d'obsidienne d'une couleur noire.

Les contours de celle île sont très-déchiquetés; il n'y a point de ports proprement dits, et l'on mouille sous le vent. Les plages de sable sont exclusivement formées de débris de coquilles et de madrépores. En certains lieux du bord de la mer, où ont probablement coulé autrefois de petits ruisseaux, l'on remarque des agglomérations, par bancs, de ce sable, qui fournit des pierres à bâtir, blanches et faciles à tailler.

Les madrépores qui concourent à former ces pierres n'existent plus vivants; on les retrouverait dans la rade, à l'endroit même où l'on débarque. Ils ont été recouvert par les irruptions; il n'en est demeuré que quelques lisières que la mer a pulvérisées, traçant maintenant les plages blanches sur lesquelles les tortues viennent déposer leurs œufs. Ce sont ces animaux qui ont rendu celle île utile aux navigateurs.

Elle n'a commencée d'être habitée d'une manière fixe qu'en 1813, lorsqu'on transporta Napoléon à Sainte-Hélène. Les Anglais y mirent un lieutenant de vaisseau avec vingt-cinq hommes, pour empêcher que d'autres puissances ne s'y établissent, et qu'on ne put, de là, faire quelques tentatives pour enlever Napoléon de sa prison.

Si vraiment tel a été le motif de peupler cette île, il paraîtra aussi mal fondé que pusillanime à ceux qui ont vu Sainte-Hélène et ses redoutables fortifications

Peu à peu le nombre des habitants s'est augmenté, et, à l'époque où j'écrivais, il était de deux cent vingt-quatre hommes, auxquels il faut ajouter quelques femmes. Ce sont des soldats de marine commandés par leurs officiers. Le gouverneur est un capitaine, et l'état-major est formé de huit ou dix personnes. On a loué en Afrique des hommes de couleur qui servent pendant un certain temps, mais qui ne sont point esclaves. Des officiers, des soldats y ont leur femme et ont leur famille. Les matériaux propres aux constructions, moins les pierres, sont apportés d'Angleterre ou du Cap de Bonne-Espérance. Il en à été de même, pendant longtemps, pour les aliments; et, à présent, quoiqu'il y ait dans l'ile beaucoup de chèvres, de volailles et quelques bestiaux, on est toujours obligé d'envoyer des vivres salés pour une grande partie de la garnison. Les seuls aliments frais qu'on puisse distribuer sont des tortues, du poisson et des légumes.

Le premier établissement, qui est encore le plus considérable, est situé sur le bord de la mer, au milieu des scories, et sur le sol le plus aride que j'ai jamais vu. Il est formé de la maison du gouverneur et des officiers, de quelques autres maisons particulières et de grands magasins très bien construits. Malheureusement il n'y a aucune trace d'eau douce sur le rivage; la petite quantité qu'en possède l'île vient du piton du milieu, distant de près de deux lieues. On est obligé de transporter à dos de mulet jusqu'à l'établissement.

J'ai déjà dit que le sommet de cette montagne était recouvert d'une terre végétale profonde et constamment humide. Les Anglais y ont imaginé des cultures parfaitement entendues de la plupart des légumes d'Europe. On a commencé aussi à y planter des arbres, car il n'y en a point de naturels à cette terre. Au milieu de ces champs sont des étables pour les bœufs, et plus bas, encore dans la région des nuages, une maison avec ses dépendances pour le gouverneur et les officiers.

Par un transport rapide on laisse le sol bridant et aride du rivage pour se trouver au milieu de la verdure et des fleurs, dans une température agréablement fraîche. Le spectacle qu'on a au-dessous de soi est remarquable par sa rudesse et sa sauvagerie ; c'est l'image de la désolation. Après l'action du feu il n'est resté que des cratères éteints, des précipices, des pilons rougeâtres ou des roches noires.

Là, comme partout où les Anglais s'établissent, ils commencent par construire des routes aussi solides que commodes, parce qu'ils savent combien cette précaution de première nécessité contribue à la prospérité d'une contrée. Les habitants de l'Ile-de-France leur rendent pleinement justice à cet égard. On a donc commencé à l'Ascension par de beaux chemins coupés dans la montagne ; il en est même un qui la contourne en partie, qu'on peut appeler de luxe, vu l'état actuel de la colonie.

C'est ensuite l'eau qu'on s'est occupé de recueillir avec le plus grand soin, parce qu'elle coule, non pas par filet, mais goutte à goutte dans trois ou quatre endroits, pendant huit mois de l'année. On a, à cet égard, un grand nombre de tonneaux défoncés par un bout, placés à côté les uns des autres, communiquant entre eux par des conduits et se remplissant les uns par les autres. Quelque fois ce n'est que l'humidité du lieu, condensée sur une pierre, dont on reçoit les gouttes qui tombent de seconde en seconde. Celle eau est aérée, salubre et sans mauvais goût ; elle est meilleure que celle de Sainte-Hélène, qui conserve une émanation de la terre sur laquelle elle coule.

Le gouverneur de cette époque, M. Bate, s'occupait de faire construire sur le penchant de la montagne un vaste réservoir en pierres de taille pour moitié une certaine quantité d'eau en réserve, soit pour la garnison ou pour les navires qui en auraient un pressant besoin. Dès ce moment même l'on pouvait, sans se priver, donner dix tonneaux d'eau. Celle destinée aux animaux provient de la toiture de l'étable à bœufs, qui est couverte d'une toile vernie, sur laquelle les nuages se condensent; et comme on a lâché dans la campagne des poules, des dindes, des pintades, des pigeons qui sont devenus sauvages, on pousse la précaution jusqu'à leur mettre à boire dans des lieux solitaires. Certes, ces détails peuvent paraître minutieux, mais c'est de leur ensemble, qui indique un ordre pour ainsi dire inné, que résulte le succès.

Les tortues, richesses propres à cette île, ont dès le commencement de l'établissement fixe l'attention des colons. On sait qu'auparavant les navires abordaient à l'Ascension pour y prendre de ces amphibies, et que les matelots en retournaient sur le dos souvent beaucoup plus qu'ils ne pouvaient en emporter; elles périssaient dans cette position sans être utiles à personne.

Depuis l'arrivée des Anglais, eux seuls se chargent d'en donner, d'en vendre ou d'en échanger avec les navires qui en ont besoin. Pour cela, ils ont agrandi, sur le bord de la mer, un réservoir naturel, dans lequel l'eau se renouvelle à chaque marée. — Il peut contenir en réserve une centaine de tortues. Pendant six mois de l'année, ces animaux semblent accourir de toutes les parties de l'Atlantique pour déposer leurs œufs sur les petites plages sablonneuses de l'Ascension. C'est la nuit qu'ils choisissent de préférence. Des sentinelles cachées préviennent de leur arrivée, et des hommes armées de leviers les renversent. On attend au lendemain pour les porter au réservoir. Comme ce ne sont que des femelles, on a le soin de les laisser pondre en partie avant que de les prendre, afin de ne pas arriver trop promptement à la destruction de l'espèce. Malgré cela, nous en avons eu à bord de notre navire qui contenaient encore près de quatre à cinq cents œufs.

On a la précaution d'écarter tout ce qui pourrait les empêcher d'aborder. A cet effet, on ne reçoit ni ne rend de salut, parce qu'on s'est aperçu que le bruit du canon leur est contraire. On va même jusqu'à empêcher de fumer sur le rivage, parce que l'on croit que l'odeur du tabac les écarte. Enfin ces précieux animaux trouvent encore sur le bord de cette île la même solitude qu'à l'époque où elle était inhabitée. L'espèce est la tortue franche ou mydas, ou tortue verte (testudo viridis des naturalistes). Les individus sont tous de la plus grande taille, pesant généralement de 4 à 500 livres, souvent davantage ; on en aurait même vu, dit-on, de 800 (1[13]). Il s'en consomme ordinairement huit cents par an. C'est un excellent manger pour les marins. Bien accommodé, il a la plus grande ressemblance avec du jeune bœuf. On ne mange ordinairement que les chairs qui couvrent les membres, ou quelquefois les œufs les plus avancés et prêts à sortir, qu'on trouve dans le ventre ; de sorte qu'il y a beau coup de perte, et que la quantité de viande dont on se sert se réduit à assez peu de chose, vu la masse totale de l'animal. Cependant on peut tout aussi bien faire usage des intestins. On sait que les tortues ne mangent point à bord des vaisseaux, et ne demandent d'autre soin que de jeter dessus un peu d'eau de mer, et de les abriter du soleil qui les dessèche et les tue.

La température du haut de la montagne diffère toujours de 10 à 12 degrés de celle de la plaine. Dans la saison des pluies, qui est la plus fraîche, le minimum du thermomètre de Farenheit est, sur la plage, à 70 degrés, et dans la montagne à 58 degrés. C'est probablement alors qu'on peut recueillir jusqu'à 900 gallons d'eau par jour de toutes les sources réunies. (Le gallon est de quatre bouteilles.)

---

[13] (1) En 1828, touchant à l'Ascension, à bord du navire la Pallas, nous avons pris une de ces tortues de la grande espèce, qui pesait 520 kilogrammes. J'ai sous les yeux cette note de mon journal de cette époque. (Note du rédacteur.)

Dans les autres saisons, le maximum de la chaleur est sur la plage de 92 degrés ; à la montagne, de 80 degrés; par conséquent il ne gèle jamais, jamais non plus on n'a reçu de coups de vent.

Quelqu'un de bien instruit m'a dit qu'il n'y avait point de dépenses spéciales affectées à cette petite colonie, qu'elles étaient prises sur la masse générale qu'occasionnent les plus grandes.

Voici la liste des gouverneurs qui se sont succédé depuis le commencement de rétablissement, qui a été formé par :

- Le lieutenant de vaisseau Cuppaze, en 1815, avec vingt-cinq hommes ;
- Major Campbell, avec trente-neuf hommes, arrivé en septembre 1821, parti en mars 1824 ;
- Colonel Nicoll, avec deux cent vingt-deux hommes, arrivé en mars 1824, parti en octobre 1828;
- Capitaine Bate, avec deux cent vingt-deux hommes, arrivé en novembre 1828.

M. le capitaine Bate, par son air de douceur et de bonté, semble être né pour conduire un pareil établissement, qui demande réellement pour cela une trempe particulière de caractère ; car ce rocher ressemble à l'exil le plus affreux, et le serait en effet pour tout autre peuple que des Anglais, qui ne sauraient pas, comme on dit en terme de marine, s'installer. Ce gouverneur et ses officiers agissent sans la moindre cérémonie, et sont toujours dans le costume le plus simple, parce qu'il est le plus commode. C'étaient bien là les gens qui nous convenaient. Ils nous firent toutes les politesses qui étaient en leur pouvoir, et leur table nous fut constamment ouverte pendant la semaine que nous passâmes parmi eux. Nous eûmes l'avantage de leur donner à dîner; ils parurent prendre plaisir à une société passagère qui rompait pour eux la monotonie de leur existence. On y porta diverses santés. Quelques-unes furent appuyées d'un modeste coup de canon, afin de ne pas trop effrayer les tortues, et dans cette circonstance on se re lâcha un peu de l'utile sévérité du règlement.

signé Y…..

Courses dans la Manche sous la République..

Texte de Fulgence-Girard.

> Exploits du corsaire boulonnais *l'Unité*. — Courage et bravoure du capitaine Laugier. — Double combat du corsaire *le Prodige*. — Naufrage de l'*Enfant de la Patrie*.— Belle affaire des deux corsaires *l'Espiègle* et *le Rusé* contre un brick de guerre anglais.

Les vicissitudes politiques qui agitèrent 1787 avant que la baïonnette de nos armées républicaines n'atteignît jusque dans la législature les conspirations de l'aristocratie, avaient bien pu désorganiser les forces navales devant lesquelles tremblait l'Angleterre; mais si, par le renversement du ministère Truguet, les royalistes avaient dissipé les espérances que la France avait placées sur ses escadres, ce qu'ils ne purent obtenir, ce fut d'arrêter les triomphes de nos armements particuliers.

L'année 1797 imprima à cette industrie guerrière le même élan qu'il avait reçu de l'année qui l'avait précédée; une multitude de nouveaux bâtiments vinrent s'associer, par l'audace de leurs entreprises, aux succès déjà obtenus par nos croiseurs : l'impossibilité de rapporter tous leurs exploits nous force à ne reproduire dans la statistique de cette navigation que ceux qui frappèrent le plus vivement l'attention publique.

« *L'Unité* », de Boulogne, ouvre cette glorieuse série; ce corsaire, grand chasse-marée portant six canons de 4, avait consumé la fin de décembre sur les eaux d'Angleterre, d'où il avait expédié plusieurs prises vers les ports de France; dans les premiers jours de janvier, il se dirigeait lui-même vers Boulogne, traînant à sa remorque un sloop amariné de la veille, lorsqu'il aperçut un bâtiment anglais courant sur lui.

Le capitaine Carry ne fut pas longtemps sans reconnaître l'inégalité des forces qui existait entre son embarcation et le bâtiment ennemi; il abandonna donc sa capture, et prit chasse; l'Anglais força de voiles et se porta avantageusement sur ses traces,

C'était un beau cutter dont la carène, doublée de cuivre, mêlait ses reflets métalliques aux teintes sereines de la mer; quatorze caronades, d'un calibre très-lourd, garnissaient ses sabords; un équipage très-nombreux couvrait son pont : ce bâtiment, nommé « *le Swan* », appartenait au service de la douane.

Le capitaine Carry eut bientôt acquis la conviction qu'il ne pouvait éviter d'être atteint par l'ennemi. Le cutter tombait en effet sur son sillage avec une rapidité qui dévorait la distance.

Il n'avait d'autre espoir d'échapper à cet Anglais, que celui de lui causer quelque avarie assez grave pour ralentir sa poursuite; il résolut de tenter cette chance. Virant aussitôt de bord, il se dirigea vers le Swan, en recommandant expressément à son monde de pointer à démâter. Le combat ne tarda point à s'engager avec une vigueur qui se maintint durant trois heures que les deux ennemis se canonnèrent bord à bord. Le corsaire français fut si maltraité par le cutter, que pour lui toute possibilité de s'éloigner du combat était détruite; dans cette position, le capitaine

Carry songea à rétablir la parité que l'artillerie de l'ennemi avait rompue, en suppléant à la force matérielle par la puissance du courage.

« Garçons! dit cet intrépide officier à ses hommes dont la valeur lui était connue, il n'y a pas de milieu, aborder l'Anglais ou pourrir dans les pontons. Vous sentez-vous le cœur de l'enlever?

— Abordons! abordons!» lui répond l'équipage d'une seule voix.

Un coup de barre porte l'Unité sur le Swan; les Français sautent à bord, une mêlée furieuse ensanglante le pont. Le capitaine anglais tombe frappé d'un coup de hache auprès de six des siens, renversés par les sabres ou les balles ; les autres demandent quartier : les républicains sont vainqueurs !

Le citoyen Carry fit immédiatement rétablir le gréement et les voiles hachées par la mitraille et les boulets, et gouverna sur le Havre, dans le port duquel il entra le lendemain avec sa prise.

Les félicitations du Directoire et une hache d'honneur furent la récompense que l'équipage de l'Unité reçut, pour cet exploit, dans la personne de son chef.

Le 4 floréal (25 avril) vit s'accomplir, dans les lagunes mêmes, un forfait où le capitaine français, le citoyen Laugier, déploya un courage qui ne fit que rendre plus odieux le crime dont lui et ses compagnons devinrent les victimes.

Les Pâques véronaises eurent de funèbres échos dans les populations fanatiques de Venise.

Tandis que les influences d'une noblesse et d'une inquisition machiavéliques lançaient une foule égarée contre les ennemis de leur despotisme, un petit lougre français, poursuivi par plusieurs frégates autrichiennes, vint se réfugier sous la protection de la place. Le vent était violent et la mer très-dure ; penché sous le poids de cette brise carabinée, le corsaire français était venu jeter l'ancre sous les batteries du Lido, que son canon avait militairement saluées de neuf coups.

Ordre lui fut transmis aussitôt de s'éloigner de ce mouillage. Indigné de ce déni d'hospitalité, Laugier, malgré la présence de l'ennemi, se préparait à exécuter cette sommation, lorsque les loris croisèrent sur lui le feu de tous leurs canons.

Le capitaine français, ne voulant pas exposer son équipage à ces volées meurtrières, fait descendre tous ses hommes dans la cale, et accompagné seulement de ses deux officiers, monte sur le pont; en vain son porte-voix annonce-t-il qu'il est prêt à se retirer : la canonnade continue, et ces braves officiers tombent sous les boulets qui balaient le pont du corsaire français.

Le feu des batteries ne s'éteignit que lorsque des chaloupes, chargées d'une soldatesque esclavonne, vinrent achever l'œuvre des boulets. Tous les malheureux qui se trouvaient encore sur le corsaire furent égorgés, à l'exception de trois marins que l'on traîna dans les prisons.

Bonaparte, vainqueur de l'Autriche, vint bientôt venger ce forfait; en vain cette oligarchie épouvantée lui députa-telle une commission chargée de fléchir son courroux.

« Je ne puis, dit-il à ces envoyés, vous recevoir ainsi couverts du sang français. Mes prisonniers sont-ils délivrés, les assassins sont-ils poursuivis? Point de vaines paroles. Mes compatriotes ont été massacrés, il faut une vengeance éclatante. »

Les envoyés ayant voulu arguer de la difficulté de connaître et de saisir les coupables, il poursuivit :

« Eh bien, ce que ne peuvent vos magistrats, je l'exécuterai moi-même. J'ai fait la paix, j'ai quatre-vingt mille hommes; j'irai briser vos plombs, je serai pour Venise un second Attila.

Je ne veux plus ni inquisition ni livre d'or : ce sont des institutions des siècles de barbarie; votre gouvernement est trop vieux, il faut qu'il s'écroule. »

Rien ne put calmer sa colère; les offres de tribut que firent les députés furent rejetées avec indignation. « Quand vous couvririez toute cette plage d'or, ces trésors ne pourraient payer le sang d'un seul Français.» Cette vieille puissance, dont les escadres avaient conquis l'empire militaire et commercial du Levant, dont les armées avaient dominé l'Italie, paya son crime de sa vie. Le lion de Saint-Marc fut offert en hécatombe aux mânes de nos matelots.

Le corsaire « *le Prodige* » se signala quelques mois après dans un combat où le courage de son brave équipage obtint une bien différente fortune.

Ce navire, portant quatorze canons de 4, et monté par un équipage de quatre-vingts hommes, sortit le 21 juin du port de Dunkerque, sous le commandement du capitaine Vandezande.

La première partie de sa croisière fut remarquable par le nombre des bâtiments anglais qu'il amarina et dirigea sur la France; la seconde fut non aussi lucrative, mais incontestablement plus glorieuse.

Le 28, il naviguait parle 50 de latitude septentrionale, lorsque ses vedettes découvrirent un convoi de neuf voiles sur les limites nord-ouest de son horizon. Il gouverna sur elles, mais ces navires, au lieu de se couvrir de voiles et de se disperser, se formèrent en ligne de combat, et se mirent en panne. Bien que cette flotte fut une réunion de navires marchands, elle se trouva offrir ainsi un front armé de quarante-quatre canons de 4 et de 9, et plusieurs caronades de 18.

Ces navires, dont les signaux correspondaient avec ceux d'un grand trois-mâts, leur amiral, affectaient l'attitude et les habitudes d'une escadre.

Le Prodige, parvenu vers une heure et demie à quelques encablures au vent de leur ligne, leur présenta le côté et commença le combat. L'action devint aussitôt générale, et s'engagea des deux côtés avec une énergie que le capitaine français n'attendait pas de ces négociants armés.

Si, lorsque le feu cessa après avoir grondé six heures, deux des bâtiments ennemis avaient été obligés d'amener leurs pavillons, les trous de boulets que le Prodige avait reçus dans sa coque, sa misaine déralinguée, ses voiles et son gréement en lambeaux, annonçaient que le corsaire avait au moins acheté son triomphe.

Le capitaine amarina ses prises, la nuit s'écoula employé des deux côtés à réparer les avaries causées par le combat. La mer était d'un calme aussi profond que l'air était tranquille. Les navires ennemis ne purent ainsi profiter de l'obscurité pour se disperser. Ils s'éloignèrent cependant d'une demi-lieue du théâtre du combat.

Le Prodige ayant livré toutes ses voiles au frais léger qui s'éleva le lendemain sur les huit heures, s'attacha à leur poursuite; la faiblesse du vent le força de border ses avirons de galère. Il joignit l'ennemi vers la même heure à laquelle le combat avait commencé la veille. Cette affaire fut plus sérieuse encore que la précédente; les sept navires anglais étant parvenus à envelopper le corsaire, le foudroyèrent à portée de pistolet. Le Prodige essuya les pertes et les ravages les plus terribles; son pont se couvrit de cadavres; sa carène, trouée et disjointe, recevait l'eau avec abondance : matelots et soldats n'en donnaient pas moins l'exemple de l'abnégation et du plus grand courage. Un sergent de la garnison est atteint par un boulet; ce brave, baigné dans son sang, réunit toutes ses forces pour exalter l'enthousiasme de ses compagnons : « Songez, disait-il, à ceux qui voulaient le secourir, songez à ceux de nos frères blessés qui peuvent en revenir; conservez-les à la république. » Il mourut en héros.

Son exemple et ses paroles exaltèrent tous les courages : les bordées éclatèrent avec une nouvelle furie, trois nouveaux adversaires amenèrent leurs pavillons, les autres prirent aussitôt la fuite. L'affaiblissement dont les deux combats et l'armement des bâtiments capturés frappèrent son équipage, l'empêchèrent de poursuivre les quatre fuyards, il se dirigea avec ses cinq prises vers le Texel, d'où il regagna la rade de Dunkerque, pour y jeter l'ancre le 2 juillet.

Le convoi, dont il avait enlevé plus de la moitié des voiles, venait de Memel et se dirigeait vers Londres, chargé de toile, de fer, de chanvre et de pelleterie : il arriva heureusement dans les eaux du Texel.

Vers cette époque, « l'*Enfant-de-la-Patrie*", grand corsaire de l'échantillon et de la dimension de nos plus fortes corvettes, assailli par plusieurs coups de vent successifs, se perdit dans les lames orageuses de la Norvége. Ce sinistre disparut au milieu de nos triomphes.

Le dernier fait d'armes de cette année, funeste au commerce anglais, est dû à deux bâtiments boulonnais.

L'Espiègle et *le Rusé*, jolies embarcations pleines de ces qualités nautiques qui donnaient tant d'avantages à nos croiseurs, sortirent du lit de la Lianne dans les premiers jours de décembre. *Le Rusé*, commandé par le capitaine Formentin, portait huit canons de 4 ; *l'Espiègle*, capitaine Duchesne, en avait dix. Ces deux navires ayant rencontré un convoi nombreux qui naviguait sous l'escorte de plusieurs corvettes, le suivirent quelque temps dans l'espoir qu'un coup de vent, une avarie ou de fausses manœuvres en distrairaient quelques bâtiments dont ils pourraient sans danger faire leur proie. Les premiers jours s'écoulèrent sans réaliser leur espoir; dans la nuit du 21 au 22, l'inutilité de leur expectative les fit se hasarder à s'approcher du convoi pour s'y mêler.

Cette démarche ayant fait apercevoir au capitaine Duchesne un navire assez éloigné du gros de la flottille pour qu'on put l'enlever sans se compromettre avec les convoyeurs, gouverna immédiatement sur lui. Lorsqu'il put apercevoir le travers du navire, qu'à son arrière il avait pris pour un marchand, il reconnut un des forts bricks-canonnières attachés au service des côtes britanniques. Ce navire portait en batterie barbette des pièces de 18 et des caronades de 52.

L'Espiègle, qu'avait démasqué sa manœuvre, se trouvait trop près pour essayer de se retirer; l'alternative qui s'offrait à lui était de se rendre ou d'aborder. Le brave équipage, commandé par le citoyen Duchesne, n'avait donc pas à choisir. Il continua à se porter sur le brick anglais. *Le Rusé*, ayant reconnu le danger que courait son matelot, se dirigea aussitôt à son secours; les deux navires français ne pouvaient laisser un seul instant languir leur attaque. La supériorité de leur ennemi établissait déjà le combat assez douteux pour que les deux corsaires ne donnassent point le temps aux forces de l'escorte de venir les écraser. Ils renoncèrent presque à faire usage de leurs canons. Un feu de mousqueterie couvrit seul la canonnière anglaise d'une grêle de balles, tandis que les deux Français cherchaient à l'accoster. Après plusieurs tentatives manquées, *l'Espiègle* réussit à lui jeter quatorze hommes.

Le lieutenant Tack, de Dunkerque, était à la tête de cette poignée de braves. Le brick leur opposa soixante-huit combattants. Les Français, sans s'effrayer du nombre, chargent l'ennemi avec une intrépidité et une vigueur inouïe: les Anglais ne résistent que par la puissance du nombre ; les Républicains redoublent d'ardeur; Tack, dont un coup de sabre dans le flanc n'a fait jusque-là qu'exalter l'énergie, est mis hors de combat par un coup de feu qui l'atteint au cou , sa chute excite ses compagnons à le venger; le carnage devient affreux : le capitaine et le second du brick sont abattus sur un monceau de cadavres ; l'équipage, ne pouvant résister à la furie de cette attaque, se rend à merci. Le brick est amariné; ses couleurs nationales sont remplacées par notre glorieux pavillon, et il est enlevé dans les eaux mêmes des deux corvettes.

Les acclamations de la population boulonnaise saluèrent le lendemain l'entrée de ce beau navire dans la Lianne. Les félicitations du Directoire vinrent se mêler au concert de louanges qu'obtint ce noble exploit.

Fulgence-Girard.

Capture du vaisseau « le Triton » par le corsaire « Le Hasard ».

Texte de Amédée Grehan 1848.

La foule riait sur le port : on riait à voir appareiller l'humble brick qui se rendait en rade.

C'était pitié de songer à l'armateur qui pouvait expédier cette mesquine coque de noix à la chasse des prises, avec vingt hommes commandés par un inconnu. Il était bien petit, en effet, cet aventureux navire ; il était fragile et léger comme son nom : le Hasard. Mais on n'aurait pas dû rire, je vous le jure; car ce départ était le commencement d'une longue et incroyable série d'exploits.

Spectateurs vulgaires qui assistent à la naissance d'une vaste renommée, et qui n'y devinent rien du futur éclat ! Les mêmes qui sifflent applaudiront plus tard ; ces gens, dont la parole n'a pas assez d'ironie pour l'absurdité de l'entreprise, exalteront plus haut que tous sa gigantesque audace. Oh! que le succès est une belle chose ici-bas! et que misérable est le public qui l'accueille! Peut-être Surcouf se livrait-il à ces réflexions, tandis que son petit brick se glissait au milieu des beaux navires qui paraient le port. Peut-être aussi songeait-il peu aux propos du public, livré qu'il devait être à de trop hautes pensées. L'avenir, la fortune, la victoire, étaient sans doute devant lui comme ces êtres du sommeil que certaines imaginations gardent encore éveillées, songes vivants qui nous obsèdent, d'où naquit la doctrine des pressentiments ; de ces visions immobiles qui font les timides et les forts selon la figure qu'elles affectent. Sans doute, il ne fut guère attentif à voir disparaître l'île aux Tonneliers, la Pointe-aux-Anes, la Chaussée-Tromelin, que ses matelots saluaient de leurs adieux.

Le séjour en rade ne se prolongea pas. Les traînards se rallièrent au coup de partance, et bientôt s'effaça aux yeux de ces vingt-cinq aventuriers la colonnade purpurine des montagnes de l'île, la crête brisée du Pance, les Trois-Mamelles et le cône renversé du Piter-Boot. Voilà cette barque téméraire, jetée aux vagues de l'Océan indien, se dirigeant parmi les tempêtes vers le passage des vaisseaux d'Europe, de ces massifs navires tout hérissés d'artillerie; route effrayante où il s'enfonce comme s'il pouvait y rencontrer quelque ennemi plus faible que lui-même. Mais cette barque a une âme, de ces âmes électriques dont la puissance est infinie ; car l'homme qui commande s'appelle Surcouf : ce sera tout à l'heure un nom qui vaudra une escadre. Quand le vent l'aura porté aux oreilles anglaises, vous verrez fuir les vaisseaux de haut-bord, ce nom vînt-il d'une chaloupe ! Laissez seulement naviguer le Hasard pour que s'établisse un si merveilleux ascendant de renommée ; laissez-le, inaperçu, peut-être méprisé par tout ce qui passe, gagner les brasses du Bengale, et se blottir dans le Gange, non loin de Balassore. Il y est, il se cache, il n'a point de pavillon, il guette. La proie viendra.

C'était un matin. La brume épaisse qui chargeait l'air permettait à peine de distinguer une voile à quelques brasses. Dès la pointe du jour on avait crié : « Navire!.... » ce cri si imposant dont un profond silence est toujours la suite. La lunette du capitaine avait démontré aux moins experts que c'était un vaisseau de la compagnie des Indes, portant vingt-huit pièces en batterie, et autant sur son pont. Le moyen de songer à une attaque ! A coup sûr personne n'y pensa, si ce n'est peut-être Surcouf, impatient d'une tentative, las aussi de cette inaction prolongée. Le manteau gris dont l'atmosphère se couvrait de plus en plus servait d'ailleurs les desseins du hardi Breton, et il résolut d'exploiter l'impossibilité du succès en faveur du succès même. Quel officier, quel matelot, à bord du bâtiment anglais, ira supposer un instant que ce brick imperceptible, avec ses quelques misérables canons, veut risquer le combat?

On ne croit pas à un équipage de fous. Donc, le Hasard approchera sans exciter de défiance : grand point. Son exiguïté lui donne assez de ressemblance avec ces pilot-bot (bateaux-pilotes), qui vont chercher les navires au large pour les faire entrer dans le Gange : on pourra donc s'y tromper. Mais suffit-il de ces chances? Aborder à l'aide d'un brouillard, à l'aide d'une erreur, ce n'est que le premier acte du drame ; le second est tout entier dans le courage des hommes qui entourent Surcouf. Quelque braves qu'ils soient tous, seront-ils au niveau d'une pareille audace?

Il y a des intrépidités de divers ordres; tel grenadier, avec son bataillon, marche gaiement à l'assaut d'une redoute, et n'y marcherait pas avec sa seule escouade.

Le capitaine interroge chacun de l'œil. Au feu qui luit dans sa prunelle, on a deviné ce dont il s'agit, même avant que Surcouf ait parlé. Il semble que tous ses pores exhalent une énergie qui se communique.

« Mes amis, voulez-vous? Il est fort, mais il est endormi ; jamais nous ne retrouverons ce que le sort nous offre; je parie ma tête qu'il est à nous ; et s'il est à nous, notre fortune est faite.

Eh bien ! mes braves, voulez-vous?

— Oui ! »

il n'y eut qu'un son.

« Alors silence, chacun à son poste... Timonier, laisse arriver... comme ça... Mets le cap droit sur son travers... Halez les canons dedans, vous autres, on ne s'en servira pas... Amène les basses vergues... Bon! Écoutez bien! nous jouons notre vie sur un dé : il ne faut qu'avoir la main ferme. Que celui d'entre vous qui se sentira mollir lorsque nous allons aborder, que celui dont l'âme ne sera point passée dans sa hache, et qui réfléchira, que celui-là se jette à la mer : il nous perdrait !... Il faut que chacun de nous vaille dix hommes : je vous promets, pour moi, d'en valoir vingt. Sitôt sur le pont de l'Anglais, pas de repos, pas de quartier; à mort tout ce qui s'y trouve ! mais point de coups de feu, si ce n'est à la dernière extrémité; tout doit se passer vite et sans bruit, afin que personne de ceux qui seront dans la batterie ne remonte, et que nous puissions fermer les panneaux. A ce compte, cinq minutes feront la victoire , et l'Ile-de-France nous verra revenir grands !...

— Hourra !... » crièrent les vingt-cinq héros ; nobles et belles figures alors, dignes d'être peintes par l'artiste qui seul, peut-être, survit à cette scène glorieuse

(1[14]). C'est une si sublime race que celle des matelots, trop inconnue à ceux qui ne les aperçoivent que sur le quai, grossièrement ivres, salis de goudron, empestés de tabac, la parole rauque et violente, ou en révolte pour une solde arriérée. Mais voyez-les à bord, faisant avec ardeur un métier presque infaisable, réunissant chacun mille qualités diverses que l'on recherche ailleurs dans mille individus séparés; voyez-les tout à la fois artificiers, calfats, cordiers, tisserands, menuisiers, pêcheurs, et même voyez-les funambules; voyez-les surtout soldats, canonniers, tireurs adroits, puis sobres, patients, subordonnés; muets s'il le faut, enragés si vous en donnez l'ordre. Des fatigues, des peines, toujours et à tout instant ; la mort de tous côtés, et pour l'éviter, contraints à la braver toujours.

Ah! qu'on leur pardonne d'être parfois des brutes à terre, car ils sont souvent plus que des hommes sur l'eau!... Quand on leur donne un chef digne d'eux, je ne sais quelle bizarre gageure de témérité ils ne gagneraient pas. Les matelots du Hasard avaient un chef ; aussi vous allez voir ce qu'ils firent.

Le brick était au vent du navire anglais, qui se dessinait plus distinct. C'était bien en effet un majestueux vaisseau, le Triton, qui se balançait sous ses voiles hautes, coquet et richement vêtu, fier de sa double ceinture de bronze, joyeux à l'aspect des côtes amies. il finissait un long voyage; son opulente cargaison allait remplir les comptoirs, et convertir en or les produits de Londres.

Aussi, comme l'équipage saluait l'approche du grand fleuve, et comme on attendait avec impatience le pilote qui viendrait en faciliter l'entrée !

Le voici !... il s'avance, la brume a empêché de l'apercevoir plus tôt; bon accueil pour lui: il reste encore du punch de la soirée d'hier... En effet, il s'avance, le pilote désiré ; mais c'est bien loin qu'il veut vous conduire ! Une portée de pistolet sépare les deux navires; Surcouf vient d'appuyer sa lunette sur l'épaule d'un mousse ; il a reconnu qu'on s'occupait à laver le vaisseau, toilette d'usage à chaque matin sur les bâtiments bien tenus ; les canons reposent dans leurs sabords; l'ennemi n'a pas d'autres armes aux mains que le balai, le faubert et l'éponge; on ne peut plus d'ailleurs reculer... on est vu.

Point de réponse au porte-voix. Le brick, lancé comme une bombe, vient ranger le Triton; les grappins sont jetés; les basses vergues servent de pont-levis aux vingt-cinq braves qui, pour se ruer sur le pont anglais, n'ont attendu qu'un cri :

« Saute tout le monde!... » Ils y sont. Vogue maintenant à l'aventure, petit Hasard! Surcouf t'a repoussé du pied, toi, l'échelle dont il s'est servi pour monter à son haut renom ; tu es vide et seul sur les flots, tu n'es plus rien, ta mission est remplie ; va-t'en, pauvre Hasard, premier instrument d'une grande fortune, va-t'en te perdre sur les rochers où les débris serviront à raccommoder la cabane de quelque pêcheur ; va paisible, ton nom vivra!

Oh! quel spectacle! Ce jeune officier aux cheveux blonds qui se promène sur le gaillard d'arrière, rêvant à ses amours de Hyde-Park, le voilà surpris dans ses songes

---

[14] (I) Notre collaborateur M. L. Garneray, dont nous avons précédemment analysé les campagnes maritimes, était embarqué avec Surcoût sur le Hasard, et il a accompagné l'intrépide corsaire dans ses plus périlleuses croisières.

par une hache qui lui fend le crâne ; les premiers cris d'alerte sont étouffés par le poignard; la mort répond à l'étonnement ; une chanson commencée s'achève dans l'agonie. Peu à peu le tumulte s'accroît; quelques Anglais montent l'escalier de la batterie : leurs têtes roulent en éclats ; on se presse, on s'encombre. Un coup de fusil tiré de la vergue barrée où s'était sauvé un fuyard, donne le signal à tout le vaisseau ; voilà ses flancs qui bruissent, et la masse d'hommes qu'il renferme y bourdonne comme un immense essaim dans la ruche enflammée... A nous, Surcouf! Il est partout ; sa hache et son pied tour à tour refoulent dans l'intérieur ce qui se présente à la surface. Sa main vigoureuse ferme le grand panneau; on lance des grenades dans le petit, où leur pluie étincelante forme bientôt une libre place ; on en profite pour couvrir aussi cette issue... Mais dans cette minute décisive, Surcouf est saisi par l'habit; on l'entraîne, il va s'engouffrer avec ce monde altéré de vengeance. C'en était fait, sans un pistolet qui partit, et qui fit lâcher prise à une main désormais glacée.

En vain le vaisseau se débat sous cette poignée de vainqueurs ; de rage on tire des coups de canon dans la batterie : les boulets ne frappent que l'air ; toute cette fureur s'apaise au cliquetis des grenades qui vont serpentant dans l'espace resserré où tant d'hommes se désolent et blasphèment; des ricochets de feu nettoient la foule qui se précipite dans la cale, aveugle, incohérente, éperdue, ainsi que toute foule livrée à l'effroi.

Le Triton est pris. C'est le lion terrassé par la mouche.

Ils sont cent vingt là-dessous ! On les contient par l'ascendant moral qu'exercent, sur des gens surpris, ceux qui les surprennent. Puis, dans le calcul des premiers, il y a bien également cent vingt Français sur le pont : il faut être nombreux pour un pareil trait d'audace.

Les trois couleurs sont hissées à la corne au bruit d'un triple hourra, et l'on s'éloigne des côtes.

L'Ile-de-France !... Salut à elle, à ce paradis du marin ! Ici l'on va gaspiller largement les grasses parts de prise. Oh! que la vie sera bonne, et que de fantaisies satisfaites! Que de belles piastres, qui vont dorer ces mains calleuses, durcies par le frottement des drisses et des écoutes! A vous, propriétaires de cabarets, orfèvres, musiciens! à vous, filles de couleur, prenez, ramassez, cet or est le vôtre ! Il roule, il saute, il vole, c'est une grêle ; on le lancera par les fenêtres, on en écrasera les passants, plutôt que d'en conserver une dernière pièce. Pourquoi en conserver, bon Dieu ! Demain la mort, peut-être ; et si l'on vit, il y a d'autres vaisseaux anglais que le Triton ! ! !

Amédée Gréhan 1848

La Femme pilote par Edouard Corbière.

Un des faits les plus simples de toute ma carrière maritime a laissé dans ma mémoire un souvenir que je me rappelle encore aujourd'hui comme s'il était d'hier. Je vais vous dire ce fait avec le moins de phrases que je pourrai. C'est un rien que j'ai à vous raconter en quelques mots, et c'est à fort peu de chose qu'il faut vous attendre en lisant le titre assez étrange qu'il m'a plu de placer au-dessus de celte bagatelle d'article.

Je me trouvais embarqué, il y a vingt à vingt-deux ans, en qualité de tout petit aspirant de marine, sur un lougre de guerre qui faisait, quand les Anglais le lui permettaient, le service de convoyeur entre Brest et Saint-Malo. C'était à peu près là toute la navigation au long cours que l'on connût alors en France, grâce à l'impéritie administrative qui avait perdu notre marine, et à la vigueur avec laquelle avait progressé la marine de nos voisins, devenue forte par notre faiblesse, et jeune par notre décrépitude.

Un jour notre petit lougre, en cherchant à se sauver d'une corvette ennemie, et à faire l'anguille pour trouver un espace dans le dédale des rochers innombrables qui enveloppent la pointe de Portusval[15] ; un jour, ai-je dit, notre petit lougre se trouva fort embarrassé, malgré la présence de deux pilotes côtiers à bord, de deviner le chemin qu'il lui fallait choisir pour s'engager sans péril dans ce labyrinthe de brisants redoutables. La mer était grosse et creuse, quoique le vent ne fût pas encore très-impétueux. Les courants portaient violemment à terre, et, malgré la science de nos deux pilotes, l'entrée du trou problématique dans lequel nous voulions nous fourrer au plus vite ne se révélait aux yeux de personne, tant tout le monde chez nous était troublé par la peur du danger ou le vertige de l'impatience. Cette anxiété durait déjà depuis une heure, et la corvette qui nous chassait, beaucoup mieux pilotée que nous sur nos propres côtes, nous tombait à vue d'œil sur le corps, et d'une manière presque aussi effrayante que les rochers sur lesquels nous gouvernions avec tant d'incertitude et de timidité. Un bateau, un des plus mauvais petits bateaux que l'on puisse rencontrer à la mer, surtout quand la mer est grosse, se montra tout à coup à nos yeux inquiets, entre deux lourdes lames, comme une providence secourable, j'allais presque dire comme le doigt d'un Dieu rédempteur. Autrefois c'était du ciel que l'aide du Très-Haut arrivait aux marins dans la fougue de la tempête ou la sainte horreur du naufrage. Cette fois ce fut presque aes gouffres de l'onde et des entrailles du fond que sembla nous surgir le secours que nous n'osions plus implorer ni d'en haut ni d'en bas. Le misérable bateau n'était monté que de deux petits paysans pêcheurs et d'une femme qu'il nous fallut voir de bien près pour reconnaître son sexe à son bizarre costume, beaucoup plus encore qu'à sa figure terne, hommasse et bronzée. À la vue de la barque de pêche, nous nous étions réjouis en pensant que ce frêle bateau pouvait contenir pour nous un pilote lamaneur, un Palinure[16] d'occasion; à la vue de

---

[15] Portusval est une pointe rocheuse à 45 km au nord est de Brest.

[16] Palinure est un personnage mythologique romain, pilote de la flotte romaine tombé à la mer.

l'équipage qui le manœuvrait, notre espoir et notre première joie s'évanouirent, et notre première crainte seule nous resta !

« Qu'importe, s'écria alors notre capitaine, il faut demander en bas-breton à ces petits saltins [17] et à cette espèce de matelot femelle s'ils connaissent la profondeur du chenal par lequel nous allons être forcés de passer. »

Un des deux pilotes ignorants dont nous étions pourvus se mit à héler, en mâchant quelques mots celtes, la patronne qui gouvernait, avec le flegme ordinaire des Finistériens, la barque qui filait le long de nous :

« Dites donc, ma bonne femme, lui cria l'interprète du capitaine, combien y a-t-il d'eau de profondeur à terre de la Lavandière? (C'était le nom d'une des roches près desquelles il nous fallait passer, que le pilote interrogant croyait avoir reconnue.)

—Sept pieds, répondit aussitôt l'amazone marine. Combien votre lougre tire-t-il d'eau?

— Huit pieds et demi.

— Alors vous vous perdrez si vous prenez la passe de la Lavandière ; il faut gouverner plus au vent et ranger le Sifohel,* autre roche que le pilote connaissait à peine.

Le capitaine, en entendant les réponses qu'on lui traduisait à chacun des mots que hurlait l'amazone, n'hésita plus. « Dites à cette femme, s'écria-t-il en s'adressant au traducteur, de venir à bord et de nous piloter à votre place, puisqu'elle elle est moins bête à elle toute seule, que vous deux ensemble.

— A bord! à bord! » cria alors le pilote à la femme du bateau.

Au moyen d'un coup de barre donné adroitement par la pêcheuse, qui continuait à gouverner sa barque, l'embarcation ne tarda pas à se placer dans les eaux de notre navire. On lui jeta tout de suite un bout de corde pour se tenir à la traîne, et, au moyen d'un autre bout d'amarre, on hala bientôt à l'extrémité de cette amarre la femme qui s'y était accrochée pour sauter aussi lestement sur notre pont. Mais quelle femme, bon Dieu! Un monstre à moitié femelle, en jaquette de bure et en gros sabots, mais un trésor pour nous, le bijou le plus précieux du monde, malgré ses gros sabots et ses lourds vêtements. Nous allions être sauvés par elle ; le danger auquel elle pouvait seule nous arracher venait d'en faire un ange à nos yeux.

Après avoir été hissée sur le pont, elle ne se mit guère en peine, je vous assure, de saluer les officiers et de demander lequel parmi eux était le capitaine. Les premiers mots barbares qu'elle articula de sa grosse voix sauvage s'adressèrent au pilote qui lui avait déjà parlé et fait entendre quelques mots bas-bretons.

« Faites mettre la barre un peu sous le vent, dit-elle à son compatriote devenu son collègue en pilotage. Votre navire a trop de voiles dehors avec le courant qui nous drosse déjà assez dans la passe ; faites amener votre taille-vent. »

Puis, quand la manœuvre qu'elle commandait ainsi par l'intermédiaire du pilote côtier se trouva exécutée à sa satisfaction, elle demanda, en se promenant, les mains derrière le dos, sur le gaillard d'arrière :

---

[17] Saltin: homme grossier.

« Combien de pieds d'eau cale le lougre?

—Huit pieds et demi d'arrière, lui répondit-on à cette question qu'elle nous avait déjà faite lors qu'elle était encore à bord de son bateau.

— Huit pieds et demi, c'est bon. Il y en a onze dans la passe que je vais vous faire prendre, c'est deux pieds et demi qui nous restera sous la quille. Laissez porter un peu maintenant de manière à prendre le rocher que vous apercevez là-bas, par la petite maison d'où vous voyez sortir de la fumée. »

Dans toute autre circonstance, la présence de cette femme si inculte au milieu de notre équipage n'aurait pas manqué d'exciter la folle hilarité de tous les plaisants du bord ; mais en un pareil moment de péril, je vous l'avoue, notre femme-pilote, quelque risible que fût son accoutrement et quelque grotesque que nous parût toute sa personne, ne provoqua ni le rire ni les lazzis des farceurs ordinaires du gaillard d'avant.

Les ordres quelle donnait et les avis qui sortaient de sa vilaine bouche étaient exécutés avec autant de ponctualité et de promptitude que si un amiral nous avait donné ses ordres au porte-voix avec toute l'autorité de son grade et le prestige du commandement militaire. Le capitaine seul souriait ; mais il souriait de bonheur et de plaisir autant au moins que de la bizarrerie de notre position et de l'étrangeté de cette aventure.

Il ne nous restait plus qu'un quart de lieue à faire à peu près, pour atteindre le mouillage où nous allions trouver un refuge parmi les brisants, contre les attaques de la corvette anglaise. Un de nos deux pilotes côtiers, pour qui la pêcheuse de Portusval était devenue un oracle, se mit, une fois que la sécurité lui fut revenue, à fumer tranquillement sa pipe au pied du grand mât. Les émanations du tabac qu'il venait d'allumer semblèrent faire briller d'envie et de plaisir les yeux de notre femme-pilote, dont le regard jusque-là nous avait paru si opaque et si stupide. Le fumeur devina bientôt l'aspect que l'odeur et la vue de sa pipe avaient produit sur les sens de notre amazone côtière, et par l'effet d'une galanterie dont la connaissance des mœurs finistériennes pouvait seule faire excuser l'audace et la singularité, il proposa à sa payse la pipe tout allumée qu'il venait de tirer de ses gluantes lèvres. L'offre courtoise fut accueillie par la beauté à qui elle s'adressait, avec une satisfaction plus d'avidité naïve que de coquetterie et de politesse. Jamais, avoua notre lamaneuse,[18] elle n'avait fumé un tabac aussi fin et d'un goût aussi exquis ; c'était du tabac à deux sous du bureau de la régie impériale de Roscoff!...

Notre capitaine, ne voulant pas demeurer en reste de procédés chevaleresques avec le pilote auprès de la seule beauté que nous eussions à bord, ordonna à son domestique de mettre à la disposition de la fumeuse un verre et une petite carafe d'eau-de-vie. La fumeuse prit la carafe, laissa le verre, et ne but tout au plus qu'un quart du flacon de spiritueux. Tout son sang-froid lui était encore nécessaire. Nous enfilions alors la passe difficile dans les sinuosités de laquelle elle faisait naviguer notre lougre. Le mouillage était au bout, et nous touchions au moment désiré de jeter notre ancre sur ce point dangereux et hospitalier.

---

[18] un lamaneur ou une lamineuse est un pilote bien payé chargé d'assurer l'accostage dans les ports.

Le temps pressait : la corvette anglaise, qui, jusque-là, s'était contentée de nous observer et de nous poursuivre d'assez loin, se rapprocha tant quelle put de nous en nous voyant relâcher à Portusval ; et, rangeant la langue de sable à la pointe de laquelle nous allions chercher un abri, elle nous envoya à l'instant convenable une volée, dont les boulets riflèrent la plage que nous touchions déjà. Les projectiles sifflèrent entre nos mâts sans faire plier les mâles têtes de notre équipage, ni la tête plus mâle encore de notre femme-pilote. Elle venait de commander, cette beauté guerrière, de laisser tomber l'ancre, notre ancre de salut. Le navire venait d'échapper aux Anglais et d'être conservé à l'État, et par qui?

Vous le savez.

Quand il fallut faire, comme d'usage, le bon de pilotage en faveur du pilote qui avait réellement gagné l'immunité accordée par l'Etat à tout pratique en lamaneur employé par les navires du gouvernement, la rédaction de ce bon présenta quelques difficultés ; jamais encore on n'avait accordé à une femme la subvention dévolue aux pilotes par les règlements. La nature du sexe, non prévue par les ordonnances, offrait un grand embarras aux exécuteurs de la loi. — On trancha ce nœud gordien en faisant, au profit de la pilote, un bon de pilotage au nom de son mari : Cosic Le Bars. Mais si l'amazone, aussi chaste que les autres amazones passaient pour l'être, n'avait pas eu d'époux, comment s'y serait-on pris pour rédiger le bon de pilotage qui lui était si justement acquis? C'est une question que je me permettrai de proposer aux rédacteurs du futur Code maritime. Elle est digne des graves méditations de nos législateurs nautiques; mais la femme-pilote qui m'a sauvé la vie dans les passes de Portusval est encore plus digne de la reconnaissance que j'ose lui consacrer dans un article qu'elle ne lira pas sans doute pour plus d'une raison. Elle n'était déjà plus jeune, hélas ! quand elle nous pilota si droit et si à propos !

Edouard Corbière. 1848

Peintres de marine. par Eugène Sue

Il était environ six heures du matin ; la lumière fausse et blafarde d'une orageuse journée d'équinoxe (le 4 mars 1825) commençait à poindre, et la pluie, fouettée par de violentes rafales, venait battre et ruisseler aux vitres d'un atelier de peinture, situé dans une maison de la rue du Faubourg-Saint-Honoré.

A la vive clarté d'une lampe que faisait pâlir le jour naissant, assis auprès du feu, deux jeunes gens semblaient écouter le bruit du vent avec un plaisir mélancolique, et jouir de ce bonheur de contraste qui fait trouver, pendant l'orage, tant de charme au bien-être du foyer.

Ces deux jeunes gens étaient Louis et Théodore Gudin.

Tous deux étaient arrivés à cette phase décisive de la vie des grands peintres où les longues et incertaines éludes ont porté leur fruit, où la pensée, jusque-là confuse, se dessine et se formule nettement, où l'on dépouille les derniers langes de l'école, parce que le soi, l'originalité, commence à poindre. Phase unique dans la vie de l'artiste, où il a comme une radieuse prévision du brillant avenir tant de fois rêvé ; c'est alors, c'est dans ces rares et fiévreux instants d'hallucination, que les plus vastes et les plus grandioses conceptions lui paraissent faciles et réalisables; c'est enfin pour lui l'heure d'une sereine et noble confiance dans sa force et dans sa volonté.

Louis et Théodore Gudin en étaient donc alors à cette époque de leur carrière, si féconde en aspirations et en espérances sublimes. Unis, dès l'enfance, par le plus impérieux sentiment d'affection fraternelle; plus tard, plus étroitement liés encore par une entière parité de goût, de projets et d'études; tous deux originaux dans leurs conceptions, ils venaient de se promettre, dans ce dernier entretien, de fondre leurs deux génies en une seule et puissante idée artistique, comme ils avaient uni leurs cœurs dans une sainte et profonde affection, voulant imiter ces deux artistes de l'école florentine, qui, peignant aux mêmes toiles, laissèrent deviner à la postérité la part de chacun dans ces glorieux travaux. Aussi, en songeant aux résultats de la fusion de ces deux talents si complets, on ne peut que déplorer amèrement la fatalité qui les sépara, car le hasard ne rapprocha jamais deux natures plus heureusement douées.

Avant de songer à la peinture, Théodore Gudin, par une bien singulière et peut-être instinctive prévision, s'était passionnément épris du métier de marin. Un brave et digne capitaine américain, M. Burke, ami de sa famille, se chargea de son apprentissage; et Théodore Gudin, malgré les larmes de sa mère et de son frère Louis, qui voyait de funestes présages dans de furieux coups de vent d'équinoxe, dont la violence causa plusieurs sinistres au moment de son départ de Dieppe, Théodore Gudin, dis-je, appareilla pour New-York le 15 septembre 1819, sur le Manchester-Packet.

Après trois années de navigation et de séjour en Amérique, Théodore Gudin revint en France; les grandes scènes de cette nature primitive, l'immensité de l'Océan, les vastes solitudes du Nouveau-Monde avaient impressionné vivement cette imagination rêveuse et ardente, et le capitaine Burke admira souvent avec quelle impassible témérité le grand peintre futur, qui alors ignorait lui-même sa glorieuse vocation, malgré les plus grands dangers, épiait jusqu'aux moindres effets pittoresques de la tempête ou de l'ouragan, sans se rendre compte de ce besoin impérieux d'observation.

À son retour à Paris, Théodore Gudin trouva son frère en voie de succès progressifs ; car Louis Gudin, guidé parla rigoureuse logique du génie, avait trouvé l'inspiration dans un ordre de faits qui devaient sympathiser profondément avec la tendance naturelle de ses idées : — à son imagination bouillante, chevaleresque, mais souvent mélancolique et sombre, il fallait un sujet fécond en contrastes à la fois éclatant comme une fanfare de guerre, ou triste et poignant comme un chant de regret. Il eut vite choisi. La gloire des armées de France était insultée par les partis. Napoléon était à Sainte - Hélène. Louis Gudin traça nos batailles gigantesques avec une âpre et brûlante énergie, et trouva, dans son indignation, le secret de cette poésie grandiose et mélancolique, qui saisit à l'aspect de ses compositions, immenses comme celles de Martin, puissantes et colorées comme celles de Salvator Rosa.

Et l'on ne taxera pas ces paroles d'exagération, si l'on a seulement vu ses gravures des Victoires et Conquêtes, admirables encore de mouvement et de pensée, bien qu'un burin malhabile ait perdu en partie le style et le caractère imposant des originaux.

Quant à ces derniers, M. Théodore Gudin les a recueillis à grands frais, avec un pieux respect pour la mémoire de son frère. Nous dirons, avec plusieurs maîtres de notre école, qu'une suite de tableaux conçue d'après ces magnifiques dessins, telle que voulait et pouvait l'exécuter Louis Gudin, avec son incroyable vigueur de coloris, soutenu de son dessin pur et sévère, eût été une des plus grandes créations artistiques des temps modernes.

Ce fut donc au milieu de cette carrière si pleine de sève, et qui florissait déjà, que Théodore Gudin trouva son frère Louis en revenant d'Amérique. Les succès de Louis lui révélèrent sa vocation; Théodore, déjà grand peintre parla pensée et l'observation, céda facilement aux instances de son frère qui, par l'instinct d'un cœur aimant, devinait peut-être à quel avenir il était appelé. Aussi un matin, Théodore Gudin, accompagné de son frère, alla bravement déclarer à sa mère qu'il serait peintre, et qu'il renonçait à la marine.

L'excellente mère fut aussitôt de l'avis de ses fils, préférant de beaucoup les orages de la vie d'artiste aux orages de la vie maritime, et Théo dore Gudin, suivant son frère à l'atelier de Girodet, se mit à l'œuvre avec une ardeur incessante.

De ce moment les études de Théodore Gudin ne furent plus qu'une suite de succès inespérés, dont on comprendra l'incroyable rapidité, en songeant que, pendant trois ans, il avait étudié la nature avec une attention profonde ; il ne lui restait donc plus à acquérir que la partie matérielle de l'art, le faire, la main; aussi bientôt il sut traduire sur la toile le fruit de ses observations, si longtemps méditées, avec cette puissance et cette vérité naïve de coloris qui le placèrent si haut dans l'école.

Ce fut alors, en se rendant compte de leurs progrès mutuels, que les deux frères eurent cette pensée de fondre leurs deux forces en une ; et que l'on songe aux prodiges que cette pensée eût produits, si Louis Gudin eut peuplé les vastes et admirables paysages de son frère, et si Théodore Gudin eût peint les horizons profonds et les cieux sombres ou étincelants qui se déroulaient sur les immenses batailles de son frère ! D'après cela, à quelle hauteur n'eussent pas atteint ces deux génies, éclairés par une critique franche et soutenus par une émulation touchante et fraternelle !

Les deux frères devaient commencer par retracer cet épisode d'un Canadien qui, voyant, malgré ses efforts, son canot entraîné vers la chute d'une énorme cataracte, se résigne et s'abandonne à l'impétuosité du courant.

Qu'on se figure cette profonde solitude, ce torrent furieux encaissé dans un roc couvert d'une végétation géante, cette chute d'eau bondissante et reflétée des derniers rayons du soleil; et puis, au milieu de cette nature imposante et sombre, se laissant entraîner à l'abîme, qui l'engloutira peut-être, un homme, seul dans un frêle canot, qui s'abandonne à cet épouvantable danger avec le calme stoïque du sauvage !... Quel tableau!... Que l'on en juge par le passé de l'un et l'avenir accompli de l'autre!...

Ce fut à creuser et à discuter l'exécution de ce tableau, qui devait être d'une très-grande proportion, qu'une partie de la nuit du 5 au 4 mars avait été employée par les deux frères... D'autres projets aussi les avaient occupés ; une large et féconde série de travaux s'était déroulée à leurs yeux : jamais l'avenir ne leur avait paru oins souriant et plus beau ! Exaltés par ces pensées de gloire et de poésie, ils ne pouvaient dormir; une inexplicable irritation nerveuse, qu'ils attribuaient au temps orageux de l'équinoxe, les agitaient; plusieurs fois les larmes leur vinrent aux yeux sans qu'ils pussent s'expliquer pourquoi; jamais enfin leur conversation n'avait été plus intime, plus tendre, plus remplie de vœux fervents l'un pour l'autre.

Lorsque le jour fut tout à fait haut, sur les huit heures du matin, Louis et Théodore Gudin, avant de sortir, allèrent embrasser leur mère; elle fit les plus vives instances à ses fils pour qu'ils renonçassent à aller naviguer sur la Seine dans une embarcation appartenant à un de leurs amis. En vain la pauvre mère leur représenta la violence du vent, la pluie; les deux fières persistèrent.

Louis était souffrant. Malgré cela ils partirent. Je l'ai dit : c'était une triste et orageuse journée d'équinoxe ; des nuages épais, gris et rapides, chassés par l'ouragan, couvraient d'un reflet sombre les eaux jaunâtres de la Seine, qui, soulevées par ce vent impétueux, se brisaient sur les arches des ponts en lames assez fortes.

Environ vers les neuf heures du matin, l'attention des curieux qui bordaient les quais fut attirée par la manœuvre, plus intrépide que savante, d'un petit canot noir, à lisse rouge et à pavillon blanc, qui louvoyait entre les ponts Royal et Louis XVI. Le vent était alors si violent, qu'un des plats-bords de cette frêle embarcation rasait la surface de l'eau et menaçait de la faire sombrer à chaque instant. M. de

Beaumont, ex-aspirant de marine, tenait le gouvernail ; Théodore et Louis Gudin étaient à l'avant de cette yole. Partis du pont Royal, on les voyait arriver sur les culées du pont Louis XVI avec une effrayante rapidité. Quelques bateaux de blanchisseuses et plusieurs trains de bois encombraient les approches de la première arche. Au lieu de virer de bord afin de ne pas s'engager dans cet étroit passage, M. de Beaumont laissa malheureuse ment porter, manqua la passe, et le canot, en traîné par le vent et le courant, alla se briser contre l'arête de l'arche. Le choc fut si épouvantable que l'embarcation, mise en pièces, coula presque aussitôt. M. de Beaumont est entraîné par le courant, et disparait. Louis Gudin disparaît aussi; mais son frère, excellent nageur, plonge pour le sauver, le saisit et revient sur l'eau, soutenant son frère évanoui, et appelant du secours à grands cris... Plus de mille personnes se pressaient sur le pont, et regardaient cet épouvantable accident avec une cruelle et imbécile curiosité... Pas une ne porta secours à cet homme qui criait : a Sauvez mon frère! » Des gens du port, des mariniers, étaient là tout près, sur les trains de bois: quoique dans un bateau à rames il n'y eût pas le moindre danger, pas un n'osa démarrer un canot pour aller sauver ces deux hommes, dont l'un était évanoui, et dont l'autre, s'affaiblissant de plus en plus, rassemblait ses dernières forces pour crier encore une fois, avec l'horrible accent du désespoir:

«Mon frère !... Sauvez donc mon frère ! ! ! »

Rien... personne ne bougea... Ces gens avaient peur, ou pensaient sans doute aux cinquante francs que rapporte le corps de chaque noyé.— Aussi quand ils virent les deux hommes disparaître, car Théodore Gudin, ayant épuisé ses forces à lutter contre le courant, était à son tour entraîné par le poids du corps de son frère, qu'il ne voulait pas quitter; quand ces gens, dis-je, eurent vu disparaître les deux frères, trois ou quatre des plus braves démarrèrent un bateau, et s'avancèrent prudemment près de l'arche. Un dernier élan de rage et de désespoir ramena un instant Théodore Gudin à la surface de l'eau ; un des bateliers lança son croc et le manqua... Un second fut plus heureux, et l'atteignit par son collet, au moment où il coulait à fond, et le retira évanoui, mourant.... mais il le retira seul...

Le corps de Louis Gudin fut retrouvé un mois après, mutilé, dépouillé de tout, par les riverains de je ne sais quel village du bord de la Seine, qui lui coupèrent un doigt pour lui voler une bague, et cela à quatre lieues de Paris, et cela avec une si exécrable avidité qu'on aura peine à me croire.

A peine revenu d'une longue maladie, causée par cet effroyable événement, Théodore Gudin, sachant que le corps de son frère avait été retrouvé dans ce village, s'y rendit, pour tâcher de recueillir tout ce qui lui avait appartenu. Les pillards du cadavre avouèrent, parlèrent d'une montre, d'une bague, d'une chaîne, trouvées sur un mort ; dirent qu'ils savaient bien qui les avait, mais que pour ravoir ces objets il fallait les payer, et les bien payer Le malheureux frère offre le double, le triple de leur valeur; les riverains ne veulent rien entendre. Un ami de Théodore Gudin, outré d'une si épouvantable cupidité, court se plaindre au maire de la commune, qui lui répond benoîtement : «Hélas! que voulez-vous, Monsieur? si mes administrés ont ces objets, on ne peut pas non plus leur donner la torture pour les ravoir ou leur prouver qu'ils les ont; le mieux est de passer par où ils veulent. »

Quand l'ami revint, Théodore Gudin avait conclu son précieux marché, en payant vingt fois la valeur de ces objets qu'il recherchait avec une si pieuse et si sainte avidité. Cela s'est passé et se passerait encore à cinq lieues de Paris, en pleine civilisation, quand le progrès nous déborde. Cela s'est passé sur le vertueux sol où fleurissent tant de lois électorales, municipales, nationales, départementales Et puis l'on ira chercher, pour nous épouvanter, je ne sais quelles narrations de la rapacité féroce des sauvages de l'Océanie!

Eugène Sue. 1848

CONCLUSION,

La vie de certains artistes offre surtout de l'intérêt par les luttes qu'ils ont eu à souffrir au milieu des développements de leur talent ; le point d'où ils sont partis ne doit donc pas être indifférent au critique qui juge la période où est arrivé l'artiste. La carrière de M. E. Corbière offrait un intérêt analogue à celle de M. L. Garneray; aussi avons-nous cru devoir les décrire toutes deux. M. Eugène Sue, dont le portrait a été attaché à un de ses longs et intéressants articles, offrait une vie trop lisse et trop uniforme pour la biographie ; M. Eugène Isabey nous paraît dans la même position. Quant à M. Th. Gudin, l'auteur d'Alar-Gull a écrit dans nos colonnes

un épisode qui peut être considéré comme le point de départ de la carrière d'artiste d'un homme dont la réputation est aujourd'hui européenne.— Que peut-il donc nous rester à faire?

A défaut d'une biographie accidentée, ce qui nous semble le plus à la place en regard des portraits de MM. Th. Gudin et Eugène Isabey que nous offrons à nos lecteurs, c'est un rapide compte-rendu des ouvrages les plus supérieurs, à notre sens, de ces deux grands artistes, et nous en emprunterons les souvenirs à l'exposition de peinture de 1856.

La Détresse. Cette poétique conception de M. Gudin est le drame le plus complet et le plus émouvant que nous ayons jamais vu. Les moyens sont simples, la nuit se lève, le jour descend : la nuit a encore gardé quelques souvenirs du jour, comme l'a dit une belle et spirituelle admiratrice de ce tableau. Les dernières teintes que le soleil a laissées dans le ciel s'éteignent peu à peu à l'horizon enflammé, et jettent leurs reflets orangés sur la crête des lames que ce dernier éclat transperce et couronne. La lune s'est levée ; l'air qui la baigne se teint dans la molle pâleur qu'elle répand ; les flots jouent dans le sillon de paillettes d'argent que traîne sur la mer l'astre paisible qui s'élève; le milieu de l'eau et du ciel éprouve la lutte vaporeuse de ces deux lumières, celle qui s'éteint, celle qui s'allume. C'est déjà une grande et belle chose ; c'est une poétique et puissante exposition ; voici le drame : La tempête a passé par cette toile ; le vent s'est endormi, mais il a laissé sur la mer cette lassitude convulsive qui la gonfle irrégulièrement comme un sein oppressé. Au milieu, ces lames, dans la transparence desquelles luttent les deux lumières, portent une barque sans mât, sans voile, nue, inerte comme un oiseau blessé, du bois le plus sombre, de la forme la plus propre à servir de cercueil aux malheureux qu'elle contient. Ils sont là-dedans cinq ou six, de pauvres marins en détresse, nus, affamés, hideux d'infortune, révoltants de courage. D'où viennent-ils? que deviendront-ils? on ne sait. Ce sont presque tous de vaillants et forts matelots; l'épuisement et le désespoir ont eu peine à creuser leur passage sur leur charpente osseuse; ils ont tout fait pour résister. Puis un d'eux s'est laissé mourir; les autres se sont jetés sur son cadavre, et leurs dents blanches saignent de la chair dont ils dépouillent la cuisse de leur compagnon.... Il y a là un Nègre qui le premier semble avoir pris l'horrible initiative de cet affreux prolongement de l'existence; ce Nègre est de la plus odieuse expression : il tient celle jambe comme une proie, et on entend les rugissements qu'il articulerait si on tentait de l'en déposséder. Un pauvre enfant, trop tôt pour son âge, s'est trouvé mêlé à cette scène affreuse ; ses yeux se détournent avec horreur du spectacle que lui offre l'intérieur de la barque; l'espoir a ranimé ses forces ruinées, car sur l'avant de la chaloupe se présente un autre épisode. Un marin croit découvrir une voile, dont le choc de quelques lames éloignées lui présente peut-être la trompeuse apparence. Il se penche dans la direction où ses yeux affaiblis ont cru apercevoir le navire; ses bras s'étendent vers lui et vont se réunir dans une prière.

Tout ce qui restait de vie dans ce matelot s'est réfugié dans son regard; tout ce qu'il avait encore de force a retenti dans un faible cri d'espoir....

Cet homme voit-il quelque chose? on n'en sait rien. Les autres ont machinalement tourné leur tête vers lui ; l'enfant a balancé dans l'air un vêtement lugubre, et il fouille, d'un regard voilé de larmes, l'ombre du crépuscule en pensant à sa mère, — qui peut-être ne voulait pas que cet enfant fut marin ! Mais, encore une fois, cet homme voit-il quelque chose? qui sait? peut-être l'épuisement, le désespoir ont-ils frappé son cerveau! peut-être a-t-il cette monomanie de toujours voir un navire! peut-être est-ce la centième fois qu'il jette ce cri d'espoir! et toujours trompés par une espérance nouvelle, toujours déçus, toujours inquiets, peut-être ces malheureux sont- ils eux-mêmes trop faibles pour comprendre la folie de leur camarade! Leurs yeux éteints brillent sous une dernière étincelle de vie ! ce regard-là ne doit pas porter bien loin ! Mais l'instinct machinal subsiste plus longtemps que le travail du cerveau. Voient-ils enfin quelque chose ?

Gudin le sait-il? Quelle lugubre et attachante poésie! quelle mystérieuse et désespérante incertitude !

La Barque perdue, la Détresse, comme on voudra l'appeler, est, nous le répétons, la production la plus remarquable comme pensée, comme sentiment, qu'à notre sens ait conçue M. T. Gudin.

Il a d'autres grandes pages qui ont fait rayonner son nom, et chacun le sait; mais nos affections de marin sont pour cette toile si poétique et si large malgré ses proportions étroites. — Mentionnons donc, seulement pour mémoire, les principaux tableaux de M. Gudin qui sont éparpillés dans les musées et dans les plus belles collections de l'Europe :

Un Sauvetage, le premier grand tableau de son auteur, et déposé sur-le-champ au musée du Luxembourg. —L'América visité par un corsaire français. — Un Bateau à vapeur. — Le Retour de la Pêche. — Une Vue de Grenoble. —Les Moulins. —Vues d'Afrique. — Attaque d'Alger par mer.— Le Camp de Stouëli. — Dévouement du capitaine-Liesse envers un navire hollandais. — La plupart de ces tableaux font partie de la galerie d'Orléans. — L'Incendie du Kent, déposé au ministère du commerce. — La Vue des Echelles.— Les Marais Pontins. — Une Vue de l'église de Saint-Pierre à Caen. — Le Coup de vent de Sidi el Ferruck. — Le Columbus (pour la ville de Bordeaux). — La prise des hauteurs d'Alger. — Une Vue du Havre, etc., etc.

La plupart de ces toiles, dont un grand nombre sont de la plus large dimension, ont été lithographiées par M. Gudin lui-même; c'est peut-être là un des véhicules les plus actifs de l'immense popularité de leur auteur.

M. Eugène Isabey n'est pas seulement un peintre de marine, et il doit une bonne partie de sa réputation à ses délicieux intérieurs, à ses plages, à ses ciels si fins et si lumineux.—Puisque nous avons cité la Détresse comme la toile de M. Gudin qui nous offrait le plus de séduction, nous agirons de même avec son émule M. E. Isabey, et nous donnerons le choix à son tableau les Funérailles d'un officier de marine sous Louis XVI, qu'on a vu à la même exposition que la Barque perdue. C'est qu'en effet nous pensons que cette toile est aussi l'une des pages les plus poétiques et les plus lugubres que la peinture ait jamais empruntées à la marine.

La toile est haute et étroite; elle représente un vaisseau de l'Etat naviguant sous bonne voilure au tomber du jour. C'est tout son côté ou passavant de bâbord que présente le navire. Le haut de la mâture, ainsi que l'arrière, se perdent dans le cadre. L'état-major et une partie de l'équipage sont rassemblés sur le bord; les uns sont cramponnés aux haubans, les autres faufilés par les sabords, pour voir l'immersion. Le cadavre est enveloppé dans un grand linceul blanc; un boulet est attaché à ses pieds. Ce cadavre, ce corps enveloppé, est d'un dessin admirable : on voit tous les contours amaigris par la maladie, et qui concourent à l'effet de ce sinistre aspect; la tête est penchée avec un effrayant abandon....

On va le lancer du sommet d'un sabord de la batterie haute; le prêtre lui jette les dernières gouttes d'eau bénite et ses dernières prières; tout l'équipage s'unit au psaume; beaucoup de mains sont jointes; mille expressions diverses : terreur ici, là curiosité, plus loin insouciance, ici recueillement, complètent la partie morale de cette belle et large conception. On regarde les sombres lames dans lesquelles va s'abîmer ce cadavre ; on voit celles qu'il va percer.... L'harmonie de toute cette composition est complète : le ciel, la mer, l'abandon des voiles flottantes, tout participe de cette lugubre poétique; tout, dans cette magnifique élégie, est mystère et terreur.

On le voit, la marine a ses peintres et ses poètes, qui la vulgarisent en lui prêtant toutes les séductions de leur magnifique pinceau. Puis, à côté de ces maîtres hors ligne, dont nous avons parlé ici et précédemment, viennent encore d'autres jeunes et laborieux artistes qui marchent à grands pas dans leur route en réalisant chaque jour de belles promesses. Si les grands artistes dont nous avons parlé sont à la tête de notre Ecole de peinture maritime, n'éloignons pas du rang où ils sont placés dans l'opinion du public et de la critique les noms de M. Eugène Lepoitevin, l'auteur du beau Combat du Vengeur et de tant d'autres fraîches compositions; M. Morel-Fatio, qui vient de voir son premier grand tableau, le Combat d'Algësiras, acheté par le gouvernement; M. Ferdinand Perrot, dont nous avons parlé au sujet du bateau de pêche bas-breton secouru par le Neptune ; MM. Casati, Gilbert, Urick, Mozin, Tanneur, Jugelet, etc., et tant d'autres encore qui grandissent et promettent chaque jour, par leurs études, ce que ceux-ci tiennent aujourd'hui.

Si M. Biard n'était pas plutôt un grand peintre de genre qu'un peintre de marine, nous lui eussions donné une belle place dans l'examen critique auquel ses tableaux de la Traite des Noirs, du Baptême de la ligne, du Branle-bas de combat lui donnent de remarquables titres. *Eugène Sue.*

L'Ile de Noirmoutier. par Ch. Rouget de Kerguen.

Au nombre des îles perdues sous les brouillards de la Bretagne, il en est une, sentinelle avancée au milieu des flots, phare de salut pour le navire en détresse, qui semble complètement ignorée, quoiqu'elle puisse fournir un aliment précieux à la curiosité de tous.

Quand on a passé à Saint-Nazaire, en sortant de la rivière de Nantes, un peu plus loin, sur la côte, on aperçoit au milieu des brisants un rocher de granit noir à crête sauvage : c'est l'île de Noirmoutier.

Couchée au niveau des flots qui la baignent, couverte d'eau à la marée montante, hérissée de rochers, environnée d'écueils, l'île de Noirmoutier est même pour les pêcheurs qui l'habitent un sujet de profonde terreur.

Ce pays désert, pour ainsi dire, est cependant à plus d'un titre digne de fixer l'attention des voyageurs.

Jamais le dévouement et l'abnégation ne furent plus sublimes que sur ce roc tourmenté par les tempêtes. La population tout entière se compose de pilotes et de douaniers. Les premiers, nés dans le pays, apprennent dès leur bas âge à manier l'épissoir et l'aviron ; plus grands, ils se font pêcheurs et contrebandiers, jouant leur vie, insoucieux de l'orage et de la carabine du gabelou. Enfin, plus tard, ils se font matelots et pilotes. C'est quelque chose de grand et de beau que l'existence de cet homme toujours prêt à risquer sa vie pour sauver le navire en perdition, sans espérance de gloire ou de fortune. S'il meurt, nul ne le sait, un autre le remplace ; s'il triomphe, un mince salaire est sa récompense; cela non pas une fois, mais dix, mais vingt, toute sa vie, en un mot. Autrefois ce rocher inculte était un objet d'épouvante ; les habitants, encore barbares, regardaient un navire comme une proie sûre et facile. Pendant les nuits d'orage, ils l'attiraient par des pièges sur les brisants; puis, armés de câbles et de crocs en fer, ils s'emparaient du sauvetage, des débris et de la dépouille des naufragés.

On ne peut se faire une idée de l'aspect désolé de ce pays, et de la physionomie misérable et souffrante de ses habitants.

Au mois de mars 1828, plusieurs jeunes gens, au nombre desquels je me trouvais, montèrent dans une chaloupe au bas de la Loire, et, se liant aux connaissances nautiques du plus marin d'entre eux, s'aventurèrent dans une traversée qui semblait promettre à leur impatience de nombreux incidents et de pittoresques catastrophes.

Trois jours après, nous avions atteint, non sans peine, notre destination. Les coups de vent, les lames, le mal de mer et les ablutions d'eau salée avaient considérablement ralenti notre zèle aventureux. Quand nous débarquâmes au milieu de la peuplade de sauvages, notre désappointement fut complet; nous avions compté sur une sorte d'ovation, nous espérions être l'objet de l'enthousiasme et de la curiosité de tous; au lieu de cela, chacun se sauva à notre aspect : nous étions, à vrai dire, presque aussi repoussants que les indigènes eux-mêmes. Notre accoutrement bizarre, nos visages velus, nos longs cheveux trempés d'eau de mer, nos redingotes remplies de goudron et déchiquetées par lambeaux, tout cela était, à la vérité, peu propre à nous faire bien venir des naturels du pays.

Aussi les habitants de cette île s'enfuyaient-ils à notre approche, ne nous laissant d'autre aspect que celui d'un rocher désert. Fatigués par la traversée, et munis d'organisations d'artistes bien conditionnés, nous plantâmes entre deux rochers nos cannes surmontées de nos mouchoirs, et sous ce bienfaisant abri, nous nous abandonnâmes sans réserve à nos sensations de paysagistes. Comme nous admirions les sauvages beautés du site, l'un d'entre nous, levant la tête au ciel avec un geste d'inspiration, passa la main dans ses cheveux, et se posant audacieusement : « Gageons, messieurs, dit-il, qu'aucun de vous ne connaît la chronique de ce vieux nid de goélands? »

Personne ne répondit. «Parbleu! dis-je, voilà une belle occasion de faire ressortir ta science de bibliophile. » Notre compagnon me regarda avec un air de supériorité où se peignait un sentiment de protection assez comique, et commença ainsi d'un ton solennel :

« Vers le treizième siècle, des pirates normands s'étant embarqués sur la Loire, descendirent avec leur barque jusqu'à Saint-Nazaire, brûlant et ravageant tout le littoral.

» Un coup de vent les jeta sur Noirmoutier.

Un miracle seul pouvait les sauver. Au fort de l'orage ils passèrent entre les brisants qui bordent la côte, et après avoir franchi le défilé d'écueils, ils vinrent échouer sur le galet, au-dessous de ce rocher qui surplombe la rive, et sur lequel s'élevait à cette époque un monastère de religieuses, passant leur vie à prier nuit et jour pour les navires en détresse, et à secourir les naufragés.

» Il n'y avait alors aucun vestige d'habitation dans cette île, si ce n'est ce monastère, sorte de château fort, entouré d'une épaisse muraille formée par la nature, et dans une position presque inaccessible.

» Les pirates normands furent généreusement secourus par ces jeunes filles du Seigneur; mais ils ne purent pénétrer dans le saint lieu : la règle du couvent s'y opposait.

» Les forbans qui, une fois le danger passé, avaient compté sur le pillage, et chez lesquels la vue de ces femmes avait fait naître de coupables désirs, résolurent de s'emparer du monastère par la ruse, puisqu'aussi bien ils ne pouvaient s'en rendre maîtres par la force. Le bâtiment s'élevait à pic sur le bord de la falaise ; une seule ouverture, de deux pieds carrés environ, était pratiquée au sommet de la façade qui regarde la mer, à 60 ou 80 pieds du sol. Il s'agissait de parvenir jusqu'à cette ouverture, et de s'y hasarder un à un. Pour mettre ce projet à exécution, les pirates choisirent une de ces nuits d'orage comme il en fait si souvent sous ce ciel brumeux.

»Puis, lorsque le tintement de la cloche leur fit supposer que les religieuses étaient en prières dans la chapelle, penchés sur leurs avirons, ils abordèrent la côte avec des peines infinies, et au milieu du fracas de la tempête la plus horrible. Alors si le moindre rayon de la lune eût percé l'épaisseur des nues, on les eût vus grimpant dans les anfractuosités du roc, se cramponnant des pieds, des mains, des genoux, aux pierres chancelantes, enfonçant leurs ongles dans la mousse, et se tordant les uns au-dessus des autres comme une échelle vivante. Ils parvinrent ainsi, après avoir vingt fois risqué leur vie, à gagner enfin le plateau. Cependant ils n'étaient pas au bout. La muraille qu'ils avaient devant eux restait à franchir, et c'est à peine s'ils apercevaient l'ouverture vers laquelle ils devaient se diriger. Composé de larges rochers placés les uns sur les autres, et liés entre eux par cette simple superposition, ce mur offrait une surface plane qui ne laissait aucune prise, ce qui augmentait encore la difficulté de l'escalade.

» Néanmoins ils ne se rebutèrent pas. A l'aide de leviers de fer posés entre les joints, les assiégeants construisirent une sorte d'échelle, peu sûre à la vérité, mais qui leur ouvrait une route praticable; alors ils se suspendirent l'un après l'autre au-dessus de la mer qui bouillonnait, retenant leur souffle, et tremblant à chaque mouvement qu'une des pierres qui servait d'assises à leurs barreaux ne vînt à se détacher, et ne les précipitât sur les pointes de roc à fleur d'eau, où ils se seraient inévitablement écrasés.

» Je ne vous dirai pas les angoisses de ces hommes, placés ainsi entre la vie et la mort, suspendus sur l'abîme, et cela dans la seule espérance de satisfaire une passion brutale. Peu à peu ils s'élevèrent, puis ils s'arrêtèrent et recommencèrent ensuite à gravir ces échelons chancelants.

Enfin le premier est arrivé, et ses mains ont saisi les appuis de la fenêtre, ses pieds quittent le dernier barreau de l'échelle, sa tête disparaît dans la sombre ouverture; puis on entend un faible cri semblable à celui d'une mouette qui s'envole. Chacun des pirates tressaillit; alors, un mouvement instinctif les presse à regarder au-dessous d'eux ; puis ils se rattachent plus fortement à la seule branche de salut qui leur reste : reculer est impossible. Insensiblement le mouvement se communique ; le bruit sinistre qui s'est fait entendre n'est probablement qu'un signal et qu'un encouragement de leur chef. Alors chaque forban frémit d'impatience, et un instant après les trente pirates sont passés, un à un, à travers l'étroite ouverture, derrière laquelle rayonnent à leur imagination les délices du pillage et de leur brutale passion.

» Mais le monastère ne fut pas brûlé, les nonnes restèrent pures, et seulement le lendemain un service funèbre fut célébré dans la chapelle, et les cadavres décapités de trente pirates normands furent ensevelis en terre sainte. La supérieure, jeune fille de vingt ans, s'était dévouée pour le salut de ses sœurs. Cachée derrière la muraille, et la main armée d'une hache à deux tranchants, elle avait, en abattant chaque tête qui se présentait à l'ouverture, évité à ses sœurs un horrible danger, et aux forbans hérétiques la consommation d'un sacrilège.

» Aujourd'hui, quelques vieux pêcheurs vous disent encore que dans les nuits d'orage on entend le tintement de la cloche du monastère, et la plainte étouffée des pirates décapités. »

A cet endroit l'orateur termina son récit, nous laissant à deviner l'origine de Noir-moutier.

Le récit du narrateur achevé, nous pliâmes notre tente, et nous nous mîmes résolument, chacun pour son compte, à courir les aventures et les rochers.

Il n'y a qu'une seule auberge à Noirmoutier, si l'on peut appeler ainsi une misérable bicoque construite de cailloux cimentés avec du sable et des warechs, et recouverte de goémon. Lorsque, après avoir successivement heurté à plusieurs portes, nous fûmes simultanément frappés de l'excessive ressemblance qui existait entre ce caravansérail des pêcheurs de la côte et bon nombre d'étables à vaches que nous avions remarquées dans quelques villages de la Basse-Bretagne, le fumet de bipèdes des deux sexes qui vint subitement nous saisir l'olfactif, nous confirma de plus en plus dans nos prévisions; cependant nous n'en étions pas à cela près des délicatesses de l'odorat, et nous entrâmes bravement dans le bouge enfumé au fronton duquel se dessinait, d'une façon tout à fait joviale, un énorme chat de gouttière, la patte posée sur un large placard de peinture noire qui avait la prétention de ressembler à une bouteille.

Je ne chercherai point à vous peindre l'intérieur de cette buvette bretonne, comme il n'en existe nulle part ; seulement, si vous avez jamais vu dans votre imagination une réunion de buveurs empourprés, aux larges paletots, à la braie goudronnée et à la physionomie rude et fauve, quelque peinture fantastique dans le genre d'Hoffmann ou de Callot; si jamais vous avez pensé qu'il y eût au monde une race d'hommes vivant dans une atmosphère de tabac, de jurons et d'eau-de-vie, qui ne connaissent d'autre soleil que celui d'une chandelle de résine morveuse et crépitante, soyez sûr que vous êtes resté au-dessous de ce que je vis alors. Pour la première fois de ma vie, je regrettai de ne pas être peintre ; moi qui n'avais jamais pu parvenir à dessiner le nez de la Vénus de Callipyge, j'eusse volontiers repris les crayons pour saisir la silhouette de ce groupe bizarre et véritablement unique en son genre.

Notre arrivée ne souleva pas la rumeur à la quelle nous étions préparés. D'abord nous ne vîmes pas très-distinctement ce qui se passait autour de nous, nos regards s'habituèrent péniblement à ce brouillard de fumée. Peu à peu nous pûmes voir autour de l'âtre où pétillait un feu de landes et de goémon, une réunion de femmes, d'hommes et d'enfants misérablement vêtus, s'abreuvant d'eau-de-vie à un large broc d'étain, sans l'intermédiaire d'un verre, tous fumant de courtes pipes de terre noires et brûlées. Lorsque nous fûmes un peu familiarisés avec la scène étrange dont nous étions spectateurs fortuits, chacun tira de son sac et étala complaisamment les provisions qu'il avait glanées sur la route. Nous étions sept, nous nous trouvâmes possesseurs d'un demi-fromage avarié, de quatre oignons, de deux livres de pain, d'un biscuit, de trois paquets de tabac et d'un litre d'eau-de-vie environ, qui furent bientôt enlevés avec une merveilleuse rapidité.

Cependant la nuit approchait; nous songeâmes sérieusement à regagner Paimbœuf, petite ville marchande située à l'entrée de la rivière de Nantes, en face de Saint-Nazaire, et où nous comptions prendre le bateau à vapeur pour rejoindre nos foyers. Nous délibérions encore, lorsque nous vîmes entrer dans l'auberge un jeune gars de vingt-cinq ans, à la physionomie franche et ouverte, vêtu d'une large chemise de laine rouge et d'un pantalon de toile serré sur les hanches par un mouchoir de cotonnade. C'était le guide des sables; il avait appris que des voyageurs étaient débarqués dans l'ile, et il venait nous offrir de nous conduire, à la marée basse, à la foire de Pornic, qui devait avoir lieu le lendemain. Pornic est un petit port de pêcherie pour la sardine, situé en face de Noirmoutier, et séparé seulement de cette île par un banc de sable que la mer découvre en se retirant, et qu'elle envahit à la marée haute.

Ce fut Ber-Ouët (c'était le nom du guide) qui nous donna ces détails pour nous engager à faire avec lui le trajet. Enfin nous y consentîmes. Le marché conclu, nous attendîmes avec impatience que la marée se retirât pour livrer passage ; puis chacun se dispersa.

A trois heures du soir environ, nous étions réunis sur les galets, armés chacun d'un long bâton ferré qui devait nous aider à franchir les douves et les lises qui s'opposeraient à notre passage.

Prêts à partir, un de nous manque à l'appel ; nous l'appelâmes, il ne répondit pas; nous attendîmes vainement. Le guide impatient regardait le ciel et l'horizon, nous invitant à nous hâter, en homme qu'une longue habitude a familiarisé avec le danger, mais qui se soucie peu de le braver. Enfin, ne voyant pas venir notre compagnon, nous partîmes. Pendant la première heure ce fut bien; l'alcool, agissant sur nos tempéraments, nous avait donné une sorte de gaieté expansive et folle ; nous courions, franchissant les courants d'eau, le pantalon retroussé jusqu'à mi-cuisse et les souliers dans le sac, marchant sur le sable fin comme sur le moelleux tapis, et n'épargnant pas les quolibets à cet ami absent qui, nouvel Ulysse, s'était sans doute laissé séduire par quelque Circé de Noirmoutier.

Au moment où je vis que la joie allait s'éteindre et que la fatigue arrivait, je proposai d'allumer les pipes. Cela fait, nous nous remîmes en route.

Il y avait deux heures que nous marchions environ, à travers les courants d'eau et les sables mouvants, lorsque je m'aperçus que la pipe du guide était éteinte, et que malgré cela il la tenait pressée entre ses dents, signe certain d'une préoccupation grave. J'en fis la remarque.

« Je crois s.... Dieu bien, me répondit-il; je sens le vent qui nous tombe dessus, le courant va solidement nous drosser tout à l'heure.»

Ce peu de mots, que nous comprenions à peine, nous glaça d'effroi. Nous nous rapprochâmes du guide avec épouvante.

« Silence ! » dit-il, avec autorité, comprimant une facétie prête à se faire jour à travers les lèvres du plus goguenard de la troupe.

Il se jeta à plat ventre, colla son oreille sur le sable, puis il se releva froidement :
« La marée, garçons, la marée monte ! En avant! entendez-vous? en avant ! »

En effet, la marée montait; le sable remuait déjà, la tangue se balançait déjà sous nos pas alourdis. Une profonde terreur s'était emparée de nous. Nous entendions la mer qui mugissait dans les lises : elle était peut-être à une lieue de distance, et nous à une demi-heure de la mort. Jamais angoisse ne fut plus terrible; la crainte entravait nos pas; je voyais l'Océan ouvrir sa gueule immense pour nous dévorer; il semblait que l'eau me montait aux genoux; et pour comble de malheur, la nuit venait, la nuit avec ses embûches!

J'avais le vertige...

« Ave Maria, mater Dei, orapro nobis, » dit le matelot en s'agenouillant sur le sable, après avoir découvert son front. Nous restâmes tous inclinés autour de lui. Sa prière achevée, il dit : < Nous ne pouvons gagner Pornic; dans cinq minutes nous aurons de l'eau à la cheville, dans un quart d'heure aux genoux, dans une heure nous mourrons ! Ainsi, mes gars, le mieux c'est de s'accrocher à la plus prochaine balise, et que Dieu nous sauve ! » Ce disant, il s'orienta un instant, et nous le suivîmes en silence.

Je ne vous dirai pas, souffrance par souffrance, toutes les hallucinations de ce cauchemar; seulement, trois quarts d'heure après nous avions de l'eau jusqu'à la ceinture, et nous étions égarés dans les grèves : la mort était sur nos pas. Le plus âgé de nous n'avait que vingt ans.

Un cri de joie nous fit tressaillir. Dans l'obscurité, l'un de nous s'était heurté contre une large bouée de pierre, sur laquelle s'élevait un mât transversalement coupé par des échelons : c'était la balise. Nous nous cramponnâmes tous à cette branche de salut, et nous attendîmes le jour, perchés sur ce mât, entendant les mugissements de la mer qui grondait sous nos pieds. Le lendemain un bateau de sardines nous recueillit à son bord.

Je me souviendrai toute ma vie du dernier mot de notre guide. Dans le fort de notre détresse, il avait toujours conservé sa pipe entre ses dents, mais il la laissa tomber en descendant de la balise, et elle se brisa.

« Oh ! Jésus, mon Dieu ! s'écria-t-il; combien êtes-vous, messieurs ?

— Nous sommes six au grand complet.

— Quelqu'un est mort cette nuit, me dit-il en secouant la tête d'un air d'incrédulité, qui voulait dire que nous nous trompions; quelqu'un est mort, car j'ai brisé ma pipe ! »

C'était vrai. Notre compagnon étant arrivé sur la plage au moment où nous venions de la quitter, voulut nous suivre dans l'espérance de nous rejoindre; mais il s'égara et périt dans les lises.

Nous apprîmes quelques jours après que des pêcheurs, en retirant leurs filets, avaient retrouvé son cadavre.

Ch. Rouget de Kerguen. 1848

Le brick l'Abeille prend le brick HMS Alacrity. Frédéric Rateau

Alors qu'il navigue le 26 mai 1811 au Nord-Est de la Corse où il vient d'appareiller et qu'il se dirige vers la côte Italienne en direction de Livourne,(ville côtière non loin de Pise et Florence) le brick français « *L'Abeille* » voit au large des voiles dans le Nord-Ouest de l'île d'Elbe. Le lieutenant de vaisseau Mackau qui commande ce brick fait envoyer des signaux pour que cet inconnu se fasse reconnaître. Aucune réponse. Il ne peut s'agir que d'un ennemi. En effet, c'est le brick « *Alacrity* ». Les deux vaisseaux se rapprochent.

Laissons parler le commandant du brick français. Il explique en détail ses manoeuvres dans son rapport:

Rapport du lieutenant de vaisseau Mackau au ministre de la Marine, l'amiral Decrès :

« *Monseigneur,*
J'ai l'honneur de rendre compte à Votre Excellence de l'engagement qui a eu lieu, le 26 mai, dans le canal de la Corse, entre le brick de l'Empereur l'Abeille, que je commandais provisoirement, et celui de Sa Majesté Britannique l'Alacrity, capitaine Palmer.
Le 26, au soleil levé, j'aperçus un brick dans le nord du cap Saint-André (île d'Elbe). Je présumai qu'il était un de ceux de notre flottille de Gênes. Je lui fis, à six milles de distance, les signaux de reconnaissance : il n'y répondit pas. Je fis alors hisser le pavillon de l'Empereur ; il fut appuyé d'un coup de canon et salué par les cris des braves de l'Abeille.
J'ordonnai le branle-bas de combat ; les vents étaient à l'est ; l'ennemi venait sur nous vent arrière, étant exactement est et ouest l'un de l'autre ; je faisais fasseyer les voiles, afin de ne pas faire de

chemin et d'être toujours en position d'enfiler le brick de l'ennemi de l'avant à l'arrière, s'il continuait sa route.

Ce que j'avais prévu arriva : le brick courut en dépendant et vint prendre nos eaux. Dès qu'il y fut positivement, je fis gouverner près et plein, et, lui ayant gagné le vent, je le prolongeai à contre-bord au vent. Aussitôt que nous fûmes par son avant, nous ralinguâmes nos voiles de l'arrière, et, passant à poupe de l'ennemi, nous lui envoyâmes la volée à bout portant ; puis nous prîmes les mêmes amures que lui, continuant à le combattre par sa hanche de dessous le vent, à quart de portée de pistolet.

Au bout de vingt minutes, l'Abeille avait couru de l'avant et canonnait son ennemi sur son bossoir de tribord. Celui-ci manœuvra pour arriver et nous passer à poupe. Je m'en aperçus, et, faisant arriver aussi promptement que lui, je le combattis par notre batterie de tribord, avec le feu le mieux nourri.

Courage de Sarrazin Guichou, Mousse, âgé de 12 ans proclamant en se battant sur le pont de l'Ambuscade : « Mon Officier est mort, je le vengerai ». Estampe de L. F. Labrousse, dessinateur et graveur de la fin du 18e siècle.

L'ennemi ne pouvant plus tenir notre travers, arriva tout plat. Je fis ralinguer toutes les voiles de l'Abeille, et nous lui envoyâmes deux volées à poupe, à la suite desquelles il amena son pavillon.

Pour citer les braves de l'Abeille, il faudrait nommer tout l'équipage. C'est aux soins constants de l'enseigne de vaisseau Fortoul que nous avons dû notre grande activité d'artillerie. C'est par l'attention continue de l'enseigne de vaisseau Montaulieu que nous sommes parvenus à primer l'ennemi dans les manœuvres.

L'aspirant de première classe Pujol, remplissant à bord les fonctions d'officier, a rivalisé de soins et de bravoure avec ses camarades, il était partout où il fallait être.

Le maître d'équipage Paron, le chef de timonerie Bertrand, le capitaine d'armes Parot, le maître canonnier Ganivet, m'ont été d'un grand secours.

Le brick l'Alacrity est armé de dix-huit caronades de trente-deux, de deux canons de huit, et d'une petite caronade de douze.

L'Abeille, de dix-huit caronades de vingt-quatre et de deux canons de huit.

L'Alacrity avait un équipage plus nombreux que celui de l'Abeille. Ce brick a eu quinze hommes tués et vingt blessés.

L'Abeille compte sept tués et douze blessés ; mais il a toujours combattu dans les positions les plus avantageuses. »

Le capitaine anglais Palmer, mortellement blessé, succomba peu après.

Lettre de Decrès à Mackau du 18 juin 1811 :

« Je me suis empressé de rendre compte à l'Empereur, monsieur, des circonstances honorables du combat que vous avez soutenu, le 26 mai dernier, contre le brick anglais l'Alacrity, dont vous vous êtes emparé.

Sa Majesté, satisfaite des talents et du courage dont vous avez fait preuve dans cette action, a bien voulu, par décret en date du 14 de ce mois, vous conférer le grade de lieutenant de vaisseau et la décoration de la Légion d'Honneur.

Le compte que vous avez rendu des officiers, aspirants et maîtres du brick l'Abeille, a fixé l'attention de Sa Majesté, et elle a daigné leur accorder les récompenses ci-après, que j'ai voulu vous donner la satisfaction de leur annoncer, savoir :

A l'enseigne auxiliaire Montaulieu, le grade d'enseigne de vaisseau et la décoration de la Légion d'Honneur ;

A l'enseigne auxiliaire Fortoul, le grade d'enseigne de vaisseau et la décoration de la Légion d'Honneur ;

A l'aspirant Pujol, le grade d'enseigne de vaisseau ;

Au capitaine d'armes Parot, le grade de lieutenant en deuxième dans le corps impérial de l'artillerie de marine ;

Au maître d'équipage Paron, la décoration de la Légion d'Honneur.

Ces grâces sont une nouvelle preuve de ce que peuvent attendre de la munificence de Sa Majesté les officiers et les marins qui se distinguent à son service ; elles doivent être pour tous un puissant motif d'émulation, en même temps qu'elles imposent à ceux qui les ont obtenues l'obligation de redoubler de zèle, de courage, et de dévouement.

P.S. : Ce combat et son succès vous font, à vous et à votre équipage, beaucoup d'honneur. Vous êtes autorisé à me proposer des avancements de paye pour tous les marins sous vos ordres, qui les méritent par leur expérience, et vous réunirez votre équipage pour lui faire connaître la satisfaction de Sa Majesté.

Quant à l'Alacrity, procédez sur-le-champ à ses réparations et à la formation de son équipage ; vous en avez le commandement, et je ne doute point qu'il ne devienne pour vous une nouvelle source de gloire. »

La grande carrière du jeune lieutenant de vaisseau Mackau:

Ange René Armand Mackau est né à Paris le 19 février 1788. Il s'engage dans la marine en 1804, instruit, il est proposé pour aller à l'école de Rochefort il en sort en 1808 aspirant de 1ère classe, il embarque ensuite sur la frégate l'Hortense » commandée par Baudin. Il fait partie de l'escadre de Méditerranée. Il embarque ensuite sur l'Abeille en récompense de ce succès promu lieutenant de vaisseau et fait chevalier de la Légion d'honneur. Il reçoit le commandement du bâtiment capturé (il sera finalement désarmé le 1er juillet 1815 à Toulon). Promu capitaine de frégate le 7 février 1812 il avait 24 ans, alors qu'il n'était que capitaine de frégate il participa, en décembre 1812, à la défense de Livourne et il parvint en 1813 à ramener à Toulon tous les vaisseaux de son escadre et une grande quantité d'approvisionnements stockés à Livourne et Gênes.capitaine de vaisseau le 1er septembre 1819, contre-amiral le 1er septembre 1825, vice-amiral le 30 mai 1837, puis amiral le 23 décembre 1847, il fut ministre français de la Marine et des Colonies de 1843 à 1847. Durant son administration, il réorganisa le service du contrôle et de la comptabilité, proposa les lois des 18 et 19 juillet 1845, dites lois

Mackau, qui préparaient le décret du 27 avril 1848: l'abolition de l'esclavage,[19] et la loi du 3 juillet 1846 ouvrant un crédit de 93 millions pour l'achèvement de la flotte de guerre française

Sources :
– *L'amiral de Mackau.* Par Girette.   *Frédéric Rateau.*

Combat de *la Bayonnaise* et de *l'Ambuscade* le 14 décembre 1798
Tableau de Crépin, Musée de la Marine

---

[19] votées sous la monarchie de juillet, relatives au régime des esclaves dans les colonies, signées par Louis-Philippe Ier, articles visant à émanciper les esclaves appartenant au domaine colonial. Les conseils coloniaux exercèrent une résistance pour que ces nouvelles lois ne soient pas appliquées

La corvette la *Bayonnaise* prend la frégate HMS l'Ambuscade.

Le Combat de la corvette « *la Bayonnaise* » contre la frégate anglaise « *L'Embuscade* », est un des faits et des plus glorieux dont puisse s'enorgueillir notre histoire navale, si riche d'événements.

La Bayonnaise était une fine embarcation, d'une élégance presque coquette. Une batterie de vingt pièces de 8 formait toute son artillerie. Sortie de Cayenne dans les premiers jours d'octobre 1798, des vents constamment favorables l'avaient poussée vers la France; à 120 milles de l'île d'Aix, la corvette française *la Bayonnaise*, commandée par le lieutenant de vaisseau Edmond Richer, ramène de Cayenne à Rochefort un détachement de 30 soldats de l'ex-régiment d'Alsace, le 14 décembre 1798, elle n'était plus qu'à trente lieues dans le sud-ouest des côtes de Bretagne, lorsqu'elle fût aperçue par la frégate anglaise l'Embuscade, qui se mit à sa chasse ; l'Embuscade était un fort et beau navire, armé de quarante-deux canons dont le plus grand nombre était de 24 et de 18.

La corvette républicaine ne pouvait attendre un pareil ennemi sans imprudence; son capitaine, le lieutenant de vaisseau Edmond Richer, fit aussitôt remettre le cap au large ; mais la supériorité de marche que la frégate anglaise avait sur elle ne tarda point à rendre le combat inévitable; Après une heure de poursuite, *L'Ambuscade* commandée par le capitaine Henry Jenkins, arrive à porté au milieu de la journée. *L'Ambuscade* lâche une première bordée, à laquelle *la Bayonnaise* réplique. Le combat s'engagea bientôt à petite portée, et se prolongea ainsi avec vivacité, sans que la disproportion des forces fit pencher la victoire pour l'un des deux bâtiments.

L'Ambuscade, voulant terminer ce combat en foudroyant son ennemi sous les volées de son écrasante artillerie, força de voile et vint prendre position à une portée de pistolet de la corvette française que, dès cet instant, le fer de chacune des bordées de l'anglais ébranla jusque dans la quille. Le commandant et son second, sont tous les deux blessés.

La Bayonnaise, quel que fût le courage de ses défenseurs, ne pouvait supporter longtemps une pareille attaque : il fallait se rendre. Ce malheur semblait la seule péripétie possible d'un tel engagement. Après une heure de combat environ, une pièce de 12 explose dans la batterie principale de la frégate anglaise, provoquant d'importants dégâts, un début d'incendie et une certaine panique dans la batterie, qui cesse de tirer. L'origine de cette explosion est-elle due à une erreur de chargement, ou coup au but de *la Bayonnaise* ?

Richer est blessé, le dernier officier de marine français encore au poste de combat est l'enseigne de vaisseau Ledanseur. *L'Ambuscade* est sur le point de dépasser la corvette française pour la canonner en enfilade. Et c'est à instant que la valeur et l'enthousiasme de nos matelots républicains trouvèrent une opportunité. Les officiers du contingent de soldats, le chef de bataillon Lerch et le capitaine Aimé disent à l'enseigne de vaisseau Ledanseur qu'il vont prendre la frégate anglaise à l'abordage. "A l'abordage! à l'abordage!" s'écria-t-on de tous côtés. Richer, blessé qu'étonne d'abord cette pensée d'audace, semble fort indécis : A l'abordage ! à l'abordage ! reprennent les matelots; et les soldats, d'un cri unanime, répètent : A l'abordage!

« Mes amis, dit enfin Richer, je compte assez sur votre dévouement pour me rendre à vos vœux : soyez dignes de la République et de la France ! »

Mille cris d'enthousiasme accueillent ses paroles; on court aux armes que l'on se dispute; les demi-piques, les pistolets, les haches d'arme, les sabres, passent dans toutes les mains. La corvette française manœuvre alors pour éperonner la frégate anglaise. A pleine vitesse, alors que les soldats se précipitent sur le gaillard d'avant, *la Bayonnaise* éperonne, de son beaupré, *l'Ambuscade* sur son tribord arrière, à la hauteur du gaillard. Richer, portant vivement la corvette sur la frégate anglaise, la heurte avec tant d'énergie que le mât de misaine de la *Bayonnaise* tombe sur le gaillard d'arrière de *l'Ambuscade*.

« C'est un pont que nous donne le hasard ! » s'écrie l'enseigne de vaisseau Ledanseur en s'élançant à la tête des combattants. Un petit mousse, domestique de onze à douze ans, s'est signalé dans cette affaire : il suit son officier à l'abordage (probablement l'enseigne de vaisseau Ledanseur) ; le voyant tomber à ses pieds, il saute sur ses pistolets et il brûle la cervelle de l'officier anglais, qui venait de tuer son maître. »

Très rapidement, les marins et soldats français sautent sur le navire anglais. Dans le même moment, des soldats juchés sur le beaupré de *la Bayonnaise*, arrosent du feu de leur mousqueterie le gaillard d'arrière de *l'Ambuscade* et essuient une riposte en règle des fusiliers-marins britanniques, les *Royal Marines*, en garnison sur le navire anglais.

En vain les Anglais redoublent-ils leur feu de mousqueterie, ce pont étroit est franchi sous une grêle de balles. On s'attaque, on se prend au corps, on lutte; toutes les armes se choquent et se croisent sur l'arrière de l'ennemi, où il ne reste bientôt plus que des cadavres. Culbutés de cette position, les Anglais se replient sur les passe-avants, dont ils barricadent les marges étroites ; les Français les y attaquent avec l'impétuosité d'un premier succès; ils sont arrêtés un instant devant une haie de piques et sous une salve de plomb ; mais ces retranchements et ces armes sont emportés par un nouveau choc. Malgré l'infériorité numérique, les Français prennent rapidement l'avantage. Les officiers anglais tombent les uns après les autres. Le capitaine Jenkins, commandant de la frégate anglaise, est très vite gravement blessé. Une balle de mousquet lui explose la tête de fémur. Il est évacué du pont. Le commandant en second de *l'Ambuscade*, le premier lieutenant Maindon, est transporté à l'infirmerie où il décède rapidement. Le commandant des *Royal Marines*, le lieutenant Sinclair, reçoit une balle dans la cuisse et une autre dans l'épaule. Alors que le combat fait rage sur son pont, de la fumée s'échappe des appartements à l'arrière de la frégate. L'incendie parait sérieux. L'équipage, qui craint une explosion de la soute à munitions, reflue paniqué vers le gaillard d'avant du navire et s'y barricade. Le commissaire du bord, W.B.Murray, seul officier encore debout les exhortent à poursuivre le combat. Les Français progressent de plus en plus sur le pont de *l'Ambuscade* et, après un corps à corps d'une demi-heure environ, où les Anglais opposent l'acharnement du désespoir à l'intrépidité d'un dévouement enthousiaste, les Français restent maîtres de tous les points de la frégate; les Anglais mettent bas les armes, le drapeau rouge tombe, et le pavillon va se frapper à la tête du grand mât, salué par les cris de Vive la République !

L'*Ambuscade* était à peine au pouvoir de nos marins, que le reste de la mâture de la *Bayonnaise*, criblée par les boulets ennemis, s'écroula avec fracas. Richier et plusieurs de ses officiers et membres d'équipage passent sur *l'Ambuscade*. La prise, remorquant son vainqueur, atteint l'île d'Aix le 16 décembre. La corvette victorieuse dut être ainsi remorquée par l'*Ambuscade* qui avait perdu son mât d'artimon, et entra sur la rade de Rochefort, comme l'histoire nous représente Sésostris[20] entrant dans les murs de Memphis. L'état-major et l'équipage de *l'Ambuscade* bénéficient d'une libération sur parole, ou d'un échange de prisonniers, et sont rapatriés en Angleterre dès 1799.

Combat entre la corvette française la Bayonnaise et la frégate anglaise Ambuscade, 17 décembre 1798. Par Jean-François Hue, 1801.

---

[20] Sésostris fut un pharaon d'Egypte qui fit plusieurs expéditions.

Conséquences de cette affaire:

De retour en Angleterre, le capitaine Jenkins, et les survivants sont traduits en cour martiale 26 au 28 août 1799 à bord du *HMS Gladiator* à Portsmouth et sont acquittés pour « concours de circonstances exceptionnelles ». Quelques jours avant sa rencontre avec *la Bayonnaise*, l'équipage anglais venait de capturer deux prises. Mais la presse anglaise fait de la propagande comme toujours, surtout en temps de guerre. Les journalistes présentent l'explosion du canon dans la batterie et l'incendie à la poupe comme un coup de malchance, jamais à cause de l'action des Français. Ils laissent entendre qu'il y avait une ambiance du mutinerie à bord de *l'Ambuscade*. Ils se basent sur cette fausse idée car il y eut plusieurs mutineries en 1797 dans la marine anglaise.; ainsi malgré ses succès antérieurs ils décrivent l'équipage de l'*Ambuscade* très indiscipliné et inexpérimenté.

La Marine Française réintègre la frégate *Ambuscade* qui est renommée « L'Embuscade ». En 1803 elle fut capturée par les Anglais.

Retombées judiciaires et médiatiques de l'affaire en France: .

Récompenses: En France, Richer est promu capitaine de vaisseau. Le Directoire ordonne le versement de primes exceptionnelles de 3500 francs par canon et caronades pris à l'ennemi, en plus des parts de prises normales. Ces primes sont réparties entre les officiers et les hommes de l'équipage.

Par un arrêté du 15 pluviôse an VII (4 janvier 1799), le directoire exécutif, sur le rapport du ministre de la marine, accorde *« de l'avantage aux hommes qui s'était distingués dans l'action »* :

« Art.I. Les citoyens François Corbie, Jean-François Guigner, blessés dans l'action, Michel-Auguste Frouin, et Robert-Thomas Pottier-Lahousaye, tous quatre enseignes de vaisseau, et ayant commandé successivement, sont nommés lieutenants de vaisseau.

II. Le C. Gantois, lieutenant en second de la cinquième demi-brigade d'artillerie de la marine, commandant le détachement, est fait lieutenant en premier ; et le citoyen Viaud, sergent du même corps, lieutenant en second.

III. Le C. Henri Lerch, ci-dev. chef de bataillon au 53e régiment, passager à bord, est rétabli dans son emploi de chef de bataillon ; les citoyens Nicolas Aimé, lieutenant, et Georges Kinzelbach, sergent-major au même régiment, sont nommés, le premier au grade de capitaine, et le second à celui de sous-lieutenant.

IV. Le C. Pierre Maillard, armurier, blessé aux reins, recevra un secours provisoire de deux-cents francs, et sera avancé si ses blessures lui permettent de continuer ses services.

Il sera payé une somme provisoire aux familles des citoyens Touvenin, faisant fonction de caporal, et Sarazin Guichou, mousse, et une de deux cents francs à celle des marins et soldats tués dans l'action. »

Retombés médiatiques: Le journal « le Moniteur » écrit deux articles:

Dans l'édition du 25 décembre 1798 :

« *Nous apprenons au moment même qu'une de nos corvettes portant 18 canons de petit calibre vient de prendre une frégate anglaise de 36 canons de calibre supérieur. Le combat de la manœuvre ne pouvait être dans cette rencontre que défavorable aux Français. Ils ont monté audacieusement à l'abordage, et se sont emparés, à la baïonnette, du vaisseau ennemi qu'ils ont conduit heureusement à Rochefort. Marins français, à l'abordage !* »

Dans l'édition du 27 décembre 1798 :

« *La corvette la Bayonnaise, portant 20 canons de 8, commandée par le citoyen Edmond Richer, lieutenant de vaisseau de la République, revenait de Cayenne, et n'était qu'à 25 ou 30 lieues des côtes de France, lorsque, le 24 frimaire dernier, elle fut attaquée par la frégate anglaise l'Embuscade, de quarante-deux pièces de canon, dont vingt-six de 16 en batterie, huit de 8 sur les gaillards, et six obusiers de 36.*

Le combat durait depuis trois heures sans être décisif, mais la frégate ennemie cessant son feu pendant un instant, força de voiles pour gagner le travers de la Bayonnaise qu'elle engagea de nouveau à demi-portée de fusil. L'action devint terrible : la position de la corvette française au vent de l'ennemi, décida le lieutenant de vaisseau, Richer, à tenter l'abordage ; il avait déjà fait prendre les dispositions nécessaires, lorsqu'un cri général de l'équipage demanda cette manœuvre. « *Je compte assez sur votre bravoure et sur votre attachement à la Patrie pour me rendre à vos désirs* » *leur dit le brave Richer : il exécute aussitôt cet audacieux projet. Dans le choc des deux bâtiments, le mât de misaine de la corvette tombe sur le gaillard de la frégate et présente une espèce de pont sur lequel nos marins se précipitent pour passer à bord de l'ennemi. Les Anglais, chassés d'abord du gaillard d'arrière, se retranche sur le gaillard d'avant et les passe-avant, et en moins d'une demi-heure, ils en furent, débusqués et forcés de se rendre.*

La Bayonnaise a perdu tous ses mâts dans cet engagement ; elle était hors d'état de naviguer, mais son équipage a monté l'Embuscade, et cette frégate soumise a conduit, dans le port de Rochefort, son vainqueur à la remorque. Le commandant Richer a le bras fracassé : on craint l'amputation .

Un petit mousse, domestique de onze à douze ans, s'est signalé dans cette affaire : il suit son officier à l'abordage ; le voyant tomber à ses pieds, il saute sur ses pistolets et il brûle la cervelle à l'officier anglais, qui venait de tuer son maître. »

La Bayonnaise a perdu tous ses mâts dans cet engagement ; elle était hors d'état de naviguer, mais son équipage a monté l'Embuscade, et cette frégate soumise a conduit, dans le port de Rochefort, son vainqueur à la remorque. Le commandant Richer a le bras fracassé : on craint l'amputation (Il fut amputé).

Un petit mousse, domestique de onze à douze ans, s'est signalé dans cette affaire : il suit son officier à l'abordage [probablement l'enseigne de vaisseau Ledanseur] *; le voyant tomber à ses pieds, il saute sur ses pistolets et il brûle la cervelle à l'officier anglais, qui venait de tuer son maître.* »

Par un arrêté du 15 pluviôse an VII (4 janvier 1799), le directoire exécutif, sur le rapport du ministre de la marine, accorde « *de l'avantage aux hommes qui s'était distingués dans l'action* »

Frédéric Rateau

Combat du trois-ponts français le Wagram (à droite), contre plusieurs vaisseaux anglais, au large de Toulon, le 5 novembre 1813, tableau d'Auguste Mayer.

Le combat du 5 novembre 1813 trois-ponts français le Wagram, contre plusieurs vaisseaux anglais, au large de Toulon. Frédéric Rateau.

Le 5 novembre 1813, les Anglais exercent le blocus de la rade de Toulon avec l'escadre du vice-amiral Pellew. La marine française décide d'exercer des manoeuvres de son escadre en dehors de la rade. Le vice-amiral Emeriau sur le vaisseau « L'Austerlitz » de 118 canons est suivi de douze vaisseaux et de six frégates. Les quatre vaisseaux anglais qui se tenaient au large sont repoussés et l'escadre française ayant forcé le blocus a pu procéder à ses manoeuvres.

Sur le chemin de retour au port de Toulon, par un vent de Sud-Est, la flotte navigue au largue quand soudainement le vent change de direction et passe au Nord-Ouest. Les vaisseaux français se retrouvent vent devant, pratiquement en panne, très gênés pour rentrer au port et certains déventés sont isolés à l'arrière.

L'escadre anglaise de vice-amiral Pellew qui était sous le vent, au large de Toulon, se trouve brusquement au vent de travers, dans une position très favorable.

Le vice-amiral Emeriau s'en rend compte et anticipe l'action des Anglais. Il donne les signaux à ses navires leur indiquant liberté de manoeuvre pour rejoindre au mieux la rade le plus rapidement possible.

Pellew constate les mouvements des vaisseaux français et la direction du vent qui lui est favorable. Il décide d'exploiter immédiatement l'opportunité d'attaquer l'arrière de la flotte française et ordonne la chasse.

Les vaisseaux anglais donnent la chasse avec quatre vaisseaux de 74 canons: *Scipion*, *Mulgrave*, *Pembroke* et *Armada*, rejoints par trois trois-ponts, le 120 canons *Caledonia*, qui porte le pavillon de l'amiral Pellew; le 112 canons *San Joseph* et le 98 canons *Boyne*.

A 12 h 45 les vaisseaux anglais ouvrent le feu sur les vaisseaux français de l'arrière garde: les trois-ponts de 74 canons: *l'Ulm*, *l'Ajax* et *le Borée*, et *l'Agamemnon*, commandé par le capitaine de vaisseau Jean-Marie Letellier.et sur les frégates *la Pénélope*, *la Melpomène* et *la Galatée*. *L'Agamemnon* et les frégates *la Pénélope* et *la Melpomène*, tous stoppées sous le vent de l'escadre, risquent en effet d'être encerclés par les vaisseaux anglais.

Le vaisseau français de 118 canons « Le Wagram » veille. Le Wagram était l'origine de sa construction « Le Monarque ». Ce vaisseau de 118 canons type Sané & Borda fut construit à Toulon en 1809. Alors qu'il était encore en chantier il fut rebaptisé « Wagram » le 15 février 1810. Il fut lancé le 1er juillet 1810; Il est dans la rade de Toulon, puis est transféré à Brest après l'Empire. Il n'est rayé des listes de la marine qu'en 1836. A Toulon jusqu'à la fin de l'Empire, le vaisseau est envoyé à Brest durant la Restauration. Il est refondu au 12/24e en 1821. Il est finalement rayé des listes et condamné en 1836.

Il est commandé par le capitaine de vaisseau François Legras. A son bord le contre amiral Cosmao-Kerjulien donne l'ordre au « Wagram » d'aller au soutien de l'Agamemnon et des frégates. Le combat est vif et rapide, les vaisseaux 74 anglais se retirèrent après avoir eu un tué et 14 blessés et 17 blessés du côté français.

Les vaisseaux français et leurs frégates ont pu rentrer au port.

Frédéric Rateau. 06 janvier 2025

Le Wagram. Par François Roux.

L'explorateur Cavalier De La Salle et ses navires : la barque « Le Griffon » et la corvette « La Belle » Frédéric Rateau.

René-Robert Cavelier de La Salle est né à Rouen le 21 novembre 1643. Son père Jean, était un riche commerçant qui l'inscrit au collège des Jésuites de Rouen. Après avoir prononcé ses voeux en 1660 René Robert poursuit ses études de mathématiques et physique à La Flèche. Il devint enseignant, métier qu'il exerça pendant six ans à Alençon, Tours et Blois. En 1666 il quitta les Jésuites pour rejoindre son frère ainé Jean qui était prêtre à Montréal. Il avait l'idée qu'en poursuivant une route inexplorée dans l'ouest de l'Amérique du Nord, on devrait parvenir en Chine.

Le premier voyage.

En 1667 Cavalier de La Salle arrive à Montréal. Il y fait la connaissance des collègues de son frère, des membres de la communauté de Saint Sulpice: Dollier de Casson et Bréhant de Galinée. Ensemble ils financent une expédition d'exploration et d'évangélisation vers les sources du Saint Laurent. Avec neuf canots ils partent vers les grands lacs. On ne sait pas trop ce qui s'est passé mais Cavalier revient à Québec et fait peut-être de petites expéditions. Il a une connaissance du terrain autour du Lac Ontario et des indiens qui y habitent. En 1673, le nouveau gouverneur, Frontenac, donne à Cavalier de Lasalle la mission de consolider le commerce de fourrures avec les indiens, menacé par la concurrence anglaise et hollandaise. Cavalier de Lasalle se voit confié le financement et les hommes pour la construction d'un fort au nord-est du Lac Ontario. L'importante forêt a rendu possible la construction du fort « Katarakoui » en une semaine seulement. En 1674 il repart en France, pendant son séjour, il obtient du roi: une concession pour le commerce de fourrures, la permission d'établir des forts de frontière, des lettres patentes de noblesse.

Le deuxième voyage.

De retour au Canada, Cavalier de Lasalle change le nom du fort Katarakoui, qu'il rebaptisa fort Frontenac, en hommage au gouverneur. Muni des autorisations, il fonde deux nouveaux établissements; l'un à l'entrée du lac Érié et l'autre à la sortie du « lac des Illinois » (lac Michigan) et il part à l'exploration de toutes ces terres inconnues qui s'étendent de la Nouvelle France au Nord, jusqu'au Mexique et la Floride au Sud.

En septembre 1678 Cavalier de Lasalle revient avec un Italien au service du roi de France, Henri de Tonti qui est un proche du prince Louis-Armand de Bourbon-Conti.

Près des chutes du Niagara, ils construisent un fort qu'ils nomment « Conti [21] » en honneur du prince. En terme de « fort » il s'agit surtout d'un entrepôt de stockage des fourrures en attente de leur descente de la rivière vers le fort « Frontenac » puis Québec.

---

[21] Sur la carte je le désigne « Fort Niagara » qui sera construit sur les ruines des précédents.

Le Griffon.

En décembre 1678, ils mettent en chantier une grosse barque à voile pour explorer les grands lacs.. La taille de ce bâtiment *« Le Griffon »*, démontre que les européens avaient déjà une idée précise du gigantisme des lacs à explorer.

« *Le Griffon* » était long de 30 à 40 mètres et de 10 à 15 m de maitre-bau. Il faisait dans les 45 tonnes. On avait pas oublié de le doter de 7 canons. Il a été lancé le 07 août 1679 en amont des chutes sur la rivière Niagara. (Voir la carte page suivante.) C'est avec « Le Griffon » que Cavalier de Lasalle fut le premier européen à naviguer sur les lacs Erié, Huron et Michigan, à en explorer la géographie et prendre contact avec leurs habitants.

Arrivée dans les environs du détroit entre le lac Erié et le lac St Claire en 1779, l'expédition se sépare en deux équipes. Une mission terrestre qui part de Fort Détroit[22], la future ville de Détroit est commandée par Tonti, pour marcher vers l'Ouest. Cavalier de La salle prend la direction de la mission navale qui remonte le lac Huron et descend le lac Michigan.

Arrivé à l'extrémité sud de ce dernier lac vers le 1er novembre, Cavalier de Lasalle choisit l'embouchure d'une rivière qu'il nomme « St Joseph[23] » pour

---

[22] (n°5 carte page suivante)

[23] l'embouchure de la rivière St Joseph dans le lac Michigan est aujourd'hui la ville de St Joseph.

construire un autre fort.[24] Comme il attend son associé Tonti qui a parcouru le chemin à pied depuis Fort Détroit (voir carte) il donne le nom de Tonti à ce fort. Tonti arrive à rejoindre l'expédition le 20 novembre, après quelques jours de repos, le 03 décembre, ils laissent « Le Griffon » sur le lac Michigan et repartent pour remonter la rivière St Joseph (« a » sur la carte jointe)..

Ils arrivent dans une région marécageuse à l'époque et traversent une bande de terre pour rejoindre la rivière Kankakee qui coule vers l'Ouest (« b » sur la carte). Ils suivent le cours de la rivière qui se jette dans la rivière Illinois. Ils descendent l'Illinois, qui coule vers le sud. Le 15 janvier 1680, ils arrêtent leur progression vers le sud et fondent le fort « Crèvecoeur »[25] (n°7 sur la carte).

Deuxième voyage de René-Robert Cavalier de Lasalle de 1678 à 1681.

A cet instant, Cavalier de Lasalle est peut-être en train de comprendre que pour le moment il n'a pas trouvé de chemin vers l'ouest qui pourrait le conduire en Asie. Quelques hommes désertent en emportant du matériel. D'autres sont volontaires pour poursuivre la mission, Cavalier de Lasalle demande à Michel Accault, au père

---

[24] (n°6 sur la carte page jointe)

[25] Crèvecour est aujourd'hui un quartier de la ville de Péoria (Illinois)

jésuite Hennepin et à Antoine Auquel d'explorer le Mississipi vers la source. Ces derniers partent le 29 février 1680 et arrivent à une chute d'eau à Minneapolis[26]. Le 11 avril ils rencontrent des Sioux qui les gardent en otage. Des soldats français commandés par Daniel Duluth se trouvant sur les rives du Lac Supérieur l'apprennent et après plusieurs semaines de marche viennent négocier leur libération. Accault s'installe ensuite à Fort Frontenac et Hennepin rentre au Havre et remonte la Seine en canot fin décembre 1681.

Pendant ce temps Cavalier de La Salle décide de faire demi-tour, par voie terrestre. Il laisse Tonti et quelques hommes à Fort Crèvecoeur et retourne à Fort Conti accompagné d'uniquement trois hommes. Après avoir parcouru à pied des centaines de kilomètres par mauvais temps, espérant du ravitaillement au fort Conti, il découvre que le fort est incendié et que son bateau « Le Griffon » a coulé. Les quelques hommes qu'il avait laissés pour l'occuper et gérer le commerce des fourrures ont disparu. Il est possible qu'ils aient déserté les conditions hivernales particulièrement rudes de la région mais il retrouve ses hommes en arrivant le 06 mai 1680 au fort Frontenac, ils expliquent avoir été attaqués par les indiens dans le courant de l'hiver 1679[27].

Pendant que Lasalle retournait vers l'est, au fort Crèvecoeur rien ne vas plus. Les soldats se sont révoltés contre Tonti obligé de fuir à Michilimackinac (n°9 sur la carte). La Salle le retrouve un an plus tard en mai 1681.

En décembre 1681 La Salle rassemble des hommes pour une nouvelle expédition. ils étaient 23 Français et 18 Indiens. Après un mois de voyage ils reviennent à Fort Crèvecoeur en janvier 1682, descendent l'Illinois et arrivent au fleuve Mississipi le 06 février. Après deux mois de descente en canoë ils atteignent l'océan le 06 avril 1682. Le 09 avril 1682 Cavalier de La Salle nomme cette région « Louisiane » en hommage à Louis XIV et il pose une plaque en cuivre gravée et une croix à l'actuelle Venice.

Sur le voyage de retour, sur un promontoire rocheux, repéré au voyage aller, il installent le Fort Saint Louis. Cet endroit que les indiens appellent « les roches affamées » surplombe la rivière Illinois. Il est entouré de canions et offre une bonne défense. Ce fort n'existe plus aujourd'hui il était à Utica près de la ville de La Salle en Illinois. Tonti reste au Fort St Louis avec des hommes tandis que La Salle repart en France pour demander des moyens d'une troisième expédition mais cette fois ci pour explorer et d'exploiter le sud de la région jusqu'au golfe du Mexique.

---

[26] Chute St Antoine, barrage hydraulique et emplacement du « parc père Hennepin » à Minneapolis.

[27] En 1687, les Français reconstruiront sur place un autre fort: le « fort Denonville ».

Le troisième voyage.

Le 24 juillet 1684 La Salle repart en expédition financée par Louis XIV. Il a le titre de gouverneur de la Louisiane et dispose d'une flottille de quatre vaisseaux avec 300 soldats, des missionnaires, des artisans, des commerçants et quelques familles. Il ne s'agit plus d'explorer mais d'installer une colonie à l'embouchure du fleuve Mississippi.

Les vaisseaux de Cavalier de La Salle étaient *« Le Joly »* commandé par le capitaine de la Royale Tanguy le Gallois de Beaujeu et *« la Belle »*, financés par le roi. Il est obligé de louer deux autres bâtiments: « *le St François* »et « *L'Aimable* ».

Le voyage n'a pas été facile. Les bateaux sont surchargés, la navigation est lente et les passagers tombent malade. Au large de Saint Domingue les pirates espagnols en guerre contre la France prennent le « *St François* » qui était à la traine.

Lors du voyage précédent Cavalier de La Salle avait repéré la position géographique de la plage où le Mississippi se jette dans le golfe mais à l'époque les relevés de la longitude n'étaient pas justes en raison de l'imprécision des montres. Le calcul du décalage horaire par rapport au méridien de Paris était souvent inexact. Il n'est donc pas surprenant qu'en arrivant dans le golfe du Mexique, la flottille se transporte à la bonne latitude mais se trompe de longitude et qu'au lieu d'arriver à

Maquette de La Belle.

l'embouchure du Mississippi, ils se retrouvent à l'embouchure d'un autre fleuve plus à l'Ouest.

C'est ainsi que l'expédition arrive dans la baie de Matagorda en février 1685.

La Salle qui ne sait pas encore qu'il n'est pas dans le Mississippi qu'il avait exploré, pense que la navigation sera facile car pour lui il ne peut s'agir que d'un bras du grand fleuve. Il ordonne à « La Belle » et à « L'Aimable » de s'engager pour remonter le courant. Malheureusement « L'Aimable » s'échoue et seule la frégate « La Belle » peut poursuivre la mission. En effet, De Beaujeu en permanent désaccord avec Lasalle, décide en mai 1685 de rentrer en France avec d'autres volontaires à son bord du vaisseau « Le Joly ».

Avec « La Belle » La Salle remonte le fleuve Lavaca, il ne sait pas qu'il est dans l'actuel Texas au lieu d'être dans la Louisiane qu'il avait découverte. Il fonde un autre fort qu'il appelle Saint Louis [28] et installe ses 180 colons restants.

Le climat, la mal nutrition, les accidents, les attaques d'Indiens Karankawa sont les causes de maladies et de mortalité pendant que La Salle cherche le Mississippi toujours vers l'est alors qu'il se trouve 600 km à l'Ouest.

« Expédition de Robert Cavelier de La Salle à la Louisiane en 1684 »,

Le peintre Théodore Gudin imagine en 1844 les vaisseaux La Belle à gauche; le Joly au centre et à l'arrière plan « l'Aimable échoué sur le fleuve Lavaca au Texas

---

[28] Ce fort fut construit près de la ville de Victoria au Texas.

En février 1686 « La Belle » pilotée par un homme ivre, ou prise dans un ouragan, s'échoue dans la baie de Matagorda. Après deux ans de vaines recherches, sans navire pour chercher du secours aux Antilles, il ne reste que 40 personnes. Cavelier de La Salle décide de monter vers le nord à la recherche du fleuve Illinois et retrouver son ami Tonti qui s'y trouve. Avec son frère aîné Jean qu'il était venu rejoindre autrefois à Montréal, avec son neveu Colin Crevel et avec Henri Joutel un ami fidèle et douze hommes, ils marchent vers le nord.

Ils n'ont pas le temps d'aller bien loin de la côte car le 19 mars 1687 éclate une mutinerie à Navasota au Texas. Cavalier de La Salle est assassiné par deux de ses hommes.

Une vingtaine de personnes, sans doute malades, restées au fort Saint Louis furent massacrées par les indiens en 1688. Ils semblerait que plus tard les Espagnols auraient récupéré cinq enfants survivants.

Henri Joutel, Jean, le frère de Cavalier de Lasalle et cinq hommes arrivent enfin au Fort Michillimakinac le 06 mai 1688. Ils raconteront leur aventure.

Tonti envoie une expédition de secours au Fort Saint Louis au Texas en 1689 mais aucun survivant ne fut découvert.

L'Espagne, qui est présente au Mexique est alarmée par la concurrence que représente l'expédition de Cavalier de La Salle. Dès 1687, onze missions maritimes et terrestres sont envoyées pour détruire le fort Saint Louis et chasser les Français du Texas. En 1689 ils trouvent quelques enfants français chez les indiens et l'épave de « la Belle » ensablée et envasée dans la baie. Ils mentionnent cette découverte sur plusieurs cartes.

Le vaisseau « La Belle ».

A partir de ces cartes et des récits de Joutel les américains se sont lancés dans des recherches archéologiques. L'épave est découverte en 1995 dans la baie de Matagorda au Texas.

Les plongeurs remontent des objets. Un canon de bronze est décoré aux armes de Louis de Bourbon, fils de Louis XIV et de Louise de La Vallière identifie formellement le navire. Un accord entre Paris et Washington signé le 31 mars 2003 donne la souveraineté de l'épave à la France qui en accorde le prêt aux Etats Unis pour 99 ans. Les découvertes sont exposées dans les musées texans.

D'après les fouilles, « La Belle » était un bâtiment à trois mâts, de 17 m de long, 4,5m de maître-bau, et 2,40m de tirant d'eau, armée de six canons et de huit pierriers. Le grand mât et le mât de misaine gréés en voiles carrées. Le mât d'artimon est gréé en voile latine.

Aux archives historique de Rochefort il subsiste un devis des travaux de « La Belle » signé Mallet et Masson. Ce document indique que le vaisseau aurait été construit à partir d'avril 1684 et lancé le 1er juillet de la même année.

Ce navire se rapproche de la catégorie des chats et des futures corvettes.

Les chats sont en usage en Mer du Nord. ont une mâture à pible, trois mâts voiles carrées, souvent sans perroquet & voile d'artimon à corne. long de 10 à 14 m; Maître-bau de 3,5 à 4 m; Tirant d'eau de 1,2 m; Vitesse de 8 nœuds au plus.

Chat.

dessin de N.F.J Masquelier & gravure de Yves-Marie Legouaz

Frédéric Rateau.

La corvette et le brick à la fin du XVII ème siècle. Frédéric Rateau.

La corvette est un navire à un seul pont, trois mâts carrés de catégorie intermédiaire entre le brick qui a deux mats et la frégate qui en a trois. Au début du XVII siècle les corvettes étaient parfois appelés « barques longues ». A cette époque, une définition de la corvette est donnée par le constructeur Blaise Ollivier: petite frégate pouvant aller à voile et à rames, et utile à l'escorte de convois marchands si elle est équipée de canons de petits calibre. Son fils, Joseph Louis Ollivier a dessiné à l'âge de 18 ans la corvette l'Amarante

La corvette comme « L'Amarante » de 1744 ci-dessous reproduite par Gérard Delacroix était construite à partir du milieu du XVII siècle sous le modèle d'une longue barque avec trois mâts au faible tirant d'eau. Idéal pour le commerce, ce type de bâtiments de taille moyenne était excellent pour servir de liaison entre la côte et d'autres bâtiments au large et il pouvait y avoir deux à neuf canons sur chaque bord pour le service du roi ou celui des corsaires et pirates..

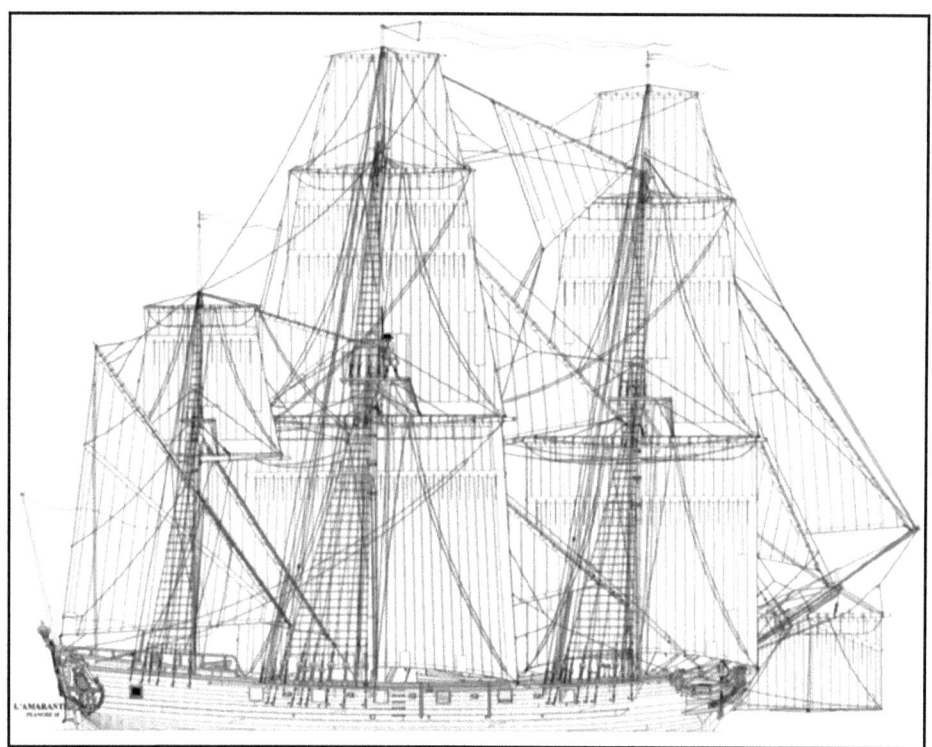

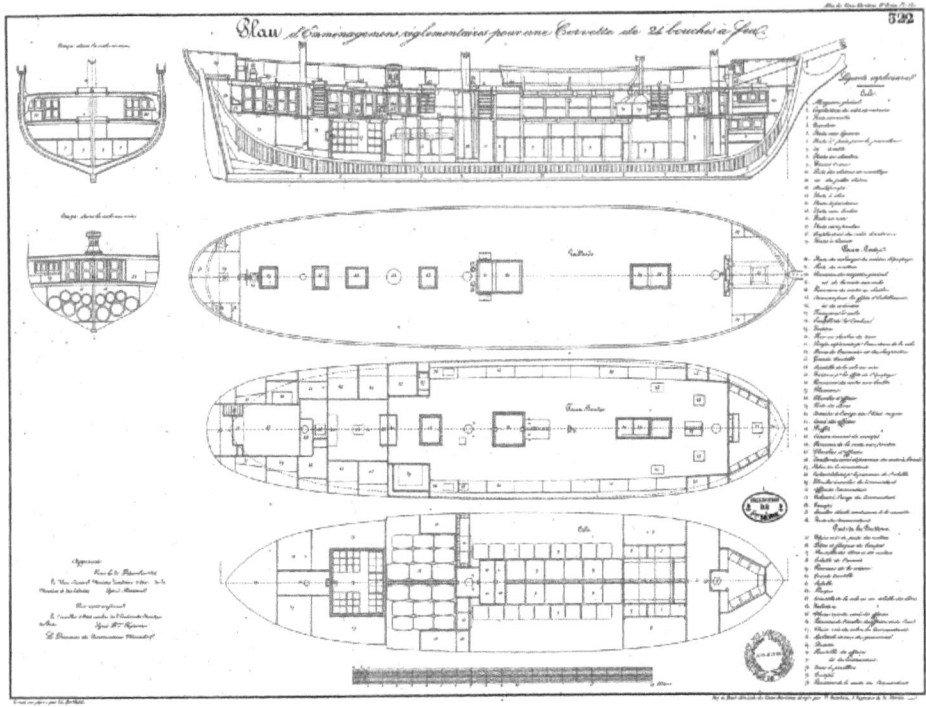

La corvette « L'aurore » de Nicolas Ozanne lancé par chantier Bonvoisin au Havre en 1766-1767.

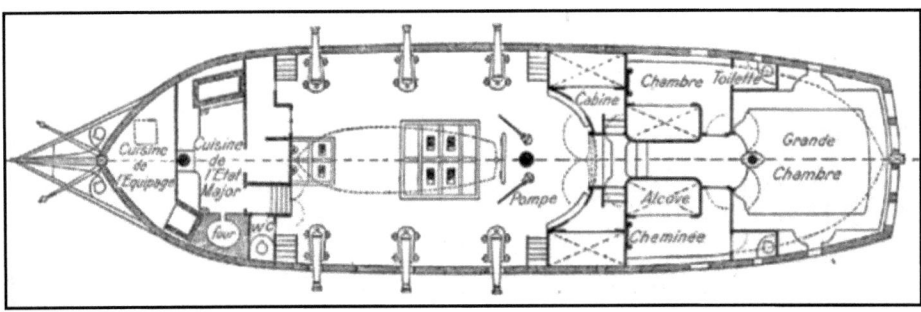

Il s'agit d'une corvette luxueuse destinée à des fins scientifiques. Pour améliorer la détermination de la longitude il fallait tester de nouvelles montres marines. Cette mission fut dessinée à l'initiative du Marquis de Courtanvaux membre de l'Académie des Sciences. Caractéristiques: longueur étrave-étambot: 66 pieds, largeur maître couple hors bordage: 18 pieds, creux au maître couple: 18pieds 4 pouces, déplacement 130 tonneaux, armement: 6 canons en fonte de 2 livres, équipage 24 hommes, 11 passagers et 8 domestiques. Le commandant de la corvette « l'Aurore » était le maître Mathieu Chopin.

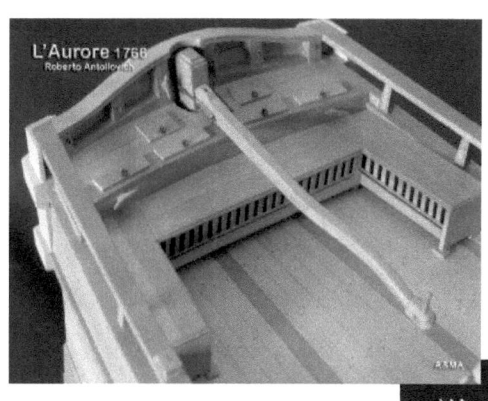

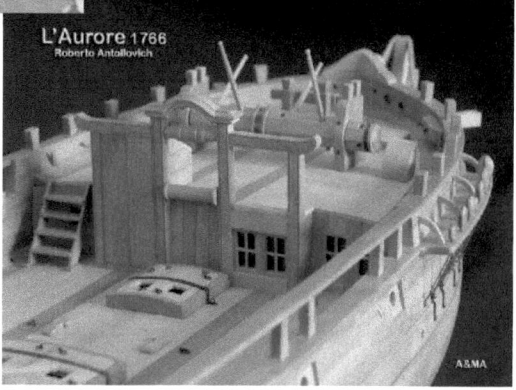

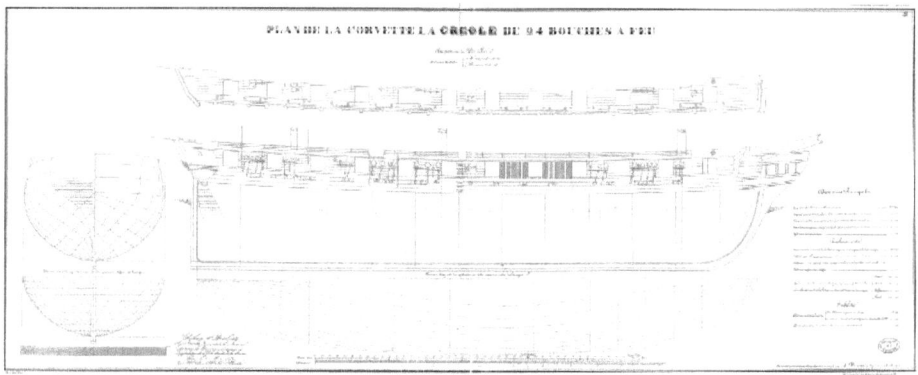

La différence entre la corvette et la frégate. Ce sont deux navires trois mâts et un beaupré, voiles carrées perpendiculaires à la quille et voiles latines dans le sens de la quille pour naviguer près du vent. La Corvette rapide et légèrement armée d'une vingtaine de canons au plus est conçue pour les navigations maritimes sur le littoral, dans la territoriale. La Frégate est un navire rapide de haute mer, rapide et qui a été armée jusqu'à 40 canons à la fin du XIX siècle.

Corvette française se touant dans une passe, les vergues brassées au vent.

Frégate suédoise au mouillage. Dessin et gravure de Baugean.

La différence entre la corvette et la frégate. (Page 280) Ce sont deux navires trois mâts et un beaupré, voiles carrées perpendiculaires à la quille et voiles latines dans le sens de la quille pour naviguer près du vent. La Corvette rapide et légèrement armée d'une vingtaine de canons au plus est conçue pour les navigations maritimes sur le littoral, dans la territoriale. La Frégate est un navire rapide de haute mer, rapide et qui a été armée jusqu'à 40 canons à la fin du XIX siècle.

Le brick ou brigantin est un navire a deux mats et un beaupré, un grand mât incliné sur l'arrière et un mât de misaine légèrement incliné sur l'avant. Il n'y a pas de mât d'artimon et à la place de la grande voile il y a une voile à gui ou brigantine. Les brick sont plus souvent des navires de commerce mais il existera de plus en plus de bricks de guerre.

Brick.

Corvette française appareillant. Dessin et gravure de Baugean.

Brick français à la panne transmettant des signaux.

Brick de guerre français en panne embarquant un canot et répétant des signaux.

Dessiné et gravé par Jean Jérôme Baugean.

« L'Astrolabe » une gabare devenue corvette célèbre. Frédéric Rateau.

Les plans de *« l'Astrolabe »* sont réalisés par l'ingénieur Pestel qui dessine « une grande gabare d'écurie ». C'est à Toulon que sont construits 12 navires de ce type: la classe Chevrette. Nous savons que ce navire a été construit par François Aguillon dont nous retrouvons le contrat:

« Je soussigné François Aguillon, négociant, résident à Toulon, me soumets et m'engage à construire auxdits ports de Toulon et de la Seyne dix gabares écuries ainsi que leurs mâtures. Les gabares écuries et chaloupes canonnières construites et aménagées suivant les clauses du devis me seront payées à Toulon, savoir chaque gabare écurie à raison de cent trois mille quatre cents francs. La mâture complète avec sa garniture et rechange pour six mois de campagne me sera payée savoir, pour chaque mâture de gabare à raison de de dix mille deux cents francs. »

A la signature le ministre de Napoléon, Decrès ajoute:

« Vu et approuvé sous la condition expresse que les constructions qui sont l'objet du présent marché seront chevillées, clouées et doublées en cuivre et que la fourniture des ces cuivres sera à la charge des entrepreneurs. ».

Ce type de gabare construit entre 1810 et 1812 était destiné au transport des chevaux et d'une capacité de charge de 380 tonneaux (1 tonneau = 2,83m3) mesurait 103,6 pieds de long soit 31,57 m; 8,7 m de maître bau et 3,7m de tirant d'eau. Armée de 14 canons de 8 livres.

Elles comportent un faux-pont spécialement aménagé avec des stalles et des mangeoires pour accueillir une quarantaine de chevaux. Les 80 officiers et hommes d'équipage sont logés dans les autres espaces du navire. L'aération indispensable à la survie des chevaux est assurée par des panneaux à caillebotis sur tous les espaces libres du faux pont. Certaines ont été équipées de dix caronades de 18 livres et de deux canons de 12 livres. On embarquait et on débarquait les chevaux en leur passant des sangles ventrales et ainsi ils pouvaient être hissés sur le pont avec des palans. Au niveau du pont à la poupe une barre franche dirige le navire.

Le type de ce modèle de gabare pris le nom du premier construit: « La Chevrette » il y eu ensuite: la Coquille, l'Eglantine, la Marguerite, l'Active, l'Alouette, la Zélée, la Lamproie, la Truite, la Lionne, l'Infatigable, et l'Emulation.

Dix premières années de navigation en Méditerranée: 1812-1822.

« La Coquille », sur cale en décembre 1810, ne fut mise en service qu'en janvier 1812.

La Coquille navigue en Méditerranée pour transporter chevaux, hommes et munitions. En 1818 elle participe à une mission sur la côte de l'Afrique du Nord vers Bône. En 1820 alors qu'elle est au mouillage à Naples, la foudre cause un incendie qui oblige son commandant à l'échouer pour éviter qu'elle ne coule. Remorquée à Toulon elle est réparée et transformée en corvette en 1822 pour préparer des missions scientifiques.

Première navigation autour du monde 1822-1825.

En 1822 la gabare-écurie est transformée en corvette, spécialement adaptée aux navigations au long cours. Il faudra transporter provisions et marchandises à la place des chevaux et aménager un espace plus confortable pour l'équipage.

Une corvette est de taille plus petite qu'une frégate. En effet par exemple la frégate « L'Hermione » mesure 44, 27m de long; 11,24m de large, 5,78m de tirant d'eau et déplace 1082 tonneaux, armée de 26 canons de 12 livres. pour rappel 1 tonneau=2,83m3; 1 encablure= 1/10 de mile soit 182 mètres.

Sur le gréement on renonce aux vergues de civadières pour remplacer ce type de voiles par des focs sur le beaupré afin d'améliorer les manoeuvres et la remontée au vent.

Une mission au long cours est décidée en 1822. Il s'agit d'explorer et de cartographier le Pacifique central, la Polynésie, les côtes de l'Australie, de la Nouvelle Zélande, l'archipel des Moluques et les iles Carolines.

Le lieutenant de vaisseau Louis Isidore Duperrey, est désigné pour préparer et commander l'expédition. C'est un marin de grande expérience. Il a la confiance de la marine pour choisir son équipage. Il sélectionne des hommes dont il connait les compétences et auxquels il demande de s'investir dans une matière scientifique.

Le Lieutenant de vaisseau Dumont d'Urville sera son second qui choisit la botanique et l'entomologie, le chirurgie-major Prosper Garnot choisi l'étude des mammifères et des oiseaux, le pharmacien René Lesson choisi l'étude des animaux marins poissons mollusques crustacés et la géologie, l'enseigne de vaisseau Charles Hector Jacquinot choisit l'astronomie, il y a deux civils: l'hydrographe Victor

Lottin; et Le peintre Jules-Louis Le Jeune. Les enseignes de vaisseau Théodore de Blois de la Calande, Charles Lesage et Auguste Bérard se chargent de la navigation.

Duperrey et Dumont D'Urville choisissent de naviguer sur « La Coquille » car son tirant faible et sa bonne tenue à la mer permettront de répondre à la mission, et pour l'adapter on la perfectionne avec les nouveaux câbles-chaînes, des caisses à eau métalliques, des machines à distiller l'eau de mer, les chronomètres derniers cri de Berthoud et Bréguet et on embarque de nouveaux types de conserves.

Avant de partir les hommes connaissent les échecs des missions précédentes, car les risques de maladies, de tempêtes et de mauvaises rencontres sont réels. La Pérouse bien sûr mais aussi d'Entrecasteaux (maladies), Baudin (maladies décède à l'Ile de France), Freycinet (naufrages aux Malouines).

Du 11 août 1822 au 31 mars 1825 « La coquille » parcourt 25 000 miles autour du Monde en 31 mois et 13 jours. L'expédition n'a perdu aucun homme même de maladie et le vaisseau n'a subi aucune avarie.

« La Coquille » à Tahiti.

La Coquille rebaptisée l'Astrolabe.

Le 15 décembre 1825, après une remise en état à l'arsenal, *« la Coquille »* est rebaptisée *« L'Astrolabe »* en hommage à La Pérouse disparu dans son expédition en 1783.

Deuxième navigation autour du monde 1826-1829.

Une nouvelle mission est décidée début 1826: cartographier l'Océan Pacifique dans ses zones inconnues: Océanie, Nouvelle Guinée, Nouvelle Zélande et si possible retrouver les traces de La Pérouse.

Pour cette expédition, dans le premier semestre 1826 « l'Astrolabe » est encore une fois modifiée à la demande de Dumont d'Urville. Pour rendre la coque élastique et résistante à l'eau, on installe un doublage de feutre constitué de mélange de poils et de laine imbibés de goudron, on y monte des ancres plus légères.

Le rôle de l'équipage compte 80 hommes au total: Duperrey n'est plus de l'expédition prochaine. Ce sera Dumont d'Urville qui a été nommé capitaine de frégate, lieutenant de vaisseau Jacquinot, second; Pierre-Adolphe Lesson, pharmacien naturalise, l'enseigne de vaisseau Victor Charles Lottin sont encore là. Il y a des nouveaux: le professeur naturaliste Jean René Quoi, le chirurgien major Joseph Gaimard, le peintre Louis-Auguste de Sainson, le dessinateur et secrétaire Barthélémy Lauvergne les enseignes de vaisseaux Victor Gressien et Pierre Guilbert et les élèves François Bertrand, Edouard Paris (chargé de l'hydrographie) Henri Faraguet (polytechnicien) et Esprit Justin Girar-Dudemaine.

Dumont d'Urville aux Îles Tonga

Le 25 avril 1826 l'expédition part de Toulon à 08 heures du matin.

Le 25 mars 1829 après un voyage pleine péripéties qui mériteraient tout un livre, ils sont de retour à Marseille avec le fruit de leur recherches et quelques indices du naufrage de La Pérouse à l'île de Vanikoro. 22 volumes et 7 atlas scientifiques, 1200 dessins de paysages, 4000 dessins d'histoire naturelle, 3000 planches anatomiques, des centaines de prélèvements géologiques et botaniques, 10000 espèces d'animaux décrits. Mais le bilan est lourd: 12 décès, 14 malades débarqués et 3 déserteurs.

Le 20 avril 1827 près des récifs de Tonga-Tabou l'Astrolabe » heurte des brisants. Ancres et grelins sont perdus dans la tentative de touer vers le large. Les objets précieux montres marines et autres sont déposés à terre. Le 24 mars la corvette est dégagée avec l'aide d'un grand nombre de pirogues et le 28 mars les montres cartes et autres objets sont ramenés à bord. du 1er au 12 mai la mise à l'eau de la chaloupe et du grand canot ne permet pas la découverte des ancres à jet.

Navigations en Méditerranée 1830-1837.

Fin 1829, « L'Astrolabe » commandée par le lieutenant de vaisseau R.J.B Verniac de St Maur se rend en d'Egypte. A Alexandrie le 09 novembre 1829 la corvette embarque Champollion et toutes ses découvertes destinées au musée du Louvre. L'embarquement dure un mois et c'est le 06 décembre qu'ils prennent la mer pour arriver le 23 décembre à Toulon. Tous les deux originaire du Lot, Champollion et Verniac de Saint Maure (futur ministre de la marine) resteront amis.

De 1830 à 1835 La corvette « L'Astrolabe » ne fera que naviguer en permanence sous divers commandement entre l'Algérie: Alger, Bougie, Bône, Oran et La France: Marseille Toulon et le Liban: Beyrouth.

En 1835 le navire est désarmé à Toulon, subit une refonte en 1836.

Le troisième voyage d'exploration l'Antarctique et l'Océanie 1837-1840.

Le 13 juin 1837, Dumont d'Urville décide de reprendre du service avec « L'Astrolabe ». Comme l'avait fait Cook et La Pérouse, il a reçu la confirmation que ce type de bâtiment est particulièrement adapté aux différents types de navigations autour du monde. Cette fois-ci l'explorateur décide de partir dans les mers de l'Antarctique complètement inconnues mais dangereuses pour les hommes et les navires. Il faut en effet, plus encore que pour explorer les eaux chaudes du Pacifique, plus de place pour stocker plus de vivres, plus de matériel scientifique, plus de place pour les 80 hommes car leur confort sera important. Il faut aussi que le bâtiment soit solide pour résister aux glaces et aux tempêtes réputées violentes par ces latitudes.

Ils partent avec un deuxième vaisseau du même type « La Zelée », ex-gabare-écurie de la classe Chevrette. Elle est équipée de 14 caronades de calibre 12. La Zélée est commandée par le capitaine Charles Hector Jacquinot qui a reçu du galon depuis la dernière expédition.

L'expédition du Grand Sud sera vécue par 130 hommes tous volontaires et vingt hommes de l'état major essentiellement des enseignes de vaisseaux et des élèves de la marine avec uniquement trois personnels civils: le secrétaire, Mr Desgraz; un médecin, M. Dumoutier et un dessinateur, M. Goupil.

Afin de résister à la pression de la glace sur les coques, les deux frégates sont renforcées d'un vaigrage. L'arsenal de Toulon construit une double coque. La coque normale d'un navire est constitué de couples en forme de V alignés sur la quille et reliées sur l'extérieur par de longues planches horizontales superposées: le bordage. Sur ces bateaux ont installa un bordage intérieur: le vaigrage. L'espace entre les deux bordages était rempli de bois de chêne avec un calfatage, c'est à dire l'insertion de produit résineux dans les interstices des planches.

Le doublage en cuivre est posé sur tout l'extérieur de la coque ceci afin d'empoisonner les organismes marins qui voudraient coloniser la coque, ralentir son avancement et pourrir le bois de charpente.

Le taille-mer est renforcé d'un fort éperon en bronze taillé en forme de scie pour fendre la glace et empêcher qu'elle ne cause des dommages à la coque.

Le mât de beaupré est lié par des sauvegardes en fer. Au niveau de la ligne de flottaison une série d'anneaux permet d'écarter les glaces, deux fausses quilles recouvertes de feuilles de bronze sont clouées sous la quille elle même très renforcée.

L'expédition part de Toulon le 7 septembre 1837

Ténériffe 1-7 octobre; Ile Raza (au large de Rio): 13 novembre; Détroit de Magellan 15-27 décembre; Baie Forescue 30 décembre; Port St Nicolas 31 décembre-1er janvier 1838; dans les glaces Antarctiques 5-9 février 1838; La Conception Chili 8 avril-23 mai 1838; Valparaiso Chili 25-29 mai 1838; Ile

3ème expédition de « l'Astrolabe » et de Dumon d'Urville. 1837-1840

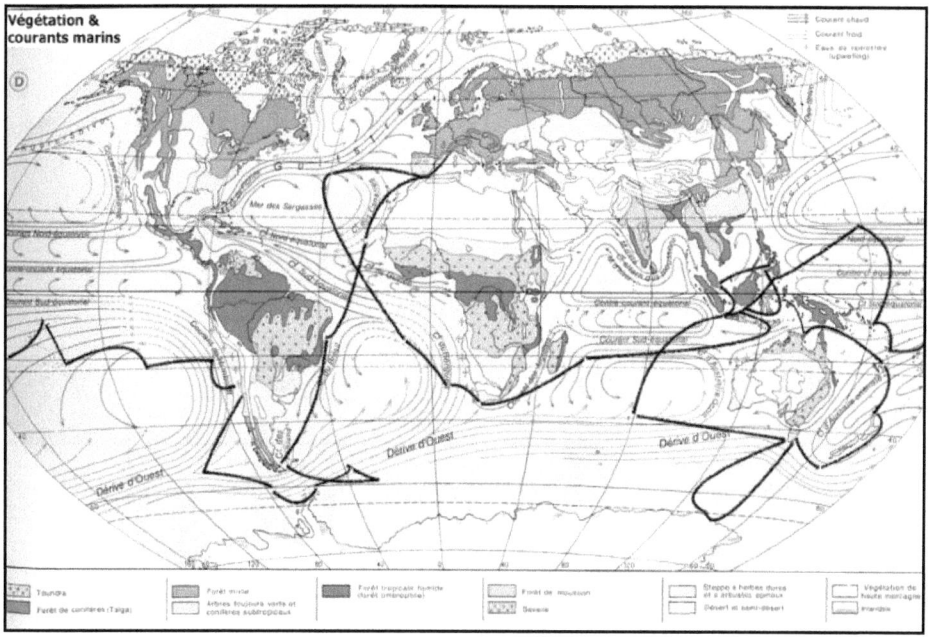

Mangareva Gambiers 5-14 août, Ile Nouka-Hiva Marquises 27 août-2 septembre; baie Matavai Tahiti 9-15 septembre, Baie Apia Samoa 16 septembre-1er octobre; iles bava'u Tonga 6-8 octobre, iles Hapai Tonga 11 novembre; Ile Ovalau Fidji 20 -25 octobre 1838; Port Astrolabe Iles Salomon 19-25 novembre; Iles Rouk Micronésie 22 au 27 décembre 1838; Ile Guam 1er janvier-9 janvier 1839; Ternate Iles Moluques Indonésie 30 janvier-1er février 1839; Port Amboine Iles Moluques 5-18 février, Iles Banda Moluques 22 au 24 février; Terre d'Arnhem Australie 28 mars-8 avril 1839; Ile Wama Indonésie 17-19 avril; Baie Triton Nouvelle Guinée 24-29 avril; Ile Séram Moluques 7 & 8 mai; Macassar Indonésie 22-27 mai 1839; Batavia Jakarta Java 9-18 juin; Singapour 28 juin-02 juillet 1839; Jolo, archipel sulu 22-24 juillet; Rad de Samboangan Mindanao 28 juillet-05 aout 1839; Samarinda Bornéo 1-3 septembre; Samarang, 24-29 septembre 1839; Batavia Jakarta 5 octobre 1839; Hobart Tasmanie Australie 13 décembre-1er janvier 1840; 21 janvier 1840 à 21 heures ils mettent pied sur le continent Antarctique: la Terre Adélie nommée en hommage à l'épouse du commandant. Hobart Tasmanie 18-24 février 1840; Auckland Nouvelle Zélande 12-19 mars; Port Chalmers Nouvelle Zélande 31 mars-3 avril; Port Akaroa Nouvelle Zélande 9-16 avril 1840; Poverty Bay Nouvelle Zélande 24 avril; Iles au large de Russel Nouvelle Zélande 29avril-3mai; Ile Toudes 2-3 juin 1840; Détroit de Torres entre Australie et Nouvelle-Guinée 4-9 juin 1840; Ile Jervis Australie 11 juin; Ile Timor Indonésie 21-25 juin. James Town Ile Sainte Hélène 7-9 septembre 1840.

Les corvettes l'Astrolabe et la Zélée aux Marquises.

le 23 décembre 1838 les Naturels attaquent le canot de l'Astrolabe à Hogoleu Îles Carolines

Le 06 février 1838 « L'Astrolabe » accoste contre les glaces pour récupérer de l'eau douce.

Vue du mouillage à Otago au sud-est de la Nouvelle Zélande.
Les plates-formes sont destinées à stocker la nourriture

La côte est habitée par des anglais déserteurs ou forçats évadés de Sydney.
A cet endroit l'expédition recueille un américain et son épouse maorie
craignant une prochaine guerre des anglais avec les indigènes.

Arrivée en rade de Toulon le 7 novembre 1840.

Le bilan scientifique fut considérable mais il a été réalisé au détriment de la santé de l'équipage. Il y eut vingt huit morts durant l'expédition: 9 sur *l'Astrolabe* et 19 sur *la Zélée*.

Le 26 janvier 1847 après une troisième refonte entière, la corvette reçoit la mission de se rendre en Argentine.

Le 24 novembre 1850 « *L'Astrolabe* » est de retour à Toulon. C'était sa dernière mission, elle fut halée sur cale pour être démolie en mai 1852.

Frédéric Rateau. 15 janvier 2025.

Prise de la frégate anglaise l'Embuscade par la corvette française La Bayonnaise.

L'abordage. par D. Corbière.

L'abordage est le dénouement, la dernière péripétie de ce drame sanglant que l'on nomme un combat de mer ; dénouement terrible d'une scène qui n'a ordinairement pour théâtre que l'immense solitude de l'Océan, et dans laquelle chaque témoin devient un acteur et trop sou vent une victime !

Lorsque deux navires ennemis, lassés de se canonner à grande distance, veulent en venir à quelque chose de décisif, ils manœuvrent pour s'aborder. Les hommes placés jusque-là dans les batteries ou à côté des pièces de canon des gaillards, quittent leurs postes pour se porter sur le pont et pour saisir les armes que leur distribuent les chefs d'escouades. Les grappins, jusque-là suspendus au bout des vergues, sont arrangés de manière à tomber sur les bastingages de l'ennemi, et à s'accrocher à toutes les parties qui pourront leur offrir une résistance assez forte pour cramponner le na vire abordé au navire abordeur. Les vergues des deux bâtiments se sont déjà croisées : les deux équipages, impatiens d'en venir aux mains, se menacent, se défient, en cherchant à s'élancer l'un sur l'autre pour se massacrer.

Les matelots les plus agiles se sont jetés dans les haubans pour épier le moment de sauter les premiers à la rencontre de l'ennemi, qui de son côté s'efforce de prendre l'initiative du carnage. Le cri solennel du commandant se fait entendre enfin dans cet instant terrible, et toutes les bouches ont répété avec frénésie :

A l'abordage ! à l'abordage ! C'est alors que les deux navires s'accrochent pour ne se séparer qu'après que la victoire aura décidé l'avantage. C'est alors que, des hunes et des passavants, pleuvent les grenades enflammées, les coups d'espingoles, et cette fusillade meurtrière qui précède toujours le dernier choc.

Les vergues, qui n'étaient encore que croisées, s'abaissent chargées de combattants à leurs extrémités : elles deviennent, sous les pieds des plus intrépides, un pont pour courir sur le théâtre du carnage. Les matelots, haletants, grimpés sur toutes les parties saillantes du navire, ont saisi les manœuvres courantes qui peuvent leur servir de balançoires, et s'élancent le sabre entre les dents et les pistolets à la ceinture ; au moyen de ce mobile appui ils ont touché les bastingages qu'ils voulaient atteindre. Le sang ruisselle sous les coups plus sûrs que les équipages se portent à l'arme blanche. Ce n'est plus un combat, c'est un duel général : on se choisit dans la mêlée ; on se défie corps à corps ; les masses attaquent les masses : tantôt une escouade est repoussée en abandonnant une partie du gaillard couvert de cadavres à l'escouade furieuse, qui à son tour se voit forcée de céder le champ de bataille au renfort qui vient l'assaillir. Mais cette lutte épouvantable devint trop meurtrière pour qu'elle n'ait pas enfin un terme. Un des équipages faiblit, et il redouble d'efforts, non plus pour disputer aux vainqueurs un avantage trop certain, mais pour dégager le navire des grappins qui le fixent au navire auquel va rester la victoire, .tentative impuissante ! les grappins sont dé fendus avec acharnement contre les coups que veulent leur porter les vaincus. Les ennemis, trop assurés de l'inutilité de leurs derniers es sais, se retirent en abandonnant leur pont ensanglanté à la rage des plus forts, et le pavillon du bâtiment qui se rend est amené au milieu des cris de délire et de joie de l'équipage qui vient de triompher.

Telle est la scène qu'offre en mer ce qu'on appelle un abordage, scène effrayante dont le choc de deux régiments s'attaquant à la baïonnette ne donnerait peut-être qu'une faible idée.

A terre, l'espace que foulent les pieds des combattants laisse au moins à chacun d'eux la possibilité de se mouvoir, de frapper ou de fuir. Là, chaque soldat ne marche au-devant du danger qu'en sentant à côté de lui l'aide formidable de ses camarades. C'est au milieu d'une haie de baïonnettes qu'il avance contre la haie de baïonnettes qu'on lui oppose, et sur ses pas au moins il retrouve le terrain qui lui permet de s'appuyer sur quelque chose qui résiste. Mais à bord, c'est peu que de combattre : il faut exposer cent fois sa vie, braver le danger de se faire écraser entre les deux navires, pour ne réussir le plus souvent qu'à tomber seul du bout d'une vergue ou d'une manœuvre, au milieu de tout un équipage qui n'attend que le moment de vous massacrer. Ici, plus de moyen de fuir le péril qu'on a trop imprudemment affronté. Il faut attaquer ou se défendre sur un espace de quelques pieds, qui ne permet pas de retraite. Et avec quelles armes encore se livrent les combats de mer !

On croirait que les marins se sont réservé seuls, pour se combattre, les armes dont la civilisation a proscrit depuis deux ou trois siècles l'usage dans nos armées. C'est avec des piques qu'ils se clouent sur les ponts qui leur servent de champ de bataille ; c'est avec des larges coutelas qu'ils s'entr'ouvrent la poitrine; c'est avec des haches qu'ils se fendent la tête. Et à la suite d'un abordage, en voyant les larges et affreuses blessures qui défigurent les cadavres de ceux qui ont succombé dans la mêlée, on dirait des hommes tués par des armes de géants.

Nous avons souvent entendu de vieux militaires dont le courage avait été éprouvé dans vingt batailles rangées, avouer, après avoir assisté à un abordage, que rien ne pouvait être comparé à l'horreur de ces funestes engagements. Les matelots, du reste, dans leur langage pittoresque, expriment ainsi la différence qu'ils établissent entre les combats de mer et les batailles qui se livrent à terre : « Les soldats, disent-ils, se fusillent à coups de balles; en mer, nous nous fusillons à coups de boulets.

Eux autres se piquent à coups de baïonnettes, et nous autres, nous nous fendons à coups de haches d'abordage. Le gros lot est encore de notre bord (de notre côté). »

Il est rare que deux navires qui se sont canonnés de loin aient le même avantage à s'accoster pour terminer le combat d'une manière décisive. L'inégalité numérique des équipages établit presque toujours entre eux une infériorité de chances dont le plus fort se trouve intéressé à profiter en cherchant l'abordage. En ce cas, c'est le plus faible qui tâche de s'éloigner de manière à ne combattre qu'à bonne distance ; et pour peu que sa marche le favorise, et que les avaries qu'il a essuyées lui permettent de manœuvrer encore à sa guise, il lui est facile d'éviter de se laisser élonger de bout en bout. Mais lorsque la supériorité de marche se trouve être du côté du plus fort en équipage, ou qu'ayant éprouvé moins de dommages dans sa mâture et sa voilure que son adversaire, il présente l'abordage à celui-ci, maître alors de sa manœuvre, il l'accoste en engageant son beaupré autant qu'il peut dans ses haubans d'artimon ou ses grands porte-haubans. Cette façon d'aborder un bâtiment est la meilleure ; car tout en permettant au navire abordeur d'envoyer sa dernière volée en poupe de l'ennemi, sans s'exposer à recevoir la sienne en enfilade, elle permet à l'équipage de l'assaillant d'attaquer avec avantage le navire abordé. Le beaupré engagé dans l'arrière de ce dernier, et dominant son gaillard d'arrière, sert de passage aux agresseurs pour tomber sur le pont, qu'ils ont quelquefois balayé au moment de l'abordage, au moyen de leurs caronades de l'avant. On cite des frégates, qui, ainsi attaquées par d'autres frégates, se sont rendues au moment où celles-ci allaient leur présenter l'abordage, avec la certitude de terminer par un engagement à l'arme blanche une action qu'une longue et inutile canonnade avait encore laissée incertaine entre les deux combattants.

Avec l'impétuosité et l'audace naturelles à notre nation, on conçoit que l'abordage doive être une des manières de combattre qu'affectionnent plus particulièrement les équipages français. Un grand nombre de faits ont depuis longtemps prouvé la supériorité que possèdent nos marins dans ce genre d'attaque qui exige dans l'assaillant toute la détermination et la promptitude auxquelles nos armées ont dû de puis si longtemps la réputation des premières armées du monde, pour ce qu'on appelle les coups de main. Tenter un abordage n'est au sur plus que monter à l'assaut, avec la différence que présentent la mobilité du théâtre sur lequel on combat, et la difficulté d'enlever une position qui fuit et qui cède à chaque lame, sous les pieds des assiégeants. Mais si, sous le rapport de l'abordage, les marins français possèdent un avantage incontestable, il est juste d'avouer aussi que de leur côté les équipages anglais passent, et avec raison, je crois, pour posséder une supériorité marquée dans ces longues canonnades qui mettent quelquefois à une si rude épreuve le sang-froid et la patience de leurs matelots. Cette diversité d'aptitudes guerrières, particulières, pour ainsi dire, aux deux nations maritimes qui se sont trouvées si longtemps en présence l'une de l'autre sur les champs de bataille de l'Océan, est si bien connue des marins des deux peuples, que presque toujours les Anglais, dans nos combats de mer, se sont efforcés de prolonger les longues canonnades, avec autant de soin que nous mettions d'ardeur à rechercher l'abordage avec eux. Un grand nombre d'abordages sont restés célèbres dans le souvenir des hommes de mer, et dans les fastes de notre gloire maritime. Mais au premier rang de ces sortes de duels de navires, on a toujours cité comme le fait le plus remarquable, l'abordage de la corvette la Bayonnaise, qui, malgré l'infériorité numérique de son artillerie et de son équipage, enleva la frégate anglaise, en l'accostant résolument de bout en bout. Dans la longue guerre que nos corsaires de la Manche, de l'Océan et des mers de l'Inde livrèrent aux Anglais, l'abordage devint leur manière favorite d'attaquer les prises qu'ils cherchaient à amariner. Un grand nombre de faits d'armes mémorables signalèrent pendant cette lutte acharnée l'audace et l'habileté de plusieurs capitaines. Mais les marins marchands, plus soigneux ordinairement de leur fortune que de leur gloire, nous ont laissé trop peu de documents sur cette partie de notre histoire maritime, pour que nous puissions reproduire ici avec exactitude le récit des principaux combats qui ont illustré leurs courses aventureuses. Nous nous bornerons, quant à présent, à rappeler un fait isolé que nous a raconté M. Garneray, dont l'habile pinceau a reproduit tant de fois les scènes de mer dont la singulière destinée l'avait appelé à devenir le témoin, bien avant qu'il songeât à prendre la palette d'artiste [29].

Le corsaire l'Amphytrite, de 18 canons, armé au port Nord-Ouest de l'Ile-de-France, part en 1798 sous le commandement du capitaine Malerousse, pour aller attendre dans la mer Rouge deux bâtiments qui, chaque année, transportaient à la Mecque les riches offrandes des Arabes de la côte de Malabar.

Peu de temps après son entrée dans le golfe, l'Amphytrite rencontre un trois-mâts qui, à son approche, arbore le pavillon anglais. Le pont de ce navire à batterie couverte est chargé d'Arabes : son artillerie se compose de 24 canons. C'est un des bâtiments que l'Amphytrite est venue chercher dans ces parages. Les dispositions du combat sont prises de part et d'autre, et malgré l'infériorité de son artillerie et de la force numérique de son équipage, le corsaire français n'hésite pas à attaquer l'ennemi que la fortune semble livrer à ses coups. Au bout de quelques heures d'engagement, le galion amène son pavillon, on l'amarine; les objets les plus précieux de sa riche cargaison sont transportés à bord de l'Amphytrite : quelques hommes du corsaire forment le nouvel équipage qui doit ramener la capture à l'Ile-de-France, et les Arabes vaincus qui montaient la Perle sont renvoyés à terre sur des embarcations du pays. Après avoir obtenu si heureusement et en si peu de temps un succès qui venait d'enrichir tous les hommes de L'Amphytrite, le capitaine Malerousse ne songeait plus qu'à quitter le golfe avec la prise qu'il faisait gouverner dans ses eaux. Mais la mer qui, jusque-là, semblait avoir favorisé son entreprise au-delà de ses espérances, lui réservait un de ces malheurs qui accompagnent presque toujours à la mer les réussites trop promptes et les faveurs inespérées. Quatre jours s'étaient écoulés depuis la capture de la Perle, lorsque l'Amphytrite aperçut derrière elle deux navires de différentes grosseurs, qui paraissaient lui donner la chasse. La supériorité de marche de ces deux bâtiments mit bientôt le capitaine français à même de pré voir à quelle sorte d'adversaires il allait dans peu avoir à faire. L'un de ces navires chasseurs était un trois-mâts encore plus fort que la Perle; l'autre une goélette qui lui servait de mouche. On présuma avec raison, à bord du corsaire, que les pêcheurs de la côte ayant informé le second galion destiné pour la Mecque du sort qu'avait éprouvé le corsaire, ce second galion venait chercher à disputer à l'Amphytrite les trésors et la prise quelle avait conquis. A midi, malgré la répugnance qu'avait pour entamer un autre combat l'opulent équipage de l'Amphytrite, il fallut accepter forcément l'engagement que l'avantage de marche mettait la corvette ennemie en position de présenter à L'Amphytrite. Pendant toute la journée, on se canonna avec un égal acharnement, sans qu'aucun des navires parût obtenir un avantage marqué sur l'autre. La prise de L'Amphytrite et la goélette servant de mouche à la corvette le Trinquemale (c'était le nom du nouvel assaillant) étaient restées spectatrices presque indifférentes de ce long combat encore si peu décisif. Cependant, vers l'approche de la nuit, et avec la brise plus

---

[29] Ce fait maritime a fourni à M. L. Garneray lui-même le sujet de la gravure ci-jointe dans laquelle il retrace la scène d'explosion du bâtiment anglais le Trinquemale, dont il a été un des témoins oculaires.

fraîche qui verdissait à l'horizon, le mât d'artimon du Trinquemale, sans doute avarié par la mitraille, tombe sur l'avant, en masquant de tout le fardage de son gréement le côté de la batterie de la corvette sur lequel le mât venait d'opérer sa chute. Cette circonstance engagea le capitaine Malerousse à profiter de la confusion qu'elle venait jeter à bord de l'ennemi, pour fuir à la faveur de l'obscurité. Mais au moment où l'Amphytrite allait prendre chasse, son mât de misaine tomba sur son pont, avec tous ses agrès, comme était tombé, quelques minutes avant, le mât d'artimon de la corvette. Il fallut dès-lors renoncer à prendre chasse, et se résigner à combattre jusqu'au bout. La prise la Perle et la goélette du Trinquemale, qui jusque-là semblaient être restées neutres dans l'action, commencèrent à se canonner aussi, mais avec trop d'infériorité du côté de la Perle qui, avec un faible équipage, ne pouvait que manœuvrer lourdement et ne diriger qu'un feu mal nourri sur son adversaire qui, fier de la force numérique de son équipage, cherchait l'abordage que la Perle était réduite à éviter. L'issue de cette espèce de partie carrée entre les quatre navires devenait, comme on le voit, fort incertaine , et les probabilités d'un avantage certain ne paraissaient pas devoir tourner du côté des Français. Cependant, vers minuit, le grand mât de hune de la corvette s'abattit sous le vent avec son grand hunier, et alla masquer encore une fois la batterie que la chute de son mât d'artimon avait déjà engagée. Trop peu maîtres de leur manœuvre, avec les avaries qu'ils venaient d'éprouver, pour agir comme ils l'auraient voulu, les deux navires combattants dérivaient l'un sur l'autre, sans chercher l'abordage qui allait inévitablement avoir lieu. Les deux navires, en effet, par suite de l'abattée de l'un et de l'oloffée de l'autre, s'abordent de bout en bout. Le combat corps à corps s'engage par l'avant sur le gaillard du Trinquemale. En moins de dix minutes, les Français se rendent maîtres de ce gaillard d'avant, que les Anglais, supérieurs en nombre, leur disputent pouce à pouce, pied à pied. Bientôt les vainqueurs, élargissant à grands coups de sabre et de pique, le théâtre du carnage, parviennent à refouler les ennemis jusque sur le gaillard d'arrière, et à leur faire abandonner enfin le pont couvert de sang et de cadavres. Tout annonce que la corvette est rendue et que toute résistance est devenue impossible... Mais à la grande surprise des corsaires, les Anglais, qu'ils croient avoir vaincus, s'efforcent de prolonger la lutte, en envoyant par les panneaux du pont et par les sabords de la batterie des coups de fusil et des coups de canon même sur les matelots qui se sont emparés des gaillards de la corvette, ou sur ceux qui sont restés à bord de l'Amphytrite. Pour éteindre le feu de la batterie, les Français ne trouvent d'autre moyen que de couper les itagues des mantelets de sabord, c'est-à-dire les cordages qui tiennent élevées ces sortes de petites portes avec lesquelles on ferme les sabords quand les canons sont rentrés dans la batterie. Mais les Anglais, quoique les issues par lesquelles soit la gueule de

leurs pièces se trouvent pour ainsi dire bouchées par les mantelets de sabord qu'on a fait tomber sur leurs ouvertures, continuent à faire feu, même à travers ces mantelets si épais et si lourds. On ne pouvait prévoir comment aurait fini cet abordage, déjà si meurtrier, qui durait depuis une demi-heure, sans l'accident terrible et inattendu qui vint y mettre un terme.

Des cris horribles, des cris d'épouvante et d'effroi sortent de la batterie dans laquelle se sont réfugiés les Anglais. A ces cris succède une immense clarté à laquelle l'obscurité de la nuit prête encore plus de, vivacité. Les Français effrayés, jusque là maîtres du pont de la corvette, s'élancent à leur bord pour fuir la mort qu'ils ont eu le temps d'entrevoir dans l'incendie qui gagne partout. Une détonation dont il n'est donné à aucune plume, à aucun pinceau, à aucune expression humaine de rendre l'idée, se fait entendre. C'est un volcan qui vient d'éclater le long de l'Amphitrite, en vomissant dans l'air un cratère au milieu duquel ont disparu, morcelés, foudroyés, tous les fragments, tous les restes, tout l'équipage de la corvette anglaise ! Les marins français, sortant comme des gouffres de l'enfer, après cette épouvantable explosion, sont étonnés et presque effrayés de se retrouver vivants sur le pont croulant de leur navire bouleversé On saute aux pompes : le bâtiment, disjoint dans toutes ses parties par l'effet de l'horrible secousse à laquelle il a ce pendant résisté encore, comme par miracle, va couler : l'eau gagne : les blessés, écrasés par la chute des objets qui retombent sur le pont, après avoir volé dans l'air avec le tourbillon de feu qui s'est éteint après l'explosion, crient, supplient, implorent leurs camarades pour qu'on les sauve de la mort qu'ils entrevoient au sein de cette scène effroyable : on ordonne confusément de mettre les embarcations à la mer Mais comment tiendront-elles à flot, criblées, déchirées comme elles le sont parla mitraille? On restera à bord jusqu'au moment où le na vire disparaîtra sous les pieds de l'équipage, ou jusqu'à ce que la chaloupe, bouchée à la hâte, puisse recevoir les blessés et le petit nombre de ceux qui ont survécu au combat Quelques blessés, placés dans la cale, se traînent, tout sanglants, jusqu'à l'ouverture des panneaux, et, s'appuyant de leurs mains défaillantes sur le rebord des écoutilles, ils cherchent à fuir l'eau qui remplit déjà le bâtiment La chaloupe est cependant mise à la mer : les plus agiles se précipitent dans cette frêle embarcation : le capitaine s'y jette le dernier On s'éloigne du bord pour rejoindre la prise, qui approche, suivie de la goélette qui ne la combat plus, tant l'horreur de l'explosion de la corvette a rempli de terreur tous les témoins de cette catastrophe… Le capitaine se rappelle qu'il a oublié à bord de son navire des papiers qu'il aurait pu sauver. Il donne ordre aux canotiers de retourner vers le navire qui va disparaître sous les flots On aborde le corsaire, presqu'entièrement submergé : le capitaine est descendu dans sa chambre, remplie d'eau. Un bonheur inattendu a secondé son audace : il remonte avec ses papiers, et le navire n'a pas encore disparu, et la chaloupe l'attend encore le long du bord ; mais au moment de remettre le pied dans l'embarcation, le malheureux Malerousse sent un obstacle sur sa tête : c'est le filet de casse-tête, qu'avant le combat on avait étendu sur le gaillard d'arrière : il veut se dégager de ce filet dans lequel il se débat au moment où le navire va s'engloutir sous ses pas. Inutiles efforts, le navire disparaît comme dans un gouffre, au milieu des flots, avec son brave capitaine, et en entraînant dans l'abîme qui s'entr'ouvre, l'embarcation amarrée près de lui. Les malheureux hommes qui montaient la chaloupe qui coule, se jettent à la nage, et parviennent à regagner la Perle, qui, quelques jours après ce funeste événement, regagna l'Ile-de-France ; la Perle, seul reste de tant de richesses, et dernier témoin d'une aussi grande catastrophe! Un autre abordage, qui, avec plus d'audace encore, s'il est possible, de la part du commandant français, eut un succès bien moins heureux, est celui du lougre l'Affronteur. Ce petit navire, commandé par le lieutenant de vaisseau Dutoyat, fut expédié de Brest au commencement de la dernière guerre, pour de mander raison à la division anglaise croisant devant Ouessant, de la capture de quelques bâtiments de notre commerce, arrêtés avant la déclaration des hostilités. Une frégate anglaise, sans égard pour la mission parlementaire du lougre, se permit de lui envoyer quelques coups de canon. Le brave Dutoyat, oubliant en ce moment la faiblesse du bâtiment qu'il montait* pour ne voir que l'insulte faite au pavillon qu'il avait arboré, ordonne à son équipage de border les avirons. L'Affronteur, profitant du calme, nage droit sur la frégate ennemie, et sous la grêle de boulets qui pleuvent autour de lui, le lougre aborde la frégate, et l'intrépide Dutoyat trouve une mort glorieuse à la tête de son équipage, sur les bastingages du capitaine anglais, étonné de tant d'audace, et honteux peut- irrité un si noble courage.

D. Corbière.

Le branle-bas de combat par Auguste Jal..

M. BIARD.— DUQUESNE DEVANT ALGER.

La frégate marchait tranquille sur une mer que ridait à peine la brise du matin ; la croisière, déjà longue, allait se terminer sans accidents, sans avaries et sans rencontres. Rentrera-t-elle au port quelle doit aller chercher dans quelques jours, vierge et triste, sans que le combat ait déchiré sa cuirasse, sans que sa mâture et son gréement portent quelques marques glorieuses d'une lutte dans laquelle, seule représentante de la France aux parages où elle croise depuis deux mois, elle aura dignement soutenu la cause de son honneur? mieux vaudrait retourner invalide que coquette et si leste! mieux vaudrait retourner le flanc sillonné par la mitraille, que la raie blanche de sa batterie si propre et le noir de ses œuvres mortes si luisant !

Mais n'y a-t-il donc pas d'exemples de croisières aussi malheureuses ? Croyez-vous que Jean-Bart et Duguay-Trouin soient toujours revenus à Dunkerque ou à Saint-Malo dans ce beau désordre qui annonce le combat vigoureusement soutenu? Duguayne faillit-il pas devenir fou par ce que, depuis trois mois, il cherchait en vain un anglais ou hollandais à prendre? N'eut-il pas un rêve devenu à jamais célèbre, qui, une nuit, dans le délire de la fièvre ardente où s'égarait sa tête, lui montra deux bâtiments qu'au point du jour sa bonne fortune lui fit retrouver à l'horizon? Patience donc et espoir !...attendez, et que la vigie des barres de perroquet ouvre l'œil ! Tout découragement serait une faiblesse; sachez être forts contre l'oisiveté inquiète dans laquelle s'use votre campagne, comme vous le seriez contre la rude fatigue de la tempête ou d'une sanglante affaire. Le brave appelle le péril ; mais comme il sent qu'on ne pourrait l'accuser de l'avoir évité, quand il l'a cherché assez longtemps il sait at tendre. Qui oserait dire que la Didon a fui l'ennemi ou l'a ingénieusement évité ?... Ouvre l'œil en haut, devant, partout, et patience ! C'est le parti auquel on se décida après avoir interrogé l'horizon avec tout ce qu'il y avait de longues-vues à la timonerie et dans les chambres d'officiers. La frégate fut nettoyée, parée, lavée comme à l'ordinaire ; le second passa l'inspection de propreté des hommes; on se disposa à mettre dehors les bonnettes, plutôt pour occuper l'impatiente activité de l'équipage que pour aller plus vite à une latitude plus heureuse ; et puis, on reprit le cours naturel des occupations quotidiennes : exercices, repos, jeux, lectures et chansons.On chanta pour passer le temps, pour tromper l'ennui, pour se donner une émotion un peu vive à laquelle de froides lectures ne pouvaient plus suffir; on se promena sur le gaillard d'avant, sur les passavants, dans la batterie, en se racontant de belles histoires de la dernière guerre, de fiers épisodes d'une grande bataille qu'on savait par tradition, et à laquelle maître un tel ou un tel le matelot assista dans sa jeunesse. Et les récits et les chansons, et les promenades, furent souvent interrompus par cette question, qui aurait ressemblé à la parodie! de la parole tristement adressée par une princesse des Contes des fées : Ne vois-tu rien venir? s'il n'y avait eu ici quelque chose de grave et de solennel qui excluait toute idée comique. Et rien ne venait ! la longue-vue ne découvrait au large que des lignes noires ouvertes, unies ou déchirées, selon que la lumière du jour se jouait à la surface des eaux, selon que la brise capricieuse se faisait sentir à tel ou tel endroit, ou laissait la mer endormie. A tous les sabords, au-dessus des lisses de bastingage, à l'extrémité du beaupré, dans les hunes, au sommet des mâts que le besoin de recueillir le vent haut a entés sur les mâts de perroquet, au bout des vergues, sur la dunette, partout enfin, il y a des yeux exercés, avides, qui dévorent l'espace. Plus d'une hallucination trompe les regards bientôt troublés par la fatigue; en voyant, dans le brouillard léger dont le ciel se voile au loin, une masse nuageuse affecter, par hasard, la forme d'un vaisseau, plus d'un cœur a battu d'espérance ou de cette émotion que cause l'attente d'un prochain combat qui sera le premier auquel on aura pris part. Mais rien, rien encore! C'est à damner son âme, c'est à maudire le sort acharné qui poursuit la frégate ! Cependant, là-bas, sous le vent, quel est ce point blanc, immobile, qui brille au soleil comme le pic d'une montagne couverte de neige? tout le monde le voit, l'examine, étudie sa forme; mais il y a si longtemps qu'on est trompé que personne n'ose crier navire! C'est un navire pourtant, car ce point marche, grandit, avance; ce point était d'abord une voile médiocre, un marchand, peut-être ; c'est maintenant un bâtiment de guerre. Les anciens n'en doutent plus, et les jeunes ont tant d'envie que l'apparence ne les abuse pas de nouveau, qu'ils enchérissent sur les certitudes que se passent l'un à l'autre les vétérans de la mer; ils voient clairement l'ennemi comme s'il était à portée de canon ; ils compteraient ses bouches à feu, bien que son corps tout entier soit encore caché par la ligne de l'horizon, derrière lequel il monte. « Ce n'est pas un français, n'est-ce pas, maître Thibaut? '

—Peut-être, quoique, suivant toute apparence, nous devions être seuls de Français par ici.

— Oh! non, ce n'est pas un français, voyez donc sa mâture et la coupe de ses voiles ! Je n'ai pas encore vu beaucoup d'anglais, puisque je navigue tant seulement depuis cinq ans et sept mois vienne le jour d'après-demain, s'il y a un après-demain pour moi, après la journée tapageuse que nous allons passer ; mais je parierais bien encore mon boujaron d'eau-de-vie que j'ai bu ce matin, et la ration de fayots que je mangerai peut-être ce soir, si je n'ai pas passé le goût des fayots, je parierais bien que c'est un goddem. » Du haut des barres du perroquet de misaine, une voix descendit, émue de joie et pénétrante: « Frégate, commandant! grande frégate! j'en réponds. »

Le jeune officier qui avait annoncé, ou pour mieux dire confirmé cette nouvelle, car l'expérience du capitaine de la Didon ne l'avait pas laissé un moment dans le doute sur l'espèce et la grandeur du bâtiment aperçu ; l'officier se laissa affaler par un galhauban, après avoir mis sa longue-vue en bandoulière, et il vint auprès du banc de quart rendre compte de ses observations au commandant, qui l'écoutait d'un air froid et im passible, en regardant de temps en temps le na vire étranger.

« Croyez-vous qu'il nous ait vus, Monsieur ?

— J'en suis convaincu, commandant, et il manœuvre pour nous approcher.

— Vous avez raison ; votre coup d'œil ne vous a point trompé; il force de voiles, mais nous sommes maîtres du terrain. Nous avons sur lui un grand avantage et nous agirons suivant les circonstances. Nous pouvons présenter le combat ou l'éviter, selon que nous le jugerons à propos.

— L'éviter, commandant, quand c'est le premier bâtiment armé que nous ayons rencontré dans cette malencontreuse croisière ! éviter le combat! non, il faut se battre.

— Beau mot de jeune homme, Monsieur, qui prouve du cœur et peu de tête. Mais, soyez tranquille, nous ferons tous notre devoir comme de loyaux serviteurs de la France; si nous ne nous battons bas, c'est que... »

Le capitaine s'arrêta tout court ; il donna un coup de longue-vue au bâtiment ennemi ; puis il reprit en souriant :

« A la bonne heure, nous aurons à qui parler ! je reconnais cette frégate ; elle est plus forte que la nôtre/ et puis c'est un brave homme, je vous assure, que celui qui la monte ! Il y a plaisir à se mesurer avec des gaillards comme celui-là! Ah ! vous souhaitez une affaire sérieuse ; eh bien, vous y avez la main ! Je vous réponds que la matinée sera bonne et mémorable!... Branle-bas de combat !... »

Le Branle-bas de Combat

Ce dernier mot, prononcé avec une énergie incroyable, retentit dans tous les cœurs, tourna en échos dans les cerveaux, où il produisit une de ces violentes commotions qu'il est inutile d'analyser, parce qu'il n'est pas un de nos lecteurs qui ne soit à portée, par un retour sur lui-même, de comprendre l'effet d'une sensation de cette nature. Toute circonstance vraiment grave, soit qu'elle provoque une grande appréhension, soit qu'elle tende à donner au courage une force nouvelle, a sur l'organisation humaine une puissance immédiate qui laisse peu de place au sang-froid, il y a un moment singulier où il semble qu'on va devenir fou de crainte ou de joie. Les braves par tempérament éprouvent cette sensation, comme ceux qui ne sont braves que par honneur et pour ainsi dire que par convenance. Abord de la Didon il y avait beaucoup de jeunes marins dont cette croisière était la première campagne ; ils n'avaient jamais vu le feu ; jamais ils n'avaient entendu siffler une balle qu'à l'exercice ; mais ils n'avaient pas peur, tous se sentaient courageux par instinct ou par raisonnement ; d'ailleurs, il fallait, avant tout, ne pas aller au ponton, et puis on payait encore quelquefois les parts de prise !

La frégate était dans un état d'agitation qui ressemblait à du délire. La fièvre avait tourné toutes les têtes, excepté peut-être celles du capitaine et du vieux maître d'équipage, qui s'étaient trouvés souvent à des fêtes de l'espèce de celle dont, avant trois heures, le signal allait être donné. C'était une activité, un mouvement, un bruit, une humeur bavarde, que le porte-voix de l'officier de quart ne pouvait plus dominer. Les plaisanteries, les encouragements, les interrogations, les commandements de silence se croisaient du haut en bas; le sifflet du maître obtenait à peine un moment de silence, que le tumulte remplissait bientôt; les tambours, les fifres battaient le rappel, et chacun courait à son poste en jurant contre l'Anglais, en faisant des bravades comiques.

Cependant les manœuvres se doublaient; les canons de la batterie et les caronades des gaillards se garnissaient de leurs armements; les armes se distribuaient; le capitaine donnait ses ordres, qu'officiers, aspirants et maîtres allaient porter à l'équipage; le pavillon, frappé sur sa drisse, était prêt à monter à la corne d'artimon ; les mousses, pourvoyeurs des pièces, apportaient en courant les charges de poudre, soigneusement renfermées dans des gargoussiers de cuir, que leurs prudentes mains tenaient bien couverts; on mettait au bout des vergues les grappins d'abordage ; un contre-maître demandait dans les hunes aux gabiers s'ils avaient bien tout ce qui leur était nécessaire pour la manœuvre et pour le combat ; dans l'entrepont, les servants du poste des blessés dressaient les cadres et les tables à amputations, pendant que le chirurgien major, qui était sur le pont pour savoir si, en effet, il devait mettre bas son habit, retrousser les manches de sa chemise et se ceindre du tablier bleu, descendait par l'escalier du dôme, et se disait en branlant sa tête : « On va me tailler de la besogne ! »

Pendant ce temps-là les frégates se sont approchées, la Didon conservant toujours l'avantage de sa position; bientôt on ne sera plus qu'à la longue portée du canon, et le capitaine commandera à ses hommes, tout à l'heure si bruyants, maintenant si calmes et si attentifs: « Commencez le feu! »

C'est une belle scène que celle d'un branle-bas de combat, et M. Biard a tiré un excellent parti de cette situation dramatique qui montre le navire de guerre dans un de ses mouvements les plus énergiques et les plus pittoresques. L'ardeur, la passion des jeunes marins, dans le tableau de l'artiste dont notre gravure reproduit la vive et spirituelle composition, font un contraste bien entendu avec le flegme du capitaine et des officiers. La figure du vieux chirurgien est impayable de vérité et de juste observation. Il y a plus de douze ans (1er mars 4857) que le Branle-bas du combat de M. Biard reçut au salon du Louvre les premières visites des curieux, qui, pendant deux mois, ne quittèrent point cette peinture consciencieusement étudiée, adroitement et habilement faite, d'une couleur ferme et naturelle, d'une expression vraie et profonde, d'une poésie assez nouvelle pour le public, à qui l'on n'a que trop souvent fardé la marine, sous prétexte de la lui faire plus belle, comme si elle n'était pas sublime dans son imposante simplicité! Aujourd'hui un nouveau tableau de M. Biard attire la foule et mérite le succès qu'il obtient dans toutes les classes de spectateurs. Artistes, connaisseurs, marins, gens du monde, gens du peuple, tout le monde comprend que M. Biard raconte sans emphase, mais noblement cependant, ce qui dut se passer sur le vaisseau de Duquesne, quand ce grand homme, mouillé sous les forts d'Alger, qu'il avait battus avec ses bombes, reçut les captifs chrétiens amenés par les envoyés du dey. La figure de Duquesne, bien posée, solide, forte, énergique dans son mouvement et dans son expression, mais sans rodomontade, sans exagération de capitan, est d'une beauté sévère qui attache. La pantomime de tous les acteurs de cette scène intéressante est juste ; le ton général est plus chaud et plus savant que celui du Branle-bas du combat; l'effet est plus large, plus franc, plus un que dans aucun des précédents ouvrages de l'auteur; le dessin ne laisse rien à désirer sous le rapport de la correction ; pour tout dire, en un mot, le Duquesne de M. Biard, qui a tant grandi depuis dix ans, est encore un progrès. La marine lui devra beaucoup; il est le seul peintre qui ait compris qu'il y a un intérêt puissant dans la représentation des faits intérieurs du navire; il a laissé l'eau, le ciel, le navire, la plage, c'est-à-dire l'extérieur de la marine, le paysage maritime, la poésie de l'élément navigable et de la machine navigante, à MM. Gudin,

Isabey, Gilbert, Garnerey, Lepoitevin, Fatio, Jugelet, Perrot, Mayer, etc. Il est entré dans le vaisseau, et il nous y a introduits après lui ; il nous montrera successivement toutes les grandes scènes qui se passent sur le pont ou dans ses batteries, scènes de mœurs, scènes de guerre, scènes historiques ; il s'est fait là un beau domaine, un genre à part, et le voilà original et maître dans une des données sérieuses de l'art, comme il l'est dans une des données plaisantes.

Duquesne est dans le musée de Versailles.

Auguste Jal.

Un épisode du blocus continental. par Léon Gozlan..

Ceux qui visitent aujourd'hui nos villes maritimes, et qui s'étonnent à bon droit de la vie qui s'y déploie, peuvent s'imaginer, par comparaison, de quel lugubre silence elles étaient frappées pendant nos guerres navales avec l'Angleterre.

On n'entendait le matin ni les joies du départ, ni dans la journée les chants du retour, ni crier les poulies et les matelots. L'œil cherchait en vain ces cargaisons de café vidées en pyramide, ou ces pipes de rhum, qui grisaient rien qu'à les flairer en passant. Quelques vieux marins, mutilés comme leurs vaisseaux, remplissaient seuls cette scène de désolation. Nous devions cette situation au blocus continental.

Le blocus continental ! une de ces idées formidables que Napoléon coulait dans sa tête de bronze quand elle était en fusion, et lorsqu'il en sortait une colonne, une armée, une proclamation.

Le blocus continental ! projet qu'on n'exécute qu'avec les bras d'un peuple entier. Pour que Napoléon ne pérît point, l'Angleterre devait périr. Invulnérable dans son île, il fallait l'attaquer ailleurs que chez elle ; et, comme elle était partout, partout on l'atteindrait. Le génie de Napoléon avait deviné le moyen sûr, infaillible s'il était secondé, d'abattre l'Angleterre : c'était de lui ôter la vie, en empêchant qu'elle ne la renouvelât par ses points de contact avec les autres peuples. Il fallait que le continent tout entier repoussât, comme un vaisseau pestiféré, la flottante Angleterre ; que contre elle chaque côte devînt une batterie, chaque ro cher un Gibraltar, chaque ville une forteresse, chaque port un abîme, chaque homme un ennemi.

Qui donc a pu empêcher cette grande idée d'éclore et d'éclater, conçue par Napoléon ?

Un seul homme : Napoléon. Il avait créé le blocus continental, il fit la contrebande continentale.

Lisez l'histoire.

Poursuivons la nôtre. Au milieu de l'un de nos ports de la Manche, frappés comme les autres de cette torpeur commerciale, s'élevait, sans agrès, sans mâts, ras comme après une affaire, — et c'était une affaire qui l'avait rendu ainsi, — un vaisseau pris sur les Anglais; si l'on peut appeler vaisseau une masse de bois absolument défigurée, immobile comme une maison, dans son eau verte et croupissante ; déshonorée par des pots de fleurs qui rejetaient leur tige verte au-dessus et au- dessous des plats - bords. On n'aurait jamais dit que c'était là le fameux vaisseau, ce terrible Alcyon qui avait tant fait de mal à notre commerce, et donné de si mauvaises nuits aux assureurs. On élevait jusqu'à trois cents le nombre de vaisseaux sortis du port dont il est ici question, pris ou brûlés par l'Alcyon. Les marins n'osaient se dissimuler la terreur que sa rencontre inspirait. Il n'y eut qu'un vieux corsaire, nommé Scipion, qui en purgea les parages. Dans un moment de colère contre tant d'audace et de bonheur, il avait juré que non-seulement il prendrait ce fougueux voilier qui paraissait à l'horizon et en disparaissait comme l'oiseau dont il avait le nom, mais qu'il le remorquerait au port, qu'il scierait ses mâts, qu'il l'avilirait enfin par le plus honteux des châtiments dans l'idée d'un marin, c'est-à-dire qu'il en ferait une maison. Le mépris allait loin ; son audace ne resta pas au-dessous de son mépris. Il se battit avec V Alcyon, le prit, le traîna à la remorque, en abattit la mâture, en élargit les croisées, le badigeonna, en équarrit si bien les formes, que, sans convenir absolument avec Scipion que sa conquête était une maison, il était difficile de dire ce qu'elle était. Par cette mutilation, l'Alcyon avait acquis un tel caractère, qu'il y avait dans sa contexture du radeau, du navire, du coche, de la maison et du jardin. Il ne l'appelait du reste que sa maison. Jamais la haine contre l'Angleterre, cette bonne haine qui fait vivre, qui fait serrer les dents et comprimer le cœur, ne s'était rencontrée plus amère que dans l'âme de Scipion. Je l'ai connu. — Fils d'un père tué par les Anglais, lui-même longtemps prisonnier à Portsmouth, et blessé à la main gauche d'un éclat de bois, il était beau de colère lorsqu'il racontait les carnages que lui et les siens avaient exercés contre les marins anglais; il avait alors du sang jusqu'aux lèvres. On l'écoutait avec d'autant plus d'attention, que ses calamités personnelles n'animaient pas son indignation ; elle prenait sa source dans cet esprit de nationalité sublime qui conserve les peuples. Scipion haïssait l'Anglais comme on hait une tache noire sur du blanc, par instinct : haine qu'on boit avec le lait et qu'on rend avec son âme. Tout ce qui lui paraissait mauvais, il le qualifiait d'anglais.

Lui et une vingtaine de vieux invalides et damnés corsaires comme lui, s'étaient réfugiés à bord de l'Alcyon; du quai et des deux rives, on les voyait tout le jour, se promenant, la pipe à la bouche, sur le pont de ce qu'ils appelaient leur maison, ou braquant la lunette d'approche sur tous les points de l'horizon, afin d'être les premiers à signaler quelque corsaire ramenant au port une bonne capture.

Conçoit-on, disait le vieux Scipion à ses compagnons, que la ville soi 'pourvue en tabac, en sucre, en café, en toiles, en indiennes, absolument comme en pleine paix, quand il y a déjà bien des semaines que pas une ancre amie n'a remué le fond du bassin ? »

On lui répondait :

« C'est que nous sommes trahis, c'est que nous sommes vendus. Apprenez, maître Scipion, si vous ne le savez mieux que nous, que chaque nuit et à notre barbe, on débarque sur la grève des cargaisons entières, malgré les sabres de la douane, malgré les fusils des garde-côtes.

— Vrai ! mes amis, le blocus n'est pas respecté, ajoutait un troisième ; il n'y a plus de patriotisme.— Ces gueux d'épiciers ne demandent pas mieux que de remplir leurs tonneaux de sucre de la Jamaïque et de café de Bourbon, et nos marchands de toile livreraient les clefs de l'arsenal pour une aune de mousseline anglaise. La contrebande nous ronge ; tout cela fait que nous ne viendrons jamais à bout de l'Anglais.

— Eh bien ! dit Scipion, quoique nous ayons le malheur de ne manquer de rien, grâce aux Anglais, restons fidèles à notre serment. On nous vend à moitié prix du tabac anglais, excellent, contre du tabac français qui emporte la gueule et qui vaut le double.—Fumons du tabac français. »

Et tous : « Point de tabac anglais !

— Le sucre vaut 10 francs la livre ; on l'offre

à 5 francs de contrebande.

— Point de sucre !

— Et par conséquent point de café !

— Point de café ! vive le blocus ! — L'Anglais
périra par le blocus !

— Quant à nos femmes, elles se vêtiront comme elles l'entendront ; mais point de toile de Hollande apportée parles Anglais, point de mousseline anglaise, rien d'anglais! nos femmes se tisseront des chemises d'étoupe; elles iront nues, sacrebleu ! plutôt que de favoriser le commerce anglais.

— C'est entendu !

— Si tous les Français prenaient aussi énergiquement parti que nous pour le blocus, les Anglais seraient bientôt coulés. »

Et ces braves marins, qui partageaient avec l'aveuglement du fanatisme une idée très-fausse en économie politique, mais qui leur était venue deNapoléon, se privaient de tout plutôt que de devoir la moindre commodité de la vie à la contrebande anglaise. De fait, rien n'était original comme le contraste d'une place de commerce qui, manquant la veille de denrées coloniales ou de produits étrangers, s'en trouvait encombrée le lendemain, sans qu'un navire français fût entré dans le port. — Les lois avaient cependant attaché une peine assez forte au délit de la contrebande : la mort pour ceux qui la faisaient, la mort pour ceux qui y coopéraient. < Mais que fait donc notre commissaire de marine, continua maître Scipion, qui n'envoie pas tous les bateaux armés de la douane contre cet infernal navire ? Il paraît le soir, débarque ses marchandises la nuit, lorsque le vent ou l'occasion est favorable, et au jour, il se déploie à l'horizon et hors de toute portée des forts ?

— Oui, c'est juste. Mais avez-vous remarqué, maître Scipion, qu'il ne descend précisément que lorsque les bateaux armés sont en course ailleurs?

— Je l'ai déjà remarqué. — Il reviendra donc toujours racler nos forts de son beaupré et remplir nos magasins de sa contrebande ? Il y a longtemps, trop longtemps que cela dure. Il fde vite, j'en conviens; mais les boulets vont vite aussi. L'Alcyon n'allait pas mal, qu'en dites-vous? C'est qu'il y a du mystère là-dessous. Que je voudrais savoir qui lui apprend si bien le moment favorable où il faut débarquer !... et celui dont les signaux... Mais ne voyez-vous rien là-bas, dans l'ouest, à l'horizon, dans cette ligne d'eau bleue, légèrement mousseuse?... Passez-moi la lunette. Si c'était ce damné de contrebandier ! »

Et maître Scipion, debout, le regard attaché sans préoccupation vers le point d'eau et de ciel qu'il avait désigné, allongeait avec précision, mais machinalement, les divisions de la lunette, tout en promenant la manche de sa veste sur le grand verre. Celte opération achevée, il plia la jambe droite avec précaution, en même temps qu'il laissait couler la gauche sous lui : il se rapetissa graduellement dans la génuflexion du chasseur qui va décharger son arme, et de cran en cran, étant arrivé à la prostration parallèle à l'horizon, la lunette tomba au point d'appui, son œil contre le verre ; on l'eût dit en prière. Toute l'énergie du vieux Scipion était passée dans son œil qui se balançait à 5 lieues de là, à l'extrémité d'un rayon.

« Que vient chercher, s'écria-t-il tout en mesurant la hauteur de l'horizon, chaque jour, à cette heure, sur le rivage, cette jeune fille, en belle robe bleue, que je viens de voir passer dans le champ de ma lunette, à deux lieues de la ville et au bord de la mer ? Il paraît qu'elle a pour amant quelque bel aspirant, qui lui apprend à nager, ou quelque officier du fort. » Maître Scipion n'insista pas davantage. Ses camarades, qui connaissaient toute la rectitude de son regard, lui dirent, après une pause qu'un homme de terre aurait certainement eu l'indiscrétion de troubler plus tôt : « Eh bien, Scipion ! » Il ne répondit pas.

Eh bien, Scipion ! »

Scipion se leva, ferma gravement sa lunette, et, après avoir passé sa main sur l'œil droit pour l'éclaircir, il répondit sèchement : « C'est lui ! c'est le contrebandier ! Demain, le sucre vaudra 10 sous de moins la livre, le café aussi, et nos dames auront de la mousseline claire pour la Fête-Dieu. — Mort de mon âme ! j'incendie le port si le commissaire me refuse une lettre de marque ! J'y vais de ce pas. Je sais qu'il n'y a qu'une mauvaise goélette dans le port, n'importe; j'y vais, je ne demande que cette barque. Suffit. — Et voyez si nous ne sommes pas trahis ; précisément au moment où toutes les chaloupes canonnières sont dehors, le contrebandier anglais se présente, il arrive ! —Et dites encore après cela qu'il n'y a pas de connivence entre lui et les gens de la ville. Il y des signaux convenus. Allez les chercher ces signaux sur ces mille toits de maison ! »

Maître Scipion descendit le port et s'achemina vers l'hôtel du commissaire de la marine. Pendant ce temps le vaisseau grandissait graduellement, mais toujours hors de portée des forts. A ses allures, tantôt vives comme la curiosité, tantôt subitement réprimées comme par la peur, on comprenait qu'il n'approchait que pour savoir avec certitude s'il devait décidément s'éloigner, ou hasarder plus tard une descente sur la côte. Il attendait un signal. Les canonniers du fort étaient à leurs pièces ; mais l'éloignement du contrebandier rendait encore leur service inutile. Scipion arriva chez le commissaire de la marine. Avant de parvenir à la pièce voisine de celle où ce grand fonctionnaire dînait ce jour-là en famille, il fut questionné, malmené, poussé, retenu par vingt domestiques. Il étouffa autant de jurons que de pensées devant le luxe des appartements. Jamais les services administratifs n'ont été bien appréciés par les marins; Scipion n'était pas une exception. Après avoir compté les carreaux de l'appartement et les clous des fauteuils, il agita la sonnette qui était sur la console.

Un domestique parut.

« Dites à M. le commissaire que je veux lui parler.

—On ne parle pas à M. le commissaire après cinq heures ; il est cinq heures un quart.

— Je dis que je veux lui parler ; sinon j'entrerai dans le salon, où je l'entends dîner, sans me faire annoncer.

— Qui êtes-vous?

— Marin. Annoncez un marin.

— Votre grade ?

— Aurons-nous bientôt fini ? — Corsaire. »

Scipion poussa le domestique par les épaules dans le salon, où l'on entendit, quelques minutes après, une légère rumeur.

« Monsieur, dit en revenant le domestique, M. le commissaire donne audience de dix à onze heures, le mardi de chaque semaine, à ceux qui réclament des renseignements; de onze heures à midi, le mercredi, à ceux qui demandent du service, et le jeudi, de deux heures à quatre, à ceux qui sollicitent leur retraite. Ainsi vous avez trois jours dans la semaine. Voyez dans quelle catégorie vous vous trouvez.—J'ai l'honneur de vous saluer.

— Tonnerre ! s'écria Scipion, c'est aujourd'hui vendredi ; j'attendrai donc quatre jours pour révéler au commissaire la présence du contrebandier dans la rade ! »

Il reprit la sonnette, et l'agita violemment.

Le domestique reparut.

« Voulez-vous bien retournera votre maître et lui dire, puisqu'il ne veut pas me donner une audience, que le contrebandier anglais est en vue, que dans une heure il sera nuit, et que dans quatre la cargaison sera débarquée, s'il n'y met empêchement. »

Le domestique obéit. Il se rappelait le geste de Scipion.

Il revint très-poliment dire que M. le commissaire le remerciait beaucoup de son avis, quoi qu'il ne l'eût pas attendu pour avoir connaissance de la présence du contrebandier. Après le dîner, on donnerait des ordres en conséquence.

« Retournez encore, cria le vieux Scipion, et dites que je ne suis pas venu donner un avis, mais chercher une lettre de marque ; que je veux sur-le-champ une lettre de marque, entendez-vous? »

Scipion fut prié d'attendre.

« À la bonne heure » ; il s'assit.

Une demi-heure se passa ; le domestique ne venait pas le délivrer; il rongeait le frein.

En ce moment, pensait-il, le contrebandier double la pointe du fort : avec le vent qui règne, deux bordées suffiraient pour lui couper la retraite. Mais il faut se hâter!

On passa le rôti.

C'était le second service : il dura une demi-heure.

« La nuit se fait, ajouta Scipion, le vent va tomber; il serait surpris par le calme, on le prendrait avec la main. Dans une heure il sera trop tard : il profitera de l'obscurité pour jeter sa contrebande à terre ou pour s'évader. Vent et marée ! ils m'ont encloué ici comme une vieille pièce de rebut !

— Aurez-vous bientôt fini là- bas ? »

Il vit circuler le dessert.

Alors il n'y tint plus de rage. Certainement, on aurait entendu ses exclamations de la pièce voisine, si on avait pu entendre quelque chose.

Le bruit des verres, des rires et de la conversation étouffait tout.

« Aimez votre pays ! jurait-il ; de beaux messieurs sont à manger et à boire, tandis que l'Anglais viole le blocus. Mais la nuit va se faire, et ils boivent encore. —

Je n'ai pas mangé, moi, pourtant, depuis que j'ai vu ce chien de contrebandier. Je n'ai qu'un cigare dans l'estomac. »

Il tournait déjà la clef dans la serrure pour forcer le salon.

Les domestiques passèrent le café et la liqueur sur des plateaux. D'autres suivaient avec des bougies.

Il entendit ou crut entendre un coup de canon dans le lointain.

« On se bat ! s'écrie-t-il, et il renverse deux domestiques et tout le café et toute la liqueur.

— Sacredieu ! monsieur le commissaire, voilà deux heures que je suis en panne dans votre antichambre, et, depuis deux heures, vous êtes averti que le contrebandier anglais croise devant la ville, et que je vous demande une lettre de marque. »

Tous les convives furent interdits. Gravement et en filtrant un verre de champagne, le commissaire lui dit :

« Personne n'a besoin de me prescrire mon
devoir. — Sortez!

— Oui, je sortirai, mais je vous aurai dit votre fait. Est-ce en mangeant des poulets et en buvant du rhum que vous donnerez la chasse aux contrebandiers? — Je dirai à toute la ville, à tous les gens du port, que vous m'avez refusé un mauvais chiffon de papier qui me donnât droit de battre les ennemis de mon pays. Il y a quelqu'un ici qui trahit le gouvernement, et ce n'est pas moi ! —Il y a quelqu'un ici qui connaît le rocher où l'on descend à minuit la contrebande!...

— Assez ! »

Le regard sauvage et accusateur du corsaire, qui frappait au hasard et partout, tomba sur la jeune fille du commissaire de la marine : il s'amortit. Il s'y fixa avec un étrange étonnement et qui suspendit sa colère : il se calma. On eût dit un tison qui tombe dans l'eau.

« A la santé de mon empereur, s'écria-t-il en saisissant un verre à portée, et à la gloire du blocus continental ! »

La singulière diversion que la vue de cette jeune personne avait opérée sur Scipion permit à un jeune aspirant de se lever, et d'engager Scipion à se retirer avec décence.

« C'est vous, monsieur Auguste, lui dit-il ; c'est vous?

— Oui, mon vieux Scipion.

— Ah ! monsieur Auguste, si vous m'avez quelque reconnaissance pour vous avoir appris à faire de la tresse et à prendre un ris, obtenez-moi une barque, une chaloupe, un radeau, et que j'aille me patiner avec ces contrebandiers qui viendront bientôt, si on les laisse faire, dormir dans nos hamacs.

— On ne s'y prend pas ainsi, Scipion, un jour de fiançailles.

— Fiançailles ! _—Eh oui! la fille du commissaire de la marine se marie dans huit jours.

— Avec quelque contrebandier anglais, je gage !

— Non, Scipion, avec moi. Mon épouse sera celle que tu as si étrangement regardée.

— Vous épousez cette demoiselle ?

— Pourquoi cet air d'étonnement, Scipion? ce ton qui semble douter d'une chose pourtant si naturelle.

—En ce cas, vous ferez bien d'avoir une maison au bord de la mer. Votre femme aime beaucoup la mer.

— Je ne te comprends pas.

— Je vous répète que votre femme aimera beaucoup la mer, si elle conserve ses goûts de demoiselle.

— Ah ça ! explique-toi.

— Tout est expliqué. Depuis six mois, je vois votre fiancée venir se promener sur la jetée du fort et gravir les rochers les plus élevés, qu'il y ait du vent ou de l'orage. Peut-être est-ce là qu'ont lieu vos rendez-vous ?

— Des rendez-vous ! le bord de la mer ! ma fiancée toute seule! Cécile! Tu me promets la preuve de ce que tu avances, Scipion !

— Vous la donner m'est aussi facile que de prendre ce chien de contrebandier. Venez demain à bord de ma maison; et ma lunette vous montrera votre fiancée comme je vous vois là.

— Avec un homme ? s'écria le fougueux aspirant.

—Je ne dis pas cela. Vous chercherez l'homme; c'est votre affaire ; moi j'ai vu la femme !

— A demain, Scipion !

— A demain, monsieur Auguste! »

Il était nuit. Au matin on sut que le contrebandier avait effectué le débarquement de ses marchandises prohibées.

Evidemment Scipion se trompait sur la conduite du commissaire de la marine : jamais rien de suspect n'avait plané sur sa vaste administration. Choisi dans les rangs des vieux capitaines de vaisseau qui avaient fait la campagne de

1 Inde sous le bailli de Suffren, sa vie passée rendait sa réputation inabordable au soupçon. Il est vrai que son département n'était pas le plus heureux à sévir contre la fraude ; mais le hasard explique ces malheurs : de grands généraux n'ont jamais gagné de batailles.

Cécile est née dans l'Inde, où son père avait été gouverneur. Fleur parfumée d'un autre climat, elle se décolore sous notre ciel; elle a froid à notre soleil. Son teint brun a pâli ; sa taille .flexible penche. Son énergie parfois soudaine, sa mollesse habituelle, sont un contre-sens perpétuel avec notre civilisation placide. Bien qu'elle ait caché l'ardeur de son âme sous nos manières, sous notre costume, sous notre éducation, cette âme voluptueuse de créole brise à chaque instant l'enveloppe qui l'étouffe. Le voile européen sied mal à cette verte nature indienne pleine de sève et de vitalité.

Aussi cette contrainte la tue. Elle mourra peut-être comme la fleur transplantée, en regardant le soleil. Il faut l'entendre parler avec sa voix de créole. La voix d'une créole est une musique que Dieu a mise dans la bouche des femmes américaines, comme une compensation au silence dont il a frappé le gosier des oiseaux de cette partie du monde. Le chant des oiseaux est passé dans la voix des créoles : on dirait qu'il y a de l'amour dans leurs expressions les plus simples.

Quelles sont plus meurtrières avec cette voix que la fièvre et la chaleur! Aimer une créole et mourir, c'est le commencement et la fin d'une passion. Il n'y a pas d'infidélité possible sous l'équateur : on aime, on est aimé, l'on meurt. La vie et les fleurs viennent si vite !

Il y avait erreur grossière de la part de Scipion. À deux lieues de distance, la fille d'un pêcheur peut ressembler à la fille d'un commissaire de la marine.

— Quel moyen de croire qu'une enfant sortie à peine de la tutelle du pensionnat, élevée avec toute la sollicitude paternelle (sa mère était morte), aimée d'un jeune et brave officier de marine, entourée de la surveillance délicate, mais attentive, de vingt domestiques (la supposition était trop insensée), compromît son nom, sa vie, son avenir, par un amour caché, par un amour écouté avec complaisance au bord de la mer, à deux lieues delà ville? Et d'ailleurs Cécile est un enfant d'imagination et de repos, qui aime son sopha de velours, son oiseau qui chante pour l'amuser quand elle ne chante pas pour amuser son oiseau ; qui se penche sur sa harpe, comme pour regarder l'harmonie qui coule de ses doigts ; qui lit, une cassolette à la main, et des fleurs dans les cheveux, la souffrante poésie de Millevoye, et joue avec les aiguillettes d'or, avec le poignard de son fiancé. Voilà sa vie.

Scipion ! Scipion ! ta vue commence à faiblir ; tu n'as aperçu au bord de la mer que l'écume qui couvre le rocher.

Auguste ne manqua pas de se rendre le lendemain, à l'heure convenue, à bord de l'Alcyon, y apportant l'irritation d'une nuit d'insomnie et la promesse de la vengeance la plus prompte.

Le ciel, si rarement d'accord avec nos projets, fut ce jour-là d'une sérénité admirable. On eût pu voir à dix lieues de distance : le vieux corsaire et l'aspirant ne virent rien. Il fallut l'obscurité de la nuit pour les convaincre que la demoiselle à la robe bleue ne viendrait pas au rendez-vous. Ils se quittèrent avec des sentiments différents : l'un croyait compromis l'amour-propre de son entêtement ; l'autre avait la joie du doute. Au lendemain fut remise la seconde épreuve. Auguste de Bussy alla passer la soirée auprès de Cécile. Il déposa à ses pieds tout ce qu'il lui restait de vague jalousie. Après une infidélité apparente et qu'on a soi-même démentie, on trouve plus douce la parole de celle qu'on aime, plus enivrante la pression de sa main. Vingt fois, sur le ton de plaisanterie moqueuse dont il se sentait inspiré contre lui-même, il fut sur le point de raconter sa fatale croyance aux propos de Scipion, les propos de Scipion, la lunette d'approche, et de réclamer son pardon par un baiser.

Elle et lui parlaient encore de leur prochain mariage. On obtiendrait peut-être un grade, quoique cela fût assez difficile dans ces temps; et si Auguste, à sa première croisière, allait être pris par les Anglais, conduit dans les pontons : idée affreuse !

Et cela arrivait facilement alors dans les ports de la Manche, où, une demi-heure après l'appareillage, le combat; et deux heures après le combat, les pontons.

Ces deux enfants pâlissaient.

Tandis qu'ils riaient et pleuraient, parlaient de gloire et de mort, familiarités énergiques que l'Empire avait introduites dans nos cœurs,

Auguste se prit à baiser le mouchoir de Cécile, où quelques pleurs avaient été répandus.

« Elégante ! s'écria Auguste, élégante ! que dirait l'empereur? que dirait le blocus? vous pleurez dans la batiste anglaise ?

— Oh! Dieu, dit-elle, les monstres! — Je n'en veux pas, — moi, — de la batiste anglaise !

— Comment ai-je pu ? Mais c'est mon père qui m'a donné ce mouchoir. »

Elle pétrit ce mouchoir dans sa jolie main, et l'approcha de la flamme de la bougie.

« Que faites-vous là, Cécile? dit le père en entrant.

— Papa, je remplis ton office ; je te suppléé : tu brûles sur la grande place les cargaisons anglaises ; moi je brûle mon mouchoir de batiste à la flamme de cette bougie. Je fais aussi respecter le blocus : ne suis-je pas ta fille? »

Auguste ne se possédait pas de joie.

Le commissaire embrassa froidement sa fille ; un nuage passa sur son front ; il se hâta de dire :

« Les nouvelles des croisières ne sont pas heureuses. »

Cécile chancela.

« Auguste ! vous partirez dans huit jours pour croiser dans la Manche. C'est au tour de votre frégate ; après, nous penserons à votre mariage. »

Auguste aurait cru injurieux pour sa fiancée de retourner huit jours de suite au rendez-vous de Scipion. Il lui écrivit, en lui envoyant dix livres de tabac de France, qu'il le remerciait beaucoup de son prudent avertissement, mais qu'il ne jugeait pas à propos d'en profiter davantage.

Rien ne détourna le vieux marin de ses investigations, et l'obstination s'en étant mêlée, il cherchait la jeune fille au bout de sa lunette avec autant de ténacité qu'il guettait auparavant le contrebandier.

Huit jours s'écoulèrent : ni contrebandier à l'horizon, ni jeune fille sur les rochers. Auguste de Bussy partit en croisière. Le soir du neuvième jour, Scipion vit passer, et un cri lui échappa, la jeune fille dans le grand verre de la lunette.

« Faut-il être damné ! —Précisément au moment où M. Auguste a quitté le pays, voilà que je revois cette jeune fille : — que n'est-il ici pour nier encore ! — Eh bien ! est-il si fou le vieux corsaire ! C'est bien elle : la même robe bleue, le mouchoir à la main ; — c'est cela, — de rocher en rocher.—Oh!M. Auguste, mon joli aspirant, mariez-vous! mariez-vous ! Y a-t-il possibilité de se tromper? Sa figure ? je la vois comme si elle était à deux pas... ; sa bouche..., ses yeux... où, démon ! va-t-elle? — car il vente la peau du diable, et sa robe porte comme un perroquet de fougue.

— En voici bien d'un autre, à présent... le contrebandier sous ses basses voiles qui arrive ! Ah ! le chien ; il sait donc déjà que la frégate est partie! »

Et Scipion attacha son attention sur le contrebandier, dont il épia la manœuvre avec toute l'exaltation d'intelligence d'un lévrier en arrêt. «Toujours toi, vieux coquin? Que la mer te serve de tasse!»

Il fit ensuite tourner le tube de la lunette sur son axe, voulant avoir aussi le cœur net de ses soupçons sur la jeune fille à la robe bleue. Ce manège d'aller du vaisseau à la femme, de la femme au vaisseau, lui révéla, avec une soudaineté d'esprit que les gens enthousiastes qualifieraient d'inspiration, et que la raison explique très-bien, la pensée coupable que les deux apparitions n'étaient pas étrangères l'une à l'autre. Il trouvait un motif au retour du contrebandier dans le départ de la frégate ; il expliqua naturellement la présence de la jeune fille sur le rivage par le retour du contrebandier. Une fois ce soupçon accueilli, l'Amérique était découverte. Ses doutes sur cette correspondance intime entre l'arrivée du vaisseau et la promenade de Cécile se raffermissaient en outre par les exemples du passé : chaque fois qu'il avait aperçu le contrebandier, il s'en souvint, il avait vu Cécile. Ayant brusquement fermé sa lunette, Scipion descendit au port, se présenta chez le commissaire de la marine, et avec l'accent arrêté d'un homme qui est sûr d'être obéi, il lui dit : «Vous allez, monsieur le commissaire, me délivrer sur-le-champ une lettre de marque : entendez-vous?»

Prévenant toute explication superflue, il se pencha à l'oreille du commissaire ; « Le contrebandier rentrera cette nuit : la fille à la robe bleue et blanche se promène en ce moment sur les rochers qui bordent le fort.

— Silence ! silence ! passez dans mon cabinet, Scipion. Asseyez-vous.

— Hâtons-nous, monsieur.

— Vous n'avez pas d'habits, Scipion? Dix pièces de drap, prises sur la cargaison du contrebandier, seront pour vous.

» Vous n'avez pas de pantalon : cinquante pièces de nankin pour vous.

» Vous n'avez pas de chemises : cinquante pièces de toile de Frise pour vous.

» Vous fumez : deux boucauts de tabac Virginie.

» Votre misère vous défend le café et le sucre : dix barriques de sucre, dix de café pour vous.

» Votre femme dort sur la paille, vos enfants à terre : de l'édredon pour elle, pour vous, pour vos enfants.

» Votre cave sera pleine de rhum, de vins, de liqueurs, vos armoires de linge, entendez-vous, Scipion ?

— Monsieur le commissaire, une lettre de marque ! une lettre de marque !

— Malheureux, tu n'as pas d'argent : tes poches en seront gorgées.

— Une lettre de marque ! une lettre de marque, par Saint-Elme ! car il se fait tard.

— Tes fils seront exempts de tout service de terre et de mer, Scipion !

— Une lettre de marque !

— Scipion, je mettrai la croix d'honneur à ta boutonnière.

— Il est nuit ! une lettre de marque, monsieur le commissaire, ou je ne me connais plus !

— Mais si je te la donne, Scipion... je te connais, tu prends le contrebandier ; le contrebandier pris, on brûle la cargaison. Dis, que t'en reviendra-t-il ? Rien, de la cendre.

— De la cendre ! Ainsi soit l'Angleterre ! De la cendre, et que j'en frotte mes mains ! que j'en remplisse ma bouche ! De la cendre, de la cendre ! voilà ce qui m'en reviendra. Vous appelez cela rien !

— Et si je ne te donne pas cette lettre de marque, que feras-tu ?

— Je vous dénoncerai.

— A qui ?

— A l'empereur et roi.

— Et de quoi m'accuseras-tu ?

— De n'être qu'un contrebandier, un ami des Anglais, un traître au blocus continental.

— On ne te croira pas.

— Et votre enfant, votre fille ?

— En quoi ma fille me compromettrait-elle ?

— Je dirai ses signaux aux bords de la mer, sa robe bleue, lorsque le contrebandier peut entrer sans danger; sa robe blanche, lorsqu'il doit fuir.

— Tu te trompes, Scipion, ma fille ne sort jamais de son appartement : elle l'a gardé aujourd'hui.

— Et pourquoi me proposiez-vous de l'or ?

— Insensé ! je ne t'ai offert de l'or que pour t'engager à courir plus vite à ton but. Juge des occasions où il est nécessaire de risquer le courage de mes marins : si une première fois je t'ai refusé une lettre de marque, maintenant je t'accorde ce que tu désires; tu vas avoir à l'instant même ta lettre de marque. »

Durant ce dialogue, la nuit était venue: nuit d'hiver couverte d'épais brouillards.

« Je te disais, Scipion, que tu avais pris une récompense pour une séduction, pour un piège. Mais ton erreur résulte de la vivacité de ton patriotisme: je t'excuse.»

Beaucoup d'autres belles paroles firent oublier à Scipion que la nuit était déjà si sombre et si avancée, que l'ange des ténèbres même ne trouverait jamais le contrebandier.

Ensuite le commissaire de la marine sonna. Cécile, en costume du soir, visiblement trop fraîche et trop parée pour supposer quelle revenait du bord de la mer, parut et apporta une lettre de marque à son père.

Le vieux corsaire ne comprit rien à la métamorphose. La fille du commissaire devant lui, quand il la croyait au bord de la mer ! Il se crut fou. Il sortit ; mais, pendant sa longue conversation, le contrebandier était rentré déjà dans un port d'Angleterre.

Scipion froissa avec rage dans ses mains la lettre de marque. La frégate sur laquelle Auguste était parti depuis deux jours rentra dans la nuit au port avec une prise de quatre vaisseaux anglais de la Compagnie. Dans l'affaire où ces quatre vaisseaux étaient restés la conquête des Français, Auguste avait montré beaucoup de courage, et, ce qui est plus rare, beaucoup de sang-froid. Le rapport de la journée le citait parmi les officiers dignes, par leur bravoure, d'être recommandés à la bienveillance des ministres de Sa Majesté. Qu'elle fut heureuse, Cécile, lorsqu'Auguste, parlant près de sa joue, si près que ses boucles brunes en étaient agitées, lui raconta les boulets passant sur sa jeune tête, la mitraille se croisant avec le commandement des chefs, enfin cette émotion d'une première affaire vive comme l'amour. Elle séparait ses cheveux blonds pour voir s'il disait vrai, s'il n'était pas blessé ; elle prenait ses mains dans ses mains : elle était si heureuse !

Tout à coup le canon de la frégate annonça aux gens de l'équipage qu'il fallait sur-le-champ se rendre à bord.

Comme Auguste retournait précipitamment à son poste, il fut fort étonné de rencontrer Scipion sur le pont du vaisseau.

« Que voulez-vous, monsieur Auguste ? j'aime mieux servir comme matelot ou canonnier à bord de votre frégate, que de voir chaque jour, les bras croisés, des choses qui soulèvent le cœur.

La conversation entre le corsaire et l'aspirant en resta là. Chacun regagna son poste : la frégate appareilla.

Chargé de pluie et de grêle, le temps était horrible : la frégate louvoya tout le reste de la nuit.

Au jour, les habitants, que quelques sourdes volées de canon avaient éveillés, furent témoins d'un beau spectacle.

La frégate serrait étroitement entre elle et la terre le contrebandier si connu, si redouté.

Malgré sa marche supérieure, l'interlope était obligé de raccourcir chaque fois ses bordées, sous peine de se rencontrer proue à proue avec la frégate, ou, en continuant sa manœuvre, de tomber sous le canon des forts ou de dériver sur les rochers. Pourtant il restait encore une voie de salut au contrebandier ; c'était de passer entre un gros rocher à deux longueurs de vaisseau du rivage, et la terre, passage infranchissable pour la frégate. Le contrebandier connais sait-il ce passage désespéré? l'ignorait-il? c'est ce qui faisait battre le cœur de tous les habitants rangés sur les hauteurs qui dominaient la rade. Il fallait se hâter : il n'y avait plus qu'une bordée de salut pour le contrebandier.

Il virait de bord pour la courir, quand la frégate, sans quitter sa proie, détacha une embarcation montée de douze soldats de marine, d'un timonier, et d'un aspirant pour les commander. L'embarcation se dirigea vers la terre. La mer était haute, fatiguée encore par l'orage. On entendait se heurter les carabines des soldats ; on voyait debout l'officier, sans chapeau, le visage blême, la trompette marine à la main.

Ils s'approchaient du rivage.

Sur le rivage, il n'y avait qu'une jeune fille en robe blanche, venue là, sans doute, pour suivre du regard son amant dans le combat qui se préparait, ou pour respirer l'air robuste et sain de l'Océan.

Le vent était fort, ses longs cheveux flottaient, sa robe blanche et pure s'attachait à ses jambes, comme un voile à une statue antique ; ses beaux pieds évitaient avec soin l'écume blanche qui s'étendait en nappes autour d'elle.

La barque approchait toujours.

Bientôt on distingua Scipion qui était au gouvernail, et Auguste qui commandait debout à l'arrière. Ils étaient déjà sur les brisants. Le contrebandier achevait sa dernière et fatale bordée; il n'avait plus que celle-là à fournir. si un signal ne l'avertissait tout à coup, rapide comme un cri, comme un geste, de se jeter dans la passe. Ce signal allait être donné peut-être.

La population entière ne respirait plus.

« Enjoué ! » cria Auguste.

La trompette marine lui tomba des mains.

« Feu ! » cria Scipion.

Une main blanche, comme celle d'un ange qui écarte un rayon de soleil ou un nuage, s'était levée, enveloppée d'un mouchoir blanc.

La main tomba, et le corps aussi. Douze coups de fusil avaient porté. Douze balles avaient renversé la jeune fille à la robe blanche, qui était venue, par ordre de son père, respirer l'air marin qui rend la santé.

Le contrebandier amena son pavillon sans résistance. Il fut remorqué au port.

On cria : Vive l'empereur ! à bord de la frégate.

On répondit : Vive l'empereur ! de la terre et de la ville.

Vive le blocus !

Le soir de cette journée, une harpe eut ses cordes brisées, un oiseau s'envola, un livre resta ouvert qu'on ne ferma plus.

Entendez-vous ces cloches joyeuses, ce canon qui tonne, ce peuple qui se rend sur la grande place ? Décimé par la famine, par la guerre et par Napoléon, il crie : Vive la guerre et Napoléon ! ruiné par le blocus continental, il hurle : Vive le blocus continental ! Il vient là nu-pieds, nu-tête, quoiqu'il gèle, les lèvres gercées, les mains violettes, l'estomac rentré par la faim. D'abord, Scipion conduit un peloton de vieux corsaires : il a les honneurs du pas. Tout ce qui abhorre les Anglais et l'Angleterre est invité à coups de canon à la fête. Toute la ville y est.

Ce n'est ni du pain, ni du vin, ni du tabac, ni du sel, ni de l'or qu'on va distribuer au peuple, c'est de la vengeance contre l'Angleterre, de la vengeance argent comptant : chacun en prendra à pleines mains; les vieillards, les jeunes hommes, les enfants, les femmes, en auront leur part ; les femmes surtout. Comme elles sont belles de fureur! Chacune d'elles va se payer d'un fils mort, d'un frère prisonnier, d'un époux noyé. C'est le jour du rachat ! Vous savez si une mère est terrible quand on tue son fils ! Il y a là des mères qui ont eu huit fils tués par Nelson ! Jetez les yeux maintenant sur la grande place, autour de laquelle rôde et hurle ce peuple, qui sort la langue, qui aiguise ses ongles : elle est encombrée de marchandises de tous les pays, car les contrebandiers anglais s'étaient faits les cour tiers de toutes les fraudes. Voyez les trésors des deux hémisphères, jetés à brassées sur la terre.

Il y a là deux millions de marchandises rares ou utiles. Que cette laine filée par l'industrie servirait bien à couvrir la nudité de ce peuple dont les os percent la chair ! cette toile, à vêtir ces pauvres mères ! Oh ! qu'avec l'or de ces marchandises on indemniserait de maux et de malheurs ! Le pêcheur aurait un bateau, le laboureur une charrue, tous du pain ; car le pain de l'Empire est dur, le pain de l'Empire est rare. Peuple, voulez-vous du drap, delà laine, du pain?

« Nous voulons de la vengeance ! nous voulons du feu !

—Vive l'empereur et roi ! Vive le blocus continental ! Mort aux Anglais ! »

Voici le commissaire de la marine ! Place au cortège ! place aux torches !

L'air rayonnant de patriotisme, M. le commissaire de la marine, en écharpe tricolore, une torche à la main, s'ouvrit un passage à travers la foule. Il était suivi de l'équipage de la frégate.

Auguste, pâle et un flambeau à la main, marchait à côté du commissaire de la marine.

« Vive l'empereur ! »

Le commissaire s'arrêta au milieu de la place, devant un bûcher immense.

« Vive le blocus continental !

— Mort aux Anglais ! »

En agitant la torche enflammée au-dessus de sa tête, le commissaire de la marine s'écria :

« Vive l'empereur et roi ! — Vive le blocus continental ! — Mort aux Anglais ! »

Monté ensuite sur un ballot de laine, par un geste, il réclama le silence.

Il l'obtint.

Et il lut :

« Décret de l'empire.

Article unique :

»Toutes les marchandises anglaises, saisies sur les vaisseaux anglais et autres, seront brûlées immédiatement. Signé L'EMPEREUR. »

« Vive l'empereur ! »

Il prit, pour donner l'exemple de son obéissance aux lois, une poignée de soie écrue, et la jeta dans le foyer.

Alors Scipion et ses corsaires défoncèrent à coups de hache des barriques de tabac ; et après en avoir respiré la saveur âcre, mais si douce aux organes du marin, les barriques roulèrent dans la flamme ! Tout y passa. Deux millions de marchandises furent réduits en cendre et en fumée. Jusqu'à l'entière destruction, le commissaire de la marine et l'état-major de la frégate, dont Auguste faisait partie, ne quittèrent pas leurs places d'honneur.

Quand tout fut achevé, quand l'ivresse de la rage, les cris eurent couché, dans cette cendre qui resta tiède trois jours, ces démons, ces éternels ennemis de l'Angleterre, le cortège défila aux cris de : Vive l'empereur ! mort aux Anglais !

Scipion se jeta sur les pas du commissaire et lui dit : Morte !

— Morte ! répéta le commissaire.

— Morte ! répéta Auguste.

— Silence ! » ajouta Scipion.

Il se perdit dans la foule en criant : Vive l'empereur !

Au bout de trois jours, Auguste fut nommé enseigne.

— Il reçut la croix d'honneur des mains du commissaire de la marine.

Le commissaire de la marine reçut aussi une médaille de la part de l'empereur.

Léon Gozian.

Combat de Santo Domingo. (6 Février 1806.)

Combat de Santo-Domingo par J.-F.-G. Hennequin.

Ce fut le 15 décembre de l'année 1805, par un temps épouvantable, que nous appareillâmes de la rade de Brest au nombre de onze vaisseaux et quelques frégates; car, à cette époque, nous ne sortions de nos ports qu'à la faveur des tempêtes.

Parvenue à la hauteur des Açores, cette escadre se sépara en deux divisions ; l'une de six vaisseaux, sous les ordres du contre-amiral Willaumez, fit route au sud ; et l'autre, composée des vaisseaux l'Impérial, l'Alexandre, le Jupiter, le Brave, le Diomède, deux frégates et une corvette, sous le commandement du contre-amiral Leissègues, se dirigea vers le nord. L'Impérial, de 150 canons, portait le pavillon amiral. Cette escadre avait pour mission de porter à Santo-Domingo environ neuf cents hommes de troupes et des munitions.

Trois jours s'étaient écoulés depuis la séparation des deux divisions, lorsqu'un coup de vent de nord-ouest des plus violents vint nous assaillir.

Les instructions de l'amiral lui ordonnaient de passer par le nord, afin d'intercepter un convoi anglais qu'on savait être sorti de Cork, escorté par trois vaisseaux seulement; force lui fut donc de lutter contre le vent et la mer pour remplir cette partie de sa mission.

Cette lutte durait depuis près de soixante heures, lorsqu'enfin l'état de son escadre mit l'amiral Leissègues dans la nécessité de laisser arriver par le sud. Le Jupiter, le Brave et le Diomède, vieux vaisseaux qui avaient été réparés à la hâte pour faire cette campagne, coulaient bas d'eau. La guibre du dernier avait largué, et il demandait à être accompagné. La mâture du Jupiter était avariée et menaçait ruine. L'Alexandre signalait aussi des avaries majeures, L'Impérial n'était pas dans un meilleur état ; il avait beaucoup fatigué dans les hauts, et ses fonts étaient tout ouverts. Ce fut dans cet état de délabrement que l'escadre arriva devant Santo-Domingo. Après avoir débarqué les troupes et les munitions, le premier soin de l'amiral fut de s'occuper des moyens de réparer ses vaisseaux. Santo-Domingo, qui n'avait ni port ni arsenal, ne pouvait lui offrir aucune ressource; il se vit donc réduit à ses propres moyens. Tous les ouvriers de l'escadre furent mis à l'œuvre. On commença par les bâtiments qui étaient les plus maltraités. On fut obligé d'envoyer couper les bois nécessaires dans les forêts de la rivière Isabelle; les fers furent tirés des approvisionnements des vaisseaux; et enfin, après quatorze jours de travaux, que les nuits même n'avaient point interrompus, l'escadre se trouvait en état de reprendre la mer. Elle avait reçu l'ordre de se disposer à appareiller, lorsque, le 6 février 1806, à six heures du matin, la corvette la Diligente, qui avait été envoyée en croisière pour observer l'ennemi, rallia en signalant une escadre supérieure en forces. Effectivement, on découvrit bientôt sept vaisseaux anglais, qui, servis par un vent favorable, se dirigeaient à toutes voiles sur la baie où nous étions mouillés.

L'amiral Leissègues, ne voulant point combattre à l'ancre dans une rade où il n'était protégé par aucun fort, fit signal d'appareiller en filant les câbles par le bout. Un second signal ordonna de forcer de voiles, et un troisième de se préparer au combat. L'escadre française était sous voiles depuis plusieurs heures, et elle longeait la côte est de Santo-Domingo, lorsque l'amiral Leissègues s'aperçut que quatre vaisseaux anglais manœuvraient pour lui gagner le vent et mettre son arrière-garde entre deux feux. Il se décida alors à tenter de couper la ligne entre le premier et le second vaisseau de tête, et il fit signal à l'Alexandre, qui était de l'avant à lui, d'arriver, et à l'escadre d'imiter sa manœuvre.

Si effectivement elle eût été exécutée par toute l'escadre, la tête de la ligne ennemie se fût trouvée entre deux feux ; mais le Diomède et l' Alexandre furent les seuls qui obéirent au signal, en sorte que ces deux vaisseaux, ainsi que l'Impérial, se trouvèrent bientôt eux-mêmes enveloppés par sept vaisseaux anglais.

Des quatre qui avaient cherché à nous gagner le vent, deux se dirigèrent sur l'Impérial, et commencèrent à le battre en poupe. C'étaient le Superbe et le Northumberland; le premier, de 80 canons, était monté par l'amiral Duckworth, et le second, de 74, par l'amiral Cochrane. Un troisième vaisseau, monté par l'amiral Lowis, vint bientôt les joindre. L'Impérial faisait depuis une heure et demie le feu le plus terrible des deux bords, lorsqu'un quatrième vaisseau vint encore l'assaillir.

Le Diomède et l'Alexandre, attaqués par trois vaisseaux, soutenaient vivement l'action, lorsque ce dernier, démâté de tous ses mâts, dériva hors de la ligne, se trouvant hors de combat, et fut amariné bientôt après. Le feu durait depuis deux heures, lorsque, à la faveur d'une éclaircie, on aperçut le Jupiter et le Brave sous le vent de la ligne anglaise, tous les mâts hauts et leur pavillon amené. L'amiral, voyant alors son escadre réduite à deux vaisseaux, résolut de s'ensevelir sous les débris du sien plutôt que d'amener son pavillon.

Déjà les batteries de 18 et de 24 étaient entièrement désemparées. Portant alors toutes ses ressources dans celles de 36, il répondit au feu des quatre vaisseaux qui le combattaient. Bientôt le grand mât et le mât d'artimon, coupés à 18 pieds du pont, tombèrent sous le vent, et entraînèrent le petit mât d'hune dans leur chute. Tous les escaliers de communication étaient détruits, et l'on ne communiquait d'un pont à l'autre qu'au moyen de cadavres empilés, et à l'aide des tireveilles. Le feu avait pris deux fois à bord, et ce n'avait été qu'à grand'peine qu'on était par venu à l'éteindre. Cependant le combat continuait toujours, lorsque deux autres vaisseaux vinrent joindre les premiers. L'Impérial se vit alors battu par six vaisseaux, qui firent sur lui un feu continuel à tribord, à bâbord, en poupe et en avant. Quelques-uns se détachaient de temps en temps pour accabler le Diomède, qui combattait vaillamment sous la poupe de l'amiral. L'escadre anglaise se trouvait alors forte de neuf vaisseaux, deux autres l'ayant rejointe pendant le combat.

Il était onze heures et demie, et le feu avait commencé à neuf heures, lorsqu'on vint rendre compte à l'amiral Leissègues que l'Impérial avait 18 pieds d'eau dans sa cale, et qu'il ne restait plus qu'environ cinq cents hommes en état de combattre. (L'équipage, au commencement du combat, était de onze cent soixante-quatorze hommes.) Les deux premiers aides de camp de l'amiral avaient été tués, le capitaine, le second, et six officiers étaient blessés, presque tous les aspirants étaient hors de combat. Un seul aide de camp (l'enseigne de vaisseau Lestrille) restait debout, quoique blessé. On ne tirait plus de part ni d'autre depuis près d'une demi-heure, les deux escadres étant occupées à réparer leurs avaries les plus majeures.

De tout son état-major, l'amiral seul était sans blessure, et cependant combien de fois ne s'était-il pas écrié : Quoi ! il n'y a donc point de boulet pour moi! Noble, mais impuissant désespoir. Tout à coup il appelle son dernier aide de camp, et l'emmenant dans sa dunette : « Lestrille, lui dit-» il, êtes-vous homme à exécuter le dernier ordre que j'ai à vous donner?

— Quel qu'il soit, général, je l'exécuterai.

— Eh bien, vous voyez l'état dans lequel est l'Impérial; j'ai résolu que mon pavillon ne serait point amené, moi vivant l'ennemi ne tire plus, peut-être son dessein est-il de tenter l'abordage ; vous allez prendre une mèche, vous descendrez à la Sainte-Barbe, et quand vous m'entendrez donner, dans le porte-voix de combat, l'ordre de bas le feu partout, vous le mettrez aux poudres.

— Oui, général.»

Et l'aide de camp se mit en devoir d'aller remplir sa commission.

Embarqué comme secrétaire de l'amiral, mon poste de combat était à la soute aux poudres; mais l'extrême chaleur qui y régnait, jointe à l'inquiétude où j'étais du sort de cet officier général, auquel j'étais attaché depuis plus de dix ans, ne me permirent pas de rester longtemps loin de lui, et dès la première heure de l'engagement j'étais venu le joindre sur le gaillard d'arrière. Je l'avais suivi dans sa chambre lorsqu'il y avait appelé son aide de camp, et j'avais entendu l'ordre terrible qu'il lui avait donné. Cette résolution désespérée, cet héroïsme tranquille, ce sang-froid dans un péril aussi imminent, m'avaient, pour ainsi dire, pétrifié, et j'étais immobile d'étonnement.

L'amiral, en se retournant pour sortir de la dunette, m'aperçoit. Que faites-vous là ? me dit-il; m'auriez-vous entendu? — Oui, amiral.

— Tant pis, car l'ordre que je viens de donner doit être secret. — J'en sens trop la conséquence pour être tenté de le divulguer ; mais me permettez-vous, lui dis-je, de vous soumettre une observation?

— Parlez.

— La résolution que vous avez prise de ne point amener votre pavillon est louable, sans doute, elle est commandée par un sentiment que j'admire ; mais celle de faire sauter votre vaisseau, pour vous soustraire à cette nécessité, ne me paraît pas de la même nature. On vous a dit que cinq cents hommes restaient encore intacts, un grand nombre d'autres ne sont que blessés; jusqu'à quel point avez-vous le droit de disposer de la vie de tant de braves gens que les hasards d'un affreux combat ont épargnés? Et puis, cet héroïsme que je me permets de blâmer ici, sera en pure perte pour votre gloire : on ne saura point que c'est par votre ordre que l'Impérial aura sauté, et l'on attribuera ce terrible dénouement à un événement du combat.

—Jeune homme, me répondit froidement l'amiral, vous n'êtes point en état d'apprécier ma position, ni le sentiment qui me domine en ce moment. La destruction spontanée de mon vaisseau, entouré comme il l'est par six vaisseaux ennemis, doit les entraîner dans ma perte, et c'est une victoire que je remporte en mourant. » A ces mots, il s'éloigne, me laissant muet de surprise.

Heureusement les destins en ordonnèrent autrement. En arrivant sur le pont, l'amiral s'était informé s'il y avait encore une ancre disposée pour le mouillage, et on lui avait rendu compte que le seul câble qui restât venait d'être coupé.

Le mât de misaine de l'Impérial, quoique criblé de boulets, et coupé au-dessous de la hune, était seul resté debout ; une assez grande partie de la voile y était encore attachée ; l'amiral ordonna de l'orienter, et de faire route pour la côte, dont nous étions alors éloignés d'une lieue au plus.

Trois des six vaisseaux dont nous étions entourés, voyant cette manœuvre, nous abandonnèrent ; les autres nous suivirent en nous canonnant. Nous ripostions à leur feu, tout en faisant route ; mais bientôt ils prirent la bordée du large. A midi et demi une violente secousse annonça que le vaisseau touchait; il échoua, et vint en travers bâbord à terre. Au même moment ce qui restait du mât de misaine tomba. La côte sur laquelle nous avions échoué était hérissée de rochers escarpés, la plage même était du roc. Toutes les embarcations ayant été mises hors de service, on s'occupa de former une drome pour y placer les blessés et les transporter à terre. Mais ce transport offrait une grande difficulté. J'ai dit que l'Impérial était échoué sous des rochers; les blessés placés sur la drome, et arrivés à la côte, étaient alors, au moyen d'un appareil établi sur le moins élevé de ces rochers, hissés et mis à terre dans une savane où ils recevaient les secours qu'exigeait leur état. La violence du vent de nord-est qui régnait, et la grosse mer, retardèrent beaucoup cette opération qui dura trois jours entiers. Terminée enfin, le 8 février au soir, l'amiral Leissègues, avec ce qui lui restait d'officiers et d'équipage, quitta l'Impérial, emmenant avec lui l'aigle et le pavillon qu'il avait si vaillamment défendus.

Le feu acheva de détruire les restes de ce vaisseau.

Le Diomède, qui, comme l'Impérial, était aussi venu s'échouer à la côte, fut moins heureux, le troisième jour après son échouement, les Anglais envoyèrent plusieurs chaloupes armées qui prirent possession de ce vaisseau, firent prisonniers le brave capitaine Henri, ses officiers, ce qui restait de son équipage, et y mirent le feu en s'éloignant. Telle fut l'issue d'un combat qui, soutenu contre des forces aussi inégales, ne doit pas être jugé sur ses résultats, mais apprécié sous le rapport de la bravoure et du caractère qu'a déployés l'amiral Leissègues dans une circonstance aussi difficile.

J.-F.-G. Hennequin.

Rochefort, l'arsenal. par Van Tenac.

«Despair and die.»

Avant le XI ème siècle, la féodalité avait bâti au milieu des marais, sur la rive droite de la Charente, à deux lieues de la mer, un manoir seigneurial jusqu'alors sans importance historique.

Le noble castel, environné des cabanes de quelques manants adonnés à la pêche ou à l'agriculture, devait son nom Rupefortium à la colline sur le penchant de laquelle il était situé.

Dans les guerres de la France avec l'Angleterre, dans les guerres de religion, dans les troubles civils qui ont ensanglanté l'Aunis et la Saintonge, le château de Rochefort a souvent figuré. Tour à tour pris et repris, tour à tour échangé et repossédé, il compta parmi ses nobles maîtres des rois de France, d'Angleterre ou d'Ecosse, de hauts barons, de vaillants chevaliers, d'heureux courtisans, puis enfin un valet privilégié [30], aux héritiers duquel appartenait encore, en 1665, la châtellenie de Rochefort.

A cette époque, Louis XIV, préoccupé des moyens d'étendre sa domination, organisait l'armée, et cherchait à créer une marine formidable.

La France négligée sous ce rapport, par l'étranger Mazarin, n'avait encore qu'un seul port de guerre, celui de Brest. Le jeune monarque en voulait un second sur l'Océan, et il avait dit : "Je veux."

Déjà Colbert avait tenté de l'établir à l'embouchure de la Seudre, mais la rivière n'était ni assez profonde, ni assez abritée ; ensuite à Brouage, mais le havre en avait été comblé par Saint-Gelais, obéissant au roi de Navarre et au prince de Condé; puis à Soubise, mais de mer basse, il n'y avait pas assez d'eau sur le rocher; puis à Tonnay-Charente, mais une expérience de deux années avait fait reconnaître que cet en droit du fleuve, d'ailleurs trop éloigné de la rade, n'avait pas une largeur convenable. Ainsi, toutes ces premières tentatives échouèrent devant les obstacles naturels qu'opposaient des localités qui n'avaient pas été suffisamment étudiées. C'est donc à tort que l'historien de Rochefort [31] et ses copistes attribuent les projets indécis de Colbert à l'opposition d'un gouverneur de Brouage et au refus d'un Rohan et d'un Mortemart de vendre au roi leurs domaines. D'ailleurs, le fier despote, alors dans le paroxisme de sa toute-puissance, aurait-il souffert qu'un vassal osât lui résister?.

Enfin, le grand ministre du grand monarque, doué de cette volonté persévérante qui accomplit des prodiges, jeta les yeux sur Rochefort. Il s'empara, au nom de son maître, de ce domaine autrefois aliéné de la couronne, et promit un remboursement qui ne fut point réalisé. La révocation de l'édit de Nantes et les rigueurs de 95 condamnèrent au silence les châtelains spoliés : ils étaient de la religion et de la caste proscrites, l'une par la liberté du fanatisme, l'autre par le fanatisme de la liberté.

---

[30] Adrien de Lozeré, premier valet de chambre de Henri IV,

[31] Théodore de Blois.

L'emplacement d'un port militaire ne pouvait être mieux choisi qu'à Rochefort. En effet, la profondeur de la Charente y est telle, que les plus grands vaisseaux légers y sont à flot de mer basse ; ce point est favorablement situé dans le golfe de Gascogne, où des escadres peuvent se trouver affalées, et avoir besoin de secours; le mouillage des belles rades des Trousses, de Saumonard, de File d'Aix, des Basques et de Chef-de-Baie, est excellent ; le pays environnant, riche et fertile, fournit la majeure partie des approvisionnements nécessaires à l'armée navale.

Tels sont les avantages qui sans doute furent appréciés par Colbert. Malheureusement les détracteurs de Rochefort n'ont pas la haute capacité de ce ministre habile. Et que reprochent-ils à ce port tant calomnié ? Les sinuosités de la Charente et l'insalubrité de l'air.

Avec les nouvelles machines locomotives, on peut facilement obvier au premier de ces inconvénients. Quant au second, l'état sanitaire de la contrée s'est tellement amélioré depuis trente ans, qu'on ne peut en faire l'objet d'une discussion sérieuse. D'ailleurs, les Hollandais ont-ils jamais pensé à abandonner Flessingue, parce qu'il y règne des fièvres intermittentes?..

L'ingénieur Blondel donna le plan du second port océanien. Il commença les travaux en mai 1666, sous l'active et ardente direction de l'intendant général de la province, M. Colbert de Terron. Six mois après, des chantiers étaient fondés ou construits, des habitations édifiées, une ville peuplée, et la flotte du duc de Beaufort désarmait dans le nouvel arsenal. Le génie d'un grand ministre avait triomphé de la nature : comme Venise et Pétersbourg, Rochefort sortait des fanges d'un marais, et en sortait soudainement. C'est ainsi que l'impatient Louis XIV en tendait être obéi

Cette époque mémorable fut consacrée par une médaille. D'un côté elle représente l'effigie du monarque, avec la légende : Ludovicus XIV, rex christianissimus . Au revers, on voit Neptune sur son char, au milieu de la Charente, traçant avec son trident le plan de la ville et de l'arsenal. Il y a pour inscription : Urbs .et Navale fundata, et pour exergue : Rupefortium, 1666.

Toutefois, il ne faut pas s'imaginer que, dès ces premiers temps, Rochefort présenta dans son ensemble l'aspect imposant d'un grand arsenal maritime. La situation financière de la France ne permettait pas alors de faire face à tant d'entreprises qui marchaient simultanément. Blondel n'avait tracé que l'ébauche d'un port de construction et d'expédition, et jeté à la hâte, sans les coordonner, les établissements dont on avait le plus pressant besoin. En effet, sur une étendue de 2,200 mètres, le long de la rive droite du fleuve, on peut remarquer encore trois grandes divisions :

La première au sud, en partant de l'avant-garde, comprenait le magasin général, les grandes forges et quelques autres ateliers. Elle était séparée de la ville par le chenal de la Cloche, sur lequel s'élevait une porte d'entrée qu'on voyait encore il y a quelques années.

Dans la seconde se trouvaient l'ancien château seigneurial, devenu la résidence du commandant et des ingénieurs de la marine ; puis une partie de la maison du roi, où logeait l'intendant général ; la corderie, et le magasin des colonies, à l'arrière-garde.

La troisième, tout à fait isolée des deux autres par le chenal du port marchand, comprenait le chantier de la Vieille-Forme, chantier qui doit son existence au rocher dans lequel a été creusé le bassin de radoub. En face s'élevaient deux édifices contemporains: le bel établissement des subsistances et le vieil hôpital.

Néanmoins, tout imparfait qu'était encore le port de Rochefort, il opéra dans l'espace d'une année l'armement de trente vaisseaux de ligne, dont sept à trois ponts, et contribua aux glorieux succès de notre marine, lorsque, sous le grand roi, elle étonnait et faisait trembler l'Europe.

Aussi, la prospérité naissante de cet arsenal donna-t-elle de l'ombrage aux ennemis de la France. Le 4 juillet 1674, soixante-quinze bâtiments de guerre, commandés par Tromp, vinrent pour le détruire. Mais on s'était préparé à la défense : une estacade, protégée par plusieurs batteries, barrait l'entrée de la Charente ; des fortifications s'élevaient sur ses deux rives, des camps étaient formés sur les côtes. Instruit de ces dispositions, l'amiral hollandais jugea prudent d'abandonner son entreprise. En se retirant il débarqua à Belle-Île, d'où il fut chassé par Coëllogon, et alla se venger sur Noirmoutiers, qu'il mit à contribution.

Malgré sa royale origine, Rochefort commença de bonne heure à subir la capricieuse inconstance du pouvoir. Dix ans après cet événement, en 1684, peu s'en fallut qu'on ne portât le port et la marine à la fosse du Vergeroux. Les fonds étaient faits pour y bâtir un bassin de radoub, et les ingénieurs en avaient exécuté le tracé. Mais l'intendant représenta à M. de Seignelay que ce serait ternir la mémoire de son père et celle de M. Colbert de Terron. Grâce à cette considération de famille, le ministre révoqua les ordres [32].

De tous temps Rochefort a dû ressentir l'influence des vicissitudes de la marine militaire : de cette marine abandonnée sous le cardinal Fleury, relevée dans la guerre pour la succession de l'empereur Charles VI ; réduite de nouveau à la paix d'Aix-la-Chapelle ; augmentée encore lors de la guerre au sujet du Canada, où Bing fut vaincu par La Gallissonnière, ce glorieux enfant de Rochefort; mutilée dans les combats héroïques et désastreux de la révolution et de l'empire ; dégradée et appauvrie sous la restauration qui subissait le honteux vasselage de l'étranger. Dans toutes ces phases brillantes ou néfastes de la puissance navale, l'état de paix a toujours été funeste à Rochefort. Délaissée par la marine, privée sous les rois absolus de la liberté du commerce, vainement réclamée, la ville ne pouvait, comme Dunkerque, trouver des compensations dans le développement de son industrie paralysée. Et pourtant c'est la seule ressource qui reste aujourd'hui à ses habitants. Car depuis la catastrophe où l'amiral Allemand laissa brûler par l'ennemi son escadre devant l'île d'Aix, Rochefort décline et se meurt frappée d'un injuste anathème. Et pas une voix généreuse et ouïssante ne s'élève en sa faveur!...

Les établissements érigés et groupés depuis la fondation de l'arsenal, dans ses trois centres principaux, n'ont pas corrigé entièrement le défaut d'ensemble

---

[32] Mémoires manuscrits de M. Masse, ingénieur du roi.

précédemment signalé ; mais ils ont fait disparaître de nombreuses baraques en bois couvertes en toile goudronnée, qui étaient une cause permanente d'incendies. Ces constructions mesquines et dangereuses ne renaîtront plus, tant que la sagesse ministérielle, sourde à quelques ambitions envahissantes, persistera à maintenir un corps d'ingénieurs qui a doté les arsenaux maritimes de monuments dont la beauté et la convenance s'unissent aux éléments de stabilité et de durée.

Tel qu'il existe aujourd'hui, le troisième port du royaume offre encore un coup-d'œil attrayant et pittoresque. De l'arrière à l'avant-garde, la Charente décrit un arc dont la courbure est peu sensible. Cette ligne de deux mille mètres de développement est garnie de treize pontons d'amarrages flanqués de navires de diverses grandeurs ; d'une machine à mater dont les agrès se mêlent dans la perspective à ceux des bateaux de servitudes, à ceux de quelques bâtiments armés et du vaisseau amiral, aux cheminées et aux mâts des élégants paquebots à vapeur dont la construction modèle fait tant d'honneur à M. Hubert. Puis d'instants en instants le tableau s'anime et varie par le mouvement simultané des caboteurs du commerce qui se croisent pour échanger les eaux-de-vie, les vins, les denrées précieuses de la Haute-Charente, contre les bois du Nord les fers et les houilles de l'Angleterre.

Les quais parsemés de piles de bois, coupés par des chenaux, bordés d'appontements, de grues à tympans, sont ombragés et accidentés par de belles plantations. Seize cales de construction à toitures fixes ou mobiles s'élèvent de distance en distance, portant et abritant sur leurs plans inclinés les coques plus ou moins avancées de vaisseaux, frégates, embarcations légères qui n'attendent que quelques bordages pour glisser dans le fleuve au bruit des houras. Ici le superbe moulin scieur de long, à la taille élancée, ceint d'une élégante galerie ; là le moulin dragueur, aux formes bataves, rappelant l'un et l'autre le nom de M. Hubert, séparés l'un de l'autre par le double bassin de radoub fermé d'un bateau-porte, entouré de canons-bornes réunis par des chaînes; plus loin, le parc aux ancres, les parcs aux projectiles et aux bouches à feu, enfin la barrière de l'arrière-garde.

Une large chaussée en pavés de granit, parallèle au cours du fleuve, sépare les bâtiments hydrauliques des édifices de l'arsenal placés au second plan. Ses nombreux embranchements multiplient en se ramifiant les voies de communication qui manquaient avant 1710, dans un terrain marécageux. Le nouvel atelier aux artifices, d'une architecture moderne, et l'ancien atelier de la mâture avec ses massifs contreforts, ses larges fenêtres en plein cintre et sa toiture ardoisée, se font remarquer d'abord. Viennent ensuite le nouvel atelier des petites forges dont la charpente est en fer ; le magasin général avec sa longue file de mansardes surannées, ses cours entourées de bâtiments, ses belles salles presque désertes.Par derrière est le bagne dont le personnel, réduit à neuf cents forçats, est logé dans deux anciens magasins aux futailles, entre une cour spacieuse et de vastes jardins potagers qu'envahissent aujourd'hui les empilements de bois. Au nord de l'entrée est l'atelier de la sculpture avec sa jolie façade couronnée d'un fronton aérien qui correspond à la salle des modèles, musée intéressant, décoré par une collection en miniature des objets d'art du matériel naval. Puis, çà et là, des ateliers, des hangars pour abriter les bois, une belle halle de travail où l'on vient d'établir la menuiserie ; l'atelier des tours aux métaux, vieux local où fonctionnent, mues par la vapeur, tant d'ingénieuses machines inventées par M. Hubert, habile et savant ingénieur, à qui l'architecture navale doit une foule d'heureux perfectionnements. En avant est le vieux et noir atelier des grandes forges, masqué par la direction du génie maritime, jeune et jolie construction quadrangulaire, ornée d'arcades, entourée de gazon et d'arbres touffus. De l'autre côté du chenal de la cloche s'élève la direction du port, monument d'un style sévère dont les larges balcons sont posés sur des colonnes pestum. En face, un beau massif de marronniers répand sur le quai la fraîcheur et l'ombrage. Plus loin, l'ancien château seigneurial se montre flanqué de ses pavillons féodaux, vieux de huit siècles passés. Ce fut le dernier séjour des intendants de la restauration, pâles reflets des puissants intendants de l'absolutisme, sous lesquels fléchissaient les amiraux. Avec ce haut maréchalat administratif, a disparu la terrasse envahissante qui, comme eux, étendait trop loin sa luxueuse usurpation. Aujourd'hui, les bureaux du commissariat occupent cette résidence naguère si somptueuse. Le beau portique d'entrée de l'arsenal, orné de sculptures et de grilles formées de lances aux fers dorés, précédé d'une double colonnade latérale, fait un contraste imposant avec les murailles grises de l'antique manoir. Ici viennent d'être bâtis les élégants pavillons de la presse hydraulique, destinée à l'épreuve des câbles-chaînes. Là, l'ancienne église paroissiale devenue successivement magasin, cayenne, caserne, et encore magasin depuis que Rochefort a perdu sa compagnie de mousses. Son clocher sans flèche est surmonté d'un mât pour les signaux télégraphiques. Plus loin, la belle galerie vitrée de l'hôtel de la préfecture réveille de grands souvenirs. Deux fois elle vit Napoléon à l'apogée et au déclin de sa fortune militaire. La restauration y envoya ses princes, le duc, puis la duchesse d'Angoulême, puis l'aventureuse duchesse de Berri. Cet hôtel, avec son parc d'épais massifs d'arbres et de bosquets délicieux, fut la première habitation des intendants généraux de la province. Louis XIV en traça les limites avec l'ongle du pouce, sur le plan qui lui était présenté pour décider un litige. Heureux temps où la volonté d'un roi tranchait des difficultés soumises aujourd'hui à la lente appréciation des tribunaux !

Au bas de la longue terrasse du parc, longé par une cour spacieuse, plantée de deux rangs d'ormeaux, vient le plus ancien des édifices érigés dans l'arsenal : le vaste atelier de la corderie, composé de trois pavillons, dans le style de Mansard. Là, encore, M. Hubert a remplacé avantageusement le travail des hommes par des machines.

Enfin, la direction d'artillerie, bel établissement bâti sur les ruines de l'ancien magasin des colonies, forme la limite de l'arrière-garde.

Au delà du chenal du port marchand, dans un redan au nord de la ville, on voit le chantier de la Vieille-Forme: quelques ateliers, une poudrière, des hangars, deux cales de construction et le bassin de radoub composent cet annexe du grand arsenal.

Dans l'intérieur de la ville, la marine possède plusieurs établissements : la buanderie, la triste et sombre prison Saint-Maurice, et la place qui l'avoisine. Vis-à-vis est la caserne Martrou, la plus ancienne de Rochefort. Ce local, composé de trois corps de bâtiments, entre une cour et un beau champ de bataille, fut meublé autrefois parles habitants dispensés du logement militaire. On l'a transformé en bagne et rendu ensuite à sa première destination. Il est occupé aujourd'hui par le dépôt peu nombreux des équipages de ligne. En montant vers le nord, on voit l'Observatoire et l'école d'hydrographie. Cette maison servait autrefois de caserne à la compagnie des Vermandois, auxiliaires des gardes du pavillon. De l'autre côté de la rue est le tribunal maritime, juridiction exceptionnelle conservée malgré le vœu de la Charte, et la bibliothèque. Plus loin sont les anciens bureaux de l'administration de la marine, qui ont servi de magasin et d'école aux compagnies d'artillerie enlevées récemment au port de Rochefort.

Vient ensuite l'hôtel de la Majorité. La Marine acheta cette maison, en 1817, aux héritiers de la marquise d'Amblimont, qui, dans les beaux jours de sa jeunesse, l'avait obtenue de la royale magnificence de Louis XV. Le fils de cette noble dame, brave officier de marine, se montrait plus orgueilleux de son blason fleurdelisé que fier d'avoir chassé Ruyter de la Martinique. En face de la Majorité et des bureaux du commissariat, dont il a été parlé, est l'ancienne place de l'intendance, bordée de parapets et de jolies plantations. Il y avait là, en 1570, une grande flaque d'eau qui défendait l'approche du château. Au nord du jardin de la préfecture est l'atelier des fonderies, qui date de 1668. On fond dans cette usine des canons de campagne, des clous à doublage et les pièces nécessaires à la réparation des machines à vapeur. Par derrière est le jardin botanique de la Marine plus riche que spacieux. En face s'élève le bel établissement des subsistances. Ses magasins peuvent contenir quatre milliers de rations, ses caves cinq à six mille barriques de vin, six mille quarts de salaison; sa boulangerie peut fabriquer, chaque jour, quarante-cinq mille rations de pain ou dix-neuf mille de biscuit. A la suite de cet établissement, en face de la porte Charente, est l'ancien hôpital que son insuffisance a fait transformer en caserne. On y peut loger un régiment.

Ce local est parallèle à l'hospice des Orphelines, fondation due à la piété bienfaisante de madame Bégon, épouse de l'un des intendants de la marine. Trente orphelines, filles de marins morts au service, et douze veuves de marins ou d'ouvriers sont entretenues dans cet asile qui est doté par la Marine et desservi par six sœurs de la Charité. Depuis peu un pharmacien y distribue des médicaments aux ouvriers de l'arsenal, malades à domicile. En -face de l'angle nord de la caserne Charente, à la porte de la ville, on voit la pompe à feu. Le mécanisme fut confectionné en 1785, d'après le système de Watt, par les frères Perrier. Elle est établie sur un réservoir alimenté par la Charente, et fournit de l'eau à l'hôpital de la Marine et aux irrigations de la ville. Il y avait auparavant une machine hydraulique placée sur bateaux et mue par le courant de la rivière.

Extra-muros, dans l'ouest de la ville, s'élève le magnifique hôpital qui n'a de rival en Europe que celui de Plymouth. Cet édifice est composé de quatre corps de logis réunis par un pavillon central surmonté d'une coupole élégante ; il a une vaste cour coupée de carrés de gazon, et qui se termine à une grille en fer placée sur un parapet bordé d'un large fossé; des promenades plantées de tilleuls et de platanes règnent le long des ailes latérales. Viennent ensuite des servitudes et un jardin spacieux destiné à la culture des légumes et de quelques plantes pharmaceutiques. En face de l'entrée est le cours d'Ablois, belle avenue plantée de quatre rangées d'ormes, qui sert de promenade et de champ de manœuvres. L'hospice est composé de dix-huit belles salles parfaitement aérées, garnies de plus de douze cents lits en fer à une place, non compris les chambres de l'hôtel de Mars où sont traités les officiers. Il est des servi par trente-deux sœurs de Saint-Vincent-de-Paul. Le service d'infirmier est fait en partie par des hommes libres et par des forçats dont la bonne conduite a été éprouvée. Les étrangers visitent toujours le dôme, la lingerie, tenue avec un ordre admirable, la bibliothèque, composée de plus de dix mille volumes, et le cabinet d'histoire naturelle, enrichi par les dons des chirurgiens qui ont fait des campagnes lointaines.

Dans cette esquisse rapide du port et de l'arsenal, on n'a parlé ni des fosses aux mâts anciennement construites, ni des belles fosses à bois qui s'exécutent en ce moment, ni des fortifications établies sur les rives du fleuve, ainsi qu'à l'île d'Aix et à l'île d'Oléron, pour défendre l'entrée de la Charente et protéger les arrivages. Tous ces établissements, tous ces avant-postes sont un accessoire indispensable d'un port de guerre, et ne peuvent trouver place que dans une histoire spéciale de la localité.

LA VILLE.

Jusqu'à ce jour le sort de la ville de Rochefort a été si intimement lié à celui de l'arsenal, que l'on ne peut mentionner l'un sans parler en même temps de l'autre.

La ville, assise en partie sur la pente d'un coteau, en partie sur des marais, est entourée de remparts garnis de belles plantations qui offrent une promenade agréable ; les rues, bien pavées et toujours propres, sont larges et coupées à angles droits ; elles sont ornées de fontaines alimentées par la pompe à feu, et qui coulent dans les ruisseaux; quelques-unes, et entre autres la rue Royale où se tient le marché, sont plantées d'acacias et de peupliers d'Italie ; toutes sont éclairées par des réverbères alignés qui forment le soir des lignes de lumière d'un bel effet; les maisons, d'une architecture simple, sont peu élevées, mais jolies de propreté et de symétrie. Il y en a peu de remarquables ; mais les édifices publics sont grands et beaux.

La place d'Armes, située au centre de la ville, forme un carré régulier. Elle est entourée d'une balustrade en fer et bordée d'une double rangée d'ormeaux. La fontaine est ornée d'un morceau de sculpture estimé des connaisseurs : l'Océan donnant la main à la Charente. Sur la face postérieure de l'édifice, on lit l'inscription suivante:

Læta diù varios errabam Nympha per agros ; Lætior, in vestris mœnibus ecce fluo. En face est l'hôtel-de-ville, qui possède une bibliothèque composée de plus de six mille volumes.

La salle de spectacle est fort jolie, quoique nouvellement décorée avec peu de goût; le collège est d'une architecture élégante ; l'église, qui n'est pas encore entièrement rebâtie, ressemble à celle de Fontainebleau ; la maison d'arrêt est d'un caractère architectural en harmonie avec sa destination; la halle est remarquable par la beauté et la hardiesse de sa charpente. Rochefort a vu naître dans ses murs l'amiral Barin de La Galissonnière, le vice-amiral LaTouche Tréville, les peintres Gauffier et Audebert, les naturalistes Lesson et Quoy; enfin un grand nombre d'hommes distingués.

Les habitants de Rochefort se font remarquer par un caractère indépendant, par des idées avancées; mais, presque tous étrangers au sol, ils montrent peu d'amour de la cité. Quiconque a vécu dans cette ville, en conservera toujours un agréable souvenir.

Van Tenac. Description de la ville en 1852.

Capture de deux corsaires par la frégate « la Justice ». par Vérusmor,

Dans le courant de l'an VI de la république, deux forts corsaires, armés à Malte par des négociants anglais, battaient la Méditerranée entre la Sicile et la côte d'Afrique, et infestaient ces mers par une piraterie vigoureuse et active. Ils portaient un grand préjudice au peu de commerce que la France faisait alors avec le Levant ; ils s'emparaient souvent des transports qui portaient des vivres, des effets d'habillement ou des munitions de guerre à notre armée d'Italie et à l'escadre de l'Adriatique : ces insultes journalières, faites au pavillon français, criaient vengeance : elles ne pouvaient rester impunies dans un temps où l'on était si chatouilleux sur le point d'honneur. La belle frégate la Justice, commandée par le capitaine de vaisseau Villeneuve, fut désignée, comme la meilleure marcheuse de l'escadre de Corfou, pour aller à la poursuite de ces pirates. Elle partit pour remplir sa mission. Arrivé à Malte, le commandant Villeneuve apprit du consul français en cette résidence, que la veille un navire ragusais avait été visité et mis à la rançon par les corsaires qu'il cherchait, et que ces pirates avaient établi leur croisière depuis Malte jusqu'à Tunis, relâchant ordinairement à file de Lampedouze, leur point de ralliement.

Des indications aussi précises suffirent au capitaine Villeneuve ; et la Justice, livrant toutes ses voiles à une brise favorable, cingla le cap sur Tunis.

Elle avait à peine doublé la petite île de Goze, à 2 lieues marines de Malte, que les vigies placées dans ses hunes signalèrent un brick donnant la chasse à deux navires que la blancheur de leurs voiles fit présumer grecs. Le brick aperçut la Justice; il la prit pour un fort bâtiment marchand, abandonna sa chasse et vint à sa rencontre. La frégate, présentant son avant à l'audacieux corsaire, avait le corps masqué par sa voilure qui se confondait avec la terre à l'horizon du pirate, et celui-ci ne pouvait par conséquent la reconnaître. Les deux bâtiments courant à contre-bord, la Justice se trouva bientôt à portée de canon du brick, qui s'était abusé jusqu'au point d'assurer à la corne son grand pavillon anglais.

Parvenue à demi-portée, la Justice hissa son pavillon et fit feu de quelques pièces sur l'ennemi. Le pirate reconnut son erreur alors qu'il n'était plus temps de la réparer ; il essaya vainement d'échapper à son sort : la frégate fit une arrivée et lâcha sa bordée. Le corsaire eut une partie de ses manœuvres coupées ; son pavillon tomba à la mer. On crut un instant qu'il avait amené ; mais il ne filait point ses écoutes et gardait sa position au plus près du vent : une seconde volée le détermina à se rendre. Il fut sur-le-champ amariné. C'était un joli brick armé de douze canons. Il y avait à bord des hommes de onze nations différentes, des femmes, et même des Français qui tâchaient de se justifier, aux yeux de leurs compatriotes, en prétendant qu'ils ne s'étaient embarqués sur ce corsaire que pour trouver une occasion de déserter aussitôt qu'ils auraient pu mettre le pied dans quelque port d'Italie. Tous ces pirates étaient gorgés de butin et de choses précieuses, ce qui excita singulièrement la convoitise des matelots français, absents de leur pays depuis deux ans, et ne recevant pour paye que des assignats qui avaient à peine cours en France et valaient encore moins à l'étranger. Aussi, malgré la discipline et la surveillance

Chébec « Le Requin"

des chefs, manqua-t-il beaucoup d'objets aux prisonniers dans le transbordement qu'on en fit du corsaire à la frégate.

Le brick capturé reçut un équipage tiré de celui de la Justice, et ces deux bâtiments firent route de conserve pour l'île de Lampedouze, où devait se trouver l'autre pirate qui écumait ces parages

Le lendemain, dans l'après-midi, on découvrit la Lampedouze, célèbre dans les annales de la marine par le naufrage de la flotte de Charles-Quint en 1552. Cette petite île, couverte d'oliviers sauvages, est aisée à reconnaître par sa forme en coin de mire. Le temps était magnifique ; il faisait presque calme, et la frégate marchait lentement sous ses bonnettes hautes et basses. Tout à coup la vigie cria : «Navire à terre !

— Quel gréement? — Chebeck. » C'était l'autre corsaire. On eut occasion de remarquer que la figure des forbans pris sur le brick exprimait le contentement : leurs compagnons allaient partager leur sort, et ils trouvaient du bonheur à l'idée de n'être pas seuls dans l'adversité !

La frégate apparut au chebeck comme une montagne à l'horizon. Ce pirate ne tomba point dans l'erreur du brick son confrère : il ne se trompa ni sur la force ni sur l'intention du navire de guerre qui arrivait dans ses eaux. Couper son câble, hisser toutes ses voiles et partir fut pour lui l'affaire d'un instant ; son appareillage se fit avec tant de précipitation, qu'il abandonna dans l'île une partie de ses gens.

Mais comme le chebeck avait beaucoup d'avance sur la frégate, et qu'il pouvait voguer en dépit du calme qu'il faisait, puisque ces sortes de bâtiments vont à la rame ainsi que des galères, on désespérait de pouvoir l'atteindre. Le commandant Villeneuve, vieux marin fertile en expédients, fit passer par les sabords de la batterie de grands avirons de galère sur lesquels tout le monde se rangea; le coup de grog fut distribué pour donner du vent de bras, comme disent métaphoriquement les rameurs, et la frégate, ainsi allégée dans sa marche, fila doucement sur une mer unie où l'on ne voyait d'autre dépression que le sillage du navire. La nuit survint; mais par bonheur il faisait clair de lune. Le commandant Villeneuve, sa lunette à la main, tenait toujours en vue le chebeck, qui, par de fausses manœuvres, tantôt vers tribord, tantôt vers bâbord, cherchait à s'échapper, ce qui retardait considérablement sa marche et dénotait un capitaine peu habile en navigation. Aussi la Justice, gagnant de route sur le chebeck, s'en vit bientôt à une faible distance. Le branle-bas de combat fut ordonné ; on alluma les mèches, on éclaira la batterie; les chefs de pièces et les servants se rendirent à leur poste : tout était prêt pour se donner une peignée. Le commandant, assis sur son banc de quart, n'attendait qu'un moment favorable pour commencer l'action.Enfin ce moment arriva : le pirate se trouvait par le travers de la frégate, à demi-portée de canon; mais au même instant une petite embarcation accosta, portant cinq hommes qui montèrent sans difficulté à bord. C'était un officier du corsaire, envoyé par son capitaine pour examiner de près ce que pouvait être le bâtiment qui le chassait, avec ordre de revenir s'il prévoyait qu'on fût en état de le combattre, et dans le cas contraire, de se rendre à son bord et de tirer deux coups de pistolet, ce qui serait pour le chebeck le signal d'amener. Les coups de pistolet furent tirés, et le pirate se rendit sur-le-champ. C'était le chebeck le Fortunatus, portant vingt-deux bouches à feu, bâtiment qu'on nomma la Fortune, et qui rendit plus tard des services en Egypte sous le brave commandant Perrée. Toute la nuit se passa à transborder sur la Justice les prisonniers du corsaire et à former le nouvel équipage du chebeck. Ici se renouvela pour les marins de la frégate, qui étaient dans le plus grand dénûment, la tentation que leur avait donnée le riche butin des pirates du brick. Les forbans du chebeck étaient mieux gréés encore que leurs camarades capturés la veille : on aurait dit d'autant de commerçants allant vendre leurs pacotilles en foire. Ces pauvres diables eurent fort à faire pour garder leurs effets pendant cette nuit désastreuse pour eux, quelque défense qu'il y eût de les piller. C'était surtout quand les prisonniers descendaient les escaliers de la frégate pour se rendre dans la cale, que l'instant était critique ; se faisant précéder par leur lourde couffe, qu'ils retenaient par la corde qui en étrangle l'ouverture, une main officieuse recevait le sac dans le pont inférieur, en donnant une secousse qui le faisait lâcher à celui qui le portait ; et tandis que la malheureuse couffe disparaissait dans l'obscurité, des mains non moins avides s'emparaient sur le pont supérieur du chapeau en castor du pirate, qui se trouvait ainsi en un clin d'œil débarrassé de tout son mobilier. Des plaintes furent portées, une recherche fut faite : on retrouva plusieurs objets mêlés avec les effets des matelots, et ils furent rendus à leurs propriétaires; mais ce qui avait un peu de valeur était si bien niché, qu'on ne le découvrit point.

La mission de la Justice étant heureusement accomplie, elle fit route le lendemain pour Malte avec les deux corsaires qu'elle venait de capturer en moins de quarante-huit heures. Mais ce beau succès faillit coûter cher aux vainqueurs. L'équipage de la Justice avait été réduit à la moitié de son complément réglementaire pour armer à Corfou des vaisseaux vénitiens, et avec ce peu de ressources il lui avait encore fallu former les équipages des deux navires dont elle venait de s'emparer, de sorte qu'il lui restait à peine les hommes nécessaires à sa manœuvre. Les prisonniers s'aperçurent du peu de monde qui existait abord, et formèrent le projet de recouvrer leur liberté en se rendant maîtres de la frégate. Ils devaient profiter du premier moment où l'on serait obligé de prendre des ris pour s'emparer des coffres d'armes et intercepter la circulation dans les escaliers, tandis que d'autres se porteraient aux écoutilles pour délivrer leurs camarades enfermés dans la cale. Ce complot, assez bien combiné et qui pouvait réussir, fut éventé par hasard. Un matelot, se trouvant couché dans son hamac, entendit tramer cette révolte par les officiers des deux corsaires qu'on avait eu l'imprudence de laisser libres ; il connut leur secret, et fit part des détails de ce téméraire dessein au commandant

Villeneuve. Le brave capitaine, dont les vieux services n'avaient point usé l'énergie, prit promptement des mesures pour empêcher une telle insurrection : deux hommes armés de pistolets et le sabre à la main furent placés à chaque écoutille ; on ne permit plus aux prisonniers de monter qu'un à un pour satisfaire à leurs besoins ; les officiers forbans furent gardés à vue ; les consignes reçurent une exécution sévère de la part les sentinelles ; enfin l'ordre ne fut pas troublé.

Un bon vent succéda à l'insignifiant zéphir de la veille, et bientôt la Justice, le brick et le chebeck atteignirent l'île de Malte, où les armateurs des deux corsaires furent étonnés de voir arriver ces navires avec des équipages français et portant à leurs mâts le pavillon tricolore. De Malte la frégate fit voile pour la mer Adriatique, et conduisit triomphalement ses deux prises à Corfou,

Vérusmor.

Droit de Bris des épaves maritimes par Vérusmor.

Dès qu'il y eut des vaisseaux sur mer, il y eut des naufrages ; de là des débris, des marchandises, épaves ballottées par les vents, poussées à terre et déposées sur le rivage par les flots, sans être l'objet d'aucune réclamation de la part du propriétaire légitime : et la propension innée en l'homme, soit qu'il vive dans l'état de nature, soit qu'il existe en société, de s'approprier ce qui est à sa convenance, dut nécessairement porter les riverains à s'emparer des objets naufragés sur leurs côtes. Ils s'accoutumèrent insensiblement à les regarder comme une proie qui leur était dévolue par le hasard, et ce sentiment négatif du droit de propriété s'enracinant en eux, devint bientôt assez puissant pour pousser leur avarice à les disputer par la force à quiconque venait les réclamer. Cette rapine s'étendant de rivage en rivage, les habitants de toutes les côtes maritimes furent dominés par ce sauvage préjugé, que quand la fureur de la mer disperse sur ses bords les débris d'un navire, ces lambeaux de la fortune des malheureuses victimes de la tempête appartiennent au premier individu qui les trouve. Une barbarie bien plus cruelle s'alliant à ce brigandage, on crut ne devoir ni justice ni pitié aux naufragés étrangers avec qui l'on n'était uni par aucune communication de droit civil, et l'inhumanité les dépouilla de tout, de leurs vêtements même ; on alla quelques parts jusqu'à les assommer ou les mettre en esclavage, leur refusant ainsi le droit naturel qui lie tous les hommes et fait une famille du genre humain.

Le pillage des effets provenant des naufrages était pratiqué chez tous les anciens peuples. Cet état de choses existait au temps d'Homère ; on en trouve de fréquents exemples dans Hérodote et dans Pline. Virgile fait dire à Palinure, cet infortuné pilote du vaisseau d'Enée, tombé à la mer et luttant à la nage depuis trois jours contre les flots orageux :

J'aperçois des humains, j'implore leurs secours.
Et leur lâche avarice a terminé mes jours.

Dans les îles de la Méditerranée, sur les plages de la Grèce, chez les Romains et les Carthaginois, aux rivages de l'Ibérie et des Gaules, sur toutes les côtes, enfin, cet odieux brigandage s'exerçait avec impunité. Il était admis en principe que les épaves maritimes appartenaient au premier trouvant : elles devenaient la proie du plus habile, elles restaient la propriété du plus fort. Selden accuse les Rhodiens d'avoir introduit dans le monde maritime l'abominable coutume de piller les naufragés et de s'emparer de leurs effets, comme en vertu d'un droit de terrage ; J. Selden a peut-être raison, et Loccenius, qui est d'un sentiment contraire, pourrait bien avoir tort. Quoi qu'il en soit, les Rhodiens furent les premiers qui rendirent des lois sur les naufrages, et leur code naval, fondé sur l'équité naturelle, devint autorité sur la Méditerranée, et passa dans la législation des autres peuples. Les lois rhodiennes, antérieures au règne de Salomon, sont le berceau de la jurisprudence nautique de l'antiquité. « Les Romains, qui faisaient des lois pour l'univers, en firent, dit Montesquieu, de très-humaines sur les naufrages : ils réprimèrent, à cet égard, les brigandages de ceux qui habitaient les côtes, et, ce qui était plus fort, la rapacité de leur propre fisc.» Mais avant de donner ces lois, ils avaient toléré longtemps la barbarie des abus qu'elles étaient appelées à détruire ; ils l'avaient en quelque sorte autorisée, puisque l'État lui-même y prenait part depuis des siècles au profit du trésor public. Adrien et son successeur Tite Antonin ont été les premiers empereurs qui aient renoncé au droit de naufrage qu'exerçait le fisc. Ils reconnurent que les débris d'un navire à la côte et son chargement n'étaient point un bien abandonné, mais une propriété particulière qui devait être rendue à celui qui en était possesseur avant le naufrage, à qui on ne pouvait la ravir sans le rendre victime de la plus injuste des spoliations. Ils firent en conséquence les lois humaines dont parle Montesquieu ; mais cette législation en faveur des naufragés fut négligée dans son exécution, tant le mal était invétéré, puis elle tomba tout à fait en désuétude. Pendant la décadence de l'empire, le pouvoir ne pensant qu'à l'or et s'inquiétant peu de faire régner l'équité, la fiscalité qui dimait sur tout s'arrogea de nouveau son immoral droit de naufrage, prérogative qu'elle fut impuissante pour défendre, et que les populations maritimes arrachèrent à sa faiblesse.

L'invasion des Barbares ayant substitué le règne de la force brutale à celui des lois, l'anarchie favorisa le pillage des effets naufragés; cette féroce coutume devint comme un mal endémique qui se propagea partout, qui s'étendit jusque dans les cités et sur les quais des ports. Les riches et les pauvres, les soldats, les chefs d'armées, les gouverneurs de provinces même firent leur profit des désastres maritimes, en se jetant à l'envi sur les épaves comme autant de loups affamés. En ces temps de confusion où le fer, gouvernant les hommes, mettait seul un frein aux excès du désordre social, on avait fréquemment l'exemple de naufrages qui occasionnaient des luttes sanglantes, acharnées, entre les brigands qui s'en disputaient les débris sur la plage.

Ce siècle féroce engendra la féodalité, qui n'eut pas des mœurs moins sauvages. Une multitude de petits despotes, plus ou moins puissants, disséminés de toutes parts, s'établirent dans des châteaux forts, repaires d'iniquités, d'où ils se jouaient arrogamment du genre humain spolié du sol et privé de ses droits naturels. Ces tyranneaux appelés seigneurs, ces cœurs de fer, étrangers à la compassion, se firent un droit exclusif, un privilège seigneurial du pillage des navires assez malheureux pour s'échouer sur les côtes de leurs domaines. Souvent pauvres, toujours rapaces, ces barbares titrés s'emparaient de tout avec une ardeur dévorante, et traitaient sans miséricorde les équipages qui n'échappaient aux dangers de la tempête que pour tomber dans une dure servitude.

Sur ces entrefaites arrivèrent les Normands.

Ces pirates, nés sur des bords orageux où l'on poussait aussi l'inhumanité jusqu'à tirer parti des écueils de la mer, n'apportèrent aucun changement dans la sauvage coutume de voler les marins malheureux.

Ce brigandage en vint à se régulariser, autant toutefois qu'un brigandage peut être régulier. Les seigneurs, comme on vient de le dire, s'arrogèrent la propriété des naufrages, sous le nom de *droit de bris*, et ce fut certainement un des plus odieux des droits féodaux. Ils se mirent également en possession des épaves maritimes appelées harpes marines, du gaulois harpir, prendre, parce qu'on les fit appartenir au roi ou au seigneur du lieu, qui pouvait les faire enlever sans que les propriétaires eussent le moindre recours contre ce vol manifeste. Un droit barbare de naufrage était reçu alors, chez la plupart des peuples de l'Europe, sous le nom français de *lagan, laga maris,* loi de mer, et consistait à rendre propriétés de l'Etat ou du seigneur les navires qui se mettaient à la côte, ainsi que leurs équipages, leurs marchandises, en un mot le vaisseau et tout ce qui était à bord. On rencontre une foule d'exemples de l'exercice de ce droit dans les écrivains du moyen âge. Il était en vigueur sur les rivages de la Méditerranée et de la péninsule Hispanique, dans le Nord, en Angleterre, en Allemagne, en Hollande, et sur plusieurs points de la France, en Gascogne, en Bretagne, mais notamment dans le petit comté de Ponthieu, où, pendant le Xe et le XIe siècle, on poussait la férocité jusqu'à réduire à-la condition de captifs les pauvres mariniers qui naufrageaient sur ses grèves, sans avoir le moyen de payer une rançon pour recouvrer leur liberté. Ailleurs, il arrivait souvent qu'on assommait les naufragés.

Cette inhumanité presque anthropophagique, ces droits de lagan, de bris et d'épaves, droits aussi iniques que sauvages, quoiqu'universellement répandus, attirèrent enfin l'attention des amis de l'humanité et de la justice. Le concile tenu dans la basilique de Latran à Rome, en 1179, défendit ce brigandage en frappant d'excommunication ceux qui s'en rendraient coupables. Mais il fallait autre chose que l'anathème de l'Eglise pour faire cesser un désordre qu'une âpre avarice avait intérêt de maintenir; il eût fallu des lois sévères et la force pour les appuyer. Pour leur part, les rois de France n'étaient guère en état de réprimer ce débordement, eux qui avaient peine à faire respecter leur autorité à tout moment méconnue par des vassaux indociles. Cependant Philippe-Auguste fit, à cet égard, quelque chose pour rétablir l'ordre de la justice. En 1191, il amena les comtes de Flandre et de Ponthieu, la comtesse de Boulogne et le seigneur de Saint-Valery-sur-Somme, à signer à Amiens un traité par lequel ils abolirent conjointement le droit de naufrage dans leurs États respectifs, pour eux et leurs sujets, ainsi que le voulaient les canons du concile de Latran. Mais cette convention ne fut probablement qu'un acte de déférence donné à la cour de Rome ; du moins elle n'eut aucun effet; ses signataires même ne l'observèrent pas : ce fut un traité mort-né.

Déjà l'empereur Andronic Comnène, indigné du pillage qui se faisait des navires brisés ou échoués, au mépris des défenses expresses des souverains ses prédécesseurs, venait d'interdire par des lois sévères le droit de naufrage dans l'empire d'Orient. Les transgresseurs devaient être pendus sur-le-champ au plus haut des mâts, ou, à défaut des mâtures, accrochés à l'arbre le plus élevé de la forêt voisine. Non-seulement les pillards étaient punis, mais il y avait un châtiment rigoureux pour ceux qui auraient pu les empêcher et ne l'auraient point fait. Ces lois de répression furent exécutées ponctuellement du vivant de leur auteur, homme ferme et dont la volonté ployait les obstacles; mais après sa mort le brigandage reprit son cours, favorisé par les sénateurs eux-mêmes, qui étaient assez lâches pour s'en faire un revenu.

Le roi de France Louis IX reconnaissait aussi combien était injuste le droit de naufrage ; et, en 1231, à la sollicitation du commerce maritime, il fit un traité avec Pierre Mauclerc, duc de Bretagne, par lequel celui-ci renonça au droit de bris, qu'il exerçait impitoyablement. Mais cette renonciation, que la justice naturelle voulait pure et simple, fut conditionnelle ; elle n'eut lieu que moyennant certaines taxes à percevoir sur les navigateurs, à qui Mauclerc se réserva de vendre des brefs ou sauf-conduits pour naviguer sur les côtes de son duché. C'était remplacer un acte de barbarie par un acte d'iniquité, et substituer une rapine à une autre. Quoi qu'il en soit, Louis IX sanctionna les prétentions du duc. Il est à remarquer que Louis, tout suzerain qu'il était, crut plus sage d'entrer en composition avec son vassal, que de proscrire l'exercice du droit de naufrage par des ordonnances qu'eussent méconnues les seigneurs ses sujets. Cela nous fait voir combien était bornée alors l'autorité des rois de France.

Vers la même époque parurent les jugements d'Oléron, rendus bien antérieurement pour la plupart, mais réunis en code au XIIIème siècle. Les règlements d'Oléron, modification présumée des lois rhodiennes, sont le point de départ de la législation maritime française. On voit dans ces jugements que le brigandage exercé sur les naufrages n'était pas uniforme partout dans son caractère d'inhumanité : ici, pour ne rencontrer aucun obstacle dans le pillage, on assommait les naufragés; là, on en faisait des esclaves; ailleurs, on se contentait de les abandonner à leurs misères après les avoir volés ; autre part, le seigneur féodal, par un reste de pitié, partageait avec eux leurs dépouilles, mais ce cas était le plus rare. Les lois d'Oléron ordonnaient de porter secours aux naufragés, et de leur laisser tous leurs effets, sans pouvoir rien exiger de la cargaison et du navire que les frais de sauvetage, sous peine d'être excommunié et traité comme voleur. La même peine était portée contre le seigneur qui, à défaut de réclamation des propriétaires dans le terme d'une année, aurait fait son profit d'objets provenant d'un naufrage, au lieu d'en consacrer la valeur en aumônes. Elles abrogeaient ainsi explicitement le droit de bris, et interdisaient aux seigneurs de bénéficier du droit d'épaves ; il n'y avait d'exception que pour les pirates et les ennemis de la religion catholique. Des dispositions générales rigoureuses étaient portées contre ceux qui s'arrogeaient la propriété des navires mis à la côte sur leurs domaines, et ceux qui dépouillaient les naufragés : on devait tremper ces brigands dans la mer jusqu'à ce qu'ils fussent à demi morts, et les assommer ensuite avec une masse comme des loups enragés.

Les règlements d'Oléron, exécutés d'abord sur les côtes de l'Aunis, de la Guienne et du Poitou, parurent empreints de tant d'équité, qu'ils ont servi de base à la législation maritime de la plupart des nations modernes de l'Europe. Henri III, roi d'Angleterre, duc de Normandie et souverain d'Aquitaine, mit en vigueur dans ses Etats, en 1226, les lois navales d'Oléron, sauf la dérogation qu'il y apporta à l'égard des navires dont tout l'équipage aurait péri; ces bâtiments étaient alors acquis au fisc ou au seigneur tenant du roi le droit de bris. C'était là faire revivre la sordide cupidité des barons, et introduire dans la loi un élément de fraude qui ne dut pas manquer d'être exploité aux dépens des navigateurs. Et cependant cet édit fit loi en Angleterre plus de deux cent soixante ans.

Le droit de naufrage, montré dans toute sa laideur et exposé dans ce qu'il avait de plus hideux par les rôles de l'île d'Oléron, commença bientôt à devenir odieux aux peuples maritimes les plus opposés. La ville de Valence en Espagne en décréta l'abrogation dans la seconde moitié du XIIIème siècle, et les peines quelle porta contre les transgresseurs furent à peu près les mêmes que celles prononcées par les jugements d'Oléron.

Vers la fin du même siècle, la ville de Wisby, en Gothland, promulgua aussi des lois, premier code naval qui ait existé dans le Nord, où il fut fait défense aux riverains soumis à sa juridiction de s'approprier les vaisseaux jetés par la mer sur les côtes ou d'en piller les effets, déclarant criminels et punissant comme tels ceux qui usurperaient ce droit contre nature.

En 1495, l'édit de Henri III fut abrogé en Angleterre par les dispositions du traité de commerce conclu entre Henri VII et le duc de Bourgogne, où les contractants stipulèrent l'abolition la plus absolue du droit de bris. Cette déclaration solennelle du droit commun abrogea toute confiscation de navires et d'effets naufragés, soit au profit du trésor public, soit au bénéfice des particuliers. Elle prescrivit que ces objets, s'ils n'étaient point reconnus, seraient recueillis et mis sous bonne garde pendant un an et un jour, pour être rendus intégralement à ceux qui, dans cet intervalle, en feraient la réclamation et justifieraient de leurs droits. Ils étaient tenus seulement à payer les frais qu'aurait occasionnés l'opération du sauvetage, condition dont on ne peut contester l'équité.

Ce fut là, sur cette matière, le premier règlement fait depuis le moyen âge en conformité des principes sacrés du droit humain. La justice de ce code maritime devait prévaloir enfin contre la loi brutale du plus fort et faire règle chez tous les peuples; c'est ce qui arriva.

En France, où le pillage des bâtiments brisés sur les côtes s'exerçait encore généralement, malgré les lois d'Oléron, seule autorité en cette matière, François 1er, introduisit dans la législation navale qu'il créa les principes de la convention de Henri VII. Par son édit de 1543, il abolit le droit de naufrage dans ses Etats, exactement d'après les stipulations de 1495. Il entendait que le tiers des effets non réclamés dans un an et un jour appartint à ceux qui les auraient sauvés, un tiers à l'amiral, et l'autre tiers au roi, ou au seigneur à qui il aurait cédé ce privilège ; mais le parlement, en enregistrant cette ordonnance, limita injustement à deux mois le temps de la réclamation, et voulut que dans tous les cas le tiers des objets naufragés fût dévolu à ceux qui en auraient opéré le sauvement. Ces modifications, apportées dans cet édit par le parlement, furent de nouveau consacrées par les dispositions réglementaires de l'ordonnance de 1584, rendue par Henri III.

Nonobstant les lois, et quelle que fût la sanction pénale qui leur prêtât force, les naufragés n'obtenaient pas toujours justice sur nos côtes; leurs réclamations étaient rarement écoutées : on éludait contre eux des règlements sans autorité devant une coutume en vigueur depuis des siècles, et dont l'usage semblait à ceux qui en tiraient profit un droit légitimé par le temps. Aussi voit-on dans Bodin, que le connétable de Montmorency répondit à l'ambassadeur de Charles-Quint, réclamant deux bâtiments échoués sur les côtes de France, *qu'il était d'usage, chez toutes les nations, que ce qui était jeté par la mer à la côte appartenait de plein droit au souverain.*

Ceci se passait sous Henri II, vers le milieu du xvi e siècle. La réponse du connétable, justement qualifiée de barbare par Loccenius, resta sans réplique et satisfit l'ambassadeur. En effet, tel paraît être encore le droit maritime à cette époque, puisque Doria crut inutile de réclamer des navires naufragés sur les côtes de Provence, persuadé que sa demande n'aurait pas de succès. Ces faits sont des exemples frappants de l'inexécution de l'ordonnance de 1343, et du peu de crédit dont jouissait alors en France l'abolition du droit de naufrage. Si les réclamations portées par des ambassadeurs n'obtenaient pas justice, que pouvaient obtenir de simples particuliers? Rien, assurément : on ne donnait aucune suite à leurs plaintes : on ne daignait même pas leur permettre d'exposer leurs griefs.

Cependant l'autorité royale, prenant de la prépondérance sur les grands vassaux de la couronne, devenait en état de forcer les seigneurs à l'obéissance, de réprimer leurs prétentions arbitraires, et de les contraindre à abandonner l'exercice des droits abusifs qu'ils avaient usurpés au temps de leur puissance. L'édit de 1584, en attribuant à la juridiction de l'amirauté le droit exclusif de connaître des naufrages, ainsi que des réclamations et des différends qu'ils pourraient occasionner, fit beaucoup en faveur de la justice due aux gens de mer, en ce qu'il priva le pouvoir seigneurial d'intervenir dans les bris, et lui en leva à cet égard toute occasion de rapine.

A l'étranger, le brigandage qu'on se permettait sur les choses naufragées excitait également l'indignation du législateur; partout le droit de bris était frappé de réprobation : la Suède, le Danemark et les villes hanséatiques[33] l'avaient aboli; la chambre impériale l'avait prohibé deux fois; Sigismond III l'abrogea en Pologne, en 1598; les Hollandais, les Portugais et les Espagnols ne l'exerçaient plus ; il était anathématisé depuis fort longtemps dans les Etats du pape, et on le réputait vol manifeste sur les côtes de Toscane et du royaume de Naples ; enfin Gênes et la république de Venise l'avaient formellement interdit.

Tel était l'état de droit du naufrage en Europe, lorsque le cardinal de Richelieu fit rendre à Louis XIII l'édit de 1629, confirmant les précédentes abolitions de ce droit. Il était réservé à Louis XIV de régler par le ministère de Colbert tout ce qui concerne les naufrages, le bris, l'échouement des navires et les épaves maritimes; c'est ce que fit son Ordonnance de la marine de 1681. Par cette loi, monument de sagesse et d'intelligence, le souverain prend sous sa protection et sauvegarde les vaisseaux, leur équipage et chargement, qui auront été jetés par la mer sur les côtes de son royaume, ou qui autrement y auront échoué, généralement tout ce qui sera échappé du naufrage.

Ainsi le pillage des objets naufragés ne fut plus défendu comme un acte d'inhumanité, comme un vol ordinaire; il fut en quelque sorte assimilé aux crimes de lèse-majesté. Cette ordonnance prescrivit de donner secours aux bâtiments en détresse, et prononça la peine de mort, sans recours en grâce, contre ceux qui

---

[33] L aHanse était une ligue de villes commerçantes de la Mer du Nord et de la Baltique.

auraient attenté à la vie ou aux biens des naufragés. Dès lors le droit de bris n'exista plus que chez les peuples demi-barbares, sauf pourtant certaines contrées de l'Allemagne, où, en vertu des coutumes locales, on confisquait encore les navires et les effets naufragés, aubaine pour la quelle les intéressés avaient tant d'amour, que des ministres de l'Evangile ne rougissaient pas de prier

Dieu en chaire qu'il se mît beaucoup de bâtiments à la côte. Ces coutumes, qui rompaient ainsi l'harmonie de justice qui lie tous les hommes, ont été observées en partie jusqu'au règne de Frédéric le Grand. Mais ailleurs, si l'on pillait quelque part les navires naufragés, ce n'était plus un privilège, un droit, mais un crime qui encourait le châtiment qu'on inflige aux voleurs de grands chemins.

Observons cependant que le droit de bris, abrogé dans le code maritime, n'était pas aboli dans les mœurs : car proscrire une chose par une loi n'est pas la proscrire dans l'opinion, surtout lorsqu'elle y est enracinée. Quelque sauvage et odieux qu'il fut, le pillage des objets naufragés a subsisté avec vigueur longtemps après avoir été réputé vol par la loi. C'est la civilisation seule qui a détruit graduellement ce brigandage légué aux siècles modernes par les siècles barbares. Pour ne parler que de la France, il est de notoriété qu'autrefois, sous Louis XV encore, et même sous Louis XVI, un naufrage était regardé comme une bonne aubaine par les riverains de plusieurs provinces. C'était à tel point, qu'un curé bas-normand, irrité contre ses ouailles indociles qui ne voulaient plus payer la dîme, leur disait en chaire que Dieu, en punition de leurs péchés, avait cessé depuis douze ans de jeter des navires et d'amener des épaves sur leur côte.

En Bretagne surtout, où le droit de bris exista le plus longtemps, le vol des effets naufragés s'est perpétué jusqu'au delà de la révolution.

Sur les rivages de la baie d'Audierne, un bâtiment n'était pas plutôt à la côte, qu'une nuée de paysans des environs s'abattaient comme des vautours sur ses débris, dévoraient sa cargaison, et s'emparaient de tout ce qu'ils pouvaient emporter. Il fut une époque où ces Calabrais du Corentin massacraient de sang-froid les naufragés pour avoir les hardes, quelque vieilles qu'elles pussent être. Devenus moins féroces, mais non pas plus humains, ils se contentèrent par la suite de les dépouiller vivants, et de les abandonner, dans un état complet de nudité, sur une terre aride, inhospitalière, sans avoir autre chose que le creux des rochers pour se garantir de l'inclémence du temps, et des racines ou des herbes sauvages pour ne pas mourir de faim. Sous la république, six bâtiments d'un convoi de l'Etat se mirent sur les récifs de ce dangereux rivage, et l'on fut obligé d'éloigner à coups de fusil les habitants qui venaient par bandes pour les piller, de faire feu sur eux comme on tire sur les tigres ou les panthères d'Afrique.

On compte aussi parmi ces vampires qu'une honteuse cupidité portait à voler les biens naufragés, les populations quasi barbares des rives du Finistère depuis Pontusval jusqu'au Conquêt. Il y a moins d'un demi-siècle que les habitants de la côte de Plouguerneau, de Kersaint, de Porspoder, avaient encore la cruauté non - seulement de piller tout navire qui se perdait sur leurs bords , mais d'arracher aux naufragés jusqu'aux habits qui couvraient leurs corps engourdis par le froid. De nos jours ces mœurs farouches se sont un peu adoucies; on n'y dépouille peut être plus les vivants, mais la propension au pillage existe encore, et l'on y continue toujours, quand la chose est possible, de faire sa proie des épaves que rejette la mer. Naguère encore les riverains de cette côte sauvage, dans le criminel espoir d'avoir à piller un naufrage, trompaient les navigateurs en promenant au milieu des nuits des feux perfides sur leurs rochers, des fanaux qu'ils balançaient au bout d'une perche, imitant les mouvements d'oscillation que présente la lumière d'un bâtiment ballotté sur les flots, afin de tromper ainsi les navires et de les amener à la côte.

Les paysans des bords du golfe de Gascogne, depuis l'embouchure de la Gironde jusqu'à Santander en Espagne, ne sont guère plus humains ni moins brigands que les demi-barbares des côtes les moins sociables de la Basse-Bretagne : car, en général, s'ils ne ravissent rien d'un naufrage, c'est qu'il leur est impossible d'en prendre quelque chose.

Vérusmor.

La Vénus frégate de 18 de l'ingénieur Sané.

Combat entre les frégates La Vénus et Le Ceylan par Van.Tenac.

A une époque glorieuse pour la France, un homme de génie, qui s'est immortalisé, résumait en lui tout ce qu'il y avait de noble et de grand dans la nation : le sentiment de l'honneur, l'amour de la patrie. Et, comme un astre lumineux, dont les rayons puissants éclairent et fécondent l'univers, il voyait tout ce qui vivait sous sa splendide auréole, tout ce qui subissait son attraction irrésistible, aspirer à grandir, s'efforçant de s'élever jusqu'à lui. Puis un jour, dans sa course rapide, sortant tout à coup de son orbe victorieux, le météore tomba, brisé par sa chute, sur un rocher sauvage, au milieu des vagues de l'Océan. Mais l'éclat qu'il a répandu sur le monde entier ne peut s'éteindre qu'avec les siècles : le soleil cesserait d'exister, que nous le verrions longtemps encore dissiper les ténèbres de la nuit.

Dirai-je le nom qui étonnera la postérité éblouie ?

« Demandez à la terre!
Ce nom? Il est inscrit en sanglant caractère,
Des bords du Tanaïs au sommet de Cédar,
Sur le bronze et le marbre et sur le sein des braves,
Et jusque dans le cœur de ces troupeaux d'esclaves
Qu'il foulait tremblants sous son char. »

Le géant! un regard de son œil d'aigle exaltait sa pléiade héroïque; et, semblable à l'étincelle électrique, un mot tracé par sa main de fer portait l'enthousiasme au cœur des audacieux Argonautes errants sur les lointaines, où leur courage consacrait au feu des batailles le pavillon aux trois couleurs.

Dans cette constellation de guerriers féodalisés par la victoire, rappelons une célébrité dont la marine est fière : l'amiral baron Hamelin. De cette ère mémorable retraçons l'épisode qui forme le plus beau fleuron de la couronne nobiliaire de l'illustre marin : le combat de la Venus et du Ceylan.

La voyez-vous, gracieuse et coquette, inondée de lumière par les feux naissants du jour, légèrement bercée par les lames onduleuses où elle se mire avec amour, doucement caressée par la brise matinale jouant avec son pavillon qui frôle ; cette belle frégate, la voyez-vous ? c'est la Vénus [34] ! Elle aussi est fille des mers; mais elle aime la guerre ; chaude encore du combat de la veille, elle est impatiente de voler à de nouveaux exploits, de conquérir de nouveaux trophées. Ses larges flancs recèlent la foudre; une âme jeune, enthousiaste, avide de gloire; une âme toute française l'anime et l'intelligente; elle semble vivre et vouloir, comme si Dieu l'avait douée d'une vie et d'une volonté. Hier ses quarante bouches de fer vomissaient en grondant la flamme et la mitraille, l'incendie et la mort ; hier l'îlot de la Passe et la frégate l'Iphigénie se rendaient à sa voix formidable unie à d'autres voix tonnantes; hier le yacht britannique amenait, humilié devant nos couleurs impériales. Aujourd'hui la Vénus est au repos, sous le beau ciel des tropiques, en vue de cette Ile-de-France, colonie toujours française, qu'une puissance rivale veut nous ravir,

---

[34] La Vénus a été construite au Havre par l'habile ingénieur Gréhan.

malgré le beau fait d'armes que vient d'accomplir la Bellone pour en assurer l'indépendance. La Vénus est là, mouillée au port N.-O., guettant un ennemi digne d'elle. Ah ! si c'était la redoutable Africaine, que la jalouse Angleterre a fanatisée de sa haine implacable !

Navire ! à ce mot tous les cœurs battent d'espérance, tous les yeux se dirigent vers un même point de l'horizon, sous le vent de file : un trois-mâts, dont les formes vaguement dessinées semblent accuser un vaisseau de la Compagnie, s'approche avec lenteur.

Matinée du 17 septembre 1810. Le capitaine-général de Caen, gouverneur de l'Ile de France, en donne avis au capitaine Hamelin, commandant la Vénus ; « Si vous êtes en mesure de pouvoir appareiller, ainsi que la corvette le Victor, mettez tout de suite sous voile pour donner chasse à ce bâtiment, et, s'il est possible, vous en emparer. »

Qu'un pareil ordre va bien au cœur généreux du capitaine Hamelin, lui qui déjà brûle d'en venir aux mains avec l'adversaire que le sort lui présente !

Deux heures. LaVénus et leVictor, favorisés par une belle brise de S.-E.,cinglent chargés de voiles vers le bâtiment ennemi. Cependant Hamelin regrette cent soixante hommes de son équipage, bien instruits, bien disciplinés, que le gouverneur a retenus à terre. Il a fallu les remplacer par des étrangers, des hommes de couleur, des matelots en subsistance, des dos blancs, marins improvisés; mais le capitaine de la Vénus espère dissimuler à l'ennemi cette composition de son équipage actuel. Il place ses meilleurs hommes à la batterie, et sous ses yeux, les nouveaux venus, à défaut des matelots d'élite gardés par lui précieusement depuis quatre ans pour un jour de combat. L'état-major est excellent, capable de faire également bien servir le feu et la manœuvre. Le lieutenant en pied, Ducrest de Villeneuve ([35]), officier du plus grand mérite, a son poste sur le gaillard d'avant, avec l'enseigne de vaisseau Roquefeuille; la batterie est commandée par le lieutenant de vaisseau Longueville, ayant sous ses ordres le lieutenant d'artillerie Heudes et l'enseigne de vaisseau Dieudonné ; les enseignes Mauclerc et Viellard sont sur le gaillard d'arrière. Les aspirants sont pleins de zèle et de dévouement, et le capitaine peut compter sur les cent cinquante hommes de son ancien et vaillant équipage. Chacun est à son poste de combat, chacun est prêt à vaincre ou à mourir pour la France. Neuf heures trois quarts. On voit distinctement la frégate ennemie, (car c'est bien une frégate,) chassée devant la Vénus qui la poursuit avec toute la vitesse d'une marche supérieure.

Ciel ! je te rends grâce, se dit l'intrépide Hamelin, puisque tu n'as pas permis qu'à la faveur de la nuit elle échappât à ma vue. Dussé-je y périr, elle sera prise ! J'entends nos gens crier : Vive l'Empereur ! C'est d'un bon augure; ils ont confiance en moi, je vais la légitimer ! Je me suis dit souvent qu'il y a peu de mérite à réussir, quand on a tout ce qu'il faut pour cela. C'est aujourd'hui qu'il faut que je

---

[35] Alexandre Louis du Crest de Villeneuve,1777-1752. il livre beaucoup de combats maritimes, plusieurs blessures. 1829 contre amiral, préfet maritime en 1833.

m'applique cet adage, c'est cette nuit qu'il faut combattre et vaincre avec des hommes de toutes les couleurs que je n'ai pas l'avantage de connaître.

Relisons la lettre dont m'honora S. M. I. et R. avant mon départ de France. Elle sera sur moi pendant l'action. « O Napoléon ! tu savais enfanter des prodiges ! » Minuit, On distingue les feux de la frégate ennemie ; elle approche malgré elle, semblable à ces animaux qui veulent en vain se soustraire à la fascination magnétique du reptile prêt à les dévorer. Hamelin vient de visiter la batterie de la Vénus; elle est magnifique ; tout le monde paraît y partager la noble impatience du chef, tous les cœurs sont électrisés. Officiers, aspirants, canonniers, chacun se promet de rivaliser de courage. Le temps écoulé depuis le départ a été utilement mis à profit : les hommes les moins expérimentés sont préparés à la lutte qui va s'engager. Le vent est toujours au S.-E. variable à l'E.~ S.-E. ; belle brise pour manœuvrer. Hamelin veut commencer l'engagement de très-près, afin de réduire promptement son ennemi. Mais celui-ci prend toujours chasse sur Saint-Denis, où des forces anglaises bien supérieures sont prêtes à sortir pour le protéger. Il faut tâcher de le faire amener avant qu'il parvienne au mouillage. La terre n'est plus qu'à trois lieues de la Vénus. Dégagée des nuages qui la voilaient, la lune est brillante. Va-t-elle éclairer le succès de nos braves?...

Le Victor ne paraît pas, il n'a pu suivre sa conserve, elle marche si vite! «Tant mieux, se dit dans son noble égoïsme le vaillant capitaine Hamelin; j'aurai vaincu, j'espère, quand il arrivera. »

Une heure. L'ennemi est à portée de canon de la Vénus. Quel silence ! quelle anxiété dans tous les cœurs! on n'entend que le cri des poulies ou le sifflet aigu du maître d'équipage... « Cargue les basses voiles et les perroquets! Gouverne dessus!» Encore vingt minutes. Voici l'ennemi! la Vénus est à portée de fusil, sous le vent à lui. Feu! Elle lui envoie sa volée de bâbord; il riposte par une artillerie bien nourrie et par une forte fusillade, mais sans diminuer de voilure, sans cesser de manœuvrer pour gagner la terre dont il s'approche toujours. La Vénus revire de bord dans le bossoir de tribord de l'anglais, passe par derrière et lui lâche sa volée de tribord ; elle revire de nouveau dans son bossoir de bâbord, et le combat de très-près par tribord. La lutte continue ainsi pendant trois heures; les deux athlètes se disputant l'avantage du vent où se trouve le mouillage de Saint-Denis, que l'ennemi cherche à atteindre. On dirait deux lions rugissants, dont l'un mord et se défend, en fuyant son agresseur plus acharné, qui tourne et retourne autour de lui, l'étreint, le déchire de ses dents meurtrières. Quel spectacle offre un instant la batterie de la Vénus! hommes de toute couleur, de toute profession, étrangers à cette terrible péripétie, sont d'abord assourdis par le bruit retentissant du tonnerre qui gronde par la bouche des canons; glacés d'épouvante à la vue du sang qui ruisselle et se fige sous leurs pas chancelants, à la vue de ces braves et infortunés Heudes et Dieudonné et de leurs compagnons renversés, déchirés, broyés par la mitraille. Mais l'énergie des officiers, mais le roulement du tambour qui bat la charge, I.is ce cri magique: « Vive l'Empereur ! » les ranime, retrempe leur courage abattu, les familiarise avec la mort qu'ils ne redoutent plus, les aguerrit à l'égal des anciens du bord, dont ils partagent la noble ardeur. Par la vivacité de ses mouvements, du feu de son artillerie et de sa mousqueterie, l'ennemi paraît mieux armé que la Vénus, car il manœuvre, combat, et fait la fusillade en même temps; tandis qu'Hlamelin, malgré le zèle des officiers Longueville, Viellard et Mauclerc, est obligé pour brasser, d'appeler ses canonniers, lesquels se multiplient à force de courage et d'activité. Pourtant il ne doute pas qu'avant le retour du soleil sur l'horizon, la frégate anglaise n'ait amené pour la Vénus Quatre heures. Elle combat de très-près l'ennemi à bâbord; pour le suivre, elle est obligée de garder basses voiles, huniers et perroquets. La brise souffle violemment, le mât d'artimon et les mâts de hune de laVénus craquent et tombent le long du bord, à bâbord. Sa batterie engagée de l'avant à l'arrière par la mâture, les cordages, les voiles, va la trahir; l'ennemi va profiter de la nullité des moyens de défense de la Vénus, s'il est maître en stratégie navale, comme un Lhermitte ou un Lucas, ces habiles capitaines. Le feu de l'anglais continue avec plus d'ardeur. Hamelin appelle à l'abordage, dans le dessein d'y faire monter l'équipage ennemi, et de le détourner ainsi de sa batterie. Cette prévision se réalise ; en passant à sa poupe, à demi-longueur de frégate, la Vénus fait sur son adversaire un feu très-vif de mousqueterie, lui lâche sa volée de tribord chargée à mitraille, et continue à le foudroyer par tribord, à une encâblure. Quatre heures et quart. La frégate ennemie est démâtée de ses deux mâts de hune, qui s'abattent le long de son bord à bâbord, et la mettent dans l'état où était la Vénus quelques instants auparavant. Aux cris de Vive l'Empereur! la frégate française redouble sur l'anglais, dont la batterie de bâbord est engagée et ne tire qu'à intervalles de plus en plus rares. Cinq heures. Son silence et la disparition de ses feux annoncent qu'il est amené. L'air retentit des cris mille fois répétés de Vive l'Empereur! Honneur au brave Hamelin ! honneur à ses vaillants officiers, à son intrépide équipage ! La Vénus appelle par des fusées le Victor qui doit bientôt la rejoindre. Au point du jour, il est à trois quarts de lieue de la frégate. Le brave capitaine Maurice, commandant de la corvette, témoigne à Hamelin le regret de n'avoir pu prendre part à l'action. « Pends-toi, brave Crillon '. » Il reçoit l'ordre d'aller demander le nom de la prise et de rallier avec elle. Un officier vient dire que c'est la frégate le Ceylan de vingt- huit canons de 18, douze caronades de 36, et deux obusiers, commandée par le capitaine Gordon, armée de trois cent quatre-vingts hommes dont cent trente soldats, allant de Madras à l'île Bonaparte, ayant à bord le lieutenant-général Abercombie, un nombreux état-major d'armée, le major du génie Maxwell, plusieurs officiers d'infanterie, le payeur et la caisse de l'armée. La Vénus travaille à frapper des balancines sur sa grand'vergue, dont la voile est seule en état de servir; la misaine criblée est en lambeaux. Le lieutenant Ducrest de Villeneuve, qui pendant l'action a secondé si efficacement son capitaine, va prendre le commandement du Ceylan; il a pour officiers les aspirants Poupelet Hamelin. La Vénus reçoit à son bord le général Abercombie, le capitaine Gordon, le major Maxwell et quinze officiers, puis elle fait route pour s'écarter de la terre. LeVictor remorque le Ceylan. L'hymne de la victoire retentit encore à bord de la Vénus. Une division de trois bâtiments de guerre anglais, partie de la baie de Saint-Paul, attirée par le bruit du canon, s'avance sous toutes voiles, avec belle brise, vers le vainqueur mutilé. Voici la frégate la Bodicea et les corvettes l'Aller et le Stanch. Voilà, un peu plus loin, un vaisseau de la Compagnie, armé en

guerre; il marche à leur suite. Sans mâts de hune et sans mât d'artimon, sous ses deux basses voiles, avec un équipage incomplet, la Vénus ne peut, malgré le courage éprouvé des officiers et des marins, manquer de tomber au pouvoir de l'ennemi, qui a sur elle l'avantage du nombre. Hamelin appelle le Victor, lui ordonne de prendre chasse sous son allure avantageuse, de faire route pour le port Napoléon, et de rendre compte au capitaine général de la position de la Vénus. Pour faciliter la fuite du Victor, la frégate oriente à bord opposé à lui et va attaquer la division ennemie.. Cinq heures. La Vénus commence à demi-portée de canon, avec la Bodicea, un duel inégal. Elle combat vergue à vergue, et cède enfin quand le salut du Victor lui paraît assuré Dans ce glorieux revers, état-major et équipage, chacun a également bien fait son devoir à bord de la Vénus, chacun a bien mérité du pays.

« Malheureusement cette action, la plus éclatante de toutes celles qui viennent d'avoir lieu dans les mêmes parages (écrivait le capitaine général de Caen au ministre), n'a pas été couronnée de tout le succès auquel le capitaine Hamelin avait droit de prétendre.»

Mais, consolez-vous, braves de la Vénus! Dans cette mémorable journée, vous avez cueilli des cyprès beaux comme des lauriers.

Van. Tenac.

Note : Ce combat eu lieu dans la nuit du 16 au 17 septembre 1809 au large de la Réunion, baptisée l'île Bonaparte » en 1806, pendant le siège de l'île effectué par les Anglais. Ils attaquent St Paul et St Denis en septembre 1809. Les Anglais fraîchement débarqués écraseront dans le sang deux révoltes d'esclaves en 1810 et 1811. L'île est rétrocédée à la France par l'art. 8 du traité de Paris en 1814.

Gaule maritime. par Henry Martin.

I.
Les Gallo-Ligures. Les Phéniciens. Les Rhodiens. Massale (Marseille).

Les traditions les plus lointaines que les historiens antiques nous aient conservées sur la Gaule, nous montrent des clans galliques établis sur les rives de la Manche, du grand Océan, et sur celles de la Méditerranée, où ils se mélangèrent bientôt de tribus liguriennes sorties de l'Ibérie (Espagne).

Les arts et le commerce étaient complètement inconnus à ces populations plongées dans les ténèbres de la barbarie : presque nues, se peignant ou se tatouant le corps comme les sauvages de l'Amérique, errants et nomades, ils n'avaient pour toute marine que de petites barquesd'osier recouvertes d'un cuir de bœuf; et pourtant, les Gallo-Ligures, avec l'intrépidité naturelle à leur race, se lançaient sur ces fragiles esquifs à travers les écueils et les brisants des côtes provençales ou languedociennes, affrontant mille périls pour s'emparer du poisson de mer nécessaire à leur subsistance, ou du corail dont ils ornaient leurs armes et leurs vêtements.

Les anciens, dont l'imagination poétique aimait à envelopper de symboles l'origine des nations, personnifièrent ces populations primitives en deux héros fictifs : les Liguriens des bords de la mer et les Gaulois des Basses-Alpes et des Cévennes, devinrent Ligur et Albion (de Alb, montagne, en langue gallique), fils de Neptune, géans farouches et indomptés.

Tandis qu'Albion et Ligur dominent dans la contrée, arrive le grand Hercule, non point ce robuste athlète, à demi sauvage, qui revit dans les marbres de la Grèce, mais l'Hercule oriental, l'Hercule phénicien, voyageur infatigable, con quérant civilisateur, être mystérieux dont l'existence est attachée à celle de la ville de Tyr.

Débarqué près de l'embouchure du Rhône, dans la vaste plaine de la Crau, le héros phénicien fut brusquement assailli par Albion et Ligur. Après avoir épuisé en vain son carquois, Hercule, dépourvu de moyens de défense, allait périr sous les coups de ses ennemis, lorsqu'une pluie de pierre tomba du ciel. Se jetant aussitôt sur ces armes envoyées par Jupiter, l'auteur de ses jours, Hercule recommença le combat, et mit en fuite les fils de Neptune; puis il s'avança dans l'intérieur du pays, appelant autour de lui les habitants du fond de leurs forêts, leur enseignant à labourer la terre, à bâtir des demeures plus commodes : < H éleva lui-même, dit l'historien grec Diodore de Sicile, une grande cité nommée Alesia, qui devint la métropole de toute la Gaule, et construisit une large route qui s'élança des cimes des Pyrénées à celle des Alpes, en passant par le Roussillon, le Languedoc et la Provence. »

« Les divinités célestes, dit le poète Silius Italiens, le contemplèrent fendant les nuages, et brisant les cimes de la montagne. » Mais quand Hercule fut retourné en Orient, la cité d' Alesia et les autres établissements qu'il avait fondés déchurent rapidement, et la vieille barbarie effaça presque toutes les traces de son glorieux passage. Le sens de cette légende est facile à saisir, surtout depuis la publication de l'excellente Histoire des Gaulois de M. Amédée Thierry. Hercule n'est autre évidemment que le peuple tyrien incarné dans un personnage idéal; ses aventures ne sont point des fables poétiques, mais des allégories qui traduisent, dans le langage symbolique de la mythologie, les faits réels de l'histoire phénicienne. Les navigateurs orientaux furent donc les premiers hommes civilisés avec lesquels les Gaulois contractèrent quelques relations ; il fallut que les étrangers achetassent le droit de pénétrer dans le pays par une victoire sur les tribus des Bouches-du-Rhône, victoire dans la quelle les cailloux innombrables qui couvrent la plaine de la Crau (Crau, ou Craie, de Craigh, pierre), servirent de projectiles aux frondeurs phéniciens, privés de munitions. Les Tyriens, parvenus au comble d'une prospérité commerciale dont Venise, Gênes ou les communes flamandes du moyen âge donneraient à peine une faible idée, couvraient alors de leurs comptoirs et de leurs florissantes colonies toutes les côtes de l'Afrique septentrionale et de l'Espagne ; attirés dans le midi de la Gaule par le désir d'y établir des factoreries et des stations pour leurs navires, ils revinrent bien tôt s'y fixer en grand nombre lorsqu'ils eurent découvert les abondantes mines d'or et d'argent que recélaient, en ces temps reculés, les Alpes, les Pyrénées et les Cévennes; ils se livrèrent avec ardeur à l'exploitation de ces riches filons, aidés par les indigènes, qu'ils initièrent en récompense aux éléments des arts utiles, et pratiquèrent, pour faciliter les communications, la voie gigantesque dont les Romains retrouvèrent et réparèrent plus tard les débris. Une partie de ces intrépides voyageurs, remontant le Rhône et la Saône, allèrent chercher de nouvelles découvertes et de nouvelles richesses jusque dans la Gaule centrale, où ils bâtirent Alésia; les autres fondèrent Nemausos (Nîmes), et continuèrent, outre les travaux des mines, un grand commerce d'échanges avec les Gallo-Liguriens maritimes, exportant du fer, des grenats, du corail, alors commun près des îles Stœchades (les îles d'Hyères), et important du verre, des tissus, des métaux travaillés et des armes.

Plusieurs siècles s'écoulèrent : la métropole des Phéniciens, la grande Tyr, ayant été prise et saccagée par les Assyriens, la puissance des Phéniciens ne se releva pas complètement de ce coup terrible; tous rapports cessèrent peu à peu entre les colonies des rives de la Méditerranée et l'intérieur de la Gaule, et ces colonies tombèrent successivement au pouvoir des Rhodiens, à mesure que l'active et ingénieuse race hellénique commença de se répandre des mers Egée et Ionienne dans la Méditerranée. Les révolutions de la Grèce empêchèrent les Rhodiens de mettre à profit l'héritage des possessions Tyrrhénienne en Gaule, et, vers l'an 600 avant Jésus-Christ, leurs établissements étaient réduits à une très-médiocre importance, lors qu'un vaisseau de la ville grecque de Phocée, en Eolie, vint jeter l'ancre dans un golfe situé à droite de l'embouchure du Rhône. C'était un jour de grande fête parmi les Ségobriges, tribu gallique des bords de ce golfe. Nann, leur chef, donnait un banquet public pour le mariage de sa fille, qui devait, après le repas, déclarer librement son choix entre les prétendants à sa main. Les Gaulois et les Ligures, assemblés en foule, accueillirent amicalement les Grecs, et les emmenèrent, à peine débarqués, au festin de Nann. La jeune fille, Gyptis ou Petta, parut à la fin du banquet, un vase rempli d'eau à la main ; elle promena ses regards sur l'assemblée, hésita un moment, puis, s'arrêtant en face du patron du navire grec, jeune marchand appelé Euxène, elle lui tendit la coupe. C'était ainsi que, suivant la coutume des Gallo- Liguriens , une jeune fille désignait l'époux quelle préférait. Nann crut reconnaître dans cette inspiration soudaine un ordre des dieux ; loin de s'opposer au vœu de sa fille, il nomma sur-le-champ le Phocéen son gendre, et lui concéda pour dot les terres voisines du lieu de son débarquement. L'heureux Euxène ne quitta plus les rivages où il avait trouvé si subitement une amante et une seconde patrie: « Il fit repartir pour Phocée son vaisseau et quelques-uns de ses compagnons, chargés de recruter des colons dans la mère-patrie. En attendant, il travailla aux fondations d'une ville qu'il appela Massalie (d'où nous avons fait Marseillo en provençal et Marseille en français); elle fut construite sur une presqu'île creusée en forme de port vers le midi, et attenante au continent par une langue de terre étroite (1). »

Une multitude de jeunes Phocéens quittèrent aussitôt l'Eolie, emportant avec eux des outils de tous genres, des graines, des plants de vigne et d'olivier, dont la culture était encore ignorée des Gaulois, et l'on vit promptement arriver devant la cité nouvelle d'Euxène, plusieurs longues galères à cinquante rames, portant à la proue l'image sculptée d'un phoque, armes parlantes de Phocée. Les émigrants déposèrent solennellement, dans un temple rustique élevé à la hâte, un feu pris sur l'autel du principal temple de leur ancienne patrie, et une statue représentant la grande Diane d'Ephèse : puis ils se réunirent à la petite colonie d'Euxène, défrichèrent les forêts des bords du golfe, construisirent une flotte, relevèrent plusieurs des anciens forts et comptoirs des Phéniciens; et Massalie, à peine sortie de terre, devint en très-peu de temps, grâce à son heureuse position et à l'industrie de ses citoyens, l'une des places de commerce les plus florissantes de la Méditerranée.

Elle faillit toutefois, avant la mort de son fondateur, être anéantie au milieu de ses prospérités naissantes. Nann, le beau-père d'Euxène, était toujours resté l'ami fidèle des colons ; mais son successeur, Coman, animé de sentiments bien opposés, et jaloux de l'accroissement rapide de Massalie, résolut d'attaquer cette ville par trahison, et d'en exterminer les habitants. LesMassaliotes, qui ne se défiaient nullement de lui, étaient perdus, si une parente de Coman, amoureuse d'un jeune Grec, n'eût révélé à son amant le sinistre projet du chef des Ségobriges. Les Massaliotes coururent aux armes, et, tombant à l'improviste sur ceux qui comptaient les surprendre, taillèrent en pièces Coman et sa tribu ; cette victoire ne les tira pas de péril ; toutes les populations liguriennes de la Provence se levèrent en masse pour venger leurs alliés, les Ségobriges, et mirent le siège devant Massalie.

La ville hellénique était réduite à l'extrémité: sa perte était certaine, lorsqu'une immense horde de Gaulois, conduite par le fameux Bellovèse, passa le long de la Durance, se dirigeant vers la haute Italie, dont elle allait faire la conquête.

Les Massaliotes, dans leur détresse, implorèrent le secours de ces formidables étrangers ; l'éloquence grecque toucha les héros de l'armée gallique; ils attaquèrent les Ligures, les battirent et les forcèrent de conclure la paix avec les Massaliotes, à des conditions avantageuses pour ceux-ci.

Massalie ne vit plus se reformer de coalition contre elle parmi les Gallo-Ligures ; cependant ces tribus, sobres, rusées, dures à la peine, disent les historiens de l'antiquité, tout en trafiquant avec les Massaliotes, tout en leur fournissant des ouvriers, des laboureurs, des matelots, cessèrent rarement leurs sourdes hostilités contre la colonie phocéenne. Dès que se levait le terrible vent kirk, ou qu'à l'horizon montait un grain menaçant, les Ligures de la côte, audacieux corsaires, sortaient en foule de toutes les criques et de toutes les anses, bondissaient sur la cime des flots tourmentés, avec leurs petites barques et leurs radeaux soutenus par des outres, et allaient assaillir les vaisseaux marchands battus de la tempête. Les nombreuses îles de ces parages étaient autant de repaires de pirates: la répression des brigandages des Ligures coûta une peine infinie à la marine massaliote; en vain les Grecs s'emparèrent des îles, construisirent dans quelques-unes des forts, y placèrent des garnisons; les pirates se firent d'autres refuges sur le continent, et ne cessèrent que très-tard d'infester les rivages de la Gaule et de l'Italie [36].

Les Ligures du Languedoc, plus civilisés que ceux de la Provence, employaient plus honorablement leur aptitude à la navigation; et leur principale cité, Narbo (Narbonne), était depuis longtemps le centre d'un commerce maritime assez étendu : ils eussent pu devenir pour les Mas saliotes de redoutables concurrents; mais, environ trois siècles et demi avant Jésus-Christ, deux grandes tribus de Belges ou Gaulois du Nord, les Arécomices et les Tectosages, franchirent les Cévennes et débordèrent sur tout le Languedoc. Cette invasion ruina complètement la puissance des Ligures de la rive droite du Rhône, tandis que des révolutions lointaines réagissaient au contraire de la manière la plus favorable sur la prospérité de Massalie. Phocée, la mère-patrie de Massalie, à la veille de succomber devant les armées persanes maîtresses de l'Asie-Mineure, fut abandonnée par ses habitants qui préférèrent l'expatriation à la servitude. La plupart de ces exilés volontaires vinrent chercher un asile chez les Massaliotes, et doublèrent ainsi la population et les richesses de la colonie devenue métropole. De grands travaux rendirent le port plus sûr et plus commode : la ville, s'élargissant continuellement, couvrit toute la surface de la presqu'île sur laquelle Euxène avait bâti autrefois quelques centaines d'habitations; et une forte muraille, flanquée de nombreuses tours, isola la péninsule du continent et protégea le port. Massalie, quoique vaste et populeuse, n'offrait pourtant pas encore l'aspect grandiose et monumental qui caractérisa plus tard les villes de la Gaule romaine : quelques édifices publics, quelques temples seuls, revêtus de marbre et couverts de tuiles, surgissaient parmi des maisons de bois et de chaume.

Dès cette époque, Massalie était déjà une puissance maritime du second ordre, et ne craignit pas d'entrer en lutte avec les Carthaginois, dont les intérêts étaient en contact avec les siens. Les Massaliotes eurent l'avantage dans quelques rencontres navales, étalèrent sur leurs places publiques les dépouilles de la fière dominatrice

---

[36] Amédée Thierry, Histoire des Gaulois.

des mers; et Carthage, que d'autres embarras empêchaient sans doute de réunir toutes ses forces pour accabler sa jeune rivale, accepta un traité imposé par Massalie.

Les Massaliotes puisèrent dans leurs succès une confiance et une ardeur toujours croissantes : la sécurité que leur inspira la protection des dieux, manifestée par de si constantes faveurs, donna une forte impulsion à leur esprit aventureux et calculateur tout à la fois. Tout le rivage de Gaule et d'Espagne, depuis Monaco jusqu'à Dénia (dans le royaume de Valence), se couvrit d'établissements massaliotes qui grandirent avec rapidité, et, de simples factoreries, s'élevèrent au rang de belles et riches cités maritimes; les dernières colonies rhodiennes, Rhodanousia (située à l'ouest de l'embouchure du Rhône appelé alors Rhodanos, et Rhoda (Roses en Catalogne), enveloppées par les possessions massaliotes, se rangèrent d'elles-mêmes sous le patronage de la grande ville phocéenne. Vingt places importantes, les unes d'origine phénicienne ou rhodienne, les autres de fondation nouvelle ; le port d'Hercule Monæcos (Monaco) ; Nicœa(Nice) ; Antipolis (Antibes); Athenopolis (la ville d'Athênê ou de Minerve; elle n'existe plus); Olbia (Eaube); Tauroention (le Bras de Saint-Georges et l'E- viscat); Héraclée Cacabaria (Saint-Gilles); Rhodanousia; Agathê Tuchê ou Bonne Fortune (Agde) ; Rhoda (Roses) ; Emporion (Empurias) ; Halônis; Dianion (Dénia) furent les entrepôts et les succursales de Massalie. Les Massaliotes élevèrent de plus nombre de forteresses aux bords de la mer et dans les îles, pour protéger leur commerce, et plusieurs tours pour servir de phares, entre autres une très-célèbre près de la barre du Rhône. Le commerce de l'heureuse république ne prospérait pas moins dans l'intérieur de la Gaule que sur les bords de la Méditerranée : remontant du Rhône dans la Saône, puis de là gagnant facilement la Seine et la Loire, les trafiquants massaliotes semèrent le long de toutes les grandes rivières des comptoirs nombreux, où ils obtenaient, en échange des productions du midi et de l'orient, celles des diverses régions de la Gaule et de la Grande-Bretagne. Massalie, toute livrée à la fièvre des voyages, des courses maritimes, des spéculations industrielles, ne voyait peut-être point encore fleurir dans son sein ces académies, ces écoles littéraires, qui plus tard, durant les longs loisirs de la domination de Rome, lui valurent le titre de seconde Athènes ; mais les sciences exactes y étaient cultivées avec éclat, et beaucoup de ses citoyens se distinguèrent par leurs travaux sur les mathématiques, l'astronomie, la physique, la géographie, la mécanique, et sur toutes les connaissances applicables à la navigation. a Le Massaliote Pythéas, contemporain d'Alexandre le Grand, détermina la latitude de sa ville natale d'après l'ombre du gnomon; et l'exactitude de ses calculs a surpris les savants modernes, qui ne different avec lui que de quarante secoudes. Il fut aussi le premier qui constata la relation des marées avec les phases de la «lune ([37]). »

Voyageur audacieux et infatigable, Pythéas exécuta l'une des plus vastes expéditions de l'antiquité : il fille tour de la plus grande partie de l'Europe, depuis les bouches du Tanaïs dans le Pont-Euxin jusqu'à la Scandinavie, en parcourant

---

[37] Amédée Thierry, Histoire des Gaulois.

toute la Méditerranée, tournant l'Espagne, et remontant de l'Océan Atlantique dans la mer du Nord : on prétend même qu'il parvint jusqu'au cercle polaire.

L'exagération de ses récits et l'étrangeté de ses systèmes discréditèrent cet homme remarquable chez les anciens, moins scrupuleux pourtant d'ordinaire en fait de merveilleux; mais la perte de ses ouvrages, dont il nous reste à peine quelques fragments, n'en est pas moins très-digne de regret. Les principaux étaient le Périple du monde (voyage autour du monde) et le Livre de l'Océan.

Un autre Massaliote, Euthyménès, s'illustra vers le même temps par un voyage de découverte sur les côtes d'Afrique au-delà des Colonnes d'Hercule (le détroit de Gibraltar). En ces âges reculés, où la méthode analytique, l'observation patiente des faits et l'expérience d'une longue suite de siècles n'avaient point encore ouvert aux sciences naturelles leur véritable voie, les hommes les plus instruits et les plus judicieux admettaient souvent de singulières hypothèses pour expliquer les phénomènes de la nature. Euthyménès, d'accord avec beaucoup de philosophes et de physiciens grecs, attribua la douceur des eaux de l'Océan méridional à la proximité du soleil qui leur donnait une sorte de coction, et les inondations périodiques du Nil, aux vents étésiens qui, refoulant pendant un certain temps les eaux du fleuve vers sa source, les laissaient ensuite retomber avec violence, lorsqu'ils cessaient de souffler. Le gouvernement de Massalie était une aristocratie moitié héréditaire, moitié censitaire, les citoyens jouissant d'une certaine fortune ayant droit de siéger dans le grand conseil des Ti~moukhes à côté des patriciens, descendants des fondateurs de la cité. Quant à la religion, l'illustre colonie phocéenne l'avait empruntée à la Grèce, sa mère-patrie : trois divinités principales étaient honorées par les Massaliotes, et passaient pour présider aux destinées de la république; savoir : la Diane d'Éphèse, divinité d'origine orientale et symbolique, dont le culte secret voilait sous ses mystères la déification des forces créatrice et protectrice de la nature ; Minerve, sous le nom hellénique d'Athéné ; et l'Apollon delphien. Apollon, et non pas Neptune, était chez eux le Dieu de la mer et des nautoniers : son culte était souillé d'une de ces coutumes cruelles qu'on retrouve, comme des vestiges ineffacés de la barbarie primitive, dans les rites religieux des peuples les plus policés de l'antiquité.

Toutes les fois que les Massaliotes étaient tourmentés de la peste, rapporte le satirique Pétrone, un indigent se présentait afin d'être nourri une année entière de mets délicats, aux frais du trésor public. L'année écoulée, cet homme, orné de verveine et de vêtements sacrés, était promené par toute la ville avec des exécrations, pour que les maux de la cité retombassent sur lui, puis on le précipitait du haut d'un rocher dans la mer. »

Lorsqu'éclatèrent les fameuses guerres puniques, le rôle de Massalie ne pouvait être douteux : comme son intérêt le lui prescrivait, elle embrassa chaleureusement la cause de Rome, puissance territoriale dont elle pensait n'avoir rien à craindre, contre les Carthaginois, qui aspiraient à l'empire exclusif de la Méditerranée. La chute de Carthage sembla le triomphe de Massalie, non moins que celui de Rome : Massalie hérita du commerce de Carthage dans tout l'Occident, comme elle avait hérité des colonies de Tyr et de Rhodes en Gaule : puis les prodigieuses conquêtes des Romains ouvrirent aux navires massaliotes les mers orientales de Grèce et de Syrie ; et la république phocéenne, par l'immense développement de sa puissance et de ses richesses, égala un moment l'antique splendeur de la Phénicie. Nous jetterons un coup d'œil, dans un second article, sur les causes qui firent décliner assez promptement cette éclatante fortune, avant de passer aux fastes des tribus maritimes de la Gaule occidentale.

II- Masalie et Narbonne.

Massalie touchait au but magnifique de son ambition. Depuis la chute de Carthage, nul pavillon rival ne lui disputait le bassin de la Méditerranée, et le commerce du monde occidental était passé tout entier aux mains de ses hardis armateurs et de ses négocians industrieux. Massalie semblait dire à Rome : A toi la terre, à moi la mer! et Rome était jusqu'alors fidèle à ce pacte : « Partout, en effet, où l'aigle romaine dirigeait son vol, le lion massaliote accourait partager la proie 1.»

Mais l'aigle insatiable de Rome se contenterait-elle longtemps d'un semblable partage? De cette question dépendait tout l'avenir de Massalie, dont la prospérité, frêle comme un arbre qui a grandi trop vite, n'était pas capable de se soutenir sans appui étranger. Massalie elle-même sentit qu'il lui faudrait ployer sous le large et hâtif épanouissement de sa puissance, si elle ne parvenait à s'affermir et à prendre racine sur le continent gaulois. La république massaliote commença donc à tourner ses vues vers les conquêtes territoriales ; mais elle n'en pouvait opérer qu'aux dépens de ces Gallo-Ligures, parmi lesquels elle recrutait d'ordinaire soldats, ouvriers et matelots. Les tribus gallo-liguriennes n'étaient pas disposées à vendre leur indépendance nationale, comme elles vendaient leurs services : elles se soulevèrent contre les voisins avides qui envahissaient leurs terres, et les deux principaux clans de la rive droite du Var, les Oxybes et les Décéates, mirent le siège devant deux des colonies massaliotes, Antibes (Antipolis) ei Nice (Nicœa). La redoutable Massalie, qui jadis avait osé braver Carthage sur les flots, se trouva trop faible sur terre pour réprimer, à vingt lieues de ses murailles, la coalition de que.ques peuplades à demi sauvages. Elle invoqua l'assistance du sénat romain, qui, saisissant avec empressement l'occasion de s'immiscer dans les affaires de la Gaule, expédia sur-le-champ des commissaires chargés d'interposer leur arbitrage entre les parties belligérantes.

Le navire qui portait ces envoyés vint relâcher au port d'Ægitna, petite ville oxybienne, voisine d'Antibes. Les habitons d'Ægitna, informés du motif qui amenait les Romains, et irrités de la médiation étrangère qu'on projetait d'imposer à leurs concitoyens, voulurent forcer les députés à se rembarquer. Les Romains, qui avaient pris terre, se conduisirent avec leur arrogance accoutumée. Des paroles, on vint aux coups : deux Romains furent tués; Flaminius, le chef de l'ambassade, fut blessé, et regagnant son vaisseau à grande peine , fit voile pour Massalie , d'où il informa le sénat des violences commises à son égard. Le sénat accueillit avec une indignation affectée cette nouvelle qui comblait ses vœux. Considérant la guerre comme déclarée entre le peuple romain et les Ligures du Var, il envoya contre eux le consul Quintus Opimius, qui saccagea Ægitna, réduisit la population de celte ville en esclavage, et défit les Oxybes et les Décéates. Les deux tribus se soumirent après une vaillante défense. Opimius les déclara sujettes de Massalie, les désarma entièrement, et les obligea de livrer à perpétuité aux Massaliotes un certain nombre d'otages en garantie de leur obéissance.

Ce fut ainsi que Massalie, pour la ruine de la Gaule et pour son propre malheur, attira les armées romaines en deçà des Alpes (154 ans avant J.-C.).

Ce premier succès engagea les Massaliotes à persévérer dans cette voie funeste ; et peu d'années après, ils rappelèrent les Romains pour asservir, avec leur aide, les Ligures Salyens, qui occupaient la plus grande partie du moderne comté de Provence.

Les Salyens, beaucoup plus nombreux que les Oxybes et les Décéates, opposèrent aux conquérants une plus longue résistance. Les deux peuples civilisés qui avaient juré leur perte employèrent toutes les armes sans scrupule contre ces barbares : l'or et la trahison ne servirent pas les agresseurs moins puissamment que le fer et la flamme. Enfin, plusieurs centaines de bourgades saccagées et dépeuplées, et des milliers de captifs traînés à l'encan sur les marchés de Massalie, attestèrent le triomphe de Rome et de son alliée. Le consul Sextius Calvinus, voulant assurer désormais la libre communication des États romains à Massalie, refoula partout les débris des Salyens et des autres Ligures maritimes dans l'intérieur des terres, leur défendant de jamais approcher d'aucun point de la côte, plus près que de mille pas, et d'aucun port, rade, crique ou anse, de plus de quinze cents pas. Tout ce littoral, vide d'habitants, fut octroyé en toute propriété aux Massaliotes, qui, outre la valeur de cette acquisition, se virent ainsi délivrés sans retour des pirates liguriens.

Massalie paya les bons offices des Romains par un service qui devait être bien funeste à la Gaule : elle engagea l'un des principaux peuples galliques, les Edues (peuple de la Bourgogne et du Nivernais), à contracter avec la république romaine une alliance qui servit plus tard de levier à la politique de Rome pour abattre la liberté gauloise.

Les Romains ne sortirent plus de la Gaule. Après avoir occupé pour leur propre compte presque tout le territoire des Salyens, ils s'avancèrent jusqu'au-delà de l'Isère, et vainquirent, dans une grande bataille au bord du Rhône, la puissante nation des Arvernes, qui étaient venus secourir leurs frères d'armes les Allobroges. Toute la portion de la Gaule à l'est du Rhône fut réduite en province romaine ; et bientôt la contrée entre le Rhône, les Cévennes et les Pyrénées y fut réunie, sous la dénomination commune de Province Narbonnaise, du nom de la ville ligurienne Narbo (121 à 118 ans avant J.-C.). Les Massaliotes avaient espéré sans doute que Rome se contenterait d'étendre sa domination dans l'intérieur des terres, et qu'elle leur abandonnerait les rivages de l'Ibéro-Ligurie (le Languedoc), comme elle avait fait de ceux delà Gallo-Ligurie (la Provence); ils ne reconnurent leur erreur qu'en voyant arriver à Narbo (Narbonne) une colonie romaine sous la conduite de Licinius Grassus, jeune praticien, aussi renommé par ses talens que par sa haute éloquence. C'était un coup de foudre pour Massalie ; car Rome n'avait encore fondé hors de l'Italie qu'une seule colonie sur les ruines de Carthage, et la cité phocéenne ne s'attendait aucunement à cette mesure en dehors des habitudes connues du peuple romain. La grande résolution d'exposer ainsi plu sieurs milliers de citoyens, loin de la presqu'île ausonienne aux flots de la barbarie qui allaient les presser de toutes parts, avait été fortement débattue dans le sénat. Le jeune Ciassus, qui aspirait à l'honneur de diriger les colons sur la terre de Gaule, étala aux Pères Conscrits force motifs très-spécieux; peignit les nouveaux sujets de Rome gagnés aux mœurs et à la civilisation italienne par l'exemple de la future colonie; la mère-patrie avertie et défendue par cette avant-garde vigilante. Il l'emporta; mais le sénat céda peut-être moins à ses argumens qu'à la pensée de donner dans Narbonne une rivale à Massalie. Licinius Crassus fut donc chargé de fonder cet important établissement, et bientôt une image de Rome apparut sur les rives de l'Aude, car toute colonie reproduisait exactement les institutions et les usages de la métropole. Une curie, dont les membres étaient qualifiés de décurions ou curiales, y représentait le sénat; des duumvirs remplaçaient les consuls; des édiles, des préteurs, des questeurs, des censeurs remplissaient les mêmes offices que dans la ville de Romulus, et tout citoyen de la cité fille de Rome conservait la liberté d'aller prendre part aux délibérations et aux votes du peuple-roi dans la mère-patrie.

A peine la colonie fut-elle installée, que des travaux immenses révélèrent le secret de ses fondateurs. L'ancien port ligurien fut changé. Un bras de l'Aude, détourné de son lit par une chaussée de sept milles de long, contribua à former une rade plus sûre et plus vaste; et des ponts furent jetés à grands frais, dans une étendue de quatre milles, sur les étangs et les ruisseaux, qui, très-nombreux à l'est de la ville, inondaient fréquemment les alentours. Narbonne vit s'élever dans son enceinte un capitole, une curie, lieu où se réunissait le sénat local, des temples magnifiques, des thermes, et plus tard une monnaie, un amphithéâtre et un cirque. Elle devint le lieu de station de la flotte militaire qui observait ces parages; et le commerce de l'Italie, de l'Espagne, de l'Afrique, de la Sicile, oubliant le chemin de Massalie, vint s'y concentrer peu à peu.» Cette révolution toutefois fut l'œuvre de longues années, et Rome ne cessa point de ménager une alliée dont le dévouement intéressé pouvait encore lui être utile.

Lors de la grande invasion des Cimbres et des Teutons, les Massaliotes, en effet, secondèrent activement Marius, et ce fameux capitaine leur eu témoigna sa reconnaissance par un don assez précieux. Les bouches du Rhône, encombrées de sable et de limon, étant à cette époque presque innavigables, Marius, pour approvisionner plus sûrement son camp retranché d'Arelate (Arles), fit creuser un grand canal qui partait du Rhône au-dessus d'Arles, et joignait la mer par-delà les plaines de la Crau. Après sa victoire du Cœnus, il laissa aux Massaliotes la propriété de ce canal, dit fossœ Marianœ (les fosses de Marius). Les fosses Marius furent bientôt fréquentées par tous les navires qui voulaient remonter le Rhône et trafiquer dans l'intérieur de la Gaule. Les péages imposes aux bâtimens étrangers devinrent pour la république de Massalie la source d'un revenu considérable, et une ville massaliote, qui emprunta son nom au canal s'éleva près de l'embouchure de ce bras artificiel du Rhône.

Le canal de Marius n'existe plus ; mais le village de Foz indique encore l'emplacement de la ville de Fossœ Marianœ. Malgré ses relations amicales avec Marius, Massalie, de même que Narbonne, embrassa le parti aristocratique dans les grandes guerres civiles de Rome. La ville grecque et la ville romaine combattirent toutes deux sous les enseignes des généraux de Sylla, contre les nations gallo-liguriennes, qui, après la mort de Marius, s'étaient déclarées en faveur de son héritier, l'illustre Sertorius. Massalie et Narbonne obtinrent de Pompée de vastes concessions territoriales aux dépens des Volkes-Arécomikes et des Helves (peuple du Languedoc maritime et du Vivarais). Cet agrandissement faillit coûter cher aux deux colonies. Une insurrection générale lança contre elles toutes les tribus d'entre les Alpes et les Pyrénées; et toutes deux, pressées avec fureur par des masses d'assaillants, eussent succombé sans l'intervention d'une armée romaine.

Ce fut vers cette époque (75 ans avant J.-C.) que Narbonne reçut le surnom de Narbo Martius, sa population s'étant accrue des vétérans de la légion Martia, colonisés dans son sein. Cependant le vieux parti patricien, dont Pompée, après Sylla, était devenu le chef, n'avait pas obtenu un triomphe définitif. Jules César, après avoir préludé à ses vastes projets par la conquête de la Gaule, revendiqua bientôt la succession de Marius. Maître de Rome et de l'Italie, abandonnées par Pompée et par le sénat, César reparut promptement dans la Gaule méridionale, se dirigeant sur l'Espagne, d'où il allait expulser les lieutenants de son rival.

Massalie avait des obligations à César, qui, durant son proconsulat en Gaule, avait favorisé en mainte occasion le commerce de cette république.

Néanmoins l'ancien attachement des Massaliotes pour Pompée, et l'esprit oligarchique de leurs institutions, l'emportèrent sur l'intérêt présent: ils fermèrent leurs portes aux légions du conquérant. Le conseil des quinze se rendit toutefois au camp romain pour conférer avec César. < Votre de voir, leur dit César, est de suivre l'exemple de toute l'Italie plutôt que d'obtempérer à la volonté d'un seul homme. L'Italie et Rome sont pour moi et avec moi contre Pompée : faites vos réflexions. » Les quinze rentrèrent dans Massalie, puis revinrent peu après rapporter à César la réponse du grand-conseil des six cents. < César et Pompée, dirent-ils, ont été tous deux les patrons et les protecteurs de notre cité : à des bienfaits pareils se doit pareille reconnaissance. Nous ne devons donc aider aucun des deux contre l'autre, et nous ne pouvons nuire à l'un en recevant l'autre dans notre ville et dans nos ports. »

César ne s'abusa point sur la prétendue neutralité des Massaliotes; d'ailleurs les négociations n'étaient pas même terminées, que Domitius, l'un des chefs de la faction pompéienne, entra à la tête d'une escadre romaine dans la rade de Massalie, y fut accueilli avec acclamation, et déclaré commandant de toutes les forces de la république. César n'était pas homme à laisser derrière lui des adversaires qui pouvaient couper ses communications avec l'Italie. Il fit en hâte construire des machines de siège, équipa douze galères à Arles, et chargea deux de ses généraux, Decius Brutus et Caïus Trebonius, d'attaquer Massalie tandis qu'il nettoierait l'Espagne des armées pompéiennes.

La lutte s'engagea par une terrible bataille navale en vue du port de Massalie. Les douze galères de César, sous les ordres de Decius Brutus, vinrent audacieusement assaillir les escadres combinées de Massalie et de Domitius, qui comptaient dix-sept galères sans les bâtiments légers. Des bandes farouches de mercenaires Albikes, montagnards gaulois des bords de la Durance ; des gladiateurs, des esclaves, auxquels Domitius avait promis la liberté pour prix de leurs exploits, formaient la garnison des navires pompéiens. Les vieux, légionnaires de César couvraient le pont des vaisseaux de Decius Brutus.

Le choc commença près de l'île qui est située vis-à-vis du port de Marseille. La supériorité du nombre, celle des manœuvres surtout, donna longtemps l'avantage aux Massaliotes. Leurs légères nefs, dirigées par les pilotes les plus habiles et les rameurs les plus exercés de l'Europe, rompirent la ligne des vaisseaux de Brutus, évitant les éperons aigus des pesantes galères romaines, harcelant et fatiguant leurs équipages par des décharges continuelles de flèches et de traits.

La fortune changea lorsque les Romains, assaillis de plus près, parvinrent enfin à faire usage des charpons, des corbeaux ou grappins de fer dont ils s'étaient munis pour forcer leurs ennemis à subir l'abordage. Les Albikeset les esclaves, malgré leur résistance désespérée, succombèrent partout sous l'épée des légionnaires. Neuf galères massaliotes furent prises ou coulées à fond, et le reste, fuyant en désordre, alla chercher un refuge dans le port.

Les opérations du siège furent aussitôt entamées par Trebonius, du côté du continent : c'était une grande et laborieuse entreprise. La seule extrémité de la presqu'île massaliote qui tînt à la terre-ferme était fortifiée par un mur flanqué de tours d'une hauteur extraordinaire, et par une puissante citadelle, capable de défier long temps les tours roulantes et les béliers des assiégeants.

Déjà la défense de Massalie s'était assez prolongée pour que Pompée eût reçu en Grèce les nouvelles du péril que courait sa fidèle alliée et de la défaite de Domitius. Il envoya sur-le-champ dix-sept navires, sous le commandement de L. Nasidius, au secours des Massaliotes.

« Ceux-ci avaient travaillé avec ardeur au rétablissement de leur marine. > Réparant et remettant à flot tout ce qu'ils avaient de vieilles galères dans leurs arsenaux, armant en guerre jusqu'aux barques de pêcheurs, ils y embarquèrent toute la jeunesse, tous les hommes valides de leur cité, et joignirent Nasidius dans le port deTaurœntion (Taurœntium'). D. Brutus, qui croisait dans les parages de Stœchades (les îles d'Hyères), n'avait

pu empêcher cette jonction ; il ne craignit point de présenter le combat aux forces bien supérieures des Pompéiens. Le jour se levait, le ciel était sans nuages, les vents se taisaient, et l'Océan aplanissait ses flots comme pour faire à la bataille un théâtre immobile. Alors, d'un mouvement égal, s'avancèrent les navires de Massalie et ceux de Rome. La flotte des Romains (celle de Decius Brutus) se rangea en forme de croissant; aux deux cornes (ou ailes) se placèrent les galères à quatre et cinq rangs de rames, et les plus fortes des trirèmes; les plus faibles demeurèrent au centre. Au milieu de la flotte s'élevait, pareille à une tour, la poupe du vaisseau prétorien (le vaisseau amiral) ; six rangs de rameurs faisaient tracer à ce puissant navire un large et profond sillon , et ses longues rames s'étendaient au loin sur la mer. Dès que les flottes rivales ne sont plus séparées que par l'espace qu'une nef peut parcourir d'un seul coup d'aviron, mille voix, poussant le cri de guerre, couvrent le bruit des rames et les fanfares des trompettes. Les deux flottes se déploient, les vaisseaux s'écartant prennent du champ pour le combat. Les proues se heurtent à grand bruit, les navires se repoussent l'un l'autre; l'air est sillonné, la mer semée de traits et de javelots. Les vaisseaux de Massalie sont plus prompts à l'attaque, plus légers à la fuite , plus faciles à manœuvrer, et plus dociles aux évolutions que dirige le pilote ; ceux de Rome, au contraire, lourds et solides, sont propres à l'abordage et à la lutte de pied ferme, telle que celle qui se livre sur terre. > Brutus sentit qu'il était perdu s'il lui fallait lutter de manœuvres savantes avec ses rivaux. Il commanda soudain à ses vaisseaux de virer de bord, et de présenter le flanc aux proues ennemies. Alors tous les navires pompéiens, qui donnèrent de la proue dans le flanc des nefs de Brutus, y restèrent attachés, soit par leurs propres éperons, soit par les griffes d'airain qui furent lancées sur leurs agrès. Les rames se tinrent en lacées, et les deux flottes formèrent un champ de bataille immobile. Cette journée se décida, comme la précédente par l'épée des vieux soldats de César. Abandonnés lâchement de Nasidius et de son escadre, qui s'éloignèrent à grande force de rames dès qu'ils eurent réussi à se dégager du combat, les Massaliotes perdirent dix galères; l'élite de leur population fut tuée ou prise, et du camp de Trébonius et des hauteurs voisines, les légions assiégeantes purent voir rentrer au port les tristes débris de l'armée massaliote, au milieu de la désolation générale. Massalie ne se rendit pourtant pas sur-le-champ; exaltée par la grandeur même de ses revers, elle soutint plusieurs semaines, avec héroïsme, les efforts de Trébonius. Enfin, les Romains ayant ruiné l'une des tours, et ouvert une brèche dans le mur de la ville, la constance des assiégés céda devant l'impossibilité d'une plus longue défense. Ils sortirent de la ville en masse, désarmés et vêtus de deuil, et supplièrent les chefs ennemis d'attendre l'arrivée de César pour décider de leur sort. Leurs gémissements, leurs plaintes éloquentes émurent Trébonius; il consentit à épargner provisoirement des ennemis qui se confessaient vaincus, et à ne pas donner un assaut qui eût été infailliblement suivi d'un massacre et d'un pillage universel.

César, vainqueur de l'Espagne, arriva bientôt au camp, et reçut Massalie à discrétion. Le sang de ses habitants ne fut point versé ; leurs propriétés, leurs lois furent respectées ; mais il leur fallut livrer leurs armes, leurs machines de guerre, leur trésor public, les navires qui leur restaient, et recevoir en leur cité une garnison de deux légions (49 ans avant J.-C.). César ne tarda pas à porter un coup plus rude encore aux Massaliotes, par la fondation d'une colonie maritime , Forum-Julii (Fréjus), à l'embouchure de la rivière d'Argent, cité nouvelle qui acquit rapidement une haute importance , devint, sous Auguste, un des principaux arsenaux de l'empire romain, et ne fut pas une concurrente moins dangereuse pour Massalie que Narbonne elle-même. Plusieurs des colonies de Massalie, proclamant et précipitant à la fois par leur conduite le déclin de leur métropole, se séparèrent d'elle pour obtenir le titre de villes romaines. Ainsi la délaissèrent Agalhi (Agde), et la florissante Antipolis (Antibes).

Massalie eût pu se relever d'une terrible catastrophe, si les causes de sa décadence n'eussent été durables et permanentes. N'espérant plus ressaisir sa grandeur première, elle se consola, par les lettres et la philosophie, de la perte de sa puissance, et obtint de ses vainqueurs eux-mêmes le titre glorieux de seconde Athènes. Narbonne fut encore sa rivale dans cette nouvelle carrière, et enfanta comme elle une foule d'orateurs, de philosophes, d'écrivains illustres; mais leurs annales sont absorbées désormais dans les fastes de V empire univer sel, jusqu'aux jours de terreur où l'empire lui-même s'abîme sous le débordement des peuples teutoniques, et de ses provinces démembrées forme les royaumes de l'Europe moderne.

III-Populations riveraines de l'Océan. - Les cités armoricaines, les Vénètes.- Les druidesses des îles.

Tandis qu'aux bords brillants de la Méditerranée, l'éolienne Massalie grandissait et s'épanouissait sous un ciel pur et radieux comme celui de la Hellade, sa mère patrie; tandis qu'une nouvelle Grèce multipliait ses cités, et naturalisait les dieux d'Homère sur les plages de la Gaule ligurienne, des populations gauloises, pures de tout mélange de sang étranger, abandonnées à leur propre génie, se déployaient librement le long des grèves de la mer Atlantique, depuis l'embouchure de la Gironde ([38]2), jusques au-delà du détroit gallique (le pas de Calais), et sillonnaient de leurs nefs audacieuses le sombre Océan.

Une seule de ces tribus, celle des Bituriges- Viviskes, marins actifs et industrieux qui fondèrent Burdigala (Bordeaux),appartenait à la plus ancienne des deux branches dans lesquelles se divisait la souche gauloise primitive : les Bituriges[39] étaient fils des brillants et poétiques Gaïls, et originaires du Berry. Tous les autres clans riverains de l'Océan étaient issus de la race austère, superstitieuse et mélancolique des Kimris, dont nos Bas-Bretons, après tant de siècles, ont encore conservé le langage et le caractère. Mais ces divers peuples, frères de mœurs, de croyances, d'origine, parlant le même dialecte, étaient loin d'avoir une égale importance politique ou maritime. Les Santons (de la Saintonge), les Pictons (du Poitou), les Morins et les Ménapes (de la Picardie et de la Flandre maritimes) nous sont peu connus, du moins comme navigateurs, tandis que le nom des cités armoricaines est parvenu jusqu'à nous entouré d'une juste célébrité.

L'Amorike, ou région de la mer, comprenait la vaste contrée située entre l'embouchure de la Seine et celle de la Loire, c'est-à-dire la Bretagne entière et les trois quarts au moins de la Normandie. Là florissait une fédération de tribus intrépides, « adonnées entièrement à la navigation, possédant une marine

---

[38] (2) L'Aquitaine, de la Gironde aux Pyrénées, était habitée par des tribus iberiennes, étrangères à la race gauloise.

[39] la capitale des Bituriges était la grande cité d'Avaricum (Bourges aujourd'hui)

Navires gaulois.

considérable et faisant la loi sur toute cette mer[40]; » c'étaient les Nannètes ou Nantais, ainsi appelés du mot gaulois « *nant* », rivière, parce qu'ils habitaient près de l'embouchure du grand fleuve Liger (la Loire); les Curiosolites (de Saint-Malo) ; les Osismes (du Léonais); les Redons (de Rennes) ; les Abrincatins (d'Avranches) ; les Unelles (de Valognes et Cherbourg); les Baïocasses (de Bayeux) ; les Lexoves (de Lisieux); mais surtout les belliqueux Vénètes (de Vannes et du Morbihan), qui devaient à leur ardeur voyageuse et traficante durant la paix, à leur courage pendant la guerre, la direction supérieure de la ligue armoricaine.

Les Vénètes presque seuls servaient d'intermédiaires aux relations commerciales des Gaulois du continent avec leurs frères de l'île de Prydain, comme l'on commençait à nommer la Grande-Bretagne, et de l'île d'Erin (l'Irlande). Leurs grands navires, d'une dimension très-supérieure aux galères grecques et romaines, leurs navires aux voiles de peaux, aux ancres retenues par des chaînes de fer en guise de câbles, aux carènes plates, à la poupe et à la proue très-élevées, allaient chercher sur les côtes d'Albion et de Maghaite (la Basse-Ecosse), ou dans l'archipel des Cassitérides (les Sorlingues), l'étain de ces petites îles, le cuivre des mines d'Albion, les pelleteries et les limiers renommés d'Erin et de Celyddon (la Calédonie), qu'ils ramenaient au port de Corbilo des Nannètes (Nantes), le grand entrepôt de la Gaule occidentale. Ces marchandises passaient ensuite des magasins des Nannètes dans les bateaux légers des Gaulois de l'est et même des Massaliotes, qui remontaient par le Rhône, puis par la Loire, jusqu'à Corbilo pour trafiquer avec l'Armorike.

Les peuples de l'Armorike n'étaient pas seulement renommés entre les enfants des Gaules par leur aptitude au négoce et à la navigation ; parmi les bruyères sauvages du Morbihan, sur les rochers arides et lugubres de cette pointe de Gaule qui dominait une mer orageuse inconnue et sans bornes, se cachaient les sanctuaires révérés du druidisme, de cette religion étrange, importée dans la terre gallique par le terrible et mystérieux Hésus, avec ses rites atroces et ses dogmes imposants et grandioses comme les théogonies de l'Inde. Parfois encore, au fond de l'antique Bretagne, on aperçoit, couché dans le sable des landes, ou se dressant de loin à la cime des falaises, un menhir de granit, obélisque rustique, que consacraient les hommes des chênes (les Druides) aux dieux et aux morts ; on se heurte aux pierres dispersées d'un dolmen, dont les piliers informes et la table de pierre ont conservé des veines sanglantes sur leur gris noirci par le temps; c'était là que les Druides lisaient l'avenir dans les dernières convulsions des victimes tombant sous leurs couteaux; là qu'ils examinaient d'un regard inspiré le vol du goéland et de l'oiseau des tempêtes.

Les mystères les plus fameux, les oracles qu'allaient consulter avec la foi la plus profonde les crédules nautoniers, n'étaient pas toutefois ceux du continent gallique. En dirigeant sa nef à travers les récifs et les brisants de la mer armoricaine, le navigateur gaulois, lorsqu'il rasait de nuit les côtes abruptes de quelques-unes des îles nombreuses de ces parages, entendait des cris, des chants, des harmonies

---

[40] Amédée Thierry: Histoire des Gaulois. T.II.

bizarres se mêler aux rugissements du vent d'orage et à la plainte éternelle de l'Océan : il voyait tournoyer sur la pointe des rocs des flammes rougeâtres, de longues chevelures, des figures de femmes tour-à-tour plongées dans l'ombre ou éclairées d'une sinistre lueur. Alors, si le but de son voyage était la guerre ou le commerce, il commandait à ses rameurs de peser sur leurs rames, et précipitait la course de son navire, comme s'il eût été poursuivi par les fantômes qu'il apercevait dans les brumes de l'île sacrée. Si, au contraire, il était parti de Corbilo ou de la cité des Vénètes pour aborder le redoutable rivage, il amarrait son vaisseau au fond de quelque anse solitaire, et, le cœur palpitant d'une religieuse terreur, il pénétrait dans l'asile des prophétesses ; car, sous ce ciel toujours noir et menaçant, parmi ces écueils toujours battus d'une mer grondante, habitaient des femmes douées de facultés prodigieuses, qui soulevaient et apaisaient par leurs chants les vents et les flots, empruntaient à volonté la forme de tous les animaux, guérissaient des maux ailleurs incurables, savaient et prédisaient l'avenir [41].

Auricinis (Aurigny), Uxantis (Ouessant), et principalement la petite île de Sena (Sein ou Sayn), vis-à-vis la pointe de Cornouailles, étaient les retraites les plus renommées des druidesses. Sena renfermait un collège de neuf vierges, qui lui avaient emprunté leur nom de Sènes, vénéré de toute la Gaule et des îles Britanniques, et il n'était pas un marin des Armorikes qui n'eût, au moins une fois dans sa vie, sollicité de ces puissantes prêtresses la révélation de son sort et du succès futur de ses entreprises. Les Sènes ne se laissaient interroger que par les marins seuls, et, entre les marins, par ceux- là seulement qui s'étaient mis en route dans le but exprès de les consulter. Un autre îlot, à l'embouchure de la Loire, était occupé par des prêtresses de la nation des Nannètes : celles-là ne rendaient pas d'oracles, et nul nautonier n'eût osé troubler la solitude de leurs rites inconnus. Cependant elles ne gardaient pas le célibat comme les Sènes; elles s'embarquaient parfois la nuit sur de frêles esquifs pour aller trouver leurs maris sur le Continent; mais, sitôt que le premier rayon de l'aube blanchissait les eaux de la Loire, elles volaient à leurs barques, et regagnaient en hâte leur sauvage demeure.

Chaque année, ces Druidesses nannètes célébraient, dit-on, une cérémonie symbolique, souvent accompagnée d'une sanglante catastrophe : obligées par leur institut d'abattre et de reconstruire en deux nuits le toit de leur temple, recouvert simplement de bois et de chaume, le jour fixé, elles se couronnaient de lierre et de verveine, et se mettaient à l'ouvrage dès l'aurore. Une fois l'œuvre de destruction terminée, et celle de reconstruction commencée, malheur à la Druidesse qui laissait échapper de ses mains quelque partie des matériaux du nouveau toit : elle était à l'instant massacrée et hachée en pièces par ses compagnes.

Cependant l'influence de l'ordre druidique et de son culte sanguinaire s'était affaiblie par suite des révolutions politiques de la Gaule, dans les quelles les rois et les chefs de clans avaient prévalu sur les prêtres, puis les peuples à leur tour sur les rois et les chefs héréditaires. La civilisation progressive des Galls du centre et de

---

[41] Pomponius Mela, 1. ni, c. 5. (géographe romain) qui parle de l'oracle des 9 Sènes qui prédisaient l'avenir et déclenchaient des tempêtes.

l'est se fût propagée peu à peu chez la race kimrique, moins mobile et plus lente au changement que l'autre famille gauloise, si l'invasion étrangère ne fût venue bouleverser violemment les destinées de toutes les nations galliques.

Si les grandes confédérations qui se partageaient la Gaule se fussent réunies contre le conquérant, dès les premières tentatives usurpatrices de Jules César, la liberté gallique eût pu défier et anéantir des forces bien supérieures à celles de l'illustre proconsul; malheureusement, ces diverses ligues étaient indifférentes, sinon hostiles les unes aux autres : à la faveur de leurs divisions, l'adroit Romain put s'établir d'abord comme allié, ensuite comme suzerain (s'il est permis d'employer ici cette qualification féodale), dans la Gaule orientale, et enfin assaillir à son avantage la vaillante confédération kimrique des Belges, qui s'étendait depuis le Rhin jusqu'à la Seine et la Marne.

Vainqueur des Belges dans plusieurs grandes batailles, César détacha vers l'Armorike la septième légion romaine, sous les ordres de Publias Crassus.

Les peuples armoricains étaient restés jusqu'alors immobiles : saisis de stupeur par les désastres de la Belgique, ils ne prirent pas les armes, ouvrirent leurs portes, et livrèrent des otages aux agresseurs peu nombreux, qui parcoururent en tous sens le territoire armoricain sans résistance; aussi Crassus écrivit-il à César que toutes ces cités étaient réduites en l'obéissance du peuple romain. Cependant le proconsul, se défiant de ce facile triomphe, cantonna sept légions en quartier d'hiver sur la rive droite de la Loire et le long des frontières armoricaines. Les craintes de César furent bientôt justifiées : les Armoricains ne tardèrent pas à laisser manquer de vivres les troupes campées sur la lisière de leur pays.

Les lieutenants de César envoyèrent alors dans les cités leurs tribuns militaires et leurs préfets pour obtenir, par la menace, ce qu'on ne leur accordait pas de bonne volonté. Les Vénètes répondirent aux sommations de ces officiers en s'emparant de leurs personnes et les mettant aux fers. A ce signal, les commissaires romains sont par tout arrêtés et retenus captifs. L'Amorike entière se lève de l'embouchure de la Loire à celle de la Seine, et les généraux confédérés écrivent à César : « Rendez-nous nos otages, si vous voulez avoir vos compagnons d'armes! »

César, plus alarmé que surpris de cette nouvelle, accourut aussitôt de la haute Italie, où il était allé passer l'hiver. Après avoir prescrit à ses lieutenants « d'enlever tous les navires gaulois qui se trouvaient à portée, de construire des galères sur la Loire, de faire une levée de rameurs dans la province, de rassembler sur les lieux des marins et des pilotes ([42]1), » il chargea deux fortes divisions de contenir, d'un côté la Belgique, de l'autre l'Aquitaine; envoya Titurius Sabinus, à la tête de trois légions, contre les Curiosolites, les Unelles et les Lixoves, et se dirigea en personne sur le pays des Vénètes, avec le reste de son armée de terre, tandis que sa flotte, commandée par Décius Brutus, qui devait plus tard détruire la marine massaliolte, avait ordre de venir le joindre devant la cité de Vannes.

César et ses cohortes, traversant le pays nantais, pénétrèrent donc sur le territoire vénète. Les bois épais et sombres de l'intérieur des terres n'eussent point

---

[42] (1) César, Guerre des Gaules, liv. III.

arrêté des hommes qui avaient dompté les populations forestières de la Belgique ; mais les immenses marais d'eau salée qui couvraient les côtes devenaient un obstacle presque insurmontable à la marche de l'armée étrangère. Les Vénètes avaient coupé toutes les chaussées qui sillonnaient les étangs et les marécages, et s'étaient retirés en masse dans leurs villes, bâties presque toutes sur des presqu'îles ou des promontoires, que le flux, à certaines heures, isolait entièrement du continent. Le mont Saint-Michel peut donner une idée de la situation de ces places fortes, dont l'abord était également périlleux aux gens de pied, à cause de la rapidité du flux, aux navires, à cause des bas-fonds où le reflux les laissait engravés. César entreprit toutefois le siège de plusieurs de ces villes ; mais « si parfois les Romains réussissaient à construire une digue qui retînt les eaux du flux marin, et à élever leurs ouvrages à la hauteur des murs de la place, les habitants, dès que la résistance leur paraissait utile, faisaient approcher une grande quantité de navires, ce dont ils étaient abondamment pourvus, y embarquaient toutes leurs richesses, et se retiraient dans les villes voisines, où ils recommençaient à se défendre de la même manière. »

César ne pouvait empêcher cette manœuvre, qui ne lui laissait que des murs vides et à demi ruinés pour prix de longs travaux et de longs combats ; il n'avait point de vaisseaux à opposer à ceux des Vénètes et de leurs alliés ; car sa flotte ne l'avait pas rejoint. Les vents terribles qui soufflèrent durant le printemps et l'été retinrent longtemps dans la Loire D. Brutus, qui n'osait s'aventurer, parmi des ouragans continuels, sur ce vaste Océan, où les marées étaient si impétueuses, les ports et les havres si rares, la difficulté de naviguer si grande [43]. »

Enfin, le ciel et les autans s'étant apaisés, D. Brutus prit le large, et ses galères arrivèrent en vue du principal port des Vénètes, près de Vannes, au moment où César lui-même menaçait cette cité. A l'approche des navires ennemis, tous les hardis marins, toute l'ardente jeunesse armoricaine coururent à leurs vaisseaux, et deux cent vingt grandes nefs levèrent l'ancre, et se mirent en ligne vis-à-vis de la flotte romaine. Les Romains parurent d'abord saisis d'étonnement à l'aspect de ces masses énormes dont la solidité défiait les écueils et les tempêtes, et devant lesquelles leurs trirèmes semblaient de fragiles barques. Ils se remirent bientôt de leur première surprise, et la grande bataille s'engagea, en présence de la population vénète, qui couvrait les remparts de Vannes, et des légions de César, rangées sur les dunes de la plage. La journée fut longue, sanglante, acharnée. Durant les premières heures, la fortune parut favorable à la cause de la liberté. Les éperons d'airain qui armaient la proue des galères romaines se brisaient dans le flanc épais des nefs gauloises ; les corbeaux pesants s'émoussaient contre les navires armoricains, sans pouvoir les fixer de leur bec de fer; les tours de bois, garnies d'archers et de frondeurs, qui s'élevaient sur le pont des trirèmes, atteignaient à peine la poupe des bâtiments vénètes; et les traits et les balles de plomb des assaillants allaient hérisser les bordages ennemis ou mourir dans l'Océan, tandis que des poupes armoricaines,

---

[43](1) Amédée Thierry, Hist. des Gaulois

comme de hautes citadelles, tombaient incessamment des tourbillons de gais (javelots gaulois), et de pierres, dont la grêle meurtrière balayait les tillacs romains.

Une arme nouvelle balança l'avantage des Armoricains, et rétablit le combat, Les Romains, fixant à de longues perches de grandes faux au tranchant affilé, cherchaient à les engager dans les cordages qui attachaient les vergues au mât des navires gaulois ; puis, s'éloignant à force de rames, en tirant les perches après eux, ils coupaient ainsi les agrès, et abattaient la vergue ; dès lors les matelots armoricains ne pouvaient plus manœuvrer leurs vaisseaux, ni refuser l'abordage, et, dans une lutte corps à corps et de pied ferme, où les légionnaires de César remplaçaient les gens de traits, ces vieux soldats, mieux disciplinés, mieux armés que les Gaulois, triomphaient infailliblement de leurs adversaires.

Un assez grand nombre de navires vénètes avaient succombé ainsi. Les chefs armoricains ordonnèrent la retraite; les nefs virèrent de bord pour prendre vent arrière et rentrer au port : mais elles ne devaient pas regagner cette retraite. Comme si les puissances de l'air eussent été complices du conquérant, les vents, assez violents toute la matinée, tombèrent tout à coup, et un calme plat enchaîna la flotte armoricaine !

Le désastre fut irréparable. On combattit encore jusqu'au coucher du soleil, bien que tout espoir fût perdu. Lorsque cet astre disparut sous les vagues occidentales, la flotte de la Gaule n'existait plus: sauf quelques bâtiments qui regagnèrent le rivage, toutes les nefs étaient captives, incendiées ou abîmées dans les flots ; toute la vaillante jeunesse de l'Armorike était morte les armes à la main, ou avait cherché dans le sein de l'Océan un asile contre l'esclavage.

Cette grande et funeste journée avait anéanti la célèbre marine des Armoricains. La population sans défense, qui était demeurée dans Vannes, ouvrit ses portes au vainqueur. César voulut terrifier, par un grand exemple, l'esprit indépendant des populations gauloises. Avec cette froide cruauté romaine, cent fois plus odieuse que la férocité passionnée des peuples barbares, il livra au supplice tous les anciens du peuple vénète, tous les membres du conseil national, et fit vendre comme esclaves les débris de cette nation infortunée. Celles des tribus armoricaines qui habitaient la Normandie actuelle ne purent venger leurs alliés : elles avaient perdu sur terre une bataille décisive contre Sabinus, à la même époque où les Vénètes étaient détruits sur mer par D. Brutus. Epouvanté du sort de la plus puissante nation maritime de la Gaule, les Piétons, les Santons, les Viviskes se soumirent, et livrèrent leurs vaisseaux aux lieutenants de César, et l'aigle romaine régna désormais sans partage sur les rivages de l'Océan gallique.

La liberté armoricaine n'avait pas toutefois péri sans retour, et la confédération des cités de la mer devait se relever un moment parmi les ruines du grand empire, puis se dissoudre pour toujours en emportant une nation nouvelle, le peuple breton.

Henry Martin.

Première course de Surcouf sur Le Hazard par L. Garneray.

Avant d'entreprendre le récit de la croisière de ce navire, nous croyons être agréable à nos lecteurs en leur traçant le portrait fidèle du célèbre capitaine qui le commandait et qui devait bientôt, dans les mers de l'Inde, jeter tant de lustre sur le pavillon français; de cet homme qui, dès lors, avec le Hasard, et plus tard avec la Clarisse, la Confiance et le Revenant, devait reculer les bornes du possible dans la carrière des exploits aventureux.

Surcouf était Breton, ainsi que du Guesclin et Latour-d'Auvergne. Sa maison natale sera peut-être entourée un jour, à Saint-Malo, de cette même vénération qui consacre, à Rouen, celles de Corneille, Fontenelle, Jouvenet, Boieldieu et Géricault. Dans tous nos ports de Bretagne, on débite mille récits amplifiés sur ces étranges croisières, qui sont venues par intervalles faire diversion aux triomphes anglais....

Cet homme, nommé Surcouf, ou Surcouf le Jeune, ou Robert Surcouf, ou même encore le gros Surcouf, si l'on veut, haut de cinq pieds six pouces, était vigoureusement charpenté, les yeux un peu fauves, petits et brillants, le visage couvert de taches de rousseur, le nez aplati ; ses lèvres minces s'agitaient sans repos. C'était un compagnon d'humeur joyeuse, brusque et diseur de grosses vérités, enfin ce que les matelots appellent un bon b...

Il était aussi de ceux qui appellent sur eux les regards des autres, qui dominent une foule, apaisent une révolte et forcent un succès. Je ne sais si Surcouf a su jamais obéir ; mais à coup sûr il était né pour commander.

Le public groupé sur les quais du port riait de voir appareiller du Chien de Plomb [44], ce petit Paria de 45 tonneaux, qui se rendait en rade. On plaignait chaudement l'armateur assez hardi pour risquer ses capitaux sur ce you-you allant à la chasse des prises avec vingt-cinq hommes et un mousse, commandés par un inconnu. En effet, il eût été difficile de deviner qu'il emportait à son bord des gens capables de tenter un coup de main aussi extraordinaire que celui qui couronna cette course, prélude des exploits fameux d'un de nos premiers corsaires, spectateurs vulgaires, qui assistent à la naissance d'une vaste renommée, et qui n'y devinent rien ! Mais laissez faire : ces gens, dont la parole n'a pas assez d'ironie pour blâmer l'absurdité de l'entreprise, exalteront plus haut que tous, après la victoire, sa gigantesque audace. Peut-être Surcouf se livrait-il à ces réflexions, tandis que son petit brick se glissait entre les navires de toutes les nations qui encombraient le port, en cherchant à éviter les écueils de la Pointe-aux- Anes, de la Chaussée - Tromelin, de file aux Tonneliers, que ses matelots saluaient de leurs adieux.

Le navire ne resta qu'un jour en rade. Les traînards se rallièrent au coup de partance, et bientôt s'effacèrent, aux yeux de ces vingt-six aventuriers, la colonnade purpurine des Trois-Mamelles, la crête abaissée du Pouce, le cône renversé du Piter-Boat et la montagne de la Découverte, etc. Cette barque téméraire va traverser l'Océan indien, se dirigeant vers le seul passage des vaisseaux qui font le commerce

---

[44] Fontaine située au fond du port, à l'Ile-de-France.

de l'Inde, de ces massifs navires tout hérissés d'hommes et d'artillerie. Mais le nom de Surcouf vaudra cent hommes lorsque, quelques années plus tard, le vent le portera aux oreilles des ennemis, vînt-il d'une simple chaloupe ! Laissez-le, inaperçu, gagner les brasses du Bengale et s'établir aux bouches du Gange. Il y est, il se cache sous le gréement d'un pilot-boat (bateaux-pilotes), il guette. .

La proie viendra.

En effet, la brume épaisse du matin permettait à peine de distinguer une voile à quelques brasses. Dès la pointe du jour on avait crié: «Navire !.. » cri imposant dont un bruit tumultueux est toujours la suite. La lunette du Malouen avait démontré aux moins expérimentés que c'était un vaisseau de la Compagnie des Indes, portant vingt-huit pièces en batterie, et quelques-unes sur son pont. Dès lors, pas moyen de songer à une attaque. A coup sûr, personne n'y pensa, si ce n'est peut-être Surcouf, impatient d'une tentative, las aussi d'une inaction prolongée. Le manteau gris dont l'atmosphère se couvrait de plus en plus, servait d'ailleurs les desseins du hardi Breton, et il résolut d'exploiter l'impossibilité du succès en faveur du succès même.

Quel officier, quel matelot, à bord du bâtiment anglais, ira supposer un instant que ce mauvais brickaillon, avec ses quatre misérables pierriers presque imperceptibles, veut risquer le combat? On ne croit pas à un équipage de fous. Le Hasard approchera tranquillement, sans exciter de défiance : c'était là le grand point ! Son exiguïté lui donne assez l'air de ces nombreux bateaux qui vont chercher les navires au large pour les conduire dans Je Gange : on n'éveillera pas le moindre soupçon. Mais suffit-il de ces chances? Aborder à l'aide d'un brouillard, à l'aide d'une erreur, ce n'est que le premier acte du drame; le second est tout entier dans le courage des hommes qui entourent un chef intrépide. Quelque braves qu'ils soient tous, seront-ils au niveau d'une entreprise aussi audacieuse? Il est des intrépidités que légitime le désespoir ; mais ici point, c'est la honte de reculer ou la soif de l'or qui les anime.

Le malin corsaire interroge donc franchement chacun de l'œil. Il est sûr d'un oui approbatif. A sa mine, au mouvement de sa tête, on a deviné ce dont il s'agit, même avant qu'il ait parlé. Il semble que son enthousiasme exhale une énergie, un espoir de succès qui se communique.

« Voulez-vous? hem !.. Il est fort, mais il est endormi ; jamais nous ne retrouverons ce que le sort nous offre ; merci de la trouvaille, je parie ma tête qu'il est à nous (beau gage, ma foi, pour ceux qui allaient peut-être y laisser la leur); et s'il est à nous, mille bombes, notre fortune est faite. Eh bien! voulez-vous? quoi!... Voulez- vous, mille bombes ? »

Il n'y eut qu'un oui ! dont Surcouf s'efforçait avec la main de tempérer l'éclat ; car s'il exista jamais une circonstance où il fût dangereux de réveiller le chat qui dort, c'était bien celle-là : nous étions si près !

«Alors silence! dit-il ; armons-nous et soyons prêts. » Il désigne six hommes qui ne doivent pas le quitter. « Timonier, laisse arriver Mets le cap droit sur son travers... Halez les canons de dans, on ne s'en servira pas... Amure les basses voiles... Bon ! nous allons l'aborder sous le vent.

Surcouf sur le « Hasard ».

    Ecoutez bien, vous autres: nous sommes enfoncés si nous manquons notre coup ; tandis que pour réussir il faut seulement que chacun de nous tue son homme, pas davantage pour commencer. Je vous réponds du mien ; armés comme nous le sommes, ce n'est pas difficile. Sitôt sur le pont de l'Anglais, d'abord pas de repos, pas de quartier, quoi; à mort, il nous faut les bourlinguer [45] plus vile que ça, tant pis pour ceux qui s'y trouveront ! et tout doit se passer rapide et sans bruit, afin que ceux qui dorment dans la batterie n'aient pas le temps de s'éveiller avant que ce soit fini, et que nous puissions fermer les panneaux. Vous voyez bien qu'en

---

[45] Battre, maltraiter.

cinq minutes la victoire est à nous. Je ne vous cache pas que dans la derlingue (46) il y aura du poil à haler pour tout le monde et peut-être du rejingo (47) pour quelques-uns, mais c'est égal ; d'ailleurs, le premier coinchard (48) qui zizimasse (495), mille bombes, je le déclinque (50) comme un vieux raffiot (51). Mais aussi, après le défructutus (52) des ennemis, rapiamus (53) général sur le hazard (54) et le mouzouroucou (55), et une fois le porte-faix dans le trou de Fanfaron (56), oh ! alors ! alors ! à nous toutes les mulâtresses de l'Ile-de-France et le grand café pour six mois sans déraper, du kief (57) à discrétion et du plaisir de toutes les couleurs, dame, rambou-diguedou (58). » Comme on peut le penser, l'éloquente harangue du noble Malouen produisit sur son auditoire avide une impression galvanique.

«Houra!..» crièrent tout bas les vingt-cinq forcenés de frères la côte, dont le cœur de bronze s'était ouvert à l'admiration ; ils étouffaient de bonheur.

Quelle sublime race que celle des gouins (59), trop inconnue à ceux qui ne les aperçoivent que sur le quai, salis de leurs mauvaises habitudes de terre, ou en révolte pour une solde arriérée!

(Consulter, pour tous ces termes, le Dictionnaire du Port-des-Barques. Ce Dictionnaire a surtout parmi les marins une réputation presque aussi étendue que celui de l'Académie. Port-des-Barques est un village situé sur la rive gauche et à l'embouchure de la Charente. Il est habité par

---

46 (2) Destruction, détruire;

47 (3) Revers.

48 (4) Capon.

49 (5) Hésiter, tergiverser.

50 (6) Tuer, éventrer.

51 (7) Petite nacelle de Provence.

52 (8) Extermination, massacre, mort. Dans le langage familier, pour exprimer qu'une personne est morte, on dit, elle est tombée en défructutus.

53 (9) Faire main basse.

54 (10) Butin.

55 (11) Argent.

56 (12) Endroit du port où l'on est le plus en sûreté.

57 (13) Repos.

58 (14) A profusion.

59 (15) Nom que l'on donne aux matelots dans l'Inae.

la plupart des pilotes de la station de l'île d'Aix, tous pêcheurs, et par leurs femmes qui vont vendre au marché de Rochefort le poisson apporté chaque soir par les chaloupes. Les habitants de ce petit endroit ont un penchant décidé pour ce qu'ils croient être le beau langage. Quand leur mémoire est en défaut, ils créent aussitôt un mot à la fois original et pittoresque dont le sens est facile à comprendre. Ces néologismes sont si nombreux et si fréquents que le Dictionnaire de Port-des-Barques s'enrichit, dit-on, chaque année d'un volume ! Leur prosodie, hérissée de t et de z, blesserait les oreilles de nos puristes, mais elle amuse beaucoup nos jeunes officiers de marine.)

Mais voyez-les à bord, faisant avec ardeur un métier presque infaisable, réunissant chacun mille qualités diverses qu'on cherche ailleurs dans mille individus séparés: au besoin, ils sont de tous les métiers ; quelquefois sobres, patients, subordonnés, muets, s'il le faut; enragés, si l'occasion s'en présente. Des fatigues, des peines ; toujours et à tout instant la mort de tous côtés, et, pour l'éviter, contraints à la braver toujours.

Qu'on leur pardonne donc leur penchant pour les plaisirs sensuels, car en mer ils sont souvent plus que des hommes quand ils ont un chef digne d'eux.

Le brick était au vent de Vindia-Man, qui se dessinait plus distinct, se balançant sous toutes ses voiles, fier de sa double ceinture de fonte.

Il finissait un long voyage ; son opulente cargaison allait remplir les comptoirs et convertir en or les produits de Londres. L'équipage, depuis longtemps, saluait l'approche du Gange. Le navire avait déjà son pilote. « Que veut donc celui-ci? on n'y fait pas attention. Il va s'en retourner vexé quand il saura qu'on est pourvu, disait déjà l'officier de quart anglais, se préparant à lui annoncer cette triste nouvelle, et jouissant d'avance de son désappointement. Pauvre homme ! il ne se doutait guère du port où on voulait le conduire !

Une portée de pistolet sépare les deux navires ; Surcouf a interrogé sa longue-vue; il a reconnu qu'on s'occupait à laver le pont du vaisseau, toilette de chaque matin ; les canons reposent dans leurs sabords ; l'ennemi n'a pas d'autres armes aux mains que le balai, la brosse au long manche, la brique, le faubert et l'éponge. Nous ne pouvons plus d'ailleurs reculer.... nous sommes vus. Un quart d'heure se passe à peine, que le Hasard, sous prétexte de parlementer, vient ranger 1 énorme Triton; nos grappins, lancés à la hâte, s'enlacent dans ses agrès de tribord ; nos basses vergues servent de pont de communication ; tout le monde saute. Nous y sommes, et le corsaire, que personne n'a pensé à amarrer le long du ship, est en dérive : Surcouf l'a repoussé du pied, sa mission est remplie.

Nous ne chercherons point à décrire la surprise d'une cinquantaine d'Anglais, n'ayant d'abord sous la main que des ustensiles de nettoiement pour se défendre, et tombant sous nos coups de toutes parts ; les premiers cris d'alerte sont étouffés par le poignard ; la mort répond à l'étonnement. Peu à peu le tumulte s'accroît; quelques ennemis veulent monter l'escalier de la batterie, ils sont assommés; les autres se pressent, ils s'encombrent pour escalader le pont par toutes les ouvertures. Un coup de fusil tiré de la vergue barrée, où s'était sauvé un fuyard, donne le signal à tout le vaisseau; la masse d'hommes qu'il renferme fait entendre un bourdonnement confus. Surcouf est partout; sa hache et son pied tour à tour refoulent dans les écoutilles les ennemis qui se présentent pour monter sur le pont.

Sa main robuste ferme enfin le grand panneau; on lance des grenades dans celui de l'avant, il est bientôt en notre pouvoir. Mais, dans cette minute décisive, notre capitaine est saisi par la jambe ; on l'entraîne, il va s'engouffrer. C'en était fait de lui..., mais il est vigoureusement secouru. Quelques cadavres et quelques projectiles, adroitement lancés sur la tête des plus acharnés, leur font lâcher prise. Toutefois la fureur, l'espérance des vaincus n'est pas apaisée ; nous faisons pleuvoir la grenade parmi eux, et ils se décident enfin à descendre dans la cale. La batterie et le pont sont libres; en un mot, le Triton est à nous, et les couleurs françaises brillent à la corne d'artimon.

Malgré ce succès, la sécurité était encore incomplète et la victoire peu assurée : nous tenions, il est vrai, cent prisonniers sous les écoutilles, mais nous n'étions plus que vingt : vers la fin du combat, cinq des nôtres étaient tombés sous les longues piques des ennemis.

Dans cette circonstance, chacun émettait son avis sur ce qu'on devait en faire ; s'en débarrasser d'une certaine manière était affreux. Loin d'être d'atroces pirates, nous étions au contraire de francs coursiers [60] ; nous ne voulions employer que des moyens sages, légaux, et traiter les choses à l'amiable et poliment.

Surcouf, interrogé, et sur la proposition du calfat, se détermine à tenir conseil, et décide, à la majorité de sa voix, savoir .

1° Qu'on donnerait aux cent et quelques Anglais survivants le corsaire pour se sauver où ils voudraient, leur laissant le soin de s'arranger à bord aussi bien que possible pour leur commodité, si néanmoins le navire pouvait les contenir tous;

2° Qu'on ferait monter un à un les prisonniers renfermés dans la cale, et qu'après s'être déshabillés de toutes pièces pour plus de facilités, ils iraient joindre à la nage le Hasard, qui n'était guère alors qu'à une demi-portée de fusil.

La décision fut exécutée main sur main, et une traînée de têtes flottantes joignit bientôt la prise au corsaire ; nous gardâmes seulement, pour nous aider à manœuvrer le colosse de 1500 tonneaux, une vingtaine de ceux qui nous parurent être doués du meilleur caractère.

Cependant, une fois les derniers Anglais à la mer, nous ne tardâmes pas à nous apercevoir, aux préparatifs que faisaient à bord du Hasard ceux qui y étaient arrivés les premiers, que leur intention manifeste était de venir nous attaquer à leur tour. On pense bien que Robert Surcouf fit tomber le blâme de manque de prévoyance sur son conseil, dont personne n'avait ouvert la bouche ; le conseil le reçut avec la même complaisance que la proposition imposée de l'expédient malencontreux qu'on venait de mettre en pratique.

---

[60] Ne serait-il pas temps, en bonne conscience, qu'on fît connaître au public la différence qui existe entre un corsaire qui, pour faire une guerre légale, a tous les périls à sa charge, à la condition expresse de verser la moitié de la valeur de ses captures dans les coffres de l'Etat, en retour de la permission qu'on lui accorde de faire du mal à l'ennemi ; et un navire qui, ne payant rien à personne, pille, vole pour son propre compte, détruit et tue souvent d'une manière atroce; je ne sache pas qu'on ait encore établi de définition distincte entre ces deux espèces de navires, connus l'un et l'autre sous la dénomination commune de pirates, forbans, écumeurs de mers ou corsaires.

Réduits pour ainsi dire à la dernière extrémité, une décision plus énergique était indispensable ; car une fois tous les Anglais embarqués sur le Hasard, où ils trouvaient des armes et des munitions, ils armèrent les avirons de galères et mirent le cap sur nous.

On tira sur lui plusieurs coups de canon qui ne l'atteignirent pas ; et le Révolté ([61]), présentant sa proue, n'en avançait pas moins menaçant pour nous. Comment vingt hommes vont-ils maintenant se défendre contre plus de cent bien déterminés à prendre leur revanche? Funeste alternative! il faut encore une fois dans la même journée vaincre ou mourir. Pas de doute qu'avec quelques pièces d'artillerie nous devions couler cette barque; nous avions des projectiles sous la main, mais la poudre nous manquait, ainsi que les clefs pour en trouver. Les explorations affaiblissaient notre monde disséminé dans ce vaste labyrinthe. Au risque de faire sauter le navire, il fallait défoncer la soute aux poudres, si l'on était assez heureux pour la trouver ; la moitié de nos gens, une pince et une lanterne en main, était à sa recherche.

Mais le danger est trop près, trop imminent ; Surcouf ordonne de fermer les sabords de la batterie, et des cordages entrelacés à la hâte simulent jusqu'à une certaine hauteur des filets d'abordage tendus à quelques pieds au-dessus des plats-bords pour nous faciliter la destruction des assaillants. C'est derrière ce nouveau rempart que se concentrent nos efforts ; enfin, tant bien que mal, par ce système de défense, nous avons triplé nos hommes, armés jusqu'aux dents, et, possesseurs des longues piques de nos ennemis, nous attendons leur attaque de pied ferme.

Enfin la Providence, qui veille aussi quelque fois sur les braves gens, ne nous abandonna pas : une jolie brise vient tendre nos voiles, nous marchons mieux que le Révolté, et en dix minutes nous nous trouvons à l'abri de ses atteintes.

Mais cependant le calme peut revenir, la prudence est en progrès à notre bord, il faut prendre au plus vite un parti décisif qui s'accorde avec notre propre conservation et la morale ; car le rhum commence à parler, et l'humanité est sur le point de fléchir. Il y avait des enragés qui voulaient faire passer la prise sur notre assaillant, mais on se contenta à moins : on mit le cap sur lui, malgré les efforts qu'il fit pour éviter cette exécution préventive ; on rangea son bord à trois toises, et notre vergue de misaine, apiquée à cet effet, abattit simultanément ses deux mâts sur son pont, d'où les hommes s'étaient presque tous jetés dans la cale ou à la nage, dans la crainte d'être mitraillés.

A un mois de là, le Triton, ayant en poupe le pavillon anglais surmonté du pavillon français, entrait au port Maurice, et plus tard Surcouf allait faire construire, à Nantes, le corsaire la Clarisse, dont les succès dans l'Inde lui valurent la plus grande partie de sa fortune.

L. Garneray.

---

[61] Nom qu'on improvisa de suite pour désigner le Hasard.

Le 21 janvier 1796 Surcouf navigue à bord d'un modeste navire de commerce faiblement armé « l'Emilie » dans l'Océan Indien. Dans l'embouchure du Gange il prend un brick-pilote : le *Cartier*., plus puissant avec ses quatre canons et 23 hommes d'équipage. Il renomme ce brick: « Le Hasard ». Le 29 janvier 1796 avec le Hasard il prend par surprise le « Triton » vaisseau de 150 hommes et 26 canons, en laissant à son bord uniquement le chirurgien et le cuisinier. (Cf Surcouf de St Malo aux Indes, la vie du roi des corsaires par Robert Surcouf. 2016 p.34 à 40.)

Combat de la Surveillane et du Québec en 1779. par Delasize.

C'était au mois d'octobre 1779. La saison des tempêtes avait fait rentrer dans les ports de France, d'Espagne et d'Angleterre les flottes ennemies dont les prudentes évolutions avaient, durant tout l'été, sillonné, sans les ensanglanter, les vagues de l'Océan Atlantique.

Cependant, en laissant libres ces mers qu'allaient bouleverser les vents d'hiver, les escadres [62] combinées et les vaisseaux anglais n'avaient point renoncé à se surveiller mutuellement.

Une frégate et quelques bricks ou cutters, destinés à servir d'avisos, avaient été détachés, en mouches, par chacune des parties belligérantes.

Ces bâtiments étaient donc les seules forces militaires qui voguassent alors dans le bassin de la Manche.

L'importance de cette croisière exigeait un aussi brave officier qu'un habile marin. Le chevalier Du Couëdic, que l'opinion publique désignait comme le capitaine le plus propre à cette mission sur les vaisseaux alliés, fut appelé à ce commandement par l'amiral français. « La Surveillante », puissante frégate, qui, aux avantages quelle empruntait au nombre et au calibre des canons de sa batterie, joignait toutes les qualités nautiques de solidité, de marche et de manœuvre, qui font la supériorité d'un bâtiment, fut conservée sous ses ordres pour cette grave et périlleuse expédition.

Le 9 octobre, au lever du jour, par un temps froid mais serein, ce beau navire, sa brigantine, ses huniers, ses perroquets et deux focs dehors, sillonnait, de concert avec son aviso "*l'Expédition*", sous une jolie brise d'E.-N.-E., les eaux de la Manche, que coloraient d'une légère teinte rose les reflets du levant, et que faisait palpiter le frais du vent, lorsque les gabiers de vigie signalèrent d'abord une, puis deux voiles, dans la partie nord de l'horizon. Du Couëdic eut à peine dirigé sa longue-vue dans l'aire signalée, que son œil exercé reconnut tout de suite le croiseur anglais et l'un de ses cutters ; il ordonna aussitôt de mettre le cap sur eux. Il ne s'était point trompé : c'était en effet la grande et forte frégate « le Québec », au commandement de laquelle l'amirauté d'Angleterre avait appelé un de ses capitaines de vaisseau les plus

---

[62]L'escadre espagnole servait alors comme alliée dans les lignes françaises

renommés, Georges Farmer, pour lui confier celle expédition importante. La manœuvre commandée par l'officier français s'exécutait également au bord de son ennemi. Farmer n'avait point plutôt eu connaissance de la Surveillante, qu'il avait ordonné de laisser arriver sur elle. Jamais combat ne s'était présenté avec une parité de chance aussi complète. Jamais aussi la réputation des chefs, consacrée des deux côtés par ce que les épreuves de la vie maritime ont de plus terrible, tempête et combat, sang et écume ; jamais l'intrépidité des deux équipages, marins d'élite, sur les deux bâtiments ennemis, n'avaient présagé un engagement aussi rude et aussi sanglant. Si trente-six bouches à feu de 26 et de 10 armaient les deux batteries couvertes et barbette du Québec, les sabords de la Surveillante, dont les mantelets étaient levés, laissaient compter un même nombre de pièces d'un calibre égal. Deux cent soixante-dix hommes, matelots de choix, occupaient des deux côtés leur poste de combat ; et pour qu'en tout l'égalité fût complète, les deux avisos, *« l'Expédition »* et le *« Rambler »*, étaient de même grandeur et de même force. Les deux adversaires, égaux par les connaissances et la bravoure de leurs commandants, égaux par le nombre et la valeur de leurs équipages, le sont donc encore par les armes de destruction qu'ils vont employer l'un contre l'autre. Bon quart, donc! Gloire à tous les deux, mais victoire à la France! Pendant que la Surveillante et le Québec s'avançaient avec une rapidité à peu près égale, le branle-bas de combat se faisait dans leur entrepont ; tout ce qui eût pu entraver la manœuvre des pièces dans les batteries était déposé à fond de cale, ou placé dans les bastingages. Georges Farmer rappelait à ses matelots leurs antécédents glorieux comme un gage de la victoire que leur promettait ce nouveau combat ; Du Couëdic, après avoir parlé à ses hommes de gloire et de France, laissa la parole à un vieux prêtre, qui rappela à tous ces fils de la Bretagne, en vieux langage armoricain, que la mort reçue en combattant pour sa patrie valait mieux, pour trouver place au ciel, que de longs jours de pénitence. Quand les deux bâtiments se trouvèrent à une distance où pouvaient s'échanger les signaux, deux coups de canons qui retentirent presque au même instant, l'un d'abord sur la Surveillante, l'autre ensuite sur le Québec, assuraient la couleur du drapeau français qui se frappait en tête de bois sur la première, et le yach d'Angleterre qui courait le long de la drisse ennemie.

Leur couleur ainsi produite et affirmée, les deux frégates ne semblèrent qu'en voguer avec plus d'ardeur l'une sur l'autre. La Surveillante s'avançait intrépide et coquette, avec sa guibre, fière de la belle figure qui trônait gracieusement sur ses harpes aux sculptures dorées, et de son château de poupe dont la brosse et le ciseau avaient fait un chef-d'œuvre de peinture et de statuaire, et de sa ceinture accastillée avec une élégance qui ne le cédait qu'à la richesse ; bâtiment où la magnificence que la grande époque avait déployée dans ses armements s'unissait aux mignonnes enjolivures que le goût avait conservées du règne de Louis XV (navire Louis XIV et Pompadour,) comme les gentilshommes dont les riches habits formaient, de rigueur, à cette époque, tous les états-majors, dans l'armée comme sur les flottes.

C'est un type qui n'a été qu'incomplètement étudié, que cette noblesse débauchée à qui la présence du danger rendait l'énergie de son âme française, que ces jeunes fous qui couraient en riant exposer leur chevelure crêpée et leur visage pâle d'orgies à l'écume des lames et au souffle des tempêtes ; noircir leurs dentelles de Flandre encore tachées de vin et parfumées des odeurs du boudoir, au milieu de la fumée de la mousqueterie et du canon. C'est curieux de la voir s'élancer à l'abordage en escarpins et en bas de soie ; saisir le sabre pesant et la hache d'armes, lorsque se brisait dans ses mains l'épée de bal dont elle n'avait point toujours songé à changer le fourreau et la lame.

Tels étaient la Surveillante et ses officiers, moins Du Couëdic pourtant, dont le caractère marin et breton ne s'était point complètement formé aux belles manières du jour ; indulgent envers le courage, il pardonnait à ces jeunes étourdis de follement vivre, parce qu'ils savaient intrépidement combattre et glorieusement mourir.

Les deux frégates arrivées à portée de canon, la Surveillante ouvre le combat par le feu de toute une bordée. Le Québec, insensible à cette agression, continue sa marche en silence.

Il y avait quelque chose de marin et de terrible dans l'aspect et dans la manœuvre du bâtiment anglais. Longue, rase, élancée, sa noire carène, sans ornement que ses pièces et ses pierriers, avait quelque chose de moins élégant que la belle française, mais aussi un aspect beaucoup plus militaire; vous eussiez dit de sa marche silencieuse un pas de charge à la baïonnette.

Elle n'était plus qu'à une demi-portée de canon de son ennemie, lorsque toutes les pièces de l'un de ses bords éclatèrent à la fois et firent frémir la Surveillante sous une grêle de mitraille et de boulets.

Du Couëdic était trop jaloux de prouver à sir Farmer qu'ils étaient dignes de s'entendre, pour prendre un champ plus large dans cet engagement; désirant au contraire rendre galanterie pour politesse, il serre le vent, et rangeant le Québec en feu de pistolet, il lui lance toute une bordée dont les projectiles brisent ses plats-bords et balayent son pont. Ce fut à cette distance que les deux frégates, se donnant le travers, se foudroyèrent durant une heure entière ; les voiles et les manœuvres flottent en lambeaux ; les murailles se criblent, les hommes disparaissent sous cet ouragan de boulets, de balles, de biscaïens et de sacs de mitraille, sans que le feu se ralentisse et que la victoire cesse de flotter incertaine. Toutes les ruses, toutes les évolutions de tactique sont prévues et déjouées par les deux parties. Georges Farmer, se laissant dépasser par la Surveillante, veut la couper en poupe pour la sillonner de ses boulets en longueur; la Surveillante, virant elle-même, comme si elle eût voulu couper le Québec sur l'avant, lui présente toujours sa batterie ; et les deux frégates, encore rapprochées par cette manœuvre, continuent un combat que chaque instant rend plus acharné et plus meurtrier.

Mais des houras de triomphe partent du bord du Québec comme une annonce de victoire ! La Surveillante les écoute avec étonnement, sans toutefois laisser mollir un instant son feu. Qu'y a-t-il ?

Un boulet ayant coupé la drisse du pavillon français, l'étendard est tombé du haut-mât, et l'Anglais a cru qu'on l'amenait. Courte erreur ! Un des pilotes de la frégate française, s'emparant de ce pavillon, s'élance dans les haubans, et là, au milieu des grenades et des balles qui pleuvent et tourbillonnent au tour de lui de tous les points du Québec, l'agite au-dessus de sa tête au cri de Vive la France ! et la mort l'épargne, comme elle devait plus tard épargner le jeune vainqueur de l'Italie sur le pont d'Arcole. Le combat continue avec une ardeur qu'exalte des deux côtés la résistance, lorsqu'un fracas horrible se fait entendre : c'est la mâture entière de la Surveillante qui vient de crouler à la fois; le beaupré reste seul.

Ce malheur peut décider contre les Français du sort de la journée. C'est égal : loin que leur courage en soit ébranlé, leur activité ne trouve dans cette catastrophe que le moyen de déployer une nouvelle énergie. Pendant que la batterie continue son feu, des marins s'empressent d'affranchir la frégate du poids de cette mâture, tombée, il est vrai, du côté opposé à l'ennemi, mais qui, retenue par les cordages, force la Surveillante de fortement donner la bande au Québec.

Un nouveau fracas annonce que l'Anglais éprouve un semblable malheur.

Du Couëdic veut profiter de la confusion que jette à bord du Québec la chute de ces cordages, de ces vergues et de ces mâts qui masquent ses pièces, pour le joindre. L'ordre d'aborder est donné.

Une partie de l'équipage s'élance aussitôt, la hache ou la pique au poing, le pistolet à la ceinture, le poignard entre les dents, sur le gaillard d'avant, sur la guibre et sur le beaupré, d'où elle peut plus rapidement s'élancer et bondir sur le tillac ennemi, tandis que l'autre continue le service des canons. Les deux frégates se touchent à peine, qu'une voie d'eau se déclare à bord de la Surveillante à l'instant où une épaisse fumée, mêlée par moments de flammes, annonce un incendie sur le Québec.

Du Couëdic est présent partout. Pendant que d'un côté on abat par ses ordres l'extrémité du beaupré que gagne l'incendie, des pompes sont mises en activité, et, malgré cette lutte avec l'eau et le feu, il trouve encore dans son sang-froid moyen de songer au salut de ses ennemis.

Un canot lui reste, il est mis à la mer; mais dans cette opération, défoncé contre une pièce, il laisse l'équipage français sans nul moyen de sauver ses ennemis, qui, ne pouvant maîtriser les flammes, implorent son secours.

Les Anglais, dont la seule embarcation sur la quelle reposait leur espoir de salut vient de sombrer sous la surcharge de ceux qui s'y sont précipités avec encombrement, se jettent à la mer avec quelques objets, — une cage à poule, une planche, — qui puissent les faire surnager.

Les deux avisos *l'Expédition* et le *Rambler,* qui s'étaient canonnés pendant le combat acharné de leurs frégates, apercevant les tourbillons de fumée noirâtre qui s'élevaient du Québec, avaient cessé leur feu pour se porter u secours des deux navires, que menaçait de dévorer l'incendie. Mais leur distance, et la lenteur dont le délabrement de leurs manœuvres paralysait leur marche, empêchaient de beaucoup compter sur l'efficacité de leur secours; les progrès du feu ne permettaient point de douter que l'explosion du Québec n'enveloppât la Surveillante dans cette catastrophe, si ce navire ne parvenait auparavant à s'en éloigner.

Tous les efforts des débris de l'équipage français et des marins anglais qui purent gagner à la nage le bord de la Surveillante eurent donc pour but d'arracher ce navire à l'étreinte mortelle où le Québec semblait le tenir embrassé; mais ces efforts restèrent d'abord sans puissance.

« Longtemps, dit M. Barchon dans la belle narration que la Revue des Deux-Mondes a donnée de ce combat célèbre, longtemps, en effet, les avirons de galère, faute de bras pour les manier, n'agirent à bord de la Surveillante que d'une manière insensible. Des Anglais sauvés à la nage du Québec vinrent pourtant aider à cette manœuvre, car ce bâtiment, naguère leur ennemi, était devenu leur seule planche de salut dans ce grand naufrage. Mais leurs bras épuisés n'étaient que d'un faible secours. C'est en vain que la sueur et le sang se mêlent à grands flots aux fronts de ceux qui se sont saisis de ces rudes avirons : le résultat qu'ils produisent est presque nul. Poussé par le vent, le Québec ne quitte pas la Surveillante ; il marche aussi vite qu'elle dans la même direction ; ses flammes qui se déploient au souffle de l'air, lui tiennent lieu de voilure. Longtemps il demeure entravé sous le beaupré de la Surveillante. Celle-ci prend feu une seconde fois, et, comme si ce n'était pas assez de tant de dangers, l'équipage français se trouve exposé à de meurtrières mitraillades; les canons chargés du Québec parlent seuls, et balayent le pont de la Surveillante de l'avant à l'arrière. Hasard étrange ! deux matelots anglais sont tués par des armes qu'eux-mêmes avaient peut-être chargées. Un léger changement dans la direction du vent tendant en ce moment à dégager le Québec du beaupré de la Surveillante, Du Couëdic, qui s'en aperçoit, ordonne de suspendre le jeu des avirons; puis, aussitôt que la frégate française est dépassée par la frégate ennemie, il met de nouveau les avirons en mouvement, les faisant agir cette fois en sens opposé.

Il voulait faire avancer la Surveillante, non plus la faire reculer, car cette seconde manœuvre était plus propre à l'éloigner rapidement du Québec. Elle semblait avoir réussi, lorsque tout-à-coup le Québec, changeant lui aussi de direction, suit le mouvement de la frégate française, qu'il range à bord opposé, et dont il rapproche tellement, qu'à bord de la Surveillante, le goudron fond à la chaleur de la flamme, que les planches se disjoignent, et que la frégate paraît sur le point de s'enflammer tout entière. On pare à cet accident à l'aide des pompes. Le Québec n'en demeure pas moins côte à côte de la frégate française, qu'il ne paraît plus devoir abandonner. » Ce nouvel accident jeta sur la Surveillante un découragement universel. Tous regardaient avec consternation cet incendie flottant, auquel un lien fatal semblait intangiblement les enchaîner, lorsque Du Couëdic découvrit dans quelques cordages pris aux deux bâtiments la cause qui s'était opposée à leur séparation. Ces filins coupés, la Surveillante put s'éloigner, mais avec lenteur, de son ennemi. Elle n'en était séparée que par un espace de quarante toises, lorsque la nuit descendit comme un linceul sur cette scène de destruction.

Le Québec offrait alors un spectacle qui glaçait et faisait frémir. Les flammes blanches, livides ou rougeâtres qui s'élançaient par tous les sabords et les panneaux semblaient, en dévorant cette pauvre frégate, la caresser et la battre de toutes leurs ailes de feu. Anglais et Français la contemplaient en silence, lorsqu'une explosion soudaine emporta dans une nappe de feu les débris de son tillac dans les airs.

Quand les regards, éblouis par cette masse de lumière, purent se reporter dans la direction où se trouvait le Québec, ils n'aperçurent plus que quelques débris enflammés qui tombaient du ciel, ou qui s'éteignaient en coulant dans les flots. La Surveillante, que la secousse de la mer et les débris enflammés exposaient, dans son état de délabrement complet, à une submersion et à un incendie, parvint, grâce aux secours de son aviso l'Expédition, à tromper ce double danger en gagnant le port de Brest. Du Couëdic, respectant le courage et le malheur dans les Anglais qui étaient parvenus à se réfugier à son bord, ne voulut voir en eux que des naufragés, et non des captifs. Louis XVI, voulant témoigner à Du Couëdic l'admiration que lui causait la conduite pleine d'intrépidité qu'il avait tenue dans cette affaire, l'éleva, le 20 octobre 1779, au grade de capitaine de vaisseau. Cet illustre marin ne devait pas jouir de cette récompense, dont il reçut la nouvelle sur le lit de mort où l'avaient placé ses blessures. Une pension à sa veuve, et pour lui un tombeau, furent après la gloire dont son dévouement entoure son nom, le prix qu'il retira de cette victoire.

Flibustiers par Demolière.

Les flibustiers n'avaient d'abord ni vaisseaux ni munitions, pas même de barques, et ils ignoraient l'art d'en construire ; l'argent leur manquait également; leur caractère résolu et entreprenant suffisait à tout : nous avons dit comment ils se procuraient des barques; ils eurent en peu de temps des navires et même des vaisseaux de guerre.

Les parages qu'ils avaient choisis leur étaient singulièrement favorables ; il s'y trouvait une quantité de ports naturels, de golfes, de baies, de criques, de petites îles, et de côtes dont les abords, faciles pour leurs légers bâtiments, présentaient mille dangers aux gros vaisseaux, qui n'osaient s'y hasarder.

Les excursions systématiques des flibustiers commencèrent vers l'année 1660, et continuèrent jusqu'à la fin du dix-septième siècle; on en remarque encore dans le dix-huitième, mais elles se firent sans ordre, n'offrirent aucune importance, et n'obtinrent que des résultats tout-à-fait insignifiants.

Les premiers de ces pirates ne furent que de simples écumeurs de mer ; ils étaient loin de prévoir que leurs successeurs deviendraient formidables pour l'Espagne et pour l'Amérique espagnole. Ils sortaient alors de l'Océan-Occidental, pour entreprendre de longues courses ; ils allaient aux îles du Cap-Vert et jusqu'en Guinée; il en est même qui poussèrent jusqu'aux Indes-Orientales. Quand ils avaient réussi dans leurs entreprises, ils se rendaient à Madagascar, et dissipaient là leur butin dans les débauches.

Plus tard, les flibustiers adoptèrent un meilleur système; les Indes-Occidentales devinrent le principal théâtre de leurs exploits, et leurs lieux de retraite furent Saint-Christophe, puis la Tortue, Saint-Domingue et la Jamaïque. Un fait suffira pour donner l'idée du courage et de l'audace de ces hommes extraordinaires.

Un Français de Dieppe, Pierre Legrand, capitaine d'une barque qui contenait tout au plus vingt hommes, rencontra près du cap Tibron , à la pointe occidentale de Saint-Domingue, un gros vaisseau espagnol monté par un équipage de deux cents hommes, et fort de cinquante-quatre canons; c'était le vice-amiral des galions d'Espagne, séparé de sa flotte. Pierre fit jurer à chacun de ses hommes de prendre le vaisseau ou de périr; ils n'avaient d'autres armes que des pistolets et des épées : le soir, ils se préparèrent à l'attaque, et pour se mettre hors d'état de manquer à leur serment, avant de monter à l'abordage ils sabordèrent leur barque, la laissant couler avec tous les objets qu'elle contenait.

Au même instant, ils grimpèrent sur le pont du vaisseau avant d'avoir été aperçus, se jetèrent avec impétuosité sur l'équipage, qui était loin de s'attendre à une pareille surprise, s'emparèrent en quelques minutes des armes et de la sainte-barbe, et firent prisonniers les officiers, qui jouaient tranquillement aux cartes dans la chambre du capitaine. Ce sont des démons venus par les airs !disaient les Espagnols stupéfaits en tombant à genoux et faisant le signe de la croix ; car ils ne voyaient point la barque qui les avait amenés ; et deux cents hommes bien armés se rendirent à vingt aventuriers !

Pierre fit un grand butin, mit à terre la plus grande partie de l'équipage espagnol, et passa en France, renonçant à son aventureux métier, pour y jouir paisiblement de sa fortune. Les Espagnols, effrayés des progrès des flibustiers, armèrent deux vaisseaux de guerre pour protéger leur commerce : celle précaution leur devint plus funeste qu'utile ; car, au lieu de continuer à marcher isolément, les Frères de la côte commencèrent à concentrer leurs forces, à réunir plusieurs navires pour une même expédition, et leurs pirateries n'en furent que plus formidables et plus ruineuses.

Expédition de flibustiers dans la baie de Vénézuéla

Une terreur générale régnait dans les colonies espagnoles; aucun navire n'osait se mettre en mer, si fin voilier qu'il fût, car c'eût été une prétention absurde que de penser disputer de vitesse et de ruse avec les croiseurs aventuriers; équipages nombreux et batteries bien servies n'étaient pas une meilleure garantie, car il n'y avait point d'exemple que les Frères de la côte eussent jamais reculé devant la partie la plus inégale; ils ne calculaient point matériellement les chances d'une victoire : audace, impétuosité, intrépidité, tels étaient les seuls poids qu'ils s'occupassent de mettre dans la balance, et le bâtiment qu'ils attaquaient était toujours un bâtiment pris.

Les Espagnols avaient espéré que, fatigués de victoires et de vengeances, enrichis enfin par un butin sans cesse renouvelé, les flibustiers s'arrêteraient, ou du moins s'énerveraient ; ils s'étaient trompés. Pas un navire dehors qui ne fût pris que aussitôt capturé. Ils résolurent alors de se renfermer dans leurs colonies, composant ainsi autant de petits États isolés, et renonçant à tout ce que leurs fréquentes communications leur procuraient auparavant de force, de commerce et de richesses : leur but, en prenant une telle résolution, était de tuer par l'inaction des adversaires que le combat leur montrait toujours supérieurs: nouvelle erreur. Ne trouvant plus d'Espagnols à chasser sur mer, les flibustiers eurent bientôt pris leur parti; la pensée leur vint que le courage qui les avait rendus maîtres de la navigation n'obtiendrait pas sur terre un moindre succès.

Mais il y avait à enlever des forts bien approvisionnés, à réduire des garnisons nombreuses et bien armées; ce n'était plus à faire le métier d'un voleur qui arrête le voyageur au passage, lui mettant le pistolet sous la gorge, et demandant la bourse ou la vie : c'était la guerre, la guerre avec toutes ses tactiques, toutes ses prévoyances et tous ses hasards.

Loin de reculer devant ces difficultés, nos flibustiers entrèrent résolument dans la nouvelle carrière qu'ils se créaient. Nous les suivrons dans leurs expéditions aussi fertiles en prodiges que nos guerres les plus célèbres, et au milieu desquelles surgissent de grandes figures que n'auraient point fait pâlir, dans d'autres cadres, les noms des Pierre le Grand, des Charles XII et des Bonaparte. La première de ces expéditions qui eut de l'éclat fut conçue et exécutée par l'Olonnais et Michel le Basque. L'Olonnais, qui, de simple engagé, s'était élevé par sa bravoure au rang de commandant, venait, avec deux canots et vingt-deux hommes d'équipage, d'enlever une frégate espagnole; Michel, distingué déjà par un grand nombre d'actions éclatantes, venait encore de s'emparer d'un vaisseau de guerre chargé de cinq millions de livres, sous le feu même du canon de Porto-Bello.

Un projet, formé et exécuté par ces deux célèbres aventuriers, ne pouvait qu'inspirer de la confiance; aussi à peine eurent-ils fait publier qu'ils allaient entreprendre une expédition dans laquelle il y aurait à acquérir en même temps gloire et profit, que, de tous côtés, vinrent se joindre à eux un grand nombre de Frères de la côte.

Moyse Vauclin fournit une frégate de dix canons, montée par quatre-vingt-dix hommes; Du Puits, une frégate de même force, nommée la Poudrière, chargée surtout de poudre, de munitions et d'argent; Pierre Legrand, un brigantin portant quarante hommes. La frégate espagnole enlevée par l'Olonnais, forte de seize canons et de cent vingt hommes, et la frégate de Moyse
Vauclin, formaient le noyau de cette flotte, complétée par le vaisseau de guerre de Michel le Basque, et deux barques ayant quarante hommes d'équipage chacune ; force totale : sept voiles et quatre cent quarante hommes armés chacun d'un fusil, de deux pistolets et d'un sabre. Jamais escadre aussi nombreuse, jamais armée aussi considérable, aussi vivante d'énergie et d'assurance de succès, n'avaient été réunies par les flibustiers : c'était, partout où ils iraient, victoire certaine pour eux, défaite et mort pour l'ennemi. L'enthousiasme devint tel, que plusieurs Français, qui n'étaient point Frères de la côte, et les deux neveux du gouverneur de l'île de la Tortue, n'hésitèrent point à faire partie de l'expédition.

L'Olonnais reçut le titre d'amiral, Moyse Vauclin celui de vice-amiral, et le commandement des forces sur terre échut à Michel le Basque, sous les ordres duquel l'Olonnais s'engagea à combattre comme simple volontaire. L'Olonnais et Michel passèrent une revue générale de leurs forces, et firent connaître alors le but de l'expédition : c'était d'aller surprendre la ville de Maracaïbo, située dans la province de Vénézuela, sur le bord du lac de Marecaye, et de dévaster tous les établissements formés sur les rives de ce lac.

La baie de Maracaïbo et de Venezuela est comprise entre le cap Saint-Romain et le cap Coquibacoa ; son étendue est de douze à quatorze lieues; dans son fond on rencontre deux petites îles, d'une lieue de tour chacune environ, entre lesquelles passe, comme dans un canal, le grand lac de Marecaye, pour se décharger dans la mer. Au-devant de ces deux îles, à l'endroit où les eaux du lac vont se mêler à celles de la mer, s'est formé un banc de sable nommé la Barre par les Espagnols. Sur l'une de ces îles, nommée Vile des Ramiers, était élevé le fort qui défendait l'entrée du lac ; sur l'autre était placée la vigie dont elle tirait son nom.

Le lac de Marecaye, alimenté par plus de soixante-dix rivières, a une longueur de soixante lieues, et compte trente lieues dans sa plus grande largeur. Le côté du levant, terre basse presque toujours inondée, ne présentait de points remarquables que la Pointe de la Brite, où se trouvaient quantité de ramiers et quelques habitations ; Barbacoa, occupée par des Indiens pêcheurs, qui construisaient leurs maisons sur des arbres; et l'opulent bourg de Gibraltar, qu'enrichissaient son tabac et son cacao, et qui communiquait avec plusieurs villes situées au-delà de très-grandes montagnes toujours couvertes de neiges. Sur le côté opposé du lac, à six lieues de son embouchure, semblait se mirer dans les eaux une ville élégamment bâtie; c'était Maracaïbo, que rendait florissante son commerce de cuirs, de cacao et de tabac; elle avait une population de quatre mille habitants, parmi lesquels on pouvait compter huit cents hommes en état de porter les armes. Là venaient se réunir les produits de tous les établissements qui environnent le lac, pour être chargés sur les navires qui venaient d'Espagne les acheter à Maracaïbo. Aussi était-ce un endroit renommé par sa richesse, habité et fréquenté par de gros commerçants et quelques riches bourgeois. Quel appât puissant pour des flibustiers, qui pourtant appréciaient leur proie plus encore par la perte qu'ils allaient faire subir aux Espagnols que par le gain qui en résulterait pour eux- mêmes !

L'Olonnais prit ses mesures pour n'arriver devant la barre du lac qu'à la pointe du jour; son dessein était de débarquer avant que les Espagnols eussent pu se mettre sur la défensive. Cette partie de son plan ne réussit point : la vigie l'aperçut, et fit un signal au fort, qui tira quelques coups de canon pour avertir les habitants de la ville de l'approche de l'ennemi. L'Olonnais se hâta de faire débarquer tout son monde ; Michel le Basque prit le commandement, et ce petit corps d'armée marcha en bon ordre et d'un pas résolu sur le fort, que défendaient quatorze pièces de canon et une garnison de deux cent cinquante hommes bien fournis de munitions. L'attaque fut vive, la défense opiniâtre; les Espagnols étaient abondamment pourvus de tout ce qui devait rendre leur résistance victorieuse; mais, du côté des flibustiers, l'audace et l'intrépidité suppléaient à l'insuffisance des ressources : ce fut en leur faveur que se décida la victoire quelque temps douteuse.

Le fort fut emporté, les canons encloués, la garnison passée au fil de l'épée. Maracaïbo était à six lieues de là ; on s'y rendit sans perdre un moment. Mais à peine le premier coup de canon s'était-il fait entendre, que les habitants, sans attendre l'issue d'un combat dont il leur paraissait inévitable que les flibustiers sortissent victorieux, s'étaient hâtés d'emballer leurs effets les plus précieux, en avaient chargé tout ce qu'ils avaient pu réunir d'embarcations; et enfin ils venaient d'abandonner la ville pour passer à Gibraltar, lorsqu'arrivèrent Michel et l'Olonnais. On peut juger quels furent le désappointement et la colère des vainqueurs, lorsqu'en entrant dans cette ville où ils avaient rêvé une si belle fortune à recueillir aux dépens des Espagnols, ils n'y rencontrèrent que des ouvriers et des indigents. Cependant il y avait une grande quantité de magasins remplis de vins et de comestibles; ce fut une consolation dont les flibustiers tirèrent parti pendant quinze jours qu'ils passèrent dans de continuels festins. Las enfin de la débauche, ou plutôt ayant épuisé tous les moyens de s'y livrer, ils songèrent que, pour tirer quelque avantage de leur victoire, ils ne devaient pas s'en tenir à Maracaïbo ; ayant appris des pauvres gens abandonnés dans cette ville que les riches s'étaient réfugiés à Gibraltar, ils se rembarquèrent et firent voile vers l'autre côté du lac.

Les quinze jours passés à Maracaïbo, et trois jours de traversée, avaient laissé aux Espagnols le temps de préparer leurs moyens de défense, et cette fois ils furent plus complets et beaucoup mieux dirigés que la première. Un fort avait été élevé, présentant de front six pièces de canon ; sur le rivage étaient disposés des gabions, au moyen desquels on pouvait tirer sur l'ennemi, sans craindre d'en être atteint.

Les flibustiers débarquèrent ; mais, à la vue de cet appareil formidable de défense, ils hésitèrent un moment. L'Olonnais proposa de se jeter dans les bois, et de revenir, après un long circuit, prendre les Espagnols par-derrière : ceux-ci avaient prévu qu'un pareil projet pourrait être formé et mis à exécution. Les flibustiers trouvèrent donc toutes les avenues obstruées par de grands arbres jetés bas, dont on avait fait des barricades; d'ailleurs, tout le pays était inondé: impossible de faire un pas sans enfoncer jusqu'aux genoux dans la vase. Il fallut se résoudre à marcher directement sur le fort; encore ne trouva-t-on pour y conduire qu'un chemin où six hommes seulement pouvaient avancer de front. Tant de contrariétés, loin d'abattre le courage des aventuriers, ne firent que l'irriter, et ils s'élancèrent tête baissée par la seule voie qui leur était ouverte.

« Frères, s'écria l'Olonnais, courage ! Il nous faut ici vaincre ou mourir. En avant ! Si je succombe, ne vous ralentissez pas ! »

Ils n'étaient plus qu'à une portée de pistolet du fort, lorsque tout-à-coup le terrain s'enfonça sous leurs pieds, et ils restèrent quelque temps embarrassés dans la boue, ne pouvant avancer ni reculer. Alors roula sur eux le feu, vigoureusement nourri, de vingt pièces de canon et de toute la mousqueterie des Espagnols : ce fut un horrible moment à passer; l'Olonnais et Michel virent tomber autour d'eux leurs plus braves compagnons.

« Vengez-nous! criaient les mourants; courage!

« la victoire vous restera ! »

Et ceux que les boulets et les balles avaient respectés, excités par les cris de vengeance de leurs frères abattus, sentirent redoubler leurs forces. Jonchant le chemin de branches d'arbres, ils parvinrent à se faire des points d'appui, et arrivèrent jusqu'au premier retranchement qu'ils enlevèrent en quelques minutes. Le second fut enlevé presque aussitôt de la même manière, et les flibustiers restèrent maîtres du champ de bataille, entourés de cadavres et de blessés. Six cents Espagnols se trouvaient réduits à cent, qui furent faits presque tous prisonniers.

Quatre cents avaient péri; cent étaient hors de combat, pas un officier n'avait échappé. Du côté des vainqueurs, il y avait cent hommes tués ou blessés. L'Olonnais et Michel, que l'on avait rencontrés partout où le danger était le plus grand, avaient eu le bonheur de ne recevoir aucune blessure.

Après la défaite des Espagnols, Gibraltar n'avait à opposer aucune résistance, et le pillage devint la seule occupation des aventuriers. Six semaines furent employées à chercher dans les bois l'or et l'argent que les habitants y avaient cachés, et à donner la question aux prisonniers pour leur faire déclarer les lieux où les objets précieux avaient été enfouis. Le résultat ne répondit point aux espérances de l'Olonnais, qui proposa de se rendre à Mérida, l'une des villes avec lesquelles Gibraltar faisait le plus de commerce. Mais une route de quarante lieues au travers de terres noyées, et de montagnes à franchir, effrayèrent toute sa troupe, qui commençait à sentir le besoin du repos, et l'Olonnais se vit forcé de renoncer à ce projet; il s'en vengea sur Gibraltar. Les principaux habitants ayant hésité à répondre à la demande d'une rançon pour ce malheureux bourg, le feu fut mis aux quatre coins, et en moins de six heures il fut entièrement consumé. Puis, ayant fait venir les prisonniers, l'Olonnais les prévint qu'il les ferait livrer eux-mêmes aux flammes s'ils ne se hâtaient de prendre les mesures nécessaires pour acquitter leur rançon.

De retour à Maracaïbo, l'Olonnais leur commanda de lui faire apporter cinq cents vaches grasses : il fut obéi sur-le-champ ; la rançon exigée pour la ville fut même comptée avant l'expiration du délai fixé, car menace avait été faite de brûler Maracaïbo si l'on éprouvait le moindre retard, et les Espagnols avaient pu se convaincre à Gibraltar que les flibustiers étaient de parole. Outre le rachat, les églises furent démolies et leurs ornements enlevés : tableaux, sculptures, cloches, tout, jusqu'aux croix des clochers, fut embarqué par les flibustiers, pour décorer une chapelle qu'ils avaient l'intention d'élever dans l'île de la Tortue.

N'étant plus retenus sur une terre où il ne restait plus rien à détruire, les Frères de la côte remontèrent sur leurs vaisseaux, et se rendirent aux Gonayves, pour y répartir entre les blessés les indemnités réglées par la charte-partie, et faire le partage du butin. Estimé ou converti en argent, il s'élevait à environ cent mille écus; il avait été fait pour plus d'un million de dégâts. Ce gain, si promptement acquis, fut encore plus promptement dissipé, et il fallut songer à une expédition nouvelle.

Demolière.

Le chasse-marée le Somnambule par Amédée Gréhan.

Le chasse-marée le Somnambule quitta le port de Dieppe, le 18 octobre 1810, par le plus joli temps que puisse désirer un corsaire, une brise gaillarde et une mer houleuse. Cette embarcation était accastillée, comme disent les marins, avec une coquetterie que l'on ne rencontrait point habituellement dans les coursiers de cette époque. Elle se faisait remarquer surtout par le contraste qui naissait de la sévérité de l'un de ses côtés, noir comme un morceau d'ébène, tandis qu'une large batterie se développait en écharpe jaune sur son autre bord. Vive et légère, elle filait hardiment sous ses voiles latines, orientées au vent-arrière comme les ailes d'une mauve prête à se poser sur les flots, quand la voix d'un matelot en vigie signala deux bricks cinglant a poulaine vers la terre. A leur marche, le Somnambule dut les estimer deux prises faites dans la nuit par d'autres corsaires français; aussi son capitaine, M. Sauvage, ne crut-il pas devoir modifier sa route. On eût pu cependant observer que leur mâture, par son élévation, n'était pas celle de deux bâtiments de commerce.

M. F. Lecomte, ex-lieutenant de compagnie dans le 13ème de la flottille et second dans le Somnambule, ne partagea point longtemps la sécurité à laquelle, sur les premières probabilités, s'était abandonné l'équipage. Ayant distingué que l'un des navires signalés avait mis le cap au large, tandis que l'autre continuait de courir sur eux, il fit remarquer au capitaine que la manœuvre de ces navires n'était aucunement celle de bâtiments capturés, dont les efforts doivent exclusivement tendre à gagner un port ami, le plus rapidement possible.

Que la gravité de cette considération ne fût pas appréciée par M. Sauvage, ou que, vanité d'âge et de hiérarchie, il ne voulût point faire fléchir sa détermination sous les avis d'un jeune officier, il ne tint point compte de la justesse de ce conseil. Mais, comme un plus long ajournement de cette remarque pouvait compromettre l'armement et l'équipage, celui-ci crut devoir insister; il lui fit observer que l'intention de l'ennemi était évidemment de leur couper la retraite; que les instructions spéciales de leur mission étaient d'éviter la rencontre de tout bâtiment militaire pour ne courir que sur les navires marchands; qu'en tous cas un engagement de leur frêle embarcation avec l'aviso qui voguait à leur rencontre ne pouvait avoir d'autres résultats pour eux qu'un glorieux désastre.

Comme le courage de l'enseigne Lecomte était assez connu pour qu'aucun soupçon de faiblesse ne pût planer sur son avis, le capitaine, après une longue hésitation, se décida enfin à virer de bord. — L'ordre donné, la manœuvre fut aussitôt exécutée, et le chasse-marée, orientant sa voilure pour serrer le vent le plus près possible, se pencha légèrement sur la mer que creusait la brise, et prit chasse devant l'ennemi.

Le Somnambule était à peine appletté le cap sur terre, que le lieutenant, officier d'un âge avancé, dont les épaulettes du jeune second avaient aigri la jalousie, profita de cette circonstance pour attaquer son influence et s'élever contre sa trop prudente timidité. Ces murmures désapprobateurs ne tardèrent pas à circuler parmi l'équipage. — Le lieutenant a raison, répétaient les plus ardents; il est inutile de se mettre en mer si l'ombre du premier navire doit faire prendre la fuite; il fallait rester amarré dans le port si l'on ne voulait s'exposer à aucun danger : car ce n'est pas ainsi que l'on fait fortune.

Ces propos vinrent aux oreilles du capitaine.

Il reconnaissait toute l'injustice de ces imputations; son devoir était donc de les faire cesser; mais il ne trouva point assez de fermeté dans son caractère pour leur imposer silence. Toute la réputation d'un officier de course se fondait alors sur son intrépidité; il craignit de compromettre la sienne, en faisant rejaillir les soupçons sur lui-même. Cette considération détermina sa con duite.

Décidé à subir toutes les conséquences d'une imprudence inutile, plutôt que de placer son honneur sous la solidarité d'une manœuvre dont il avait pourtant reconnu l'urgence, il ordonna de reprendre course sur l'ennemi.

Ce nouvel orientement ne fut pas heureux ; le beaupré du chasse-marée ayant été rompu par un coup de mer, force fut bien de tourner au plus vite l'avant à la terre.

L'Anglais ayant eu connaissance de l'avarie que le Somnambule avait essuyée dans sa marche indécise, largua ses ris de croiseur, mit au vent ses perroquets, gréa ses bonnettes, et laissa arriver avec une rapidité qui sembla d'autant plus grande, que la marche de l'embarcation française s'était plus ralentie.

Outre le désavantage que, dans une allure au plus près, la perte de son beaupré causait au Somnambule, ce petit navire avait une telle ardeur, que la privation de son foc l'avait forcé de diminuer aussitôt de toile sur l'arrière.

L'ennemi ne tarda donc pas à le gagner. Ce pendant le bâtiment chasseur, ayant laissé trop arriver, au lieu de se tenir par le travers du chasse-marée, qu'il eût pu écraser sous ses boulets, était insensiblement tombé dans sa hanche de tribord, position d'où il ne pouvait l'attaquer que de son canon de chasse et de sa fusillade.

Ce fut avec ces armes qu'il ouvrit le feu. Le capitaine Sauvage ayant appelé un officier à la barre, Lecomte se présenta pour occuper ce poste de danger, qu'il conserva après même que la mort de ce chef, atteint d'une balle, l'eut investi du commandement. L'habileté qu'il déploya dans la gouverne de son navire ne put être égalée que parla résolution et l'intrépidité que nécessitait une telle manœuvre sous le feu aussi rapproché de l'ennemi.

Placé à portée d'espingole de l'aviso anglais, il était parvenu, quoique désemparé d'une voilure qui lui eût été si nécessaire, à maintenir la même distance entre son chasse-marée et le croiseur anglais. Atteint d'un biscaïen qui lui traversa les deux cuisses, il ne désespérait pas encore de gagner le port de Dieppe, malgré la grêle de balles qui sifflait, pleuvait et ricochait sur son pont, lorsqu'un boulet vint couper son mât de misaine au moment même où un autre boulet traversait la faible barque dans ses fonds.

Une résistance plus longue eût été impossible, et il fallut amener le pavillon français sur ce bateau qui coulait bas. Mais le second capitaine eut du moins la joie, peu après qu'un cartahu de la grande vergue l'eut hissé sur le pont de la corvette, de voir le Somnambule sombrer et échapper ainsi à l'ennemi. *Amédée Gréhan.*

La Somnambule

Une Croisière en 1812: La Gloire. par F. Girard.

La gloire maritime de la France ne tomba point avec sa puissance navale dans les désastres d'Aboukir et de Trafalgar. Après la destruction de nos flottes, le drapeau tricolore, arboré par nos frégates et nos corsaires, ne cessa point de se montrer glorieusement sur l'Atlantique et la mer des Indes.

Les faits que nous allons rapporter se rattachent à cette multitude d'événements remarquables par leur audace et leur succès, mais qui se perdirent, à cause de leur peu de résultats, dans le retentissement des triomphes de l'empire, et dans le bruit que fit, en s'abîmant, notre marine.

Habitués à ne nous préoccuper que de ce qui nous frappe d'une manière immédiate ou profonde, nous avons trop négligé les courses et les exploits isolés de nos croiseurs de cette époque. Sans quelques rapports égarés dans les colonnes du Moniteur, nous ne trouverions guère des souvenirs de ces entreprises hardies que dans la mémoire de nos vieux marins, qui par leur récit protestent, avec cette fierté nationale, un des traits frappant de leur caractère, contre les grandes victoires du yack anglais.

C'était en 1811. La France était alors dans sa plus grande puissance sur terre, sur mer dans sa plus grande faiblesse; Napoléon, malgré ses triomphes, n'avait cependant point cessé de fixer les yeux sur nos ports. Il savait que c'était sous l'influence de la Grande-Bretagne que se formaient ces coalitions dix fois coupées par nos armées, dix fois renouées par son or.

La Grande-Bretagne était donc l'ennemie que tôt ou tard il devait abattre, dût-il se faire de Moscou et de Téhéran des lieux d'étape pour aller l'attaquer dans les Indes.

Dans l'impossibilité où se trouvait alors notre marine de combattre en ligne des flottes anglaises, il avait conçu le projet de continuer la lutte en s'attachant aux bâtiments de commerce, et, d'après ce système, des ordres avaient été donnés pour des constructions de frégates, spécialement dans les ports secondaires qu'il importait de rendre menaçant pour l'ennemi.

Le Havre fut un de ceux où ces armements furent poussés avec le plus d'activité et de persévérance.

Le succès ne leur fut pas favorable : tous les bâtiments qui sortirent de ses bassins furent détruits par l'ennemi; cependant, malgré le malheur qui semblait s'acharner contre ces expéditions, une nouvelle frégate, *la Gloire*, beau navire percé de 44 sabords, venait de sortir des cales, et se disposait à prendre la mer.

La plus haute importance s'attachait à cette expédition : l'avenir du Havre comme port militaire dépendait de son succès; il importait d'ailleurs de relever la confiance des populations maritimes de cette partie du littoral, qu'avaient abattue tant de revers. Le capitaine Roussin reçut le commandement de *la Gloire*.

Cet officier, fait capitaine de frégate après le combat du Grand-Port, était depuis quelques mois de retour de la mer des Indes, où il avait partagé les glorieuses campagnes qui précédèrent la prise de l'île de France. Il vit, comme tous les marins, dans cette nomination nouvelle, un témoignage de la confiance de l'empereur, et le zèle qu'il mit à justifier ce choix put seul le faire triompher des difficultés et des obstacles dont se trouvait entourée son entreprise.

Il fallut d'abord former son équipage dans une contrée où des revers constants avaient démoralisé le peu de marins que les expéditions précédentes n'avaient point enlevés. Le moyen qu'il employa prouve la connaissance qu'il avait du caractère français ; il fit attacher à l'un de ses mâts un bouclier portant cette inscription en lettres d'or : « l'honneur et la gloire ! »

Cet appel lui attira trente matelots dès le premier jour ? Bonaparte, encore officier d'artillerie, avait employé au siège de Toulon ce moyen avec le même bonheur, pour maintenir une batterie constamment balayée par les boulets anglais.

Dès que l'ennemi fut instruit que *la Gloire* se préparait à quitter le Havre, une escadre vint la bloquer dans ce port. La frégate *le Pyramus*, de 46 canons, la corvette le *Slas-North*, de 28, constamment mouillées sous le cap la Hève, ne quittèrent plus la baie de Seine ; chaque soir même, surtout quand soufflaient des brises de terre, un brick de 16, expédié en mouche, venait jeter l'ancre à l'entrée du bassin.

Cet obstacle n'était point le seul que *la Gloire* eût à vaincre à cette époque où nos eaux étaient chargées d'escadres anglaises qui les sillonnaient dans toutes les directions. Les bâtiments qui voulaient sortir du Havre, pour vider la Manche, avaient encore à franchir la croisière de Cherbourg, dont les 4 vaisseaux et les 4 frégates éclairaient successivement les parages voisins par de continuelles bordées.

Plus loin, l'escadre du cap Lézard étendait de nouvelles lignes qui n'étaient pourtant encore, comme la flottille de Cherbourg, que les avant-postes de l'armée navale stationnée devant Ouessant, et dont les détachements fermaient la Manche.

Outre ces obstacles généraux, la position de *la Gloire* se compliquait encore de difficultés toutes locales.

Telles sont la nature et la position des bassins du Havre, qu'une frégate ne peut tenter l'appareillage que pendant trois jours de chaque nouvelle lune et avec les seuls vents du S. E. au N. E. Dans les autres phases il n'y monte point assez d'eau pour faire flotter les bâtiments de cette force. On aura une idée complète des premiers dangers qu'offrait l'expédition, si l'on connaît les dimensions de ce port, dimensions telles qu'il serait de la plus grande difficulté d'y faire rentrer une frégate à la voile, dans le cas où son appareillage n'aurait point réussi. Cependant, malgré toutes ces chances défavorables, obstacles et périls, le capitaine Roussin quitta le Havre un mois seulement après avoir reçu l'ordre de prendre la mer.

Ce fut par une belle soirée, une des dernières de l'automne, le 16 décembre 1812, que *la Gloire* mit à la voile.

Le ciel était pur, l'air était vif; la mer, clapotante sous une fraîche brise de S.-S.-E., s'abandonnait au mouvement onduleux d'une houle dont les barres plus élevées vers les côtes se dessillaient par des lignes d'écume.

L'aire d'où se levait le vent n'était point assez contraire pour que le capitaine Roussin ne tentât point de profiter de la négligence où la clarté de la pleine lune avait jeté l'ennemi. Le brick n'avait point été aperçu durant la journée. Le Pyramus et le *Stas-North*, mouillés à peine à deux milles N. du cap la Hève, étaient masqués par cette pointe de terre. *La Gloire* appareilla sans que nul indice de départ leur révélât sa sortie.

L'ennemi, trompé dans sa croisière du Havre, le fut également dans celle de Cherbourg; mais la frégate française ne put doubler le cap Lézard sans tomber dans les bâtiments ennemis stationnés dans ses eaux.

Le 18 décembre un calme plat la surprit, vers une heure du matin, sous les terres du comté de Cornouailles, que l'aube, en se levant, lui montra sombres et rampantes à une distance de deux lieues sous son bossoir de tribord. Neuf bâtiments ennemis manœuvraient pour la joindre. Vers huit heures elle se trouvait à demi-portée de canon d'une forte corvette que ralliaient deux bâtiments situés à petite distance : le combat s'engagea donc. Le capitaine Roussin connaissait tous les dangers auxquels la nature des lieux où l'action se passait et l'armement de sa frégate exposaient son entreprise.

L'équipage de *la Gloire*, compose de 340 hommes, comptait 227 conscrits, que les dernières levées avaient jetés, sans expérience de la mer, dans l'âpre et difficile carrière du marin.

N'étant initiés à la profession où ils entraient que par l'éducation qu'ils avaient pu recevoir dans un bassin de 60 toises de diamètre, leurs connaissances pratiques se bornaient à ce que moins de six semaines avaient pu leur apprendre de l'exercice du canon. Quant à la manœuvre, à l'habitude du bâtiment, ils y étaient aussi étrangers qu'à la faculté de supporter facilement l'impression de la mer.

Le reste de l'équipage provenant du 16 e de la flottille était un peu plus amariné, mais il était trop faible en nombre pour que ses efforts ne se trouvassent pas presque complètement neutralisés par l'absence du concours d'une grande partie de l'équipage : 50 heures de navigation au milieu des vagues que les coups de vent de décembre soulèvent constamment dans la Manche devaient faire renoncer à l'espoir d'obtenir de lui aucun secours.

Deux cents hommes destinés au service de l'artillerie étaient absolument hors d'état de se mouvoir ; les coups de canon qui purent être tirés dans cet engagement le furent par quelques anciens chefs de pièces, beaucoup même par les officiers.

Le pointage fut toutefois si juste, qu'il fut bientôt facile de reconnaître les avaries qu'éprouvait l'ennemi. *L'Albicorne*, corvette de 28 canons, dut même se hâter de tenir le vent pour s'éloigner d'un feu si bien dirigé, que chaque détonation annonçait un boulet dans ses préceintes.

Deux voiles venaient pourtant de se dresser à l'horizon. Cet engagement, en se prolongeant, ne pouvait manquer, par son bruit, d'attirer sur ce point tous les navires qui croisaient dans ces parages, où le coup de vent des jours précédons devait avoir poussé les vaisseaux de la station d'Ouessant. C'eût donc été, de la part du capitaine français, une témérité sans excuse d'ouvrir sa course par une rencontre dont chaque instant menaçait de l'écraser sous le nombre de ses ennemis.

Il se rappela d'ailleurs que, d'après ses instructions, l'objet spécial et dominant de sa mission était de faire le plus grand mal possible au commerce ennemi ; qu'à ce but devaient tendre tous ses efforts. Il se rappela aussi qu'un nouvel intérêt se rattachait, dans l'idée du gouvernement, au succès de son expédition, puisque sa réussite devait prouver qu'il n'était point impossible aux frégates construites dans les chantiers du Havre d'en sortir et de prendre la mer. Résolu donc de changer au moins le théâtre dangereux du combat en quittant les côtes anglaises, il laissa *l'Albicorne* serrer le vent, et fit route à l'O. pour débouquer de la Manche.

Le soir même *la Gloire* avait établi sa croisière au point le plus fréquenté de la route (Fireway) que suivaient les bâtiments sortis des ports sud de l'Angleterre ou ceux qui voulaient y atterrir.

Il fit dans cette position cinq prises, dont une corvette à trois mâts, le *Spy*, équipée en flûte et armée de 18 canons; ne voulant point affaiblir son équipage, le commandant français lui ôta son artillerie, et l'expédia pour l'Angleterre en cartel d'échange.

Les tempêtes de l'hivernage ne permirent point à la *Gloire* de sillonner longtemps cette mer toujours houleuse. Le délabrement et l'inexpérience de ses hommes la forcèrent, après 15 jours de navigation par un temps de tourmente, à chercher des eaux et une température moins rigoureuses.

Le Portugal était alors occupé par l'armée anglaise. Elle se porta vers l'embouchure du Tage pour intercepter les correspondances entre Lisbonne et l'Angleterre; mais elle fut contrainte de prendre chasse devant deux frégates, la Pique et la Loire, à portée de canon desquelles elle éprouva l'importante avarie de la rupture des clefs de ses deux mâts de hune. Une grande habileté de manœuvres réussit, contre toute apparence, à la tirer de ce pas critique.

Elle fut alors croiser entre Madère et les Canaries, d'où, après y avoir capturé six bâtiments, elle se dirigea vers la Barbade, point d'atterrage de tous les bâtiments anglais destinés aux Antilles.

La fin prochaine de ses vivres et le mauvais état de sa mâture purent seuls contraindre le capitaine Roussin de regagner les côtes de France.

Ce fut le 6 février que son cap fut mis sur nos ports, où il devait porter à nos matelots abattus des souvenirs de bonheur et d'audace; vingt jours après, un coup de vent de sud-ouest l'avait porté sur la Sonde.

Il était deux heures de relevée, lorsque la voix d'une vigie signala un navire : c'était *le Limet*, brick de 14 canons.

Bien que la bourrasque eût molli depuis quelques instants, les bouffées étaient toujours violentes, la mer était toujours zébrée d'écume.

Malgré tout ce qu'avait ce temps de contraire à la manœuvre, le commandant de *la Gloire* ordonna de gouverner dessus; un instant après il lui hélait d'amener.

Loin de se rendre, le brick, profitant de la dureté de la mer, qui rendait le tir incertain, et des petites dimensions de son bâtiment comparativement à celles de la frégate, fit plusieurs virements de bord vent arrière, manœuvre que la *Gloire* ne put imiter. Cette fuite retarda sa prise jusqu'au moment où, se trouvant sous le vent de la frégate, il reçut une demi-volée, sous laquelle s'abaissa son pavillon.

La tempête, qui avait repris une nouvelle force, rendit l'amarrinage de cette prise fort dangereux. Il s'effectua cependant sans la perte d'un seul prisonnier, quoiqu'ils se fussent presque tous enivrés, et à la vue d'une frégate ennemie qui était à la cape, trois lieues sous le vent.

Le jour baissait, le capitaine Roussin expédia le bâtiment pour Brest; puis, pour captiver l'attention de la frégate ennemie, laissa arriver sur elle.

A dix heures du soir, par une nuit profonde, où, malgré la phosphorescence des vagues, la mer se confondait avec le ciel, les frégates se trouvèrent à contre-bord et à si petite distance l'une de l'autre, qu'il est difficile de comprendre comment elles purent éviter un abordage, qui sans doute les eût enveloppées dans un commun sinistre. Un moment après quelles se furent dépassées, un nouveau coup de vent éclata, et ôta aux deux bâtiments la possibilité de se conserver en vue. On sut de suite que cette frégate était *l'Andromaque,* forte de 46 pièces de gros calibre.

Le 28 février 1813, *la Gloire* entra dans la rade de Brest après une croisière de soixante-treize jours. Le tort qu'elle fit à l'ennemi fut évalué à 5 millions; 396 prisonniers, provenant de ses captures, parvinrent dans nos ports.

Cet avantage ne fut point le seul que cette expédition procura à la France. Elle put, en outre, dans ce temps où les marins étaient si rares, compter sur un équipage qu'avaient commencé à former plusieurs mois de tempêtes et de combats.

Si cette course ne fixe point l'attention par l'intérêt dramatique qui s'attache aux victoires importantes et aux grandes catastrophes, tous nos marins ont apprécié ou apprécieront l'importance qu'avaient l'habileté et le courage avec lesquels elle fut conduite dans un système qui pouvait tarir dans leurs sources les forces de l'Angleterre, et préparer de nouveaux éléments de puissance maritime pour notre pays. On reconnaîtra d'ailleurs quel degré de dévouement ces expéditions supposaient dans nos marins à cette époque, en réfléchissant que la France avait à peine six frégates sur ces mers, que les flottes anglaises écrasaient sous leurs vaisseaux.

F. Girard.

Naufrage des 78 pécheurs de LaTeste. par Amédée Gréhan.

Il existe au bord de la mer, sur le bassin d'Arcachon, à quatorze lieues sud-ouest de Bordeaux, un petit port qui s'appelait autrefois Testa Boïorum, et qu'on nomme aujourd'hui la Teste de Buch. Les habitants de ce pays sont en général pêcheurs ou résiniers. Il n'y a guère pour eux, en effet, d'autre industrie possible, car de quelque côté que se promène le regard, on ne découvre jusqu'à l'horizon que des landes désertes, une forêt de pins et des mers de sable nu, dont les dunes ondoyantes représentent des vagues solidifiées... puis, l'immensité de l'Océan.

La grande pêche, vulgairement connue sous le nom de pêche de peougue, a lieu aux approches du carême et se continue jusqu'à Pâques. Elle est aussi curieuse en ses détails et remarquable par les dangers qu'affrontent les intrépides marins qui s'y livrent, que nécessaire au pays, malgré les minimes produits qu'en retirent les pêcheurs. La profession la plus pénible, la plus périlleuse, est incontestablement celle des marins, et parmi ceux-ci il n'en est point qui aient tant à souffrir, qui aient à déployer d'aussi constants et courageux efforts que les pêcheurs du bassin d'Arcachon.

Leur pêche est intérieure ou extérieure. En été, la pêche a lieu dans le bassin, dont le circuit est d'environ quatorze lieues. Elle fournit à Bordeaux et aux pays circonvoisins le royan, le rougé, l'aiguille, etc., et les moules, si abondantes sur ces plages. Cette pêche occupe près de quatre cents pinasses ou embarcations montées par environ mille marins de tout âge et par trois cents femmes. Elle continue jusque vers la mi-octobre, et celle des huîtres lui succède jusqu'à la fin de mars. On prend également dans toute l'étendue du bassin, et au moyen de filets, une grande quantité de canards sauvages qui viennent du Nord hiverner dans la baie. La pêche à l'extérieur du bassin, au moyen des chaloupes, est suspendue pendant l'été, et n'est reprise que vers le 15 octobre. Durant la belle saison, de grandes pinasses, armées de dix hommes, font au dehors, et très-près des passes, la pêche du turbot, de la barbue, du grondin, etc., poissons que le bassin n'offre pas.

Les chaloupes qui font pendant l'hiver la pêche de peougue ont trente pieds de quille, et sont élevées de trois pieds au-dessus de l'eau. Elles bordent douze longs avirons, et ne sont pas pontées ; seulement une tille est pratiquée sur l'arrière pour placer les provisions et le compas. La construction de ces chaloupes est solide, et elles ont une marche supérieure. Leur équipage se compose d'un pilote expérimenté et de douze hommes. Elles ne prennent pas de lest, les filets en tiennent lieu

Rendus en mer à trois lieues de la côte, les pêcheurs tendent leurs filets en suivant la direction de l'est à l'ouest. Pendant que le poisson vient se prendre dans le trémail, la chaloupe est à l'ancre à l'extrémité ouest des filets, et toujours prête à les lever. Si les vents d'ouest soufflent avec force, la chaloupe drague son ancre et modère ainsi sa vitesse. Dans la position contraire, huit hommes agissent sur les avirons pour hâler la chaloupe sur les filets; les autres les liaient dedans, et en dégagent le poisson. Les filets à bord, la chaloupe fait route pour rentrer dans le bassin.

Si les circonstances sont favorables, cette petite campagne se termine ainsi en vingt-quatre heures. Autrement, elle est longue et périlleuse.

Les chaloupes ne se décident à franchir la barre que si le temps leur inspire quelque confiance ; mais dans la saison de la grande pêche, les plus expérimentés se trompent aisément : le vent s'élève, la mer devient très-grosse, et la levée des filets est alors longue et pénible, souvent même impraticable.

Les considérations précédentes expliquent assez le sinistre événement que nous allons rapporter.

Le 25 mars 1856, huit chaloupes partirent de la Teste pour la grande pêche. A peine avaient-elles mis leurs filets à la mer, que le vent s'élève, une violente tempête se déclare, la barre grossit de plus en plus. Après une nuit épouvantable, deux de ces embarcations eurent le bonheur de franchir la barre, le lendemain, 24 : elles avaient pu se lester d'une partie de leurs filets ; mais les six autres, moins favorisées, jetèrent l'ancre, dans l'espoir de résister à la violence du vent et de la mer. Alors, la position des pêcheurs devint critique : privés de leurs filets dont une partie au moins eût été nécessaire pour lester les chaloupes, ils ne purent appareiller. Ils se virent ainsi condamnés, sans être protégés par un pont, à demeurer dans une mer affreuse qui brisait sans cesse. Pour se défendre contre la fureur des flots prêts à les engloutir, ces malheureux dressèrent une tente au moyen d'une voile et d'un mât appuyé sur l'avant et soutenu derrière par un chevalet. Ils se placèrent dessous, et comme à chaque instant de grosses lames venaient déferler sur la tente et menaçaient de faire sombrer la chaloupe, chaque homme, armé d'un bâton au bout duquel est placé un sabot, agissait au-dessus de sa tête pour décharger la tente du poids des eaux. Lors que ce moyen ne suffisait pas, ils faisaient avec un couteau une ouverture dans la tente, et l'eau entrait avec violence dans la barque ; alors on faisait jouer la pompe, et l'on se dégageait si l'on pouvait. L'ouragan devenant de plus en plus furieux, les infortunés pêcheurs se décidèrent à faire courir. Pendant cinq jours entiers, ils luttèrent contre les éléments conjurés, contre une mort affreuse ; toujours entre deux eaux, accablés de fatigue, presque sans nourriture Pendant cinq jours, leurs familles désolées furent dans une incertitude cruelle ; mais le 28, il n'y avait plus de doute : le malheur n'était que trop évident. Quelques jours après, des cadavres entièrement défigurés, dévorés par les chiens et par les renards, étaient retrouvés à la côte...Un seul a pu être reconnu.

Cette catastrophe a ému tous les cœurs. Des souscriptions, des quêtes, sont venues apporter des secours si nécessaires aux malheureuses familles des naufragés : soixante-cinq veuves, cent soixante-huit orphelins, douze parents infirmes, dont les victimes infortunées étaient les seuls soutiens. Une somme de 106,656 francs a été distribuée à ces familles.

Mais ce sinistre devait avoir une fatale récidive. Le bassin d'Arcachon demandait de nouvel les victimes. Dans la nuit du 3 au 4 janvier 1842, la chaloupe V Actif montée par quatorze hommes et commandée par le brave Pontac, se perdit corps et bien dans sa lutte avec la terrible barre; toutes les ressources que donnent la patience, l'adresse, la force et le courage échouèrent contre la mer déchaînée qui, le lendemain, redevenue calme et riante, jetait dédaigneusement à la côte des débris

d'hommes et de navire. Ce nouveau désastre a, comme le premier, trouvé toute la sympathie due au malheur si persévérant.

M. le baron Duperré, ministre de la marine, et M. le ministre du commerce, ordonnancèrent d'urgence, chacun pour son département, une somme de 1,500 fr.; madame la duchesse Decases a fait en faveur de ces derniers naufragés une loterie dont le produit a été de plus de 5,000 fr.

La direction de la France maritime, si vivement préoccupée de toutes les gloires comme de tous les revers de la marine, n'a pas voulu rester en arrière dans un élan aussi généreux ; un bal au profit des familles des victimes de ce sinistre a été organisé par une commission composée en grande partie de nos collaborateurs, assistés par la députation de la Gironde et la généreuse intervention des dames patronnesses. Cette fête maritime a inspiré tout l'intérêt que réclamait le malheur qu'elle était destinée à adoucir, et une somme de 10,000 fr. a été envoyée à la Teste. Puissions-nous ne plus être appelés à secourir la détresse de cette intéressante population, toujours si généreuse et si brave, malgré des revers si répétés.

Amédée Gréhan,

L'incendie du Kent, par A. Delrieu.

Ce fut le 19 février 1825, par un vent frais du sud-est et une belle matinée d'hiver, que le Kent, navire de la compagnie des Indes, passa en vue des créneaux de Sandow et de Walmer, dans les Dunes. Vingt officiers et trois cent quarante-quatre hommes du 51 e régiment, soixante-six enfants, quarante-trois femmes, vingt passagers et cent quarante-huit marins, encombraient son bord. Mais ce magnifique bâtiment, du port de treize cent cinquante tonneaux, bondissant fièrement sous l'éperon de la manœuvre et au commandement de Henri Cobb, s'avançait, toutes voiles dehors, dans la Manche, et glissait avec majesté vers l'Atlantique. Ce premier élan ne s'arrêta que dans le golfe de Biscaye, où le mauvais temps, ordinaire à ces parages dans l'équinoxe, surprit et fatigua le Kent de manière à le forcer de mettre à la cape huit jours après son départ. La tempête se montra même si furieuse, que les grandes voiles furent carguées, ainsi que les vergues de perroquet. On ferma les fausses fenêtres de poupe; on tendit un cordage sur le pont, et les soldats de quart y furent attachés. Le 2 mars, à midi, les chaînes de haubans plongeaient déjà de plusieurs pieds dans la mer.

A ce moment du danger, et par un très-fort roulis, il arriva qu'un officier, accompagné de deux matelots, descendit à fond de cale, une lampe de sûreté à la main, pour faire sa ronde.

La lampe brûlait mal. S'étant aperçu qu'une des barriques d'eau-de-vie était dérangée, il ordonna aux marins de chercher des coins pour la caler; mais, pendant leur absence, le vaisseau ayant éprouvé une violente secousse, l'officier de quart laissa malheureusement échapper sa lampe, et, dans son empressement à la ramasser, lâcha la barrique. Cette pièce s'effondra; la liqueur baigna la mèche de la lampe, et les flammes s'allumèrent.

D'abord l'événement n'alarma personne. Malgré les légers tourbillons qui sortaient de l'écoutille, M. Spence, le lieutenant de quart, le capitaine Cobb et les autres officiers donnèrent avec tranquillité leurs instructions à l'équipage pour qu'on éteignît promptement l'incendie. Les marins et la troupe y travaillèrent sans relâche ; on joua des pompes; on inonda l'entrepont ; on y jeta des voiles mouillées et des hamacs ; tout cela fut inutile. L'eau semblait alimenter l'ardeur des flammes ; les voiles et les hamacs brûlaient malgré leur humidité. Les barriques défoncées remplirent bientôt la cale d'un feu liquide ; aux vapeurs bleuâtres de l'eau-de-vie succédèrent des torrents d'une fumée épaisse et noire qui se fit jour sous les pieds mêmes des travailleurs épouvantés ; les quatre écoutilles devinrent les quatre bouches de cette fournaise, et d'un bout à l'autre du vaisseau la fatale nouvelle serra tous les cœurs.

Une voix sinistre s'écria : « Le feu aux câbles! » Ce fut le coup de grâce. Une forte odeur de goudron qui se répandit sur le pont du navire signala la dernière crise du danger. Il ne restait plus aucune espérance.

Dans cette terrible extrémité, le capitaine Cobb n'hésita pas un seul instant à pratiquer des voies d'eau, à déblayer les écoutilles et à ouvrir les sabords de la batterie basse, afin de mettre le feu aux prises avec la mer. Rien d'épouvantable comme le bouleversement qui suivit l'exécution de cet ordre. A peine les sabords étaient-ils ouverts, que les flots, s'engouffrant avec rage entre les flancs du vaisseau, le déchirèrent dans ses entrailles, le secouèrent effroyablement et longtemps comme une frêle embarcation; les cloisons furent brisées et emportées, ainsi que les caisses les plus lourdes, des cadavres violemment ravis aux derniers embrasements. Pénétrés d'horreur, prévoyant à ce spectacle une explosion prochaine ou un naufrage anticipé, se débattant dans l'eau, étouffant au milieu de la fumée, on se tordant sous les flammes, les hommes du Kent voyaient, repoussaient, acceptaient la mort de toutes parts et sous toutes les formes. Ce n'était plus une lutte, un combat ; c'était une agonie lente, calculée, impitoyable. Mais le navire s'en allait si rapidement, que le capitaine préféra l'explosion au naufrage.

On referma les sabords, on boucha les écoutilles, la mer fut chassée de partout; elle se retira en grondant, et le feu reprit son empire. L'incendie rongeait en silence.

Alors commença une scène de désolation inexprimable. Le pont était couvert d'une foule de six à sept cents créatures humaines, haletantes, éperdues; celles-ci tourmentées encore par le mal de mer, celles-là presque nues; les unes cherchant un père, un mari, un enfant; les autres ne les retrouvant plus, et se roulant dans la douleur. Il y en avait, parmi ces hommes, de résignés, d'immobiles, de stupides; il y en avait de frénétiques et de railleurs. Quelques femmes étaient agenouillées dans les chambres, où elles priaient avec leur jeune famille et lisaient l'Ecriture sainte. Les repentirs, les abjurations, les confessions, les aveux, se récitaient et s'exhalaient tout haut, comme si les pécheurs étaient en démence. Les soldats les plus éprouvés et les plus vieux matelots se taisaient, mais d'un air sombre ; ils se rapprochaient de la soute aux poudres. Là, l'explosion ne manque jamais un homme. On n'y saute pas, on y disparait. Les caractères doux, les âmes tendres, avaient un désespoir plus pieux et plus réfléchi. On vit un jeune officier, plein d'espérances, prendre une boucle de cheveux dans un portefeuille, et la placer sur son cœur. Un autre, s'étant procuré du papier, écrivit à son père quelques lignes, qu'il renferma soigneusement dans une bouteille.

Chacun se préparait à la mort, et la mort s'approchait.

Cependant un matelot, perché au petit mât de hune, dévorait la surface de l'Océan, et cherchait avidement les traces d'un navire. Tous les regards étaient fixés sur cet homme. Mais voilà qu'il agite son chapeau, que sa main s'étend à l'horizon, et, du mât de hune, ce cri inespéré tombe à la foule : « Une voile sous le vent ! »

Cette voile, c'était la Cambria, capitaine Cook, petit brick de deux cents tonneaux, en route pour la Vera-Cruz, ayant à bord une centaine de mineurs du comté de Cornouailles, et les employés de la compagnie anglo-mexicaine. Cette voile, c'était un vaisseau anglais comme le Kent, un équipage anglais comme l'équipage du Kent. Le Kent allait au Bengale, en Chine; la Cambria voguait lestement vers l'Amérique. A cette nouvelle, les naufragés, ou plutôt les incendiés, hissent le pavillon de détresse ; on tire le canon, on aperçoit le brick en vue, sous le misaine et les trois huniers. A son tour, la Cambria hisse le pavillon anglais; elle s'émeut aux tourbillons de fumée qui s'échappent du volcan, elle déploie toutes ses voiles au vent, elle accourt au bruit du canon d'alarme. Bientôt, pour éviter le feu des batteries qui parlaient au fur et à mesure de l'incendie, pour éviter l'explosion que tout le monde attendait à genoux, on la voit se mettre en panne à distance, et tendre les bras au malheureux équipage du Kent. Les circonstances du transbordement furent déchirantes. Le capitaine Cobb, le colonel Fearon et le major Mac Grégor tenaient conseil sur la dunette ; un lieutenant vint leur demander dans quel ordre les officiers quitteraient le vaisseau. « Dans l'ordre des funérailles, » répondit le major. Vers deux heures donc, une procession lugubre s'avança des chambres d'arrière sur les sabords; on n'entendait pas un cri, on prononçait à peine une parole; les plus petits enfants même cessaient de pleurer. Les officiers étaient debout, l'épée nue à la main, auprès des canots, et protégeaient l'embarquement de la foule. Le sauvetage ne s'établit que très-difficilement. Pour tenir les premières embarcations en équilibre sur les lames furieuses, et donner toute facilité aux rameurs, les femmes et les enfants furent entassés pêle-mêle sous les bancs, au risque de les noyer.

A leur retour, ne pouvant accoster le Kent bord à bord, les canots recevaient les victimes au moyen d'un cordage qui partait du haut de la poupe; mais, comme la violence du tangage était extrême, les pauvres créatures plongeaient dans la mer, et souvent même ne reparaissaient plus.

Là, un grand nombre d'enfants périrent. Une jeune femme, ayant refusé d'abandonner son père, que le devoir retenait au poste de l'honneur, faillit payer cher son dévouement et disparut cinq ou six fois dans les vagues. Un soldat qui n'avait aucune famille se fit attacher autour du corps trois des enfants de ses camarades, et plongea dans la mer ; il échoua dans ses efforts pour gagner le canot, et on le hissa de nouveau à bord ; mais les enfants étaient morts. Un marin tomba du cordage dans l'écoutille, et fut à l'instant dévoré par les flammes; un autre eut l'épine dorsale si complètement rompue, qu'il demeura plié en deux par la force du coup. Sur les six embarcations, trois furent submergées et brisées. Le jour tombait, et les flammes augmentaient d'intensité. On suspendit encore à l'extrémité du gui de brigantine un second cordage, le long duquel les hommes devaient se glisser eux-mêmes pour atteindre les canots. Dans cette manœuvre, ils s'exposaient à être écrasés sur les plats-bords.

Comme l'explosion devenait imminente, on construisit aussi des radeaux avec des planches, des cages à poulets, des palans ; chaque marin ou soldat eut ordre de se ceindre les reins d'une corde afin de pouvoir s'y amarrer. Au milieu de tous ces préparatifs, on admira la naïveté d'une recrue irlandaise, qui, ne trouvant pour amarre que la corde du hamac de son officier, par esprit de subordination, n'osa pas s'en servir. Ces scrupules étaient rares: la grande chambre qui, très-peu d'heures avant la catastrophe, était le théâtre d'une conversation amicale et d'une douce gaieté, offrait maintenant le plus douloureux spectacle ; on n'y voyait plus que des misérables dont les uns étaient étendus sur le plancher dans un état d'ivresse brutale, tandis que les autres pillaient et buvaient encore. Les sofas, les commodes, les meubles les plus élégants, étaient brisés en mille morceaux épars; des oies et des poulets, échappés de leur cage, couraient çà et là, et un cochon qui avait trouvé moyen de sortir de son étable sur le gaillard d'avant, se vautrait sur le tapis de Turquie magnifique dont la chambre du conseil était décorée.

Vers la fin de cette scène tragique, on remarqua que les malheureux qui restaient à bord, loin de manifester l'impatience de partir, témoignaient au contraire une répugnance invincible à suivre leur périlleux mais dernier moyen de salut. Six heures du soir approchaient ; les ombres de la nuit rendaient plus éclatante la lueur du feu, et cependant le Kent n'était pas encore désert. Le bâtiment s'était déjà enfoncé de neuf à dix pieds au-dessous de la ligne de flottaison, et, à cette heure, il baissait de deux pieds par voyage au brick. Malgré cet horrible avertissement, inactifs et pusillanimes, les traînards hésitaient; il est vrai que les chances de l'embarquement étaient affreuses. Le gui de brigantine d'un vaisseau de la grandeur du Kent, dépassant la poupe de quinze à dix-sept pieds en ligne horizontale, se trouve, dans sa position naturelle, à dix-huit ou vingt pieds au-dessus de la mer ; mais la furie des vagues et du tangage le relevait jusqu'à la hauteur de trente à quarante pieds. Il fallait donc atteindre la corde suspendue à l'extrémité du gui, et cette manœuvre exigeait autant de vigueur que d'adresse. La moitié des retardataires succomba dans la tentative.

Enfin, lorsque le dernier bateau portant le capitaine Cobb eut touché la Cambria, tous les sentiments demeurèrent comme suspendus au dénouements de la catastrophe. Ce spectacle ne se fit pas attendre. Les flammes, qui avaient gagné le pont supérieur et la dunette, montèrent avec rapidité au sommet de la mâture. Tout le bâtiment ne forma plus alors qu'une seule masse de feu dont le ciel semblait embrasé, et qui se réfléchissait sur les visages consternés de la foule, à bord du brick. Les pavillons de détresse, hissés le matin, flottèrent au milieu des flammes jusqu'au moment où les mâts qui les retenaient s'écroulèrent comme des clochers majestueux. Dans la nuit, le feu ayant gagné le magasin aux poudres, le Kent sauta, et les débris brûlants de l'un des plus beaux vaisseaux de l'Angleterre furent lancés dans l'espace. L'obscurité qui succéda à cet éclat funèbre sembla fermer sur les deux équipages réunis les portes d'un immense tombeau.

Il y avait un tel entassement à bord de la Cambria, que la vapeur des haleines fit craindre un instant que le vaisseau ne fût en feu, tandis que l'impureté de l'air y était si forte, que la flamme d'une bougie s'y éteignait à l'instant. Sur le pont, les naufragés étaient obligés de rester nuit et jour dans l'eau jusqu'à la cheville du pied, à moitié nus et transis de froid. Des femmes et des enfants tombèrent en convulsions. Un retard de quelques jours en mer aurait infailliblement amené sur le brick la famine et des maladies pestilentielles. Heureusement la violence du vent continua ; au risque de rompre ses mâts, le brave capitaine Cook pressa si noblement sa marche, que la Cambria fila bientôt neuf à dix nœuds à l'heure.

Dans l'après-midi du jeudi 3 mars, on entendit partir du haut de la hune le cri joyeux de : Terre à l'avant! Dans la soirée, on prit connaissance des Sorlingues, et, longeant rapidement la côte de Cornouailles, à minuit le capitaine Cook jetait l'ancre dans le port de Falmouth.

A. Delrieu.

Le Capitaine Paulin, Baron de La Garde 1498-1578 par Antoine Caillot

Ce marin, le plus ancien officier qui ait marqué dans la marine française, se nommait Antoine Escalin des Aimars. Il était chevalier de l'ordre de Saint-Michel, et général des galères de France sous François Ier., Henri II François 1er, Charles IX et Henri III. ll sortait d'une famille obscure et peu fortunée de la province de Dauphiné. Il naquit en 1498 et fut élevé dans une école de charité. Il n'avait que douze ans lorsqu'il s'échappa de la maison paternelle et suivit un caporal à son régiment.Il devint soldat aussitôt qu'il eut acquis la taille nécessaire, et s'a Bonne conduite le fît remarquer au point qu'ilmérita d'être élevé successivement aux grades d'enseigne , de lieutenant, et enfin à celui de capitaine.

Instruit par un habile négociateur qu'il eut le bonheur de rencontrer en Piémont et qui lui reconnut du mérite , il fut jugé digne , par François Ier., d'être envoyé en ambassade à Venise, ensuite à Constantinople. Dans une de ses ambassades , il montra autant d'adresse que de courage. Il sut concilier à François Ier.les chefs de la république vénitienne, ainsi que le sultan Soliman, qui promit d'envoyer au monarque français une flotte commandée par le fameux Barberousse.

Ce double succès valut au capitaine Paulin d'être nommé par le roi au commandement général des galères, alors une des premières dignités du royaume. En même temps il fut créé baron, sous le titre de baron de Lagarde.

Ce fut avec la première de ces qualités, que s'étant joint à Barberousse, il fit le siège de Nice , ville qui appartenait au duc de Savoie, allié de Charles-Quint. Après s'être aperçu que l'amiral turc avait ses raisons particulières pour ne pas engager un combat avec la flotte ennemie, il le quitta pour aller joindre, en .Piémont, l'armée française, à laquelle il rendit de grands services.

Les Vaudois s'.étaient retirés dans des lieux déserts, entre les montagnes de la Savoie , du Piémont, du Dauphiné et de la Provence. Ils y vivaient paisiblement du fruit de leurs travaux dans ces pays arides qu'ils avaient desséchés.

En 1536, ils embrassèrent le calvinisme. En 1540, le brave Lagarde dont l'épée aurait été si utile contre les ennemis de la France, eut ordre d'exécuter l'arrêt du parlement d'Aix, qui portait que tous les hérétiques seraient exterminés. Le président d'Oppède et lui se mirent chacun à la tête d'un détachement, brûlèrent tous les villages qu'ils rencontrèrent, massacrèrent les femmes, les malades, incendièrent le village de Mérindol dont les habitants s'étaient enfuis ; fouillèrent dans les souterrains, égorgèrent une multitude : de femmes, d'enfants, de vieillards qu'ils y trouvèrent ;• parcoururent le Comtat, une partie, dé la Provence, et y commirent des horreurs que la. plume se refuse à décrire.

- Quelque, temps après, Lagarde fit un meilleur emploi de ses armes. Henri VIII, roi d'Angleterre, maître de Boulogne, avait résolu de faire une invasion en France. Pour le faire renoncer à ce projet, l'amiral d'Annebaut reçut ordre de tenter une descente en Angleterre. Lagarde, qui avait un commandement dans cette expédition, fut enveloppé par quatorze vaisseaux ennemis. Après avoir été délivré de ce danger par l'amiral d'Annebaut, il fondit avec tant d'impétuosité sur un gros vaisseau anglais qu'il le coula à fond.

Lorsque les ennemis furent rentrés dans leur port, les deux généraux français firent une descente dans l'île de Wight, en enlevèrent le bétail, les effets les plus précieux des habitants, et mirent le feu aux bourgs et aux villages, et se rembarquèrent.

Comme ils approchaient des côtes de France, une tempête, qui survint, les rejeta sur les côtes d'Angleterre. Les deux flottes se canonnèrent jusqu'à la nuit; et les Français, profitant du retour du calme, rentrèrent au Havre. Les manoeuvres savantes du baron de Lagarde, de l'aveu même de l'amiral d'Annebhaut, avaient procuré à la flotte française les avantages qu'elle avait remportés sur l'ennemi.

Cependant les exécutions atroces contre les Vaudois, excitaient l'indignation générale.

Après la mort de François Ier., le parlement de Paris fut chargé de connaître de ce massacre.

Le président d'Oppède, obligé de comparaître, prétendit se justifier par des exemples tirés de 'l'Ancien Testament. Cependant, pour se dérober .au châtiment qu'il méritait, il se hâta de passer à l'étranger où il mourut onze ans après. L'avocat général Guérin, principal instigateur du massacre, fut condamné à être pendu. Quant à Lagarde, on eut égard à sa qualité de militaire qui lui faisait un devoir de l'obéissance; sa punition se réduisit à-une prison perpétuelle.

Antoine Caillot

Ruse de Lagarde contre les Espagnols. —Entreprise contre l'île de Corse. par Antoine Caillot

Lorsque Lagarde gémissait dans une prison pour avoir obéi aux ordres de François Ier. et du parlement d'Aix, Paul de Termes, qui commandait une armée française, en Toscane, le demanda au roi. Ayant obtenu sa liberté, il déploya de nouveau ses talents en Italie, et quoique sans titre il dirigeait tous les mouvements de l'armée. Après avoir conduit à Rome les cardinaux de Lorraine et de Tournon, il se mit à parcourir toutes les côtes d'Italie, dans le dessein d'attaquer les bâtiments de Charles-Quint qu'il rencontrerait. Jeté vers l'île de Corse par une tempête qui sépara deux de ses galères de quatre autres, il aperçut vingt-quatre grands bâtiments espagnols, battus par la même tempête, et qui s'étaient retirés sur la même côte, à peu de distance de lui. Voulant combattre, et n'ayant que deux galères à opposer à vingt-quatre vaisseaux, il s'avise de la ruse suivante : il arbore le pavillon de l'empereur et fait dire aux Espagnols que la reine de Hongrie est à son bord; qu'il est chargé de la transporter en Espagne pour qu'elle y soit en sûreté pendant la guerre que l'empereur et son mari soutenaient contre la France et les Turcs, et qu'il est de leur devoir de la saluer avec toute leur artillerie. Les Espagnols donnent dans le piège, et font une décharge de tous leurs canons. Aussitôt Lagarde hisse le pavillon français et les attaque avant qu'ils aient eu le temps de recharger. Il coule à fond deux de leurs plus gros vaisseaux et en enlève quinze richement chargés.

La Corse appartenait alors aux Génois : Henri II résolu de la leur enlever, chargea le général de Termes de cette expédition. Ce-lui-ci, qui connaissait la bravoure et les talents de Lagarde, demanda au roi de le rétablir dans le commandement général des galères, qu'il avait perdu lorsqu'il avait été condamné à une prison perpétuelle. Le roi y consentit, et donna ordre à Lagarde de rassembler toutes les galères de Marseille..

Après avoir promptement exécuté les ordres du roi, Lagarde alla rejoindre Dragut, successeur de Barberousse, dans la place d'amiral de la flotte ottomane. Après qu'il eut ravagé avec lui les côtes de la Calabre et de la Sicile, il rentra dans le port de Marseille, où de Termes préparait une nouvelle flotte.

Ces deux généraux se réunirent à Dragut et allèrent avec lui mouiller devant l'île de Corse. Bastia se rendit ; St.-Florent, Corté , Porto-Vecchio et Ajaccio furent bientôt enlevés. Bonifacio résista longtemps et ne se rendit que sous des conditions désagréables aux Turcs qui ne se battaient que pour piller. Dragut, dont la coutume était de ne payer ses soldats qu'avec le pillage, rembarqua ses troupes et mit à la voile.

Malgré le départ des Turcs , Lagarde mit le siège devant Calvi. Cette ville fut secourue par une nombreuse flotte génoise, sous les ordres du célèbre André Doria. Comme l'armée française était trop faible pour livrer bataille, Lagarde alla chercher du renfort à Marseille. Ce renfort, qui était considérable en galères et en hommes, fut dispersé par une tempête dans les parages de l'île de Corse. Pendant qu'il était occupé à rassembler sa flotte, Doria se fortifiait, s'emparait de plusieurs places, et les Corses passaient en foule du côté de l'ennemi. Ce contre-temps ne décourage pas Lagarde : il se rend à Constantinople et obtient du sultan que Dragut sera renvoyé avec une flotte sur les côtes d'Italie.

Le siège fut remis devant Calvi. Après des prodiges de valeur des deux côtés, Dragut, au moment de l'assaut, fit sonner la retraite. L'avidité de ce Turc qui demandait des sommes exorbitantes pour lui, et le pillage pour ses soldats, fit manquer l'entreprise contre la Corse. Lorsque Lagarde revenait en France, un épais brouillard l'engagea dans la flotte de l'amiral Doria. Sa présence d'esprit et son courage le tirèrent de ce danger. Il fit un feu si terrible que Doria, croyant que la flotte turque était encore réunie à celle des Français pour l'attaquer, se hâta de prendre le large. Lagarde ramena sa flotte à Marseille, sans avoir perdu un seul vaisseau.

Le baron de Lagarde, fatigué du service, voulut, quelque temps après le massacre de la Saint-Barthélemy, se retirer dans le lieu de sa naissance ; mais au moment où il se disposait à partir, il reçut l'ordre d'équiper les galères pour bloquer la Rochelle, qui était le' rempart du calvinisme. Malgré toutes les tentatives que l'on fit du côté, de la mer et du côté de la terre -, contre cette place, que le duc d'Anjou alla-assiéger lui-même avec une forte armée, on ne put la réduire. Furieux du peu de succès des attaques, ce prince accusa de négligence le baron de Lagarde et le fit mettre en prison ; mais bientôt il reconnut l'injustice de ce procédé, qui excitait les murmures des officiers et des soldats.

Après la levée du siège, Lagarde put enfin quitter le service. Il se retira au village où il avait reçu le jour et y vécut: encore quelques années.. Il mourut en. 1578, âgé de quatre-vingts ans. C'est à lui que l'on doit l'art de diviser les flottes par escadres toujours prêtes à se secourir mutuellement, et qui perfectionna celui des batailles navales. Il laissa à son fils unique plus d'honneur que de richesses.

Antoine Caillot.

André Doria, Amiral génois par Antoine Caillot

Cet illustre marin naquit à Oneille, le 30 novembre 1466. A l'exemple de ses pères, il entra dans la marine. Son père lui donna des maîtres de très-bonne heure; mais la mort l'empêcha de voir se développer les talents de ce fils qu'il aimait tendrement. Il avait environ dix-neuf ans, lorsque, après la mort de sa mère, il se rendit à Rome, et entra dans les gardes du pape Innocent VIII, dont son oncle Dominique Doria était capitaine, et s'y fit remarquer par son exactitude et son adresse dans les exercices militaires. Après la mort du pontife, il passa au service de Ferdinand l'ancien, roi de Naples, et ensuite à celui d'Alphonse, fils de ce prince. De tous ses officiers, il fut le seul qui ne l'abandonna pas, lorsque Charles VIII, roi de France , fit la conquête du royaume de   Naples.

Voyant toute l'Italie en feu et dévastée par les guerres civiles et étrangères, il se rendit à Jérusalem pour visiter les saints lieux. Il y reçut la communion des mains des prêtres du Saint-Sépulcre, et fut ensuite agrégé par eux en qualité de chevalier à l'ordre de Saint-Jean de Jérusalem.

Au retour de ce pèlerinage, il s'attacha à Jean de la Rovère, d'une famille qui avait des liaisons avec la sienne. Ce général, qui tenait pour le roi de France dans le royaume de Naples, le reçut avec distinction et lui confia la défense de la forteresse de Rocca- Guillelma. Il déploya contre le célèbre Gonsalve de Cordoue , qui en faisait le siège, toute l'habileté d'un capitaine consommé. Ce grand général, plein d'estime pour lui, voulut le voir et s'entretenir avec lui : Doria se rendit dans son camp sans se faire escorter et avec une noble simplicité. Gonsalve lui fit toutes sortes de politesses et lui marqua beaucoup d'amitié.

Après s'être signalé dans le service de terre, Doria y renonça à l'âge de vingt-quatre ans pour celui de la marine. Ayant armé à ses frais un certain nombre de galères, il se mit à donner la chasse aux Turcs et aux Barbaresques , qui infestaient alors la Méditerranée.

L'exploit qui contribua le plus à établir sa réputation , fut le combat de Pianosa, qu'il livra , le 25 avril 1519 , avec six galères seulement à une escadre de treize gros bâtiments commandés par un fameux corsaire tunisien, nommé Cadolin. Celui-ci se regardait comme sûr de la victoire, mais elle fut longtemps disputée ; enfin, après un combat, aussi long qu'acharné, elle se déclara pour Doria, qui se rendit maître de toute la flotte ennemie, à l'exception de deux galères qui s'étaient retirées avant la fin de l'action.

Peu de temps après, Doria voyant Gênes , sa patrie, agitée par des troubles, entra avec ses galères au service de François 1er., qui le nomma général de celles de France. Il ne tarda pas à se distinguer sous ce titre : à la tête d'une flotte nombreuse chargée de troupes , il se rendit sur les côtes de Provence, que ravageait celle de Charles-Quint ; il la battit, et courut ensuite au secours de la ville de Marseille, assiégée par le connétable de Bourbon. Il sut si bien profiter du vent, qu'il arriva sur la flotte impériale au moment où elle s'y attendait le moins, l'attaqua, la mit en fuite, et jeta du secours dans Marseille ; secours qui obligea les impériaux d'en lever le siège.

Doria venait de signaler ses talents et sa valeur : l'occasion se présenta presque au même instant de montrer sa grandeur d'âme. Philibert, prince d'Orange, qui était parti d'Espagne sur un brigantin, venait- joindre l'armée impériale devant Marseille. Il rencontra la flotte de Doria et l'aborda, croyant que c'était celle de l'empereur. Lorsqu'il connut sa méprise , il offrit à Doria une somme considérable pour sa rançon ; Doria ne voulut point la recevoir, et il le- renvoya à François Ier., qui lui rendit sa liberté sans nulle condition.

Lorsque ce monarque eut été fait prisonnier à la bataille de Pavie, Doria passa au service de Clément VII, alors allié de la France, qui le nomma général de ses galères; mais deux ans après il retourna au service de France, avec trente-six mille écus et le titre d'amiral, des mers dû Levant. Il contribua cette même année à détacher les Génois de l'alliance de Charles-Quint, par le blocus qu'il mit devant leur port, où commandaient alors les Adornes pour cet empereur, et par la défaite de leur flotte, dont il se rendit maître, à l'exception d'une seule galère. Le Doge Adorne, voyant la ville pressée du côté de la mer par Doria, et du côté de la terre par César Frégose ; que le maréchal de Lautrec avait chargé de la bloquer avec un corps de troupes, prit la résolution de la livrer aux troupes françaises. Après cette reddition , Doria fit apporter des provisions de toute espèce, et les livra à un très-bas prix aux habitants dont il se gagna ainsi l'affection.

L'année suivante, Doria voulant seconder le maréchal de Lautrec, qui assiégeait la ville de Naples, envoya dans le golfe de cette capitale son neveu Philippe Doria, avec huit galères, Hugues de Moncado, qui commandait la flotte impériale, fut battu à l'entrée du golfe de Salerne, et mourut des blessures qu'il avait reçues pendant l'action. Cette victoire, en couvrant de gloire Philippe Doria, devait augmenter l'estime et l'affection de François Ier. pour son oncle. Malheureusement, ce monarque prêta l'oreille à des calomnies répandues par les ennemis de ce grand homme. Doria prévoyant d'ailleurs en même temps que sa patrie allait tomber sous le joug de la France, renonça au service du roi, conclut avec Charles-Quint un traité dans lequel il demanda pour récompense de ses services la restauration de la liberté de la ville de Gênes, et le 12 septembre 1528 il se présenta avec sa flotte devant cette ville, où commandait le célèbre Trivulce. A son arrivée, les galères françaises prennent le large et Trivulce se retire dans le château. Doria fut accueilli par ses concitoyens avec le transport de la joie la plus vive et la plus sincère, comme le restaurateur de leur liberté. Au lieu de s'attribuer le pouvoir, comme il aurait pu le faire, il engagea, ses concitoyens à charger douze d'entre eux du. gouvernement de la république. Dès ce moment, il ne fut plus question des deux factions des Adornes et des Frégoses; les noblés furent rappelés aux emplois, mais, en conservant entre eux l'égalité ; Doria, nommé doge perpétuel, refusa ce titre; mais le sénat crut devoir lui décerner celui de père et de libérateur, de la patrie. Instruit de ce qui venait de se passer à Gênes, Charles-Quint, plein d'admiration pour

Doria, ordonna à tous les gouverneurs de ses possessions en Italie , de ne rien entreprendre avant de l'avoir consulté ; en même temps il le créa amiral général de sa marine, en lui donnant l'entière liberté d'agir comme il le jugerait à propos.

Tout étant tranquille à Gênes, cet illustre capitaine se retira dans le sein de sa famille pour se reposer de ses travaux et de ses fatigues. Il ne sortit de sa retraite .qu'après que la paix eut été signée à Cambrai, le 5 août 1529, entre le roi de France et l'empereur.

Le grand Soliman II, s'étant porté l'année suivante sur la Hongrie à la tête d'une armée formidable , Doria proposa à Charles - Quint de faire une diversion du côté de la Grèce.

Le monarque approuva son projet, et le chargea de faire tous les préparatifs nécessaires pour son expédition. Il prit Coron, Patras , ravagea toutes les côtes de la Grèce et s'empara des châteaux des Dardanelles. Ces exploits forcèrent les Turcs à évacuer la Hongrie, et méritèrent à Doria toute la reconnaissance de l'empereur.

L'année suivante, Doria battit encore, la flotte turque qui assiégeait Coron, et la força à prendre la fuite. De retour à Gênes, il apprend que Barberousse ravage les côtes d'Italie, aussitôt il assemble une flotte, et se dispose à aller l'attaquer; mais ce corsaire avait fait voile du côté de Tunis pour en entreprendre la conquête. Informé de son dessein, l'amiral génois conseilla à Charles-Quint de se rendre maître de cette ville. Son avis fut suivi par ce monarque;, et cette expédition eut le plus heureux succès.

Quelques années après, Soliman envoya une flotte formidable, commandée par Barberousse pour attaquer l'Italie : Doria rassembla vingt-huit galères pour inquiéter cette flotte dans sa route. Après un sanglant combat, il se rendit maître de douze bâtiments ennemis et les brûla. Cependant Barberousse attaqua successivement toutes les places que possédaient les Vénitiens dans le Péloponèse.

Doria, dont les forces ne pouvaient lutter contre les siennes, attendit qu'une confédération, composée de l'empereur, du Pape, des Génois et des Vénitiens en mît à sa disposition d'assez considérables pour livrer bataille à l'ennemi.

Lorsque Barberousse apprit que la flotte combinée venait à lui, il se jeta dans le golfe de Larta. Doria envoya examiner sa position, et sur le rapport qu'on lui en fit, il ne jugea pas à propos de l'y attaquer. Il ordonna donc de lever les ancres et de, partir. Barberousse sortit alors du golfe, et se mit en disposition d'engager le combat. Sa première attaque lui fut avantageuse, et un orage terrible étant survenu, les chrétiens se retirèrent en désordre vers Corfou. L'amiral turc rentra dans le golfe de Larta. Tout le monde fut étonné de l'hésitation de Doria dans cette action, et on le soupçonna de s'être entendu avec Barberousse.

S'il ne réussit pas dans cette expédition, il en entreprit, peu de temps après, une autre qui fut très-glorieuse pour lui et très-utile à l'Italie. Il battit complètement le fameux Dragut, près de l'île de Corse, le prit avec neuf de ses vaisseaux, et le chargea de chaînes avec tous les autres corsaires qui lui obéissaient.

Charles-Quint avait formé le projet, pour détruire enfin le repaire des pirates qui infestaient les côtes d'Italie, de s'emparer de la ville d'Alger; mais il voulait entreprendre cette expédition en automne, quoique Doria lui eût conseillé de choisir une saison plus favorable. Il fallut obéir. Lorsque tous les préparatifs furent achevés, la flotte mit à la voile vers la fin de septembre 1541, et, le 25 octobre suivant, elle parut dans la rade d'A|ger. Les vents combattirent pour les Algériens. A peine Doria avait-il effectué sa descente, dans un endroit qu'il avait jugé favorable, qu'une tempête effroyable qui s'éleva, détruisit une grande partie de la flotte impériale et força les troupes, qui étaient débarquées, à se rembarquer à la hâte et en désordre sur les, vaisseaux qu'elle avait épargnés: Doria avait perdu dans cette affreuse tourmente, douze galères qui lui appartenaient; l'empereur le dédommagea de cette perte, en le nommant chancelier de Naples, avec une pension de mille écus d'or, dont il lui fit payer (trois mois d'avance, et quelques temps après il lui donna en toute propriété la ville de Tursi, qui fut érigée en marquisat.

Tout le reste de là vie d'André Doria, fut rempli par des expéditions maritimes, qu'il conduisit par lui-même-ou par son "neveu Jannettin Doria. A l'âge de quatre-vingt-cinq ans, il conduisit une flotte au secours de l'île de Corse, envahie par les Français, forma le siège de San Fiorenzo, prit cette place, et en fit raser les fortifications.

Les hautes dignités dont l'empereur avait comblé ce grand homme, son crédit dans sa patrie et l'insolence de son neveu, Jeannetin Doria, excitèrent, en 1547, Jean-Louis de Fiesque à conjurer contre eux. Jeannetin fut la seule victime de cette conjuration. Ottobon de Fiesque, frère de Jean-Louis, qui venait de se noyer, lui porta le coup mortel, comme il entrait sur le port de Gênes où un grand bruit l'avait attiré au milieu de la nuit. Pendant le tumulte qui suivit la mort de Jean-Louis de Fiesque et l'assassinat de Jeannetin Doria, André, quoique tourmenté de la goutte, s'était enfui à cheval, à quinze milles de Gênes. Lorsque le calme fut rétabli dans cette ville, par l'arrestation des autres conjurés, il se hâta d'y revenir; les plus coupables eurent la tête tranchée, et les autres furent bannis.

Peu de temps après, Jules Cibo, beau-frère de Jeannetin Doria, et d'une des plus anciennes familles de Gênes, forma contre Doria une nouvelle conjuration, qui fut découverte, et le fit condamner à Milan à avoir la tête trânchée. Le supplice d'Ottobon de Fiesque fut plus cruel. Le meurtrier, ayant été livré quelques années après à Doria, fut cousu dans un sac et jeté à la mer.

André Doria, accablé de fatigues et d'infirmités, mourut, le 25 novembre 1560, à l'âge de quatre-vingt-treize ans. Il laissa tous ses biens à son neveu, Jean-André Doria, qui ne se rendit point indigne du nom illustre qu'il portait. Tout le sénat assista à ses funérailles. Il avait été généralement aimé : il fut généralement regretté. »

Antoine Caillot

Le capitaine Thurot, marin français par Antoine Caillot

François Thurot naquit, à Nuits en Bourgogne, d'un maître de la poste aux chevaux de cette ville. Il eut des maîtres de bonne heure. Il n'avait que huit ans lorsqu'il perdit l'auteur de ses jours. Placé par sa mère au collège des jésuites de Dijon, il y fit ses études avec distinction. On le voyait souvent à la tête de sa classe former des plans, régler l'ordre des combats, employer des ruses étonnantes pour son âge.

Le goût décidé qu'il avait pour les armes détermina sa mère, qui craignait de le perdre, à lui faire apprendre la profession de chirurgien. Il se soumit, et entra chez un maître en 1748. Il était trop ardent pour vivre dans la tranquillité que les études exigent. Une étourderie lui fit quitter la ville de Dijon; il avait alors dix-sept ans. Un jour qu'il était allé voir une tante qui le chérissait, il aperçut des couverts d'argent, les emporta, et alla les mettre en gage, pour en donner à sa mère, qui se trouvait alors dans le besoin, la somme qu'il en devait retirer. Ces couverts n'appartenaient point à sa tante, mais à un conseiller au parlement qui les lui avait prêtés. Celui-ci les redemande en vain ; il les croit perdus, et menace de poursuivre la personne qui les a pris. Thurot, effrayé de ses menaces, va retirer les couverts, les rend à sa tante, et le même jour il prend la résolution de quitter Dijon pour n'y plus revenir.

En partant, il n'avait pour tout équipage que l'habit qui le couvrait, deux chemises, et vingt-quatre francs. Il dirigea ses pas vers Calais, avec l'intention de servir sur mer. A la vue de cette vaste étendue d'eau, il voit s'agrandir devant lui le cercle de l'espérance; au désir de servir sa patrie, il joint celui de satisfaire sa passion pour la gloire. La guerre était alors allumée entre la France et l'Angleterre. Il obtint la permission de s'embarquer à Dunkerque sur un corsaire, en qualité de chirurgien. A peine le vaisseau était en mer, qu'il fut enlevé par les Anglais. Conduit prisonnier à Douvres, il étudia les Anglais, et apprit leur langue. Comme il n'avait pas été pris sur les vaisseaux de l'état, le ministère ne s'occupa nullement de lui.

Vers le mois de novembre de la même année (1744) le maréchal de Belle-Isle et le comte, son frère, furent faits prisonniers en traversant le Hanovre, et conduits en Angleterre. Instruit de cet événement, Thurot trouve le moyen de voir le maréchal et le supplie de s'intéresser à sa liberté, et de le faire mettre au nombre des prisonniers français qui doivent être échangés. Malheureusement pour lui, la préférence fut accordée aux soldats et aux matelots qui avaient servi l'état avant lui.

Peu de temps après le départ du maréchal de Belle-Isle en France, Thurot résolut de tout entreprendre pour recouvrer sa liberté. Un jour qu'après avoir erré long-temps, il avait attendu la nuit pour se rendre au port, il aperçut une chaloupe à l'écart. S'y précipiter, la détacher, et se faire une voile de sa chemise, c'est l'affaire d'un instant. Livré seul, en cet état, à l'inconstance des vents, à la fureur des flots, il vogue, il rame avec tant de vigueur, qu'à la pointe du jour, il se trouve à une grande distance des côtes d'Angleterre. Il se dirige vers Calais, et après avoir couru mille dangers il entre clans le port de cette ville, quelques heures après le maréchal de Belle-Isle.

La hardiesse de son évasion fit du bruit : le maréchal voulut le voir. Enchanté du ton d'assurance avec lequel il lui raconta son aventure, il le prit en amitié, lui conseilla de s'appliquer à l'étude, et lui promit sa protection. Encouragé par cet accueil, il s'appliqua avec toute l'ardeur dont il était capable, aux mathématiques, à l'étude de la carte marine, et à celle de la manoeuvre. Pour joindre la pratique à la théorie, il ne négligea aucun emploi. Il fut successivement mousse, matelot, pilote, et sa valeur jointe à ses talents lui procura enfin le grade de capitaine.

A peine a-t-il fait deux campagnes, qu'il est brave capitaine, pilote habile, et soldat intrépide.

Après la paix de 1748, il se livra entièrement au commerce. Comme ses prises lui avaient procuré des sommes assez considérables, il équipa à ses frais un vaisseau, fit des courses dans différais pays, et s'appliqua surtout à bien connaître les côtes et les ports de la Grande-Bretagne. Ses voyages lui procurèrent un bénéfice considérable. Malheureusement, comme il conduisait souvent en Angleterre des marchandises de contrebande, les Anglais se saisirent un jour de son vaisseau et le confisquèrent. Un procès qu'il eut à Londres à ce sujet, et qu'il perdit, lui inspira une haine implacable contre cette nation.

La guerre de 1755 lui présenta bientôt l'occasion d'exercer sa vengeance. Après avoir pris le commandement de plusieurs bâtiments armés en course par des armateurs, il coula bas, fit échouer, brûla, ou enleva un grand nombre de bâtiments ennemis. Louis XV, informé de ses exploits, voulut l'avoir à son service, et lui fit expédier un brevet d'officier dans la marine royale. Ce fut en cette qualité qu'il prit, le commandement de la corvette la Friponne. Avec ce petit bâtiment, il alla croiser dans la Manche, y livra plusieurs combats, et y fit plusieurs prises considérables.

Sa réputation s'accrut et prit de la consistance : à la cour et à la ville, il n'était question que du capitaine Thurot. Croyant le moment favorable, il se rendit à Paris dans l'espérance d'y faire adopter un projet qu'il avait formé contre l'Angleterre. Après avoir longtemps attendu, il obtint enfin une audience du ministre de la marine. Il donna des mémoires, les étaya des plans les plus exacts, et déclara qu'il se chargeait de l'exécution de son projet. Ce terrible projet n'était rien moins que de réduire en cendre le port et les chantiers de Portsmouth. malheureusement des commis du ministre le dévoilèrent aux Anglais, et le cabinet de Saint-James mit en usage toutes les précautions propres à en empêcher le succès.

Le maréchal de Belle-Isle, qui joignait à son amitié pour Thurot une grande confiance dans ses talents, le recommanda au ministre de la marine avec tant de chaleur, qu'on lui donna le commandement de deux frégates, la Belle-Isle et le Chauvelin; et de deux corvettes, le Bastien et le Gros Thomas. L'objet de ce petit armement était de faire tout le mal possible au commerce anglais, et surtout de s'emparer d'une flotte chargée de riches fourrures, venant d'Archangel, et qui devait relâcher aux Orcades.

Thurot sortit le 12 juillet 1757 de la rade de Saint-Malo. Le Bastien, qu'il avait envoyé à la découverte, ne tarda pas à être pris, sous ses yeux, par un vaisseau de ligne anglais, sans pouvoir le secourir. C'était un mauvais présage pour le succès de l'expédition ; aussi Thurot eut-il autant à combattre contre les tempêtes que contre les vaisseaux de l'ennemi qu'il rencontra, et ne fut-ce que depuis le mois de mai de l'année suivante que sa petite flottille fut utile à la France.

Après avoir couru les mers du Nord , et pénétré jusqu'auprès de l'Islande, il était venu à Gothembourg pour s'y préparer et s'y approvisionner de vivres. Le 11 mai, il remit à la voile, et, lé 17, il se trouva à la vue de Newcastle, en Angleterre. Ses premières prises furent sept bâtiments chargés de charbons de terre. Le 26 mai, à huit lieues d'Edimbourg, il donnait chasse à quatre vaisseaux anglais qu'il croyait marchands, lorsque les deux derniers, qui étaient les frégates le Dauphin et le Solébay, virent de bord et fondent sur lui.

En un instant, il se trouve entre deux feux, et à la portée du pistolet. On le somme de baisser pavillon : il refuse et se dispose, maigre la grande infériorité de ses forces, à vendre cher la victoire. Pendant sept heures, il se défend avec le plus grand courage contre les efforts de l'ennemi. Enfin , par un bonheur inespéré, le feu prend aux poudres d'une des frégates anglaises ; et l'autre, totalement désemparée, se hâte de gagner le large.

Après avoir fait changer ses voiles, qui étaient criblées, et réparer ses manoeuvres, Thurot continua sa croisière, qui chaque jour fut marquée par de nouveaux succès.

Pendant plus de six mois il désola le commerce britannique dans les mers septentrionales, sous le pavillon danois. L'hiver faisant sentir sa rigueur dans ces parages , il vint mouiller le 5 décembre à Ostende ; il y fit un mois de séjour pour vendre ses dernières prises, et vint ensuite désarmer à Dunkerque, épuisé de fatigues et couvert de gloire.

Quelque temps après, il se rendit à Versailles. Il y fut parfaitement accueilli ; mais le désir qu'il avait d'aller combattre les ennemis de son pays ne lui permit pas d'y rester longtemps.

Il avait proposé au gouvernement le projet d'une descente en Angleterre. Le ministre trouva ses plans si bien conçus , qu'il crut devoir en parler au roi avec intérêt. Il lui confia en même temps le commandement d'une escadre qu'on équipait alors à Dunkerque, et dont les opérations devaient concourir à l'exécution du projet de descente.

Les vaisseaux qui se trouvaient dans les ports de Rochefort, de Brest cl à Port-Louis, devaient se réunir sous les ordres de M. de Conflans; et dans plusieurs autres ports on avait préparé des bateaux plats et des bâtiments de transport.

L'escadre de Thurot était forte de cinq frégates, qui portaient douze cents hommes de troupes de terre, commandés par M. de Flobert. Elle mit à la voile le 15 octobre 1759 de la rade de Dunkerque, et le soir elle vint mouiller à la grande rade d'Ostende, d'où elle se rendit dans un port de l'île Stromoé, une des îles Féro. Nous nous arrêterons ici, parce que c'est dans ces îles qu'il éclata , entre M. de Flobert et Thurot, par la jalousie et la morgue du premier, une mésintelligence qui fit manquer le succès de cette expédition, dont l'issue fut la défaite et la mort de Thurot, à la proximité de l'île de Man, et la prise de la frégate la Belle-Isle, qu'il montait. Dans ce funeste combat, qui eut lieu le 28 février 1760, il se défendit longtemps seul avec la plus grande intrépidité contre deux grosses frégates anglaises, jusqu'à ce qu'il fut frappé dans l'estomac d'une balle de pierrier. Aussitôt qu'il fut tombé, la Belle-Isle et deux autres frégates se rendirent aux Anglais.

La mort de ce héros excita en France de vifs regrets. On pouvait avec justice regarder comme l'espérance de son pays, un homme qui, à l'âge de trente-trois ans, avait parcouru une carrière aussi brillante et aussi rapide. Louis XV témoigna toute l'estime qu'il faisait de ses talents, en faisant à sa veuve une pension de quinze cents francs.

La malheureuse issue de la dernière expédition de ce brave marin n'ôta rien à sa réputation; personne n'ignorait qu'elle n'avait échouée que par l'humeur et la mauvaise volonté de M. de Flobert et autres chefs des troupes de terre, et l'abandon des frégates qui l'accompagnaient.

Antoine Caillot

Chants de marins.

Au 31 du mois d'août, chant marin.
Ce chant a été écrit pendant le XIX siècle pour célébrer la prise du vaisseau de la compagnie des Indes anglaise: « le Kent » de 1200 tonneaux par la corvette de Robert Surcouf « la Confiance » de 490 tonneaux.

La bataille eu lieu le 07 octobre 1800 dans l'Océan Indien et non près de Bordeaux ni le 31 août comme le dit la chanson.

Au 31 du mois d'août

Au trente-et-un du mois d'août (bis)
Nous vîmes venir sous l'vent à nous (bis)
Une frégate d'Angleterre
Qui fendait la mer et les flots
C'était pour attaquer Bordeaux !

Buvons un coup,
Buvons en deux,
À la santé des amoureux !
À la santé du Roi de France,
Et merde pour le roi d'Angleterre
Qui nous a déclaré la guerre !

Refrain.

Le commandant du bâtiment (bis)
Fit appeler son lieutenant (bis)
« Lieutenant te sens-tu capable,
Dis-moi te sens-tu-z-assez fort
Pour prendre l'Anglais à son bord ? »

Le lieutenant, fier-z-et hardi (bis)
Lui répondit : « Capitain'-oui (bis)
Faites branle-bas à l'équipage
Nous allons hisser pavillon
Qui rest'ra haut, nous le jurons ! »

Le maître donne un coup d'sifflet (bis)
En haut larguez les perroquets (bis)
Largue les ris et vent arrière
Laisse porter jusqu'à son bord,
Pour voir qui sera le plus fort ! »

Vire lof pour lof en arrivant (bis)

Je l'abordions par son avant (bis)
À coups de haches et de grenades,
De pics, de sabre et mousquetons,
En trois cinq sec je l'arrimions !

Que dira-t-on du grand rafiot (bis)
À Brest, à Londres, et à Bordeaux (bis)
Qu'a laissé prend' son équipage
Par un corsaire de six canons
Lui qu'en avait trente et si bons !

Le vieux dl'a vieille

Refrain: La vieille a l'avait vu, que l'vieux y voyait pu (bis)
Mais l'vieux y voyait ben, qu'la vieille a voyait rien (bis)

Mon père n'avait fille que moi
Le vieux y voyait ben, qu'la vieille a voyait rien (bis) Encore sur la mer il m'envoie
La vieille a l'avait vu, que l'vieux y voyait pu
Mais l'vieux y voyait ben, qu'la vieille a voyait rien (bis)
Encore sur la mer il m'envoie
Le vieux y voyait ben, qu'la vieille a voyait rien (bis) Le marinier qui m'y menait
Le marinier qui m'y menait
Le vieux y voyait ben qu'la vieille a voyait rien (bis) Il devint amoureux de moi
A chaque fois qu'il me disait
Ma mignonette embrassez-moi
Oh non monsieur je n'oserais
Car si mon papa le savait
Fille battue ce serait moi

Tempête pour sortir

Débarque-pas ton sac, on va pas lézarder
C'est pas encore demain qu'on va se reposer
Tempête pour sortir et t'en chie pour rentrer
La mer, c'est ton métier

Refrain

Repartir encore pour une autre marée
On prendra des risques, on est bien obligés
Y'a les gosses à nourrir, le bateau à payer
Le crédit, les intérêts

Refrain

Le prix du poisson multiplié 5 fois
C'est pas le pêcheur qu'en profite, ma foi
Quand t'auras payé l'rôle à ces culs de banquiers
T'as tout juste de quoi bouffer

Refrain

Y'en a qui s'engraissent sur le dos du pêcheur
Qu'ils soient banquiers, grossistes, poissonniers, mareyeurs
Ceux-là vont pas en mer, y sont pas fatigués
De compter les billets

Refrain

Ce foutu plan Mellic a pris ton vieux bateau
Afin que le banquier t'en fasse faire un plus gros
T'as plus l'droit à l'erreur, maintenant faut payer
Tu n'peux plus t' arrêter

Refrain

Un vent souffle de Bretagne qui revient de la mer
Un grand coup de tabac, force 9 de colère
Costumés de Bruxelles, culs-de-plomb, fonctionnaires
On n'se laissera pas faire

Refrain bis à la fin.

Les filles de Lorient.

Ce sont les filles de Lorient, jolies
      Ce sont les filles de Lorient
Mon dieu, qu'elles sont jolies, lon là
      Mon dieu qu'elles sont jolies.

S'en vont le soir se promener… jolies
Le long d'la cale Ory.

En regardant de vers la mer… jolies
Elles ont vu trois navires. lon là

Arrive, arrive, beau matelot…… jolies
J'te souhaite une bonne arrive. lon là

Et si mon mari est dedans….. jolies
Encore meilleure arrive. lon là

Mais si mon mari n'y est pas….. jolies
Au diable vos navires. lon là

Ce sont les filles de Lorient….. jolies
Mon dieu, qu'elles sont jolies. lon là

Le retour du marin-brave marin.

Brave marin revient de guerre,
Tout doux.
Brave marin revient de guerre,
Tout doux.
Tout mal chaussé, tout mal vêtu :
" Brave marin, d'où reviens-tu ?
Tout doux.

- Madame, je reviens de guerre,
Tout doux.
- Madame, je reviens de guerre,
Tout doux.
- Qu'on apporte ici du vin blanc
Que le marin boive en passant ! "
Tout doux.
Brave marin se met à boire,
Tout doux.

Brave marin se met à boire,
Tout doux.
Se mit à boire et à chanter.
Et la belle hôtesse à pleurer.
Tout doux.

" Qu'avez-vous donc, Dame l'hôtesse ?
Tout doux.
Qu'avez-vous donc, Dame l'hôtesse ?
Tout doux.
Regrettez-vous votre vin blanc,
Que le marin boit en passant ? "
Tout doux.

" C'est pas mon vin que je regrette.
Tout doux.
C'est pas mon vin que je regrette.
Tout doux.
Mais c'est la mort de mon mari.
Monsieur, vous ressemblez à lui ! "
Tout doux.

Ah ! Dites-moi, Dame l'hôtesse,
Tout doux.
Ah ! Dites-moi, Dame l'hôtesse,
Tout doux.
Vous aviez de lui trois enfants.
Et j'en vois quatre à présent !
Tout doux.

On m'a écrit de ses nouvelles,
Tout doux.
Qu'il était mort et enterré,
Et je me suis remariée.
Tout doux.

Brave marin vida son verre.
Tout doux.
Brave marin vida son verre.
Tout doux.
Sans remercier, tout en pleurant
S'en retourna à son bâtiment.
Tout doux.

Le sillon de Talberg.

1 - Toi qui montres du doigt l'Angleterre,
Toi qui es notre bastion
Le doigt Breton dans la mer
Chante moi quel est ton nom.

2 - Je suis Sillon de Talbert
Fait de sable et goémon
Suis sorti d'un noir enfer
Un beau soir de déraison.

3 - J'ai connu tant de tristesse
Quand la mer en sa furie
Fait des marins de l'Arcouest
Des noyés de comédie.

4 - Les femmes pleurent sur mon dos
Leurs maris perdus en mer
Dans un grand vent de tonnerre
Quand la mer a le gros dos.

5 - Mes cheveux sont goémon
Dont les hommes de Bretagne
Décorent leurs noirs sillons
Dans les champs de nos campagnes.

6 - Et s'il n'est que coquillages
Qui aiment à ma compagnie
Je sais que sur mes rivages
Autrefois naquit la vie.

7 - Vie d'espoir et de rancœur
Mêlée aux parfums des fleurs
Dans cette lande bretonne
Au son du tocsin qui sonne.

8 - Sonne à l'église du village
Appelant les vieilles en noir
A prier pour l'équipage
Qui a disparu ce soir.

9 - Sur mon corps de sable fin
Ne poussent que chardons bleus
Fleurs tombales des marins
A l'embouche du Trieux

10 - Mais quand revient la nuit noire
Je suis seul aux vents d'hiver
Enfant de notre terroir
Je m'en vais mourir en mer.

11 - Toi qui montres du doigt l'Angleterre,
Toi qui es notre bastion
Le doigt Breton dans la mer
Chante moi quel est ton nom.

Je suis Sillon de Talbert

Les filles de La Rochelle.

Sont les filles de la Rochelle
Ont armé un bâtiment
Ont armé un bâtiment
Pour aller faire la course
Dedans les mers du Levant

La grand vergue est en ivoire
Les poulies en diamant
Les poulies en diamant
La grand-voile est en dentelle
La misaine en satin blanc
    Refrain
Les cordages du navire
Sont des fils d'or et d'argent
Sont des fils d'or et d'argent
Et la coque est en bois rouge
Travaillé fort proprement
    Refrain
L'équipage du navire
C'est toutes filles de 15 ans
C'est toutes filles de 15 ans
Le cap'taine qui les commande
Est le roi des bons enfants
    Refrain
Hier faisant sa promenade

Refrain:

Ah la feuille s'envole s'envole
Ah la feuille s'envole au vent
Ah la feuille s'envole s'envole
Ah la feuille s'envole au vent

Dessus le gaillard d'avant
Dessus le gaillard d'avant
Aperçut une brunette
Qui pleurait dans les haubans
      Refrain

Qu'avez-vous jeune brunette
Qu'avez-vous à pleurer tant
Qu'avez-vous à pleurer tant
Avez-vous perdu père et mère
Ou que'qu'un de vos parents
      Refrain

Je ne pleure ni mon père
Ni ma mère ni mes parents
Ni ma mère ni mes parents
J'ai perdu mon avantage
Qui s'en fut la voile au vent
      Refrain

Il est parti vent arrière
Il reviendra vent devant
Il reviendra vent devant
Il reviendra mouiller l'ancre
Dans la rade des Bons Enfants
      Refrain

© 2024 Frédéric Rateau
Édition : BoD · Books on Demand, 31 avenue Saint-Rémy,
57600 Forbach, bod@bod.fr
Impression : Libri Plureos GmbH, Friedensallee 273,
22763 Hamburg (Allemagne)
ISBN : 978-2-3225-6204-6
Dépôt légal : Mars 2025